Der Allgemeine Teil des Privatrechts

Schriften zur Entwicklung des Privatrechtssystems

Herausgegeben von Christian Baldus und Christian Pohl

Band 10

PL ACADEMIC RESEARCH

Christian Baldus / Wojciech Dajczak
(Hrsg.)

Der Allgemeine Teil des Privatrechts

Erfahrungen und Perspektiven zwischen Deutschland, Polen und den lusitanischen Rechten

PL ACADEMIC RESEARCH

Bibliografische Information der Deutschen Nationalbibliothek
Die Deutsche Nationalbibliothek verzeichnet diese Publikation in der Deutschen Nationalbibliografie; detaillierte bibliografische Daten sind im Internet über http://dnb.d-nb.de abrufbar.

Umschlaggestaltung:
© Olaf Glöckler, Atelier Platen, Friedberg

Redaktion: Kamil Korn

ISSN 1613-771X
ISBN 978-3-631-62831-7

PL Academic Research ist ein Imprint der Peter Lang GmbH.

Peter Lang – Frankfurt am Main · Bern · Bruxelles · New York · Oxford · Warszawa · Wien

www.peterlang.de

Inhaltsübersicht

Inhaltsverzeichnis

Abkürzungsverzeichnis

a.A.	andere Auffassung
aaO.	am angegebenen Ort
ABl.	Amtsblatt
ABl. EG	Amtsblatt der Europäischen Gemeinschaften
Abs.	Absatz
a.E.	am Ende
a.F.	alte Fassung
ABGB	[österreichisches] Allgemeines Bürgerliches Gesetzbuch
AGB	allgemeine Geschäftsbedingungen
allg.	allgemein
ALR	Allgemeines Landrecht für die Preußischen Staaten
Alt.	Alternative
Änd.	Änderung
Anm.	Anmerkung
Art., Artt.	Artikel
AT	Allgemeiner Teil
Aufl.	Auflage
AVZG	Przepisy ogólne prawa cywilnego [polnisches Gesetz über allgemeine Vorschriften des Zivilrechts]
BAG	Bundesarbeitsgericht
BAGE	Entscheidungen des Bundesarbeitsgerichts
Bd.	Band
BGB	Bürgerliches Gesetzbuch
BGBl.	Bundesgesetzblatt
BGHZ	Entscheidungen des Bundesgerichtshofs in Zivilsachen
BMJ	Boletim do Ministério da Justiça
bspw.	beispielsweise
BT	Besonderer Teil

Bull. Civ.	Bulletin des arrêts des chambres civiles de la Cour de cassation
BVerfGE	Entscheidungen des Bundesverfassungsgerichts
bzw.	beziehungsweise
cap.	*caput*
Cass. Civ.	Cour de Cassation, chambre civile
c.	*constitutio*
c.i.c.	*culpa in contrahendo*
CC	Code civil
CC bras	brasilianischer Código Civil
CC port	portugiesischer Código Civil
CPC bras	brasilianischer Código de Processo Civil
CPC port	portugiesischer Código de Processo Civil
D.	Digesta
d.h.	das heißt
DDR	Deutsche Demokratische Republik
DDR GBl.	Gesetzblatt der Deutschen Demokratischen Republik
ders.	derselbe
dgl.	dergleichen, desgleichen
Dz.U.	Dziennik Ustaw [Polnisches Gesetzblatt]
ebda.	ebenda
Einl.	Einleitung
EG	Europäische Gemeinschaften
EGBGB	Einführungsgesetz zum Bürgerlichen Gesetzbuch
EuGH	Europäischer Gerichtshof
etc.	*et cetera*
ex.	*exemplum*
f.	und folgende
ff.	und die folgenden
Fn.	Fußnote
Fr. Vat.	*Fragmenta Vaticana*

FS	Festschrift
GBerufA	Ustawa o zawodzie lekarza [polnisches Gesetz über den Beruf des Arztes]
GG	Grundgesetz
GPharmR	Prawo farmaceutyczne [polnisches Gesetz über pharmazeutisches Recht]
GPR	Zeitschrift für Gemeinschaftsprivatrecht
H.	Heft
Halbbd.	Halbband
HGB	Handelsgesetzbuch
Hrsg.	Herausgeber
InsO	Insolvenzordnung
i.w.S.	im weiteren Sinne
insb.	insbesondere
Jh.	Jahrhundert
KC	Kodeks cywilny [polnisches Zivilgesetzbuch]
KC-E	Projekt nowego Kodeksu cywilnego [Entwurf des neuen polnischen Zivilgesetzbuchs]
KCKP	Kodeks Cywilny Królestwa Polskiego [Bürgerliches Gesetzbuchs des Königreichs Polen]
KH	Kodeks handlowy [polnisches Handelsgesetzbuch]
KG	Kommanditgesellschaft
KRO	Kodeks rodzinny i opiekuńczy [polnisches Familien- und Vormundschaftsgesetzbuch]
KOM	Europäische Kommission
KZ	Kodeks zobowiązań [polnisches Obligationengesetzbuch]
L.	Livro
lib.	*liber*
Lit.	Literatur
LEX	System Informacji Prawnej LEX [Rechtsinformationsystem LEX]
Lex Polonica	System Informacji Prawnej Lex Polonica [Rechtsinformationsystem Lex Polonica]

lit.	*littera*
m.E.	meines Erachtens
Mgr.	Magister
Ms.	Manuskript
m.w.N.	mit weiteren Nachweisen
n.	*numerus*
Nachdr.	Nachdruck
n. Chr.	nach Christus
n.F.	neue Fassung
NJW	Neue Juristische Wochenschrift
np.	na przykład [poln. zum Beispiel]
nr	numer [poln. Nummer]
Nr.	Nummer
NS	Nationalsozialismus
NSDAP	Nationalsozialistische Deutsche Arbeiterpartei
OG	[polnisches] Oberstes Gericht
OHG	offene Handelsgesellschaft
OLG	Oberlandesgericht
Ord. Fil.	Ordenações Filipinas
OSA	Orzecznictwo Sądów Apelacyjnych [Rechtsprechung der Appellationsgerichte]
OSN	Orzecznictwo Sądu Najwyższego [Rechtsprechung des Obersten Gerichts]
OSNC	Orzecznictwo Izby Cywilnej Sądu Najwyższego [Rechtsprechung der Zivilkammer des Obersten Gerichts]
OSP	Orzecznictwo Sądów Polskich [Rechtsprechung der polnischen Gerichte]
OSPiKA	Orzecznictwo Sądów Polskich i Komisji Arbitrażowych [Rechtsprechung der polnischen Gerichte und Schiedskommissionen]
öst.	österreichisch
PECL	Principles of European Contract Law [Grundregeln des Europäischen Vertragsrechts]

PLN	Złoty
por.	porównaj [poln. vergleiche]
Pos.	Position
pr.	*principium*
pVV	positive Vertragsverletzung
red.	redaktor [poln. Herausgeber]
Reg.	Register
RegE	Regierungsentwurf
Rel.	Relatora
REsp	Recurso Especial
RGZ	Entscheidungen des Reichsgerichts in Zivilsachen
Rn.	Randnummer
RP	Rzeczpospolita Polska [Republik Polen]
S.	Satz / Seite / Siehe
s.o.	siehe oben
SA	Sąd Apelacyjny [Appellationsgericht]
SN	Sąd Najwyższy [Oberstes Gericht]
sog.	sogenannte
Sp.	Spalte
STJ	Supremo Tribunal de Justiça
T.	Título
Teilbd.	Teilband
tj.	to jest [poln. das heißt]
u.	und
u.a.	und andere
UB	Universitätsbibliothek
Übers.	Übersetzung
u. ö.	und öfter
UdSSR	Union der Sozialistischen Sowjetrepubliken
UWG	Gesetz gegen den unlauteren Wettbewerb
v.	von

v.a.	vor allem
VG	Verwaltungsgericht
Vgl.	Vergleiche
VO	Verordnung
Vorbem.	Vorbemerkung
VVG	Gesetz über den Versicherungsvertrag
WLF	West Law France
zit.	zitiert
z.B.	zum Beispiel
ZEV	Zeitschrift für Erbrecht und Vermögensnachfolge
ZGB	Zivilgesetzbuch
ZPO	Zivilprozessordnung

Einführung

Die Schaffung des allgemeinen Teils des bürgerlichen Rechts „mit all ihren positiven und negativen Seiten" wird der Wirkungsgeschichte der Richtung in der Jurisprudenz des 18 Jahrhundert zugerechnet, die als *mos geometricus* bezeichnet wird[1]. Die in Philosophie und Naturwissenschaften angewandte Einteilung in allgemeinen und besonderen Teil[2] wurde damals in die juristische Debatte eingeführt. Im Jahr 1749 setzte Daniel Nettelbladt die Unterscheidung zwischen allgemeinem Teil und verschiedenen Zweigen des positiven Rechts in seiner systematischen Fassung des Rechts um[3]. Ein Meilenstein in der Rezeption dieser systematischen Struktur in die Dogmatik des Privatrechts war die Veröffentlichung von Arnold Heises *Grundriss eines Systems des gemeinen Civilrechts* im Jahre 1807. Nach seiner eigenen Aussage war das Buch nicht durch den „Anspruch auf wissenschaftliches Verdienst, sondern (...) einzig zum Gebrauch bei eigenen Vorlesungen bestimmt"[4]. Heise hat jedoch den Erfolg seiner Bemühungen um die klare Darstellung des Rechtsstoffes in der deutschen Rechtslehre selbst noch erleben dürfen[5]. 200 Jahre später sind die praktischen Auswirkungen des Konzeptes des allgemeinen Teils des Privatrechts nicht nur in der deutschen Privatrechtsdogmatik, sondern auch in auf sehr unterschiedlichem Wege entstandenen Zivilgesetzbüchern zu finden. Als gute Beispiele gelten hier die Kodifikationen von Brasilien, Polen und Portugal. Die weithin bekannte Parallele zwischen dem allgemeinen Teil im Recht und der Ausklammerung in der Mathematik macht deutlich, was dem Erfolg des Allgemeinen Teils zugrunde liegt: die Sorge um einheitliche, vorhersehbare Rechtsanwendung und um Klarheit der Rechtslehre[6].

In rechtsvergleichender Perspektive ist jedoch die systematische Ausgliederung des allgemeinen Teils keine typische Wahl nationaler Gesetzgeber. Schon das römische Dictum *omnis definitio in iure civili periculosa est*[7] und die bekannte Formel von Holmes *„The life of the law has not been logic: it has been experience"*[8] variieren die Frage nach den Grenzen der Leistungsfähigkeit logischer Strukturen für die systematische Fassung des Rechts. Dem

1 Otte (1979), 194 – 195. Vgl. für eine neuere Synthese Schmidt (2009) 38 – 41.
2 Vgl. z. B.: Hottinger (1706) 3.
3 Vgl.: Rosende (2004) 628.
4 Heise (1839) III.
5 Heise (1839) IV.
6 Vgl.: Bydlinski (1996) 129.
7 D. 50,17,202 (Iavolenus).
8 Holmes (1881) 1.

mos geometricus der Rechtswissenschft des 18. Jahrhunderts wurde entgegengehalten, etwa unter Berufung auf Aristoteles und Hugo Grotius[9], dass in ethischen Disziplinen wie der Jurisprudenz die gleiche Gewissheit wie in den mathematischen nicht erreichbar sei, weil wir es „in der Jurisprudenz immer wieder mit einem ungemessenen, nur abschätzbaren Mehr oder Weniger zu tun haben"[10]. Heises erkennbarer Glaube an die Systemrationalität seiner Schöpfung[11] hat „große Veränderungen" in der Stellung einzelner Materien in der zweiten Ausgabe seines *Grundrisses* nicht verhindert[12]. Dieser Prozess hat sich fortgesetzt. Schon der oberflächliche Blick auf die dogmatische Fassung des Allgemeinen Teils in den Zivilgesetzbüchern Brasiliens, Deutschlands, Polens und Portugals veranschaulicht, dass wir es mit keinem dogmatisch einheitlichen Modell zu tun haben. Die Berücksichtigung der Gestalt des allgemeinen Teils in anderen Bürgerlichen Gesetzbüchern zeigt die noch weiter gehende Vielfalt dogmatischer Lösungen.[13]

Hinter der allgemeinen Frage, ob die Einführung des allgemeinen Teils in der pandektistischen Systematik der Kodifikation des bürgerlichen Rechts eher Vorteile oder Nachteile mit sich bringt, steht also eine ganze Reihe methodischer und dogmatischer Fragen. Der Zweck der in diesem Band anzustellenden Erwägungen zum allgemeinen Teil des Bürgerlichen Rechts soll sich jedoch nicht auf die Frage der Wettbewerbsfähigkeit dieses systematischen Konzepts richten[14]. Die Erfahrungen der Diskussion über Privatrechtsangleichung bieten uns die Argumente für die Unproduktivität der Suche nach der objektiven Überlegenheit einer Rechtsform gegenüber der anderen. Ihre Dauerhaftigkeit und Verbreitung als Modell für eine Verallgemeinerung des Rechtsstoffes lässt erkennen, dass dieses Modell nicht allein aufgrund der Autorität der pandektistischen Lehre oder des Konservatismus im Rechtsdenken fortlebt.

Die folgenden Texte entstammen einem internationalen, vom polnischen Ministerium für Forschung und Hochschulbildung großzügig geförderten Projekt der Jahre 2010-2012. Am Anfang des Bandes stehen Aufsätze zu philosophischen und historischen Grundlagen der Idee des allgemeinen Teils. Sie weisen Perspektiven auf, die über die üblichen Intuitionen zum Thema hinausgehen. Die produktive Rolle der Idee des allgemeinen Teils als „Integrierungs- und Verwissenschaftlichungsfaktor" der juristischen Debatte lässt sich daran erkennen, wie die Diskussionen der Projektteilnehmer während der

9 Grotius, *De iure belli ac pacis*, II 23 § 1.
10 Otte (1979) 196.
11 Heise (1839) X, 16, 157, 212.
12 Heise (1839) XII.
13 Vgl. z.B.: Art. 1 – 208 russischen ZGB vom 30.11.1994 (общие положения); Art. 1 – 267 ukrainischen ZGB vom 16.01.2003 (загальні положеня).
14 Vgl.: Stelmach (2010) 12 – 13.

Seminare in Ciążeń[15] (2010) und Heidelberg (2012) in die veröffentlichten Fassungen der Aufsätze eingegangen sind. Es gab keine präzisen Themenvorgaben für die Autoren. Die von den Autoren gewählten Themen und vertretenen Positionen haben es den Herausgebern ermöglicht, einen neuen Blick auf die hinter der Idee des allgemeinen Teils stehenden Fragen zu werfen. Auf dieser Grundlage sind die Beiträge in der Druckfassung nach drei Kernfragen systematisiert: der Voraussetzungen für eine rationale Verallgemeinerung des Rechtstoffs; des Spielraums bei der Umsetzung der Idee des allgemeinen Teils im Gesetztext und der dogmatischen Fassung ihrer „typischen" Begriffe; und der Auswirkungen des allgemeinen Teils auf die Methodenlehre. Die in diesen drei Kapiteln gesammelten Beiträge veranschaulichen in vergleichender und historischer Perspektive, wie die Debatte zur *prima facie* rein logischen Schöpfung des allgemeinen Teils geprägt ist: von der Konkurrenz der Grundwerte wie Rechtssicherheit, ökonomische Effizienz und Lebensnähe des Gesetzes sowie von gesellschaftlichen und kulturellen Vorstellungen. Wir glauben, dass die in diesen Aufsätzen formulierten Feststellungen und Vorschläge als Inspirationsquellen für die Diskussion über das Systempotential des allgemeinen Teils des Bürgerlichen Rechts und über die Modernisierung der im Band diskutierten Institute hilfreich sein können. Den Abschluss bilden einige Gedanken zu einem *rapport de synthèse*: als Einladung zu weiteren Erwägungen.

Der Dank der Herausgeber geht zuerst an die Autoren der Beiträge. Mit dem Ausdruck der Dankbarkeit erwähnen wir die finanzielle Unterstützung des Forschungsprojektes und der Veröffentlichung des Bandes seitens des Polnischen Ministeriums für Forschung und Hochschulbildung (*Ministerstwo Nauki i Szkolnictwa Wyższego, Bewilligung Nr. NN 110 111837*). Sehr hilfreich war auch ein Stipendium mit Betreuungsleistung aus dem STIBET-Programm des DAAD; wir danken Herrn Dr. Joachim Gerke vom Akademischen Auslandsamt der Ruprecht-Karls-Universität Heidelberg. Dem *Peter Lang Verlag* und seinem Repräsentanzleiter Herrn Dr. Kurt Wallat danken wir für die professionelle Handhabung des Projekts, Herrn Notar Dr. Christian Pohl, D.E.S.S., als Mitherausgeber der Reihe für seine freundliche Zustimmung zur Aufnahme. Gedankt sei schließlich den Mitarbeiterinnen und Mitarbeitern des Heidelberger Instituts für geschichtliche Rechtswissenschaft und des Posener Lehrstuhls für Römisches Recht und Rechtsgeschichte, namentlich Frau Dr. Anna Plisecka in Poznań sowie Frau Dipl.-Übers. Manuela Keller und Herrn Ref. Thomas Raff in Heidelberg für die Tagungsorganisation, Herrn Mgr. Kamil Korn für die mühevolle Redaktion und Erstellung der Druckvorlage, Herrn Ref. Sebastian Stepan für sprachliche Korrekturen, Frau Vivianne Geraldes Ferreira (Mestre em Direito Privado, USP) und den Herren

15 Das Schloss von Ciążeń liegt ca. 80 km östlich von Posen (Poznań).

Mgr. Jan Andrzejewski, Tymoteusz Mikołajczak, Jakub Stolarek für die Übersetzung der Zusammenfassungen in das Portugiesische bzw. Polnische.

Christian Baldus / Wojciech Dajczak

Heidelberg und Poznań

August 2012

Wprowadzenie*

Stworzenie części ogólnej prawa prywatnego - ze wszystkimi jej pozytywnymi i negatywnymi stronami - przypisywane jest osiemnastowiecznemu nurtowi nauki prawa nazywanemu *mos geometricus*[1]. Znane z filozofii i nauk przyrodniczych rozróżnienie części ogólnej i szczególnej[2] zostało wówczas wprowadzone do debaty prawniczej. W roku 1749 rozróżnienie między częścią ogólną a różnymi gałęziami prawa pozytywnego zastosował w swoim systematycznym opisie prawa Daniel Nettelbladt[3]. Kamieniem milowym w recepcji tej systemowej struktury była publikacja *Zarysu systemu powszechnego prawa cywilnego* [*Grundriss eines Systems des gemeinen Civilrechts*] Arnolda Heise w roku 1807. Zgodnie z jego deklaracją celem książki nie była „zasługa naukowa, lecz (...) jedynie użytek na potrzebę własnych wykładów"[4]. Jednak jeszcze za życia mógł on obserwować sukces tych starań o przejrzyste przestawienie prawa[5]. Dwieście lat później praktyczne oddziaływanie koncepcji części ogólnej prawa prywatnego można zaobserwować nie tylko Niemczech, ale także w kodyfikacjach państw, które mają odmienną, różnorodną historię. Jako przykłady można tu podać Brazylię, Polskę i Portugalię. Szeroko znana paralela między funkcją części ogólną w prawie a wyciąganiem przed nawias w matematyce wskazuje przyczynę sukcesu części ogólnej. Jest nią dbałość o jednolite, przewidywalne stosowanie prawa i klarowność jego nauki[6].

W perspektywie prawno-porównawczej wydzielenie części ogólnej nie jest jednak rozwiązaniem typowym. Już rzymska paremia *omnis definitio in iure civili periculosa est*[7] i szeroko znana formuła Holmsa *„The life of the law has not been logic: it has been experience"*[8] nasuwają pytanie o produktywność struktur logicznych i rygorystycznie systematycznego ujęcia prawa. Powołując się m. in. na Arystotelesa i Hugo Grotiusa[9] zarzuca się XVIII-wiecznej „metodzie geometrycznej", że w naukach społecznych, w szczególności w prawoznawstwie, nie da się osiągnąć matematycznej precyzji, ponieważ

* Z niemieckiego przełożył Kamil Korn.

1 Otte (1979), 194 – 195. Por. też nowszą syntezę: Schmidt (2009) 38 – 41.

2 Por. np. Hottinger (1706) 3.

3 Por. Rosende (2004) 628.

4 Heise (1839) III.

5 Heise (1839) IV.

6 Por. Bydlinski (1996) 129.

7 D. 50,17,202 (Iavolenus).

8 Holmes (1881) 1.

9 Grotius, *De iure belli ac pacis*, II 23 § 1.

mamy tu zawsze do czynienia z czynnikami, których nie można dokładnie zmierzyć. Można jedynie je szacować na zasadzie „mniej lub więcej"[10]. Heise mimo wiary w racjonalność swego dzieła[11], nie uchronił się od konieczności „wielkich zmian" lokalizacji poszczególnych zagadnień dogmatycznych w drugim wydaniu swego *Zarysu prawa*[12]. Proces modyfikacji się na tym nie skończył. Już pobieżne spojrzenie na dogmatyczną konstrukcję części ogólnych kodeksów brazylijskiego, niemieckiego, polskiego i portugalskiego pokazuje, że nie mamy tu do czynienia z jednolitym modelem dogmatycznym. Jeszcze większe różnice ujawniają się, gdy weźmiemy pod uwagę dalsze kodyfikacje[13].

Z fundamentalnym pytaniem o to, czy pandektystyczna część ogólna oferuje więcej pożytku niż rodzi trudności łączy się wiele szczegółowych kwestii metodologicznych i dogmatycznych. Zasadniczym przedmiotem rozważań zawartych w niniejszym tomie nie jest jednak zagadnienie wyższości systemu pandektystycznego nad innymi koncepcjami systematyzacji prawa cywilnego[14]. Dotychczasowe doświadczenia związane z harmonizacją prawa prywatnego pokazują, że poszukiwanie w prawie rozwiązań obiektywnie najlepszych jest zazwyczaj mało produktywne. Trwała obecność w wielu krajach pandektystycznego modelu uogólniania prawa prywatnego pozwala jednak przypuszczać, że przetrwał on nie tylko dzięki autorytetowi pandektystyki oraz konserwatyzmowi myślenia prawniczego.

Teksty zebrane w niniejszym tomie powstały w ramach międzynarodowego projektu badawczego realizowanego w latach 2010-2012. W dużym stopniu był on finansowany ze środków polskiego Ministerstwa Nauki i Szkolnictwa Wyższego. Tom rozpoczyna się od tekstów dotyczących filozoficznych i historycznych podstaw idei części ogólnej. Ukazują one kwestie wykraczające poza typową refleksję nad tą problematyką. Użyteczność części ogólnej jak „czynnika integrującego i unaukowiającego" debatę prawniczą potwierdzają kolejne artykuły tomu, których podstawą są referaty przedstawione na konferencjach w Ciążeniu[15] (2010) i Heidelbergu (2012) oraz dyskusja, która im towarzyszyła. Organizatorzy tych konferencji nie narzucali uczestnikom szczegółowych tematów. Ich wybór przez autorów a następnie reprezentowane w referatach poglądy skierowały uwagę redaktorów tomu na pytania, które wydają się kluczowe w dzisiejszej dyskusji o części ogólnej.

10 Otte (1979) 196.

11 Heise (1839) X, 16, 157, 212.

12 Heise (1839) XII.

13 Por. np. art. 1 – 208 rosyjskiego kodeksu cywilnego z 30.11.1994 (общие положения) i art. 1 – 267 ukraińskiego kodeksu cywilnego z 16.01.2003 (загальні положеня).

14 Por. Stelmach (2010) 12 – 13.

15 Zamek Ciążeń leży ok. 80 km. na wschód od Poznania.

Stosownie do nich teksty zostały usystematyzowane wokół trzech centralnych zagadnień. Pierwsze z nich stanowią przesłanki racjonalnego uogólnienia w regulacji prawnej. Drugie, dotyczy granic swobody wyboru kształtu części ogólnej i dogmatycznej postaci pojęć, które zwykle są w niej regulowane. Trzecie zagadnienie, to kwestia oddziaływania części ogólnej na wykładnię prawa. Zebrane w tych ramach teksty pokazują przy uwzględnieniu perspektywy porównawczej i historycznej, że debata dotycząca części ogólnej, czyli bytu o na pozór o czysto logicznej naturze dotyczy w istocie konkurencji podstawowych dla prawa wartości takich jak pewność, ekonomiczna racjonalność i adekwatność do stosunków życiowych, które są kształtowane także przez kontekst społeczny i kulturowy. Mamy nadzieję, że zawarte w tomie opinie i propozycje będą stanowić źródło inspiracji dla dyskusji o tkwiącym w części ogólnej prawa cywilnego systematyzującym potencjale. Wyrażamy oczekiwanie, że okażą się także pomocne przy modernizacji niektórych jego instytucji. Tom zamyka *rapport de synthèse* stanowiący swoiste zaproszenie do dalszej dyskusji na ten temat.

Słowa wdzięczności kierujemy do autorów opublikowanych w tomie tekstów. Wyrażamy podziękowanie polskiemu Ministerstwu Nauki i Szkolnictwa Wyższego za finansowe wsparcie naszego projektu badawczego (grant nr *NN 110 111837).* Bardzo pomocne dla pomyślnego przeprowadzenia projektu okazało się także stypendium DAAD ze środków programu STIBET dotyczącego współpracy międzynarodowej. Za wsparcie w tym zakresie dziękujemy doktorowi Joachimowi Gerke z Biura Obsługi Studentów Zagranicznych Uniwersytetu Ruprechta-Karola w Heidelbergu. Profesjonalna obsługa techniczna projektu jest zasługą Wydawnictwa *Peter Lang*. Z tego tytułu dziękujemy jego reprezentantowi doktorowi Kurtowi Wallatowi. Dziękujemy doktorowi Chistianowi Pohlowi, (D.E.S.S.) współwydawcy serii wydawniczej za przyjęcie do niej niniejszej publikacji. Podziękowania należą się również pracownikom Instytutu Historii Prawa Uniwersytetu w Heidelbergu oraz Katedry Prawa Rzymskiego i Historii Prawa Sądowego Uniwersytetu im. Adama Mickiewicza a w szczególności: dr Annie Pliseckiej (Poznań), tłumaczce dyplomowanej Manueli Keller i referendarzowi prawnemu Thomasowi Raffowi za organizację konferencji; magistrowi Kamilowi Kornowi za pracochłonne prace redakcyjne oraz referendarzowi prawnemu Sebastianowi Stephanowi za korektę językową. Tłumaczenie streszczeń na język portugalski i polski jest zasługą pani Vivianne Geraldes Ferreira (Mestre em Direito

Privado, USP) oraz magistrów Jana Andrzejewskiego, Tymoteusza Mikołajczaka i Jakuba Stolarka.

Christian Baldus / Wojciech Dajczak

Heidelberg i Poznań

sierpień 2012

Introdução*

A criação de uma parte geral do direito civil „com todos os seus aspectos positivos e negativos“ é atribuída ao impacto que teve a linha doutrinária do século 18 que é denominada *mos geometricus*[1]. A divisão praticada na filosofia e nas ciências naturais entre parte geral e parte especial[2] foi, então, introduzida no debate jurídico. Em 1749, Daniel Nettelbladt aplicou a diferenciação entre parte geral e outras áreas do direito positivo à sua apresentação sistemática do Direito[3]. Um marco na recepção dessa estrutura sistemática do Direito Privado foi a publicação do livro de Arnold Heise *Grundriss eines Systems des gemeinen Civilrechts* no ano de 1807. Conforme afirmado por ele mesmo, o livro não era tinha a „ambição de [apresentar] um mérito científico, mas era destinado somente ao uso nas próprias aulas“[4] por ele ministradas. Apesar disso, o próprio Heise pôde, em vida, conhecer o sucesso na doutrina jurídica alemã de suas tentativas em apresentar de forma clara o objeto do Direito[5]. Duzentos anos depois, o impacto prático do conceito de parte geral do Direito Privado pode ser encontrado não apenas na dogmática jusprivatista alemã, mas também em outros códigos civis, sendo que o surgimento destes se deu das formas mais variadas. Como exemplos, podemos citar as codificações do Brasil, da Polônia e de Portugal. Os paralelos muito difundidos entre a parte geral no Direito e a fatoração na matemática colocam em evidência o porquê do sucesso da parte geral: a preocupação em se alcançar uma aplicação uniforme e previsível do Direito, bem como em se alcançar claridade na doutrina[6].

Numa perspectiva de direito comparado, porém, destacar sietaticamente a parte geral das demais matérias não é a escolha típica do legislador nacional. A própria questão sobre os limites de operabilidade de estruturas lógicas para uma apresentação sistemática do direito já era o tema do ditado romano *omnis definitio in iure civili periculosa est*[7] e da conhecida frase de Holmes „*The life of the law has not been logic: it has been*

* O texto em alemão foi traduzido por Vivianne Geraldes Ferreira para o português.

1 Otte (1979) 194 – 195. Para uma nova síntese ver Schmidt (2009) 38 – 41.

2 Ver por exemplo: Hottiner (1706) 3.

3 Ver: Rosende (2004) 628.

4 Heise (1839) III.

5 Heise (1839) IV.

6 Ver: Bydlinski (1996) 129.

7 D. 50,17,202 (Iavolenus).

experience"[8]. Em oposição ao *mos geometricus* da ciência jurídica do século 18, foi sustentado, com base, por exemplo, em Aristóteles e em Hugro Grotius[9], que não se pode alcançar em disciplinas éticas como a ciência do direito a mesma certeza alcançável nas ciências matemáticas, uma vez que "lidamos na ciência jurídica sempre com um mais ou menos que não pode ser medido, mas sim apenas estimado"[10]. A perceptível crença de Heise na racionalidade sistemática da sua criação[11] não foi capaz de impedir as "grandes alterações" na apresentação de algumas matérias trazidas pela segunda edição do seu livro *Grundriss*[12]. Este processo teve, ainda continuação. Basta um olhar superficial sobre a redação da parte geral nos códigos civis do Brasil, Alemanha, Polônia e Portugal para ficar claro que não lidamos com um modelo dogmático único. A análise da configuração da parte geral em outros códigos civis nos mostra, ainda, a grande variedade de soluções dogmáticas possíveis.[13]

Sob a questão geral se a introdução de uma parte geral na sistemática pandectística da codificação do direito civil traz mais vantagens ou desvantagens, encontra-se, assim, uma série de questões metódicas e dogmáticas. O objetivo das reflexões sobre a parte geral do direito civil trazidas neste livro não deve, no entanto, se concentrar na indagação sobre a competitividade desta concepção sistemática frente a outras concepções[14]. A experiência obtida na discussão sobre a uniformização do direito privado nos oferece argumentos sobre como a busca pela superioridade de uma forma jurídica em relação a outra é improdutiva. A durabilidade e a expansão do modelo de generalização do material jurídico demonstra que este modelo não existe, apenas, em razão da autoridade da ciência pandectística ou do conservadorismo no pensamento jurídico.

Os artigos deste livro surgiram a partir de um projeto internacional durante os anos de 2010 a 2012, projeto este que foi gentilmente financiado pelo Ministério para Pesquisa e Educação Superior da Polônia. No início, encontram-se os artigos sobre os fundamentos filosóficos e históricos da ideia de parte geral. Através deles são mostradas certas perspectivas que vão além das intuições habituais sobre o tema. O papel produtivo da ideia de parte geral enquanto „fator de integração e cientifização" do debate jurídico

---

8 Holmes (1881) 1.

9 Grotius, De iure belli ac pacis, II 23 § 1.

10 Otte (1979) 196.

11 Heise (1839) X, 16, 157, 212.

12 Heise (1839) XII.

13 Ver, por exemplo: Art. 1 – 208 do Código Civil da Rússia de 30.11.1994 (общие положения); Art. 1 – 267 do Código Civil da Ucrânia de 16.01.2003 (загальні положеня).

14 Ver: Stelmach (2010) 12 – 13.

tornou-se evidente, como demonstraram as discussões havidas entre os participantes do projeto durante os seminários de Ciążeń[15] (2010) e Heidelberg (2012), discussões estas que foram levadas em consideração na versão escrita de cada um dos trabalhos. Não houve a sugestão precisa de um tema para cada um dos autores. Os temas escolhidos pelos autores e as posições defendidas por eles possibilitaram aos organizadores lançar um novo olhar sobre aquelas questões ocultas sob a ideia de uma parte geral. Com base nesta premissa, a ordem sistemática dos artigos foi decidida com base em três questões centrais, a saber: os requisitos para uma generalização racional do material jurídico; a flexibilidade na concretização, no texto da lei, da ideia de parte geral e a elaboração dogmática dos seus conceitos „típicos"; e os efeitos da parte geral sobre a metodologia jurídica. Os trabalhos trazidos nestes três capítulos demonstram, a partir de uma perspectiva comparatista e histórica, como o debate sobre a criação *prima facie* puramente lógica da parte geral é influenciado pela concorrência entre valores fundamentais como a segurança jurídica, a eficiência econômica e a abordagem naturalista da lei, além de concepções sociais e culturais. Nós acreditamos que as conclusões e sugestões formuladas nestes artigos podem contribuir, como fonte de inspiração, para a discussão sobre o potencial sistemático da parte geral do direito civil e sobre a modernização dos institutos jurídicos discutidos no presente livro. Ao final, são apresentadas como *rapport de synthèse* algumas considerações que são, ao mesmo tempo, um convite para futuras reflexões.

O agradecimento dos organizadores é dirigido, em primeiro lugar, aos autores. Também como expressão de agradecimento, devemos mencionar o apoio financeiro ao projeto de pesquisa e à publicação da presente obra fornecido pelo Ministério polonês para Pesquisa e Educação Superior (*Ministerstwo Nauki i Szkolnictwa Wyższego*, concessão n. NN 110 111837). Muito útil foi também a concessão de bolsa pelo programa STIBET do DAAD; aqui, devemos agradecer ao Dr. Joachim Gerke (Relações Internacionais da Universidade de Heidelberg). Ainda, agradecemos à editora *Peter Lang* e ao seu diretor Dr. Kurt Wallat pelo manejo editorial do projeto, bem como ao Notário Dr. Christian Pohl, D.E.S.S, que gentilmente concordou com a publicação deste livro na série por ele co-organizada. Finalmente, devemos agradecer aos assistentes do Instituto de História do Direito de Heidelberg e da cadeira de Direito Romano e de História do Direito de Poznań, especialmente à Dra. Anna Plisecka em Poznań, bem como a Manuela Keller e Thomas Raff em Heidelberg, ao Mestre Kamil Korn pelos esforços na redação e publicação da presente obra, a Sebastian Stepan pela correção linguística dos textos, a Vivianne Geraldes Ferreira, Mestre em Direito

15 Das Schloss von Ciążeń liegt ca. 80 km östlich von Posen (Poznań).

Privado (USP) e aos Mestres Jan Andrzejewski, Tymoteusz Mikołajczak, Jakub Stolarek pela tradução dos resumos em, respectivamente, português e polonês.

Christian Baldus / Wojciech Dajczak

Heidelberg e Poznań

Agosto 2012

Literaturverzeichnis

Bydlinski (1996): *Franz Bydlinski*, System und Prinzipien des Privatrechts (Wien / New York 1996).

Heise (1839): *Arnold Heise*, Grundriss eines Systems des gemeinen Civilrechts zum Behuf von Pandekten-Vorlesungen (3. Aufl. Heidelberg 1839).

Holmes (1881): *Oliver Wendell Holmes*, The common law (London 1881).

Hottinger (1706): *Salomon Hottinger*, Phisica generalis et specialis iuxta historiam creationis ex Genes (Tiguri 1706).

Otte (1979): *Gerhard Otte*, Der sogenannte *mos geometricus* in der Jurisprudenz, in: Quaderni Fiorentini 8 (1979) 179 – 196.

Rosende (2004) 628: *Cecilia Rosende*, Daniel Nettelbladt (1719 – 1791), in: Rafel Domingo (Hrsg.), Juristas universales, Bd. 2 (Madrid 2004) 626 – 629.

Schmidt (2009): *Jan Peter Schmidt*, Art. Allgemeiner Teil, in: Jürgen Basedow / Klaus J. Hopt / Reinhard Zimmermann (Hrsg.), Handwörterbuch des Europäischen Privatrechts (Tübingen 2009) 38-41.

Stelmach (2010): *Jerzy Stelmach*, Über die Scheinbarkeit des Problems des Wettbewerbs von Rechtsordnungen, in: *Jerzy Stelmach / Reiner Schmidt* (Hrsg.), Krakauer – Augsburger Rechtsstudien. Wettbewerb der Staaten – Wettbewerb der Rechtsordnungen (Warszawa 2010) 9 – 15.

I. Teil

Philosophische und historische Grundlagen der Idee des Allgemeinen Teils

Der allgemeine Teil: Physik und Metaphysik. Zivilistik in Zeiten der Dekodifikation

Tomasz Giaro

Abstracts

The general part of civil law, which during the 19th century moved from legal dogmatics to European civil codes, is due to the efforts of the German Pandectists to make civil law a science. The outcome of this process was the general part of the German Civil Code (BGB), a result of generalization and abstraction of the existing normative material. The general part influenced the remaining sectors of private law and the entire legal order as well. This influence can still be seen today in the popularity of the expression "general part of civil law" or even "general part of private law", usually replacing the more positivistic formula "general part of the civil code". The dogmatic fruitfulness of the general part is analysed with respect to the problem of legal entities in Germany and in Poland which are granted legal capacity, but which lack legal personality. However, the present phenomenon of so-called decodification overshadows the future significance not only of the general part, but also of the civil law as a whole.

Część ogólną prawa cywilnego, która przewędrowała do europejskich kodyfikacji cywilnych z dogmatyki prawniczej, zawdzięczamy wysiłkom unaukowienia cywilistyki, podjętym w XIX wieku przez niemiecką pandektystykę. Kwintesencję prawniczej „naukowości" stanowiła część ogólna niemieckiego kodeksu cywilnego (BGB) jako wynik procesów uogólniania i abstrahowania istniejącego materiału normatywnego. Wpływała ona z kolei na dalsze sektory prawa prywatnego, a nawet na cały porządek prawny. Wpływu tego dowodzi współcześnie zwłaszcza popularność wyrażenia część ogólna „prawa cywilnego" lub nawet „prywatnego", zastępującego z reguły bardziej pozytywistyczną wersję, wzmiankującą część ogólną „kodeksu cywilnego". Produktywność dogmatyczna części ogólnej analizowana jest na przykładzie występujących w Niemczech i w Polsce jednostek organizacyjnych, posiadających co prawda zdolność, lecz nie osobowość prawną. Jednakże obecne zjawisko tzw. dekodyfikacji źle wróży przyszłemu znaczeniu zarówno części ogólnej, jak i całego prawa cywilnego.

A "parte geral" do direito civil, que, durante o século 19, passou da dogmática jurídica para os Códigos Civis europeus, é resultado dos esforços tomados por pandectistas alemães para fazer do Direito Civil uma ciência. O estágio final deste processo foi a Parte Geral do Código Civil alemão (BGB), resultado da generalização e abstração do material normativo então existente. A Parte Geral influenciou os demais setores do direito privado e mesmo toda a ordem jurídica. Essa influência pode ser comprovada ainda hoje por força da pela popularidade da expressão "Parte Geral do Direito Civil" ou ainda "Parte Geral do Direito Privado", geralmente em substituição à fórmula mais positivista "Parte Geral do Código Civil". A frutificação dogmática da Parte Geral é analisada em relação às pessoas jurídicas do direito alemão e do direito polonês que possuam capacidade, mas não personalidade jurídica. No entanto, o fenômeno atual da chamada "decodificação" ofuscam não apenas o significado da Parte Geral, mas também Direito Civil como um todo.

1. Der allgemeine Teil in der Gesetzgebung

Historisch gesehen verdankt sich der allgemeine Teil moderner Zivilgesetzbücher dem Bestreben, der Privatrechtsordnung eine gewisse Einheit und Folgerichtigkeit zu verleihen. Neben der Unterscheidung (*distinctio*) gehört nämlich auch Generalisierung zu jeder Juristenarbeit. Sie wird mehr oder weniger weit getrieben, je nach einer eher logisch-systematischen oder mehr pragmatisch-kasuistischen Ausrichtung der Jurisprudenz. Die logisch-systematische Einteilung nach *genus* und *species* erschien als juristisches Werkzeug bereits im spätrepublikanischen Rom, wo Cicero die Materie des Zivilrechts auf wenige Kategorien (*genera perpauca*) im Zuge einer kunstgerechten Quasi-Axiomatisierung zurückführen wollte.[1]

Als Kernstück des allgemeinen Teils gilt das Rechtsgeschäft. Der älteren Romanistik zufolge hatten die alten Römer diese Kategorie – ähnlich wie sie den Begriff der juristischen Person „mehr vorausgesetzt als wissenschaftlich klargelegt" hätten –[2] „mehr empfunden als durchdacht".[3] Zwar hat Emilio Betti (1890-1968), Verfasser einer 1943 erschienenen allgemeinen Theorie des Rechtsgeschäfts (*Teoria generale del negozio giuridico*), bereits 1935 einen allgemeinen Teil des römischen Rechts (*Diritto romano*, Bd. I. *Parte generale*) auf 768 Seiten ausgebreitet.[4] Gegenwärtig ist aber gemeinhin anerkannt, dass erst die nachrömische Rechtstradition ihre Zentralkategorien Vertrag, Delikt und ungerechtfertigte Bereicherung durch eine graduelle Generalisierung des römischen Materials schuf.[5]

Deutlich ist besonders das Junktim zwischen dem späten Naturrecht der Wolff-Schüler Joachim Darjes (1714-1791) und Daniel Nettelbladt (1719-1791) einerseits und dem Pandektensystem von Georg Arnold Heise (1778-

---

1 Giaro (2007) 242.
2 Mitteis (1908) 340.
3 Jörs / Kunkel / Wenger (1949) 80.
4 Vgl. Nardozza (2007) 61 ff.
5 Lawson (1953) 146 ff.

1851) andererseits.[6] Es war gerade Heises *Grundriss des gemeinen Zivilrechts* von 1807, in dem erstmalig das einleitende Kapitel „Allgemeine Lehren" erschien. Die rechtsliterarische Bedeutung des „allgemeinen Teils" im ursprünglichen Sinne des ersten Kapitels eines Pandektenlehrbuchs ist verknüpft mit der abgeleiteten Bedeutung als erstes Buch eines Zivilgesetzbuchs. Zum ersten Mal erschien der lehrmäßig dargestellte allgemeine Teil im sächsischen BGB von 1863, das nicht von ungefähr als erstes Gesetzbuch ebenfalls den Begriff des Rechtsgeschäfts verwendete.[7]

Freilich enthalten moderne Kodifikationen Europas üblicherweise Einleitungen mit einigen Generalia, Grundsätzen und Prinzipien über Rechtsquellen, Lücken im Gesetz und dessen Auslegung. Man muss ja wissen, was eine verbindliche Rechtsnorm ist und wie man sie interpretiert und anwendet. Diese Einleitungen sind unter Umständen relativ kurz, wie die sechs Artikel des französischen *Code civil*, die zehn Artikel des schweizerischen ZGB oder die 24 Artikel des neuen rumänischen *codul civil* von 2009. Andere sind kaum umfangreicher, enthalten aber auch das internationale Privatrecht, wie die Einleitungen zum lettischen ZGB von 1937 mit 23 Artikeln und zum italienischen *codice civile* von 1942 mit 31 Artikeln.[8]

Von diesem minimalistischen Modell hebt sich das von Friedrich Carl von Savigny (1779-1861) maßgeblich geprägte klassische Schema des allgemeinen Teils ab.[9] Beide Modelle versöhnte bereits das russische ZGB von 1922, das mit seinen drei generellen Einleitungsartikeln eine Art Mischsystem des allgemeinen Teils begründete. Ein weiteres Beispiel liefern die ersten drei Artikel des griechischen ZGB von 1946, obwohl seine meisten Vorschriften, besonders die Regelung des Rechtsgeschäfts (Art. 127-200), dem deutschen BGB ziemlich treu blieben.[10] Dem griechischen folgten das sowjetrussische, das tschechoslowakische und das polnische ZGB, alle von 1964, ferner das portugiesische ZGB von 1966, das neue russische von 1996, das litauische von 2000 und das ukrainische von 2003.

Die legislative Rezeption des allgemeinen Teils beruht in Europa vor allem auf der während des 19. Jahrhunderts erfolgten Osterweiterung der kontinentalen Rechtsfamilie. Dieser historische Prozess wurde von dem als Pandektisierung bekannten Einfluss der deutschen und deutschsprachigen Pandektistik vorangetrieben. Damit wurde die innerhalb des kontinentalen Privatrechts entstandene Trennung zwischen dem durch starke Rezeption des römischen Rechts geprägten Westen und dem weitgehend davon ver-

6 Wilhelm (1958) 61 ff.; Schmoeckel (2003) 135 f.
7 Stagl (2007) 42 A. 30; Hattenhauer (2011) 84 f.
8 Zaradkiewicz (2003) 39 f. (Lettland); Ionescu (1967) 607 ff. (Italien).
9 Hammen (1983) 209 ff.
10 Ionescu (1967) 598 ff.; Georgiades (2000) 494 f.

schont gebliebenen Osten einschließlich Russlands eingeebnet.[11] Außerhalb Europas haben etwa Japan 1898, Thailand 1925 und China 1929 sowie Brasilien in seinen Zivilgesetzbüchern von 1916 und 2002 einen allgemeinen Teil eingeführt.

Während der NS-Zeit (1933-1945) wurde in Deutschland der Allgemeine Teil des BGB heftig kritisiert: Das damals geplante Volksgesetzbuch, das nicht nur für Fachjuristen bestimmt war, konnte ihn entbehren, zumal die entsprechende Vorlesung bereits durch die völkische Studienordnung von 1935 abgeschafft wurde. Jedoch gab es auch nationalsozialistische Befürworter, wie teilweise Karl Larenz (1903-1993); außerdem wurde sogar „ein Wort Verteidigung" des alten Philipp Heck (1858-1943) genehmigt.[12] Vor allem zeigt aber die stete Präsenz des allgemeinen Teils in den sowjetischen Zivilgesetzbüchern von 1922 bis zum Ende des Kommunismus, dass er keineswegs ausschließlich als ideologischer Ausdruck des individualistischen Liberalismus zu betrachten ist.[13]

Zwar muss die sowjetrussische Kodifikation des Zivilrechts von 1922, die von der vorrevolutionären Juristenelite binnen weniger Monate bewerkstelligt wurde, noch als Spätergebnis der Beeinflussung des Zarenreichs durch die deutsche Pandektistik angesehen werden. Jedoch folgten auch die nach dem Zweiten Weltkrieg entstandenen Ostblockstaaten keineswegs einer einheitlichen Linie. Denn Ungarn hielt mit seinem Zivilgesetzbuch von 1959, dem ersten in der ungarischen Rechtsgeschichte, an seiner den allgemeinen Teil ablehnenden Tradition fest. Ebenso wollte sich das Zivilgesetzbuch der DDR von 1975 unter anderem durch die Abwesenheit eines allgemeinen Teils vom traditionellen deutschen Privatrecht abheben.[14]

2. Der allgemeine Teil als Werk der Rechtsdogmatik

Die Binsenweisheit, der allgemeine Teil des bürgerlichen Rechts sei kein deutscher Exportschlager gewesen, muss jedoch eindeutig auf die Gesetzgebung beschränkt bleiben, da er in der Rechtsdogmatik geradezu zur Signatur des gesamten *civil law* geworden ist.[15] In Skandinavien begann die dogmatische Rezeption bereits mit der Aufnahme eines allgemeinen Teils in das zwischen 1844 und 1849 erschienene „Lehrbuch des schwedischen Zivilrechts" von Fredrik Schrevelius (1799-1865). Mit Joseph Ungers (1828-1913) „Sys-

11 Giaro (2006) 301 ff.
12 Wieacker (1967) 486 f.; Schmoeckel (2003) 158 ff. (Volksgesetzbuch); Larenz (1939); Heck (1941).
13 J.P. Schmidt (2009a) 1244; ders. (2010) 311 A. 62.
14 Ionescu (1967) 602 f. (Ungarn); Sacco (2001) 236 ff. (DDR).
15 Merryman (1969) 73 ff.; Ranieri (2009) 51 ff.

tem des österreichischen allgemeinen Privatrechts" von 1856-1859 drang der allgemeine Teil einschließlich der Lehre vom Rechtsgeschäft nach Österreich vor.[16]

In Frankreich fand Karl Salomo Zachariäs (1769-1843) aus dem späten Naturrecht erwachsenes proto-pandektistisches „Handbuch des französischen Zivilrechts" von 1808 Beachtung, nachdem es zwischen 1839 und 1846 in der Übersetzung der zwei Straßburger Zivilisten Charles Aubry (1803-1883) und Frédéric-Charles Rau (1803-1877) als *Cours de droit civil français d'après la méthode de Zachariae* erschienen war und seitdem häufig aktualisiert wurde.[17] Demgegenüber blieben die späteren deutschen Darstellungen wie Carl Crommes (1859-1931) „Allgemeiner Teil der modernen französischen Privatrechtswissenschaft" von 1892 und Murad Ferids (1908-1998) „Das französische Zivilrecht", Bd. I. Teil 1 „Allgemeine Lehren", von 1971 in ihrer Wirksamkeit auf Deutschland begrenzt.[18]

In Italien erschien Savignys „System des heutigen römischen Rechts" zwischen 1886 und 1898 in italienischer Übersetzung von Vittorio Scialoja (1856-1933) als *Sistema del diritto romano attuale*; in den Jahren 1925-1926 wurde die annotierte Übersetzung des Windscheidschen Lehrbuchs des Pandektenrechts von Carlo Fadda (1853-1931) und Paolo Bensa (1858-1928) publiziert: *Diritto delle pandette con note e riferimenti al diritto civile italiano*. Schließlich lehnte jedoch das italienische Zivilgesetzbuch von 1942 einen allgemeinen Teil ab. In die Schweizer Rechtsdogmatik wurde er dagegen erst nach der Kodifikation durch das Werk des deutschen Zivilisten Andreas von Tuhr (1864-1925), „Allgemeiner Teil des schweizerischen Obligationenrechts" Bd. I.1 (1924)-2 (1925), eingeführt.[19]

Allerdings blieb im Deutschland des 19. Jahrhunderts, als Pandektenlehrbücher geradezu Gesetzesersatz waren, der Gegensatz zwischen der dogmatischen und der legislativen Bedeutung des allgemeinen Teils schwach ausgeprägt. Bis heute begegnet man dem Stichwort auch in rein wissenschaftlichen Materien des Rechts, etwa in der jegliche Geltungsrelevanz entbehrenden Rechtsvergleichung, deren zur Rechtsphilosophie hinführenden allgemeinen Teil Ernst Rabel (1874-1955) erwähnte.[20] Bekannt ist auch ein allgemeiner Teil der gesamten Rechtswissenschaft, der bereits in Adolf Merkels (1836-1896) Werk *Elemente der Allgemeinen Rechtslehre* von 1889 allgemeine Teile aller Rechtszweige um der Rechtseinheit willen zu koordinieren hatte.[21]

16 Björne (1987) 336 f. (Schweden); Stagl (2007) 46 ff. (Österreich).
17 Sacco (2001) 220 f.; Schulze (2002) 82 f.
18 Geyer (2005) 10 ff.; Ranieri (1999) 189 ff.
19 Gambaro / Sacco (2009) 282 f. (Italien); Peter (1965) 336 f. (Schweiz).
20 Giaro (2008) 164 f.
21 Baldus (1995) 89 ff.; Funke (2004) passim.

Letztendlich ist der allgemeine Teil eine Frucht der im 19. Jahrhundert von der deutschen Pandektistik gepflegten Verwissenschaftlichung des Privatrechts. Seitdem ziert mindestens dessen Kernstück, das Rechtsgeschäft, das meiste kontinentale *civil law*, einschließlich Frankreichs. Dort befasste sich besonders Raymond Saleilles (1855-1912) intensiv mit Fragen des Rechtsgeschäfts und der Willenserklärung, denen er 1901 seine Monographie *De la déclaration de volonté. Contribution à l'étude de l'acte juridique dans le Code civil allemand* widmete. Sogar die französischen Kommissionen für die – jeweils gescheiterte – Reform des *Code civil* führten etwa 1953 sowie 2005 (art. 1101 *Avant-projet Catala*) und 2008 (art. 2 *Avant-projet Code civil*) zumindest den Begriff des *acte juridique* ein.[22]

Demgegenüber ist im Rechtskreis des *common law* weder der allgemeine Teil des Privatrechts noch die abstrakte Kategorie des Rechtsgeschäfts anerkannt; darüber hinaus fehlt es an einer entsprechenden technischen Terminologie, so dass einige angelsächsische Verfasser in Bezug auf Rechtsgeschäfte von *legal transactions*, andere von *legal, juridical* oder *juristic acts* und andere noch von *acts-in-the-law* sprechen.[23] In der Tat baut das angelsächsische Privatrecht eher auf Distinktionen denn auf Verallgemeinerungen auf: Deshalb bleiben dort *contracts* und *torts*, die im kontinentalen Privatrecht seit der Zeit der römischen Juristen zu einer allgemeineren Kategorie der *obligationes* vereinigt werden, unvermittelt nebeneinander stehen.

3. Pandektistik und Verwissenschaftlichung

In der vorkodifikatorischen Zeit war das Studium des römischen Rechts – neben dem des *ius canonicum* – die einzige europäische Rechtswissenschaft und damit europäische Rechtstheorie. Angesichts des damaligen Eurozentrismus glich diese Disziplin ebenfalls einer allgemeinen Rechtstheorie. Als solche begriff sich jedenfalls die Pandektistik, deren Bannerträger Bernhard Windscheid (1817-1892) die Dogmatik des heutigen römischen Privatrechts schlicht und einfach als „Wissenschaft vom Rechte" empfahl. Dementsprechend war der erste Abschnitt des Allgemeinen Teils im ersten Band seines „Lehrbuch des Pandektenrechts" bereits in der Erstauflage von 1862 mit der ähnlichen Singularbezeichnung „Von dem Rechte überhaupt" überschrieben,[24] während sich die subjektiven Rechte unter dem Pluralnamen „Von den Rechten überhaupt" verbargen.

---

22 Zaytay (1966) 361; Ionescu (1967) 588; Halpérin (2001) 286; J.P. Schmidt (2010) 308.

23 Lawson (1953) 164; MacCormick 87 f.; J.P. Schmidt (2010) 309 f.

24 Giaro (2007) 249, 589 f.; K. Schmidt (2010) 184.

Im Übrigen erfreute sich das Adverb „überhaupt“ bei den deutschen Pandektisten besonderer Beliebtheit. Schon bei Heise wurde dem Sachenrecht das einleitende Kapitel „Von den dinglichen Rechten überhaupt“ vorangestellt.[25] Die Pandektenlehrbücher konnten derart allgemeine Gegenstände wie dingliche Rechte als solche, Obligationen an sich, Familie schlechthin und Erbrecht überhaupt behandeln, denn – wie Karl Georg von Wächter (1797-1880) betonte – ein Großteil des römischen Rechts klärte bloß über die „wahre rechtliche Natur“ von Lebensverhältnissen auf. Ebenso konnte Windscheid die Pandektistik als Wissenschaft vom Rechte bezeichnen, denn er hielt ihr Objekt für einen Ausdruck der ubiquitär wiederkehrenden Beziehungen und damit für überall dort einschlägig, wo „zivilisierte Menschen zusammenleben“.[26]

Vom römischen Recht als „allgemeinem Recht der zivilisierten Nationen“ oder kurz „Weltrecht“ sprach bereits im ersten Band seines *Cursus der Institutionen* Savignys Nachfolger Georg Friedrich Puchta (1798-1846), der außerdem in seinem *Lehrbuch des Pandektenrechts* über die „Entstehung des Rechts überhaupt“ nachsinnte.[27] Bekanntlich gehörte weder Rechtsvergleichung noch juristische Anthropologie zum Repertoire der durchaus ethnozentrisch ausgerichteten Pandektistik.[28] Trotzdem fielen ihr die allgemeinen Rechtslehren anheim, weshalb Justinians Digesten – so immer noch Wächter – zur Grundlage der Juristenausbildung avancierten.[29] In diesem Sinne enthielt der allgemeine Teil nicht etwa die generellen Vorschriften zunächst des Pandektenrechts und dann des bürgerlichen Rechts, sondern geradezu die absoluten Rechtsprinzipien.

Die Abstraktheit dieser Normsätze erzeugte eine Illusion der induktiven Begriffs- und Regelbildung durch die Zivilistik und damit ihrer Wissenschaftlichkeit.[30] Diese wurde auch tatsächlich bereits im 19. Jahrhundert durch die Fruchtbarkeit der zivilistischen Begriffe auf dem Gebiet des öffentlichen Rechts bestätigt. Paul Labands (1838-1918) Verfassungsrecht, veröffentlicht in vier Bänden zwischen 1876 und 1882 unter dem Titel *Das Staatsrecht des Deutschen Reichs*, sowie Otto Mayers (1846-1924) *Deutsches Verwaltungsrecht* in zwei Bänden von 1895-1896, beruhten auf dem wissenschaftlichen Modell der Pandektistik. Der Staat folgte dem Muster der juristischen Person, der Verwaltungsakt dem des zivilen Gerichtsurteils, politische Autono-

25 Dazu Schwarz (1960) 19.
26 Giaro (2007) 46.
27 Haferkamp (2004) 346; Giaro (2007) 585 f.
28 Giaro (2008) 159 f.
29 Wächter (1880) VII; vgl. Ionescu (1967) 586.
30 Giaro (1994) 275 f.

mie dem der Privatautonomie, das subjektive öffentliche Recht dem des subjektiven Privatrechts etc.[31]

Das aus Verfassungs- und Verwaltungsrecht zusammengesetzte Hauptgebiet des öffentlichen Rechts konstituierte sich also in den deutschen Ländern während der zweiten Hälfte des 19. Jahrhunderts im Wege einer relativ konsequenten Übernahme der sogenannten „juristischen Methode" aus der Pandektistik. Dieses positivistische Verfahren fußte theoretisch vor allem auf der dogmatisch-begriffsjuristischen Zurückweisung aller „fachfremden Elemente", praktisch aber einfach auf dem sogenannten Justizsyllogismus und dem Subsumptionsdogma.[32] Auch in der nachpositivistischen Phase der deutschen Rechtsphilosophie war es der Zivilist Larenz, der die wohl populärste *Methodenlehre der* gesamten *Rechtswissenschaft* schrieb. Im deutschen allgemeinen Verwaltungsrecht werden die zivilistischen Vorschriften zur Auslegung von Verträgen bis heute verwendet.[33]

Auch das Strafrecht als Sondergebiet des öffentlichen Rechts konstituierte sich während des langen 19. Jahrhunderts, zumindest in seiner „klassischen" Variante, unter dem Einfluss der Zivilistik als ausgesprochen rechtspositivistische Disziplin. Solche Charakteristika hatte das 1885 veröffentlichte *Handbuch des Strafrechts* Karl Bindings (1841-1920).[34] Die strafrechtliche Unterscheidung zwischen Rechtswidrigkeit und Schuld, also zwischen objektivem und subjektivem Unrecht, verdankt sich dem Romanisten Rudolf von Jhering (1818-1892).[35] Erst die NS-Juristen haben *Die Befreiung des Strafrechts vom zivilistischen Denken* – so der Titel der 1938 veröffentlichten Monographie von Hans-Jürgen Bruns (1908-1994) – verordnet, womit sie unter anderem weniger Abstraktion und mehr Wirklichkeitsnähe forderten.[36]

4. Physik und Metaphysik des allgemeinen Teils

Findet aber eine derartige – nunmehr lediglich verdeckte – Ausstrahlung der Zivilistik immer noch statt? Die mit dem Titel „Allgemeiner Teil" versehenen juristischen Monographien enthalten gewöhnlich die bloße Beschreibung und Analyse des entsprechenden Normmaterials und damit eine Art seiner Physik, etwa eine gründliche Erörterung des Rechtsgeschäfts. Soll aber das Rechtsgeschäft überhaupt sein? Dies gehört zur Metaphysik als Disziplin der letzten Fragen. Die allerletzte von ihnen lautet: Welche sind die Existenz-

---

31 Wilhelm (1958) 146 ff.

32 Jestaedt (2007) 248 f.

33 Baumann (1989) 60 ff.

34 Giaro (2007) 575.

35 Fikentscher / Himmelmann (1995) 98 f.

36 Dazu Lüderssen.

gründe des allgemeinen Teils des Zivilrechts? Soll er lediglich im Rahmen dieses oder jenes Zivilgesetzbuchs fungieren oder darf er im gesamten Privatrecht Geltung beanspruchen? Welche sind seine nicht nur behaupteten, sondern auch tatsächlichen Funktionen?

Damit geht es nicht um den allgemeinen Teil als bloßes Ergebnis der als „Ausklammerungsoperation" bekannten Kunstgriffs der Gesetzestechnik.[37] In dieser Hinsicht steht nämlich fest, dass man entweder das Rechtsgeschäft gesondert im allgemeinen Teil regeln oder vom Testament sowie von der Eheschließung und Verlobung auf den Vertrag verweisen wird. Im letzteren Fall braucht man keine abstrakte Kategorie des Rechtsgeschäfts und damit auch keinen allgemeinen Teil. Beschränkt man aber dessen Vorzüge auf die Kodifikationstechnik, so ist mit dem Vorwurf zu rechnen, dass man sich immer noch mit einer derart veralteten Gesetzgebungsmethode wie der Kodifikation beschäftigt. Im Folgenden wird also die Frage erörtert, ob der allgemeine Teil auch jenseits seiner rein gesetzestechnischen Leistungen eine rechtsdogmatische Fruchtbarkeit aufweist.

Es handelt sich demnach um etwas mehr als die bloße Anwendbarkeit des allgemeinen Teils in allen übrigen Sektoren des Zivilgesetzbuches. Denn er scheint in der Tat außerdem eine gewisse „teleologische Expansionskraft" zu besitzen,[38] die ihm die Fähigkeit zur überschießenden Anwendung verleiht. Er beansprucht nämlich die weitergehende Funktion der Sicherung privatrechtlicher Grundprinzipien, wie insbesondere der Gleichheit der Subjekte oder der Privatautonomie, ja sogar der subjektiven Rechte selbst, womit sich seine Wirksamkeit auf die gesamte Privatrechtsordnung erstreckt.[39] Trotz des formalen Dualismus des Privatrechts hat auch in Frankreich der *Code civil* schon immer, und zwar trotz Abwesenheit eines allgemeinen Teils, einen faktischen Vorrang vor dem *Code de commerce* genossen.[40]

In diesem Zusammenhang sei noch einmal auf die Verwendung der zivilistischen Vorschriften zur Rechts- und Geschäftsfähigkeit sowie zur Vertretung und Auslegung von Verträgen im deutschen allgemeinen Verwaltungsrecht hingewiesen.[41] Ein deutliches Anzeichen für die Expansionskraft des allgemeinen Teils liefert außerdem die Redeweise vom allgemeinen Teil des „bürgerlichen Rechts" (so der Titel des dreibändigen Werkes von Werner Flume) oder „Zivilrechts" statt etwa des „bürgerlichen Gesetzbuchs" oder „Zivilgesetzbuchs". Dieser breite Ausdruck, der gelegentlich sogar als allgemeiner Teil des „Privatrechts" auftritt, bietet sich besonders in Österreich, in der Schweiz und in Italien an, wo das Gesetzbuch gar keinen allgemeinen Teil

---

37 Boehmer (1951) 72; J.P. Schmidt (2010) 311, 315, 319.

38 Zu diesem Ausdruck Boehmer (1951) 188; Säcker (2004) 815.

39 J. P. Schmidt (2009b) 317.

40 Górnicki (2004) 627 ff.; Rehm (2009) 257.

41 Baumann (1989) 60 ff.

aufweist. Jedoch ist der Titel auch etwa in Polen geläufig,[42] während sein gesetzespositivistisches Pendant „Allgemeiner Teil des ZGB“ völlig ungebräuchlich bleibt.

Ein Überbleibsel der Universalität des allgemeinen Teils des Zivilrechts sind wohl die einleitenden Vorschriften über Rechtsquellen sowie über Geltung, Auslegung und Anwendung von Gesetzen, die – im Gegensatz zum deutschen BGB – in den geltenden Zivilgesetzbüchern Griechenlands (Art. 1-3), Russlands (Art. 1-10), Tschechoslowakeis (Art. I-VIII; § 1-6), Polens (Art. 1-7), Portugals (Art. 1-13), Litauens (Art. 1.1-1.9) und Ukraines (Art. 1-23) vorkommen. Dabei gestalten sich doch die Fragen der Geltung, Auslegung und Anwendung von Gesetzen sowie der Rechtsfortbildung im gesamten Privatrecht grundsätzlich kaum anders als im öffentlichen Recht. Damit gehören sie jedoch nicht in den allgemeinen Teil des bürgerlichen Rechts, sondern – so nachdrücklich Ernst Zitelmann (1852-1923) – der Gesamtrechtsordnung.[43]

In diesem Sinne forderte Karl August Unterholzner (1787-1838) bereits im Jahre 1812 „einen gemeinschaftlichen Allgemeinen Teil des Privatrechts und des öffentlichen Rechts“.[44] Auch in der Zeit Zitelmanns sprach man in Deutschland vom allgemeinen Teil der Gesamtrechtsordnung, der ihre wissenschaftlich entwickelten Bereiche, etwa das subjektive Recht, umfasste. Diese Auffassung ist in den Werken *Das subjektive Recht als Bestandteil des allgemeinen Teils der Rechtsordnung* (1931) von Arno Schantz (1904-1942) und *Der allgemeine Teil des Rechts. Eine Darstellung der gemeinsamen Lehren des öffentlichen und des privaten Rechts* (1927) von Karl Friedrichs (1865-1936) zu finden.[45] Freilich verrät die Präsenz derart allgemeiner Vorschriften im Zivilgesetzbuch einen gewissen Hoheitsanspruch der Zivilistik gegenüber dem öffentlichen Recht.

Gebührt also dem allgemeinen Teil dank seiner wissenschaftlichen Fundierung eine besonders gehobene Stellung, sei es nur rein faktischer Natur? Als Beispiele der rechtsdogmatischen Ausstrahlung des Allgemeinen Teils des deutschen BGB nennt man etwa die Bereiche „Personen“ und „Sachen“,[46] was besonders dann zutreffen würde, wenn man letztere, wie im polnischen ZGB (Art. 44), als „Vermögen“ umformuliert oder, wie im portugiesischen ZGB (Art. 202), im Sinne aller Rechtsobjekte versteht. Dies scheint die faktische Vorherrschaft des Zivilgesetzbuchs, insbesondere seines allgemeinen Teils, über das sonstige Privatrecht sogar in jenen Ländern

42 Wolter (1976); Szer (1967); Grzybowski (1985); Radwański (2009a); Brzozowski u.a. (2010).

43 Zitelmann (1906) 2 ff.

44 Björne (1984) 267.

45 Funke (2004) 14 f.; zu Friedrichs auch Suhr (1975) 33.

46 Zu beiden J.P. Schmidt (2009b) 322 f.

zu ermöglichen, die – wie Deutschland – dem Modell des gleichrangigen Dualismus von Zivil- und Handelsrecht folgen.

5. Teilrechtsfähigkeit in Deutschland

Als Beispiel dieser Vorherrschaft des Zivilgesetzbuchs möge die im ersten Abschnitt (Personen) des ersten Buches (Allgemeiner Teil) des deutschen BGB festgesetzte Zweiteilung von Personen des Privatrechts in natürliche (§ 1 ff. BGB) und juristische (§ 21 ff. BGB) Personen dienen. Letztere sind bekanntlich Ergebnis der rechtlichen Gleichstellung sozialer Organisationen mit dem einzelnen Menschen.[47] Dabei war und bleibt der Umfang dieser Gleichstellung alles andere als ausgemacht. Nicht von ungefähr hat der deutsche Zivilist Helmut Coing (1912-2000) den Begriff der juristischen Person als einen „Verlegenheitsbegriff" charakterisiert, der insoweit etwa dem *quasi-contrat* des französischen Zivilrechts ähnelt.[48]

Savigny war die begriffliche Abhängigkeit der juristischen von der menschlichen Person klar. Erstere Kategorie konnte damit nicht mehr darstellen als eine gesetzlich verankerte Analogie oder – um Savignys Bezeichnung aufzugreifen – Fiktion.[49] Bereits in den Materialien zum BGB wurde jedoch dieses dichotomische Dogma, das anscheinend lediglich die beiden genannten Arten der Rechtspersonen zulässt, in „Modelle" umgedeutet. Das BGB hat ausschließlich zwei davon festgehalten: Verein und Stiftung. Dagegen seien die dem Handelsrecht zugehörigen Kapitalgesellschaften, wie Aktiengesellschaft und Gesellschaft mit beschränkter Haftung, ebenso wie die Genossenschaften, gezielt ausgespart, da sie von den „bisherigen Bestimmungen" geregelt bleiben sollten.[50]

Probleme bereiteten jedoch offensichtlich nicht die Kapitalgesellschaften, weil juristische Persönlichkeit der Aktiengesellschaft als Körperschaft bereits bei Savigny keinerlei Zweifel erweckte.[51] Damit passten die Kapitalgesellschaften durchaus in den „klassischen" Dualismus von natürlichen und juristischen Personen, dem zufolge die organisatorischen Einheiten des Soziallebens entweder rechtsfähig – und damit juristische Personen – waren oder nicht. Denn nach der traditionellen Auffassung pandektistischer Prägung, die man nachträglich als „Zwangsvorstellung" karikierte, gab es keine juristischen Personen, die nicht rechtsfähig waren, noch rechtsfähige

47 Bydlinski (1996) 142 ff.
48 Coing (1982) 305 f.
49 Flume (1983) 3 ff.
50 K. Schmidt (2009) 185 f.; Medicus (1992) 385.
51 Flume (1983) 27 ff.

Gebilde, denen keine juristische Persönlichkeit zukam.[52] Dabei wurden juristische Personen dem Typenzwang zufolge nach dem Enumerationsprinzip restriktiv behandelt.

Demgegenüber blieb der Status der handelsrechtlichen Personengesellschaften ungeklärt. Zwar gewährte § 124 I HGB von 1897 Rechtsfähigkeit auch der offenen Handelsgesellschaft (OHG), ebenso wie § 161 II HGB der Kommanditgesellschaft (KG), doch verwehrten Rechtsprechung und Dogmatik den beiden Gesellschaftstypen juristische Persönlichkeit. Die deutschen Zivilrechtler nahmen ja die Konstruktion der Rechtsfähigkeit ohne Persönlichkeit, wie auch die „unwissenschaftliche" und im steten Abstieg begriffene Disziplin des Handelsrechts, nicht sonderlich ernst. Der zeitweise in Deutschland herrschenden Meinung zufolge hat man die OHG in bestimmten Beziehungen nur so behandelt, als ob sie rechtsfähig sei.[53] Vor dem Hintergrund dieser Fiktion wurden als wirkliche Träger der Rechte und Pflichten die Gesellschafter angesehen.

Diese Lösung widersprach freilich der sowohl im Kreis des *common law* als auch in den Hauptländern des *civil law* wie Frankreich anzutreffenden Rechtslage, der zufolge auch bei Sozialorganisationen juristische Persönlichkeit und Rechtsfähigkeit traditionell als synonym betrachtet werden.[54] In der Tat pflegte man in den genannten Ländern die ungeteilte Rechtsfähigkeit von organisatorischen Einheiten als Analogon der natürlichen Persönlichkeit und damit als juristische Persönlichkeit zu betrachten. In diesem Sinne hat die französische Rechtsprechung den Gesellschaften des bürgerlichen Rechts (*sociétés civiles*) bereits Ende des 19. Jahrhunderts, nämlich in den Kassationsurteilen von 1891 und 1894, juristische Persönlichkeit zuerkannt.[55]

In Deutschland und Österreich hat dagegen die Zivilistik der jüngeren Zeit die sogenannte klassifikatorische oder qualitative Auffassung der juristischen Persönlichkeit überwunden, die – dem Muster des entweder-oder verpflichtet – deren Abstufung nach dem quantitativen Kriterium von Mehr oder Weniger ausschließt.[56] Insgesamt herrscht gegenwärtig in der deutschen Lehre und Rechtsprechung eine ambivalente Tendenz: einerseits zur Anerkennung der beschränkten Rechtsfähigkeit immer neuer Gemeinschaften zur gesamten Hand, wie der Ehegatten- (§ 1419 BGB) und der Erbengemeinschaft (§ 2032 BGB) sowie der Gesellschaft bürgerlichen Rechts (§ 718 BGB), und andererseits zur Relativierung oder Gradualisierung der juristischen Persönlichkeit.[57]

---

52 Flume (1977) 94 (Zwangsvorstellung); Damm (2002) 847 f.
53 Reuter (2007) 674; Tereszkiewicz (2009) 31 f.
54 Flume (1977) 91 ff.; Lehmann (2007) 240 ff.
55 Halpérin (2001) 199; Tereszkiewicz (2009) 62 f.
56 Bydlinski (2001) 16 ff.
57 Damm (2002) 862 ff., 866.

Insbesondere hat in den 1970er Jahren Werner Flume (1908-2009) der rechtsfähigen Personengesellschaft als Rechtsfigur des Allgemeinen Teils des bürgerlichen Rechts einen Platz neben den traditionellen juristischen Personen zugewiesen.[58] Offensichtlich können die im Verkehr erscheinenden Subjekte auf zweifache Art und Weise behandelt werden. Die mit Flumes Lehre praktisch übereinstimmende Lösung beruht darauf, sie als unvollkommene, fiktive oder „gebrechliche" quasi-juristische Personen zuzulassen. Eine weitergehende Lösung begrüßt sie darüber hinaus als neue juristische Personen: So verfahren Karsten Schmidt, der neben Stiftungen und Körperschaften die Außen-Personengesellschaft als dritte Art juristische Person ins Leben ruft, und Thomas Raiser, der sogar alle Personengesellschaften als juristische Personen betrachtet.[59]

Vom methodischen Standpunkt muss jedoch angemerkt werden, dass der Vorschlag Flumes von der üblichen Gesetzesauslegung weit entfernt war. Flume musste dabei nämlich einige Vorschriften des geltenden deutschen Privatrechts – wie man dies euphemistisch zu bezeichnen pflegt – „überwinden". In der Tat handelten die §§ 718-719 BGB lediglich vom obligatorischen Gesellschaftsvertrag, während sich § 124 HGB eher als Anknüpfungspunkt eines Umkehrschlusses denn als Basis einer Analogie zwischen OHG und Gesamthand eignete.[60] Trotzdem hat Flume die Personengesellschaft aus dem Schuldrecht in den Allgemeinen Teil des bürgerlichen Rechts „geholt". Dort musste sie auch „latent" von vornherein vorhanden gewesen sein, wenn man den traditionellen Standards der Auslegung treu bleiben möchte.

Das Werk Flumes mit Karsten Schmidt als „im Bewusstsein der gemeinrechtlichen Tradition entstanden" zu loben,[61] ist insoweit richtig, als dieses Werk zwischen Gesetz und seiner Auslegung nicht scharf genug unterschied. Mit seiner Rüge des BGB-Gesetzgebers, dem dies und jenes „nicht bewusst" geworden oder von ihm „nicht gesehen" worden sei,[62] betrachtete Flume eher einen allgemeinen Teil des bürgerlichen Rechts so, wie er sein sollte, als den, der im BGB tatsächlich vorhanden war. Flumes Lehre gehörte damit zur Metaphysik des allgemeinen Teils. Freilich ist sie seit der 2000 erfolgten Hinzufügung des § 14 Abs. 2 BGB, der „eine rechtsfähige Personengesellschaft" erwähnt, ohne sie als juristische Person zu qualifizieren,[63] zur üblichen Physik des allgemeinen Teils geworden.

58 Flume (1977), 87 ff.; K. Schmidt (2009) 197.
59 K. Schmidt (2009) 201; Raiser (1999) 105 ff.
60 K. Schmidt (2009) 189 ff.
61 K. Schmidt (2009) 184.
62 Flume (1977) 3 f.
63 Dazu K. Schmidt (2009) 204; ablehnend Flume (2000) 1428.

6. Teilrechtsfähigkeit in Polen

Etwas anders verlief die Geschichte der rechtsfähigen Personengesellschaften ohne juristische Persönlichkeit in Polen, obgleich dort dem allgemeinen Teil ebenfalls eine fundamentale Bedeutung beigemessen wird. Die polnische Tradition des allgemeinen Teils gründet sich auf Ernest Tills (1846-1926) sechsbändigem System des österreichischen Privatrechts *Prawo prywatne austryackie* mit seinem 1884 erschienenen ersten Band *Allgemeine Lehren* (*Nauki ogólne*, 3. Aufl. 1911).[64] Zwischen den Kriegen arbeitete man in Polen an verschiedenen Bereichen eines allgemeinen Teils, wie Rechtspersonen (Till), Willensmängel (Stanisław Gołąb) und Todeserklärungen (Maurycy Allerhand),[65] wobei Ignacy Koschembahr-Łyskowski (1864-1945) sogar ein eigenes Gesamtprojekt veröffentlichte.[66]

Letztlich wurde 1933 nur das Gesetzbuch des Schuldrechts mit einem systematisch nicht ausgesonderten allgemeinen Teil verabschiedet. Jedoch ist seine der Willenserklärung gewidmete Abteilung 1964 vom sozialistischen ZGB Polens weitgehend übernommen worden. Anders als das deutsche BGB enthält der Allgemeine Teil des polnischen ZGB an erster Stelle (Art. 1-7) auch einige allgemeine Grundsätze des Zivilrechts, etwa das Prinzip der Nichtretroaktivität der Gesetze (Art. 3), das Verbot des Rechtsmissbrauchs (Art. 5), die Regelung der Beweislast (Art. 6) und die Vermutung des guten Glaubens (Art. 7). Erst an zweiter Stelle (Art. 8-125) finden sich die klassischen Materien des allgemeinen Teils, wie natürliche und juristische Personen, Vermögen, Rechtsgeschäft samt Stellvertretung, Fristen und Verjährung.

In Reaktion auf die während des Realsozialismus durchgeführte Ausgliederung verschiedener Rechtszweige, insbesondere des Landwirtschafts-, Familien- und Arbeitsrechts, die eine Schwächung des Privatrechts bezweckt und erreicht hatte,[67] betonte man in Polen während der unmittelbar nachkommunistischen Zeit die „organische" Natur des trotz häufiger Novellierungen in Kraft gebliebenen Zivilgesetzbuchs von 1964. Noch der aktuelle polnische Kodifikationsentwurf von 2009 will in Art. 4 das künftige Zivilgesetzbuch ausdrücklich als organisches Gesetz gestalten, weil es für das gesamte Privatrecht gelten und richtungweisend für dessen Auslegung wirken soll.[68]

Damit visierte der polnische Entwurf von 2009 ungefähr dasselbe Ergebnis an wie das im Jahre 2000 verabschiedete Zivilgesetzbuch Litauens. Nach

---

64 Ranieri (2011) 142 ff., 144 f.

65 Górnicki (2000) 166 ff.

66 Koschembahr-Łyskowski (1928).

67 Giaro (1999) 267 ff.

68 Księga pierwsza kodeksu cywilnego (2009) 15; abschwächend Radwański (2009) 133 f.

dessen Art. 1.3 „finden in den Fällen der Widersprüche zwischen diesem Gesetzbuch und anderen Gesetzen die Bestimmungen des vorliegenden Gesetzbuches Anwendung, es sei denn, das vorliegende Gesetzbuch sieht vor, dass die Bestimmungen anderer Gesetze Vorrang haben".[69] Dem analogen Vorschlag der polnischen Gesetzgebungskommission widersprachen jedoch die Richter des Obersten Gerichts in Warschau energisch, als sie während einer Diskussionsversammlung am 22. November 2009 darauf bestanden, dass das Rechtsinstitut des organischen Gesetzes der polnischen Verfassung unbekannt sei.[70]

Es bleibt die Frage, wie sich die dem allgemeinen Teil des polnischen Zivilrechts innewohnende Fähigkeit zur geistigen Ausstrahlung und vielleicht sogar zur überschießenden Anwendung auf die Problematik der juristischen Personen auswirkt. Nach dem Ersten Weltkrieg folgte Polens HGB von 1934 eng dem deutschen HGB von 1897, aus dem zahlreiche Vorschriften vom polnischen Gesetzgeber wortwörtlich übernommen wurden.[71] Darunter rezipierte er die deutsche Trennung zwischen Personen- und Kapitalgesellschaften. Nach Art. 81 HGB von 1934 war damit die OHG (*spółka jawna*) materiell- und prozessrechtlich rechtsfähig, obgleich sie – im Gegensatz zur Rechtslage etwa in Frankreich oder in der Sowjetunion – keine juristische Person war.[72] Dasselbe galt in Polen (Art. 144 HGB 1934), ebenso wie in Deutschland (§ 161 II HGB 1897), für die KG (*spółka komandytowa*).

Obwohl nach dem Zweiten Weltkrieg Polen seinen ursprünglichen Dualismus dauerhaft gegen das monistische Muster des Privatrechts austauschte, wurde im polnischen ZGB von 1964 die Zweiteilung in natürliche und juristische Personen nach dem Niedergang des Kommunismus noch verschärft. Im Gegensatz zu der als bloß modellhaft gedeuteten Lösung des BGB erklärt nämlich das ZGB seit der 1990 durchgeführten Reform in Art. 1 ausschließlich natürliche und juristische Personen zu Subjekten des Rechtsverkehrs. Die Rückkehr zu dieser von Savigny geprägten Zweiteilung, 2009 von der polnischen Gesetzgebungskommission wieder einmal als „klassisch" empfohlen,[73] zeitigte die im Gefolge der deutschen Rechtsdogmatik entfachten und noch nicht ausgeklungenen Debatten über teilrechtsfähige, unvollständige oder „gebrechliche" quasi-juristische Personen.[74]

Obendrein erwähnt die spätere, im Jahre 2003 verabschiedete Novelle zum polnischen ZGB in Art. 33^1 rechtsfähige Organisationen, denen keine juristische Persönlichkeit zukommt, auf die aber die Vorschriften über juristi-

69 Galginaitis (2003) 4; Zaradkiewicz (2003) 32 f.

70 Izba Cywilna SN (2010) 106.

71 Górnicki (2005) 68 ff.

72 Tereszkiewicz (2009) 37 ff.

73 Komisja (2009) 15.

74 Flume (1977) 90 f.; Radwański (2007) 8; Tereszkiewicz (2009) 42 ff., 86.

sche Personen „entsprechend“ Anwendung finden. Die Novelle kollidiert mit Art. 1 ZGB, der weiterhin lediglich zwei Kategorien von Rechtssubjekten kennt: natürliche und juristische Personen. Da jedoch die dritte Kategorie der „unvollständigen“ Personen in der Praxis nützlich sei, sprachen sich die Richter des Obersten Gerichts Polens in einer Diskussionsversammlung am 22. November 2009 gegen die im Entwurf von 2009 (Art. 1, 43) anvisierte Rückkehr zu einer sauberen Dichotomie der Rechtssubjekte aus.[75] Damit wird aber die mit der Mehrheit der europäischen Rechtssysteme unvereinbare germanische Lösung perpetuiert.[76]

7. Folgerungen und Ausblick

Zumindest auf dem Gebiet des Privatrechts bewährt sich also eine gewisse Vorherrschaft des allgemeinen Teils der Zivilrechtskodifikation in beiden Vergleichsländern. In Polen wurde der Allgemeine Teil des ZGB von 1964 so gut aufgenommen, dass man wie selbstverständlich davon ausgeht, auch ein künftiges polnisches Zivilgesetzbuch werde einen allgemeinen Teil haben müssen. In dem 2009 veröffentlichten Entwurf des ersten Buches eines ZGB wird die Zweckmäßigkeit des allgemeinen Teils überhaupt nicht thematisiert, sondern einfach vorausgesetzt.[77] Offenbar darf man vermuten, dass auch die Gegner einer Neukodifikation in Polen mit dem vorhandenen allgemeinen Teil recht zufrieden sind.[78]

Als Ausnahme sei der Krakauer Zivilist Fryderyk Zoll erwähnt, nach dessen Ansicht während der jetzigen Umgestaltung des Privatrechts sowohl auf europäischer als auch auf nationaler Ebene die abstrakten Begriffe, wie etwa des Rechtsgeschäfts, durch konkretere, wie etwa den Vertragsbegriff, ersetzt werden sollen, was obendrein dafür spricht, im künftigen ZGB auf einen allgemeinen Teil gänzlich zu verzichten. Diese Ansicht stimmt außerdem mit einem generellen Trend der europäischen Rechtsdogmatik überein.[79] Beispielsweise in Italien, dem einstigen Bollwerk der Rezeption des Rechtsgeschäfts, ist die Rede von dessen Krise schon lange sprichwörtlich geworden, ohne dass freilich das Stichwort *negozio giuridico* oder der Titel *parte generale* aus den zivilistischen Lehrbüchern Italiens verdrängt worden wären.[80]

Dem traditionellen Konzept des Rechtsgeschäfts als Kernstück des allgemeinen Teils des Zivilrechts entgegen wird also die praktische Überlegenheit

75 Izba Cywilna SN (2010) 108, 110 f.
76 Simonart (1995) 572; Hadding (1999) 176; Tereszkiewicz (2009) 89.
77 Księga pierwsza kodeksu cywilnego (2009) 12.
78 Mączyński (2009) 122.
79 Zoll (2008) 635 ff.; Ranieri (2009) 146 ff.
80 Zur Krise Galgano (1987); Patti (1987); zur parte generale Sacco / Cisiano (2005).

der Vertragskategorie hervorgehoben. Da in den meisten europäischen Ländern einschließlich Frankreichs als Vertrag schlechthin der obligatorische Vertrag gilt, hätte dieser freilich im Schuldrecht untergebracht sein können. Damit hätte sich der allgemeine Teil vollkommen erübrigt. Jedoch gibt es in den Ländern der germanischen Tradition – vom familien- und erbrechtlichen Vertrag abgesehen – den von Savigny konzipierten sachenrechtlichen oder dinglichen Vertrag,[81] wie er im deutschen BGB und in den von ihm abhängigen Regelungen, etwa in Griechenland, Estland oder Polen, vorkommt.[82]

Last not least gibt es auch einseitige Rechtsgeschäfte in der Form der sogenannten Gestaltungsrechte, wie den Rücktritt wegen Nichterfüllung, die Anfechtung oder die Aufrechnung; alles Rechte, die etwa in Frankreich durch richterliche Rechtsgestaltung verwirklicht werden, während sie in Deutschland schon früh, nämlich vom sächsischen BGB von 1863, aus dem prozessualen Kontext herausgelöst und zum Gegenstand privater Gestaltung gemacht wurden. Die Gestaltungsrechte „entdeckte“ der Berliner Kanonist und Zivilist Emil Seckel (1864-1924) erst im Jahre 1903, also bereits unter der Geltung des BGB.[83] Auch hier handelte es sich offenbar, wie ein halbes Jahrhundert danach bei Flume, um eine vom BGB-Gesetzgeber unbewusst geschaffene außergesetzliche „Rechtsfigur des Allgemeinen Teils“.

Das in Deutschland und Polen gleichermaßen störende Problem der Rechtsfähigkeit ohne juristische Persönlichkeit legt die Frage nahe, inwieweit die Auslegung des allgemeinen Teils an die traditionellen Regeln der juristischen Hermeneutik gebunden sein soll. Einerseits darf ein „wissenschaftlicher“ Gesetzesteil angesichts seiner schwächeren Normativität nicht wie ein herkömmliches Gesetz, etwa mit Hilfe von Umkehrschlüssen, ausgelegt werden. Andererseits duldet die demokratische Rechtsquellenlehre keine derartigen Differenzierungen der Geltungskraft. Die von Flume geforderte Funktion der Zivilistik als Gesetzesersatz ist inzwischen überholt. Vermutlich deshalb hat man letztlich sowohl in Deutschland als auch in Polen die rechtsfähigen Gebilde ohne juristische Persönlichkeit kodifikatorisch verankert.

Der allgemeine Teil ist ein Produkt der deutschen Pandektistik in ihrer Eigenschaft als Vorläuferin der allgemeinen Theorie, und zwar sowohl des geltenden Zivilrechts als auch – um eine Lieblingswendung der Pandektisten aufzugreifen – „des Rechts überhaupt“. Die aus der Pandektistik hervorgegangene Zivilistik bildete in Mittel- und Osteuropa noch um die Wende vom 19. zum 20. Jahrhundert die Krone der juristischen Schöpfung. Freilich versuchte sie ihre Führungsrolle auch unter der Geltung des kodifizierten Zivilrechts weiterzuführen, was jedoch jenseits des Privatrechts deutlich

81 Coing (1989) 275 f., 279; Medicus (2002) 821.

82 Krimphove (2006) 82 ff. (Griechenland); Zaradkiewicz (2003) 53 f. (Estland); Zoll (2010) 699 ff. (Polen).

83 Hattenhauer (2001) 85 f., 187 ff.

misslang. Muss etwa die Subjektivität im Völkerrecht mit dem zivilistischen Begriff der Rechtsfähigkeit oder gar der juristischen Person deckungsgleich sein?

Außerdem leben wir inzwischen im Zeitalter der Dekodifikation. Diese wird häufig als eine geheime Krankheit des Privatrechts gefürchtet, weshalb man sie mit der mutigen Behauptung, in Deutschland sei sie völlig unbekannt,[84] beschwören möchte. In Wirklichkeit bedeutet sie aber weder den krankhaften Zerfall eines Zivilgesetzbuchs – wie die Genese des Stichworts aus der Dekomposition des französischen *Code de commerce* nahelegen könnte[85] – noch den völligen Verzicht auf eine Re- oder Neukodifikation. Es geht vielmehr um den seit den 1970er Jahren mehrfach beschriebenen Zustand des Privatrechts, der auf Veränderungen im Umfeld eines Gesetzbuchs beruht, die seine zentrale Stellung in der Landschaft der Rechtsquellen aufheben.[86]

Vom ewigen Richterrecht abgesehen, stammen diese Neuentwicklungen etwa aus dem Recht der Europäischen Union sowie – auf der nationalen Ebene – aus den Spezialgesetzen und der Verfassung. Im letzteren Bereich betreffen sie insbesondere die sogenannte Drittwirkung der Verfassung oder horizontale Wirkung der Grundrechte. Eine wichtige Facette der Dekodifikation ist damit die Konstitutionalisierung des Privatrechts.[87] Dementsprechend bezeichnete Hans Carl Nipperdey (1895-1968) die Verfassung als eine Art allgemeinen Teil der Gesamtrechtsordnung und das Privatrecht, das in vorkonstitutioneller Zeit als Verfassungsersatz galt, als bloßen „Verfassungsfortsatz".[88] Auf Dauer wird dadurch die grundsätzliche Bedeutung des allgemeinen Teils des bürgerlichen Rechts, ebenso wie dieses Rechtszweigs selbst, nicht unbedingt gestärkt.

Literaturverzeichnis

Baldus (1995): *Manfred Baldus*, Die Einheit der Rechtsordnung (Berlin 1995).

Baumann (1989): *Jürgen Baumann*, Einführung in die Rechtswissenschaft (München 1989).

Björne (1984): *Lars Björne*, Deutsche Rechtssysteme im 18. und 19. Jahrhundert (Ebelsbach 1984).

Björne (1987): *Lars Björne*, Nordische Rechtssysteme (Ebelsbach 1987).

Boehmer (1951): *Gustav Boehmer*, Grundlagen der bürgerlichen Rechtsordnung, Bd. II. 1 (Tübingen 1951).

84 So Jayme (2002) 818.

85 Halpérin (2001) 48; Remy (2005) 179 ff.

86 J.P. Schmidt (2009b) 146 ff.; Dajczak / Longchamps (2012) 9 ff.

87 Brüggemeier (2006).

88 Hollstein (2007) 212 f.

Brüggemeier (2006): *Gert Brüggemeier*, Constitutionalisation of Private Law – the German Perspective, in: *Tom Barkhuysen, Sievert D. Lindenbergh* (Hrsg.), Constitutionalisation of Private Law (Leiden / Boston 2006).
Brzozowski u.a. (2010): *Adam Brzozowski* u.a., Prawo cywilne. Część ogólna (Warszawa 2010).
Bydlinski (1996): *Franz Bydlinski*, System und Prinzipien des Privatrechts (Wien / New York 1996).
Bydlinski (2001): *Franz Bydlinski*, Juristische Persönlichkeit als Qualitatives und Quantitatives Problem, in: Drei Vorträge zum Privatrecht (Graz 2001) 9-24.
Coing (1982): *Helmut Coing*, Gesammelte Aufsätze, Bd. I (Frankfurt a.M. 1982).
Coing (1989): *Helmut Coing*, Europäisches Privatrecht, Bd. II (München 1989).
Dajczak / Longchamps (2012): *Wojciech Dajczak / Franciszek Longchamps de Berier*, Prawo rzymskie w czasach dekodyfikacji, in: Forum Prawnicze 10 (2012) 8-22.
Damm (2002): *Reinhard Damm*, Personenrecht, in: Archiv für civilistische Praxis (AcP) 202 (2002) 841-879.
Fikentscher / Himmelmann (1995): *Wolfgang Fikentscher / Ulrich Himmelmann*, Jherings Einfluss auf Dogmatik und Methode des Privatrechts, in: *Gerhard Luf / Werner Ogris* (Hrsg.), Der Kampf ums Recht (Berlin 1995) 95-115.
Flume (1977): *Werner Flume*, Allgemeiner Teil des Bürgerlichen Rechts, Bd. I.1. Die Personengesellschaft (Berlin / Heidelberg / New York 1977).
Flume (1983): *Werner Flume*, Allgemeiner Teil des Bürgerlichen Rechts, Bd. I.2. Die juristische Person (Berlin / Heidelberg / New York 1983).
Flume (2000): *Werner Flume*, Vom Beruf unserer Zeit für Gesetzgebung, in: Zeitschrift für Wirtschaftsrecht (ZIP) 21 (2000) 1427-1430.
Funke (2004): *Andreas Funke*, Allgemeine Rechtslehre als juristische Strukturtheorie (Tübingen 2004).
Galgano (1987): *Francesco Galgano*, Crepuscolo del negozio giuridico, in: Contratto e impresa (1987) 733-751.
Galginaitis (2003): *Juozas Galginaitis*, Litauisches Privatrecht, in: Institut für osteuropäisches Recht der CAU, 2003, <http://www.uni-kiel.de/eastlaw/ss03/ vorlesung_nr8.htm>.
Gambaro / Sacco (2009): *Antonio Gambaro / Rodolfo Sacco*, Sistemi giuridici comparati (3. Aufl. Torino 2009).
Georgiades (2000): *Apostolos Georgiades*, Der Einfluss des deutschen BGB auf das griechische Zivilrecht, in: Archiv für civilistische Praxis (AcP) 200 (2000) 493-502.
Geyer (2005) *Stefan Geyer*, Code civil Allgemeiner Teil? Zur pandektenwissenschaftlichen Umdeutung des Code civil, in: FHI <http://www.forhistiur.de/zitat/0507geyer.htm>.
Giaro (1994): *Tomasz Giaro*, L'argumentation dogmatique et l'argumentation scientifique, in: Rechtshistorisches Journal 13 (1994) 271-304.
Giaro (1999): *Tomasz Giaro*, Aufstieg und Niedergang des sozialistischen Zivilrechts, in: *Gerd Bender / Ulrich Falk* (Hrsg.), Enteignung (Frankfurt a.M. 1999) 217-317.
Giaro (2006): *Tomasz Giaro*, Modernisierung durch Transfer – Schwund osteuropäischer Traditionen, in: *Tomasz Giaro* (Hrsg.), Rechtskulturen des modernen Osteuropa (Frankfurt a.M. 2006) 275-344.
Giaro (2007): *Tomasz Giaro*, Römische Rechtswahrheiten. Ein Gedankenexperiment (Frankfurt a.M. 2007).
Giaro (2008): *Tomasz Giaro*, Gibt es noch eine Wissenschaft vom Recht?, in: Festschrift Janusz Sondel (Kraków 2008) 155-169.

Górnicki (2000): *Leonard Górnicki*, Prawo cywilne w pracach Komisji Kodyfikacyjnej (Wrocław 2000).
Górnicki (2004): *Leonard Górnicki*, Zagadnienie systematyki kodyfikacji prawa cywilnego i handlowego, in: Kwartalnik Prawa Prywatnego 13 (2004) 623-664.
Górnicki (2005): *Leonard Górnicki*, Wpływ obcych ustawodawstw i doktryny prawa na polską kodyfikację prawa prywatnego, in: Zeszyty Prawnicze – Towarzystwo Naukowe Biblioteki Słuchaczów Prawa UJ 13 (2005) 57-80.
Grzybowski (1985): *Stefan Grzybowski*, Prawo cywilne. Zarys części ogólnej (3. Aufl. Warszawa 1985).
Hadding (1999): *Walther Hadding*, Zur Systematik von Strukturelementen deutscher Gesellschaftsformen, in: Festgabe Zivilrechtslehrer 1934/1935 (Berlin / New York 1999) 147-178.
Haferkamp (2004): *Hans-Peter Haferkamp*, Georg Friedrich Puchta und die 'Begriffsjurisprudenz' (Frankfurt a.M. 2004).
Halpérin (2001): *Jean-Louis Halpérin*, Histoire du droit privé français depuis 1804 (Paris 2001).
Hammen (1983): *Horst Hammen*, Die Bedeutung Friedrich Carl v. Savignys für die allgemeinen dogmatischen Grundlagen des Deutschen BGB (Berlin 1983).
Hattenhauer (2011): *Christian Hattenhauer*, Einseitige private Rechtsgestaltung (Tübingen 2011).
Heck (1941): *Philipp Heck*, Der allgemeine Teil des Privatrechts. Ein Wort der Verteidigung, in: Archiv für civilistische Praxis (AcP) 146 (1941) 1-27.
Hollstein (2007): *Thorsten Hollstein*, Die Verfassung als 'Allgemeiner Teil' (Tübingen 2007).
Ionescu (1967): *Octavian Ionescu*, Le problème de la partie introductive du code civil, in: Revue internationale de droit comparé (RIDC) 19 (1967) 579-618.
Izba Cywilna SN (2010): Izba Cywilna SN, Sprawozdanie z dyskusji przeprowadzonej w Izbie Cywilnej Sądu Najwyższego, in: Przegląd Sądowy 2 (2010) 104-123.
Jayme (2002): *Erik Jayme*, Die Bedeutung des Allgemeinen Teils im System des BGB, in: I cento anni del Codice Civile Tedesco (Padova 2002) 807-819.
Jestaedt (2007): *Matthias Jestaedt*, 'Öffentliches' Recht als wissenschaftliche Disziplin, in: *Christoph Engel, Wolfgang Schön* (Hrsg.), Das Proprium der Rechtswissenschaft (Tübingen 2007) 241-281.
Jörs / Kunkel / Wenger (1949): *Paul Jörs / Wolfgang Kunkel / Leopold Wenger*, Römisches Recht (3. Aufl. Berlin 1949).
Koschembahr-Łyskowski (1928): *Ignacy Koschembahr-Łyskowski*, Zivilgesetzbuch der Republik Polen (Warszawa 1928).
Krimphove (2006): *Dieter Krimphove*, Das europäische Sachenrecht: Eine rechtsvergleichende Analyse (Lohmar / Köln 2006).
Księga pierwsza kodeksu cywilnego (2009): Księga pierwsza kodeksu cywilnego. Projekt z uzasadnieniem (Warszawa 2009).
Larenz (1939): *Karl Larenz*, Neubau des Privatrechts, in: Archiv für civilistische Praxis (AcP) 145 (1939) 91-107.
Lawson (1953): *Frederic H. Lawson*, A Common Lawyer Looks at the Civil Law (Ann Arbor 1953).
Lehmann (2007): *Matthias Lehmann*, Der Begriff der Rechtsfähigkeit, in: Archiv für civilistische Praxis (AcP) 207 (2007) 225-255.

Lüderssen (1999): *Klaus Lüderssen*, Die Wiederkehr der 'Befreiung des Strafrechts vom Zivilistischen Denken' – eine Warnung, in: Festschrift Ernst Walter Hanak (Berlin / New York 1999) 487-499.
MacCormick (2007): *Neil MacCormick*, Institutions of Law (Oxford 2007).
Mączyński (2008): *Andrzej Mączyński*, Die Entwicklung und die Reformpläne des polnischen Privatrechts, in: *Rudolf Welser* (Hrsg.), Privatrechtsentwicklung in Zentral- und Osteuropa (Wien 2008) 115-123.
Medicus (1992): *Dieter Medicus*, Allgemeiner Teil des BGB. Ein Lehrbuch (5. Aufl. Heidelberg 1992).
Medicus (2002): *Dieter Medicus*, Die zentrale Funktion der Vorschriften über das Rechtsgeschäft, in: I cento anni del Codice Civile Tedesco (Padova 2002) 821-839.
Merryman (1969): *John Henry Merryman*, The Civil Law Tradition (Stanford California 1969).
Mitteis (1908): *Ludwig Mitteis*, Römisches Privatrecht bis auf die Zeit Diokletians (Leipzig 1908).
Nardozza (2007): *Massimo Nardozza*, Tradizione romanistica e 'dommatica' moderna (Torino 2007).
Patti (1987): *Salvatore Patti*, Il negozio giuridico: è vera crisi?, in: Rivista di Diritto Civile (1987) 627-633.
Peter (1965): *Hans Peter*, Vom Einfluss der deutschen Zivilrechtswissenschaft auf die Schweiz, in: Festschrift Karl S. Bader (Zürich 1965) 321-342.
Radwański (2007): *Zbigniew Radwański*, Zielona Księga, in: Ruch Prawniczy, Ekonomiczny i Socjologiczny 69 (2007) 6-16.
Radwański (2009): *Zbigniew Radwański*, Kodyfikacja, in: Ruch Prawniczy, Ekonomiczny i Socjologiczny 71 (2009) 131-142.
Radwański (2009a): *Zbigniew Radwański*, Prawo cywilne – część ogólna (10. Aufl. Warszawa 2009).
Raiser (1999): *Thomas Raiser*, Der Begriff der juristischen Person, in: Archiv für civilistische Praxis (AcP) 199 (1999) 104-144.
Ranieri (1999): *Filippo Ranieri*, Französisches Recht und französische Rechtskultur in der deutschen Zivilrechtswissenschaft, in: *Olivier Beaud, Erk V. Heyen* (Hrsg.), Eine deutsch-französische Rechtswissenschaft (Baden-Baden 1999) 183-196.
Ranieri (2009): *Filippo Ranieri*, Europäisches Obligationenrecht (3. Aufl. Wien / New York 2009).
Ranieri (2011): *Filippo Ranieri*, Zur Bedeutung nationaler Privatrechte im heutigen Europäischen Zivilrecht, in: Zeitschrift für Neuere Rechtsgeschichte 33 (2011) 137-151.
Rehm (2009): *Gebhard Rehm*, Code de commerce, in: Handwörterbuch des Europäischen Privatrechts (Tübingen 2009) 257-260.
Rémy (2005): *Philippe Rémy*, Le processus de dé-codification, in: *Jean-Philippe Dunand, Bénédict Winiger* (Hrsg.), Le Code civil français dans le droit européen (Bruxelles 2005) 179-216.
Reuter (2007): *Dieter Reuter*, Rechtsfähigkeit und Rechtspersönlichkeit, in: Archiv für civilistische Praxis (AcP) 207 (2007) 673-713.
Sacco (2001): *Rodolfo Sacco*, Einführung in die Rechtsvergleichung (Baden-Baden 2001).
Sacco / Cisiano (2005): *Rodolfo Sacco / Paola Cisiano*, La parte generale del diritto civile. Il fatto, l'atto, il negozio (Torino 2005).

Säcker (2004): *Franz J. Säcker*, Das Sachenrecht – Sinneinheit übergreifender Leitideen oder Relikt verfehlter Systematik?, in: Festschrift Mark M. Boguslavskij (Berlin 2004) 805-823.

J.P. Schmidt (2009): *Jan Peter Schmidt*, Allgemeiner Teil, in: Handwörterbuch des Europäischen Privatrechts (Tübingen 2009) 38-41.

J.P. Schmidt (2009a): *Jan Peter Schmidt*, Rechtsgeschäft, in: Handwörterbuch des Europäischen Privatrechts (Tübingen 2009) 1241-1245.

J.P. Schmidt (2009b): *Jan Peter Schmidt*, Zivilrechtskodifikation in Brasilien (Tübingen 2009).

J.P. Schmidt (2010): *Jan Peter Schmidt*, Der 'juridical act' im DCFR: Ein nützlicher Grundbegriff des europäischen Privatrechts?, in: Zeitschrift für Europäisches Privatrecht (ZEuP) 18 (2010) 304-320.

K. Schmidt (2009): *Karsten Schmidt*, Die Personengesellschaft als Rechtsfigur des 'Allgemeinen Teils', in: Archiv für civilistische Praxis (AcP) 209 (2009) 181-204.

Schmoeckel (2003): *Mathias Schmoeckel*, Der Allgemeine Teil in der Ordnung des BGB, in: HKK, Bd. I (Tübingen 2003) 123-165.

Schulze (2002): *Reiner Schulze*, Rheinisches Recht im Wandel der Forschungsperspektiven, in: Zeitschrift für Neuere Rechtsgeschichte 24 (2002) 65-90.

Schwarz (1960): *Andreas B. Schwarz*, Rechtsgeschichte und Gegenwart (Karlsruhe 1960).

Simonart (1995): *Valérie Simonart*, La personnalité morale en droit privé comparé (Bruxelles 1995).

Stagl (2007): *Jakob Fortunat Stagl*, Die Rezeption der Lehre vom Rechtsgeschäft in Österreich, in: Zeitschrift für Europäisches Privatrecht (ZEuP) 15 (2007) 37-55.

Suhr (1975): *Reto Suhr*, Möglichkeiten und Grenzen der Kodifizierung des allgemeinen Teils des schweizerischen Verwaltungsrechts (Zürich 1975).

Szer (1967): *Seweryn Szer*, Prawo cywilne. Część ogólna (Warszawa 1967).

Tereszkiewicz (2009): *Piotr Tereszkiewicz*, Die Haftung der OHG-Gesellschafter für Gesellschaftsverbindlichkeiten im polnischen Recht (Berlin 2009).

Wächter (1880): *Carl Georg von Wächter*, Pandekten, Hrsg. Oscar v. Wächter, Bd. I (Leipzig 1880).

Wieacker (1967): *Franz Wieacker*, Privatrechtsgeschichte der Neuzeit (2. Aufl. Göttingen 1967).

Wilhelm (1958): *Walter Wilhelm*, Zur juristischen Methodenlehre im 19. Jahrhundert (Frankfurt a.M. 1958).

Wolter (1976): *Aleksander Wolter*, Diritto civile polacco. Parte generale (Camerino 1976).

Zaradkiewicz (2003): *Kamil Zaradkiewicz*, Kodyfikacja prawa cywilnego na Litwie, Łotwie i w Estonii, in: Przegląd Legislacyjny 10 (2003) 25-74.

Zaytay (1966): *Imre Zaytay*, La permanence des concepts du droit romain dans les systèmes juridiques continentaux, in: Revue internationale de droit comparé (RIDC) 18 (1966) 353-363.

Zitelmann (1906): *Ernst Zitelmann*, Der Wert eines 'allgemeinen Teils' des bürgerlichen Rechts, in: Grünhuts-Zeitschrift 33 (1906) 1-32.

Zoll (2008): *Fryderyk Zoll*, Problem struktury przyszłego polskiego kodeksu cywilnego, in: Księga Pamiątkowa Prof. Wandy Stojanowskiej (Warszawa 2008) 635-656.

Zoll (2010): *Fryderyk Zoll*, Abstrakte Verfügungsgeschäfte im polnischen Recht?, in: Festschrift Stanisława Kalus (Frankfurt a.M. u.a. 2010) 699-707.

Ein „Allgemeiner Teil“ der Digesten?

Strukturmerkmale eines neuzeitlichen Konzepts in der Stoffdisposition der Kompilatoren Justinians*

Martin Avenarius

Abstracts

It is well known, that the notion of a "general part" and its various manifestations represent a product of modern legal science. However, its main defining feature, a concentrated account – within a system – of general rules, which apply to a body of more specific rules, is not at all a particularity of modern legal texts. Moreover, certain texts have often been considered to be a "general part" of the Digest. This article demonstrates that, at best, this idea may be justified with regard to the final part of the Digest, i.e. books D. 50, 16 and D. 50, 17, and even so only with strong reservations. Here, at least, Justinian's compilers, by assembling certain definitions and legal rules and by emphasising the contrast to the main body of the materials, managed to achieve a generalisation of their respective meanings. As far as the relationship between general and specific rules is concerned, the compilers' aim of systematisation is not expressed more clearly anywhere else than in the relationship between the last two titles of the Digest and the codification as a whole.

Powszechnie wiadomo, że pojęcie „części ogólnej" i jej różne postacie są wytworem współczesnej nauki prawa. Jednakże jej zasadnicza cecha – zgromadzenie (w ramach systemu) ogólnych reguł prawnych znajdujących zastosowanie do zbioru norm bardziej szczegółowych – nie jest właściwa jedynie nowoczesnym tekstom prawnym. W istocie pewne fragmenty są często uważane za część ogólną Digestów. Artykuł ten pokazuje, że taki pogląd jest uzasadniony, z pewnymi istotnymi zastrzeżeniami, w odniesieniu do końcowej części Digestów, tj. D. 50.16 i D. 50.17. W tytułach tych kompilatorzy justyniańscy gromadząc pewne definicje i zasady prawne oraz podkreślając ich kontrast w stosunku do głównej części materiałów, zdołali nadać im ogólny charakter. Biorąc pod uwagę związek

* Es handelt sich um die ausgearbeitete Fassung meines Beitrags zu der Tagung „Allgemeiner Teil des Zivilrechts – Entstehungsgeschichte, Entwicklungslinien und Grundbegriffe – Historisch-vergleichende Debatte zum Deutschen, Brasilianischen und Polnischen Recht“ in Ciążeń am 16. Oktober 2010. Die hier entwickelten Überlegungen sollen die Auseinandersetzung mit der Bedeutung des Allgemeinen Teils für die verschiedenen modernen Privatrechtssysteme um historische Zusammenhänge ergänzen. Aus dieser Zielsetzung folgt die Begrenzung der Auseinandersetzung mit dem Thema, das einer ausführlicheren Behandlung bedürfte.

pomiędzy normami ogólnymi i szczególnymi, cel kompilatorów rozumiany jako systematyzacja, jest widoczny najlepiej w relacji pomiędzy dwoma ostatnimi tytułami Digestów i kodyfikacją jako całością.

É sabido que a noção de "Parte Geral" é, juntamente com suas diferentes manifestações, um produto da ciência jurídica moderna. No entanto, sua característica fundamental, uma concentração sistemática de regras gerais que se referem a um determinado conjunto de normas, não é de forma alguma exlusividade dos textos jurídicos modernos. Na verdade, determinados textos do Digesto já foram frequentemente entendidos como uma "Parte Geral". O presente trabalho demonstra que tal ideia pode ser no máximo válida para a parte final do Digesto, ou seja, para os livros D. 50,16 e 50,17, e isso somente sob grande reserva. Ainda assim, através da reunião de certas definições e regras jurídicas nestes livros, assim como por meio da ênfase dada ao contraste entre tais livros em relação aos demais, os compiladores de Justiniano alcançaram uma certa generalização dos respectivos significados. No que diz respeito à relação entre regras gerais e regras especiais, o esforço dos compiladores pela sistematização tem expressão mais clara do que a relação entre os dois últimos títulos do Digesto e a compilação como um todo.

1. Einführung

Ein dogmatisches System, das z.B. in einem Gesetz oder in einem Lehrbuch Ausdruck findet, kann über einen Allgemeinen Teil verfügen, also die konzentrierte Zusammenstellung allgemeiner Regeln, die sich auf einen Bestand an – im Vergleich – besonderen Bestimmungen beziehen.[1] Das Vorhandensein eines Allgemeinen Teils kann sogar geradezu als Kennzeichen einer wissenschaftlichen Systematik betrachtet werden. Dabei kann, was zunächst als rein formales Merkmal eines Textbestandes auftritt, verschiedenen Zwecken dienen. Unter diesen stehen didaktische und praktische Zwecke im Vorder-

1 Wir werden den Allgemeinen Teil also nicht nur als Merkmal des BGB und dessen „Erfindung und Eigenheit" betrachten. Vgl. Münch (2000) 147-173, 149. Zwar weist Jan Peter Schmidt richtigerweise darauf hin, daß das Konzept des Allgemeinen Teils in unterschiedlicher Weise im Rahmen der Gesetzgebung einerseits und der Dogmatik andererseits verwendet wird; Schmidt (2009) 38-41, 38. Schmidt will die Verwendung des Ausdrucks „Allgemeiner Teil" auf die Gesetzgebung beschränken und im Rahmen wissenschaftlicher Systeme von „Allgemeine Rechtsgrundsätzen" sprechen. Für unsere Fragestellung, die sich in offener Weise auf gesetzgebungstechnische und didaktische Zwecke richtet, die mit dem Aufbau der betrachteten Texte verfolgt werden, wollen wir aber in beiden Zusammenhängen vom „Allgemeinen Teil" sprechen, wozu wir uns in der Tradition der großen Lehrwerke zum Allgemeinen Teil des Bürgerlichen Rechts von Enneccerus, Flume, Larenz und anderen berechtigt sehen.

grund sowie ferner rechtstechnisch-gestaltende, also insbesondere die Absicht, eine bestimmte Rechtsmaterie auf einem höheren Abstraktionsniveau zu regeln.

Der Begriff des Allgemeinen Teils, wie er Gegenstand der heutigen, teils dezidiert kritischen Diskussion ist, bildet mit seinen verschiedenen Ausprägungen bekanntlich eine Frucht neuzeitlicher Rechtswissenschaft. Dabei haben zu seiner Entstehung und Verbreitung unterschiedliche wissenschaftliche Traditionen beigetragen. Abhängig von den jeweils verfolgten Zwecken sind bei seiner entsprechenden Ausgestaltung sehr verschiedene Vorstellungen vertreten worden. Nicht weniger als den Aufbau betrifft dies den Inhalt. So ist etwa die grundlegende Frage, ob auch die Grundsätze des objektiven Rechts oder die Rechtsquellenlehre richtigerweise in einen Allgemeinen Teil aufzunehmen sind, unterschiedlich beantwortet worden.

Die Verschiedenheit betrifft aber auch die spezifische Beziehung zwischen dem Allgemeinen und dem Besonderen Teil des jeweiligen Systems. Keineswegs handelt es sich bei dem Allgemeinen Teil immer um einen in einen Gesamtstoff integrierten Regelbestand, also etwa – wie im Fall des deutschen Bürgerlichen Gesetzbuches – um einen bestimmten Abschnitt einer Kodifikation. Es ist auch möglich, daß die Verbindung zwischen dem Allgemeinen und dem Besonderen „Teil" nur durch äußere Systematik hergestellt wird. So setzte sich Georg Friedrich Puchta zum Ziel, ein Verhältnis des Allgemeinen Teils zum Bestand der besonderen Regeln zu schaffen, wonach jener aufhören werde, „ein bloßes Außenwerk zu sein".[2] Mit diesem Ausdruck nimmt Puchta ein dem zeitgenössischen Leser ohne weiteres verständliches Bild aus der Welt der neuzeitlichen Festungsanlagen in Anspruch: Als Außenwerke bezeichnet man Ravelins und andere Bauten, die zwar einem mit der geschlossenen Hauptbefestigung gemeinsamen Zweck dienen, derselben aber räumlich vorgelagert, also freistehend sind. Entscheidend ist in dem hier behandelten Zusammenhang, daß sich Puchta durch dasjenige Merkmal, das aus seiner Sicht als überwindenswert erscheint, also durch die systematische Auslagerung der allgemeinen Regeln, keineswegs daran gehindert sieht, hier überhaupt einen Allgemeinen Teil wahrzunehmen.

Aus moderner Sicht ist die Vorstellung vertraut, daß ein Allgemeiner Teil – der sprachlichen Paradoxie zum Trotz – auch völlig selbständig von dem Bestand an besonderen Regeln stehen kann, auf die er sich bezieht. Ein berühmtes Beispiel für einen Allgemeinen Teil in diesem weiteren Sinne, der erst im Rahmen einer eigens geschaffenen systematischen Verbindung mit dem Haupt-Stoff als solcher erscheint, liefert im heutigen Recht die berühmte Wahrnehmung der Verfassung als „Allgemeiner Teil" – nämlich der Privatrechtsordnung – durch Hans Carl Nipperdey. In dieser Weise aufgefaßt,

2 Puchta (1829) VII.

nimmt die Verfassung eine strukturell und inhaltlich übergeordnete Stellung ein.[3] Dies bildet eine Grundlage für Nipperdeys berühmte Lehre von der unmittelbaren Drittwirkung der Grundrechte, die unter dem Einfluß ihres Begründers in die Rechtsprechung des Bundesarbeitsgerichts einging.[4]

Ausgehend von dieser Offenheit gegenüber der Wahrnehmung eines Allgemeinen Teils, also – anders ausgedrückt – unter den skizzierten Voraussetzungen, soll hier der Frage nachgegangen werden, ob für die Digesten Justinians ein bestimmter Textbestand nach seinen Merkmalen womöglich als Allgemeiner Teil *avant la lettre* wahrgenommen werden kann, und zwar innerhalb oder außerhalb derselben. Nun sind die Digesten bekanntlich in 50 Bücher untergliedert, doch ist weder ein einzelnes von diesen noch womöglich ein bestimmter, aus mehreren Büchern bestehender Abschnitt des Gesamtwerks – etwa eine der in der *constitutio Tanta* unterschiedenen *partes* – als *„pars generalis"* der Digesten ausgewiesen. Es scheint also wenig damit zu gewinnen zu sein, wenn man fragte, ob ein bestimmter Teil der Digesten als „Allgemeiner Teil" bezeichnet werden kann. Die Frage läßt vielmehr anachronistische Vorstellungen vermuten und birgt die Gefahr, daß ein neuzeitliches Konzept in methodisch fragwürdiger Weise in einen antiken Kontext projiziert werden könnte.

Andererseits läßt sich im Gesamtbestand der Digesten vielfach nachweisen, daß Spezialregelungen allgemeineren begegnen, die denselben Gegenstand behandeln: Zahlreiche Digestentexte geben Einzelbestimmungen wieder, etwa Entscheidungen oder Lehrmeinungen zu bestimmten Rechtsfragen, die Juristen im Rahmen von Rechtsgutachten oder monographischen Werken geäußert haben. Diesen Mitteilungen stehen Regelungen gegenüber, die auf einer höheren Abstraktionsebene angesiedelt sind. Wir haben es insoweit nicht selten mit allgemeinen Regelungen im Verhältnis zu besonderen zu tun, die systematisch ineinandergreifen, wie es in einer entwickelten Rechtsordnung selbstverständlich ist. Unter diesen Umständen scheint es nicht abwegig zu fragen, ob die insoweit allgemeineren Bestimmungen wenn nicht vollständig, so doch jedenfalls zu einem signifikanten Teil in einem bestimmten Textbestand konzentriert sind, so daß sich ihr spezifischer Charakter auch im Aufbau des Werkes widerspiegelte, ohne daß dies notwendigerweise ausdrücklich erklärt worden sein müßte. Soweit sich Anhaltspunkte für eine derartige, durch die „Auslagerung" allgemeiner Regelungen aus dem Bestand der besonderen gekennzeichnete Stoffdisposition

3 Vgl. Hollstein (2007).

4 Vgl. Nipperdey (1961) 14-20. Das Bundesverfassungsgericht hat die mittelbare Drittwirkung anerkannt; vgl. grundlegend BVerfGE 7, 198 (Lüth) und dazu Nipperdey (1958) 445-452.

finden lassen, wird außerdem nach Hinweisen auf eine entsprechende Intention der Kompilatoren Justinians zu fragen sein.[5]

Mit Rücksicht auf die Wirkungsgeschichte werden wir den eigenen Blick durch die Sichtweise des historischen Schrifttums leiten lassen. Wir wollen dabei fragen, was einige der Autoren, die durch ihre wissenschaftlichen Arbeiten dazu beitrugen, den Allgemeinen Teil in der Neuzeit herauszubilden, bei der Entwicklung des Konzepts vor Augen hatten. Denn die Schöpfer der neuzeitlichen Konzepte hatten bekanntlich nicht selten in den römischen Quellen Anhaltspunkte und Vorbilder für ihre jeweils eigenen Zielvorstellungen gefunden und diejenigen Instrumente genutzt, die sie in jenen verwirklicht fanden. Wir werden uns also mit Hilfe der neuzeitlichen Wahrnehmung der antiken Perspektive zu nähern versuchen. Selbstverständlich verspricht diese Fragestellung nicht die spektakuläre Entdeckung antiker „Allgemeiner Teile"; zu erwarten sind vielmehr differenzierte Erkenntnisse.

Wenn wir uns darauf beschränken, Elemente eines neuzeitlichen Konzepts in den antiken Quellen zu entdecken, und dabei insbesondere dem zentralen Element nachspüren, also der Zusammenstellung bestimmter allgemeiner Regelungen gegenüber den besonderen, werden wir dies, geleitet durch Beobachtungen im Schrifttum, für die Institutionen Justinians sowie für zwei verschiedene Teile der Digesten tun. Dabei werden wir feststellen, daß der Gedanke des Allgemeinen Teils in diesen Texten jeweils in unterschiedlichem Maße und auf verschiedene Weise verwirklicht worden ist. Unterschiedlich sind auch die Gründe: Didaktische Zwecke sind im Falle der Institutionen verfolgt worden. Rechtstechnische Ziele stehen bei den ersten vier Büchern der Digesten, den sog. *„prōta"* im Vordergrund, rechtstechnische und praktische schließlich bei den letzten beiden Digestentiteln 50,16 *De verborum significatione* und 50,17 *De diversis regulis iuris antiqui.*

2. Die Institutionen Justinians als Allgemeiner Teil der Digesten?

Aus Sicht der neuzeitlichen Literatur, die sich mit Rücksicht auf die Dogmatik des geltenden Rechts mit dem Konzept des Allgemeinen Teils beschäftigt hat, sind zahlreiche Anregungen aus den Eigenschaften der Institutionen Justinians und deren Verhältnis zu den Digesten gewonnen worden. Dies läßt fragen, inwieweit die Institutionen in der antiken Wahrnehmung Eigenschaften eines Allgemeinen Teils gehabt haben könnten.

---

5 Den Kodifikationsvorgang schildern im wesentlichen die Einführungskonstitutionen. Den Arbeitsablauf hat Tony Honoré rekonstruiert; Honoré (1978) 139-186 und ausführlich Honoré (2010).

Im modernen privatrechtshistorischen Schrifttum wird nicht selten behauptet, daß nicht allein das neuzeitliche Pandektensystem, sondern sogar speziell der dieses kennzeichnende Allgemeine Teil auf die Institutionen zurückgehe.[6] Das System, durch das dieselben gekennzeichnet sind, ist daher mit Rücksicht auf das geltende Recht sogar als das „Rückgrat" des Allgemeinen Teils bezeichnet worden.[7] Diese Wahrnehmung beruht keineswegs auf einer spontanen Assoziation, sondern hängt mit der Genese des modernen Allgemeinen Teils zusammen.

Obwohl das neuzeitliche Konzept des Allgemeinen Teils aus dem Naturrechtsdenken herrührt,[8] ist es nachweislich durch die Institutionen und insbesondere deren dreiteiliges Schema der Stoffdisposition *personae - res - actiones* geprägt. Allerdings hat diese Prägung bekanntlich in systematischer Hinsicht vorausgesetzt, daß an die Stelle der *actiones* die rechtsgeschäftlichen Handlungen traten. Auf dieser Grundlage entwarf Gustav Hugo einen Allgemeinen Teil in Orientierung an der Dreiteilung der Institutionen, nämlich in seinem *Lehrbuch des heutigen Römischen Rechts*:[9] Hier stellt Hugo „Allgemeine Begriffe" dar, die, im einzelnen näher gegliedert, „Arten von Personen", „Arten von Sachen" und „Arten von Handlungen" jeweils in physischer und juristischer Hinsicht umfassen.[10] Diese Systematik beherrscht den Allgemeinen Teil hier in vergleichsweise noch reinerer Form als in dem berühmten und über das 19. Jahrhundert hinaus wirkungsmächtigen System Georg Arnold Heises,[11] weil dieser das objektive Recht einschließlich der Rechtsquellenlehre an den Anfang stellte und außerdem die den allgemeinen Lehren folgenden Rechtsgebiete nicht, wie Hugo es tat, unter dem Begriff des Besonderen Teils – also wiederum als Einheit – zusammenfaßte. In der Tradition dieser Systematisierung findet sich die dreiteilige Stoffdisposition bekanntlich heute im Allgemeinen Teil des deutschen Bürgerlichen Gesetzbuches in der Einteilung der ersten drei Abschnitte wieder: 1. Personen,

---

6 Wieacker (1967) 487 f.; Kupisch (1990-1992) 293-301, 298.

7 So Oestmann (2008) 132-133, 132.

8 Kupisch (1990-1992) 298 und eingehend Lipp (1980).

9 In seinen „Institutionen des heutigen Römischen Rechts" (1. Aufl. 1789) hatte Hugo außerdem die besonderen Teile des späteren Pandektensystems zumindest vorgezeichnet, indem er den Stoff in Einleitung, Realrechte, Persönliche Obligationen, Familienrecht, „Verlassenschaften" (also Erbrecht) und Prozeß gliederte (vgl. aaO., 14). Hugo trug damit zu einem bedeutenden Systematisierungsschritt bei, der in dieser Hinsicht neben Heises „Grundriss eines Systems des Gemeinen Civilrechts zum Behuf von Pandecten-Vorlesungen" von 1807 grundlegend für die Systematisierungsbemühungen des 19. Jahrhunderts werden sollte. Er gab diese Einteilung allerdings in späteren Auflagen des Werkes wieder auf; vgl. Schwarz (1921) 578-610, 581; Björne (1984) 131.

10 Hugo (1816) 16-48.

11 Heise (1807) 3-17.

2. Sachen (und Tiere),[12] 3. Rechtsgeschäfte. Hier spiegelt sich das erstmals für Gaius belegte, sicherlich aber ältere, dreigeteilte Institutionensystem noch immer in aller Klarheit.[13]

Die beobachtete Fortwirkung des Dispositionsschemas der Institutionen führt nun zu der weiteren Frage, ob der Inhalt des Textes im Verhältnis zu den Digesten „allgemeinerer" Art ist. Hier erweist sich nun, daß wir die Institutionen *cum grano salis* als kurze und einfachere Darstellung dessen verstehen können, was in den Digesten ausführlicher erörtert ist. Diesem Verhältnis liegt eine für die Antike vielfach belegte Darstellungsmethode zugrunde, derer man sich offenbar in erster Linie zu didaktischen Zwecken bediente. Das Verfahren, dem Anfänger erst eine elementare Darstellung des Stoffes zu geben und anschließend eine ausführlichere, geht nämlich auf eine alte Methode der Stoffpräsentation zurück, die z.B. in Ciceros *Topica*[14] und Tacitus' *Germania*[15] bezeugt ist. Diese Idee lebte bis in die nachklassische Literatur fort. Dies zeigt ihr Auftreten bei Boethius, der sowohl die Einführung des Neuplatonikers Porphyrios in die logischen Grundbegriffe des Aristoteles als auch Aristoteles' eigenes Werk „Perì Hermēnéias" („De interpretatione") jeweils für Anfänger kurz und für Fortgeschrittene ausführlicher kommentierte.[16]

Nicht nur in der historischen und philosophischen Literatur, sondern auch im juristischen Schrifttum bewährte sich diese Darstellungsmethode.[17] Im Kontext der nachklassischen Zeit ergibt sich ein Hinweis daraus, daß Ulpian nicht nur ein *liber singularis regularum* zugeschrieben wurde, sondern auch noch ein umfangreicheres Regelwerk, nämlich *libri septem regularum*. Beide Schriften enthalten klassischen Stoff, stammen aber wahrscheinlich nicht von Ulpian.[18] Wir dürfen vermuten, daß sie in demselben Schulbetrieb

12 Der frühere Abschnitt „Sachen" führt seit 1990 die Überschrift „Sachen und Tiere", was keine Veränderung der Systematik bewirkt hat, sondern lediglich die besondere Qualifikation von Tieren als Schutzobjekte der Rechtsordnung zum Ausdruck bringen soll.

13 Wieacker (1967) 487 f.

14 Im Anschluß an eine erste, kursorische Darstellung (Topica 2,6 ff.) folgt eine ausführlichere Erörterung der einzelnen Topoi; vgl. Topica 5,26 ff.: *Quando ergo unusquisque eorum locorum, quos exposui, sua quaedam habet membra, ea quam subtilissime persequamur.*

15 Der Darstellung über Germanien als Ganzes (Germania 1-27) folgen nähere Ausführungen über die einzelnen Stämme. Vgl. Germania 27 a.E.: *nunc singularum gentium instituta ritusque ... expediam.*

16 Vgl. Gigon (1998) 316.

17 Behrends (1997) 279-288, 281 mit Fn. 13.

18 Für die *libri septem regularum* gilt dies nach überwiegender Ansicht; Avenarius (2005) 141 u. ö. sowie Liebs (1982) 282-292, 292. Honoré (2002) 215-217 führt zur Begründung an, daß die Schrift keines der Stilmerkmale enthalte, die er als für Ulpi-

verwendet wurden, und daß man sie in der Absicht miteinander verband, für Zwecke der Lehre einem kurzen Grundriß eine ausführlichere und detailliertere Darstellung an die Seite zu stellen. Auf einen solchen Zusammenhang deutet hin, daß sie markante Parallelen in der Wortwahl aufweisen[19] und in etwa die gleiche Stoffordnung befolgen.[20] Ein entsprechendes Verhältnis besteht zwischen den Regelwerken von Ulpians Zeitgenossen Paulus, der sowohl einen *liber singularis regularum* als auch sieben Bücher *regulae* schrieb.[21]

Diese Form der Stoffpräsentation kennzeichnet auch die justinianische Kodifikation: Die Institutionen Justinians waren zwar mit Gesetzeskraft ausgestattet worden, aber der Sache nach zunächst einmal ein Lehrbuch (Inst. 1,1,2). In ihnen wird das Recht erklärtermaßen in kurzer Form (*c. Imperatoriam* 5: *breviter*) dargestellt, um Studienanfängern einen ersten Überblick zu verschaffen,[22] bevor Digesten und Codex anschließend die Einzelheiten mitteilen sollten.[23] Es bedeutet einen Rückgriff auf dieses didaktisch begründete Verhältnis, wenn auch im 19. Jahrhundert die Institutionenvorlesung jeweils für Anfänger gehalten wurde, bevor anschließend – und aufbauend auf den in ihr vermittelten Kenntnisstand – die privatrechtliche Hauptvorlesung über die Pandekten stattfand. Entsprechendes gilt für das Verhältnis zwischen den mit bestimmten Vorlesungen korrespondierenden Druckwerken über Institutionen und Pandekten, wie sich etwa an den Werken Georg Friedrich Puchtas zeigt. Wir können also beobachten, daß die didaktisch motivierte Voranstellung einer Einführung anhand allgemeiner Grundsätze bis in die Gegenwart

---

an charakteristisch bezeichnet, wohl aber solche, die Ulpians Stil völlig fremd seien. Für die Authentizität der *libri septem regularum* im Sinne einer Autorschaft Ulpians tritt Litewski (2000) 69 ein.

19 Über Entsprechungen in der Stoffanordnung hinaus besteht ein gemeinsames, charakteristisches Merkmal der Texte in dem ungewöhnlichen Ausdruck *impensae voluptuosae*, der sich nur in Pseudo-Ulpian, *lb. sg. reg.* 6,14 u. 17 sowie bei „Ulpian" 5 *regularum* D. 25,1,14,2 findet. Vgl. das Vocabularium iurisprudentiae romanae, Bd. 5 (1939), Sp. 1495 und Avenarius (2005) 147 u. 259.

20 Vgl. die Rekonstruktion des Aufbaus der *libri septem regularum* aufgrund der erhaltenen Fragmente bei Lenel (1889a) 1013-1015.

21 Diese *libri regularum* sind offenbar authentisch; vgl. Wenger (1953) 517, Fn. 300; Kipp (1909) 139; Lenel (1889) Sp. 1221-1223.

22 Vgl. die Mahnung am Anfang der Institutionen (Inst. 1,1,2), daß es richtig sei, den Studenten, bevor man in die Details gehe, erst einmal einen leicht verständlichen Überblick zu geben: ... *iura populi Romani ... primo levi ac simplici, post deinde diligentissima atque exactissima interpretatione singula tradantur*. Vgl. in demselben Sinne die c. Deo Auctore § 11: ... *ut rudis animus studiosi simplicibus enutritus facilius ad altioris prudentiae redigatur scientiam*.

23 Behrends (1997) 281.

befolgt wird. Allerdings findet die Wahrnehmung von Vorformen eines Allgemeinen Teil im modernen Sinne insoweit eine Grenze, als sie mit einem kohärenten Privatrechtssystem, in dessen Rahmen ein Bestand an allgemeinen Regeln von besonderen zu unterscheiden ist, nichts unmittelbar zu tun hat. Unabhängig von der Erhebung der Institutionen zum Gesetz würde die Auffassung von den Institutionen als Teil eines mit den Digesten gemeinsam gebildeten Gesamtcorpus zu einer womöglich anachronistischen Vorstellung führen. Nicht umsonst wurde der verklammernde Ausdruck *Corpus iuris civilis* erst in der frühen Neuzeit geprägt,[24] wobei mit *„corpus"* zwar die antike Ausdrucksweise für ein Gesamtwerk aufgegriffen wurde,[25] die entsprechende Vorstellung von der justinianischen Sammlung allerdings erst wesentlich jünger war. Die Digesten ließ Justinian immerhin so anlegen, daß sie für sich allein stehen konnten. Zwar enthalten die Institutionen verschiedentlich z.B. bestimmte Definitionen, die in den Digesten nicht nochmals aufgegriffen werden, während diese wiederum über zahlreiche zusätzliche Einzelbestimmungen verfügen. Aber soweit hier Allgemeines Besonderem gegenübersteht, ist dies nicht Folge einer Systematisierung, sondern folgt aus dem jeweiligen Werkcharakter. Justinian ließ die Vorstellung, die Digesten enthielten einen als abschließend konzipierten Bestand an Bestimmungen, mit dem Bild verdeutlichen, daß der gesamte Stoff in den 50 Büchern wie innerhalb von Stadtmauern enthalten sei und sich außerhalb nichts befinde (*c. Deo Auctore* § 5): *his quinquaginta libris totum ius antiquum ... quasi quodam muro vallatum nihil extra se habeat.* Wenn Puchta danach strebte, die Stellung des Allgemeinen Teils als „bloßes Außenwerk" mit dem Ziel einer Integration in den Festungswall selbst zu verändern, dann dürfte das von ihm verwendete Bild durch Justinians Metaphorik angeregt worden sein.

Wir halten fest, daß im Falle der Institutionen Justinians das didaktische Interesse an einer Stoffvermittlung zur Zusammenstellung der Grundzüge geführt hat.[26] Daß eine allgemein gehaltene Einführung in ein Rechtsgebiet nicht dasselbe ist wie ein Allgemeiner Teil im Rahmen eines Privatrechtssystems, erweist sich vielleicht an keinem Beispiel so deutlich wie am Allgemeinen Teil des BGB. Hier treten die Allgemeinen Lehren, wie sie sich als Eingangsteil der Pandektenvorlesung des 19. Jahrhunderts hatten etablieren können, als erster Abschnitt einer Kodifikation auf, der in seiner notwendigen Abstraktheit ein überaus anspruchsvolles Kondensat bildet und sich in-

24 Der Name wurde durch D. Gothofredus' Lyoner Corpus-Iuris-Ausgabe von 1583 etabliert.

25 Vgl. Avenarius (2005) 149 f. mit Nachweisen.

26 Immerhin kann man mit Recht auf dem gewollten Verhältnis zwischen Institutionen und Digesten aufbauend die beiden Werke in ihrer Beziehung zueinander verstehen. Zum Verhältnis zwischen Institutionen und Digesten und zum Verständnis des einen Textes jeweils im Lichte des anderen vgl. Meincke (2008) 178-190.

soweit nur mit erheblichen Vorbehalten und Einschränkungen zur Vermittlung an Studienanfänger eignet.[27] Daß das dem BGB zugrundeliegende Pandektensystem auf die Vorlesungsgliederung des 19. Jahrhunderts zurückgeht, widerspricht diesem Umstand nur scheinbar. Denn auch hier hatte die Ausgliederung des Allgemeinen Teils nicht eigentlich der Einführung gedient, sondern zu jenen Maßnahmen zur Straffung des Stoffes gehört, die es erlaubten, das überaus umfangreiche Pandektenrecht überhaupt in einem Vorlesungsplan unterzubringen. Soweit, wie oft, die Pandektenvorlesung für lediglich ein Semester konzipiert war, mußten freilich außerdem bestimmte Rechtsgebiete (wie etwa das Erbrecht) ausgelagert und damit als eigene Vorlesung abgehalten werden.[28]

3. Ein Allgemeiner Teil der Digesten innerhalb derselben?

Gleichwohl weist das römisch-justinianische Recht durchaus den Gedanken auf, allgemeine Regeln aus einem Gesamtbestand zu isolieren. Dies werden wir sehen, wenn wir die Betrachtung nun auf den Bereich beschränken, der durch die in der *constitutio Deo Auctore* § 5 genannten „Mauern" umgrenzt ist, und die Frage nach der Identifizierbarkeit von Strukturmerkmalen eines Allgemeinen Teils damit auf den Digestentext selbst richten.

3.1. Die „*prōta*" der Digesten

Auch in der sog. Legalordnung der Digesten lassen sich die Spuren gewisser Systematisierungsbemühungen beobachten, die dazu geführt haben, daß ein bestimmter Teil des Rechtsstoffes am Anfang der Hauptmasse steht und insoweit, wie man gerne nach Gustav Böhmer mit einem aus der Mathematik entlehnten Bild verdeutlicht, „vor die Klammer gezogen" ist.[29] Wenn wir auch hier den Blick wiederum zunächst von der neuzeitlichen Perspektive leiten lassen und nach den dabei aus den Quellen aufgenommenen Anregungen fragen, wollen wir abermals von Gustav Hugo ausgehen, der immerhin in einzelnen Titeln des ersten Buches der Digesten Eigenschaften einer

---

27 Diesen Vorbehalten tragen jene modernen Studienordnungen Rechnung, die, abweichend von der konventionellen Vermittlung des Stoffes in der Reihenfolge der Bücher des BGB, ein Grundkursmodell vorsehen.

28 Savigny z.B. gliederte u.a. das Erbrecht aus, Jhering in seiner Pandektenvorlesung nach Puchta sogar Familien- und Erbrecht. Vgl. Jhering (1859/60) 29.

29 Vgl. Böhmer (1951) 72 f.; Münch (2000) 147-173, 149, Fn. 9. Vgl. ferner Schmidt (2009) 39 f.

„pars generalis" erkannte, soweit nämlich Personen und Sachen behandelt werden.[30] Bei der Prüfung, inwieweit dieser Anfangsteil kennzeichnende Eigenschaften eines Allgemeinen Teils aufweist, können wir zunächst feststellen, daß der Textabschnitt nicht etwa allgemeine Regeln des Privatrechts enthält, also der Materie, aus denen die Digesten im übrigen hauptsächlich bestehen, sondern insbesondere Rechtsquellenlehre, Gerichtsorganisation und Verfahrensrecht. Die Digesten enthalten also an ihrem Beginn allgemeine Begriffe und Regelungen des objektiven Rechts schlechthin. Sieht man speziell auf die Rechtsquellenlehre, ist dies kein Einzelfall unter den römischen Rechtstexten: Wir beobachten ihre Behandlung bekanntlich auch am jeweiligen Beginn der Institutionen Gaius' und Justinians sowie des pseudoulpianischen *liber singularis regularum*.[31]

Auch unter den neuzeitlichen Konzepten des Allgemeinen Teils gibt es zahlreiche, die die Darstellung der allgemeinen Begriffe des objektiven Rechts mit einbeziehen. Dieses Verständnis trat gerade im naturrechtlichen Kontext der Anfänge zutage. Im 18. Jahrhundert stellten Joachim Georg Darjes und dessen Zeitgenosse Daniel Nettelbladt ihren Naturrechtslehrbüchern jeweils einen Allgemeinen Teil voran.[32] Darjes schuf mit der *„pars generalis"* seiner *Institutiones iurisprudentiae privatae Romano-Germanicae* eine frühe Umsetzung des Konzepts.[33] Darjes' naturrechtlicher Hintergrund erweist sich in der zumindest äußerlichen Ähnlichkeit seines zivilrechtlichen und naturrechtlichen Allgemeinen Teils.[34] Die naturrechtliche *pars generalis* sollte allgemeinste Regeln für das gesamte Recht beinhalten, da es eine etablierte Unterscheidung etwa zwischen öffentlichem oder privatem Naturrecht nicht gab.[35] Wir finden aber bei Darjes in der Darstellung des gemeinen Privatrechts die Behandlung des objektiven Rechts. Beschränkte sich also der Gegenstand der Darstellung nicht auf das Privatrecht, so war allerdings die Methode, das Recht mit einer *pars generalis* einzuleiten, dieselbe.[36] Nettelbladt,

---

30 Hugo (1826) 19, Fn. 1.

31 Noch ausgeprägter ist die Fortwirkung über das byzantinische Recht im Falle der mittelalterlichen Hexabiblos des Armenopulos von vermutlich 1345. Diese ist wie folgt gegliedert: 1) Rechtsquellenlehre, Verfahrensrecht, Personenrecht; 2) Sachenrecht; 3) Schuldvertragsrecht; 4) Eherecht; 5) Erbrecht; 6) Schadensersatz und (hauptsächlich) Strafrecht. Maksimovič meint auf dieser Grundlage sogar, in der Hexabiblos komme erstmals jene fünfteilige Gliederung des Zivilrechts vor, die in Westeuropa erst fünf Jahrhunderte später entdeckt wurde. Vgl. Maksimovič (2006) 1-32, 23.

32 Darjes (1776) stellt seinem Werk eine *„Introductionis ad ius naturae et gentium pars generalis"* (23 ff.) voran, der eine entsprechende *„pars specialis"* folgt (131 ff.).

33 Schwarz (1921) 590.

34 Schwarz (1921) 590.

35 Björne (1984) 119 ff.

36 Schwarz (1921) 589.

der gleichfalls wesentliche Beiträge zum Konzept des Allgemeinen Teils leistete,[37] vertrat die Auffassung, daß in einer Stofforganisation, die der Darstellung dienen soll, das Allgemeine zuerst kommen, also voranstehen müsse.[38] Gemeint war hier selbstverständlich die Vermittlung des Naturrechts. Er stellte an den Beginn seines *Systema elementare universae iurisprudentiae naturalis* eine Darstellung der *„Iurisprudentia naturalis generalis"*.[39]

Selbstverständlich läßt sich der Gedanke, einem Gesamtstoff allgemeine Regeln voranzustellen, nicht nur auf das Privatrecht, sondern auch auf das objektive Recht insgesamt anwenden. Auch ist nicht selten einem Privatrechtssystem ein allgemeine Regeln des objektiven Rechts enthaltender Teil vorangestellt worden, weil diese Regeln schließlich auch allgemeine im Verhältnis zum Privatrecht sind. Entsprechend geschah es vielfach in Darstellungen des Pandektenrechts im 19. Jahrhundert. Nachdem Heise, wie gesehen, in seinem „Grundriss" zunächst das objektive Recht angeführt hatte,[40] bevor er mit den „Allgemeinen Lehren" des Privatrechts fortfuhr, setzte sich dieses Konzept mit bestimmten Varianten in den späteren Gesamtdarstellungen überwiegend durch. Georg Friedrich Puchta, der das erste geschlossene Lehrbuch der Pandektenwissenschaft vorlegte, entschied sich dafür, mit den Rechtsquellen zu beginnen und die Rechtsverhältnisse folgen zu lassen.[41] Das wohl eindrucksvollste Beispiel lieferte Friedrich Carl von Savigny. Er hatte mit Rücksicht auf die Vorlesung erklärt, „kein Freund vom allgemeinen Theil" zu sein,[42] las die Pandekten allerdings bekanntlich nichtsdestoweniger „nach Heise".[43] Während er sich in seinem Werk über das „Recht des Besitzes" kritisch zur wissenschaftlichen Bedeutung eines Allgemeinen Teils geäußert hatte,[44] stellte er seinem unvollendeten dogmatischen Hauptwerk

---

37 Wieacker (1967) 321; Schwarz (1921) 597 ff.

38 Vgl. Stintzing / Landsberg (1898) 289.

39 Nettelbladt (1757) 28 ff. Vgl. Schwarz (1921) 589 u. ferner 591, sowie Hoffmann-Steudner (2006) 27 f.

40 Auf Heises Grundriss (1807) geht bekanntlich das Pandektensystem des 19. Jahrhunderts zurück; vgl. Schlosser (2005) 153 sowie Schwarz (1921) 581 f.

41 Puchta (1856) 19 ff. und 37 ff.

42 Savigny (1812) 96-156, 129.

43 Genaugenommen bezieht sich dies auf Savignys „Landshuter Pandekten", also jene umfassende Pandektenvorlesung, die er auf Grundlage eines seit 1809 ausgearbeiteten Manuskripts über drei Jahrzehnte vortrug. Der dem ersten Band vorangestellte Titel für das gesamte Manuskript lautet: „Pandekten, nach Heise´s Grundriß. Heidelberg 1807. 1. Teil: Allg. Lehren und Sachenrecht" (UB Marburg Ms. 925/37,1). Savignys erste Pandektenvorlesung von 1801 war nach Justus Henning Böhmers Introductio in ius digestorum aufgebaut, umfaßte allerdings nur den Stoff der letzten zehn Bücher der Pandekten. Vgl. Avenarius (2008) 1-34, 3 u. 12.

44 Savigny (1837) 37 f., Fn. 3. Savigny äußert sich kritisch zur didaktischen Bedeutung des Allgemeinen Teils („Wenn man einen allgemeinen Theil für nöthig findet, so

einen *System des heutigen Römischen Rechts* betitelten Allgemeinen Teil voran, den er geradezu in monographischer Breite entwickelte. Dabei umfaßte sein Konzept bekanntlich allgemeine Grundsätze des Rechts wie die Rechtsquellenlehre und die berühmten Auslegungscanones im 1. Band und sogar öffentliches Recht wie das im 8. Band dargestellte intertemporale Privatrecht.[45]

Obwohl das neuzeitliche Konzept des Allgemeinen Teils also ursprünglich aus dem Naturrechtsdenken stammt, setzte es sich erst mit Hugo und Heise in den Privatrechtssystemen durch. Dabei vermittelt die Entwicklung den Eindruck, als sei, je ausdifferenzierter die auf wissenschaftliche Weise zu gliedernde Rechtsmaterie ist, desto notwendiger die Auslagerung der Allgemeinen Regeln. Es ist womöglich kein Zufall, sondern Folge einer inneren Logik, daß die Schaffung und Etablierung des Allgemeinen Teils mit der fortschreitenden Zergliederung des Besonderen Teils einhergeht, also mit der Herauslösung des Familienrechts aus dem Personenrecht und der Aufteilung des Vermögensrechts in Sachen-, Erb- und Obligationenrecht. Denn dies war wohl die wichtigste Neuerung des Pandektensystems in der Fassung des 19. Jahrhunderts. Hugo selbst hatte bekanntlich als selbständige systematische Forderung die Trennung des Obligationenrechts aus dem Vermögensrecht befürwortet.[46]

Angesichts dieser neuzeitlichen Erfahrung könnte man vermuten, daß für die Kompilatoren der Digesten das Bedürfnis nach einer Konzentration der allgemeinen Regeln besonders nachdrücklich bestanden haben dürfte. Diese sind ja, stellt man auf die Titel als Einheiten für die einzelnen Rechtsgebiete ab, in überaus differenzierter Weise gegliedert. Von den insgesamt 428 Digestentiteln sind zwar nicht wenige zu größeren Sinneinheiten zusammengestellt, etwa im Bereicherungs-, Vertrags- oder Erbrecht, doch kann man darüber hinaus zahlreiche Titel als verstreut und isoliert wahrnehmen.

Wenn wir nun fragen, ob womöglich die ersten vier Bücher der Digesten gewissermaßen als eine erste, dem übrigen Text vorangestellte Texteinheit

---

läßt sich nichts dagegen einwenden, daß der Besitz darin aufgeführt werde, da ein solcher allgemeiner Theil doch nur wegen subjectiver Bedürfnisse der Mittheilung da zu seyn pflegt, ohne daß ihm Begriff und Inhalt wissenschaftlich vorgezeichnet werden kann"), mahnt aber die Wahrung der wissenschaftlichen Systematik an („Nur das ist wesentlich und nothwendig, daß über dieser Erleichterung nicht vergessen werde, den eigentlichen Zusammenhang des Besitzes mit dem besonderen Theile, d. h. mit dem Rechtssystem selbst, anzuerkennen und darzustellen."). Vgl. Jakobs (2002) 269-325, 289, Fn. 50.

45 Vgl. Avenarius (1993) 36.

46 Für das BGB hat Horst Heinrich Jakobs mit guten Gründen die Auffassung vertreten, die besondere Eigenart der Kodifikation sei in systematischer Hinsicht gar nicht die Fünfteilung mit der Voranstellung des Allgemeinen Teils, sondern die scharfe Trennung von Sachen- und Obligationenrecht. Vgl. Jakobs (2002) 288 f.

gedacht waren, besteht dafür zunächst insoweit Raum, als die Einführungskonstitutionen diesen Textabschnitt als „ersten Teil“ bezeichnen. Bezugnehmend auf den Gesamtstoff spricht die *constitutio Tanta* § 2 insoweit von den ersten *quattuor libri* als der *prima ... pars* totius contextus, *quae Graeco vocabulo πρῶτα nuncupatur.* Für die Bezeichnung der Bücher als *„prōta“*, also etwa „Erster Teil“, liefert die entsprechende Stelle in der *constitutio Omnem* § 2 eine formale, allerdings seltsam zirkuläre Begründung: „Von ihm aus gesehen gibt es nichts Früheres, weil das, was das Erste ist, nichts vor sich haben kann“ (*qua nihil est anterius, quia quod primum est aliud ante se habere non potest*). Gleichzeitig verweist der Ausdruck *„prōta“* darauf, daß danach anderer Text folgt. Herausgehoben waren die *„prōta“* auch im Studienplan: Sie bildeten den Stoff einer Vorlesung im späteren Teil des ersten Studienjahres, also im Anschluß an die Institutionen und vor den anderen Teilen der Digesten (*c. Omnem* § 2).[47]

Mit Rücksicht auf den Inhalt ergibt sich sogar, wie gesehen, daß die Kompilatoren allgemeine Regeln am Beginn des Stoffes angeordnet haben, auch wenn dies innerhalb der *„prōta“* nicht ganz konsequent durchgehalten worden ist. Immerhin aber ist die Präsentation der Rechtsquellen durchaus etwas Allgemeines im Verhältnis zu den einzelnen Regeln eines betreffenden Rechtsgebiets. Verglichen mit jenen zahlreichen Allgemeinen Teilen, die objektives Recht und Rechtsquellen behandeln, fällt die Regelungsmaterie der *„prōta“* keineswegs völlig aus dem Rahmen. Mit diesen eher unspezifischen Beobachtungen hat es im Falle der *„prōta“* allerdings sein Bewenden.

3.2. Die Digestentitel 50,16 und 50,17

Weiterführend im Rahmen der hier verfolgten Fragestellung ist die Betrachtung des Schlußteils der Digesten, also der beiden Titel 50,16 *„De verborum significatione“* und 50,17 *„De diversis regulis iuris antiqui“*. Unter formalen Gesichtspunkten könnte nämlich auch der Schlußteil des Werkes geeignet sein, mit den skizzierten Vorbehalten als selbständiger Allgemeiner Teil wahrgenommen zu werden. Denn – um nochmals auf das zuvor bereits zitierte, mathematische Bild zurückzukommen – was man vor die Klammer ziehen kann, das kann mit demselben logischen Aussagegehalt auch dahinter stehen. Soweit jeweils nicht gerade didaktische Zwecke verfolgt werden, ist mit der Hintanstellung keine Funktionseinbuße verbunden.

Wir wollen also mit D. 50,16 und D. 50,17 jene beiden Digestentitel als Einheit betrachten, welche nach der *constitutio Tanta* § 8 c diejenigen Gegenstände behandeln, *„quae ... significatione verborum veteribus inventa sunt quaeque regulariter definita“*. Obwohl die beiden Titel, wie die Rubriken

47 Wieacker (2006) 305.

zutreffend wiedergeben, mit Begriffserläuterungen einerseits und Rechtsregeln andererseits jeweils verschiedenen Inhalts sind, unterscheiden sie sich im Stil deutlich von dem vorstehenden Abschnitt des 50. Buches, der im wesentlichen öffentliches Recht enthält. Obwohl die beiden Titel für etwa die Hälfte dieses Digestenbuches stehen, bilden sie nur einen relativ kurzen Abschnitt des Gesamtwerks. Dies allein läßt den Abschnitt allerdings nicht als für unsere Fragestellung untauglich erscheinen.[48] Die gemeinsame Behandlung der beiden Titel wird schließlich auch dadurch gerechtfertigt, daß sie einander in *hier* relevanter Weise inhaltlich ähneln. Beide enthalten nämlich *allgemeine* Rechtssätze. Unter diesen Umständen liegt es also nicht ganz fern, die beiden letzten Titel der Digesten als gleichsam deren Allgemeinen Teil wahrzunehmen. Gustav Hugo, der, wie schon gesehen, in verschiedener Weise Verbindungen zwischen dem Konzept des Allgemeinen Teils und den römischen Quellen geprüft hat, konnte hier am ehesten fündig werden und stellte fest: „Einiger Maßen lassen sich noch die zwey letzten Titel der Digesten als ein allgemeiner Teil ansehen“.[49]

Hinweise darauf, daß auch die Kompilatoren selbst in den beiden letzten Digestentiteln allgemeine Bestimmungen im Verhältnis zu anderweitig angeordneten besonderen wahrnahmen, geben auch hier zunächst die Einführungskonstitutionen zu den Digesten. Wir können hier auf *constitutio Dédōken* § 8 c verweisen, die im Vergleich mit der schon genannten Stelle *c. Tanta* § 8 c noch aufschlußreicher lautet: „*... [ὅσ]α τε [ὅλ]ως ὑπὲρ τῆς τῶν ῥημάτων ἐστ[ὶν ὀνο]μασίας καὶ τῶν ἐν κανόσιν εἰρημ[έ]νων τοῖς πάλαι ...*“ Was sich also „im allgemeinen über die Bedeutung der Wörter und über die Rechtsregeln bei den alten Juristen fand“, das umfaßt alles das letzte Buch. Gemeint ist auch hier das 50. Buch der Digesten, beschrieben wird sogar speziell der Inhalt der Titel 16 (*hypèr tēs tōn rhemátōn estìn onomasías / De verborum significatione*) und 17 (*hypèr ... tōn en kanósin eirēménōn / De diversis regulis iuris antiqui*). Der Text der *c. Dédōken* § 8 c verweist im Unterschied zu dem Paralleltext der *constitutio Tanta* insbesondere mit der Formulierung „im allgemeinen“ ([*ὅσ]α τε [ὅλ]ως*]) auf eine höhere Abstraktionsebene. Das Verhältnis von *c. Tanta* und *c. Dédōken* zueinander ist umstritten. Wieacker meint, die authentische, daher allein im zweiten Codex erneut aufgenommene Ausfertigung sei der lateinische Text gewesen, die *c. Dédōken* aber keine nachträgliche Übersetzung (oder *versio graeca*), son-

48 Auch der Allgemeine Teil des BGB, immerhin eins von fünf Büchern, umfaßt nur etwa ein Zehntel der Vorschriften.

49 Hugo (1826) 19, Fn. 1.
In der Neuzeit ist die Verbindung beider Digestentitel zu einem eigenständigen Lehrgebiet belegt. Karl Ferdinand Hommel (1722-1781) hatte in Leipzig zeitweise eine Professur der Digestentitel *De verborum significatione und De diversis regulis iuris antiqui inne.* Vgl. Knütel / Malmendier (1997) 861-877, 861 mit Nachweisen.

dern ein früherer, mehr persönlicher und individueller Entwurf Tribonians.[50] Das hieße, daß die Nennung des „Allgemeinen“, die Zusammenstellung der Wortbedeutungen und Rechtsregeln mit Rücksicht auf das „Ganze“ (*hólos*) noch auf Tribonian selbst zurückginge. Hier scheint also ein erster Hinweis darauf vorzuliegen, daß der allgemeine Charakter der Regelungen in den letzten beiden Digestentiteln noch weitergehend als in den *prōta* auf den Gestaltungswillen der Kompilatoren zurückgeht.

Weiterführende Überlegungen dazu, in welcher Weise die Kompilatoren offenbar den beiden letzten Digestentiteln Merkmale eines Allgemeinen Teils verliehen haben, hat Harold Berman angestellt. Dieser beschreibt die im Digestentitel D. 50,17 versammelten *regulae* nämlich als Ergebnis einer jeweiligen Verallgemeinerung spezieller Fälle.[51] Nun referiert Berman allerdings die verbreitete Vorstellung, die Regeln hätten in der Kompilation Justinians keine selbständige Bedeutung.[52] Sie seien vielmehr lediglich dekoratives Konzentrat, Argumentationshilfe oder Gedächtnisstütze, sozusagen didaktische Hilfe gewesen.[53] Überhaupt habe sie kein römischer Jurist als abstrakte Grundsätze aufgefaßt.[54] Es handelt sich um die Stellungnahme eines Nicht-Romanisten zu einem oftmals erörterten und voraussetzungsvollen Fragenkomplex des römischen Rechts. Gleichwohl verdient sie es, kurz erörtert zu werden, denn in dem Fall, daß es sich bei den *diversae regulae* um bloße „Argumentationshilfen“ ohne selbständige normative Bedeutung handelte, stünde dies der Annahme eines Allgemeinen Teils entgegen. Ein solcher kann sich nämlich nicht auf Aussagen beschränken, die nicht selbst unmittelbar Rechtscharakter haben. Von pathetischen Bekenntnissen, wie sie etwa das preußische Allgemeine Landrecht kannte,[55] oder mehr oder weniger unverbindlichen Grundsatzerklärungen, wie sie in Präambeln vorkommen, muß ein Allgemeiner Teil unterschieden werden.

Die von Berman referierte Vorstellung ist in *dieser* Hinsicht aber offensichtlich unrichtig. Zwar haben die Kompilatoren an den Beginn des Titels D.

---

50 Wieacker (2006) 299.

51 Berman (1995) 225 f.

52 Berman (1995) 226.

53 Auch Schmoeckel bestreitet den Normcharakter der in D. 50,17 versammelten Regeln, wenn er hier „allgemeine Sprüche“ wahrnimmt, die als Argumentationshilfe gedacht gewesen seien. Vgl. HKK (2003) / *Schmoeckel*, vor § 1, Rn. 14. Er behauptet, dies teile ausdrücklich Paulus D. 50,17,1 mit. Es verdient allerdings Beachtung, daß sich der severische Jurist Paulus weder über die Eigenart der in D. 50,17 gesammelten Texte noch über die mit diesen verbundene Zwecksetzung der Kompilatoren geäußert haben kann.

54 Diese Vorstellung verbindet Berman – ebenso wie andere Autoren – erst mit späteren Juristen, bei denen sich die allgemeinen Regeln verselbständigten; Berman beruft sich insoweit auf Stein (1966) 118.

55 Vgl. Schwennicke (1993) 296 ff.

50,17 jenen berühmten Paulustext aus dem 16. Buch *ad Plautium* gestellt, dessen Kern der wahrscheinlich auf Sabinus zurückgehende[56] Satz bildet: *„non ex regula ius sumatur, sed ex iure quod est regula fiat"*. Paulus' Standpunkt, den sich die Kompilatoren zu eigen gemacht haben könnten, ging in der Tat nicht von festliegenden (und damit schematisch anwendbaren) Regeln aus, wie die klassische Jurisprudenz sie gefordert hatte. In ihrem Sinne hatte der Prokulianer Neraz, der Verfasser der ältesten *libri regularum*, formuliert, das Recht könne und müsse aus festliegenden Begriffen bestehen (*ius finitum et possit esse et debeat*).[57]

Demgegenüber besagt die bei Paulus formulierte Lehre, daß jede Regel jeweils vom *ius quod est* abhängt und insoweit induktiv gebildet werde. Dieser Standpunkt geht letztlich auf die von den *veteres* übernommene Vorstellung eines alles durchdringenden und (im Bereich des Naturrechts) umfassend interpretierbaren Rechts zurück.[58] Daß eine Regel nach dieser Auffassung immer wieder am *ius quod est* geprüft werden muß,[59] steht zwar ihrer schematischen Anwendung entgegen,[60] darf allerdings nicht zu der Vorstel-

---

56 Paulus 16 *ad Plautium* D. 50,17,1: [*Regula est, quae rem quae est, breviter enarrat.*] *non ex regula ius sumatur, sed ex iure quod est regula fiat.* [*per regulam igitur brevis rerum narratio traditur*] *et, ut ait Sabinus, quasi causae coniectio est, quae simul cum in aliquo vitiata est, perdit officium suum*. Die Identifikation der beiden Glosseme läßt den Zusammenhang der Argumentation des Sabinus hervortreten: Sobald eine Regel vor dem *ius quod est* nicht mehr zu halten ist, wird sie wertlos, ebenso wie es die *causae coniectio*, der das Streitprogramm kennzeichnende Tatsachenvortrag, von dessen Schlüssigkeit eine Klage abhing, wurde, wenn ein Punkt darin erfolgreich angegriffen worden war. Vgl. grundlegend Behrends (1997a) 13-69, 21 u. 59, Anm. 17 und Behrends (1975) 162-185, 165 ff.

57 Neraz 5 *membranarum* D. 22,6,2. Zur Sache Behrends (1983) 229-241, 232 f. Zum *ius finitum* bei Neraz vgl. ausführlich Ussani (1977) 146-198; Scarano Ussani (1989) 43 ff.; Scarano Ussani (1979) 5-28; Greiner (1973) 47 f.

58 Behrends (1995) 421-462 (459); Behrends (1997a) 21.

59 Stein (1966) 73. Die aus dem zitierten Satz entwickelte Ansicht, der *regula* komme keinerlei normativer Wert zu, geht auf die Freirechtsschule zurück, die das der Regelbildung zugrundeliegende *ius quod est* für ihre Zwecke umdeutete und als Inbegriff der Einzelfallentscheidungen verstand. Zu der entsprechenden Mißdeutung des Satzes Behrends (1989) 34-79, 49 ff. Einer Regel, die nach diesem Verständnis von den Einzelfallentscheidungen abhängt, kann keine selbständige Verbindlichkeit zukommen. Eine Verallgemeinerung dieses Satzes auf Regeln des römischen Rechts schlechthin wäre freilich unhistorisch, ist allerdings vor allem über Kaser in die Romanistik rezipiert worden; vgl. Kaser (1962) 54-67.

60 Vgl. Schiavone (1992) 7-84, 37; Stein (1966) 73; Stein (1979) 433-451, 450. Die sabinianische *regula „quae fit ex iure quod est"* verweist auf die vorklassisch konzipierten Prinzipien des Rechts, die *capita*. Sie beruht auf der Vorstellung, daß die Regeln immer neu den Prinzipien angepaßt werden müssen. Eine solche Sichtweise kann die Ausarbeitung subsumtionsfähiger Regeln nicht zu ihrem eigentlichen Ziel machen.

lung verleiten, sie stehe etwa zur beliebigen Disposition, indem sie einen bloßen „Rechtsspruch“ bildete. Nur wenn sich ausnahmeweise herausstellt, daß sie *vitiata est* (D. 50,17,1), muß sie in der bisherigen Fassung aufgegeben und angepaßt werden. Ihre grundsätzlich bestehende Widerlegbarkeit setzt immerhin eine anspruchsvolle, nämlich (theoretisch) hermeneutische Begründung eines anderslautenden *ius quod est* voraus. Immerhin waren es also methodische Gründe, die die vorklassisch-sabinianische Wissenschaftstradition im Unterschied zur klassischen Lehre davon absehen ließen, die *regulae* in den Mittelpunkt der Darstellung zu rücken; daher bediente sie sich zunächst auch nicht der Darstellungsform der *libri regularum*. Daß sich die Kompilatoren – der Voranstellung des Paulus-Zitats zum Trotz – von seinem wissenschaftsgeschichtlichen Hintergrund ein Stück weit emanzipierten, erweist sich schon daran, daß sie überhaupt eine Regelsammlung aufstellten. Für uns ergibt sich daraus, daß wir die Vorstellung von der relativen Unverbindlichkeit der einzelnen Regeln[61] nicht teilen,[62] geradezu Raum dafür, der Wahrnehmung eines Allgemeinen Teils in den beiden letzten Digestentiteln näherzutreten; gerade der Umstand, daß sie, ihrer Abstraktheit zum Trotz, über eigenständigen normativen Wert verfügen, bildet nämlich ein Merkmal eines Allgemeinen Teils.

Nicht also nur die Zusammenstellung der beiden Titel, auch deren Inhalt geht zu einem erheblichen Teil erst auf die Kompilatoren zurück. So tritt uns kein anderer Teil der Digesten als so spezifisch „justinianisch“ entgegen. Die hier versammelten Texte sind nämlich nicht nur, wie die übrigen Digestenstellen, von den Kompilatoren aus ihrem Ursprungskontext gelöst worden; sie haben eben dadurch teilweise sogar eine neue Bedeutung bekommen.[63] Wenn die Kompilatoren in der Titelrubrik von D. 50,17 erklären, es handele sich um verschiedene Regeln des „alten Rechts“ (*„regulae diversae iuris antiqui“*), dann trifft dies – wenn wir das Problem der textändernden Interpolationen einmal beiseitelassen wollen – allenfalls mit Rücksicht auf die Wortform zu. Ihre Isolierung und Zusammenstellung hat nämlich durchaus eine Veränderung der Aussagen bewirkt, nämlich eine Verallgemeinerung. Anstatt allgemeine Regeln neu zu formulieren, schufen die Kompilatoren solche, indem sie die jeweilige Formulierung aus dem Wortlaut eines beste-

---

61 Die Vorstellung von der gewissen Beliebigkeit der in D. 50,17 zusammengestellten Regeln wird im Falle Bermans sicherlich dadurch unterstützt, daß er offenbar von einer konventionellen Strömung in der romanistischen Literatur abhängt, die auf dem Boden des Fallrechtsmythos steht. Dies erweist sich an Berman (1995) 227.

62 Die Wahrnehmung der Regelsammlung als Argumentationshilfe gehört der mittelalterlichen Rechtsentwicklung an, in der Brocardica formuliert wurden, nicht selten auch in Abhängigkeit der Regeln aus D. 50,17, auf die man sich im Rechtsstreit berief.

63 Berman (1995) 225.

henden Quellentextes entlehnten.[64] Sie haben damit die Abstraktionsleistung erbracht, wenn sie sie auch auf denkbar mechanischem Wege umgesetzt haben. Wir wollen für diese Beobachtung jeweils ein Beispiel aus den beiden Titeln D. 50,16 und D. 50,17 in den Blick nehmen.

Für den ersten der beiden Digestentitel betrachten wir Gaius 23 *ad edictum provinciale* D. 50,16,51: *„Appellatione ‚parentis' non tantum pater, sed etiam avus et proavus et deinceps omnes superiores continentur: sed et mater et avia et proavia.*" Der Text teilt mit, der Ausdruck *„parens"* erfasse nicht nur den Vater, sondern auch die weiteren männlichen Vorfahren, und sogar Mutter, Großmutter und Urgroßmutter gehörten dazu. In der Frage nach dem palingenetischen Kontext und damit der spezifischen Bedeutung der Sachaussage hat Otto Lenel die Stelle – offenbar mit Vorbehalten – dem Recht des Verkaufs der *bona parentis* zugeordnet.[65] Lenel verweist insoweit auf die Mitteilung bei Gaius 2,158, der Prätor gestatte den *heredes necessarii*, sich der Erbschaft zu enthalten, so daß der Nachlaß des Hausvaters verkauft wird. Hier kann *parens* aber, wie im Zusammenhang mit dem unmittelbar vorausgegangenen § 157 erhellt, keine Frau sein, und auch Lenel muß einräumen, daß die Schlußwendung insoweit nicht paßt. Überzeugender scheint es daher, den Gaiustext mit Ladungsverboten nach dem Edikt zu verbinden, wie es für das Edikt des *praetor urbanus* Ulpian 5 *ad edictum* D. 2,4,4,2 mitteilt:[66] Man darf seine *parentes* nicht vor Gericht laden, und dazu zählen auch die Frauen.

Wenn die Kompilatoren die Aussage durch die Herauslösung aus ihrem Ursprungskontext und die Einordnung unter die Allgemeingültigkeit beanspruchende Titelrubrik *„De verborum significatione"* generalisiert haben, führt dies zu weiteren Widersprüchen. Der Ausdruck *parens* kann, wie gesehen, in bestimmten Rechtsbereichen beide Elternteile umfassen. So liegt es etwa im Falle des Rechts der *lex Minicia*, die die Rechtslage von Kindern je eines römischen und eines peregrinen Elternteils regelte. Sowohl Pseudo-Ulpian 5,8[67] als auch Gaius 1,78 arbeiten hier mit dem Ausdruck *parens*. Allerdings paßt die *parentes*-Definition von D. 50,16,51 hier nicht uneingeschränkt, denn es kann für die Statusvermittlung allenfalls auf die Mutter ankommen, nicht aber auf Groß- oder Urgroßmutter. Soweit der Ausdruck *parens* mit Rücksicht auf die aktuellen oder potentiellen Inhaber personenrechtlicher Gewalt steht (*potestas parentum*), kann er sich überhaupt nur auf Männer beziehen.[68] Ähnliche begriffliche Verwerfungen ergeben sich

64 Vgl. insoweit zutreffend Stein (1966) 118 f.

65 Lenel (1889) Sp. 232.

66 Auf die sachliche Parallele weist schon Volterra (1951) 388-398, 395.

67 Ferner Fr. Vat. 321; Ulpian 8 *de officio proconsulis* D. 48,18,1,3 (*ambo parentes*); Ulpian 38 *ad Sabinum* D. 27,10,4; Ulpian 4 *ad legem Iuliam et Papiam* D. 50,16,135.

68 Vgl. Pseudo-Ulpian 5,1; 5,2; 5,6 und 18,1 in diesem Sinne.

auch innerhalb des Titels D. 50,16. So ist die Definition der *lex* 51 in den beiden weiteren Texten des Titels, in denen *parentes* erwähnt werden, nicht gültig: In *lex* 135 handelt es es – wie bei der *lex Minicia* – nur um die Eltern, weil nämlich die Anrechnung eines Kindes für deren Rechtslage nach den *leges Iulia et Papia* in Rede steht (*magis est, ut haec quoque parentibus prosint*), während fernere (männliche oder weibliche) Vorfahren nicht erfaßt sind; in *lex* 220 § 3 sind nur Männer gemeint, weil sie, um Kinder zu bekommen, Frauen heiraten (*liberorum procreandorum animo et voto uxores ducunt*). Für den hier behandelten Zusammenhang kommt es auf diese Spannungsverhältnisse nicht an. Denn allgemeine Rechtssätze lassen ja theoretisch Ausnahmen zu, und im übrigen kann es nicht unsere Aufgabe sein, die Arbeit der Kompilatoren zu bewerten. Uns genügt es hier, auf Grundlage der genannten möglichen Widersprüche die Verallgemeinerung der Sachaussage des Fragments im Wege der systematischen Einordnung in den Titel D. 50,16 als gestaltenden Eingriff der Kompilatoren zu erkennen.

Für den Digestentitel 50,17 benennen wir eine Doppelüberlieferung, bei der eine Regel aus ihrem Kontext herausgelöst und in den Schlußteil aufgenommen wurde, so daß sie eine Verallgemeinerung, gleichzeitig aber eine Veränderung ihrer Aussage erfuhr. Hier ermöglicht der Umstand, daß, wie in den letzten beiden Titeln relativ häufig, eine Doppelüberlieferung vorliegt,[69] einen Vergleich der jeweiligen Aussagen beider Fassungen.[70] Es handelt sich um den Fall von D. 50,17,192,1: *„In re dubia benigniorem interpretationem sequi non minus iustius est quam tutius."* Die Regel lautet dahingehend, daß es im Zweifelsfall nicht weniger gerechter als sicherer sei, einer wohlwollenderen Interpretation zu folgen.[71] Wir kennen den Gedanken der wohlwollenden Auslegung rechtsgeschäftlicher Erklärungen sowohl aus dem Gemeinen Recht[72] als auch aus dem BGB, das auf ihn allgemein in § 133 und § 140 reagiert und in das er für letztwillige Verfügungen als § 2084 eingegangen

---

69 Vgl. Stein (1966) 118.

70 Mit den Geminaten in D. 50,16 und 50,17 befaßte sich Friedrich Bluhme aus Anlaß seiner Jenenser Dissertatio de geminatis et similibus quae in Digestis inveniuntur capitibus (1820). Bei dieser Arbeit fielen ihm die Grundsätze der Massenordnung auf. Auch für seine Arbeit über die Massentheorie war Bluhme (1820a) von den letzten beiden Digestentiteln ausgegangen. Das liegt auch besonders nahe, weil hier die einzelnen Fragmente unter dem äußeren Gesichtspunkt der Worterklärung bzw. der Regeleigenart zusammengestellt waren, und keine Rücksicht auf den Gedankengang bzw. die inhaltliche Abfolge der Darstellung innerhalb des Titels genommen werden mußte.

71 Zur Sache ausführlicher Avenarius (2010) 1-21 sowie Avenarius (2012) 216-260.

72 Decius (1591) 330, regula 132, n. 4: *„In dubio interpretatio debet fieri ut actus valeat"*. Für das jüngere Gemeine Recht vgl. Mühlenbruch (1844) 288, § 658; Sintenis (1869) 392, § 171; Dernburg (1897) 153, § 78.

ist.[73] Für die Genese dieses Gedankens wird naheliegenderweise nicht selten auf D. 50,17,192,1 verwiesen.[74] Der Grundsatz ist aus dem 29. Buch der *digesta* des hochklassischen Juristen Marcellus entnommen. Seine kurze und regelhafte Fassung ist von den Kompilatoren Justinians verselbständigt worden und hat, wie schon Ankum zutreffend beobachtet hat, erst dadurch allgemeine Bedeutung gewonnen.[75] Der Satz geht ursprünglich auf einen testamentsrechtlichen Kontext zurück, der in D. 28,4,3pr überliefert ist. Der Ausdruck *benignior interpretatio* bezieht sich dort auf eine Ergänzungsregel, die gerade in Fällen eingreift, in denen die Möglichkeiten einer Auslegung ergebnislos ausgeschöpft sind. Sie wird nämlich in Vorschlag gebracht, wo sich weder ein tatsächlicher noch ein hypothetischer letzter Wille feststellen läßt.

Der zugrundeliegende Sachverhalt lautete wie folgt: Ein Testator hatte nach Abschluß des Testierakts die zuvor verschlossene Urkunde seines Testaments geöffnet und die Namen seiner eingesetzten Erben ausgestrichen, während er bestimmte Vermächtnisse stehengelassen hatte. Die Erbteile blieben zwar zivilrechtlich wirksam zugewiesen, doch fielen sie, da der Zuwendungswille nachträglich entfallen war, aufgrund einer Konstitution des Antoninus Pius als verfallenes Vermögen (*caducum*) an den Fiskus.[76] Umstritten war die Gültigkeit der Vermächtnisse. Hier stellte sich die Frage, ob der Testator womöglich auf deren Auslöschung verzichtete und sich nur deswegen auf die Streichung der Erbeinsetzungen beschränkte, weil er auf diesem Wege schon genug dafür getan zu haben glaubte, daß die Intestaterben zum Zuge kamen. Die Frage zielt auf die Auslegung des Verhaltens des Testators ab und lautet mit anderen Worten: Läßt sich aus der Streichung der Eingesetzten womöglich auf einen Willen schließen, das ganze Testament, also mitsamt der Vermächtnisse, zu beseitigen, um dadurch die Intestaterbfolge auszulösen (*ut intestati exitum faceret*)? In diesem Fall wäre zwar nicht das

73 Das polnische ZGB enthält den Grundsatz in Art. 948. Die Bestimmung lautet: § 1. Das Testament ist so auszulegen, daß die möglichst vollständige Verwirklichung des Willens des Erblassers gewährleistet wird. § 2. Kann das Testament verschieden ausgelegt werden, so ist diejenige Auslegung anzuwenden, die es gestattet, die Verfügungen des Erblassers aufrechtzuerhalten und ihnen einen vernünftigen Inhalt zu geben.

74 Vgl. Savigny (1840) 230; Göschen (1840) 123, Anm. 8, § 824 und Arndts (1870) 103, § 75, die sich für den Grundsatz der „milderen Erklärung" u. a. auf D. 50,17,192,1 berufen. Kipp / Coing (1990) 138 führen § 2084 BGB ohne weitere Differenzierung auf D. 50,17,192 und D. 28,4,3 zurück.

75 Wie Ankum richtig sieht, waren es die Kompilatoren, die die Regel für die Doppelüberlieferung isoliert und damit verallgemeinert haben. Vgl. Ankum (2000) 17-32.

76 Antoninus Pius hatte offenbar einen neuen Kaduzitätstatbestand eingeführt, nach dem Erbteile verfielen, wenn der sie betreffende Erbeinsetzungswille des Testators zum Zeitpunkt des Erbfalls jeweils nicht mehr bestand.

Testament nach *ius civile* widerrufen, wohl aber würde auch bezüglich der Vermächtnisse der Zuwendungswille fehlen, so daß auch diese an den *fiscus* fielen. Das Problem besteht darin, daß diese Frage nicht im Wege der Auslegung beantwortet werden kann. Für diesen Zweifelsfall schlägt Marcellus nun die *benignior interpretatio* vor: Er meint, es sei gerechter und sicherer (*non minus iustius est quam tutius*), einer „wohlwollenderen" Interpretation zu folgen (*benigniorem interpretationem sequi*).

Wir wollen hier auf die Erörterung der Frage verzichten, was sich Marcellus in dieser Konstellation als *„benignior"* vorstellen mochte. Es genügt uns festzuhalten, daß Marcellus' Zweifel nicht das anzuwendende Recht, sondern den letzten Willen des Erblassers betreffen. Mit der wohlwollenden Auslegung, wie sie im Anschluß an D. 50,17,192,1 zum Bestand der europäischen Rechtstradition gehört, ist die Problematik seines Ausgangsfalls nicht zu bewältigen. Sie hat durch die Kompilatoren selbständige und allgemeine Bedeutung verliehen bekommen.

4. Schluß

Zusammenfassend können wir feststellen, daß allenfalls der Schluß der Digesten geeignet ist, als Allgemeiner Teil der Gesamttextes wahrgenommen zu werden, und auch dies nur unter strengen Vorbehalten. Immerhin haben wir beobachten können, daß die Kompilatoren mit der systematischen Konzentration bestimmter Begriffserläuterungen und Rechtsregeln sowie mit deren Herausstellung im Verhältnis zum Hauptteil des Stoffes eine Verallgemeinerung ihrer jeweiligen Bedeutung bewirkten. Was das Verhältnis zwischen allgemeinen und besonderen Regeln betrifft, findet der Systemwille der Kompilatoren insoweit nirgends so klar Ausdruck wie im Verhältnis zwischen den letzten beiden Digestentiteln und der Kodifikation insgesamt.

Literaturverzeichnis

Ankum (2000): *Hans Ankum*, Quelques observations sur la méthode et les opinions juridiques d'Ulpius Marcellus, in: *Maria Zabłocka / Jerzy Krzynówek / Jakub Urbanik / Zuzanna Służewska* (Hrsg.), Au-delà des frontières. Mélanges de droit romain offerts à Witold Wołodkiewicz, Bd. 1 (Varsovie 2000) 17-32.

Arndts (1870): *Ludwig Arndts*, Pandekten, Bd. 1 (7. Aufl. Stuttgart 1870).

Avenarius (1993): *Martin Avenarius*, Savignys Lehre vom intertemporalen Privatrecht (Göttingen 1993).

Avenarius (2005): *Martin Avenarius*, Der pseudo-ulpianische liber singularis regularum (Göttingen 2005).

Avenarius (2008): *Martin Avenarius*, Der Allgemeine Teil des Obligationenrechts aus Savignys Pandektenmanuskript. Bedeutung und Grundsätze der Edition, in: Friedrich Carl v. Savigny, Pandekten. Obligationenrecht, Allgemeiner Teil (Frankfurt am Main 2008) 1-34.

Avenarius (2010): *Martin Avenarius*, Benignior interpretatio: Origin and Transformation of a Rule of Construction in the Law of Succession, in: Roman Legal Tradition 6 (2010) 1-21.

Avenarius (2012): *Martin Avenarius*, Marc Aurel und die Dogmatik des römischen Privatrechts. Kaiserliche Rechtspflege im System der Rechtsquellen und die Ausfüllung von Gestaltungsspielräumen in einer Übergangszeit der Rechtsentwicklung, in: *Marcel van Ackeren / Jan Opsomer* (Hrsg.), Selbstbetrachtungen und Selbstdarstellungen. Der Philosoph und Kaiser Marc Aurel im interdisziplinären Licht (Wiesbaden 2012) 203-282.

Behrends (1975): *Okko Behrends*, Die Causae coniectio der Zwölftafeln und die Tatbestandsdisposition der Gerichtsrhetorik, in: Zeitschrift der Savigny-Stiftung für Rechtsgeschichte – Romanische Abteilung 92 (1975) 162-185.

Behrends (1983): *Okko Behrends*, Rez. Scarano Ussani, Valori e storia nella cultura giuridica fra Nerva e Adriano (1979), in: Gnomon 55 (1983) 229-241.

Behrends (1989): *Okko Behrends*, Von der Freirechtsbewegung zum konkreten Ordnungs- und Gestaltungsdenken, in: *Ralf Dreier / Wolfgang Sellert* (Hrsg.), Recht und Justiz im „Dritten Reich" (Frankfurt am Main 1989) 34-79.

Behrends (1995): *Okko Behrends*, Der Kommentar in der römischen Rechtsliteratur, in: *Jan Assmann / Burkhard Gladigow* (Hrsg.), Text und Kommentar. Archäologie der literarischen Kommunikation IV (München 1995) 421-462.

Behrends (1997): *Okko Behrends*, Die Institutionen Justinians als Lehrbuch, Gesetz und Ausdruck klassischen Rechtsdenkens, in: *Okko Behrends / Rolf Knütel / Berthold Kupisch / Hans Hermann* (Hrsg.), Seiler Corpus Iuris Civilis, Text und Übersetzung, Bd. 1: Die Institutionen (2. Aufl. Heidelberg 1997) 279-288.

Behrends (1997a): *Okko Behrends*, La nuova traduzione dei „Digesta" e la critica interpolazionistica, in: Index 25 (1997) 13-69.

Berman (1995): *Harold Berman*, Recht und Revolution. Die Bildung der westlichen Rechtstradition (Frankfurt am Main 1995).

Björne (1984): *Lars Björne*, Deutsche Rechtssysteme im 18. und 19. Jahrhundert (Ebelsbach 1984).

Bluhme (1820): *Friedrich Bluhme*, Dissertatio de geminatis et similibus quae in Digestis inveniuntur capitibus (Jenae 1820).

Bluhme (1820a): *Friedrich Bluhme*, Die Ordnung der Fragmente in den Pandectentiteln, in: Zeitschrift für geschichtliche Rechtswissenschaft 4 (1820) 257-472; erneut veröffentlicht in Labeo 6 (1960) 50-96.

Böhmer (1951): *Gustav Böhmer*, Grundlagen der Bürgerlichen Rechtsordnung, Bd. 2/1 (Tübingen 1951).

Darjes (1776): *Joachim Georg Darjes*, Ioach. Georgii Daries Institutiones iurisprudentiae universalis (7. Aufl. Ienae 1776).

Decius (1591): *Philippus Decius*, In tit. ff. de Regulis Iuris (Lugduni 1591).

Dernburg (1897): *Heinrich Dernburg*, Pandekten, Bd. 2 (5. Aufl. Berlin 1897).

Gigon (1998): *Olof Gigon*, Einführung, in: *Ernst Gegenschatz / Olof Gigon* (Hrsg.), Boethius, Trost der Philosophie. Consolatio Philosophiae (5. Aufl. Düsseldorf u.a. 1998) 306-369.

Göschen (1840): *Johann F. L. Göschen*, Vorlesungen über das gemeine Civilrecht, Bd. 3, 2. Abtheilung (Göttingen 1840).

Greiner (1973): *Reinhold Greiner*, Opera Neratii. Drei Textgeschichten (Karlsruhe 1973).

Heise (1807): *Arnold Heise*, Grundriss eines Systems des Gemeinen Civilrechts zum Behuf von Pandecten-Vorlesungen (Heidelberg 1807).

HKK (2003): *Mathias Schmoeckel / Joachim Rückert / Reinhard Zimmermann* (Hrsg.), Historisch-kritischer Kommentar zum BGB, Bd. 1: Allgemeiner Teil (Tübingen 2003).

Hoffmann-Steudner (2006): *Hedda Hoffmann-Steudner*, Daniel Nettelbladt (1719-1791) als Zivilrechtler (Berlin u.a. 2006).

Hollstein (2007): *Thorsten Hollstein*, Die Verfassung als „Allgemeiner Teil". Privatrechtsmethode und Privatrechtskonzeption bei Hans Carl Nipperdey (1895-1968) (Tübingen 2007).

Honoré (1978): *Tony Honoré*, Tribonian (London 1978).

Honoré (2002): *Tony Honoré*, Ulpian. Pioneer of Human Rights (2. Aufl. Oxford 2002).

Honoré (2010): *Tony Honoré*, Justinian's Digest. Character and Compilation (Oxford u.a. 2010).

Hugo (1789): *Gustav Hugo*, Institutionen des heutigen Römischen Rechts (1. Aufl. Berlin 1789).

Hugo (1816): *Gustav Hugo*, Lehrbuch eines civilistischen Cursus, Bd. 4: Lehrbuch des heutigen Römischen Rechts (5. Aufl. Berlin 1816).

Hugo (1826): *Gustav Hugo*, Lehrbuch eines civilistischen Cursus, Bd. 4: Lehrbuch des heutigen Römischen Rechts (7. Aufl. Berlin 1826).

Jakobs (2002): *Horst Heinrich Jakobs*, Gibt es den dinglichen Vertrag? Ein Epitheton zu ‚Wissenschaft und Gesetzgebung' (1983), in: Zeitschrift der Savigny-Stiftung für Rechtsgeschichte – Romanische Abteilung 119 (2002) 269-325.

Jhering (1859/60): *Rudolf von Jhering*, Pandektenvorlesung nach Puchta. Ein Kollegheft aus dem Wintersemester 1859/60, herausgegeben und kommentiert von *Christian Jäde* (Göttingen 2008).

Kaser (1962): *Max Kaser*, Zur Methode der römischen Rechtsfindung (Göttingen 1962).

Kipp (1909): *Theodor Kipp*, Geschichte der Quellen des römischen Rechts (3. Aufl. Göttingen 1909).

Kipp / Coing (1990): *Theodor Kipp / Helmut Coing*, Erbrecht (14. Aufl. Tübingen 1990).

Knütel / Malmendier (1997): *Rolf Knütel / Ulrike Malmendier*, Frauenforschung im 18. Jahrhundert: Karl Ferdinand Hommels Studie De Foeminis iuris notitia imbutis – Über juristisch gebildete Frauen, in: *Wolfgang Schön* (Hrsg.), Gedächtnisschrift für Brigitte Knobbe-Keuk (Köln 1997) 861-877.

Kupisch (1990-1992): *Berthold Kupisch*, Institutionensystem und Pandektensystem: Zur Geschichte des res-Begriffs, Irish Jurist 25-27 (1990-1992) 293-301.

Lenel (1889): *Otto Lenel*, Palingenesia iuris civilis, Bd. 1 (Leipzig 1889, Nachdr. Aalen 2000).

Lenel (1889a): *Otto Lenel*, Palingenesia iuris civilis, Bd. 2 (Leipzig 1889, Nachdr. Aalen 2000).

Liebs (1982): *Detlef Liebs*, Ulpiani regulae – zwei Pseudoepigrafa, in: Romanitas – Christianitas. Untersuchungen zur Geschichte und Literatur der römischen Kaiserzeit, Johannes Straub zum 70. Geburtstag (Berlin u.a. 1982) 282-292.

Lipp (1980): *Martin Lipp*, Die Bedeutung des Naturrechts für die Ausbildung der Allgemeinen Lehren des deutschen Privatrechts (Berlin 1980).

Litewski (2000): *Wiesław Litewski*, Jurysprudencja rzymska (Kraków 2000).

Maksimovič (2006): *Kirill Maksimovič*, Byzantinische Rechtsbücher und ihre Bedeutung für die Rechtsgeschichte Osteuropas, in: *Tomasz Giaro* (Hrsg.), Modernisierung durch Transfer im 19. und frühen 20. Jahrhundert (Frankfurt am Main 2006) 1-32.

Meincke (2008): *Jens Peter Meincke*, Das Verhältnis der Institutionen Iustinians zu den Digesten, in: *Martin Avenarius* (Hrsg.), Hermeneutik der Quellentexte des Römischen Rechts (Baden-Baden 2008) 178-190.

Mühlenbruch (1844): *Christian F. Mühlenbruch*, Lehrbuch des Pandecten-Rechts, Bd. 3 (4. Aufl. Halle 1844).

Münch (2000): *Joachim Münch*, Strukturprobleme der Kodifikation, in: *Okko Behrends / Wolfgang Sellert* (Hrsg.), Der Kodifikationsgedanke und das Modell des Bürgerlichen Gesetzbuches (BGB) (Göttingen 2000) 147-173.

Nettelbladt (1757): *Daniel Nettelbladt*, Danielis Nettelbladt Systema elementare universae iurisprudentiae naturalis, pars 1: Introductio in iurisprudentiam naturalem (Halae Magdeburgicae 1757).

Nipperdey (1958): *Hans Carl Nipperdey*, Boykott und freie Meinungsäußerung, in: Deutsches Verwaltungsblatt 1958, 445-452.

Nipperdey (1961): *Hans Carl Nipperdey*, Grundrechte und Privatrecht (Krefeld 1961).

Oestmann (2008): *Peter Oestmann*, Woher kommt eigentlich ... die Gliederung des BGB in fünf Bücher?, in: Ad Legendum 2008 (Heft 2) 132-133.

Puchta (1829): *Georg Friedrich Puchta*, Lehrbuch für Institutionen-Vorlesungen (München 1829).

Puchta (1856): *Georg Friedrich Puchta*, Pandekten, hrsg. von *Adolf Rudorff* (8. Aufl. Leipzig 1856).

Savigny (1812): Brief Savignys an Heise vom 26. Oktober 1812, in: *Otto Lenel*, Briefe Savignys an Georg Arnold Heise, in: Zeitschrift der Savigny-Stiftung für Rechtsgeschichte – Romanische Abteilung 36 (1915) 96-156 (126-132).

Savigny (1837): *Friedrich Carl v. Savigny*, Das Recht des Besitzes (5. Aufl. Gießen 1837).

Savigny (1840): *Friedrich Carl v. Savigny*, System des heutigen Römischen Rechts, Bd. 1 (Berlin 1840).

Scarano Ussani (1977): *Vincenzo Scarano Ussani*, Ermeneutica, diritto e 'valori', in: L. Nerazio Prisco, in: Labeo 23 (1977) 146-198.

Scarano Ussani (1979): *Vincenzo Scarano Ussani*, Valori e storia nella cultura giuridica fra Nerva e Adriano. Studi su Nerazio e Celso (Neapoli 1979) 5-28.

Scarano Ussani (1989): *Vincenzo Scarano Ussani*, Empiria e dogmi. La scuola Proculiana fra Nerva e Adriano (Torino 1989).

Schiavone (1992): *Aldo Schiavone*, Il pensiero giuridico fra scienza del diritto e potere imperiale, in: Storia di Roma, Bd. 2: L'impero mediterraneo, Teil 3: La cultura e l'impero (Torino 1992) 7-84.

Schlosser (2005): *Hans Schlosser*, Grundzüge der Neueren Privatrechtsgeschichte. Rechtsentwicklungen im europäischen Kontext (10. Aufl. Heidelberg 2005).

Schmidt (2009): *Jan Peter Schmidt*, Art. Allgemeiner Teil, in: *Jürgen Basedow / Klaus J. Hopt / Reinhard Zimmermann* (Hrsg.), Handwörterbuch des Europäischen Privatrechts, Bd. 1 (Tübingen 2009) 38-41.

Schwarz (1921): *Andreas Bertalan Schwarz*, Zur Entstehung des modernen Pandektensystems, in: Zeitschrift der Savigny-Stiftung für Rechtsgeschichte – Romanische Abteilung 42 (1921) 578-610.

Schwennicke (1993): *Andreas Schwennicke*, Die Entstehung der Einleitung des Preußischen Allgemeinen Landrechts von 1794 (Frankfurt am Main 1993).

Sintenis (1869): *Carl F. F. Sintenis*, Das practische gemeine Civilrecht, Bd. 3 (3. Aufl. Leipzig 1869).
Stein (1966): *Peter Stein*, Regulae Iuris. From Juristic Rules to Legal Maxims (Edinburgh 1966).
Stein (1979): *Peter Stein*, Logic and Experience in Roman and Common Law, in: Boston University Law Review 59 (1979) 433-451.
Stintzing / Landsberg (1898): *Roderich v. Stintzing / Ernst Landsberg*, Geschichte der deutschen Rechtswissenschaft, 3. Abth., 1. Halbbd. (München 1898).
Vocabularium iurisprudentiae romanae (1939): Vocabularium iurisprudentiae romanae ex auctoritate Academiae Scientiarum Borussicae compositum, Bd. 5 (Berolini 1939).
Volterra (1951): *Edoardo Volterra*, Un'osservazione in tema di tollere liberos, in: Festschrift Fritz Schulz, Bd. 1 (Weimar 1951) 388-398.
Wenger (1953): *Leopold Wenger*, Die Quellen des römischen Rechts (Wien 1953).
Wieacker (1967): *Franz Wieacker*, Privatrechtsgeschichte der Neuzeit (2. Aufl. Göttingen 1967).
Wieacker (2006): *Franz Wieacker*, Römische Rechtsgeschichte, Bd. 2: Die Jurisprudenz vom frühen Prinzipat bis zum Ausgang der Antike (München 2006).

II. Teil

Die Rationalität der Verallgemeinerung des Rechtsstoffes

Das Konzept der Generalklauseln im Allgemeinen Teil des BGB

Bernd Mertens

Abstracts

The article starts with an overview of the origins of the term "*generalis clausula* / Generalklausel". The following focus is laid on the different functions that were applied to general clauses by legislators from the 18th century onwards. The different conceptions for the use of general clauses in the Prussian, Austrian and German Civil Codes are clarified, as are the discussions in literature, the changing use in jurisdiction and the further development during the various political systems in Germany in the 20th century.

Artykuł rozpoczyna omówienie genezy zwrotu *generalis clausula* / Generalklausel. Nacisk położony jest na odmienne funkcje, które, począwszy od XVIII w., ustawodawcy nadawali klauzulom generalnym. Wyjaśnione zostały różne koncepcje użycia klauzul generalnych w pruskim, austriackim i niemieckim kodeksie cywilnym, ponadto ukazano także dyskusję w literaturze i zmieniający się sposób korzystania z klauzul generalnych w sądownictwie oraz dalszy rozwój w różnych niemieckich systemach politycznych w XX w.

O presente artigo começa com uma visão geral sobre as origens do termo "*generalis clausula* / Generalklausel" (cláusula geral). Em seguida, será dada ênfase às diversas funções atribuídas às cláusulas gerais pelos legisladores do século 18 em diante. As diferentes concepções para o uso de cláusulas gerais nos Códigos da Prússia, Áustria e Alemanha são esclarecidas, assim como sua discussão na doutrina, seu uso modificado por parte jurisprudência e seu desenvolvimento posterior durante os diversos sistemas políticos da Alemanha no século 20.

1. Einleitung

Der Begriff „Generalklausel“ stammt aus der Gesetzgebungstheorie. Er bezeichnet Vorschriften innerhalb eines Regelungswerkes, welche die zu regelnden Sachverhalte nicht präzise mit scharf konturierten Tatbestandsmerkmalen umschreiben, sondern in erster Linie mit unbestimmten, ausfüllungsbedürftigen und daher stark wertungsabhängigen Rechtsbegriffen arbeiten, die zu einem weiten möglichen Anwendungsbereich führen. Typische Beispiele aus dem Allgemeinen Teil des deutschen Bürgerlichen Gesetzbuchs

(BGB) sind § 138 Abs. 1: „Ein Rechtsgeschäft, das gegen die guten Sitten verstößt, ist nichtig", § 157: „Verträge sind so auszulegen, wie Treu und Glauben mit Rücksicht auf die Verkehrssitte es erfordern" und § 226: „Die Ausübung eines Rechts ist unzulässig, wenn sie nur den Zweck haben kann, einem anderen Schaden zuzufügen." In derartigen Vorschriften bedient sich der Gesetzgeber häufig Formulierungen, die auf allgemeine Rechtsprinzipien rekurrieren, die als solche in der Jurisprudenz entwickelt wurden und wesentlich älter sind als die Generalklauseln, die sie im Rahmen eines Gesetzgebungswerkes aufgreifen, so etwa bei den „guten Sitten" (*boni mores*) oder dem Grundsatz von „Treu und Glauben" (*bona fides*).

Insofern möchte ich gleich zu Beginn deutlich machen, dass Gegenstand meines Aufsatzes nicht die Entwicklung dieser Rechtsprinzipien in der Rechtswissenschaft und ihr konkreter Inhalt ist. Mein Erkenntnisinteresse betrifft vielmehr zunächst die Frage, welche Überlegungen für den Gesetzgeber ausschlaggebend waren bei der Aufnahme solcher Generalklauseln in ein Gesetzgebungswerk. Mein Fokus liegt hierbei insbesondere – dem Generalthema dieses Bandes folgend – auf den Generalklauseln im Allgemeinen Teil des deutschen BGB. Welche Funktionen sollten diese Generalklauseln aus Sicht des Gesetzgebers erfüllen? Folgte er hierbei einem Gesamtkonzept und wie änderte sich dieses Konzept in den unterschiedlichen politischen Systemen, in denen das BGB im Laufe der Zeit zur Anwendung kam? Wie ist der Einsatz von Generalklauseln zu sehen im Hinblick auf die Rollenverteilung zwischen Gesetzgebung und Dogmatik, zwischen dem Gesetzgeber auf der einen Seite und der Rechtswissenschaft und Rechtsprechung auf der anderen Seite? Welche Haltung nahm die Rechtswissenschaft und insbesondere die Gesetzgebungstheorie zu dem Einsatz von Generalklauseln durch den Gesetzgeber ein und wie ging die Rechtsprechung damit um? Zeitlich gesehen werde ich, nach einem kurzen Rückblick auf die Begriffsgeschichte sowie auf den Umgang mit Generalklauseln in den Kodifikationen der Aufklärungszeit, mich im Weiteren zunächst auf die Entstehungszeit des BGB, also das späte 19. Jahrhundert konzentrieren. Ich werde die aufgeworfenen Fragen dann aber weiter verfolgen für das 20. Jahrhundert, das für das deutsche BGB bekanntlich eine Fortgeltung unter mehrfach grundlegend geänderten Rahmenbedingungen brachte.

2. Begriffsgeschichte

Schauen wir zunächst also auf die Begriffsgeschichte. In der lateinischen Fassung *„generalis clausula"* begegnet der Ausdruck bereits in den Digesten, dort aber nur in dem besonderen Zusammenhang eines Edikts über die Wiedereinsetzung in den vorigen Stand im Falle eines Rechtsverlusts durch Zeitablauf. Nachdem das Edikt zunächst diverse Fälle aufzählt, in denen eine Wiedereinsetzungsmöglichkeit besteht, schließt es eine Auffangregelung an, wonach der Prätor auch in sonstigen Fällen Wiedereinsetzung gewährt, wenn eine *„iusta causa"* vorliegt.[1] Ulpian und Modestin bezeichnen diese Auffangregelung als *„generalis clausula"*.[2] Entsprechend wurde in der gemeinrechtlichen Literatur der Begriff der *„generalis clausula"*, soweit ich sehe, lange Zeit vornehmlich in diesem spezifischen Kontext einer *restitutio in integrum* verwendet, nicht etwa zur Umschreibung eines allgemeinen Phänomens der Gesetzgebungstechnik, wie wir es heute tun.[3] In der deutschen Fassung „Generalklausel" findet sich der Ausdruck in der juristischen Literatur zunächst ebenfalls in diesem Kontext einer Wiedereinsetzung in den vorigen Stand,[4] seit dem letzten Drittel des 19. Jahrhunderts aber mitunter auch allgemein zur Kennzeichnung einer ihren Anwendungsbereich nur weit und vage umschreibenden gesetzlichen Regelung.[5]

Im Zusammenhang mit der Entstehung des BGB gebraucht der Redaktor für das Familienrecht Gottlieb Planck bei der Vorlage seines Entwurfs an die Gesamtkommission 1880 den Begriff *„clausula generalis"* zur Kennzeichnung einer allgemeinen Auffangklausel, die eine Scheidung auch außerhalb der speziell genannten Scheidungsgründe zulässt.[6] Bei den Beratungen des BGB-Entwurfs im Reichstag wurde die Vorschrift, die eine Scheidung bei einer tiefen Zerrüttung der Ehegatten infolge schwerer Verletzung der ehelichen Pflichten zuließ, ebenfalls als *„clausula generalis"* bezeichnet und von mancher Seite heftig kritisiert, wobei bereits Argumente genannt werden, die bei den späteren Kontroversen um Generalklauseln immer wieder in ähnlicher Form auftauchen: Die Vorschrift bilde nur einen Rahmen, zu dessen Ausfüllung der Gesetzgeber sich selbst unfähig erkläre, dessen Ausfüllung er aber von der Rechtsprechung erwarte, was zu einer „sehr durcheinander gehenden und sich widersprechenden Rechtsprechung" führen werde.[7] Für die

---

1 Dig. 4, 6, 1.

2 Dig. 4, 6, 26, 1; 4, 6, 33 pr.

3 Exemplarisch Glück (1800) 46 (§ 471) m.w.N. zur älteren Lit.; Puchta (1838) 84 (§ 90); Savigny (1848) 166; Vangerow (1863) 326.

4 Mühlenbruch (1839) 301.

5 Ein frühes Beispiel für die vom gemeinrechtlichen Kontext losgelöste Verwendung: 1868 wird im Reichstag des Norddeutschen Bundes bei der Diskussion eines Gesetzentwurfs über die Aufhebung der polizeilichen Beschränkungen der Befugnis zur Eheschließung der gesetzliche Verweis auf eine „obrigkeitliche Erlaubnis" als „Generalklausel" bezeichnet, da er Rechtsnatur und Ausdehnung der polizeilichen Beschränkungen offen lasse (Anlagen [1868] 107). Zur Verwendung des Begriffs Generalklausel im Zusammenhang mit dem UWG 1896 / 1909 vgl. HKK (2003) / *Rückert*, vor § 1, Rn. 85, Fn. 283.

6 Planck (1880) 1032; darauf basierend: Motive, Bd. 4 (1888) 573.

7 Mugdan, Bd. 4 (1899) 1241.

später als „Generalklauseln“ berühmt gewordenen Vorschriften des BGB, wie die eben zitierten §§ 138 und 157 oder auch § 242, findet sich in den Materialien zur Entstehung des BGB hingegen noch nicht die Bezeichnung „Generalklausel“ oder *„clausula generalis“*. Auch in der zivilrechtlichen Literatur wird der Begriff „Generalklausel“ richtig populär erst durch die 1933 erschienene Schrift Hedemanns, die den später fast sprichwörtlich gewordenen Titel „Die Flucht in die Generalklauseln“ trug und uns später noch näher beschäftigen wird.[8]

Doch auch, wenn der Ausdruck als solcher in seiner lateinischen und deutschen Fassung vor 1933 nur selten verwendet wurde, das Phänomen, das dahinter steht, ist natürlich viel älter. Der Einsatz von Generalklauseln kann methodisch unreflektiert erfolgen, indem man sich seitens des Gesetzgebers einfach nicht in der Lage sieht, die zu regelnden Tatbestände präzise zu umreißen, und daher nolens volens seine Zuflucht sucht in generalklauselartigen Formulierungen. Generalklauseln können durch den Gesetzgeber aber auch methodisch reflektiert eingesetzt werden und sind in diesem Falle häufig Ausdruck einer bewussten Aufgabenteilung zwischen dem Gesetzgeber einerseits und der Rechtswissenschaft und Rechtsprechung andererseits. Uns wird im Folgenden natürlich in erster Linie ein derart methodisch reflektierter Einsatz von Generalklauseln interessieren.

3. Generalklauseln in den Kodifikationen der Aufklärungszeit

Werfen wir zunächst einen Blick zurück auf die Anfänge des modernen Kodifikationszeitalters in der Zeit der Aufklärung, wobei ich mich auf die beiden wichtigsten deutschsprachigen Kodifikationen dieser Zeit beschränke, das Allgemeine Landrecht für die preußischen Staaten von 1794 (ALR) und das österreichische Allgemeine Bürgerliche Gesetzbuch (ABGB) von 1811. Auch das um größtmögliche Bestimmtheit bemühte ALR kam nicht ohne Generalklauseln aus. Das lag durchaus im Konzept der ALR-Redaktoren. Der schon bei den Zeitgenossen wenig reputierliche Ruf des ALR, wonach es „für jede Grille der Unterthanen ein Gesetz geben“ wolle[9] und sich ganz in Kasuistik ergehe, ist nämlich nur die halbe Wahrheit. Svarez, der wichtigste Redaktor gerade für die zivilrechtlichen Teile des ALR, nahm sehr wohl für sich in Anspruch, die Menge der zu regelnden Fälle „auf gewisse allgemeine Grundsät-

8 Hedemann (1933). In früheren Stellungnahmen spricht Hedemann noch von „Generalregel“ und „Generalformel“: Hedemann (1910) 114, 131.

9 Schlosser (1789) 331; auch Friedrich Carl von Savigny urteilte, die Tendenz des ALR bestünde darin, die einzelnen Rechtsfälle als solche vollständig aufzuzählen und einzeln zu entscheiden (Savigny [1814] 89).

ze“ zurückgeführt zu haben.[10] Allerdings haben er und seine Mitredaktoren es nicht hierbei belassen, sondern detaillierte Ableitungen aus den allgemeinen Grundsätzen gleich mit kodifiziert. Das ALR verbindet also beide Regelungstechniken und bietet zusätzlich zu verallgemeinernden Prinzipien auch deren detailreiche Durchführung. Verstehen lässt sich dies nur vor dem Hintergrund der damals angestrebten Rollenverteilung zwischen Gesetzgebung und Jurisprudenz. Rechtsprechung und Rechtswissenschaft sollten keine aktive Rolle mehr bei der Rechtsfortbildung zukommen. Der Gesetzgeber des ALR wollte ein möglichst lückenloses Gesetzbuch schaffen, dass dem Richter nicht nur ausfüllungsbedürftige und wertungsabhängige Prinzipien an die Hand gibt, sondern ihm für jeden Einzelfall eine feste Entscheidungsvorgabe liefert.[11] So findet sich im ALR zwar beispielsweise der allgemeine Grundsatz, wonach Handlungen, „welche die Ehrbarkeit beleidigen“, unwirksam sind, zugleich aber auch eine Vielzahl von konkreten Ableitungen hieraus.[12]

Ganz anders schon das Konzept des nur um Weniges jüngeren österreichischen ABGB in dieser Frage. Der Hauptredaktor Franz von Zeiller bezeichnete in seinem Vortrag vor der Gesetzgebungskommission Vollständigkeit als die schwierigste Forderung an den Gesetzgeber. Ein Gesetzgeber, der versuche, „alle Fälle durch den Buchstaben des Gesetzes zu erschöpfen“ und die Richter in rechtsprechende Maschinen zu verwandeln, müsse unweigerlich hieran scheitern. Der Gesetzgeber müsse vielmehr von allgemeinen Grundsätzen ausgehen und hieraus allgemeine Regeln ableiten, die durch „denkende und zu denken fähige“ Richter anzuwenden sind.[13] Die generalklauselfreundliche Haltung des ABGB beruhte also auf einem ganz anderen Richterbild als beim ALR; der Richter ist nicht nur Vollstrecker des gesetzgeberischen Willens, sondern bewusst mitgestaltender Partner des Gesetzgebers.[14]

4. Generalklauseln zur Zeit der Entstehung des deutschen BGB

Machen wir nun den Schritt zur Entstehung des deutschen BGB und damit ins späte 19. Jahrhundert. Das Konzept der BGB-Redaktoren in der zuvor behandelten Frage ist ein durchaus anderes als beim preußischen ALR, aber

10 Svarez (1788 / 1960) 628 f.

11 Mertens (2004) 328 f.

12 ALR I 4 §§ 7 ff.

13 Ofner, Bd. 1 (1889) 6. Ähnlich äußerte sich Zeiller im Rahmen seines Schlussvortrags vor der Gesetzgebungskommission (Ofner, Bd. 2 [1889] 469).

14 Entsprechend erlaubt der berühmte § 7 ABGB dem Richter bei Fehlen einer gesetzlichen Regelung selbständig nach den „natürlichen Rechtsgrundsätzen“ zu entscheiden.

auch als beim österreichischen ABGB. Entgegen einem verbreiteten Vorurteil ist das deutsche BGB nicht durchgängig vom Streben nach größtmöglicher Präzision und Bestimmtheit geprägt, sondern verzichtet an manchen Stellen bewusst auf eine weitergehende Präzisierung zugunsten richterlichen Ermessens. Ausfüllungsbedürftige und stark wertungsabhängige Rechtsbegriffe wie „gute Sitten", „Treu und Glauben", „grober Undank", „wichtiger Grund" oder „sittliche Pflicht" finden sich an vielen Stellen im BGB. Warum? Zunächst einmal ist festzustellen, dass der Entstehung des BGB von Anfang an eine klare Ablehnung des kasuistischen Konzepts eines lückenlosen Gesetzbuchs zugrunde lag. In diesem Sinne äußerte sich bereits zu Beginn der Planungen 1874 der Bericht des Justizausschusses des Bundesrats.[15] Der für den Entwurf des Allgemeinen Teils zuständige Redaktor Gebhard setzte an die Stelle eines kasuistischen Vollständigkeitsstrebens ein Konzept, welches Vollständigkeit nur im System erstrebt, nicht aber in lückenlosen Regelungen für jeden Einzelfall. In den Worten Gebhards: „Kein Gesetz kann in dem Sinne vollständig sein, daß es für jedes denkbare, in den Rahmen des von ihm behandelten Rechtsstoffes fallende Verhältniß eine unmittelbar anwendbare Norm an die Hand giebt. Der Versuch, eine Vollständigkeit dieser Art zu erstreben, wäre verkehrtes Beginnen. Das bürgerliche Gesetzbuch muß im Bedürfnißfalle aus sich selbst, aus dem in ihm enthaltenen Rechtssysteme ergänzt werden ... Das kodifizirte Recht ist nicht eine todte Masse neben einander gestellter Rechtssätze, sondern ein organisches Gefüge innerlich zusammenhängender Normen. Die ihnen zu Grunde liegenden Prinzipien tragen den Keim weiteren Ausbaues in sich."[16] Auch sein Mitredaktor Planck machte deutlich, dass das BGB Vollständigkeit nur in der abstrahierenden Erfassung der regelungsbedürftigen Sachverhalte erstrebe und nicht (wie es das ALR getan hatte) die Ableitungen auf den Einzelfall gleich mit liefern wolle.[17] Die Anforderungen an den Rechtsanwender wuchsen hierdurch natürlich. Gefordert war der „denkende Richter" Zeillers, dem aber nicht länger ein vermeintlich lückenloses Naturrecht als Auffangnetz zu Gebote stand, sondern der sich der Hilfe der Rechtswissenschaft und der von ihr entwickelten Dogmatik zu bedienen hatte, um auch dort zu einer Entscheidung zu gelangen, wo das Gesetz die direkte Antwort schuldig blieb.

Für unser Thema ist es wichtig zu erkennen, dass die BGB-Redaktoren eben nicht durchgängig nach größtmöglicher Präzision und Bestimmtheit strebten, sondern an manchen Stellen durch generalklauselartige Formulierungen bewusst auf eine weitergehende Präzisierung zugunsten des richter-

15 Bericht des Bundesratsausschusses für das Justizwesen vom 9.6.1874, in: Schubert (1978) 195.

16 Schubert (1981) 101. Die Auffassung Gebhards findet sich verkürzt wieder in Motive, Bd. 1 (1888) 16.

17 Planck (1889) 420 f.

lichen Ermessens verzichteten. Dies geschah in solchen Regelungsbereichen, in denen nach Einschätzung der Redaktoren das Gebot der Einzelfallgerechtigkeit schwerer wog als das der Rechtssicherheit. In seiner Verteidigung des ersten BGB-Entwurfs räumt der Redaktor Planck ein, dass das Ideal größtmöglicher Bestimmtheit bisweilen zugunsten der Einzelfallgerechtigkeit zurückzutreten habe. Der Gesetzgeber habe hier die Bestimmungen allgemeiner zu fassen und auf das richterliche Ermessen zu verweisen.[18] Entsprechend äußerte sich Planck auch in seiner Rede vor dem Reichstag in der ersten Lesung des BGB-Entwurfs.[19] Ein typisches – und auch von Planck in diesem Zusammenhang erwähntes – Beispiel ist die Regelung zum Mitverschulden des Geschädigten im späteren § 254 BGB, welche (im ersten Entwurf noch deutlicher als in der Gesetz gewordenen Fassung) bewusst auf das Ermessen des Richters zur Herstellung von Einzelfallgerechtigkeit verweist. Die Motive erläutern hierzu: „Ein Blick auf die Praxis lehrt, daß die Fälle zu verschiedenartig liegen, als daß durch eine Vorschrift eine für alle Fälle passende Regel gegeben werden könnte. Eine kasuistische Behandlung müßte aber zur Unvollständigkeit und deshalb zu Dunkelheiten führen. Es ist daher am rathsamsten, dem Richter möglichste Freiheit in der Beurtheilung des konkreten Falles zu lassen."[20]

Nicht immer waren es aber die BGB-Kommissionen, denen das BGB seine Generalklauseln verdankt, zum Teil fanden sie auch erst durch den Bundesrat oder den Reichstag Aufnahme in das Gesetzbuch, so etwa beim allgemeinen Schikaneverbot. Während sich in der späteren Entwicklung nach dem Ersten Weltkrieg besonders die Generalklausel des § 242 BGB zu einem Einfallstor für die richterliche Rechtsfortbildung im Vertragsrecht entwickelte, war die Wahrnehmung der Zeitgenossen zur Zeit der Entstehung des BGB eine andere. Damals erregte die Frage, ob in das Gesetzbuch ein allgemeines Schikaneverbot aufgenommen werden solle (der spätere § 226 BGB, welcher in der Rechtswirklichkeit keine größere Bedeutung erlangte) wesentlich größere Aufmerksamkeit.[21] Die erste und zweite BGB-Kommission hatten sich noch gegen eine derart allgemein gehaltene Bestimmung ausgesprochen; die Vorkommission des Reichsjustizamts argumentierte, dass das Vorhan-

18 Planck (1889) 422 f.

19 Sitzung vom 4.2.1896, in: Stenographische Berichte (1895/97) Bd. 1, 736.

20 Motive, Bd. 2 (1888) 23 f. Die Regelung lautete im ersten Entwurf (§ 222): „Hat bei der Entstehung des von einem Anderen verschuldeten Schadens eine Fahrlässigkeit des Beschädigten, wenn auch nur in Ansehung der Abwendung des Schadens, mitgewirkt, so hat das Gericht nach den Umständen des Falles zu ermessen, ob und in welchem Umfange der Andere zum Schadensersatze verpflichtet sei. Das Gericht hat bei der Entscheidung insbesondere zu würdigen, ob und inwiefern das Verschulden des Anderen oder die Fahrlässigkeit des Beschädigten überwogen hat."

21 Vgl. HKK (2003) / *Haferkamp*, §§ 226-231, Rn. 12 ff.; Haferkamp (1995) 86 ff.

densein einer solchen Bestimmung die Gefahr in sich schließe, dass der Richter, statt sich von klaren Entscheidungsgründen leiten zu lassen, einem dunklen, rein subjektiven Rechtsgefühl folge.[22] Erst der Bundesrat beschloss die Aufnahme eines Schikaneverbots, allerdings noch beschränkt auf die Ausübung des Eigentumsrechts; als allgemeines Schikaneverbot fand es erst nach langer und kontroverser Debatte im Reichstagsausschuss und gegen die Empfehlung der Bundesratskommissare Aufnahme in das Gesetzbuch.[23]

Auch die Aufnahme einer allgemeinen Arglisteinrede (*exceptio doli generalis*) hatte die erste und zweite BGB-Kommission abgelehnt, da durch eine derartige Bestimmung „in höchst bedenklicher Weise an Stelle der festen Rechtsnorm das subjektive Gefühl des Richters gesetzt und die Grenze zwischen Recht und Moral verwischt" würde.[24] Die Mehrheit in der zweiten Kommission verwies darauf, dass dem Zwecke der *exceptio doli* mit der Bestimmung des § 359 des ersten Entwurfs (der später in den §§ 157 und 242 BGB aufging) Genüge getan sei. Im Reichstagsausschuss wurde ein Antrag auf Aufnahme einer weitergehenden Bestimmung hierzu zurückgezogen, nachdem dem Antrag auf Aufnahme eines allgemeinen Schikaneverbots entsprochen worden war.[25] Die Rechtsprechung des Reichsgerichts trug hingegen keine Bedenken, auch unter dem Eindruck der neuen Kodifikation und der eben geschilderten Haltung der BGB-Kommissionen dennoch die Rechtsfigur der *exceptio doli generalis* weiterhin anzuwenden, wobei man sich nunmehr ergänzend auf die Rechtsgedanken der §§ 157, 226 und 242 BGB stützte; in der Literatur überwogen hingegen nach Inkrafttreten des BGB die kritischen Stimmen zur Anwendung der *exceptio doli generalis*.[26]

Von den Zeitgenossen wurde der Methodendualismus der BGB-Verfasser beim Umgang mit dem Bestimmtheitsideal sehr genau wahrgenommen. Schon auf den ersten Entwurf des BGB hin fehlte es nicht an Stellungnahmen, die den Mut der Redaktoren lobten, Entscheidungen durch gesetzliche Formeln wie „Treu und Glauben" in das Ermessen des Richters zu stellen und das Gesetzbuch hiermit für eine richterliche Rechtsfortbildung zu öffnen.[27] In der Folgezeit waren es insbesondere Zitelmann, Kohler und Hedemann, die sich im ersten Jahrzehnt des 20. Jahrhunderts, also kurz nach Inkrafttreten

---

22 Jakobs / Schubert (1985) 1171.

23 Jakobs / Schubert (1985) 1171 ff., 1244 f.; Bericht der Reichstags-Kommission (1896) 32 ff., 53.

24 Protokolle (1897) 478 (Mugdan, Bd. 1 [1899] 797).

25 Jakobs / Schubert (1985) 1172 f. Die beantragte Bestimmung sollte lauten: „Ein Anspruch kann nicht erhoben werden, wenn die Geltendmachung gegen Treu und Glauben (event. gegen die guten Sitten) verstoßen würde."

26 Detaillierte Nachweise bei Haferkamp (2000) 23, 27 ff., 30 ff.

27 Hartmann (1888) 315, 405 u. passim.

des BGB, mit dieser Regelungstechnik näher beschäftigten.[28] Hierbei werden die Vorteile, die diese Technik bietet, hervorgehoben. Dort, wo sich die Vielgestaltigkeit des Lebens durch abstrakte Regeln nicht hinlänglich einfangen lässt, sei es sinnvoll, die Entscheidung des Einzelfalls mittels allgemeiner Formeln in das Ermessen des Richters zu legen.[29] So sei Einzelfallgerechtigkeit erreichbar, ohne in endlose Kasuistik zu verfallen.[30] Wichtiger noch sei die Zukunftsfunktion derartiger elastischer Bestimmungen.[31] Hierdurch sei es möglich, das Gesetzbuch kontinuierlich den veränderten tatsächlichen Verhältnissen, aber auch dem Wandel der rechtlichen Anschauungen anzupassen, ohne dass hierfür in jedem Einzelfall der Gesetzgeber tätig werden muss.

Aber auch die Nachteile einer derartigen Regelungstechnik wurden schon früh klar erkannt. Je mehr sich der Gesetzgeber unbestimmter Rechtsbegriffe bediene, die erst durch die Rechtsprechung ausgefüllt werden müssen, je weniger könne das Gesetz eine verhaltenslenkende Funktion ausüben, also Richtschnur für das Handeln des Einzelnen sein.[32] Allgemein verstärke eine derartige Regelungstechnik die Rechtsunsicherheit, begünstige Rechtsstreitigkeiten über die Auslegung des Gesetzes und mache den Ausgang von Rechtsstreitigkeiten ungewisser.[33] Und auch die Einzelfallgerechtigkeit, zu deren Gunsten solche Unsicherheiten in Kauf genommen werden, sei mit dieser Technik nicht immer erreichbar. Häufig führe nämlich die Arbeitsüberlastung der Richter und andere Gründe dazu, dass an die Stelle einer umfassenden Würdigung des Einzelfalls durch den Richter doch wieder eine schematische Betrachtung trete, die gerade nicht dem Zweck entspreche, die den Gesetzgeber zur Verwendung unbestimmter Begriffe veranlasste.[34] Im Ergebnis überwiegt daher bei Zitelmann die Skepsis, bei Kohler hingegen die Zustimmung zu dieser Regelungstechnik. Zitelmann stuft das Vertrauen in die Rechtssicherheit des geschriebenen Rechts als Gesetzgebungsziel höher ein als das Vertrauen in die schöpferische Kraft der Jurisprudenz.[35] Hedemanns frühe Stellungnahme ist in dieser Hinsicht noch ergebnisneutral. Er empfiehlt dem Gesetzgeber nur, zwischen den Vor- und Nach-

28 Zitelmann (1904) 37 ff.; Kohler (1905) 373 ff.; Hedemann (1911) 315 f.

29 So schon Hartmann (1888).

30 Zitelmann (1904) 37 ff.

31 Kohler (1905) 373 ff., spricht von „Fortschrittsvorschriften"; Hedemann (1911) 315 f. von einem „breite[n] Tor, durch das der Fortschritt seinen Einzug hält".

32 Zitelmann (1904) 42 ff.

33 Zitelmann (1904) 42 ff.

34 Zitelmann (1904) 42 ff.

35 Zitelmann (1889) 6.

teilen dieser Technik eine Abwägung zu treffen.[36] Erst in seiner späteren Schrift *Die Flucht in die Generalklauseln* überwiegt seine Skepsis gegenüber dem Gebrauch von Generalklauseln, weil sie zu einer „Denkverweichlichung" sowohl auf Seiten des Gesetzgebers als auch der Rechtsanwender führten, Rechtsunsicherheit verursachten und letztlich zur Willkür führen könnten.[37]

Nun könnte man meinen, dass jedenfalls die Vertreter der sogenannten Freirechtsbewegung den Einsatz von Generalklauseln durch den BGB-Gesetzgeber freudig begrüßt haben. Ernst Fuchs findet hierfür aber nur ein ambivalentes Lob, indem er schreibt: „Unser BGB. ist nur in den Materien gut, die es nicht behandelt, in denen es vielmehr auf die Umstände des Falles, auf die Verkehrssitte u. dgl. verweist, wo es also gradesogut oder besser ganz schwiege."[38] Und Eugen Ehrlich sah in den Generalklauseln einen Verzicht des Gesetzgebers auf eine eigene Interessenabwägung und ein Eingeständnis seiner Unfähigkeit, die Umstände anzugeben, die die Interessenabwägung im einzelnen Falle bestimmen sollen.[39] Tatsächlich waren aus Sicht der Freirechtsbewegung Generalklauseln im Gesetz überflüssig, da die mittels dieser Technik dem Richter übertragenen Wertungsspielräume nach der Methodologie der Freirechtsbewegung ohnehin bestanden und zwar nicht nur begrenzt auf die vom Gesetzgeber mittels Generalklauseln hierfür vorgesehenen Fälle.[40]

Halten wir fest: Im BGB überwog in den meisten Fällen das Streben nach größtmöglicher Bestimmtheit und die bewusste Unbestimmtheit mittels Generalklauseln beschränkte sich auf einzelne, aber nicht zu übersehende Einfallstore. Der hierin liegende partielle Rückzug des Gesetzgebers vom selbst auferlegten Bestimmtheitsanspruch war bemerkenswert genug und zeigt einmal mehr, dass eine Charakterisierung des BGB als Produkt des Gesetzespositivismus zu kurz greift. Allerdings sollte die Bedeutung, denen aus Sicht der BGB-Verfasser den später so genannten Generalklauseln zukam, auch nicht überschätzt werden. Die große Bedeutung, die den Generalklauseln nach dem Ersten Weltkrieg bei der Fortentwicklung des Rechts zuwuchs, wurde von den BGB-Verfassern nicht vorhergesehen. Für die Redaktoren waren sie ein Instrument, in solchen Rechtsfragen, zu denen sich keine allen

36 Hedemann (1911) 315 f.; in einer anderen, kurze Zeit später entstandenen Schrift begrüßt Hedemann die weitgefassten Formulierungen im BGB, die auf „Treu und Glauben" und die „guten Sitten" rekurrieren, als „ein Ruhmestitel unserer Kodifikation" (Hedemann [1913] 10).

37 Hedemann (1933) 66 ff.; vgl. auch 76: Der Richter müsse „dem Wesen dieser unheimlich vordringenden Generalklauseln scharf ins Gesicht sehen und er muß sich äußerste Sparsamkeit in ihrem Gebrauch zur Pflicht machen".

38 Fuchs (1909) 98.

39 Ehrlich (1925) 231.

40 Vgl. hierzu J. Schröder (2005) 267.

Einzelfällen gerecht werdenden allgemeinen Regeln aufstellen lassen, der Rechtsprechung freie Hand in der Auffindung der für den Einzelfall passenden Lösung zu gewähren.[41] Man wollte also Einzelfallgerechtigkeit ermöglichen, ohne seitens des Gesetzgebers in den ohnehin aussichtslosen Versuch zu verfallen, alle hierfür relevanten Aspekte durch kasuistische Detailregelungen vorherzubestimmen. Die den Generalklauseln darüber hinaus von der Rechtsprechung später zuerkannte Rolle bei der aktiven Fortentwicklung des Rechts lag außerhalb der von den BGB-Verfassern mit diesem Instrument verfolgten Intentionen.[42]

5. Die Weimarer Zeit

Die sozialen und wirtschaftlichen Umwälzungen infolge des Ersten Weltkriegs, die Wirtschaftskrisen und die Hyperinflation in den 1920er Jahren stellten dann aber ganz neue Anforderungen an die Rechtsordnung, die die BGB-Redaktoren nicht im Blickfeld hatten. Dass und wie Rechtsprechung und Rechtswissenschaft hierauf unter Zuhilfenahme der Generalklauseln reagierten, etwa mit der Aufwertungsrechtsprechung und der auf die Generalklauseln der §§ 157, 242 gestützten Rechtsfigur des Wegfalls der Geschäftsgrundlage (*clausula rebus sic stantibus*), wurde schon oftmals beschrieben und braucht hier nicht im Detail wiederholt zu werden.[43] Für unser Thema ist in diesem Zusammenhang Folgendes wichtig: Die in der Rechtsprechung namentlich der Weimarer Zeit zum Ausdruck kommenden Konkretisierungen der vom Gesetzgeber geschaffenen Generalklauseln, zum einen durch immer mehr verfestigte Fallgruppenbildung, die eine tatbestandliche Auffächerung seitens des Gesetzgebers ersetzten, zum anderen durch die Anwendung von Rechtsfiguren, deren Aufnahme in das Gesetzbuch die BGB-Verfasser wegen der Gefahren für die Rechtssicherheit noch ausdrücklich abgelehnt hatten (man denke etwa an die *clausula rebus sic stantibus*), waren methodisch wesentlich mehr als die Verwirklichung von Einzelfallgerechtigkeit.[44] Sie traten

---

41 Vgl. Mertens (2004) 375 ff.

42 Vgl. zu § 242 BGB die Untersuchung von Al-Shamari (2006) 207 f., die zu dem Ergebnis kommt, § 242 wäre nie zum „königlichen" Paragraphen geworden (der Ausdruck stammt von Hedemann), wenn er so angewandt worden wäre, wie er ursprünglich konzipiert war. Die BGB-Verfasser wollten keinen allgemeinen Grundsatz von Treu und Glauben als Universalkorrektiv kodifizieren, sondern „mit Rücksicht auf die Verkehrssitte" dem üblichen Parteiwillen im Einzelfall als Ausdruck der Privatautonomie zum Erfolg verhelfen.

43 Vgl. etwa Nörr (1988) 55 ff. zur Aufwertungsrechtsprechung und HKK (2007) / *Meyer-Pritzl*, §§ 313-314, Rn. 20 ff. m.w.N. zum Wegfall der Geschäftsgrundlage.

44 Skeptisch gegenüber weitreichenden Rückschlüssen auf ein geändertes Selbstverständnis der Richter des Reichsgerichts infolge ihres „Krisenmanagements" insbe-

vielmehr in ihrer über den Einzelfall hinausreichenden Bedeutung an die Stelle gesetzlich bestimmten Rechts, waren also aktive Rechtsfortbildung. So hatte etwa die zweite BGB-Kommission eine Aufnahme von Windscheids Lehre von der „Voraussetzung" in das Gesetzbuch wegen ihrer zu großen Unbestimmtheit und den daraus resultierenden Gefahren für die Rechtssicherheit noch ausdrücklich abgelehnt und auch das Reichsgericht hatte anfangs judiziert, dass der Gedanke der *clausula rebus sic stantibus* als allgemeines Rechtsprinzip nicht in das Gesetzbuch Eingang gefunden hätte.[45] Diese Rechtsprechung änderte sich ab 1920 grundlegend, wobei die Generalklauseln der §§ 157, 242 als Legitimationsbasis für die Anerkennung der Lehre vom Wegfall der Geschäftsgrundlage dienten.[46] Dass in diesem Funktionszuwachs der Generalklauseln auch ein Gewaltenteilungsproblem lag, insofern der Gesetzgeber die eigentlich von ihm zu lösenden Gestaltungsaufgaben der Rechtsprechung überließ, war den Zeitgenossen spätestens seit der eloquenten Schrift Hedemanns von 1933 durchaus bewusst.[47] Diesen Funktionswandel der BGB-Generalklauseln gilt es zu beachten. Aus retrospektiver Sicht haben wir, wenn wir an die Generalklauseln im BGB denken, meist diesen inflationären, rechtsfortbildenden Gebrauch durch die Rechtsprechung nach dem Ersten Weltkrieg im Blick. Das entsprach aber nicht der eher bescheidenen Funktion, die sie ursprünglich im Konzept der BGB-Redaktoren einnahmen.

---

sondere im Rahmen der Aufwertungsrechtsprechung Rückert (1996) 212 ff.; Klemmer (1996) 430 ff.; HKK (2007) / *Haferkamp* § 242, Rn. 68. Hierbei ist zu beachten, dass etwa Klemmer (1996) 438 gezielt nur solche Urteile untersucht, die „Richtermachtaussagen" enthalten, was zwar Rückschlüsse auf das zur Schau gestellte Selbstverständnis, weniger aber auf einen impliziten Funktionswandel zulässt. Mir geht es nicht um einen etwaigen Wandel des Selbstverständnisses der Richterschaft zwischen dem Kaiserreich und Weimar, sondern um den Funktionswandel der Generalklauseln gegenüber dem Konzept der BGB-Verfasser. Dieser bahnte sich zum Teil schon im ersten Jahrzehnt nach dem Inkrafttreten des BGB an, kam aber erst nach dem Ersten Weltkrieg richtig zum Tragen und war von den BGB-Verfassern weder beabsichtigt noch vorhergesehen (vgl. Hedemann (1913) 15).

45 Mugdan, Bd. 2 (1899) 1174. Für die frühe Judikatur des Reichsgerichts exemplarisch RGZ 50, 255, 257.

46 Der Meinungsumschwung des Reichsgerichts wird detailliert beschrieben in HKK (2007) / *Meyer-Pritzl*, §§ 313-314, Rn. 18 ff.

47 Hedemann (1933) 58, bezeichnet die Generalklauseln als „ein Stück offengelassener Gesetzgebung", bei deren Anwendung der Richter „bald wie ein Gesetzgeber, bald wie ein gestaltender Verwaltungsbeamter" erscheine.

6. Die Zeit des Nationalsozialismus

In der Zeit des Nationalsozialismus (NS) setzte sich die Konjunktur der Generalklauseln in doppelter Hinsicht fort. Da ist zum einen der Rückgriff der Rechtsprechung auf die Generalklauseln auch und gerade des BGB, um das herkömmliche Recht mit nationalsozialistischen Anschauungen „aufzuladen". Dieser Vorgang der sogenannten „unbegrenzten Auslegung" ist seit den bahnbrechenden Studien Bernd Rüthers vielfach beschrieben worden.[48] Da ist zum anderen aber auch der bewusste und massive Einsatz von unbestimmten Rechtsbegriffen und Generalklauseln durch den nationalsozialistischen Gesetzgeber selbst. Generalklauseln waren Schlüsselinstrumente in dem vom NS-Gesetzgeber verfolgten Konzept eines Übergangs von einer äußeren Steuerung der Rechtsanwender durch präzise und sicher handhabbare gesetzliche Vorgaben zu einer inneren Steuerung mittels Auslese ideologisch linientreuer Rechtsanwender, denen für die Umsetzung der politischen Zielvorgaben breite Handlungsspielräume eingeräumt wurden. Im Vordergrund stand für den NS-Gesetzgeber nicht mehr die Rechtssicherheit für den Einzelnen oder die Umsetzung nützlichkeitsfreier Rechtsvorstellungen, sondern die möglichst reibungslose Verwirklichung politischer Zielvorgaben. In diesem Kontext ist die Tatsache zu sehen, dass Generalklauseln in der NS-Zeit nicht nur bei den Gerichten, sondern auch beim Gesetzgeber selbst Hochkonjunktur hatten. Dem Gesetzesanwender wurden ideologische Schlüsselbegriffe vorgegeben wie etwa das „gesunde Volksempfinden", die nicht die konkreten Entscheidungen der Einzelfälle systematisch schlüssig vorherbestimmen sollten, sondern ihm ermöglichten, den ideologischen Zielen im Einzelfall bestmöglich zum Erfolg zu verhelfen, ohne hierbei durch nähere rechtliche Vorgaben eingeengt zu sein.[49]

Es ist daher kein Zufall, dass die Bedeutung von Generalklauseln für die nationalsozialistische sogenannte „Rechtserneuerung" in der zeitgenössischen Rechtsliteratur schon früh erkannt und hervorgehoben wurde. Auf große Resonanz stießen etwa Carl Schmitts *Leitsätze für die Rechtspraxis*, wonach Generalklauseln heute (1933) auf allen Gebieten des Rechtslebens vordrängen und für ihre Anwendung „die Grundsätze des Nationalsozialismus unmittelbar und ausschließlich maßgebend" seien.[50] Zu beachten ist hierbei, dass nicht nur die Generalklauseln des überkommenen Rechts als „Einbruchstellen" des neuen Rechtsdenkens gewertet wurden (so die Formulierungen bei Larenz[51] und Lange[52]), sondern sich auch in der neuen NS-

48 Rüthers (1968); Stolleis (1974); Börner (1989); R. Schröder (2001).

49 Vgl. Mertens (2009) 92 ff.; Rückert (1986) 234.

50 Schmitt (1933) 2793 f. (auch als Separatdruck); ausführlich Schmitt (1934) 58 ff.

51 Larenz (1934) 381.

52 Lange (1933) 2859.

Gesetzgebung Generalklauseln und unbestimmte Rechtsbegriffe inflationär verbreiteten und von der Rechtsliteratur der Anfangsjahre lebhaft begrüßt wurden.[53] Den Gefahren für die Rechtssicherheit, die Hedemann eindringlich beschrieben hatte, wurde teils mit dem Argument gekontert, dass Rechtssicherheit hinter neuen Werten wie dem der „Volksverbundenheit der Rechtsprechung“ zurückzutreten habe.[54] Teils wurde unter Verweis auf die nunmehr einheitliche Gesinnung der Gesetzesanwender Gefahren für die Rechtssicherheit auch in Abrede gestellt.[55] Generalklauseln seien daher nicht mehr ein „Schönheitsfehler im System“, kein bloßes Korrektiv in Einzelfällen, sondern „das spezifische Mittel eines neuen rechtswissenschaftlichen Denktypus“, so Carl Schmitt.[56] Die Generalklauseln waren nach der neuen Rechtsquellentheorie der NS-Zeit vordergründig ein Instrument, dem sogenannten „Volksempfinden“ als primärer Rechtsquelle im Einzelfall zum Sieg zu verhelfen, ohne dass es hierfür detaillierter Vorgaben seitens des Gesetzgebers bedurfte. Die politisch-ideologische Lenkungsfunktion der Generalklauseln wurde auf diese Weise bewusst verbrämt.

Erst in den späten Jahren der NS-Herrschaft mehrten sich in der Literatur die kritischen Stimmen, die Generalklauseln als bloße „Notbehelfe“ einer Übergangszeit ansahen, von denen der Gesetzgeber nur sparsam Gebrauch machen sollte.[57] Nunmehr wurde es sogar wieder als Pflicht des Gesetzgebers angesehen, die Entscheidung der im Rechtsleben auftretenden Fragen nach besten Kräften selbst zu treffen und nicht durch Generalklauseln auf den Richter zu verlagern.[58] Generalklauseln seien nicht zu vermeiden, wo die Einzelfälle so verschieden lägen, dass ein Regelfall nicht gebildet werden könne; Generalklauseln seien hingegen in Einzelregelungen des Gesetzgebers aufzulösen, wenn hinter ihnen „unausgetragene politische Spannungen oder Wertungswidersprüche“ lägen; diese dürften nicht auf dem Rücken des Richters ausgetragen werden, so etwa nunmehr Heinrich Lange.[59] Diesen Wandel in der Wertschätzung der Generalklauseln in der Literatur der NS-Zeit sollte man aber nicht missverstehen als ein wiedererwachtes Bekenntnis zu mehr Rechtssicherheit für den Einzelnen. Dahinter stand vielmehr ein Bekenntnis zum umfassenden Gestaltungsauftrag des autoritären Gesetzgebers, der sich der Gesetzgebung als Steuerungsinstrument offensiv bedienen

---

53 Näher Mertens (2009) 100 ff.
54 Larenz (1934) 381.
55 Lange (1933) 2859.
56 Schmitt (1934) 59. Mit dem neuen rechtswissenschaftlichen Denktypus ist das Denken in „konkreten Ordnungen“ gemeint.
57 Klausing (1939) 112; Rieger (1941) 21; nunmehr auch Lange (1943) 254.
58 Lange (1943) 254 im Zusammenhang mit den Arbeiten am Volksgesetzbuch.
59 Lange (1943) 254.

und nicht mittels Generalklauseln auf Rechtsprechung und Verwaltung delegieren sollte.

Meines Erachtens ist es irreführend, den verstärkten Einsatz unbestimmter Rechtsbegriffe und Generalklauseln durch den nationalsozialistischen Gesetzgeber ganz in eine Kontinuitätslinie zu stellen zu der von Hedemann beschriebenen *Flucht in die Generalklauseln* in den Jahrzehnten vor der nationalsozialistischen Machtübernahme. Tatsächlich lagen darin zwar eine schleichende Kompetenzverlagerung auf Rechtsprechung und Verwaltung und ein Verlust für die traditionelle Ordnungsfunktion des Rechts, beides Entwicklungen, die sich schon seit dem Ersten Weltkrieg anbahnten. Neu für die deutsche Entwicklung war aber der bewusste Einsatz von Generalklauseln als ideologisches Korrektiv in der NS-Zeit. Etablierte wie auch neu geschaffene Generalklauseln sollten nicht zuletzt dazu dienen, ein mit den herkömmlichen Mitteln der Rechtsfindung gewonnenes Ergebnis gegebenenfalls zu korrigieren, wenn es den ideologischen Zielvorgaben widersprach.[60] Das Primat des Politischen gegenüber dem Recht sollte auch mit den Mitteln der Rechtsordnung selbst durchgesetzt werden, indem die gesetzlichen Einzelregelungen wie auch die privatautonomen Rechtsgestaltungen durch Generalklauseln unter den Vorbehalt der politisch-ideologischen Sachdienlichkeit gestellt wurden. Konsequent beriefen sich die einschlägigen Kommentierungen etwa zu § 157 BGB in der NS-Zeit darauf, dass der Inhalt von „Treu und Glauben" sich nach den Grundanschauungen des Nationalsozialismus richte.[61] Es handelt sich bei der politischen Instrumentalisierung der Rechtsordnung im Allgemeinen und bei dem Einsatz von Generalklauseln zu diesem Zweck im Besonderen wohl um einen typischen Charakterzug totalitärer Regime. Hedemann hatte 1933 auf eine derartige ideologische Funktion von Generalklauseln in der Rechtsetzung der neuen Sowjetregierung in Russland hingewiesen, die zur „nackten Willkür" im Interesse des herrschenden Regimes führe, was ihn aber übrigens nicht daran hinderte, einige Jahre später als Leiter des Projekts eines sogenannten „Volksgesetzbuchs" von Generalklauseln strotzende Bestimmungen zu propagieren, die genau das bewirkt hätten.[62]

---

60 Mertens (2009) 103 m.w.N.

61 Exemplarisch Palandt BGB (1944) / *Danckelmann*, § 157, Anm. 3. § 1 Abs. 1 des Steueranpassungsgesetzes vom 16.10.1934, der eine Auslegung nach den nationalsozialistischen Grundsätzen vorschrieb, wurde als allgemeiner Auslegungsgrundsatz auch außerhalb des Steuerrechts aufgefasst; vgl. Mertens (2009) 96 mit Fn. 361; zur Gerichtspraxis Rüthers (2005) 216 ff.

62 Hedemann (1933) 72 f. Hedemann gab seit 1942 auf Betreiben des neuen Justizministers Thierack auch für das VGB-Projekt die Direktive einer „elastischen" Gesetzgebung aus, s. dazu Mertens (2009) 94 mit Fn. 352.

7. Generalklauseln in der DDR

Die zuletzt angesprochenen Aspekte zum Einsatz von Generalklauseln in totalitären Regimen legen es nahe, die Fragestellung für die Nachkriegszeit weiterzuverfolgen und hierbei das Augenmerk darauf zu richten, inwieweit den Generalklauseln im Rechtssystem der DDR eine ähnliche Funktion zukamen wie in der NS-Zeit. Da ich zu dieser Frage keine eigenen Forschungen betrieben habe, stütze ich mich hierbei auf die bisher vorliegenden Ergebnisse der vergleichenden Totalitarismusforschung, die in den letzten beiden Jahrzehnten einen erheblichen Aufschwung genommen hat. Es versteht sich hierbei, dass man sich vor vorschnellen Gleichsetzungen hüten sollte, da das NS-Regime und das DDR-Regime natürlich mannigfaltige nicht nur inhaltliche, sondern auch strukturelle Unterschiede aufwiesen. Das *tertium comparationis* sollte bei derartigen Systemvergleichen also möglichst präzise umrissen sein. Aus meiner Sicht ist dabei wichtig sich klarzumachen, dass die Frage nach der Funktion von Generalklauseln in der Rechtsordnung der DDR (wie auch des NS-Staates) in zwei verschiedene Richtungen zielen kann, nämlich einerseits bezogen auf den Einsatz von Generalklauseln durch den Gesetzgeber selbst (also ihre Rolle bei der Rechtsetzung) und andererseits bezogen auf die Anwendung von Generalklauseln (überkommene und neue) durch die Rechtsunterworfenen, insbesondere die Gerichte. In der zuerst genannten Hinsicht lässt sich feststellen, dass sich der DDR-Gesetzgeber bei seiner eigenen Rechtsetzung mit Vorliebe Generalklauseln und bewusst unbestimmter Rechtsbegriffe bediente.[63] Auch für die DDR gilt wohl, dass der Gesetzgeber mehr auf die Innensteuerung durch Auslese ideologiekonformer Rechtsanwender als auf Außensteuerung durch präzise rechtliche Vorgaben setzte. Auch hier kam der Rechtsordnung aus Sicht des Gesetzgebers kein Eigenwert zu, sondern eine spezifisch politische Funktion. Was ist aber mit der Anwendung der überkommenen Generalklauseln durch die Gerichte? Immerhin galt das BGB und mit ihm seine Generalklauseln in der DDR bis 1976 unter abermals gänzlich veränderten Rahmenbedingungen fort. Gegenüber dem NS-Regime änderten sich natürlich die Politikinhalte, nicht aber die bedenkenlose Instrumentalisierung der Rechtsordnung für ideologische Zwecke. So musste etwa als Maßstab für die „guten Sitten" im BGB nun nicht mehr das „gesunde Volksempfinden" herhalten, sondern die „Anschauungen der Werktätigen", deren Inhalt in beiden Fällen aber weder empirisch noch aus der Rechtsordnung immanenten Wertmaßstäben zu bestimmen war, sondern nach Maßgabe der nationalsozialistischen respektive marxistisch-leninistischen Weltanschauung.[64] Insofern bestehen also methodische Gemeinsamkeiten. Allerdings sollte man sich auch bewusst ma-

63 Nowak (1993) 8 ff.

64 Wanner (1996) 248 ff., 310 ff.

chen, dass einer zumindest äußerlich gesetzeskonformen Begründung in der Rechtsprechung der DDR-Gerichte eine offenbar viel geringere Bedeutung zukam, als es selbst in der NS-Zeit der Fall war. Anders ausgedrückt bedurfte es für die DDR-Gerichte häufig gar nicht des Rückgriffs auf die dehnbaren Generalklauseln des BGB, um das politisch erwünschte Ergebnis zu begründen.[65] Hier enden also die Parallelen im Systemvergleich.

8. Kurzer Blick auf die Entwicklung in der Bundesrepublik

Blicken wir zuletzt auf die Fortentwicklung in der Bundesrepublik. Hier fiel zwar die zuvor beschriebene ideologiegesteuerte Handhabung der Generalklauseln weg, es blieb aber ihre generell große Bedeutung nicht nur als Korrektiv in Einzelfällen, sondern auch als Mittel einer schrittweisen richterlichen Rechtsfortbildung und flexiblen Anpassung der Rechtsordnung an veränderte Umstände ohne Eingreifen des Gesetzgebers. Man denke etwa an die Kontrolle von Allgemeinen Geschäftsbedingungen, die erst nachdem sie durch jahrzehntelang auf Generalklauseln gestützte Rechtsprechung Konturen erlangt hatte, vom Gesetzgeber aufgegriffen und kodifiziert wurde. Auch blieben die Generalklauseln des BGB „Einbruchstellen" – wie das Bundesverfassungsgericht im Lüth-Urteil in frappierender terminologischer Kontinuität formulierte, um nunmehr die mittelbare Drittwirkung der Grundrechte im bürgerlichen Recht über die Generalklauseln zu begründen.[66] Generalklauseln, kodifiziert oder auch nicht, sind wohl ein notwendiges Gestaltungsmittel für jede moderne Rechtsordnung, nicht nur als Ventil für Einzelfallgerechtigkeit bei exzeptionellen Sachverhalten, sondern auch um entwicklungsfähig zu bleiben. Die Abhängigkeit einer Rechtsordnung von den politischen, sozialen und wirtschaftlichen Rahmenbedingungen zeigt sich besonders in ihren Generalklauseln. Wegen ihrer verstärkten Wertungsbedürftigkeit sind sie dem Wandel der Anschauungen (etwa was den Inhalt der „guten Sitten" oder von „Treu und Glauben" betrifft) in besonderer Weise unterworfen. Je nach Rahmenbedingungen kann sich das als Segen für die kontinuierliche Fortentwicklung der Rechtsordnung aus sich selbst heraus erweisen oder auch als Fluch, wenn sie als Einfallstore zu einer Instrumentalisierung der Rechtsordnung für ideologische Zwecke genutzt werden.

65 Hierauf weist mit Nachdruck hin Haferkamp (2005) 20 ff.

66 BVerfGE 7, 198 Rn. 28 unter Bezugnahme auf Günter Dürig; zu dieser terminologischen Kontinuität (vgl. oben bei Fn. 51 und 52) bereits Stolleis (1984) Sp. 875; HKK (2007) / *Haferkamp*, § 242, Rn. 87.

9. Schluss

Dass Generalklauseln als gesetzestechnisches Instrument erst im Zusammenhang mit der Entstehung des BGB in das Blickfeld der deutschen Rechtswissenschaft gelangten, ist wohl der Tatsache geschuldet, dass erst jetzt die Notwendigkeit gesehen wurde, solche Korrekturmechanismen im Gesetz selbst vorzusehen. Zu Zeiten Franz von Zeillers konnte man noch unproblematisch mit den „natürlichen Rechtsgrundsätzen" als Korrektiv arbeiten und in der späteren Pandektistik fiel zwar die naturrechtliche Begründung derartiger Rechtsgrundsätze weg, nicht aber der selbstverständliche Gebrauch solcher ungeschriebenen allgemeinen Rechtsgrundsätze wie etwa der *exceptio doli generalis* und den Geboten der *bona fides* und *boni mores*. Die eigentliche Frage ist also nicht, ob es überhaupt Generalklauseln geben soll, sondern welche Funktionen ihnen innerhalb der Rechtsordnung bzw. auch konkret innerhalb eines Zivilgesetzbuchs zukommen. Den hier stattgefundenen Funktionswandel von der Entstehungszeit des BGB über die Weimarer Jahre und die NS-Zeit bis in die heutige Zeit nachzuspüren, war ein wesentliches Anliegen meines Aufsatzes. Ich hoffe, das ist mir geglückt.

Literaturverzeichnis

Al-Shamari (2006): *Nadia Al-Shamari*, Die Verkehrssitte im § 242 BGB: Konzeption und Anwendung seit 1900 (Tübingen 2006).

Anlagen (1868): Anlagen zu den Verhandlungen des Reichstags des Norddeutschen Bundes, I. Legislaturperiode, Sitzungsperiode 1868.

Bericht der Reichstags-Kommission (1896): Bericht der Reichstags-Kommission über den Entwurf eines Bürgerlichen Gesetzbuchs und Einführungsgesetzes nebst einer Zusammenstellung der Kommissionsbeschlüsse (Berlin 1896).

Börner (1989): *Fritjof Börner*, Die Bedeutung der Generalklauseln für die Umgestaltung der Rechtsordnung in der nationalsozialistischen Zeit (Frankfurt a.M. 1989).

Ehrlich (1925): *Eugen Ehrlich*, Die juristische Logik (2. Aufl. Tübingen 1925).

Fuchs (1909): *Ernst Fuchs*, Die Gemeinschädlichkeit der konstruktiven Jurisprudenz (Karlsruhe 1909).

Glück (1800): *Christian Friedrich Glück*, Ausführliche Erläuterung der Pandecten nach Hellfeld, Bd. 6 (Erlangen 1800).

Haferkamp (1995): *Hans-Peter Haferkamp*, in: Die heutige Rechtsmißbrauchslehre – Ergebnis nationalsozialistischen Rechtsdenkens? (Berlin 1995).

Haferkamp (2000): *Hans-Peter Haferkamp*, Die exceptio doli generalis in der Rechtsprechung des Reichsgerichts vor 1914, in: Das bürgerliche Gesetzbuch und seine Richter. Zur Reaktion der Rechtsprechung auf die Kodifikation des deutschen Privatrechts (1896-1914), hrsg. v. *Ulrich Falk* und *Heinz Mohnhaupt* (Frankfurt a.M. 2000) 1-37.

Haferkamp (2005): *Hans-Peter Haferkamp*, Das Bürgerliche Gesetzbuch während des Nationalsozialismus und in der DDR – mögliche Aspekte und Grenzen eines Vergleichs (Köln 2005).

Hartmann (1888): *G[ünter] Hartmann*, Der Civilgesetzentwurf, das Aequitätsprinzip und die Richterstellung, in: Archiv für die civilistische Praxis (AcP) 73 (1888) 309-407.

Hedemann (1910): *Justus Wilhelm Hedemann*, Die Fortschritte des Zivilrechts im XIX Jahrhundert. Ein Überblick über die Entfaltung des Privatrechts in Deutschland, Österreich, Frankreich und der Schweiz, 1. Teil (Berlin 1910).

Hedemann (1911): *Justus Wilhelm Hedemann*, Über die Kunst, gute Gesetze zu machen, in: Festschrift Otto Gierke z. 70. Geburtstag, dargebracht von Schülern, Freunden und Verehrern (Weimar 1911) 305-317.

Hedemann (1913): *Justus Wilhelm Hedemann*, Werden und Wachsen im Bürgerlichen Recht (Berlin 1913).

Hedemann (1933): *Justus Wilhelm Hedemann*, Die Flucht in die Generalklauseln. Eine Gefahr für Recht und Staat (Tübingen 1933).

HKK (2003): *Mathias Schmoeckel* u.a. (Hrsg.), Historisch-kritischer Kommentar zum BGB, Band I (Tübingen 2003).

HKK (2007): *Mathias Schmoeckel* u.a. (Hrsg.), Historisch-kritischer Kommentar zum BGB, Band II (Tübingen 2007).

Jakobs / Schubert (1985): *Horst Heinrich Jakobs / Werner Schubert* (Hrsg.), Die Beratung des Bürgerlichen Gesetzbuchs in systematischer Zusammenstellung der unveröffentlichten Quellen, Allgemeiner Teil, Teil 2 (Berlin / New York 1985).

Klausing (1939): *Friedrich Klausing*, Grundsätzliches über „wirtschaftliche Betrachtungsweise“, „Typenlehre“ und „konkretes Ordnungsdenken“, in: Zeitschrift der Akademie für Deutsches Recht (ZAkDR) 6 (1939) 112–117.

Klemmer (1996): *Markus Klemmer*, Gesetzesbindung und Richterfreiheit. Die Entscheidungen des Reichsgerichts in Zivilsachen während der Weimarer Republik und im späten Kaiserreich (Baden-Baden 1996).

Kohler (1905): *Josef Kohler*, Technik der Gesetzgebung, in: Archiv für civilistische Praxis (AcP) 96 (1905) 345-375.

Lange (1933): *Heinrich Lange*, Generalklauseln und neues Recht, JW (Juristische Wochenschrift) 1933, 2858-2859.

Lange (1943): *Heinrich Lange*, Wesen und Gestalt des Volksgesetzbuchs, in: Zeitschrift für die gesamte Staatswissenschaft (ZStW) 103 (1943) 208–259.

Larenz (1934): *Karl Larenz*, Rezension: Justus Wilhelm Hedemann, Die Flucht in die Generalklauseln, Tübingen 1933, in: Zeitschrift für das gesamte Handelsrecht und Konkursrecht (ZHR) 100 (1934) 378-382.

Mertens (2004): *Bernd Mertens*, Gesetzgebungskunst im Zeitalter der Kodifikationen (Tübingen 2004).

Mertens (2009): *Bernd Mertens*, Rechtsetzung im Nationalsozialismus (Tübingen 2009).

Motive, Bd. 1 / 2 / 4 (1888): Motive zu dem Entwurfe eines Bürgerlichen Gesetzbuches für das Deutsche Reich, Bd. 1 / 2 / 4 (Berlin / Leipzig 1888).

Mugdan, Bd. 1 / 2 / 4 (1899): *Benno Mugdan*, Die gesammten Materialien zum Bürgerlichen Gesetzbuch für das Deutsche Reich, Bd. 1 / Bd. 2 / Bd. 4. (Berlin 1899).

Mühlenbruch (1839): *Christian Friedrich Mühlenbruch*, Lehrbuch des Pandekten-Rechts. Nach der Doctrina Pandectarum deutsch bearbeitet, Teil 1 (3. Aufl. Halle 1839).

Nörr (1988): *Knut Wolfgang Nörr*, Zwischen den Mühlsteinen. Eine Privatrechtsgeschichte der Weimarer Republik (Tübingen 1988).

Nowak (1993): *Carsten Nowak*, Die praktische Bedeutung der Generalklauseln und unbestimmten Rechtsbegriffe in den großen Kodifikationen der Deutschen Demokratischen Republik (Diss. Köln 1993).
Ofner, Bd. 1 / 2 (1889): *Julius Ofner* (Hrsg.), Der Ur-Entwurf und die Berathungs-Protokolle des Oesterreichischen Allgemeinen bürgerlichen Gesetzbuches, Bd. 1 / Bd. 2 (Wien 1889).
Palandt BGB (1944): *Otto Palandt* (Hrsg.), Bürgerliches Gesetzbuch (6. Aufl. München / Berlin 1944).
Planck (1880): *Gottlieb Planck*, Entwurf eines Familienrechts für das Deutsche Reich. Vorlage des Redaktors (Berlin 1880).
Planck (1889): *Gottlieb Planck*, Zur Kritik des Entwurfes eines bürgerlichen Gesetzbuches für das deutsche Reich, in: Archiv für civilistische Praxis (AcP) 75 (1889) 327-429.
Protokolle (1897): Protokolle der Kommission für die zweite Lesung des Entwurfs des Bürgerlichen Gesetzbuchs, Bd. 1 (Berlin 1897).
Puchta (1838): *Georg Friedrich Puchta*, Lehrbuch der Pandekten (Leipzig 1838).
Rieger (1941): *Karl Rieger*, Rückblick und Ausblick auf die Formen der wirtschaftsrechtlichen Gesetzgebung, in: Ministerialblatt des Reichswirtschaftsministeriums 1941, 18–21.
Rückert (1986): *Joachim Rückert*, Das „gesunde Volksempfinden" – eine Erbschaft Savignys?, in: Zeitschrift der Savigny-Stiftung für Rechtsgeschichte (ZRG) Germanistische Abteilung (GA) 103 (1986) 199-247.
Rückert (1996): *Joachim Rückert*, Richterrecht seit Weimar?, in: Festschrift für Sten Gagnér zum 3. März 1996, hrsg. v. Maximiliane Kriechbaum (Ebelsbach 1996).
Rüthers (1968): *Bernd Rüthers*, Die unbegrenzte Auslegung. Zum Wandel der Privatrechtsordnung im Nationalsozialismus (1. Aufl. Tübingen 1968).
Rüthers (2005): *Bernd Rüthers*, Die unbegrenzte Auslegung. Zum Wandel der Privatrechtsordnung im Nationalsozialismus (6. Aufl. Tübingen 2005).
Savigny (1814): *Friedrich Carl von Savigny*, Vom Beruf unsrer Zeit für Gesetzgebung und Rechtswissenschaft (Heidelberg 1814).
Savigny (1848): *Friedrich Carl von Savigny*, System des heutigen Römischen Rechts, Bd. 7 (Berlin 1848).
Schlosser (1789): *Johann Georg Schlosser*, Briefe über die Gesetzgebung überhaupt und den Entwurf des preusischen Gesezbuchs insbesondere (Frankfurt a.M. 1789).
Schmitt (1933): *Carl Schmitt*, Leitsätze für die Rechtspraxis, in: Juristische Wochenschrift (JW) 1933, 2793 f. (auch als Separatdruck).
Schmitt (1934): *Carl Schmitt*, Über die drei Arten des rechtswissenschaftlichen Denkens (Hamburg 1934).
J. Schröder (2005): *Jan Schröder*, Zivilrechtliche Generalklauseln in der Methodendiskussion des frühen 20. Jahrhunderts, in: Recht als Erbe und Aufgabe. Heinz Holzhauer zum 21. April 2005, hrsg. von Stefan Chr. Saar u.a. (Berlin 2005) 265-274.
R. Schröder (2001): *Rainer Schröder*, Das Zivilrecht und dessen Funktion im Dritten Reich, in: Ulrich Eisenhardt (Hrsg.), 100 Jahre BGB. Vortragsreihe der Juristischen Gesellschaft Hagen (Baden-Baden 2001) 53-102.
Schubert (1978): *Werner Schubert* (Hrsg.), Materialien zur Entstehungsgeschichte des BGB. Einführung, Biographien, Materialien (Die Beratung des Bürgerlichen Gesetzbuchs in systematischer Zusammenstellung der unveröffentlichten Quellen) (Berlin / New York 1978).

Schubert (1981): *Werner Schubert* (Hrsg.), Die Vorlagen der Redaktoren für die erste Kommission zur Ausarbeitung des Entwurfes eines Bürgerlichen Gesetzbuches, Allgemeiner Teil, Teil 1 (Berlin / New York 1981).

Stenographische Berichte (1895/97): Stenographische Berichte über die Verhandlungen des Deutschen Reichstages, IX. Legislaturperiode, 4. Session 1895/97, Bd 1.

Stolleis (1974): *Michael Stolleis*, Gemeinwohlformeln im nationalsozialistischen Recht (Berlin 1974).

Stolleis (1984): *Michael Stolleis*, Art. Nationalsozialistisches Recht, in: Handwörterbuch zur Deutschen Rechtsgeschichte (HRG) (1. Aufl. 1984 Berlin) Sp. 873-892.

Svarez (1788 / 1960): *Carl Gottlieb Svarez*, Inwiefern können und müssen Gesetze kurz sein? (Vortrag vor der Mittwochsgesellschaft 1788), in: ders., Vorträge über Recht und Staat, hrsg. v. Hermann Conrad u. Gerd Kleinheyer (Köln / Opladen 1960).

Vangerow (1863): *Karl Adolph von Vangerow*, Lehrbuch der Pandekten, Bd. 2 (7. Aufl. Marburg / Leipzig 1863).

Wanner (1996): *Jens Wanner*, Die Sittenwidrigkeit der Rechtsgeschäfte im totalitären Staate (Ebelsbach 1996).

Zitelmann (1889): *Ernst Zitelmann*, Die Rechtsgeschäfte im Entwurf eines Bürgerlichen Gesetzbuches für das Deutsche Reich. Studien, Kritiken, Vorschläge (Berlin 1889).

Zitelmann (1904): *Ernst Zitelmann*, Die Kunst der Gesetzgebung (Dresden 1904).

Besondere Geschäftsfähigkeiten nach dem BGB?

Christian Baldus

Abstracts

The capacity to enter into legal transactions is not uniformly regulated in the German Civil Code (BGB). There are three articles concerning, respectively, capacity to enter into legal transactions (enshrined in the General Part, book 1), the capacity to marry (found in book 4, Family Law), and the capacity to make a will (book 5, Law of Succession). Unfortunately, the relationship between these three norms is not as it seems to be according to the wording of the texts. The capacity to enter into legal transactions and the capacity to make a will are interpreted in a homogeneous way, although the wording is quite different. On the contrary, the capacity to marry seems to be a mere *renvoi* to the general rule but is interpreted more generously due to the impact of constitutional law. It is doubtful that there are convincing material reasons for this situation. The paper puts forward the thesis that a single rule is to be preferred.

W BGB brak jednolitej regulacji zdolności do czynności prawnych. Stan prawny wyznaczają trzy przepisy dotyczące, odpowiednio, zdolności do czynności prawnych w ogólności (zawarte w księdze pierwszej – części ogólnej), zdolności do zawarcia małżeństwa (unormowanie której znaleźć można w księdze czwartej – prawo rodzinne) oraz zdolności testowania (księga piąta – prawo spadkowe). Niestety, związek pomiędzy wymienionymi wyżej trzema normami nie jest taki, jakby się wydawał, uwzględniając literalne brzmienie przepisów. Ogólna zdolność do czynności prawnych oraz zdolność testowania są interpretowane w jednolity sposób, mimo różnej stylizacji przepisów. Odmiennie dzieje się natomiast z przepisem o zdolności do zawarcia małżeństwa, który zdaje się być jedynie odesłaniem do ogólnej reguły, bywa jednak interpretowany łagodniej z uwagi na wymagania konstytucyjnoprawne. Pozostaje wątpliwe, czy istnieją przekonujące materialne przesłanki dla obecnego stanu regulacji. W niniejszym artykule stawia się tezę, że pożądane byłoby jednolite unormowanie.

A capacidade para celebrar negócios jurídicos não é regulamentada de maneira uniforme pelo Código Civil alemão (BGB). Há três artigos que tratam, respectivamente, da capacidade jurídica em geral (previsto na Parte Geral, livro 1), da capacidade para o casamento (encontrada no livro 4, Direito de Família) e da capacidade de testar (livro 5, Direito das Sucessões). Infelizmente, a relação entre estas três normas não se dá, como parece, a partir do texto literal dos artigos. A capacidade jurídica geral e a capacidade de testar são interpretadas de forma homogênea, embora os recpectivos textos sejam bem diferentes. Pelo contrário, a capacidade de para o casamento, que aparentemente é um mero *renvoi* à Parte Geral, é interpretada mais generosamente por razões ligadas ao Direito Constitucional. É de se indagar se há razões materiais convincentes para tal situação. Este artigo sustenta a tese de que uma regra única seria preferível.

1. Einleitung

Die folgenden Ausführungen wollen kein rechtsvergleichendes Panorama[1] sein, nicht einmal für die Länder, deren Rechtsordnungen Gegenstand des Seminars sind. Es soll lediglich am Beispiel des BGB eine gewohnte Kategorie in Frage gestellt werden, in der Hoffnung, aus künftiger Rechtsvergleichung Antworten zu bekommen. Erwägungen zum Sachrecht Polens oder der lusitanischen Länder sowie zum Internationalen Privatrecht[2] müssen beiseite bleiben, ebenso ausführliche Nachweise zum deutschen Recht.[3] Auch die lebhafte Diskussion anlässlich des mündlichen Vortrages kann leider nur punktuell aufgenommen werden.

Die Frage lautet: Hat es Sinn, am Nebeneinander von allgemeiner Geschäftsfähigkeit und besonderen Geschäftsfähigkeiten festzuhalten? Oder beruht die Unterscheidung auf überholten Regelungsansätzen, sodass Korrekturen *de lege lata* oder *de lege ferenda* sich anbieten? Das BGB bringt allgemeine Geschäftsfähigkeit, Ehegeschäftsfähigkeit und Testierfähigkeit in ein System. Am Funktionieren dieses Systems sollte sich ablesen lassen, ob Reformbedarf besteht. Der Vergleich mit anderen Rechtsordnungen (und den Verhältnissen, die dort zu regeln sind) mag die Diagnose bestätigen oder erschüttern und gegebenenfalls Hinweise darauf geben, ob eine Alternative besteht.

---

1 Vgl. demnächst zu einem wichtigen Aspekt und m.w.N. Laimer (2012). *Non vidi*: Fröde (2012).

2 Vgl. aus der europäischen Normsetzung zuletzt Artt. 1 II lit. b), 23-26 ErbVO: Verordnung (EU) Nr. 650/2012 des Europäischen Parlaments und des Rates vom 4. Juli 2012 über die Zuständigkeit, das anzuwendende Recht, die Anerkennung und Vollstreckung von Entscheidungen und die Annahme und Vollstreckung öffentlicher Urkunden in Erbsachen sowie zur Einführung eines Europäischen Nachlasszeugnisses, ABl. L 201 vom 27.7.2012, 107-134. Zur VO Kunz (2012).

3 Vgl. NomosKommentar BGB (2012) / *Christian Baldus*, § 104, Rn. 7-17 m.w.N.

2. Relevanz der Unterscheidung

Aus der Sicht des BGB ist die Lage textlich klar. Praktisch ist sie ebenfalls recht klar. Nur weicht die Praxis vollständig vom Normtext ab. Dies ist Indiz genug für ein Problem.

2.1. Die drei Geschäftsfähigkeiten des BGB

Nach dem Normtext gibt es eine allgemeine Geschäftsfähigkeit, geregelt in § 104 BGB,[4] eine Ehegeschäftsfähigkeit, geregelt in § 1304 BGB durch Verweisung auf den allgemeinen Begriff der Geschäftsfähigkeit, und eine Testierfähigkeit, sprachlich selbständig geregelt in § 2229 IV BGB. Die Abweichung, historisch bedingt, besteht vor allem darin, dass der Wortlaut des § 2229 IV BGB neben der „krankhaften Störung der Geistestätigkeit" auch eine (bloße?) „Geistesschwäche" kennt. Das hat, wie der unvoreingenommene Leser überrascht feststellen muss, freilich keinerlei praktische Bedeutung.

Die drei Regeln verteilen sich also nach der Logik des Pandektensystems auf die fünf Bücher:[5] Es kommt darauf an, was für ein Rechtsgeschäft geschlossen werden soll. Da Fragen der Geschäftsfähigkeit im Regelungsbereich mehr als eines Buches erscheinen können, ist jedenfalls eine Regelung im Allgemeinen Teil erforderlich. Besondere Normen im Schuld- und Sachenrecht erscheinen nicht. Daraus ergibt sich, dass nach der Vorstellung des Gesetzgebers alle Rechtsverhältnisse, die nicht dem Familienrecht oder dem Erbrecht angehören, mit §§ 104 f. sinnvoll geregelt sind. Familienrecht und Erbrecht sind nach dem – problematischen[6] – Ansatz des Pandektensystems gegenständlich abgegrenzte Sonderbereiche, auch soweit ihre Inhalte strukturell schuldrechtlichen oder sachenrechtlichen Inhalts sind. Für diese Sonderbereiche oder für Teile von ihnen können Sonderregeln vorgesehen sein. Ehegeschäftsfähigkeit und Testierfähigkeit sind Teile von Sonderbereichen: Nicht für alle familienrechtlichen Verträge[7] gilt § 1304, nicht für alle erbrechtlichen Geschäfte § 2229 IV.[8] So ergibt sich: Nach dem Wortlaut gilt § 104 für alle im BGB geregelten Rechtsgeschäfte außer Ehe und Testament.

---

4 Nach § 104 Nr. 2 BGB ist nicht geschäftsfähig, wer sich in einem die freie Willensbestimmung ausschließenden Zustand krankhafter Störung der Geistestätigkeit befindet, sofern nicht der Zustand seiner Natur nach ein vorübergehender ist.

5 Dazu Baldus (2008), kritisch Brauneder (2009); erweiterte Version: Baldus / Raff (2008).

6 Vgl. nochmals Baldus (2008) und Baldus / Raff (2008).

7 Für Eheverträge vgl. § 1411 BGB.

8 Namentlich verlangt der Erbvertrag als Geschäft unter Lebenden Geschäftsfähigkeit, nicht Testierfähigkeit (näher § 2275 BGB).

In der Praxis der letzten Jahrzehnte hat sich jedoch folgende, auch wissenschaftlich weithin akzeptierte Deutung durchgesetzt: Die Ehegeschäftsfähigkeit wird im Lichte des Artikels 6 Abs. 1 GG weit ausgelegt, nämlich unter bestimmten Bedingungen auch geistig Behinderten gewährt, wie das BVerfG entschieden hat.[9] § 2229 IV hingegen wird parallel zu § 104 interpretiert. Das praktizierte Recht überkreuzt sich also mit dem geschriebenen. Die Frage nach zeitgeschichtlichen Gründen für die unterschiedlichen Fassungen und die nach möglicherweise spezifisch deutschen dogmatischen Erklärungsmodellen einmal beiseite gelassen:[10] Ist das in der Sache sinnvoll?

2.2. Sachgründe?

Es ist alles andere als evident, dass die herrschende Deutung zu sachlich sinnvollen Ergebnissen führt.

2.2.1. Ehefähigkeit

Das gilt namentlich für § 1304 BGB: So gut die Judikatur des BVerfG in moralischer Hinsicht sicherlich gemeint ist, kollidiert sie doch mit dem Umstand, dass eine Ehe nicht ohne vermögensrechtliche Folgen geschlossen werden kann (s. nur §§ 1357 ff. BGB). Diese Folgen können weitaus gravierender sein als die mehr oder minder alltäglichen Geschäfte des allgemeinen Vermögensrechts, die den Geschäftsunfähigen weiterhin versperrt bleiben. Selbst dann, wenn nur die persönlichen Ehewirkungen einträten, drohten doch die Kosten eines eventuellen Scheidungsverfahrens. Deswegen läge ein Kontrollmechanismus durchaus im wohlverstandenen Interesse der Betroffenen.

Auf der anderen Seite ist für die typischen Lebenssituationen geistig Behinderter nicht zu sehen, welchen praktischen Nachteil es haben sollte, wenn sie nicht heiraten können: Dem eheähnlichen Zusammenleben steht unter heutigen Bedingungen nichts entgegen. Die besonderen erbrechtlichen Vorteile der Ehe wiederum bleiben ihnen so oder so verschlossen, jedenfalls was die gewillkürte Erbfolge angeht. Große Vermögen, die von Gesetzes wegen zu vererben (und zu versteuern) sein könnten, bestehen in diesen Fällen typischerweise nicht. Auch nichteheliche Kindschaft bringt keine ernsthaften Nachteile mehr mit sich.

Historisch lag hier manches anders. Nicht verheiratet zu sein, konnte – namentlich für die Frau – erhebliche soziale und rechtliche Nachteile mit sich bringen. Zu denken ist auch an eventuell vorhandene oder erwartete Kinder, die ehelich zur Welt kommen oder doch von einer *legitimatio per*

---

9 BVerfG NJW 2003, 1382, 1383.

10 Zu den Kategorien der partiellen und der relativen Geschäftsfähigkeit NomosKommentar BGB (2012) / *Christian Baldus* § 104 Rn. 16, 24-26.

subsequens matrimonium profitieren sollten. Für die Absicherung der Frau war in gewissem Umfang durch (soziale oder rechtliche) Mitgiftregeln gesorgt. Ende des 19. Jh. war diese Situation noch nicht beendet; dennoch hat sich der historische Gesetzgeber auf (im internationalen Vergleich nicht auffällige) Sonderregeln zur Ehemündigkeit (§ 1303) beschränkt, die Geschäftsfähigkeit aber allgemeinen Regeln unterworfen.

In einem Wort: Die Ehe ist nicht mehr ein Status, der gesellschaftlich wichtige Möglichkeiten erst eröffnet; sie ist vor allem zu einem vermögensrechtlich gefährlichen Geschäft geworden. So ist nicht einzusehen, wodurch gemilderte Geschäftsfähigkeitsregeln gerechtfertigt sein sollen.[11]

2.2.2. Testierfähigkeit

Kontrovers ist die Lage bei der Testierfähigkeit.[12] Neuerdings wird vereinzelt vertreten, die Testierfähigkeit müsse großzügiger beurteilt werden als die Geschäftsfähigkeit, um Personen mit schwindenden geistigen Fähigkeiten die Möglichkeit zur Disposition über ihr Vermögen von Todes wegen zu erhalten.[13]

Schaut man nur auf das Bestreben, der Privatautonomie des Testierenden größtmögliche Geltung zu verschaffen, so scheint für diese Ansicht zunächst zu sprechen, dass von der letztwilligen Verfügung nicht der Erblasser selbst, sondern Dritte betroffen sind, und dass sich der Testierende mit „unsinnigen“ Verfügungen selbst nicht mehr schaden kann, denn die letztwillige Verfügung entfaltet erst nach seinem Ableben ihre Wirkung. Auch können betroffene Dritte durch solche Verfügungen nichts verlieren, was ihnen bereits rechtlich zustünde. Denn vor dem Erbfall haben potentielle Erben und testamentarisch Bedachte im Regelfall lediglich eine (rechtlich nicht geschützte) Erwerbsaussicht.

Zu bedenken ist jedoch, dass auch einseitige Verfügungen von Todes wegen der Sache nach Teil der mit den potentiellen Erben abgestimmten Nachlassplanung sein oder eine bestehende Nachlassplanung stören können. Das zeigt sich namentlich an den praktischen Problemfällen, in denen kurz vor dem Tode des Erblassers und in Abweichung von bestehenden Verfügungen etwa eine häusliche Pflegeperson im Testament bedacht oder als Erbe eingesetzt wird. An die Wirksamkeit solcher Akte geringere Anforderungen zu stellen als an die eines Erbvertrags (der Geschäftsfähigkeit ver-

11 Weitergehend wäre zum Schutz von Frauen namentlich aus Migrantenfamilien zu erwägen, ob die vorgezogene Ehemündigkeit nach § 1303 II noch zeitgemäß ist. Hier ist aber allein mit den Mitteln des deutschen Sachrechts wenig zu erreichen.

12 Die folgenden Passagen nehmen Rn. 15 aus NomosKommentar BGB (2012) / *Christian Baldus*, § 104, auf.

13 Grunsky (2009) passim.

langt), liegt nicht nahe. Was das Argument angeht, es drohe allenfalls eine Selbstschädigung: Dieses Argument spielt auch sonst keine Rolle für die Beurteilung der Wirksamkeit eines Rechtsgeschäfts.

Richtiger Weise steht die Rechtsprechung daher auf dem Standpunkt, die Testierfähigkeit sei nach denselben Kriterien zu beurteilen wie die Geschäftsfähigkeit.[14] Hier ist also in der Sache an der herrschenden Auslegung festzuhalten.

2.2.3. Lösungen?

Die skizzierte Rechtslage ist unbefriedigend. Das Gesetz führt den Leser eher in die Irre, als dass es ihm helfen könnte. Für den Fall einer Europäisierung ist die deutsche Regelung alles andere als exportfähig.[15] Wie kann ein transparentes Lösungskriterium aussehen?

2.3. „Lebensbereiche"

Das BVerfG bezieht sich in seiner Entscheidung zur Ehegeschäftsfähigkeit auf jenen Begriff des „Lebensbereichs", also auf die Kategorie, die historisch auch die Selbständigkeit von Familienrecht und Eherecht im Pandektensystem tragen soll. Das Gericht spricht die Situation an, dass „es der betreffenden Person infolge einer krankhaften Störung der Geistestätigkeit nicht möglich ist, in bestimmten Lebensbereichen ihren Willen frei und unbeeinflusst von der vorliegenden Störung zu bilden oder nach einer zutreffend gewonnenen Einsicht zu handeln, während das für andere Lebensbereiche nicht zutrifft. Trotz erheblicher Zweifel an der Geschäftsfähigkeit im Übrigen kann nach der in Rechtsprechung und Literatur vertretenen Auffassung eine partielle Geschäftsfähigkeit i.S. des § 104 Nr. 2 BGB für die Eheschließung gegeben sein."[16] Darauf baut die verfassungsrechtliche Argumentation auf – und nur aus verfassungsrechtlicher Sicht durfte das Gericht sprechen.

Aber: Der „Lebensbereich" ist eine Metapher. Präzise Subsumtion ermöglicht er nicht, Interessenkonflikte und Gefahren für Rechtsgüter bewältigt er nicht. Auf diesem Wege sollte nicht vorangeschritten werden.

---

14 Vgl. nur OLG München ZEV 2008, 37, 39.

15 Die neue Erbrechtsverordnung regelt zwar im Schwerpunkt – auch der kompetenzrechtlichen Lage entsprechend – Internationales Privatrecht und Internationales Zivilverfahrensrecht. Gewisse Ausgriffe auf das Sachrecht waren jedoch bereits in der Verordnung unvermeidlich, und sie wird – jedenfalls im Begrifflichen – indirekte Auswirkungen haben. Die weitere Entwicklung bleibt abzuwarten; vgl. die laufende Berichterstattung in GPR. Vgl. bereits Baldus (2006) und nochmals Kunz (2012) sowie jetzt Baldus (2012).

16 BVerfG NJW 2003, 1382, 1383.

3. Ergebnisse und Perspektiven

Im Recht der Geschäftsfähigkeit geht es um Privatautonomie und deren Grundlagen, rechtliche wie faktische. Mit Metaphern ist hier niemandem gedient, am wenigsten der schutzbedürftigen Person selbst. Flexibilität ist kein selbstverständlicher Grundwert des Rechts,[17] sondern eine Eigenschaft, deren Nutzen von Norm zu Norm unterschiedlicher Beurteilung unterliegen kann: je nachdem, was die Norm leisten soll.

Wer am Rechtsverkehr wie teilnehmen kann, das entscheidet jede Rechtsordnung nicht aleatorisch, sondern aufgrund belastbarer Erwartungen an das Verhalten der Rechtssubjekte. Im Einzelfall kann das bis zu Freiheitsbeschränkungen führen: dort, wo sie die Alternative zur Gefahr gravierender Selbst- oder Fremdschädigung sind. Autonomie ist ein hoher Wert der Rechtsordnung: da, wo sie wirklich besteht.[18] Wer sie gegen begründete Zweifel lediglich postuliert, tut der Autonomie und den Rechtssubjekten einen Bärendienst. Das gilt bei der Geschäftsfähigkeit in besonderem Maße: Illusionen sind hier geeignet, schutzbedürftigen Personen erheblichen Schaden zuzufügen. Die Kategorie der *personnes vulnérables* hat in Deutschland noch keine rechtssystematische Bedeutung erlangt; es ist aber aufgrund der demographischen und epidemiologischen Entwicklung absehbar, dass die Frage nach einem Sonderrecht etwa der älteren Personen zunehmende Bedeutung erlangen wird.[19]

Für die Geschäftsfähigkeiten des BGB liegt es nicht fern, eine einheitliche und technisch möglichst klare Lösung vorzuziehen, nämlich die des § 104 BGB. Die scheinbar besondere Geschäftsfähigkeit des § 2229 IV sollte auch rechtstechnisch getilgt werden – und ebenso, in den Grenzen des verfassungsrechtlich Möglichen, die faktisch besondere Geschäftsfähigkeit des § 1304. Die einfachste und sachlich beste Lösung liegt in der Streichung der beiden Spezialnormen. Danach ergibt sich die flächendeckende Geltung des § 104 von selbst.

---

17 Wie es eine missverstandene Rede vom *„flexible droit"* nahelegen könnte, vgl. Carbonnier (2001).

18 Diskussionsstand: Riesenhuber (2011).

19 Gegen ein „law of aging" Baldus (2012a); andere Akzente bei Ruppert / Brunozzi / Lange (2012) 81-82, 101-108.

Baldus (2006): *Christian Baldus*, Normqualität und Untermaßverbot: Für eine privatrechtliche Logik der Kompetenzbestimmung am Beispiel des Europäischen Erbscheins, in: Zeitschrift für Gemeinschaftsprivatrecht GPR (2006) 80-82.

Baldus (2008): *Christian Baldus*, Export des Pandektensystems?, in: (öst.) Journal für Rechtspolitik (JRP) 16 (2008) 23-26.

Baldus (2012): *Christian Baldus*, Erbe und Vermächtnisnehmer nach der Erbrechtsverordnung, in: Zeitschrift für Gemeinschaftsprivatrecht (GPR) 2012, 312-315.

Baldus (2012a): *Christian Baldus*, Altersgrenzen im Privatrecht, in: Ruperto Carola. Forschungsmagazin der Universität Heidelberg, Sonderheft „Alt und Jung" 2012, 51-55.

Baldus / Raff (2008): *Christian Baldus / Thomas Raff*, La capacité du système des pandectes, in: Studia Universitatis Babes-Bolyai – Iurisprudentia, 2008, 101-114; im Internet zugänglich unter: http://studia.law.ubbcluj.ro/articol.php?articolId=122.

Brauneder (2009): *Wilhelm Brauneder*, Das ABGB und sein System, in: (öst.) Journal für Rechtspolitik (JRP) 2009, 231.

Carbonnier (2001): *Jean Carbonnier*, Flexible droit (10. Aufl. Paris 2001).

Fröde (2012): *Christian Fröde*, Willenserklärung, Rechtsgeschäft und Geschäftsfähigkeit (Tübingen 2012).

Grunsky (2009): *Wolfgang Grunsky*, Testierfähigkeit und Geschäftsfähigkeit (Baden-Baden 2009).

Kunz (2012): *Lena Kunz*, Die neue Europäische Erbrechtsverordnung – ein Überblick, in: Zeitschrift für Gemeinschaftsprivatrecht (GPR) 2012, 208-212.

Laimer (2012): *Simon Laimer*, Die Feststellung der Geschäfts- beziehungsweise Testier(un)fähigkeit: Frankreich, Italien, Österreich, Deutschland, in: Rabels Zeitschrift für ausländisches und internationales Privatrecht, im Druck für RabelsZ 2012.

NomosKommentar BGB (2012): *Thomas Heidel* u.a. (Hrsg.), NomosKommentar BGB. Bd. 1: Allgemeiner Teil. EGBGB (2. Aufl. Baden-Baden 2012).

Riesenhuber (2011): *Karl Riesenhuber* (Hrsg.), Das Prinzip der Selbstverantwortung. Grundlagen und Bedeutung im heutigen Privatrecht (Tübingen 2011).

Ruppert / Brunozzi / Lange (2012): *Stefan Ruppert / Kathrin Brunozzi / Christian Lange*, Zur Entstehung des heutigen Standardlebenslaufs aus rechtshistorischer Sicht – zugleich ein Beitrag zu den juristischen Implikationen des demographischen Wandels, in: Rechtswissenschaft 2012, 77-110.

Das Pandektensystem und die Vorschriften über den Vertragsschluss in der Struktur des polnischen Zivilgesetzbuches*

Fryderyk Zoll

Abstracts

The paper uses the example of the structure of the rules on the conclusion of the contract at the existing Polish civil code in order to show incoherency in the „pandectistic structure" of the code. In the new draft of the Polish civil code prepared by the Codification Commission this incoherency has been partially remedied, but it opened only new another breaches in the structure. Author is testing the feasibility of the pandectistic structure for the codes of the modern time. The traditional structure should be replaced by the wider use of the possibilities generated by the technology. The hyperlinking of the texts may allow constructing a structure of the "digital" code, which would combine a need for coherency with the easily accessible for the user "problem approach", allowing finding a complete set of the rules applicable to the particular practical affair.

Autor używa przykładu reguł dotyczących zawarcia umowy dla pokazania braku spójności obecnej „pandektowej" struktury polskiego kodeksu. Pokazuje także, że zauważono ten problem w pracach Komisji Kodyfikacyjnej nad nowym projektem. Usunięcie niespójności poprawiło obecny stan rzeczy, spowodowało jednak powstanie nowych problemów. Autor stawia pytanie o przydatność struktury pandektowej dla współczesnych kodeksów. Postuluje, aby tradycyjna struktura została zastąpiona przy użyciu istniejących technologii elektronicznych. W nowym „cyfrowym" kodeksie można sięgnąć do hiperlinków, umożliwiając w ten sposób powiązanie potrzeby spójności struktury z tzw. „podejściem problemowym", pozwalającym na szybkie znalezienie pełnego zestawu reguł znajdującego zastosowanie do danego zdarzenia.

O presente artigo utiliza o exemplo das normas sobre a celebração do contrato previstas no Código Civil polonês para mostrar as incoerências da atual estrutura "pandectística"

* In diesem in Heidelberg gehaltenen Vortrag habe ich Ideen aufgegriffen und Probleme angesprochen, die ich bereits zum Teil in meinem Aufsatz „Arbeiten an der neuen polnischen Kodifikation" (Zoll [2012]) besprochen habe. In diesem Text wird ein den Vertragsschluss betreffender Aspekt vertieft sowie ein anderes Problem der Gesetzgebung in der elektronischen Ära angesprochen. Auf den vollen Fußnotenapparat wurde aber verzichtet. Dieser ist im genannten Aufsatz zu finden.

do código. Nos trabalhos da nova comissão codificadora do projeto de um novo Código Civil polonês, este problema foi parcialmente remediado, mas, ao mesmo tempo, foram criadas novas falhas estruturais. O autor analisa, assim, a adequação da estrutura pandectística como estrutura de códigos civis dos tempos modernos. A estrutura tradicional deveria ser substituída pelo uso mais amplos das possibilidades trazidas pelas novas tecnologias. Um novo código civil "digital" poderia, por meio dos respectivos "hyperlinks", mostrar-se adequado a combinar as vantagens de uma estrutura coerente com a necessidade de uma linha de ação orientada à solução do caso concreto, permitindo a fácil identificação de todas as normas necessárias para o caso em tela.

1. Einführung

Das polnische Zivilgesetzbuch aus dem Jahre 1964 folgt den strengen Maßstäben des pandektistischen Aufbaus. Die Mitglieder der Kodifikationskommission aus dem Jahre 1964 versuchten grundsätzlich ihre Arbeit auf die Vorarbeiten der Kodifikationskommission aus den Zwanziger und Dreißiger Jahren zu stützen.[1] Die erste Kodifikationskommission, die das Zivilrecht stufenweise vereinheitlichen wollte, war sich noch nicht einig, in welche Struktur das künftige polnische Zivilgesetzbuch gegossen werden sollte.[2] Das Obligationenrecht aus dem Jahre 1933 war nicht pandektistisch aufgebaut. Es wurden zwar solche Begriffe wie „Rechtsgeschäft" verwendet, aber die äußere Struktur des Gesetzbuches war offen für die weitere Entwicklung, die im Endergebnis eher schweizerisch als deutsch aussehen sollte. Die Verfasser des Obligationenrechts folgten auch dem Sprachstil der schweizerischen Kodifikation.[3] Man versuchte die Begriffe nicht allzu abstrakt zu gestalten und eher Beispiele zu nennen als umfassende Kategorien zu schaffen. Das Gesetzbuch aus dem Jahr 1964 hat zwar sehr viel vom Obligationenrecht übernommen (erstaunlich viel, wenn man sein Entstehungsdatum berücksichtigt), die Konstruktion des gesamten Gesetzbuches war aber eindeutig pandektistisch[4] – mit dem allgemeinen Teil und den drei weiteren Büchern (das Familienrecht wurde nach dem sowjetischen Vorbild in einem gesonderten Gesetzbuch geregelt).[5] Mit der Verortung der Vorschriften über den Vertragsschluss hatte man aber von Anfang an Schwierigkeiten. Der allgemeine Teil des Zivilgesetzbuches bestand in großen Teilen aus den entsprechenden Passagen des Obligationenrechts. Aus diesem Grund ist der allgemeine Teil des Zivilgesetzbuches am engsten mit dem Schuldrecht verbun-

---

1 Zoll (2012) 32.
2 Radwański (2010) 14.
3 Zoll (2012) 32.
4 Radwański (2010) 15.
5 Zoll (2012) 31.

den und hat eine größere Distanz zu den anderen Teilen des Gesetzbuches. Diese Nähe zum Schuldrecht zwang die Verfasser des Zivilgesetzbuches zu entscheiden, wo die Vorschriften über den Vertragsschluss verortet werden sollten. Diese Untersuchung versucht zu schildern, inwiefern es dem polnischen Gesetzgeber gelang, eine strukturelle Kohärenz zu erreichen und in welche Richtung sich die gesetzgeberischen Arbeiten im Rahmen der geplanten Neukodifikation entwickeln.

2. Die Verteilung der Vorschriften über den Vertragsschluss zwischen dem allgemeinen Teil und dem Schuldrecht im geltenden polnischen Zivilgesetzbuch

Die Vorschriften über den Vertragsschluss wurden grundsätzlich in das erste Buch aufgenommen.[6] Dieses Konzept wurde jedoch von Anfang an nicht konsequent durchgesetzt. Der Gesetzgeber wollte im allgemeinen Teil des Schuldrechts (der zwar nicht formell ausgesondert wurde, aber eindeutig identifiziert werden kann) unterschiedliche Quellen von Schuldverhältnissen regeln. Deswegen regelte er neben dem Deliktsrecht und der ungerechtfertigten Bereicherung auch die sich aus dem Vertrag ergebenden Rechtsverhältnisse. Es gab kein klares Kriterium, nach dem die jeweiligen Vorschriften an diesem oder jenem Ort ihren Platz gefunden haben. So z.B. waren die Regeln über die stillschweigende Annahme der Offerte im Fall der dauerhaften Geschäftsbeziehung zuerst im dritten Buch (Schuldrecht)[7] enthalten und wurden später nach vorne verschoben, wo der Vertragsschluss geregelt war, also in das erste Buch (allgemeiner Teil).[8] Die Regelung der Allgemeinen Geschäftsbedingungen befand sich und befindet sich immer noch im dritten Buch.[9] Dort sind auch die Vorschriften über das vertragliche Widerrufsrecht,[10] das Reugeld[11] und den Vorvertrag[12] enthalten. Diese Struktur zeigt deutlich, dass die Verfasser des polnischen ZGB kein einheitliches Konzept zur Verortung von Vorschriften über den Vertragsschluss hatten. Am Rande kann man nur anmerken, dass ähnliche Inkohärenzen im deutschen BGB

6 Art. 66 ff. KC.
7 Art. 386 KC a.F.
8 Art. 682 KC n.F.
9 Art. 384 – 385^4 KC.
10 Art. 395 KC.
11 Art. 396 KC.
12 Art. 389 – 390 KC.

vorkommen und durch die Schuldrechtmodernisierung nicht entschärft, sondern eher noch verstärkt wurden.[13]

Es gibt keine ausreichende Rechtfertigung für diese Tatsache, dass die diesbezüglichen Vorschriften des allgemeinen Teils für alle Verträge, also auch für solche, die nicht dem Schuldrecht zugerechnet werden können, gelten sollten. Dies gilt auch für die im allgemeinen Teil des Schuldrechts verorteten Vorschriften über die Einbeziehung von Allgemeinen Geschäftsbedingungen und über den Konflikt sich widersprechender Allgemeiner Geschäftsbedingungen. Ihr Anwendungsbereich unterscheidet sich nicht von dem Anwendungsbereich der allgemeinen Vorschriften über den Vertragsschluss. Die Frage der Einbeziehung von AGB kann sich auch stellen, wenn es sich um Verträge außerhalb des Schuldrechts handelt, wie etwa solche sachenrechtlicher Art. Andererseits muss man gestehen, dass die Mehrheit der Vorschriften aus dem ersten Buch über den Vertragsschluss praktisch nur bei schuldrechtlichen Verträgen zur Anwendung kommen kann. Es ist kaum wahrscheinlich, dass eine Auktion zum Abschluss eines rein dinglichen Vertrages verwendet wird. Hier wird deutlich, dass diese Vorschriften auch im Schuldrecht verortet werden konnten und durften. Die unterschiedliche Einordnung der Vorschriften über allgemeine Geschäftsbedingungen und der Vorschriften über den Vertragsschluss kann nur dadurch erklärt werden, dass der Gesetzgeber im Fall der AGB von einem völlig anderen Regelungsprinzip ausgegangen ist. Er wollte die gesamte Normierung der AGB und der nicht ausgehandelten Klauseln (Einbeziehung, Auslegung, Inhaltskontrolle, kollidierende AGB) an einer Stelle haben. Im polnischen Zivilgesetzbuch treffen also zwei unterschiedliche Konzepte der Regelung der Rechtsmaterie aufeinander. Die pandektistische Struktur wird plötzlich von einem *„problem-approach"* durchbrochen.[14] Ein konkretes Problem wird dann plötzlich komplett erfasst und nicht auf die gesamte Struktur des Gesetzbuches verteilt. Diese Brüche in der Struktur gehen zum Teil auf das Problem der Umsetzung von Richtlinien zurück. Die Richtlinien sind nämlich häufig dadurch gekennzeichnet, dass sie ein bestimmtes Problem möglichst vollständig erfassen sollen. Eine bestimmte, durchdachte Struktur der Regelung wird dabei nicht angestrebt. Nur die letzte Richtlinie über Verbraucherrechte folgt teilweise einem anderen, stärker systematisch orientierten Modell. Ein pandektistisch geprägter Gesetzgeber, der diese problemorientierten Richtlinien umsetzen muss, steht oft vor einem unlösbaren Problem. Behält er die Struktur der Richtlinie bei, ruiniert er damit die Struktur des Gesetzbuches. Versucht er die Materie der Richtlinie entsprechend den Strukturen des Ge-

13 So wurden die Vorschriften über die Einbeziehung von AGB ins Schuldrecht (§ 305 BGB) und nicht in den Allgemeinen Teil des BGB aufgenommen.

14 Zum *„problem appraoch"* siehe: Schulte-Nölke / Zoll (2009) XXV; Zoll (2012) 31.

setzbuches zu verteilen, riskiert er deren inkorrekte Umsetzung. Diese letzte Folge hat der deutsche Gesetzgeber nicht nur einmal erfahren, wenn in Entscheidungen des EuGH wie „Messner“[15] oder „Quelle“ das Ergebnis der Umsetzung beanstandet wurde. Das Problem liegt jedoch tiefer, nicht nur in der Umsetzung des Unionsrechts. Die Verortung der Regelung der AGB im Schuldrecht kommt aus Zeiten, die weit vor der Umsetzung der Richtlinie liegen. Doch die Beweggründe waren die gleichen, welche die Umsetzung von Richtlinien beeinflussen. Man wollte die jeweiligen Rechtsphänomene vollständig erfassen und regeln, weil es einfacher ist und auch das Verständnis der nichtprofessionellen Rechtsadressaten in der Regel vereinfacht. Dadurch wächst aber auch das Chaos der Regelung und die sorgfältig geplante Struktur des Gesetzbuches zerfällt.[16]

3. Die Verteilung der Vorschriften über den Vertragsschluss im Entwurf des neuen Zivilgesetzbuches

Der Kodifikationskommission der vorherigen Amtsperiode waren die Probleme der mangelnden Kohärenz der Verteilung der Vorschriften über den Vertragsschluss bewusst. Deswegen hat man die Entscheidung getroffen, diese Vorschriften zu verschieben und im neuen zweiten Buch (Schuldrecht) unterzubringen.[17] Dort sollen auch die Vorschriften über die Einbeziehung von AGB ihren Platz finden. Die Inhaltskontrolle soll dagegen nach vorne in das erste Buch verschoben werden, dorthin wo die Grenzen der inhaltlichen Gestaltung von Rechtsgeschäften festgelegt werden. Diese Verschiebung wäre grundsätzlich zu begrüßen. Die Vorschriften über den Vertragsschluss wären in der Tat vor allem auf die schuldrechtlichen Verträge direkt anwendbar, wodurch die Rechtsanwendung um einiges erleichtert würde. Dabei kann man jedoch nicht leugnen, dass das pandektistische Prinzip des Aufbaus des Gesetzbuches hierdurch durchbrochen wird. Die Vorschriften über den Vertragsschluss sollten dann außerhalb des Schuldrechts mittels Analogie angewendet werden. Überdies kommt es zu einer weiteren Spaltung der für die Rechtsgeschäfte relevanten Regeln. Die allgemeinen Vorschriften über die Rechtsgeschäfte würden weiter im allgemeinen Teil bleiben. Das Problem ergäbe sich wieder daraus, dass das Konzept des Rechtsgeschäfts eine romantische Verallgemeinerung von Rechtsinstituten bzw. Konstruktionen darstellt, die nur in ungleichem Maße verallgemeinert wer-

15 EuGH C 404/06 (Quelle); EuGH C 489/07 (Messner).
16 Zoll (2012) 33.
17 Zoll (2012) 35.

den können. Anderseits sind die Vorschriften über das Rechtsgeschäft überwiegend auf die Regeln des Schuldrechts abgestimmt. Je weiter man sich vom Schuldrecht entfernt, desto weniger können die allgemeinen Vorschriften über das Rechtsgeschäft zur Anwendung kommen, oder ihre Anwendung muss stark modifiziert werden. Viele Vorschriften über die Rechtsgeschäfte werden auf andere Rechtsverhältnisse kaum Anwendung finden können. Sehr stark schuldrechtlich geprägt sind z.B. die Auslegungsregeln. Die Regel über die Integrationsklausel etwa kann außerhalb des Schuldrechts kaum Anwendung finden.[18]

Bei der Verortung der Vorschriften über die Allgemeinen Geschäftsbedingungen im Schuldrecht entstehen jedoch ähnliche Probleme. Die Frage der Einbeziehung von Allgemeinen Geschäftsbedingungen betrifft nicht nur Verträge, sondern auch andere Arten von Rechtsgeschäften, also vor allem die einseitigen Rechtsgeschäfte. Das heißt, dass die Frage der Einbeziehung allgemeiner Geschäftsbedingungen konsequenterweise im allgemeinen Teil geregelt werden müsste.

4. Das Pandektensystem – ein unlösbares Problem

Das Pandektensystem ergibt sich aus dem Glauben an die Möglichkeit eines perfekten, vollständig kohärenten Aufbaus eines Gesetzbuches.[19] Die Arbeiten am neuen polnischen Gesetzbuch zeigen, dass es bereits im Stadium der Vorbereitung eines Entwurfes in der vollen Freiheit der konzeptuellen Entwicklung kaum möglich ist, diese strukturelle Konzeption konsequent durchzuhalten. Die Struktur des Pandektensystems wird immer an dieser oder jener Stelle durchbrochen. Wenn dies jedoch bereits in der Phase des Entwurfes stattfindet, bedeutet das, dass die Prognose für das Durchhalten dieser Struktur im künftigen Leben des Gesetzbuches (falls es irgendwann in Kraft treten sollte) eher pessimistisch aussehen muss. Die steife Struktur eines Gesetzbuches verliert sich durch die Konfrontation mit den ständigen Ergänzungen durch neue Gesetzgebung. Die pandektistische Struktur ist dann nicht im Stande, diese Veränderungen aufzunehmen ohne selbst eine grundlegende Beschädigung zu erfahren. Ein pandektistisch organisiertes Gesetzbuch ist also dazu verurteilt, während seines Lebens eine nicht abwendbare Dekomposition zu erfahren.

18 Zoll (2010) 61 ff.
19 Radwański (2010) 17.

5. Das Problem der Arbeitsmethode am Entwurf des neuen polnischen Zivilgesetzbuches

Es war eher unglücklich, dass die Arbeiten am neuen polnischen Gesetzbuch mit der Erarbeitung des allgemeinen Teils begonnen haben.[20] Dies erschwerte das tatsächliche Auffinden von Normen, die verallgemeinerungsfähig sind und auf alle sonstigen Teile des Gesetzbuches in einem vergleichbaren Maße angewendet werden können. Es erschwert auch den Aufbau des Systems, weil die im allgemeinen Teil enthaltenen Normen normalerweise relativ weit entfernt sind von den Sachverhalten, für die sie konzipiert wurden, weil sie eine große Zahl von theoretisch unterschiedlichen Sachverhalten erfassen mussten. Dann entsteht eine Neigung, bei der Arbeit an den weiteren Teilen des Gesetzbuches doch besondere Normen zu entwickeln, obwohl die durch sie betroffenen Sachverhalte eigentlich durch die Normen des allgemeinen Teils geregelt werden sollten. Auf diese Weise wurden bestimmte Institute doppelt geregelt und der allgemeine Teil verlor weiter an Bedeutung. Wenn man überhaupt einen allgemeinen Teil entwirft, sollte er eher am Ende der Arbeit an einer Kodifikation entstehen, was dann natürlich auch eine erneute Überprüfung der bereits entstandenen besonderen Teile erfordern würde.

Der Entwurf des allgemeinen Teils für das neue Zivilgesetzbuch wurde scharf kritisiert.[21] Es ist anzunehmen, dass der vorgelegte Entwurf einer grundlegenden Revision unterworfen wird und somit das Postulat der Vorbereitung des allgemeinen Teils erst in der Endphase der Arbeiten seine Verwirklichung findet.

Dies ändert aber nichts an dem ursprünglichen Fehler, der die Kodifikationsarbeiten belastet hat. Es wurde von Anfang an angenommen, dass die Struktur des geltenden Zivilgesetzbuches beibehalten werden soll. Hier fehlte es an einer grundsätzlichen Debatte. Die automatische Annahme, dass eine grundlegende Veränderung der Struktur hinfällig ist, wird möglicherweise das entstehende Gesetzbuch nachhaltig belasten. Die Entwicklung einer neuen, offenen Struktur ist jedoch notwendig, um die Idee der Kodifikation für die Zukunft aufrechtzuerhalten. Doch ist es dazu auch tatsächlich erforderlich, das Modell der pandektistischen Struktur gänzlich aufzugeben?

---

20 Zoll (2012) 34 – 36.

21 Siehe z.B. eine gemeinsame Stellungnahme der Richter der Zivilkammer des polnischen Obersten Gerichts: Projekt kodeksu cywilnego (2010). Für weitere Nachweise siehe Zoll (2012) 36, Fn. 32-33.

6. Ein Strukturrahmen für die Kodifikation der Zukunft

Eine optimale Struktur für ein Gesetzbuch der modernen Zeit muss imstande sein, unterschiedliche Bedürfnisse zu befriedigen, die häufig als gegenläufig erscheinen. Das Gesetzbuch soll kohärent sein, aber zugleich eine Orientierung gewährleisten, die ohne hervorragende Rechtskenntnisse eine Rechtsprognose bezüglich der Lösung eines Falles ermöglicht. Es geht nicht nur um das alte Postulat, auch dem Laien einen Zugang zur Rechtsmaterie zu sichern, sondern auch darum, die Wahrnehmung fremder Rechtsordnungen zu erleichtern, was im Rahmen der europäischen Integration auch nicht vernachlässigt werden darf.

Um einen leichteren Zugang zur Rechtsmaterie zu gewährleisten ist es erforderlich, dass die bestimmten Lebenssachverhalte möglichst an einer Stelle geregelt werden. Die Kohärenz hingegen verlangt eine Zerstreuung der Rechtsmaterie, um die vergleichbaren Sachverhalte, die dennoch unterschiedlichen Rechtsbereichen zuzuordnen sind, entsprechend vergleichbar zu regeln.

Die Lösung ist vielleicht in der neueren Technologie zu suchen. Die Gesetzbücher, die für die Zukunft geschrieben werden, verlangen eine neue Sortierung des Rechtsstoffes unter Anwendung der bestehenden technologischen Möglichkeiten. Die Gesetzbücher der Zukunft (die aber bereits begonnen hat) müssen für eine elektronische Verwendung geschrieben werden und auch die Möglichkeiten nutzen, die die heutige digitale Infrastruktur liefern kann. Die Gesetze der Zukunft müssen die Möglichkeiten nutzen, die Hypertext bietet. Durch Hypertext kann die Struktur eines Gesetzbuches zugleich unterschiedliche Ziele erreichen – sie kann sowohl nach Institutionen sortiert werden als auch nach komplexen Problemen. Durch den Hypertext können dann die unterschiedlichen Normen verbunden werden, so dass für den Verwender alle Normen, die z.B. für einen Sachmangelfall relevant sind, in einem passenden Zusammenhang in einer sog. Erweiterten Realität[22] erscheinen. Für diese Zwecke muss aber die Struktur des Gesetzbuches auch entsprechend entwickelt werden. In einem kleineren Umfang kann der Text der Acquis Group: Acquis Principles, Contract II[23], als Beispiel dafür dienen, wie eine Struktur aussehen sollte, die am Ende vielleicht auch intern durch Hyperlinks verbunden werden könnte.[24] Man hat dies nicht nur im Fall der Acquis Principles versucht, sondern auch beim Entwurf der eigentümlichen

22 http://www.itwissen.info/definition/lexikon/augmented-reality-AR-Erweiterte-Realitaet.html.

23 Research Group on the Existing EC-Private Law (2009).

24 Schulte-Nölke / Zoll (2009) XXVIII.

Struktur der Acquis Group hatte man einen derartigen Zweck vor Augen. Aus diesem Grund hat man viele kleine „allgemeine Teile“ entworfen und erst dann die besonderen Regeln, jedoch nicht nach Vertragstypen, sondern nach einzelnen Problemgruppen (Information, Schutz der Entscheidungsfreiheit – Widerruf, Erfüllung, Nichterfüllung) gesammelt. Man kann sich gut vorstellen, dass bei der Suche nach den Regeln über ein konkretes Rechtsverhältnis alle notwendigen Regeln durch die Verbindung mit Hyperlinks auf einmal aufgeführt werden können.

Der Gesetzgeber muss einen Schritt in die Richtung eines digitalen Gesetzbuches wagen. Es bedarf auch einer Überlegung, wie die Gesetze zu veröffentlichen sind. Doch langsam kommen wir in die Lage, ein Gesetzbuch, das sich primär in einer digitalen Umwelt wiederfinden wird und dessen Regelungen unterschiedlich wahrgenommen werden, durch die Nutzung diverser technischer Möglichkeiten zu verwirklichen.

Literaturverzeichnis

Projekt kodeksu cywilnego (2010): Projekt kodeksu cywilnego. Księga pierwsza. Sprawozdanie z dyskusji przeprowadzonej w Izbie Cywilnej Sadu Najwyższego, in: Przegląd Sądowy 2/2010, 104-123.

Radwański (2010): *Zbigniew Radwański*, Aktualność posłużenia się częścią ogólną kodeksu cywilnego jako instrumentem regulacji prawa cywilnego, in: Transformacje Prawa Prywatnego 4/2012, 13-20.

Research Group on the Existing EC-Private Law (2009): Research Group on the Existing EC-Private Law (Acquis-Group), Principles of the Existing EC-Contract Law (Munich 2009).

Schulte-Nölke / Zoll (2009): *Hans Schulte-Nölke / Fryderyk Zoll*, Structure and Values of the Acquis Principles: New features and their possible use for the political purposes, in: Research Group on the Existing EC-Private Law (Acquis-Group), Principles of the Existing EC-Contract Law (Munich 2009) XXIII – XXXV.

Zoll (2010): *Fryderyk Zoll*, Uwagi do art. 92 projektu – tzw. merger clause, in: Transformacje Prawa Prywatnego 4/2010, 61-65.

Zoll (2012): *Fryderyk Zoll*, Die Arbeiten am neuen polnischen Zivilgesetzbuch. Kodifikation in einer schwierigen Zeit, in: Osteuroparecht 2/2012, 29 – 39.

Die Natur des Vertrages vs. Natur des Rechtsgeschäfts

Die Frage nach der speziellen Leistungsfähigkeit der ‚Natur'-Klausel als der Grenze der Vertragsfreiheit*

Wojciech Dajczak

Abstracts

Under Polish law, a contract is a kind of legal transaction. The general part of the code covers the conditions of validity of legal transactions. As part of the amendments to the code in 1990, article 353^1 was introduced. It provides for the freedom of contract principle and establishes the boundaries of the freedom of contract using the preconditions of validity of legal transactions and adds the requirement that a contract must comply with the "nature of the legal relationship". A question arose as to the practical meaning of this criterion. This was not an entirely new idea. Althusius, one of the forerunners of the freedom of contract, had already designated "the act of law and nature of the contract" as its boundaries. This, however, was not implemented continued in the theory of law or in civil codes. In article 1135 CC, the nature of the obligation clause serves as one of the foundations of implication by judges of terms implied in law. It was introduced into German law (the current article 307 BGB) as a criterion of control over standard contractual terms. An analysis of the interpretation of the nature of the contract clause in France, German and Poland shows some functional similarities. It constitutes grounds for amending contracts in the interest of the legitimate expectations of the creditor and for the protection of contractual benefits. One may predict that the idea of contractual justice will result, in the interest of consumers and small and medium enterprises (SMEs), in further development of specific preconditions of contract validity taking into account the economic reasonableness of the contract. The growth of this kind of reasoning in judicial practice argues against such an "absolutisation" of the general part of the code, which uniformly governs the preconditions of the validity of all legal transactions.

W prawie polskim umowa jest rodzajem czynności prawnej. W części ogólnej kodeksu uregulowane się przesłanki ważności czynności prawnej. W ramach modernizacji kodeksu, w roku 1990 wprowadzono art. 353^1. Deklaruje on zasadę swobody umów. Jako jej granice powtarza przesłanki ważności czynności prawnej i dodaje zgodność umowy z „na-

* In diesem in Heidelberg gehaltenen Vortrag habe ich einige von meinen Forschungsergenbissen verwendet, die ich im Buch „The Nature of the Contract in Reasoning of Civilian Jurists" (Dajczak [2012]) breiters besprochen habe.

turą stosunku" prawnego. Powstało zatem pytanie, jaki jest praktyczny sens tego kryterium. Nie był to pomysł całkowicie nowy. Już J. Althusius - jeden z prekursorów swobody umów - wskazał jako jej granicę „ustawę i naturę umowy". Nie znalazło to jednak kontynuacji w nauce i kodyfikacjach cywilnych. W art. 1135 CC klauzula 'natury' jest jedną z podstaw uzupełniania treści umowy w oparciu o właściwe dla poszczególnych ich typów umów przepisy względnie obowiązujące. Do prawa niemieckiego (obecnie § 307 BGB) została ona wprowadzona jako kryterium kontroli ogólnych warunków umownych. Analiza 'interpretacji klauzuli 'natury' we Francji, Niemczech i Polsce pokazuje pewne funkcjonalne podobieństwa. Jest podstawą dla zmiany treści kontaktów w interesie usprawiedliwionych oczekiwań wierzyciela i ochrony jego korzyści kontraktowych. Można prognozować, że idea sprawiedliwości umownej spowoduje w interesie konsumentów oraz małych i średnich przedsiębiorstw dalszy rozwój specyficznych przesłanek ważności umów uwzględniających ich ekonomiczną racjonalność. Taką rolę spełnia coraz wyraźniej klauzula 'natury umowy'. Rozwój tego orzecznictwa jest argumentem przeciwko takiej „absolutyzacji" części ogólnej kodeksu, która polega na jednolitym uregulowaniu w niej przesłanek ważności wszystkich czynności prawnych.

No direito polonês, o contrato é um tipo de negócio jurídico. A parte geral do Código é que trata das condições de validade do negócio jurídico. Durante a modernização do Código em 1990, foi introduzido o artigo 353[1], que estabelece o princípio da liberdade de contratar. Ele define também os limites da liberdade de contratar por meio dos requisitos de validade do negócio jurídico e adiciona o requisito segundo o qual um contrato deve respeitar a "natureza da relação jurídica". Uma questão que foi posteriormente colocada refere-se ao sentido prático deste critério. A ideia, em si, não é nova. Já Althusius, um dos precursores da liberdade de contratar, apontou "ato jurídico e natureza do contrato" como seus limites. Não foi dada, no entanto, continuação a esta ideia na Teoria do Direito ou nos códigos civis. No artigo 1135 CC, a cláusula referente à "natureza" é uma das bases de implicacão para condições implícitas na lei. Isto foi introduzido no direito alemão (atual artigo 307 do BGB) como critério de controle de condições gerais do contrato. A análise da interpretação da cláusula referente à "natureza" na França, Alemanha e Polônia demonstra algumas semelhanças funcionais. Isto constitui as razões para se alterar contratos no interesse das expectativas legítimas do credor e da proteção dos benefícios contratuais. Pode-se chegar a prever que a ideia de justiça irá prevalecer no interesse dos consumidores e das pequenas e médias empresas num futuro desenvolvimento de precondições específicas de validade contratual considerando sua razoabilidade econômica. O aumento deste tipo de argumentação na prática jurídica é um argumento contra a "absolutização" da parte geral de um código que trate uniformemente dos requisitos de validade de todos os negócios jurídicos.

1. Einführung

Im Rahmen der Novellierung des polnischen ZGB (Kodeks cywilny) nach der Wende des Jahres 1989 wurde das Prinzip der Vertragsfreiheit zur gesetzlichen Regelung erhoben. Seit dem 1. Oktober 1990 gilt Art. 353^1 KC in folgendem Wortlaut: „Die Vertragsparteien können ihr Rechtsverhältnis nach freiem Willen gestalten, soweit dessen Inhalt oder Ziel der Besonderheit (der Natur) des Rechtsverhältnisses, dem Gesetz und den Grundsätzen des gesellschaftlichen Zusammenlebens nicht widerspricht". Die inhaltlichen Parallelen zwischen der zitierten Vorschrift und den im allgemeinen Teil des Gesetzbuches geregelten Voraussetzungen der Gültigkeit eines Rechtsgeschäfts sind deutlich[1]. Der Vergleich von Artikel 58 § 1 und 2 KC mit Art. 353^1 KC lässt uns feststellen, dass im Oktober 1990 eine neue - auf Verträge beschränkte – Gültigkeitsvoraussetzung eines Rechtsgeschäfts eingeführt wurde. Die Kriterien des Verstoßes gegen das Gesetz und gegen die Grundsätze des gesellschaftlichen Zusammenlebens wurden durch eine Klausel ergänzt, nach der erforderlich ist, dass der Inhalt oder das Ziel eines Vertrags mit der ‚Natur dieses Rechtsverhältnisses' in Einklang ist.

Die Einführung dieser Klausel ins polnische Schuldrecht bringt zwei Grundfragen mit sich. Wo sind Kriterien für die Konkretisierung dieser Klausel zu suchen und – nach der Klärung dieser Vorfrage – was sagt die dogmatische Diskussion der letzten zwanzig Jahre zu Art. 353^1 KC zur systematischen Rationalität der Beschränkung des Kriteriums der ‚Natur des Rechtsverhältnisses' auf die Kontrolle der Gestaltungsfreiheit der Verträge?

2. Die Frage nach den Kriterien für die Konkretisierung der Klausel der ‚Natur des Rechtverhältnisses'

2.1. Die historischen Spuren der Klausel der ‚Natur des Vertrages' als Grenze der Vertragsfreiheit

In den Materialien zu den Modernisierungsarbeiten des polnischen KC nach der Wende des Jahres 1989 sind keine Spuren einer Diskussion über die Einführung der Klausel der ‚Natur des Rechtsverhältnisses' als Grenze der Ver-

1 Art. 58 § 1 KC: Ein Rechtsgeschäft, das dem Gesetz widerspricht oder die Umgehung des Gesetzes zum Ziele hat, ist unwirksam, es sei denn, dass eine einschlägige Vorschrift eine andere Rechtsfolge, insbesondere diejenige vorsieht, dass die entsprechenden Gesetzvorschriften an die Stelle der unwirksamen Bestimmungen des Rechtsgeschäfts treten. § 2 Ein Rechtsgeschäft, das dem Grundsätzen des gesellschaftlichen Zusammenlebens widerspricht, ist unwirksam.

tragsfreiheit zu finden[2]. Die Frage wurde auch in der damaligen polnischen akademischen Debatte nicht diskutiert. *Ex post* finden wir dazu folgende Meinung: Es solle um die Einführung eines Kriteriums gehen, welches eine Schutzmaßnahme gegen die „Verabsolutierung" der Vertragsfreiheit[3] darstelle. Die Berücksichtigung der historischen und der vergleichenden Perspektive macht diese Entscheidung des polnischen Gesetzgebers noch rätselhafter. Die Markierung der Grenzen der Vertragsfreiheit nach den Kriterien *nisi conventionis natura, vel lex obstet*[4] finden wir allerdings schon bei Johannes Althusius, dem Juristen von der Wende des 16. zum 17. Jahrhundert, der zu den Wegbereitern des Vertragsfreiheitsprinzips in der europäischen Privatrechtslehre gehört[5]. In für die späteren Kodifikationsarbeiten fundamentalen Erwägungen der Juristen des *usus modernus* und des Naturrechts zur Vertragsfreiheit wurde das Argument des Verstoßes gegen die ‚Natur des Vertrages' jedoch sehr seltsam angewandt. Ihre Funktion wurde auf die Rolle eines Oberbegriffs für die im gemeinen Recht bekannten Grundlagen der Nichtigkeit des Vertrages reduziert. In dieser Weise systematisierte Peter Waldeck die Fälle des Verstoßes gegen die Natur des Vertrages: die faktische und rechtliche Unmöglichkeit der Leistung sowie die Sittenwidrigkeit der Leistung[6]. Vom historischen Standpunkt aus ist es also logisch, dass in den großen Privatrechtskodifikationen des 19. Jahrhunderts die Klausel der ‚Natur des Vertrags' nicht zur Gültigkeitsvoraussetzung erhoben wurde. Die Klausel ist jedoch aus dem Auslegungsrepertoire des Schuldrechts nicht ganz verschwunden. Aus rechtsvergleichender Perspektive hat sie üblicherweise die Funktion eines Auslegungskriteriums für den Vertragsinhalt[7] oder zur Präzisierung des Leistungsortes[8].

2.2. Die Klausel der ‚Natur des Vertrages' im heutigen deutschen Recht und das polnische Kriterium der ‚Natur des Rechtsverhältnisses'

Außerhalb des typischen Anwendungsbereichs der analysierten Klausel liegt ihre Anwendung bei der Kontrolle Allgemeiner Geschäftsbedingungen, die in § 9 des deutschen Gesetzes zur Regelung des Rechts der Allgemeinen Geschäftsbedingungen vom 9. Dezember 1976 eingeführt worden war. Im

2 Vgl.: Trzaskowski (2005) 247; Machnikowski (2005) 313.
3 Trzaskowski (2005) 314.
4 Althusius (1649) Lib. I, cap. 64, n. 30.
5 Vgl.: Nanz (1985) 135.
6 Waldeck (1800) 378.
7 Vgl.: Art. 1135 Code Civil.
8 Vgl.: § 269 BGB.

Rahmen der Schuldrechtsreform wurde das Kriterium in § 307 Abs. 2 Nr. 2 BGB aufgenommen. Der praktische Sinn dieser Regelung wird seit In-Kraft-Treten des Gesetzes im Jahre 1976 von der Lehre in Zweifel gezogen. Das Kriterium wird als „Relikt“ aus den Zeiten der Typisierung der Verträge bezeichnet, das heute seine praktische Relevanz verloren hat[9]. Die Kritik stützt sich u.a. auf die Beobachtung, dass der Unterschied zwischen den „wesentlichen Grundgedanken der gesetzlichen Regelung“ (§ 307 II Nr. 1 BGB) und den „wesentlichen Rechten und Pflichten, die sich aus der Natur des Vertrages ergeben“ (§ 307 II Nr. 2 BGB) „unter der Lupe“ zu suchen sei [10]. In der kritischen Debatte zur Klausel der ‚Natur des Vertrages‘ wurde am Ende der 70er Jahre auch die Methode der ökonomischen Analyse des Rechts angewandt. Aus dieser Perspektive wurde die Klausel als Instrument zur Interessenabwägung im Rahmen der Inhaltkontrolle der AGB beurteilt, das sich bei genauer Betrachtung auf einen wohlfahrtsökonomischen Kern reduziert. Die in diesen Feststellungen verankerte Kritik an der ‚Natur des Vertrages‘-Klausel legitimierte die These, dass der Gesetzgeber aus Gründen der Klarheit und der Rechtssicherheit die wohlfahrtsökonomischen Implikationen dogmatisch auch explizit machen und die diskutierte Klausel durch sie ersetzen sollte[11]. Die Beständigkeit und Vielfalt der Kritik ist mit den Unklarheiten über den dogmatischen Sinn der Klausel und die Methode ihrer Konkretisierung zu erklären. Die ‚Natur des Vertrages‘-Klausel steht jedoch schon seit fast 40 Jahren im Gesetz. Die in der deutschen Privatrechtsdogmatik entwickelte Vorstellung der Klausel als Instrument zur Kontrolle Allgemeiner Geschäftsbedingungen unter Berücksichtigung von Billigkeitserwägungen[12] war eine der früheren Inspirationsquellen der polnischen Debatte über den dogmatischen Sinn der Voraussetzung der ‚Natur des Rechtsverhältnisse‘ in Art. 353[1] KC. Diese Inspirationen lagen der in der polnischen dogmatischen Debatte der 90er Jahre formulierten These zugrunde, dass die Klausel zwar eine besondere Rolle im Bereich des Verbraucherschutzes spielen dürfe, außerhalb dieses Bereichs dagegen eher Gefahren für die Vertragsfreiheit mit sich bringe[13]. Ohne praktische Relevanz blieb die weitergehende These, dass die Klausel der ‚Natur der Rechtsverhältnisses‘ im Zivilrecht eine ähnlihe Rolle spielen könne wie der Begriff des Rechtsstaates im öffentlichem Recht[14].

---

9 Das neue Schuldrecht. Kompaktkommentar (2003) / *Hans-W. Micklitz*, 216.

10 MünchKomm BGB (2003) / *Jürgen Basedow*, § 307, Rn. 61; Prütting BGB Kommentar (2010) / *Klaus Peter Berger*, § 307, Rn. 22.

11 Beimowski (1989) 36.

12 Vgl.: Staudinger BGB (2006) / *Michael Coester*, § 307, Rn. 268; AGB-Recht (2006) / *Andreas Fuchs*, § 307, Rn. 247; Palandt BGB (2011) / *Christian Grüneberg*, § 307, Rn. 34.

13 Traple (1997) 237; Łętowska (1999) 368 ff.

14 Guść (1997) 20.

2.3. Die Kontroversen über die Konkretisierungskriterien der Klausel der ,Natur des Rechtsverhältnisses'

Schwerpunkt der heutigen polnischen Debatte über die Konkretisierung der „Besonderheit (Natur) des Rechtsverhältnisses"-Klausel ist die Frage nach ihrer Auslegungsgrenze. Der Kern der Kontroverse ist die Frage, ob die vorpositiven Ordnungselemente bei der Konkretisierung der Klausel berücksichtigt werden können, was über die grammatische Auslegung des Wortes „Rechtsverhältnis" in Art. 353^1 KC hinausginge. Die Mehrheit der Autoren plädiert dafür, die Überprüfung der Gültigkeit eines Vertrages nach dem Kriterium der ,Natur des Rechtsverhältnisses' auf den Widerspruch mit gesetzlichem *ius cogens* sowie mit den Grundlagen der gesetzlichen Regelung des Schuldrechts oder mit den Implikationen der gesetzlichen Regelungen zu beschränken[15]. Die andere Interpretationsstrategie geht bei der Auslegung der Wendung der ,Natur des Rechtsverhältnisses' in Art. 353^1 KC über die Wortlautgrenze hinaus. Sie richtet sich bei der Konkretisierung der ,Natur'-Klausel auch nach den Grundwerten und Prinzipien des Schuldrechts, die im Rahmen rechtsvergleichender Forschungen rekonstruiert wurden[16]. Die erste Meinung reduziert die Konkretisierung der Klausel in der Tat auf Erwägungen über die Verteilung zwischen dem zwingenden und dem dispositiven Recht in der gesetzlichen Fassung der einzelnen Vertragstypen. Dies bietet nichts wirklich Neues für die Debatte über die Gültigkeitsvoraussetzungen eines Vertrages[17]. Nach der ersten Meinung würde die Wirksamkeit eines Vertrages – ähnlich wie vor der Einführung des Art. 353^1 ins polnische Zivilgesetzbuch – unter Anwendung der im allgemeinen Teil kodifizierten Voraussetzungen der Gültigkeit eines Rechtsgeschäfts sowie nach den im besonderen Teil des Schuldrechts regulierten *ius cogens* für einzelne Vertragstypen beurteilt. Die weitergehende Leistungsfähigkeit der ,Natur des Rechtsverhältnisses'-Klausel ist dagegen in der Berücksichtigung des Kriteriums des „Minimums der Nützlichkeit und Rationalität" eines Vertrages zu erblicken[18]. Versuchen wir also, diese Hypothese mit der höchstrichterlichen Rechtsprechung zu Art. 353^1 KC zu konfrontieren.

15 System Prawa Prywatnego (2002) / *Zbigniew Radwański*, 234-235; Machnikowski (2005) 326.
16 Trzaskowski (2005) 318-352.
17 Vgl.: Machnikowski (2005) 345.
18 Trzaskowski (2005) 347 ff.

2.4. Die Konkretisierung der Klausel der ,Natur des Rechtsverhältnisses' in der polnischen Rechtsprechung

Einen praktischen Grund für Zweifel an der Konkretisierung der ,Natur des Rechtsverhältnisses'-Klausel veranschaulicht die häufige – vor allem in der früheren Rechtsprechung zu Art. 353^1 KC – kumulative Argumentation mit dem Verstoß gegen die ,Natur des Rechtsverhältnisses' oder gegen die Grundsätze des gesellschaftlichen Zusammenlebens[19] oder mit der Gesetzeswidrigkeit des Vertrages[20]. Im Laufe der Jahre hat sich in der Rechtsprechung jedoch allmählich die Selbstständigkeit der untersuchten Klausel etabliert. In den Urteilsbegründungen finden wir natürlich keine Theorie zur Konkretisierung der Klausel. In der richterlichen Argumentation finden sich dagegen Spuren der die Wortlautgrenze überschreitenden Auslegung der Sprachformel der ,Natur des Rechtsverhältnisses'. In der praktischen Konkretisierung dieser Klausel berufen sich die Richter auf die „wirtschaftliche Natur des Vertrages"[21] oder die „Besonderheit des Dauerschuldverhältnisses"[22]. Die Konkretisierung der Klausel der ,Natur des Rechtsverhältnisses' in der polnischen Rechtsprechung der letzen 20 Jahre lässt sich nach zwei ökonomisch geprägten Kriterien systematisieren. Der ersten Fallgruppe liegt der Gedanke zugrunde, die Gültigkeit des Vertrags mit der Fähigkeit des Schuldners, die legitimen Erwartungen des Gläubigers zu verwirklichen, zu verbinden. Diese Argumentationspraxis veranschaulichen die Fälle zur Gefahrtragung. In diesem Kontext hatte in der früheren Rechtsprechung zu Art. 353^1 KC die Unwirksamkeit des einseitigen, unbeschränkten Rechts zur Verzinsungsänderung große praktische Relevanz[23]. Dieser Auslegungstopos wurde im polnischen Zivilgesetzbuch durch die Klauselverbote ersetzt.[24] Die Argumentationsstrategie des Schutzes der legitimen Erwartungen des Gläubigers bleibt jedoch für die Konkretisierung der ,Natur des Rechtsverhältnisses'-Klausel durch das polnische Oberste Gericht (*Sąd Najwyższy*) von aktueller Bedeutung. Diese Argumentationslinie veranschaulichen folgende Fälle: die Ungültigkeit des Vorvertrages, der zur Zahlung des Draufgelds in Höhe des

---

19 Zbiór Orzeczeń Sądu Najwyższego. Orzeczenia Izby Cywilnej (OSN): OSN 1992, Heft 1, Pos. 1 (22.05.1991); System informacji prawnej LEX (LEX) Nr. 188549, II CK 297/05, (8.12.2005).

19 Z. B.: Orzecznictwo Sądów Polskich (OSP): OSP 1996, Heft 10, Pos. 174 (15.02.1996).

20 Z. B.: OSP 1996, Heft 10, Pos. 174 (15.02.1996).

21 Z. B.: OSN 2007, Heft 7-8, Pos. 122 (9.11.2006).

22 Z. B.: LEX Nr 274159, II CSK 484/06, (15.02.2007).

23 OSN 1992, Heft 1, Pos.1 (22.05.1991); OSN 1992, Heft 6, Pos. 90 (6.03.1992); OSP 1993, Heft 6, Pos. 90 (19.05.1993).

24 Die Richtlinie über missbräuchliche Klauseln in Verbraucherverträgen (93/13/EWG) wurde durch die Novellierung des polnischen Zivilgesetzbuches vom 2. März 2000 umgesetzt (vgl.: Art. 385^3 KC).

Kaufpreises verpflichtet[25]; die Ungültigkeit der Vertragsklausel, die die Zahlungspflicht des Bestellers von der Leistung eines Dritten zugunsten des Bestellers abhängig macht[26] oder die Unwirksamkeit der Pflicht aus dem Managervertrag, eine Prämie zu zahlen insoweit, als diese den Gewinn des Unternehmens überschreitet[27]. Diese Fallgruppen haben gemein, dass der klare Widerspruch zwischen den legitimen Erwartungen des Gläubigers im Moment des Vertragsabschlusses und der Gefahrverteilung die Ungültigkeit des Vertrages mit sich bringt. Die zweite Fallgruppe orientiert sich am Schutz der Nutzung der legitimen Vertragsvorteile. Der richterlichen Kontrolle unterliegt hier die im Vertrag präzisierte Möglichkeit, die rechtlichen, und damit auch die ökonomischen, Positionen einer der Vertragsparteien einseitig zu ändern. In der früheren Rechtsprechung zu Art. 353^1 KC war ein typisches Beispiel für Erwägungen dieser Art die Frage nach der Wirksamkeit der Kündigungsklausel, wenn die Dauer des Mietverhältnisses bestimmt ist. Diese in der Rechtspraxis kontroverse Frage wurde im Jahr 2001 gesetzlich gelöst[28]. Die Idee, die Gültigkeit des Vertrags von der Freiheit einer Partei, ihre ökonomische Position einseitig zu ändern, abhängig zu machen, bleibt jedoch für die Auslegung der ‚Natur des Rechtsverhältnisses'-Klausel aktuell. In der Rechtsprechung des Obersten Gerichtes der letzten Jahre veranschaulichen dies folgende Fälle, in denen Klauseln für nichtig erklärt wurden: der Ausschluss der Möglichkeit, über die Geldanlage des Kreditnehmers bei der kreditgebenden Bank zu verfügen[29]; der Ausschluss des Kündigungsrechts im Auftragsvertrag[30] mit der Immobilienagentur[31] oder die Befreiung des Leasinggebers von der Pflicht zur pünktlichen Übergabe einer Sache im Leasingvertrag[32]. In all diesen Fällen ist die *ratio decidendi* darin zu finden, dass eine zu weitgehende vertragliche Beschränkung der einseitigen Änderungsmöglichkeit der ökonomischen Position einer der Parteien eine Voraussetzung für die Nichtigkeit des Vertrages darstellt. Die ökonomisch geprägten Argumentationsstrategien der Richter sind im Kontext der oben erwähnten Kontroversen in der polnischen Privatrechtsdogmatik als intuitive Wahl eines

---

25 LEX Nr. 189073, V CK 577/04 (21.05.2005), Urteil des Apellationsgerichts Posen, I ACa 316/10 (5.05.2010).

26 Orzecznictwo Sądów Apelacyjnych (OSA): OSA 2008, Heft 10, Pos. 32 (Apellationsgericht Warschau, 17.07.2007).

27 OSN 2007, Heft 7-8, Pos. 122 (9.11.2006).

28 Art. 673 § 3 KC: Ist die Dauer des Mietverhältnisses bestimmt, so können sowohl der Vermieter als auch der Mieter das Mietverhältnis in den im Vertrag bestimmten Fällen kündigen.

29 LEX Nr. 179743, V CK 425/05, (15.12.2005).

30 Der Auftragsvertrag kann im polnischen Recht anders als im deutschen Recht entgeltlich sein.

31 LEX Nr. 303359, V CK 295/05, (20.12.2005).

32 LEX Nr. 188549, II CK 297/05, (8.12.2005).

produktiven Weges, die ‚Natur des Rechtverhältnisses'-Klausel zu konkretisieren, zu beurteilen. Die Wahl der in diese Richtung tendierenden Argumentation lässt uns hinter der sprachlichen Formel der ‚Natur des Rechtsverhältnisses' eher die spezifische Vorstellung der ‚Natur des Vertrages' als den allgemeinen Begriff der ‚Natur des Rechtsgeschäfts' erblicken. Diese Feststellung bringt die Frage nach der historisch-vergleichenden Originalität der ökonomisch geprägten Konkretisierung der ‚Natur des Vertrages'-Klausel und nach ihrer Relevanz für die Beurteilung der systematischen Unterscheidung zwischen allgemeinen Voraussetzungen der Gültigkeit eines Rechtsgeschäfts und den zusätzlichen besonderen Gültigkeitsvoraussetzungen eines Vertrages mit sich.

2.5. Die Auslegung der Klausel der ‚Natur des Rechtsverhältnisses' durch polnische Richter im historisch-vergleichenden Kontext

Die dargestellte Skizze lässt uns bemerken, dass die Konkretisierung der ‚Natur des Rechtverhältnisses'-Klausel von polnischen Richtern keine klare und feste Verwurzelung in den wissenschaftlichen Traditionen der allgemeinen Vertragsrechtslehre in Europa hat. Die Idee der Verbindung der Natur des Vertrages mit dessen praktischer Funktion ist jedoch nicht ganz neu in der Rechtswissenschaft. Ihre Inspirationsquellen sind schon in antikem Juristenrecht zu finden[33]. Vom Gesichtspunkt der Methodendiskussion der letzten zwei Jahrhunderte hat diese Idee Parallelen im Argumentationsrepertoire der Kritik des strengen Rechtspositivismus. Als gutes Beispiel aus dem 19. Jahrhundert sind die umfangreichen Studien zur „Natur der Sache" von Burkard Wilhelm Leist zu erwähnen. Dieser kritisierte unter Berufung auf die Leistungsfähigkeit der Argumentation mit der „Natur der Sache" die formalistische Anwendung der römischen Rechtstexte und plädierte für die Rückkehr zur der den römischen Juristen eigenen Orientierung juristischen Denkens an den Problemen des Lebens und der Wirtschaft[34]. Spuren dieses Denkens sind in der pandektistischen Literatur zu finden. Einige Autoren haben unter Berufung auf die Natur der Verträge deren funktionale Aspekte bei der Systematisierung des Vertragsrechts berücksichtigt[35]. Helmut Coing hat in der Mitte des 20. Jahrhunderts deutlich die Natur der vertypten Verträge mit deren ökonomischem Zweck gleichgestellt. Er betonte, dass typische Konstellationen von Interessen und Erwartungen der Parteien der dogmatischen Konstruktion gegenüber vorrangig zu berücksichtigen seien. In diesem Sinne

33 Dajczak (2012) 32-38.
34 Vgl.: Radbruch (1960) 29.
35 Vgl.: Pfordten (1840) 326; Savigny (1853) 226; Keller (1861) 606; Hölder (1891) 220.

darf man – seiner Meinung nach – die Natur eines Vertrages als dessen von seiner dogmatischen Fassung unabhängige Realität verstehen[36]. In der jüngsten dogmatischen Diskussion gehen die Erwägungen des französischen Zivilisten Frédéric Rouvière zum Begriff der *nature du contrat* in Art. 1135 des *code civil* in diese Richtung. Er rechnet auch die Natur des Vertrages den vorpositiven Ordnungselementen zu. Um die Unsicherheiten im Umgang mit dieser Klausel zu mindern hat F. Rouvière ähnliche Auslegungsstrategien der ‚Natur des Vertrages'-Klausel ausgesondert, die ich zur Systematisierung der zwei Fallgruppen der Konkretisierung der ‚Natur des Rechtsverhältnisses'-Klausel in der polnischen Rechtsprechung angewandt hatte[37]. Trotz der Unterschiede in der systematischen Stellung und in der dogmatischen Funktion der ‚Natur des Vertrages'-Klausel in Art. 1135 CC und in § 307 Abs. 2 Nr. 2 BGB sowie der Klausel der ‚Natur des Rechtsverhältnisses' in Art. 353^1 KC sind in der Auslegung dieser drei Vorschriften funktionale Parallelen zu finden. Die ‚Natur des Rechtsverhältnisses'-Klausel des Art. 353^1 KC dient ähnlich wie die Klausel der ‚Natur des Vertrages' in § 307 Abs. 2 Nr. 2 BGB der Gefahrverteilung zwischen den Vertragsparteien. Der Unterschied liegt nur in der gesetzlichen Beschränkung des Anwendungsbereichs letzterer Klausel auf Allgemeine Geschäftsbedingungen[38]. Die Klausel der *nature du contrat* wurde in Art. 1135 CC als eines der Kriterien für die Auslegung des Vertragsinhalts eingeführt. Ein wichtiger Teil dieser Interpretationspraxis ist die Jahrzehnte währende Rechtsfortbildung zur Präzisierung der Schutzpflichten sowie zur Korrektur der Gefahrverteilung zwischen den Vertragsparteien[39]. Die Strategien zur Konkretisierung der ‚Natur des Vertrages'-Klausel in Art. 1135 CC und in § 307 Abs. 2 Nr. 2 BGB sowie der Klausel der ‚Natur des Rechtsverhältnisses' in Art. 353^1 KC haben also gemeinsam, dass sie – im Rahmen der dogmatischen Möglichkeiten – von der Idee des Schutzes der legitimen Erwartungen des Gläubigers zur Zeit des Vertragsabschlusses geprägt sind. Das Leitmotiv der zweiten Fallgruppe der praktischen Konkretisierung der ‚Natur des Rechtsverhältnisses'-Klausel ist der Schutz der Nutzung der legitimen Vertragsvorteile. Diese Interpretationsstrategie versucht, zu weit gehende vertragliche Beschränkungen oder einseitige Änderungsmöglichkeiten der ökonomischen Position einer der Parteien zu bekämpfen. Auch diese Recht-

---

36 Coing (1950) 121.

37 Vgl.: Rouvière (2005) 177.

38 Vgl.: BGHZ 150, 286 – 299 (16.04.2002); BGHZ 150, 226 – 237 (21.03.2002).

39 Z. B.: Bulletin des arrêts des chambres civiles de la Cour de cassation (Bull. Civ.): Cass. Civ. 1re, Bull. Civ., I, n. 134 (21.11.1911); West Law France (WLF): WLF A7812CS7 (13.11.1996); Cass. Civ. 1re, Bull. Civ., I, 330 (1.12.1999); Cass. Civ. 1re, Bull. Civ., I, 262 (13.10.1987); Juris-Data, Nr. 021433 (10.04.1991); WLF A6344AHG (17.01.1995); WLF A7812CS7 (13.11.1996); Cass. Civ. 1re, Bull. Civ., I, 330 (1.12.1999).

sprechungslinie hat klare Parallelen in der Kontrolle Allgemeiner Geschäftsbedingungen nach dem Kriterium des Verstoßes gegen die ‚Natur des Vertrages' in Deutschland[40]. In der französischen Rechtsprechung zu Art. 1135 CC sind ebenso Fälle zu finden, in denen die Idee des Schutzes der Nutzung der legitimen Vertragsvorteile umgesetzt wird. Sie umfassen die seit den 80er Jahren des 20. Jahrhunderts intensiv entwickelte Präzisierung der Informationspflichten, die Gläubiger vor dem Risiko schützen sollen, die Nutzungsmöglichkeiten einer Leistung falsch zu verstehen[41].

Aus historisch-vergleichender Perspektive ist also die Konkretisierung der ‚Natur des Rechtverhältnisses'-Klausel in der Rechtsprechung des polnischen Obersten Gerichtes ein interessantes Beispiel für die Verbindung der Gültigkeit des Vertrags mit dessen ökonomischer Rationalität. Unter dem funktionalen Gesichtspunkt ist die allgemeine ‚Natur des Rechtsverhältnisses'-Klausel des Art. 353^1 KC als Äquivalent der ‚Natur des Vertrages' anzusehen. Dies bringt zwei Fragen mit sich: Ist die höchstrichterliche Rechtsprechung zu Art. 353^1 KC ein Argument für eine besondere Gültigkeitsvoraussetzung des Vertrags, welche die im allgemeinen Teil des Zivilgesetzbuches kodifizierten Voraussetzungen der Gültigkeit eines Rechtsgeschäfts ergänzen darf? Kann die ‚Natur des Vertrages'-Klausel als gesetzliche Beschränkung der Vertragsfreiheit die Rolle einer besonderen, ökonomisch geprägten Gültigkeitsvoraussetzung eines Vertrages erfüllen?

3. Von der allgemeinen Klausel der ‚Natur des Rechtsverhältnisses' zur ‚Natur des Vertrages' als besonderer Gültigkeitsvoraussetzung eines Vertrages oder umgekehrt? Die Frage nach der systemrationalen Position und dogmatischen Fassung der ökonomisch geprägten Gültigkeitsvoraussetzungen eines Vertrages

Für die Diskussion über den allgemeinen Teil haben die Fragen nach den Grenzen der Verallgemeinerung der Gültigkeitsvoraussetzungen eines Rechtgeschäfts sowie nach dem Sinn ihrer Ergänzung oder beschränkten

40 Vgl.: NJW 2005, 1774 – 1776 (1.02.2005); B NJW 2008, 218 (27.02.2008).

41 Cass. Civ. 1re, Bull. Civ. 1985, I, 211 (3.07.1985); Cass. Civ. (1re Bull. Civ., I, n. 277 (30.10.1985); WLF A7715AAY (15.03.1988); WLF A6888A31 (14.12.1982); WLF A2983AAQ (8.04.1986); WLF A7715AAY (15.03.1988); WLF A1342CZQ (23.05.1995); WLF A 8600AB7 (11.06.1996); WLF A2142AXM (20.11.2001).

Modifizierung in besonderen Teilen des Privatrechts fundamentale Bedeutung. Die Wendung der ‚Natur des Vertrages' gilt in diesem Kontext historisch als Systematisierungs- und Verallgemeinerungsfaktor der dogmatischen Debatte um die Gültigkeitsvoraussetzungen des Vertrages. Ein Beispiel aus dem *usus modernus* sind die *Exercitationes ad Pandectas* von Justus Henning Boehmer. Im Kapitel *De natura conventionum* hat der Jurist systematisch in einzelnen Paragraphen die Rechtsfolgen des Scheinvertrages[42], der Arglist[43], der Drohung[44], des Irrtums über die *substantialia negotii*[45] sowie eines Vertrages mit rechtswidrigem Zweck[46] und der Rechtsumgehung[47] gesammelt und erörtert. Als deutlicher Schritt auf diesem Weg gilt die Begründung der Systematik des Vertragsrechts in der dritten Ausgabe des *Systems des Pandektenrechts* von Anton Friedrich. Justus Thibaut, das zu den frühen Wirkungsergebnissen der „juristischen Entdeckung" des allgemeinen Teils von G. Heise gehört[48]. Anton Friedrich Justus Thibaut hat unter Berufung auf die Natur des Vertrages drei Stufen der Verallgemeinerung der Dogmatik des Vertragsrechts herausgearbeitet. Im allgemeinen Teil des Privatrechts sprach er über die „allgemeine Natur der Verträge". Sie wird nach Thibaut durch die Beantwortung von vier Fragen erschöpft: Wer kann einen Vertrag schließen? Wie muss die Einwilligung beschaffen sein? Welche sind die Gegenstände und welche ist die Wirkung der Verträge?[49]. Der Darstellung des besonderen Teils des Privatrechts von A. F. J. Thibaut lag die Unterscheidung zwischen den Gemeinsamkeiten in der Natur der Verträge[50] und der „individuellen Natur der einzelnen Haupt- und Nebenverträge"[51] sowie der systematischen Verteilung der dogmatischen Regeln für Vertragsgruppen wie z.B. Konsensual- oder Realkontrakte und einzelne Vertragstypen zugrunde. Zu den Ergebnissen dieses systematischen Denkens gehört die Einbeziehung der Gültigkeitsvoraussetzungen des Vertrages in die Rechtsgeschäftslehre. Die im allgemeinen Teil des Schuldrechts des polnischen Zivilgesetzbuches geregelten besonderen Wirksamkeitsvoraussetzungen eines Vertrages im Fall der Ausbeutung[52] und der Gestaltung rechtsgeschäftlicher Schuldverhältnisse durch Allgemeine Geschäftsbedingungen[53] gelten als Abweichungen von der Idee

42 Boehmer (1797) Ex. 27, cap. 1, § 11.
43 Boehmer (1797) Ex. 27, cap. 1, § 12.
44 Boehmer (1797) Ex. 27, cap. 1, § 14.
45 Boehmer (1797) Ex. 27, cap. 1, § 16.
46 Boehmer (1797) Ex. cap. 1, § 18.
47 Boehmer (1797) Ex. 27, cap. 1, § 17.
48 Vgl.: Coderch / Sánches-Ostiz (2004) 880.
49 Thibaut (1809) 108.
50 Thibaut (1809) 262.
51 Thibaut (1809) 262.
52 Art. 388 KC.
53 Art. 384 – 385^4 KC.

der vollen Verallgemeinerung der Gültigkeitsvoraussetzungen eines Rechtsgeschäfts. Die skizzierten Zweifel an der praktischen Nützlichkeit der grammatischen Auslegung der ‚Natur des Rechtsverhältnisses'-Klausel sprechen gegen ihre Verallgemeinerung als Gültigkeitsvoraussetzungen eines Rechtsgeschäfts und veranschaulichen die Leistungsdefizite dieser Sprachformel als besonderer Gültigkeitsvoraussetzung eines Vertrages. Im Lichte der rechtsvergleichenden Bemerkungen zur höchstrichterlichen Rechtsprechung zu Art. 353^1 KC kann die Wendung der ‚Natur des Vertrages' die Rolle der in vorpositiven Ordnungselementen verankerten besonderen Gültigkeitsvoraussetzungen besser erfüllen. Die historische Skizze zur Anwendung dieser Sprachformel in der juristischen Argumentation sowie zu den – besonders in der früheren Rechtsprechung zu Art. 353^1 KC – sichtbaren Zweifeln der polnischen Richter sprechen jedoch gegen die einfache Umsetzung der ‚Natur des Rechtsverhältnisses' in die ‚Natur des Vertrages'-Klausel als einer der Grenzen der Vertragsfreiheit. Die ökonomisch geprägte Leistungsfähigkeit der ‚Natur'-Klausel bringt die Frage nach dem Gleichgewicht zwischen den Prinzipien der Vertragsgerechtigkeit und Rechtssicherheit mit sich. Die polnische Rechtsprechung zu Art. 353^1 KC sowie die rechtsvergleichenden Bemerkungen zur Konkretisierung der ‚Natur'-Klausel veranschaulichen die Verwurzelung dieser Argumentationspraxis in der Berücksichtigung der starken Informationsasymmetrie sowie der sehr unterschiedlichen ökonomischen Position der Vertragsparteien. In solchen Fällen bietet die ökonomisch geprägte Konkretisierung der ‚Natur'-Klausel den Richtern ein neues Instrument zur Umsetzung des Prinzips der Vertragsgerechtigkeit. Die typischen Anwendungsfälle der *nature-du-contrat*-Klausel des Art. 1135 CC und der ‚Natur des Rechtsverhältnisses' des Art. 353^1 KC sowie die Funktion der ‚Natur des Vertrages'-Klausel in § 307 Abs. 2 Nr. 2 BGB sprechen im Interesse der methodischen Klarheit für die Beschränkung des Anwendungsbereichs dieser Klausel auf Verbraucher und Kleinunternehmer[54]. Ihre funktionelle Selbständigkeit liegt in der Interpretationsstrategie, die tiefgehende, wertungsorientierte Inhaltsänderungen eines Vertrages zulässt. Die von der Rechtsprechung individualisierten Fallgruppen zeigen, dass diese Inhaltsänderungen den Schutz der legitimen Erwartungen des Gläubigers oder den Schutz der Nutzung der legitimen Vertragsvorteile zum Zweck haben. Die eher vorsichtige, zurückhaltende Anwendung der ‚Natur des Verhältnisses'-Klausel als Vertragsfreiheitsgrenze durch polnische Richter ist ein praktisches Argument gegen die Verallgemeinerung der ‚Natur des Vertrages'–Klausel als ökonomisch geprägte Vertragsfreiheitsgrenze, die zur Beeinträchtigung der privatrechtli-

54 Als Inspirationsquelle für die Präzisierung des Anwendungsbereichs vgl. Art. 7 der Kommissionentwurf eines Gemeinsamen Europäischen Kaufrecht, KOM (2011) 635 endgültig vom 11.10.2011.

chen Gestaltungsfreiheit führen kann. Im Interesse dieser Freiheit, aber auch im Interesse der Rechtssicherheit, sollten die universalen Grenzen der Vertragsfreiheit im allgemeinen Teil des Privatrechts auf die Gültigkeitsvoraussetzungen eines Rechtsgeschäfts wie die Sittenwidrigkeit oder die ähnlich „klassische" Billigkeitsklausel beschränkt bleiben.

Die im Titel formulierte Gegenüberstellung der Sprachformeln der ‚Natur des Rechtsverhältnisses' *versus* die ‚Natur des Vertrages' darf man also nicht mit Kritik am Konzept des allgemeinen Teils gleichstellen. Dieser gehört zu den großen „dogmatischen Entdeckungen" und soll wichtiger Referenzpunkt für die Privatrechtslehre bleiben. Vielmehr veranschaulicht die Gegenüberstellung im Titel das Problem der „Verabsolutierung" des allgemeinen Teils. Die dargestellten Bemerkungen zur ‚Natur des Rechtsverhältnisses'-Klausel in Art. 353^1 KC sind – meines Erachtens – Argumente zugunsten der Leistungsfähigkeit einer besonderen Gültigkeitsvoraussetzung eines Vertrages, deren Konkretisierung ökonomisch geprägt ist. Als sprachliche Fassung dieser Voraussetzung dient seit der zweiten Hälfte des 20. Jahrhunderts immer deutlicher die Sprachformel der ‚Natur des Vertrages'. Die Rechtsprechung verdeutlicht, dass die Leistungsfähigkeit der ‚Natur'-Klausel als Vertragsfreiheitsgrenze die Akzeptanz elastischer, relativ tiefgehender Änderungen des Vertragsinhalts durch das Gericht voraussetzt. Im Lichte rechtsvergleichender Erwägungen kann die ökonomisch geprägte Konkretisierung der ‚Natur'-Klausel die wachsende Rolle des Prinzips der Vertragsgerechtigkeit praktisch unterstützen. Im Interesse der Leistungsfähigkeit besonderer Gültigkeitsvoraussetzung eines Vertrages dieser Art liegt eine präzisere, gesetzliche Verbindung ihres Anwendungsbereichs mit den ökonomischen Positionen der Vertragsparteien. Die Lösung des im Titel formulierten Streits führt also zur Prognose, dass die schnellen sozialen und ökonomischen Entwicklungen die praktischen Defizite der dogmatischen Verallgemeinerung von Gültigkeitsvoraussetzungen eines Vertrages immer deutlicher machen werden.

Literaturverzeichnis

AGB-Recht (2006): *Peter Ulmer* u.a. (Hrsg.), AGB-Recht. Kommentar zu den §§ 305-310 BGB und zum Unterlassungsklagengesetz (Köln 2006).

Althusius (1649): *Johannes Althusius*, Dicaelogicae libri tres, totum et universum ius, quotimur, metodicae complectentes (Herborn 1649; reprint Aalen 1967).

Beimowski (1989): *Joachim Beimowski*, Zur ökonomischen Analyse Allgemeiner Geschäftsbedingungen (München 1989).

Boehmer (1797): *Justus Henning Boehmer*, Exercitationes ad Pandectas, cura filii G. L. Boehmer, Bd. 2 (Hanoverae et Gottingae 1797).

Coderch / Sánches-Ostiz (2004): *Pablo Salvador Coderch / Beatriz Castiella Sánchez-Ostiz*, Anton Friedrich Justus Thibaut (1772-1840), in : *Rafael Domingo* (Hrsg.) Juristas universales. Juristas modernos, Bd. 2 (Madrid 2004) 879 - 883.

Coing (1950): *Helmut Coing*, Grundzüge der Rechtsphilosophie (Berlin 1950).

Dajczak (2012): *Wojciech Dajczak*, The Nature of the Contract in Reasoning of Civilian Jurists (Poznań 2012).

Das neue Schuldrecht. Kompaktkommentar (2003): *Hans-Wolfhard Kothe* u.a. (Hrsg.) Das neue Schuldrecht. Kompaktkommentar (Neuwied / München 2003).

Guść (1997): *Janusz Guść*, O właściwości (naturze) stosunku prawnego, in: Państwo i Prawo (PiP) 52 (1997) Heft 4, 16 – 25.

Hölder (1891): *Eduard Hölder*, Pandekten (Freiburg im Breisgau 1891).

Keller (1861): *Ludwig von Keller*, Pandekten. Vorlesungen. Aus dem Nachlasses des Verfassers herausgegeben von E. Friedberg (Leipzig 1861).

Łętowska (1999): *Ewa Łętowska*, Prawo umów konsumenckich (Warszawa 1999).

Machnikowski (2005): *Piotr Machnikowski*, Swoboda umów według art. 353^1 k.c. Konstrukcja prawna (Warszawa 2005).

MünchKomm BGB (2003): *Kurt Rebmann* u.a. (Hrsg.), Münchner Kommentar zum Bürgerlichen Gesetzbuch. Schuldrecht, Allgmeiner Teil, Bd. 2a (4. Auflage München 2003).

Nanz (1985): *Klaus Peter Nanz*, Die Entstehung des allgemeinen Vertragsbegriffs im 16. bis 18. Jahrhundert (München 1985).

Palandt BGB (2011): *Otto Palandt* (Begr.), Bürgerliches Gesetzbuch (70. Aufl. München 2011).

Pfordten (1840): *Ludwig Carl Heinrich von Pfordten*, Über die Aufstellung eines praktischen Systems der Verträge, in: Abhandlungen aus dem Pandekten-Rechte (Erlangen 1840) 302 – 336.

Prütting BGB Kommentar (2010): *Hanns Prütting* u.a. (Hrsg.), BGB Kommentar (5. Aufl. Köln 2010).

Radbruch (1960): *Gustaw Radbruch*, Die Natur der Sache als juristische Denkform (Darmstadt 1960).

Rouvière (2005): *Frédéric Rouvière*, Le contenu du contrat: essai sur la notion d'inexécution (Aix-en-Provence 2005).

Savigny (1853): *Fiedrich Carl von Savigny*, Das Obligationenrecht als Theil des heutigen Römischen Rechts, Bd. 2 (Berlin 1853).

Staudinger BGB (2006): J. von Staudingers Kommentar zum Bürgerlichen Gesetzbuch mit Einführungsgesetz und Nebengesetzen. Recht der Schuldverhältnisse §§ 305 – 310 (Berlin 2006).

System Prawa Prywatnego (2002): *Zbigniew Radwański* (Hrsg.), System Prawa Prywatnego, Bd 2. *Zbigniew Radwański* (Hrsg.), Prawo cywilne – część ogólna (Warszawa 2002).

Thibaut (1809): *Friedrich Justus Thibaut*, System des Pandekten-Rechts, Bd. 1 (Jena 1809).

Traple (1997): *Elżbieta Traple*, Ochrona słabszej strony umowy a kontrola treści umowy ze względu na przekroczenie granic swobody umów i sposób zawarcia umowy in: Kwartalnik Prawa Prywatnego (KPP) 6 (1997) Heft 2, 227 – 248.

Trzaskowski (2005): *Roman Trzaskowski*, Granice swobody kształtowania treści i celów umów obligacyjnych art. 353^1 (Kraków 2005).
Waldeck (1800): *Petrus Waldeck*, Institutiones iuris civilis Heneccianae. Emendatae atque reformatae (Gottingae 1800).

Die Erläuterungspflicht nach der Richtlinie 2008/48/WE über den Verbraucherkredit und seine Bedeutung für die Theorie und Dogmatik der informationsbezogenen Pflichten*

Piotr Tereszkiewicz

Abstracts

The article deals with the duty to provide adequate explanations as set out in Directive 2008/48/EC on credit agreements for consumers, and its impact on the theory of duties relating to the provision of information. The first part of the article addresses the content of the duty to provide adequate explanations under the Directive and the transposition of the Directive into German and Polish law. Subsequently, there is a comparison of the duty to provide explanations with the well-established duty to advise, in particular in respect of German insurance contract law. In the conclusion, the author claims that the duty to provide explanations will pose a challenge to the traditionally sharp distinction between the duty to inform and the duty to advise.

Artykuł poświęcony jest analizie obowiązku udzielenia odpowiednich wyjaśnień przewidzianego zgodnie z art. 5 ust. 6 dyrektywy 2008/48/WE w sprawie umów o kredyt konsumencki w kontekście jego znaczenia dla dogmatyki i teorii obowiązków odnoszących się do przekazywania treści informacyjnych. Pierwsza część artykułu służy ustaleniu treści obowiązku udzielenia wyjaśnień na gruncie dyrektywy 2008/48/WE oraz jej implementacji do prawa niemieckiego i polskiego. W drugiej części artykułu dokonane jest porównanie obowiązku udzielenia wyjaśnień z instytucją obowiązku doradczego, w szczególności w prawie umowy ubezpieczenia w Niemczech. W konkluzji autor wskazuje, że obowiązek udzielenia wyjaśnień przyczyni się do relatywizacji utrwalonego w doktrynie odróżnienia obowiązków informacyjnych od obowiązków doradczych.

O artigo trata do dever de esclarecimento (Erläuterungspflicht) estabelecido pela diretiva 2008/48/CE e sua contribuição para a dogmática e teoria dos deveres de informação no direito contratual. Primeiramente, será examinado o conteúdo do dever de

---

* Dieser Beitrag entstand im Zusammenhang mit meinem von der Deutschen Forschungsgemeinschaft geförderten Forschungsprojekt „Die vorvertraglichen Informationspflichten im System des Vertragsrechts" an der Universität Heidelberg, Institut für geschichtliche Rechtswissenschaft, Romanistische Abteilung.

esclarecimento segundo a diretiva relativa a contratos de crédito aos consumidores e sua transposição no direito alemão e polonês. Em seguida, será realizada uma comparação entre o dever de esclarecimento e o dever de aconselhamento (Beratungspflicht) segundo a lei alemã de contrato de seguro. Na conclusão, defende o autor a tese segundo a qual o dever de esclarecimento irá relativizar a tradicional diferenciação entre o dever de informação (Aufklärungspflicht) e o dever de aconselhamento.

1. Einführung

Das Institut der vorvertraglichen Informationspflichten spielt eine herausragende Rolle als Schutzinstrument im modernen Vertrags- und Verbraucherrecht. Zahlreiche Rechtsakte sehen unterschiedliche Pflichten vor, die diverse Formen der Übermittlung informativer Inhalte zum Gegenstand haben. Beachtenswert ist dabei vor allem, dass die genauen Inhalte solcher Pflichten nicht immer durch den Gesetzgeber mit abstrakten und generellen Rechtsnormen genau festgelegt werden können. Im Zweifel kann man festhalten, dass es, je stärker eine informationsbezogene Pflicht standardisiert ist, umso einfacher ist, ihren genauen Inhalt gesetzlich vorzuschreiben. Werden dagegen bei der Ausformulierung der Informationspflichten unbestimmte Rechtsbegriffe verwendet, so entsteht die Notwendigkeit, die Inhalte dieser Pflichten, häufig sogar mit Blick auf den Einzelfall, zu konkretisieren. Die daraus resultierende Rechtsunsicherheit ist ein wichtiges Argument in der Diskussion um Rechtfertigung und Grenzen der Informationspflichten im Vertrags- und Verbraucherrecht. Unter diesem Gesichtspunkt bleibt eine genaue Festlegung der Inhalte einzelner informationsbezogener Pflichten eine Herausforderung sowohl für die Rechtsprechung als auch für die Rechtswissenschaft. Das Bedürfnis, einzelne Formen informationeller Pflichten näher zu untersuchen, wächst natürlich mit der Einführung neuer Pflichten, die sich nicht ganz reibungslos nach der etablierten Dogmatik einstufen lassen. Die vorvertragliche Erläuterungspflicht des Kreditgebers, die in die Rechtsordnungen der Mitgliedstaaten der Europäischen Union durch die Richtlinie 2008/48/EG[1] über Verbraucherkreditverträge eingeführt wurde, stellt ein gutes Beispiel einer solchen informationsbezogenen Pflicht dar. Dieser Beitrag versucht, den Inhalt dieser Pflicht aus der Perspektive des deutschen und des polnischen Rechts näher zu ermitteln.

---

1 Richtlinie 2008/48/EG des Europäischen Parlaments und des Rates v. 23. 4. 2008 über Verbraucherkreditverträge und zur Aufhebung der Richtlinie 87/102/EWG des Rates, ABl. EG 2008 L 133/66, im Folgenden „Verbraucherkreditrichtlinie".

2. Die Erläuterungspflicht im Verbraucherkreditrecht

2.1. Einführung

Die Verbraucherkreditrichtlinie betrachtet die Information als ein grundlegendes Mittel zum Schutz des Kreditnehmers. Folglich sieht die Verbraucherkreditrichtline ausführliche vorvertragliche und vertragliche Informationspflichten vor, die weitgehend standardisiert sind. Dieses rein formelle Informationsmodell wird aber um einen wichtigen Baustein ergänzt: Über die Pflicht zur Übermittlung der Standardinformation hinaus sieht die Verbraucherkreditrichtline in Art. 5 Abs. 6 eine Erläuterungspflicht des Kreditgebers vor. Diese Vorschrift lautet wie folgt:

> „Die Mitgliedstaaten stellen sicher, dass Kreditgeber und gegebenenfalls Kreditvermittler dem Verbraucher angemessene Erläuterungen geben, gegebenenfalls durch Erläuterung der vorvertraglichen Informationen gemäß Absatz 1, der Hauptmerkmale der angebotenen Produkte und der möglichen spezifischen Auswirkungen der Produkte auf den Verbraucher, einschließlich der Konsequenzen bei Zahlungsverzug des Verbrauchers, damit der Verbraucher in die Lage versetzt wird, zu beurteilen, ob der Vertrag seinen Bedürfnissen und seiner finanziellen Situation gerecht wird. Die Mitgliedstaaten können die Art und Weise dieser Unterstützung sowie deren Umfang und die Frage, durch wen sie zu geben ist, den besonderen Umständen der Situation, in der der Kreditvertrag angeboten wird, der Person, der er angeboten wird, und der Art des angebotenen Kredits anpassen."

Die Entstehungsgeschichte dieser Vorschrift ist beachtenswert. Der von der Europäischen Kommission 2002 vorgelegte Entwurf der Verbraucherkreditrichtlinie sah die Einführung des Prinzips der verantwortungsvollen Kreditvergabe vor, nach welchem der Kreditgeber dazu verpflichtet wäre, die Kreditwürdigkeit des Kreditnehmers zu evaluieren und ihm eine seinen Bedürfnissen entsprechende Kreditform anzubieten.[2] Im Verlauf weiterer Arbeiten an der Verbraucherkreditrichtlinie wurde dieser Vorschlag jedoch abgelehnt. Als Ergebnis eines politischen Kompromisses wurde die Erläuterungspflicht des Art. 5 Abs. 6 der Richtlinie eingeführt.[3]

---

2 Vgl. Hofmann (2010) 232, 233; Rott (2008) 1104, 1109; im polnischem Schrifttum Tereszkiewicz (2009) 15, 22 f. Zum Prinzip der verantwortungsvollen Kreditvergabe vgl. z.B. Riesenhuber (2003) 325, 332 f.; Rott (2003) 851 , 851 ff.; Szpringer (2005) 47 ff., jeweils m.w.N.

3 Aus diesem Grund wird die Erläuterungspflicht als „Überbleibsel" des Prinzips der verantwortungsvollen Kreditvergabe betrachtet, vgl. MünchKomm BGB (2012) / *Schürnbrand*, § 491a, Rn. 52; Bülow / Artz / *Artz* (2011) § 491a, Rn. 48.

Die Umsetzung dieser Vorschrift in deutsches Recht erfolgte in § 491a Abs. 3 BGB[4] im Wege der Gesetzesnovelle von 2010.[5] Der Inhalt des Art. 5 Abs. 6 der Verbraucherkreditrichtline wurde in polnisches Recht in Art. 11[6] des Gesetzes v. 12. 05. 2011 über den Verbraucherkredit umgesetzt.[7]

Es fällt auf, dass die Erläuterungspflicht beider nationaler Vorschriften in enger Anlehnung an Art. 5 Abs. 6 RL 2008/48/WE formuliert wurde. Dies folgt aus dem Vollharmonisierungsansatz der neuen Verbraucherkreditrichtline.[8] Unter diesem Gesichtspunkt zu beachten ist allerdings, dass Art. 5 Abs. 6 in Satz 2 eine Optionsklausel enthält, die es den Mitgliedsstaaten erlaubt, die Modalitäten dieser Pflicht ausführlich zu regeln. Weder der deutsche noch der polnische Gesetzgeber haben diese Möglichkeit wahrgenommen. Keine der beiden nationalen Regelungen trifft sehr detaillierte Aussagen zu den in S. 2 des Art. 5 Abs. 6 RL 2008/48/UE genannten Modalitäten.

2.2. Inhalt der Erläuterungspflicht

Es ist der Zweck dieses Aufsatzes, den genauen Inhalt der Erläuterungspflicht zu ermitteln und ihren Beitrag zur Abgrenzung einzelner informationsbedingter Pflichten zu bestimmen.

Was den Wortlaut des Art. 5 Abs. 6 der Verbraucherkreditrichtlinie (und seiner deutschen und polnischen Umsetzungen) angeht, kommt dem Begriff „angemessene Erläuterungen" zentrale Bedeutung zu. Der Begriff der Erläuterung erscheint vage und lässt *in abstracto* nicht auf den Inhalt der Pflicht

---

4 „Der Darlehensgeber ist verpflichtet, dem Darlehensnehmer vor Abschluss eines Verbraucherdarlehensvertrags angemessene Erläuterungen zu geben, damit der Darlehensnehmer in die Lage versetzt wird, zu beurteilen, ob der Vertrag dem von ihm verfolgten Zweck und seinen Vermögensverhältnissen gerecht wird. Hierzu sind gegebenenfalls die vorvertraglichen Informationen gemäß Absatz 1, die Hauptmerkmale der vom Darlehensgeber angebotenen Verträge sowie ihre vertragstypischen Auswirkungen auf den Darlehensnehmer, einschließlich der Folgen bei Zahlungsverzug, zu erläutern."

5 Gesetz zur Umsetzung der Verbraucherkreditrichtlinie, des zivilrechtlichen Teils der Zahlungsdiensterichtlinie sowie zur Neuordnung der Vorschriften über das Widerrufs- und Rückgaberecht, BGBl. I S. 2355.

6 „Der Kreditgeber oder Kreditvermittler ist verpflichtet vor dem Abschluss des Verbraucherkreditvertrages dem Verbraucher die Erläuterungen in Bezug auf den Inhalt der vorvertraglichen Informationen und den Bestimmungen des abzuschließenden Vertrages zu erteilen, und zwar auf die Art und Weise, die dem Verbraucher die Entscheidung über den Verbraucherkredit ermöglicht." Die in dem Aufsatz zitierten Vorschriften des polnischen Rechts werden vom Verfasser übersetzt.

7 Gesetzblatt der Republik Polen v. 17. 06. 2011, Nr. 126, pos. 715 m. Ä.

8 S. dazu aus deutscher Sicht Gsell / Schellhase (2009) 20, 21 ff.; Artz (2009) 171, 173 f.; aus polnischer Sicht Tereszkiewicz (2009) 15, 16 f. jeweils m.w.N.

schließen.[9] Aus dem systematischen Aufbau der Richtlinie ergibt sich aber eindeutig, dass die Erläuterungspflicht deutlich über die Erteilung der pflichtigen (vorvertraglichen) Information gegenüber dem Verbraucher bezüglich des beabsichtigten Vertrags durch den Kreditgeber hinausgeht. Gegenstand der Erläuterungen sollen die pflichtigen vorvertraglichen Informationen nach Art. 5 Abs. 1 der Verbraucherkreditrichtlinie, die Hauptmerkmale der angebotenen Kreditprodukte und die möglichen spezifischen Auswirkungen der Kreditprodukte auf den Kreditnehmer sein.

Notwendigerweise ist jedoch der Inhalt der Erläuterungspflicht im Zusammenhang mit deren Funktion zu ermitteln. Nach der Begründungserwägung 27 der Verbraucherkreditrichtlinie bezweckt die Erläuterungspflicht des Kreditgebers, dem Verbraucher bei der Wahl des Kreditproduktes eine *Unterstützung* zu bieten, die seinen Bedürfnissen und seiner finanziellen Situation am besten entspricht. Die Entscheidung über die Wahl einer bestimmten Kreditgestaltung wird durch den Kreditnehmer in eigener Verantwortung gentroffen. Mit seinen Erläuterungen soll der Kreditgeber den Kreditnehmer in die Lage versetzen, beurteilen zu können, ob der Kreditvertrag seinem Zweck (Kreditbedarf) und seinen Vermögensverhältnissen gerecht wird. Dies bedeutet, dass der Kreditgeber mittels seiner Erläuterungen zu einem besseren Entscheidungsprozess des Kreditnehmers beizutragen hat.

Die Eigenart der Erläuterung als Gegenstand der vorvertraglichen Pflicht und die Notwendigkeit, sie in die bisherige Dogmatik einzupassen, wurde auch bei der deutschen Umsetzung erkannt. Die Begründung des Regierungsentwurfs bestätigt, dass die Erläuterungspflicht eine Neuerscheinung bildet.[10] Gleichzeitig soll aber die klassische Unterscheidung zwischen Aufklärungs- und Beratungspflichten nicht aufgegeben werden. Danach bedeutet Aufklärung die Übermittlung der Vertragsbedingungen, während die Beratung dazu dient, für den Kreditnehmer die optimale Kreditgestaltung auszuwählen.[11] Die Erläuterung gehört damit grundsätzlich zur Kategorie der Aufklärungspflichten, weil der Darlehensgeber dem Darlehensnehmer die Eigenschaften und Folgen der angebotenen Verträge darlegen soll, damit dieser auf informierter Grundlage entscheiden kann.[12]

---

9 Den vagen Charakter der Begrifflichkeit betonen aus deutscher Sicht Herrestahl (2009) 1174, 1179; MünchKomm BGB (2012) / *Schürnbrand*, § 491a, Rn. 52. Nach Rott (2008) 1104, 1109, handelt es sich um eine „Beratungspflicht"; genauso aus polnischer Sicht Mikłaszewicz (2008) 312.

10 Entwurf eines Gesetzes zur Umsetzung der Verbraucherkreditrichtlinie, des zivilrechtlichen Teils der Zahlungsdiensterichtlinie sowie zur Neuordnung der Vorschriften über das Widerrufs- und Rückgaberecht vom 5. 1. 2008 (RegE) 121.

11 S. Hofmann (2010) 232, 233.

12 RegE, 122. S. auch Hofmann (2010) 232, 234 f.

Die Position der deutschen Gesetzesbegründung beruht auf der von Rechtsprechung und Lehre entwickelten Dogmatik der vorvertraglichen Pflichten, die durch die Erläuterungspflicht unberührt bleiben soll.[13] Dessen ungeachtet bieten die nationalen Umsetzungen der Erläuterungspflicht Anlass, diese binare Betrachtung, die streng zwischen Aufklärung und Beratung differenziert, im Folgenden zu hinterfragen. Das in der Lehre vorherrschende Verständnis dieser Begriffe wird später näher untersucht (vgl. unter III.).

Die folgenden Ausführungen müssen berücksichtigen, dass sich die Rechtsentwicklung in allen Mitgliedstaaten im Anfangsstadium befindet. Es scheint allerdings, dass sich grundsätzlich zwei Betrachtungsweisen in Bezug auf den Inhalt der Erläuterungspflicht in der deutschen und polnischen Lehre gebildet haben.[14]

Nach der verbreiteten engen Auffassung wird die Erläuterungspflicht als neutrale, produktbezogene Pflicht verstanden, die vom Kreditgeber in jedem Fall – nicht nur auf Verlangen des potenziellen Kunden – zu erfüllen ist.[15] Der Inhalt der Pflicht bestehe darin, dem Kreditnehmer den Vertrag vor dessen Abschluss mit seinen Bedingungen verständlich zu machen. Dementsprechend beschränke sich die Erläuterungspflicht grundsätzlich auf die Eigenschaften und Folgen des konkret angebotenen Vertrages.[16] Dabei könne sich der Kreditgeber am Kenntnisstand eines durchschnittlichen Kreditnehmers orientieren, sofern ihm keine entgegenstehenden Erkenntnisse vorlägen. Gleichwohl träfen den Kreditgeber keine besonderen Nachforschungs- oder Erkundigungspflichten bezüglich des Kenntnisstands und der Risikobereitschaft des Kreditnehmers.[17]

Die andere Betrachtungsweise hebt das Element der individualisierten Beratung hervor. Die Erläuterung der Zweckmäßigkeit einer bestimmten Kreditform durch den Kreditgeber muss den Vergleich mit den anderen Angeboten des Kreditgebers berücksichtigen.[18] Dabei müssen dem Kunden Vor- und Nachteile der unterschiedlichen Produkte erläutert werden, wobei das

---

13 Nach Hofmann (2010) 232, 234, wird die deutsche Umsetzung der Richtlinie „an den grundlegenden dogmatischen Eckpfeilern des deutschen Kreditrechts nicht rütteln". Vgl. auch Herrestahl (2009) 1174, 1179 f.

14 Nach Staudinger BGB (2011) / *Freitag*, § 488, Rn. 255 sind der Inhalt der Erläuterungspflicht und die Rechtsfolgen ihrer Verletzung noch im Fluss.

15 So Staudinger BGB (2012) / *Kessal-Wulf*, § 491a, Rn. 27; MünchKomm BGB (2012) / *Schürnbrand*, § 491a, Rn. 55; Bülow / Artz / *Artz* (2011) § 491a, Rn. 49. In der polnischen Lehre s. Czech (2012) Art. 11, Rn. 1 f.

16 Staudinger BGB (2012) / *Kessal-Wulf*, § 491a, Rn. 27; Bülow / Artz / *Artz* (2011) § 491a, Rn. 50 „konkreter Vertragsentwurf".

17 Staudinger BGB (2012) / *Kessal-Wulf*, § 491a, Rn. 27

18 Derleder (2009) 3195, 3199; Hofmann (2010) 232, 235. Vgl. aber auch MünchKomm BGB (2012) / *Schürnbrand*, § 491a, Rn. 57: Hinweis auf Gestaltungsalternativen und Varianten zu einem konkreten Produkt, soweit diese nahe liegen.

Ausmaß dieser Pflicht sowohl vom Kundenprofil als auch von den Produktmodalitäten abhängt.[19] Dies gilt vor allem in Bezug auf die komplexen Formen der Finanzierung. Ferner leitet diese Auffassung auch eine Warnpflicht aus der Erläuterung ab: Bei einem Kredit, dessen Raten der Kreditnehmer nach seinen Einkommens- und Vermögensverhältnissen nur unter erkennbarer Beeinträchtigung seines Existenzminimums aufbringen kann, muss der Kreditgeber auf diesen Umstand hinweisen.[20] Hervorzuheben ist, dass auch die zweite Auffassung, die das Beratungselement hervorhebt, der Erläuterungspflicht eine klare Grenze setzt. Eine echte Beratungspflicht, die optimale unter mehreren Finanzierungsformen aufzuzeigen, bleibt einem Beratungsvertag vorbehalten.[21] Ferner herrscht Einigkeit darüber, dass sich die Erläuterungspflicht des Kreditgebers nur auf die eigenen Kreditprodukte dieses Kreditgebers erstreckt. Einen Hinweis auf die Produkte der Wettbewerber schuldet der Kreditgeber dem Kreditnehmer nicht.[22]

Aus Sicht des Verfassers erscheint die zweite Auffassung vorzugswürdig.[23] Die Betrachtung der Erläuterungspflicht als rein produktbezogen überzeugt bei einfachen Kreditgestaltungen, die standardisiert angeboten werden. Hier kann die Funktion der Erläuterungspflicht mit standardisierten Erläuterungen weitgehend erfüllt werden. Soweit die Parteien jedoch eine komplexere Finanzierungsform[24] erwägen, zeigt sich, dass die enge Auslegung der „Erläuterung“ dem Zweck dieser Pflicht nicht gerecht wird.

Wie bereits geschildert, besteht die gesetzliche Funktion der Erläuterungspflicht in der Unterstützung des Kreditnehmers bei der Wahl der im Hinblick auf seine Bedürfnisse und seine finanzielle Situation passenden Kreditform. Die Erfüllung dieser Pflicht setzt damit in der Tat die Ermittlung des Bedarfs und der finanziellen Situation des Kreditnehmers voraus, weil ansonsten die Entscheidungsassistenz nicht geleistet werden kann.[25] Der „produktbezogene“ Inhalt der Erläuterung bedeutet nicht, dass der Kreditgeber bei der Erläuterung die Bedürfnisse und die Situation des Kreditnehmers au-

19 Nach Hofmann (2010) 232, 234, hat mit der Erläuterungspflicht der im Wertpapierrecht beheimatete Grundsatz der *know your customer rule* (ansatzweise) Einzug in das Kreditrecht gefunden.

20 Derleder (2009) 3195, 3199; aus polnischer Sicht Tereszkiewicz (2012) Nr. 4.1.

21 Hofmann (2010) 232, 234; Derleder (2009) 3195, 3199. Aus polnischer Sicht Tereszkiewicz (2012) Nr. 4.1.

22 Statt vieler MünchKomm BGB (2012) / *Schürnbrand*, § 491a, Rn. 57. Der deutsche Gesetzgeber hat diese Frage ausdrücklich in § 491a Abs. 3 BGB geregelt. Es ist vertretbar, diese Einschränkung auf den 27. Erwägungsgrund der Verbraucherkreditrichtline zu stützen.

23 Eine ausführlichere Argumentation ist bei Tereszkiewicz (2012) Nr. 4.2 zu finden.

24 Beispiele bei Hofmann (2010) 232, 235 ff.

25 A.A. Herrestahl (2009) 1174, 1179: die Ermittlung des beruflichen und privaten Umfelds des Verbrauchers seien kein notwendiger Bestandteil einer Erläuterung.

ßer Betracht lassen soll. Im Gegenteil, die Erläuterung der einzelnen Kreditgestaltungen ist mit Blick auf den Bedarf des Kreditnehmers und seine finanzielle Situation vorzunehmen. Aus dieser Perspektive erscheinen Produktrisiken bei Kreditprodukten relativ, d.h. kundenbezogen, weil sie von den Bedürfnissen des Kunden und seiner finanziellen Situation abhängen. Gleichzeitig ist zuzugeben, dass die Verbraucherkreditrichtline keine Explorationspflicht des Kreditgebers bezüglich des Wissensstandes des Kunden, wie diese aus dem Wertpapierrecht bekannt ist, erfordert.[26] An sich ist dies aber kein Grund, der gegen ein Warnelement in der Erläuterungspflicht des Kreditnehmers spricht: Offenbart sich dem Kreditgeber, dass eine bestimmte Kreditgestaltung im Hinblick auf den Bedarf und die finanzielle Situation des Kreditnehmers ein Verschuldensrisiko hervorruft, enthält eine angemessene Erläuterung durch den Kreditgeber auch eine entsprechende Warnung des Kreditnehmers. Es ist zuzugeben, dass bei diesem Verständnis der Erläuterungspflicht die Grenze zur herkömmlichen Beratungspflicht verwischt. Die bestehende Begrifflichkeit soll jedoch nicht dazu dienen, die Inhalte neuer Pflichten zu restriktiv auszulegen.[27] Es ist nochmals zu betonen, dass die Funktion der Erläuterungspflicht nur dann erfüllt wird, wenn an ihren Inhalt hohe Anforderungen gestellt werden.

2.3. Die Sanktionen bei Verletzung der Erläuterungspflicht

Die Folgen beider Auffassungen zeigen sich auch bei der Frage nach den Sanktionen bei Verletzung der Erläuterungspflicht. In der deutschen Lehre wird die Ansicht vertreten, eine Verletzung der Aufklärungspflicht kann gemäß §§ 280 Abs. 1, 241 Abs. 2, 311 Abs. 2 BGB einen auf den Ausgleich des negativen Interesses gerichteten Schadensersatzanspruch des Kreditnehmers gegen den Kreditgeber nach sich ziehen.[28] Die Betrachtung der Erläuterungspflicht als eine lediglich „produktbezogene", „neutrale" Pflicht, die keine bestimmte Entscheidung vorzeichnet, hat allerdings zur Folge, dass dem Kreditnehmer die Vermutung des aufklärungsgerechten Verhaltens nicht zugutekommt.[29] Dementsprechend obliege es dem Kreditnehmer, alle Voraussetzung des Schadenersatzanspruches nachzuweisen.

Im polnischen Recht ist keine spezielle Vorschrift vorgesehen, welche die Verletzung der Erläuterungspflicht des Art. 11 des Verbraucherkreditgeset-

26 Hier ist MünchKomm BGB (2012) / *Schürnbrand*, § 491a, Rn. 59 zuzustimmen.

27 Unter dem Gesichtspunkt der Abgrenzung der „Erläuterung" von der „Beratung" argumentiert jedoch Herrestahl (2009) 1174, 1179.

28 MünchKomm BGB (2012) / *Schürnbrand*, § 491a, Rn. 61 m.w.N.

29 So MünchKomm BGB (2012) / *Schürnbrand*, § 491a, Rn. 61.

zes sanktionieren soll. In der Lehre wird die allgemeine deliktische Anspruchsgrundlage in Erwägung gezogen (Art. 415 KC).[30] Mit Blick auf die Anwendung dieser Vorschrift bleibt allerdings problematisch, dass der Kreditnehmer *prima facie* die volle Darlegungs- und Beweislast tragen würde. Unter dem Aspekt erheblicher Beweisschwierigkeiten des Kreditnehmers erscheint es begründet, dafür zu plädieren, dass es dem Kreditgeber obliegt, zu beweisen, dass die Erläuterungspflicht erfüllt wurde.[31] Auch wenn es zutrifft, dass die Erläuterungspflicht keine bestimmte Entscheidung vorzeichnet, kann die Entscheidung des Kreditnehmers im Einzelfall davon abhängen, ob der Kreditgeber die Vor- und Nachteile einzelner in Frage kommender Kreditformen richtig erläutert. Diese Position wird beispielsweise nach der Umsetzung der Verbraucherkreditrichtlinie ins französische Recht in der dortigen Lehre vertreten.[32] Es bleibt abzuwarten, ob sich die polnische Rechtsprechung diese Auffassung zu Eigen machen wird.[33]

3. Die Bedeutung der Erläuterungspflicht für die Dogmatik und Theorie der Informationspflichten

3.1. Stand der Lehre

Unabhängig davon, welche Gestaltung die Erläuterungspflicht durch die Rechtsprechung in einzelnen Mitgliedstaaten erfahren wird, bietet es sich an, die Relevanz dieser Pflicht für Dogmatik und Theorie der Informationspflichten i.w.S. zu untersuchen.

Die vorstehenden Ausführungen setzten bereits voraus, dass die Erläuterungspflicht Anlass bietet, die Unterscheidung zwischen der Aufklärungspflicht einerseits und der Beratungspflicht andererseits in Frage zu stellen. Im Ausgangspunkt ist darauf hinzuweisen, dass die Möglichkeit, einzelne informationsbezogene Pflichten voneinander abzugrenzen, in der Lehre umstritten bleibt.[34] Dementsprechend gibt es nur wenige Vorschläge, die sich

30 Ausführlicher Tereszkiewicz (2012) Nr. 5.; Czech (2011) Art. 11, Rn. 11, erwähnt diese Vorschrift lediglich als theoretische Anspruchsgrundlage, ohne die Voraussetzungen ihrer Anwendung näher zu erläutern.

31 Ausführlicher Tereszkiewicz (2012) Nr. 5.2.

32 Sousa (2011) Nr. 42, Pos. 1749.

33 Als Beispiel ist darauf hinzuweisen, dass nach der höchstrichterlichen Rechtsprechung im Bereich des Medizinrechts der Arzt die Beweislast trägt, vgl. die Entscheidung des Obersten Gerichts (Sąd Najwyższy) v. 17. 12. 2004 r., Az. II CK 303/04, OSP 2005, Heft 11, Pos. 131.

34 Kritisch z. B. Hopt (1993) 169, 170; Dörner (2001) 39, 45.

um eine präzise und konsequente Abgrenzung einzelner informationsbezogener Pflichten bemühen.

Als Beispiele aufgegriffen werden die häufig zitierten Versuche von *Hadding*[35] und *U. Huber*[36], welche auf die gesetzliche Begrifflichkeit vor Verabschiedung und Umsetzung der Verbraucherkreditrichtlinie zurückgehen. Nach diesen beiden Stellungnahmen gehört die Aufklärung zu den Äußerungen ohne Anfrage; sie ist *spontan* von einer Partei vorzunehmen. Eine Aufklärung enthält Unterrichtung über Tatsachen, durch die Unwissenheit und mangelndes Verständnis beseitigt wird.[37]

Die Beratungspflicht gehört dagegen zur zweiten Kategorie der Pflichten, und zwar zu den Äußerungen auf Anfrage.[38] Nach *Hadding* enthält ein Rat (Ratschlag) als Kern eine Auskunft, geht aber über diese hinaus, indem der Befragte zusätzlich eine eigene Stellungnahme zu den Gestaltungsmöglichkeiten abgibt, die nach seiner Ansicht dem Empfänger des Rats offenstehen.[39] Dementsprechend führt der Ratende dem Beratenen in erster Linie dessen Entscheidungsmöglichkeiten vor Augen und weist ihn auf alternative Faktoren hin, welche für die Entscheidung maßgeblich sein könnten. Ferner umfasst der Rat einen Vorschlag, unter welchen Aspekten man sich für eine der mehreren Gestaltungsmöglichkeiten entscheiden könne.[40] Bezogen auf den Vertragsschluss bedeutet Beratung die Pflicht, darauf hinzuwirken, dass die Gegenpartei einen für ihre Zwecke geeigneten Vertrag abschließt.[41]

Jenseits der Aufklärungs- und Beratungspflicht liegt die Warnpflicht. Eine Warnpflicht hat nicht die Aufklärung über allgemeine Risiken zum Gegenstand, sondern den Hinweis auf eine konkrete Gefahr.[42] Zu betonen ist allerdings, dass eine Warnung über eine bloße Benachrichtigung hinausgeht und dass sie eine Bewertung konkreter Tatsachen oder Ereignisse voraussetzt.[43]

---

35 Hadding (1999) 67, 67 ff. Der Vorschlag Haddings ist auch im Wesentlichen von Tonner (2009) § 4, Rn. 11 ff. übernommen worden.

36 Huber (2001) 5, 31 ff.

37 Hadding, FS Schimansky (1999) 67, 73; Huber (2001) 5, 5. Ähnlich Blaurock (2006) 697, 698.

38 Hadding (1999) 67, 74; Huber (2001) 5, 31 f.

39 Hadding (1999) 67, 75.

40 Hadding (1999) 67, 75. Wiegand (2008) 627, 635. Nach Huber (2001) 5, 31, entstehen die Aufklärungspflichten niemals gegen den Willen der einen oder der anderen Partei.

41 Huber (2001) 5, 31.

42 Hadding (1999) 67, 73.

43 So treffend Wiegand (2008) 627, 635.

3.2. Die Beratungspflicht im Versicherungsrecht als Beispiel

Die oben genannten abstrakt-begrifflichen Vorschläge zur Differenzierung des Inhalts einzelner vorvertraglicher Pflichten in der Lehre sind mit der Betrachtung einer gesetzlichen Beratungspflicht zu vervollständigen. Um im Bereich der Finanzdienstleistungen zu bleiben, ist auf die in § 6 des deutschen Versicherungsvertragsgesetzes v. 23. 11. 2007[44] (im Folgenden VVG) vorgesehene Beratungspflicht und ihre Abgrenzung von den Informationspflichten des VVG hinzuweisen. Die Vorschrift des § 6 Abs. 1 VVG führt eine vorvertragliche Befragungs-, Beratungs- und Angabepflicht des Versicherers zugunsten des Versicherungsnehmers ein. Dabei ist zu beachten, dass eine angabenorientierte Beratung eine Befragung zur Ermittlung der Wünsche und Bedürfnisse des Versicherungsnehmers voraussetzt.[45] Aus diesem Grund stehen Befragung und Beratung in einem sehr engen funktionellen Zusammenhang.

Aus unserer Sicht relevant ist vor allem die Auslegung des Begriffs „Beratung“ in Bezug auf den Inhalt der Pflicht nach § 6 VVG.[46] Nach der herrschenden Meinung zu § 6 VVG umfasst die Beratung eine über die Aufklärung hinausgehende Handlungsempfehlung, also ein Hinwirken auf eine Entscheidung, die zu einem für die Zwecke der Partei geeigneten Vertrag führt.[47] Besonders hervorzuheben ist, dass es Ziel der Beratung nach § 6 VVG ist, dem Versicherungsnehmer das für ihn geeignetste Produkt des Versicherers oder die Produkte, die zur Deckung des Bedarfs des Versicherungsnehmers am ehesten in Betracht kommen, ohne dass sich eine eindeutige rationale Wahl zwischen diesen vom Versicherer selbst treffen lässt, vorzuführen.[48] Dabei ist zu beachten, dass eine Erläuterung der vertragsbezogenen Unterlagen – was nach einer verbreiteten Ansicht den Inhalt der Erläuterungspflicht im Verbraucherkredit bildet – zur Erfüllung der Beratungspflicht nicht ausreichend ist.[49]

Darüber hinaus ist auf die Abgrenzung der Beratungspflicht von den Informationspflichten nach § 7 VVG hinzuweisen. Der Inhalt und die Funktion der Informationspflicht ergibt sich direkt aus § 7 VVG. Die dort aufgezählten Informationen müssen in formell richtiger Weise dem Versicherungsnehmer

44 BGBl. I., 2631.

45 Looschelders / Pohlmann / *Pohlmann* (2010) § 6, Rn. 67.

46 Die anderen Voraussetzungen der Beratungspflicht, vor allem die Figur des Beratungsanlasses, werden hier nicht behandelt.

47 S. die Literatur zum § 6 VVG: Armbrüster (2009) 3.

48 Prölss / Martin / *Prölss* (2010) § 6, Rn. 2; ähnlich Looschelders / Pohlmann / *Pohlmann* (2010) § 6, Rn. 69.

49 Armbrüster (2009) 6.

übermittelt werden. Dagegen gehört die Frage, ob über bestimmte Tatsachen inhaltlich beraten werden muss, zum Anwendungsbereich des § 6 VVG, also der Beratungspflicht.[50] Dementsprechend relativiert die Systematik der §§ 6 und 7 VVG die abstrakt-begriffliche Unterscheidung zwischen Information und Beratung.

Das System der Informations- und Beratungspflichten nach dem deutschen VVG lässt folgende Einsichten zu: Zum einen weist die Beratungspflicht im deutschen Versicherungsrecht eine etwas höhere Intensität auf als die Erläuterungspflicht im Verbraucherkreditrecht. Geschuldet ist die Empfehlung eines möglichst optimalen (angepassten) Versicherungsprodukts bzw. mehrerer passender Produkte im Hinblick auf die Wünsche und Bedürfnisse des Kunden. Im Verbraucherkreditrecht, sowohl im deutschen als auch im polnischen, bleibt dieses Ergebnis einem Beratungsvertrag vorbehalten.

Zum anderen beschränkt sich die Beratungspflicht des Versicherers auf eigene Produkte des Versicherers. Er muss nicht über Angebote der Konkurrenz beraten.[51] Trotz der Auferlegung der gesetzlichen Beratungspflicht bleibt der Versicherer „Verkäufer" bzw. Anbieter der Versicherung und wird nicht zu einem neutralen Ratgeber umgewandelt.[52] Unter diesem Gesichtspunkt entspricht die Beratungspflicht nach dem VVG der Erläuterungspflicht nach dem Verbraucherkreditrecht.

4. Der Beitrag der Erläuterungspflicht zur Dogmatik der Informationspflichten

Die bisherigen Ausführungen hatten die Ermittlung des Inhalts der Erläuterungspflicht im Verbraucherkreditrecht zum Gegenstand. Nach der hier befürworteten Auslegung dieser Pflicht sollte diese als individualisierte Warnpflicht begriffen werden, die auch ein Beratungselement enthält.

Nun stellt sich die Frage, welchen Beitrag die Erläuterungspflicht für Theorie und Dogmatik der vorvertraglichen Informationspflichten i.w.S. leistet. Erstens relativiert die Erläuterungspflicht eine verbreitete Betrachtung, nach der sehr deutlich zwischen der Aufklärungspflicht einerseits und der Beratungspflicht anderseits zu differenzieren ist.[53] Die gesetzliche Erfassung

---

50 Looschelders / Pohlmann / *Pohlmann* (2010) § 6, Rn. 79.

51 Looschelders / Pohlmann / *Pohlmann* (2010) § 6, Rn. 79.

52 Dies hebt Looschelders / Pohlmann / *Pohlmann* (2010) § 6, Rn. 114 hervor.

53 Ähnlich auch Hofmann (2010) 232, 235: „Grenzziehung zwischen Aufklärung und Beratung aufgeweicht". Vgl. auch bereits vor dem Inkrafttreten des § 6 VVG Dörner (2001) 39, 45.

der Erläuterungspflicht, die ein Element der Beratung aufweist, veranschaulicht die Schwierigkeit, den Inhalt der Beratungspflicht auf einem abstrakten Niveau genau zu bestimmen. Mit anderen Worten: Man kann festhalten, dass die Beratung als Gegenstand einer (vor-)vertraglichen Pflicht im Hinblick auf die jeweilige gesetzliche Ausgestaltung eine unterschiedliche Intensität aufweist. Der Vergleich der Erläuterungspflicht im Verbraucherkreditrecht und der Beratungspflicht im Versicherungsvertragsrecht bietet ein überzeugendes Argument dafür, dass sich einzelne gesetzliche Pflichten nicht vollständig an die abstrakt-begriffliche Betrachtung anpassen lassen. Ferner ist die strikte Trennung von Information (Aufklärung) und Beratung in der Praxis schwierig umzusetzen. Häufig enthält oder indiziert die Beschreibung von Kreditprodukten, die in Ausübung der Informationspflicht erfolgt, zumindest eine Empfehlung, d.h. einen spezifischen Rat.[54] Dabei ist zu beachten, dass die Empfehlung (der Rat) stets auf die konkrete Situation des individuellen Kunden zugeschnitten sein muss. Nach einer Meinung spricht dies im Bereich der Bankgeschäfte für eine die Information begleitende (universelle) Beratungspflicht.[55] Diese Betrachtungsweise kann man auch auf die Erläuterungspflicht anwenden und diese als eine Intensivierung der Aufklärungspflicht ansehen. Der Umstand, dass der EU-Gesetzgeber diese Pflicht nicht als eine „richtige“ Beratungspflicht nach dem Verständnis der deutschen Dogmatik ausgestaltet hat, geht wie eingangs dargestellt auf die rechtspolitische Überlegung zurück, die Idee der „verantwortlichen Kreditvergabe“ in einem möglichst geringen Umfang in der Verbraucherkreditrichtlinie umzusetzen.

Zweitens weist die Erläuterungspflicht auch ein Element der Warnung auf, sollte eine bestimmte Kreditgestaltung das Risiko der Überschuldung des Kreditnehmers hervorrufen. Unter diesem Gesichtspunkt ist darauf hinzuweisen, dass eine Warnung als „negativer“ Rat betrachtet werden kann. Diese Perspektive ist in der französischen Rechtsprechung mit der Figur des *devoir de mise en garde* anschaulich zum Ausdruck gebracht.[56] Es handelt sich dabei um die Pflicht, vor den Risiken eines Kreditgeschäfts zu warnen. Der Inhalt dieser Warnung kann auch als „negativer Rat“ begriffen werden, d.h. als Rat, eine bestimmte Gestaltungsmöglichkeit zu meiden.[57] In der französischen Lehre wird betont, dass *le devoir de mise en garde* zu dem Zweck ausformuliert wurde, den Kreditinstituten keine Beratungspflicht auf-

---

54 Wiegand (2008) 627, 641.

55 Nach Wiegand (2008) 627, 641, ist es „konsequenter und ehrlicher, grundsätzlich von einer die Information begleitenden Beratungspflicht auszugehen“.

56 Vgl. ausführlich Routier (2011) Nr. 561. 13 ff.

57 *„Un conseil negatif“, „un conseil de ne pas faire“*.

zuerlegen.[58] Die Erläuterungspflicht stellt daher einen Mittelweg dar, der über die Aufklärungspflicht hinausgeht, aber noch keine richtige Beratung im Sinne der Empfehlung des passenden Vertrages enthält.

5. Schlussbetrachtung

Es ist zu betonen, dass die Erläuterungspflicht im Verbraucherkreditrecht einen wichtigen Beitrag für Theorie und Dogmatik der informationsbezogenen Pflichten leistet. Der Inhalt der Erläuterungspflicht zeigt, dass diese nicht vollständig in die statische Dichotomie von der Aufklärungspflicht einerseits und der Beratungspflicht anderseits, den zwei Hauptkategorien der informationsbezogenen Pflichten, passt. Die Aussagekraft dieser doktrinären Unterscheidung ist damit relativiert, soll aber nicht vollständig aufgegeben werden. Die Dichotomie bleibt ein hilfreicher Ausgangspunkt für die Unterscheidung weiterer spezieller Pflichten, die unterschiedliche Formen der Übermittlung von Information zum Gegenstand haben. Die Gesetzgeber, auch der europäische Gesetzgeber, sind dabei wie bei der Erläuterungspflicht nicht an die begrifflich-abstrakten Typisierungen der Rechtslehre gebunden, sondern dürfen auch solche Formen der informationsbezogenen Pflichten einführen, die der bisherigen Dogmatik oder Begrifflichkeit nicht ganz entsprechen.

Zum Schluss ist auf die Frage hinzuweisen, ob und in welchem Ausmaß die Erläuterungspflicht verallgemeinerungsfähig erscheint. Der Vergleich der Erläuterungspflicht des Verbraucherkreditrechts mit der Beratungspflicht des deutschen Versicherungsrechts hat gezeigt, dass trotz ihrer abstrakten Nähe doch spürbare Unterschiede in der Intensität beider Pflichten bestehen. Ein anderes, aber verwandtes Thema bildet die Vergleichbarkeit der Pflichten aus dem Verbraucherkreditrecht mit jenen des Wertpapierrechts.[59] Im Allgemeinen erscheinen die Pflichten des Versicherungsrechts, des Verbraucherkreditrechts sowie des Wertpapierrechts in hohem Maße vergleichbar, obwohl die Intensität dieser Pflichten und die Sanktionsregime im Einzelnen voneinander abweichen können. Einer besonderen Untersuchung muss vorbehalten bleiben, ob die Verallgemeinerung dieser Pflichten, zumindest auf dem Niveau des Sondergebietes der Finanzdienstleistungen, begründet und zweckmäßig ist.[60]

---

58 Vgl. Attard (2011) 11, 13 ff., zum Verhältnis des *devoir de conseil* und des *devoir de mise en garde*.

59 Hofmann (2009) 126, 134 f.

60 Dafür wohl Tonner (2009) § 4, Rn. 27.

Armbrüster (2009): *Christian Armbrüster*, Aktuelle Rechtsfragen der Beratungspflichten von Versicherern und Vermittlern (§§ 6, 61 VVG) (Karlsruhe 2009).

Artz (2009): *Markus Artz*, Die „vollständige Harmonisierung" des Europäischen Verbraucherprivatrechts, in: Zeitschrift für Gemeinschaftsprivatrecht (GPR) 2009, 171 – 177.

Attard (2011): *Jérôme Attard*, Du champ d'application du devoir de conseil du banquier, Revue trimestrielle de droit commercial (2011) 11 – 31.

Blaurock (2006): *Uwe Blaurock*, Informations- und Beratungspflichten bei der Kreditvergabe, in: *Klaus-Peter Berger* u. a. (Hrsg.), Festschrift für Norbert Horn (Berlin 2006) 697 – 716.

Bülow / Artz (2011): *Peter Bülow / Markus Artz*, Verbraucherkreditrecht (7. Aufl. München 2011).

Czech (2012): *Tomasz Czech*, Kredyt konsumencki. Komentarz (Warszawa 2012).

Derleder (2009): *Peter Derleder*, Die vollharmonisierende Europäisierung des Rechts der Zahlungsdienste und des Verbraucherkredits, in: Neue Juristische Wochenschrift (NJW) 2009, 3195 – 3202.

Dörner (2001): *Heinrich Dörner*, Versicherungsrechtliche Aufklärungspflichten, in: Egon Lorenz (Hrsg.), Karlsruher Forum 2000: Aufklärungspflichten (Karlsruhe 2001) 39 – 65.

Gourio (2010): *Alain Gourio*, La réforme du crédit à la consommation, La Semaine Juridique – Entreprise et Affaires (2010) Nr. 29, Pos. 1675.

Gsell / Schellhase (2009): *Beate Gsell / Hans Martin Schellhase*, Vollharmonisiertes Verbraucherkreditrecht – Ein Vorbild für die weitere europäische Angleichung des Verbrauchervertragsrechts, Juristenzeitung (JZ) (2009) 20 – 29.

Hadding (1999): *Walther Hadding*, in: *Nobert Horn / Hans-Jürgen Lwowski / Gerd Nobbe* (Hrsg.), Bankrecht. Schwerpunkte und Perspektiven, Festschrift für Herbert Schimansky (Köln 1999) 67 – 81.

Herresthal (2009): *Carsten Herresthal*, Die Verpflichtung zur Bewertung der Kreditwürdigkeit und zur angemessenen Erläuterung nach der neuen Verbraucherkreditrichtlinie 2008/48/EG, in: Zeitschrift für Wirtschafts- und Bankrecht (WM) 2009, 1174 – 1180.

Hofmann (2009): *Christian Hofmann*, Parallele Interessen und Pflichten im Kredit- und Wertpapierhandelsrecht, in: Zeitschrift für Rechtsvergleichung, Internationales Privatrecht und Europarecht (ZfRV) (2009) 126 – 135.

Hofmann (2010): *Christian Hofmann*, Die neue Erläuterungspflicht des § 491a Abs. 3 BGB, in: Bank und Kapitalmarktrecht (BKR) 2010, 232 – 238.

Hopt (1993): *Klaus J. Hopt*, Funktion, Dogmatik und Reichweite der Aufklärungs-, Warn- und Beratungspflichten der Kreditinstitute, in: Festschrift für Joachim Gernhuber zum 70. Geburtstag, *Hermann Lange / Knut Wolfgang Nörr / Harm Peter Westermann* (Hrsg.) (Tübingen 1993) 168 – 189.

Huber (2001): *Ulrich Huber*, Aufklärungspflichten vor Vertragsschluss, in: Egon Lorenz (Hrsg.), Karlsruher Forum 2000: Aufklärungspflichten (Karlsruhe 2001) 5 – 38.

Looschelders / Pohlmann (2010): *Dirk Looschelders / Petra Pohlmann* (Hrsg.), Versicherungsvertragsgesetz. Kommentar (Köln 2010).

Mikłaszewicz (2008): *Przemysław Mikłaszewicz*, Obowiązki informacyjne w umowach z udziałem konsumentów na tle prawa Unii Europejskiej (Warszawa 2008).
MünchKomm BGB (2012): *Franz Jürgen Säcker / Roland Rixecker* (Hrsg.), Münchener Kommentar zum Bürgerlichen Gesetzbuch, Band 3, Schuldrecht Besonderer Teil §§ 433-610 (6. Aufl. München 2012).
Prölss / Martin (2010): *Erich Prölss* (Begr.) / *Anton Martin*, Versicherungsvertragsgesetz (28. Aufl. München 2010).
Riesenhuber (2003): *Karl Riesenhuber*, Information – Beratung – Fürsorge, in: Zeitschrift für Bankrecht und Bankwirtschaft (ZBB) 2003, 325 – 334.
Rott (2003): *Peter Rott*, Mitverantwortung des Kreditgebers bei der Kreditaufnahme – Warum eigentlich nicht?, in: Bank und Kapitalmarkrecht (BKR) 2003, 851 – 859.
Rott (2008): *Peter Rott*, Die neue Verbraucherkredit-Richtlinie, in: Zeitschrift für Wirtschafts- und Bankrecht (WM) 2008, 1104 – 1113.
Routier (2011): *Richard Routier*, Obligations et responsabilités du banquier (3. Aufl. Paris 2011).
Sousa (2011): *Laurent Sousa*, Le contenu des devoirs précontractuels du prêteur, La Semaine Juridique – Entreprise et Affaires (2011) Nr. 42, Pos. 1749.
Staudinger BGB (2011): J. von Staudingers Kommentar zum Bürgerlichen Gesetzbuch mit Einführungsgesetz und Nebengesetzen. Buch 2 Recht der Schuldverhältnisse §§ 488 - 490 (Berlin 2011).
Staudinger BGB (2012): J. von Staudingers Kommentar zum Bürgerlichen Gesetzbuch mit Einführungsgesetz und Nebengesetzen. Buch 2 Recht der Schuldverhältnisse §§ 491-512 (Berlin 2012).
Szpringer (2003): *Włodzimierz Szpringer*, Kredyt konsumencki i upadłość konsumencka na rynku usług finansowych UE (Warszawa 2005).
Tereszkiewicz (2009): *Piotr Tereszkiewicz*, Przedumowne obowiązki informacyjne instytucji kredytowych w dyrektywie 2008/48/WE, in: Europejski Przegląd Sądowy (2009) Heft 12, 15 – 23.
Tereszkiewicz (2012): *Piotr Tereszkiewicz*, Obowiązek udzielenia wyjaśnień w unijnym i polskim prawie kredytu konsumenckiego, in: *Jerzy Pisulinski / Piotr Tereszkiewicz / Fryderyk Zoll* (Hrsg.), Rozprawy z prawa cywilnego, własności intelektualnej, prawa międzynarodowego ku czci Profesora Bogusława Gawlika (Warszawa 2012).
Tonner (2009): *Martin Tonner*, Aufklärungs- und Beratungspflichten, in: *Peter Derleder / Kai-Oliver Knops / Heinz Georg Bamberger* (Hrsg.), Handbuch zum deutschen und europäischen Bankrecht (3. Aufl. Berlin u.a. 2009) 113-140.
Wiegand (2009): *Wolfgang Wiegand*, Die Finanzmarktkrise und die Informations- und Beratungspflicht im Bankgeschäft, in: *Peter V. Kunz* u.a. (Hrsg.), Wirtschaftsrecht in Theorie und Praxis. Festschrift für Roland von Büren (Basel 2009) 627 - 642.

Spezialfragen der Einwilligung in ein medizinisches Experiment und die polnische Rechtsgeschäftslehre

Kamila Szutowska

Abstracts

The paper concentrates on the analysis of the legal nature of consent to participate in the clinical trial of a medical drug. Beginning with the question as to whether it is justified under the Polish pharmaceutical statute to view this consent as a declaration of intent (pl. *oświadczenie woli*), the author focuses on the definitions of a legal event (pl. *zdarzenie prawne*), an act of law (pl. *działanie prawne*), a legal transaction (pl. *czynność prawna*), and a declaration of intent. She arrives at the conclusion that because of the way how a legal transaction is understood in the polish civil law theory, a consent to a medical intervention cannot be viewed as a legal transaction. A person who does a legal transaction, aims from the objective point of view to cause a legal effect that this legal transaction usually causes. In opposition to that, under the objective interpretation of the consent, the consent is not founded to ascribe to the patient giving his assent an objective intention to cause the lawfulness of the medical intervention. Granting consent is an act in law, an act of self-determination that relates to personal rights (pl. *dobra osobiste*). It allows the doctor to take some medical steps, but only if he also fulfils other obligatory statutory prescriptions. Because consent is not deemed to be a legal transaction, the author examines the issue as to whether the rules of the civil code pertaining to defects in declarations of intent (pl. *wady oświadczeń woli*) should be applied by analogy to determine the validity of the consent given. After explaining the differences between consent to medical intervention and a declaration of intent in relation to legal transactions, she reasons that the first has not the function of taking part in the legal intercourse (pl. *obrót prawny*). The validity requirements of the consent result simply from its double nature, which is indicated by its official legal term - *informed consent*.

Przedmiotem artykułu jest analiza charakteru prawnego zgody pacjenta na udział w medycznym procesie testowania leku. Rozpoczynając rozważania od pytania, czy w świetle polskiego prawa farmaceutycznego uzasadnione jest przyjęcie, że zgoda jest oświadczeniem woli, autorka koncentruje się na definicjach pojęć „zdarzenia prawnego", „działania prawnego", „czynności prawnej" oraz „oświadczenia woli". Przeprowadzona analiza prowadzi do wniosku, że zgoda na eksperyment medyczny nie jest czynnością prawną w znaczeniu nadanym temu pojęciu przez polski kodeks cywilny. Odnosi się to zwłaszcza do faktu, iż na gruncie obiektywnej interpretacji wyrażonej zgody, pacjentowi, który godzi się na udział w eksperymencie, nie można przypisać obiektywnej intencji wywołania skutku prawnego w postaci legalności ingerencji medycznej. Autorka przyjmuje, że zgoda na eksperyment jest działaniem prawnym, aktem samostanowienia pacjenta odnoszącym się do sfery jego dóbr osobistych. Zgoda pozwala lekarzowi na faktyczne podjęcie pewnych kroków medycznych, jednak tylko wtedy, gdy jego działanie spełnia określone przesłanki ustawowe. Ponieważ - zdaniem referentki - zgoda na udział w eksperymencie nie jest czynnością prawną, powstaje pytanie, czy dla oceny jej ważności można w drodze analogii stosować przepisy polskiego kodeksu cywilnego dotyczące wad oświadczeń woli. Po wyjaśnieniu różnicy między zgodą na ingerencję medyczną a oświadczeniem woli w jego relacji do czynności prawnej, autorka wskazuje, iż funkcją zgody na eksperyment, w przeciwieństwie do oświadczenia woli, nie jest udział w obrocie prawnym. Przesłanki ważności zgody na udział w eksperymencie medycznym lub w badaniu klinicznym leków wynikają z jej podwójnej natury, zasygnalizowanej już poprzez termin prawniczy używany dla jej określenia – „świadoma zgoda".

O artigo concentra-se na análise da natureza legal do termo de consentimento para participação no teste clínico de um medicamento. Começando pela questão se há justificativa para se enxergar nesse consentimento uma declaração de vontade (*oświadczenie woli*), a autora concentra-se na definição de fato jurídico (*zdarzenie prawne)*, ato jurídico (*działanie prawne*), negócio jurídico (*czynność prawna*) e declaração de vontade. Ela chega à conclusão de que o consentimento para uma intervenção médica não é um negócio jurídico nos termos em que este deva ser entendido segundo o Código Civil polonês. Alguém que celebra um negócio jurídico o faz com o objetivo de alcançar o efeito jurídico que é normalmente produzido por tal negócio jurídico. Pelo contrário, considerando a interpretação objetiva do consentimento, não é possível atribuir ao pacience que dá seu consentimento uma intenção objetiva de causar a legalidade da intervenção médica. Consentimento é um ato jurídico – um ato de autodeterminação, que se refere a direitos pessoais (*dobra osobiste*). Isto permite que o médico tome algumas médicas médicas, desde que ele cumpra outras exigências. Já que o consentimento não deve ser visto como negócio jurídico, a autora analisa se as regras do Código Civil sobre os vícios do consentimento (*wady oświadczeń woli*) deveriam ser aplicadas por analogia para se examinar a validade do consentimento dado. Depois de explicar as diferenças entre o consentimento para uma intervenção médica e uma declaração de vontade relacionada a um negócio jurídico, ela argumenta que o primeiro não tem como objetivo tomar parte do tráfego jurídico (*obrót prawny*). Seus requisitos de validade resultam apenas da natureza dupla do consensimento, que é assinalada na sua definição oficial legal: consentimento informado.

1. Die Einwilligung nach Aufklärung in eine klinische Prüfung im Gesetz über das pharmazeutische Recht

Als Ausgangspunkt ist für die Analyse des rechtlichen Charakters einer Einwilligung in die Arzneimittelstudie Art. 37 f Abs. 1 GPharmR[1] zu betrachten. Gemäß dieser Vorschrift „wird als Erteilung einer bewussten Einwilligung eine schriftlich geäußerte, mit dem Datum versehene und unterzeichnete *Willenserklärung* über die Teilnahme an der klinischen Prüfung verstanden[2]...".

Die Lektüre dieser Vorschrift könnte dafür sprechen, dass die Analyse des rechtlichen Charakters der Einwilligung in eine Arzneimittelstudie endet, bevor sie überhaupt begonnen hat, und sich angesichts der klaren Bezeichnung dieser Einwilligung als „Willenserklärung" erübrigt.

Dies wäre jedoch eine falsche Schlussfolgerung im Hinblick auf die in der Lehre und Rechtsprechung herrschende Uneinigkeit bezüglich des rechtlichen Charakters der Patientenzustimmung, sowohl in Bezug auf eine Standardbehandlung als auch auf ein medizinisches Experiment.

Außer dem Gesetz über das pharmazeutische Recht bestimmt kein Rechtsakt, darunter auch nicht das die Grundlagen schaffende Gesetz über den Beruf des Arztes[3], ausdrücklich den rechtlichen Charakter einer Patienteneinwilligung. Die Termini „Einwilligung", „bewusste Einwilligung" bzw. „Einwilligung nach Aufklärung", werden im GBerufA verwendet, ohne einen ausdrücklichen Hinweis darauf, welche rechtliche Kategorie sie bilden.

Somit überrascht die Bezeichnung der bewussten Einwilligung in eine klinische Prüfung als eine „Willenserklärung" im Recht der Arzneimittelstudien aus folgenden Gründen:

Erstens hätte der Gesetzgeber, wenn er den rechtlichen Charakter der Einwilligung in einen medizinischen Eingriff im Text des Gesetzes bestimmen und sie als eine zivilrechtliche Kategorie („Willenserklärung") qualifizieren möchte, dies eher auf Grund des GBerufA tun müssen und zwar entweder im Rahmen der Regelung einer Einwilligung in die medizinische Behandlung im Allgemeinen oder zumindest im 4. Kapitel dieses Gesetzes über das medizinische Experiment. Es ist nämlich zum einen klar, dass ein medizinisches Experiment oder eine Arzneimittelstudie Unterkategorien des allgemein betrachteten medizinischen Eingriffs sind, unter dem auch andere mehr oder weniger risikoträchtige Behandlungen zu verstehen sind. Zum anderen ist jede klinische Prüfung eines Arzneimittels aufgrund des GPharmR (Art. 37a

1 Dz.U. 2008, Nr. 45 Pos. 271.

2 Art. 37f Abs. 1 GPharmR: „Za wyrażenie świadomej zgody uznaje się wyrażone na piśmie, opatrzone datą i podpisane oświadczenie woli o wzięciu udziału w badaniu klinicznym (...)".

3 Dz.U. 2011, Nr. 277, Pos. 1634.

Abs. 2) aus rechtlicher Perspektive ein medizinisches Experiment im Sinne des GBerufA.

Zweitens ist darauf aufmerksam zu machen, dass das GPharmR die Richtlinie 2001/20/EG[4] über gute klinische Praxis bei der Durchführung von klinischen Arzneimittelprüfungen am Menschen auch in Bezug auf die Definition der Einwilligung nach Aufklärung (*informed consent*) umsetzt. Die Definition in Art. 2 j) der Richtlinie nimmt keinen Bezug auf den rechtlichen Charakter der Einwilligung. Die Einwilligung wird in ihren verschiedenen Sprachfassungen als *decision* (englisch), *Entscheidung* (deutsch) und sogar in der polnischen Sprachversion als *decyzja* bezeichnet. Es geht bei dieser Definition um die Auffassung der allgemeinen Bedingungen, unter deren Beachtung die Einwilligungserteilung erfolgen soll. Aus diesem Grund zählt die Definition eine Fülle allgemeiner Voraussetzungen auf, die die Einwilligungserteilung charakterisieren sollen. Dies verleiht dieser Vorschrift einen technischen, verfahrensmäßigen Charakter.

In Anbetracht dessen ist fraglich, ob der zitierte Artikel des GPharmR als eine Vorschrift anzusehen ist, welche die Einwilligung in eine Arzneimittelstudie als eine Willenserklärung im Sinne des Zivilrechts kategorisiert[5].

Meines Erachtens steht deswegen weiterhin die Frage offen: Ist die Einwilligung eine Willenserklärung, oder vielleicht ein Akt des Willens?

Die Antwort auf diese Frage ist von praktischer Bedeutung, weil sie entscheidet, ob die Vorschriften des KC, zumindest grundsätzlich direkt auf die Einwilligung Anwendung finden. Falls die Einwilligung kein Rechtsgeschäft ist, ergibt sich daraus die weiterführende Frage, ob die Vorschriften des KC auf die Einwilligung trotzdem, allerdings nur analog, Anwendung finden sollen.

2. Die Einwilligung in einen medizinischen Eingriff vor dem Hintergrund des Begriffsapparats der polnischen Rechtsgeschäftslehre – eine Skizze

Zuerst lässt sich feststellen, dass die Einwilligung als Voraussetzung der Zulässigkeit eines medizinischen Eingriffs ein *Rechtsereignis* ist. Mit diesem Rechtsereignis wird durch das Gesetz die Rechtsfolge in Form der Rechtmäßigkeit des medizinischen Eingriffs verbunden, vorausgesetzt dass alle anderen Voraussetzungen seiner Zulässigkeit erfüllt sind.

---

4 Richtlinie des Europäischen Parlaments und des Rates vom 4. 04. 2001.

5 Die Ansicht, dass der Gesetzgeber im Rahmen dieser Vorschrift über den rechtlichen Charakter der Einwilligung entscheide, vertritt Haberko (2009) 65.

Weiterhin ist es auch klar, dass die Einwilligung eine *Rechtshandlung* ist. Die Existenz dieses Rechtsereignisses hängt nämlich vom Willen des Handelnden ab. Entweder äußert er die Einwilligung, oder er äußert einen Widerspruch gegen einen medizinischen Eingriff (beide Varianten gehören als ein aktives Verhalten zur Handlung) oder er äußert sich gar nicht[6] (ein passives Verhalten – ein Unterlassen, das in den meisten Fällen als Mangel der Einwilligung betrachtet werden soll[7]).

Jetzt ist zu beurteilen, ob die Einwilligung ein Rechtsgeschäft ist oder eine andere Rechtshandlung. Für die Existenz eines Rechtsgeschäfts ist es entscheidend, ob der Handelnde das Hervorrufen der Rechtsfolgen seiner Handlung *beabsichtigt*. Im Falle der übrigen *Taten* spielt sein Wille, Rechtsfolgen hervorzurufen, keine Rolle. Hier werden also Rechtsfolgen an seine Handlung geknüpft, unabhängig davon, ob er mit der Absicht gehandelt hat, sie herbeizuführen.

Schon als das Obligationengesetzbuch (poln.: Kodeks zobowiązań)[8] galt, wurden in der Lehre ähnliche Klassifikationen der Rechtsereignisse dargestellt, die mit den beiden oben genannten Kriterien operieren und in Anlehnung an diese den Begriff des Rechtsgeschäfts vor dem Hintergrund anderer Rechtshandlungen herausgebildet haben[9].

In Anlehnung daran könnte *ein Rechtsgeschäft* als *eine Handlung* definiert werden, *die das Hervorrufen von Rechtsfolgen beabsichtigt* (insbesondere in Form der Entstehung, Veränderung oder Beendigung eines Rechtsverhältnisses[10]), *die ohne die Absicht des Handelnden nicht entstehen könnten*[11]. Eine ähnliche Definition wurde in der Lehre bereits in der Geltungszeit des Obligationengesetzbuches präsentiert[12].

---

6 Dies kann auch den Verdacht rechtfertigen, dass ein Patient oder eine Versuchsperson nicht einwilligungsfähig ist, d.h. nicht im Stande ist, eine Einwilligung zu erteilen.

7 Janiszewska (2007) 32. Siehe auch Kondek (2008) 83-85, 93-94 – er betont, dass die Einwilligung in einen medizinischen Eingriff ausdrücklich und direkt erteilt werden solle. Dabei macht er darauf aufmerksam, dass es im polnischen Recht auch keine allgemeine Pflicht gebe, eine Einwilligung oder Genehmigung zu erteilen, was in den meisten Fällen im Voraus festlege, dass das Schweigen nicht als Einwilligung oder Genehmigung betrachtet werden dürfe (siehe das Prinzip *qui tacet consentire videtur ubi loqui potuit et debuit*).

8 Vom 27.10.1933, in Kraft getreten am 1.7.1934, abgeschafft (fast in vollem Umfang) am 1.1.1965 durch die Einführungsvorschriften zum KC.

9 Siehe Longchamps de Berier (1939) 14-15; Zoll (1948) 14-17.

10 Siehe auch Wolter (2001) 256.

11 System prawa cywilnego (1985) / *Grzybowski*, 193, 479-480; System Prawa Prywatnego (2007) / *Banaszczyk*, 887.

12 Longchamps de Berier (1939) 14.

Mit dem Begriff des Rechtsgeschäfts ist der Begriff der Willenserklärung untrennbar verbunden. Art. 60 KC enthält die *Legaldefinition* der Willenserklärung. Gemäß dieser Vorschrift kann außer bei den durch das Gesetz vorgesehenen Ausnahmen der Wille einer Person, *die ein Rechtsgeschäft vollbringt*, durch *jedes Verhalten* dieser Person geäußert werden, das ihren Willen *genügend enthüllt*. Die Willenserklärung ist also notwendig für die Tätigung eines Rechtsgeschäftes, steht aber einem Rechtsgeschäft nicht gleich[13].

Die dargestellte Definition des Rechtsgeschäfts wurde in der Literatur kritisiert.

Erstens wurde ihr vorgeworfen, dass sie auf der Theorie des Willens basiere, weil sie die Entstehung der Rechtsfolgen eines Rechtsgeschäfts davon abhängig mache, ob der Handelnde in seiner *subjektiven* Überzeugung diese Rechtsfolgen erzielen wolle[14]. Diese Meinung trifft meiner Ansicht nach aus folgendem Grund nicht zu:

Gemäß Art. 65 § 1 KC ist die Willenserklärung so zu erläutern, wie dies – mit Rücksicht auf die Umstände, unter denen sie abgegeben wurde – die Grundsätze des gesellschaftlichen Zusammenlebens und die ständigen Bräuche verlangen. Auch Art. 60 KC sieht vor, dass das Verhalten einer Person, die ein Rechtsgeschäft vollzieht, ihren Willen ausreichend enthüllen soll. Aus diesen Vorschriften ergibt sich, dass die objektive Auslegung einer Willenserklärung die Regel bildet. Dies ist damit zu begründen, dass die Willenserklärung ein „geäußerter Wille“ ist und sich an die anderen Menschen richtet[15].

Aus diesen Erwägungen ergibt sich meines Erachtens Folgendes:

Da es zur Entstehung des Rechtsgeschäfts notwendig ist, dass der Wille des Handelnden durch eine Willenserklärung geäußert wird, und da es zur Entstehung der Rechtsfolgen eines Rechtsgeschäfts notwendig ist, dass der Handelnde das Hervorrufen dieser Rechtsfolgen beabsichtigt, hat der Handelnde diese Absicht durch seine Willenserklärung auszudrücken. Dabei soll die Willenserklärung objektiv ausgelegt werden. Das heißt, dass die in einer Willenserklärung ausgedrückte Absicht des Handelnden, die Rechtsfolgen des Rechtsgeschäfts zu verursachen, auch objektiv auszulegen ist[16]. Deswegen fällt meiner Ansicht nach der Vorwurf der Subjektivität der dargestellten Definition des Rechtsgeschäfts weg.

---

13 So die h.M.: System prawa cywilnego (1985) / *Grzybowski*, 479; System Prawa Prywatnego (2008) / *Radwański*, 33-34; Gwiazdomorski (1974) 58-59. Anders Szpunar (1974) 9-10.

14 Gwiazdomorski (1974) 59; System Prawa Prywatnego (2008) / *Radwański*, 16-17, 34-35.

15 System Prawa Prywatnego (2008) / *Radwański*, 14, 21-22; System prawa cywilnego (1985) / *Grzybowski*, 484.

16 Ähnlich argumentiert Szpunar (1974) 13; Gwiazdomorski (1974) 66.

Zweitens ist der Definition vorgeworfen worden, dass die Unterscheidung zwischen einer Willenserklärung (einem Rechtsgeschäft) und einer Willensäußerung (einer Rechtshandlung), die einer Willenserklärung (einem Rechtsgeschäft) nur ähnlich sei (weil ihre Rechtsfolgen unabhängig davon entstehen, ob sie von dem Handelnden beabsichtigt werden), ungerechtfertigt sei[17]. Es wurde darauf hingewiesen, dass ein Rechtsgeschäft gem. Art. 56 KC auch die Rechtsfolgen verursacht, die vom Gesetz vorgesehen sind oder sich aus den Grundsätzen des gesellschaftlichen Zusammenlebens oder den gefestigten Bräuchen ergeben und nicht durch den Handelnden bestimmt werden oder erwünscht sind. Dieser Einwand ist jedoch aus folgendem Grund nicht stichhaltig:

Wie schon ausgeführt wurde, ist die Absicht des Handelnden, die Rechtsfolgen eines Rechtsgeschäfts zu verursachen, objektiv auszulegen, weil sie ihren Ausdruck in der Willenserklärung des Handelnden findet. Erst wenn sich diese Absicht dem Handelnden objektiv zuschreiben lässt, kann man auch feststellen, dass er ein Rechtsgeschäft überhaupt vollziehen wollte. Und auch erst in dem Moment, in dem sich feststellen lässt, dass der Handelnde ein Rechtsgeschäft vollziehen wollte, findet Art. 56 KC Anwendung. Dies ergibt sich aus dem Wortlaut dieser Vorschrift – „Das Rechtsgeschäft ruft nicht nur *die in ihm geäußerten* Rechtsfolgen hervor ...". Also müssen zum Vollziehen eines Rechtsgeschäfts in der Willenserklärung bestimmte Rechtsfolgen *geäußert* werden. Erst dann verbindet das Gesetz mit dem Rechtsgeschäft auch andere Rechtsfolgen neben oder manchmal sogar statt derjenigen, die in diesem Rechtsgeschäft ausgedrückt worden sind[18]; doch damit das passiert, muss das Rechtsgeschäft schon vorhanden sein[19]. Wenn sich objektiv nicht feststellen lässt, dass der Handelnde bestimmte Rechtsfolgen herbeiführen wollte, lässt sich auch nicht feststellen, ob er überhaupt ein Rechtsgeschäft vollzieht[20].

Vor dem bisher dargestellten Hintergrund ist also für die Antwort auf die Frage, ob die Einwilligung ein Rechtsgeschäft oder eine andere Rechtshandlung ist, entscheidend, ob sich dem Patienten oder einer Versuchsperson

---

17 System Prawa Prywatnego (2008) / *Radwański*, 28; ähnlich auch System Prawa Prywatnego (2007) / *Banaszczyk*, 890-891, 896.

18 So auch System prawa cywilnego (1985) / *Radwański*, 512-513.

19 Ähnlich argumentiert auch Szpunar (1974) 13, der ausführt, dass das Recht auch solche Rechtsfolgen mit einem Rechtsgeschäft verbinden kann, von denen der Handelnde nicht gewusst oder die er nicht gewollt hat. Aber es hängt nur vom Handelnden ab, ob er ein Rechtsgeschäft vollziehen will, also ob er objektiv bestimmte Rechtsfolgen erzielen will. Siehe auch Zoll (1948) 18.

20 Ähnliche Argumente bringt Gwiazdomorski (1974) 65-66, vor. Siehe auch Longchamps de Berier (1939) 75.

aufgrund der objektiven Auslegung seiner Einwilligung die objektive[21] Absicht zuschreiben lässt, die Rechtsfolgen in Form der Rechtmäßigkeit des medizinischen Eingriffs hervorzurufen[22].

Es ist, wie erläutert, für die Annahme der Einwilligung als ein Rechtsgeschäft nicht ausreichend, dass Rechtsfolgen durch das Gesetz mit der Einwilligung verbunden werden, egal ob der Handelnde diese Rechtsfolgen beabsichtigte[23].

Doch erst die Erfüllung aller Voraussetzungen der Zulässigkeit eines medizinischen Eingriffs *insgesamt* bedeutet, dass der Eingriff rechtmäßig ist. Nicht allein die Voraussetzung der Einwilligung entscheidet über die Rechtmäßigkeit. Zu den hier genannten anderen Voraussetzungen gehört u.a. das Handeln des Arztes in Übereinstimmung mit aktuellen medizinischen Erkenntnissen, d.h. mit dem medizinischen Standard. Beim Experiment erfordert dies z.B. eine vertretbare Nutzen-Risiko-Abwägung oder eine plausible wissenschaftliche Hypothese. Die Rechtsfolge in Form der Rechtmäßigkeit hängt deswegen nicht ausschließlich vom Willen des Handelnden ab.

Vor diesem Hintergrund ist aber letztlich maßgebend, dass der Handelnde nicht beabsichtigt, durch die Einwilligung einen medizinischen Eingriff rechtmäßig zu machen[24]. Objektives Ziel der Äußerung seiner Einwilligung ist, dass er über sich selbst entscheidet.

Der Patient (und niemand sonst) beurteilt, ob ein bestimmter Umgang mit seiner Gesundheit das Beste für ihn ist. Der in der Einwilligung ausgedrückte Wille des Patienten, sich einem Eingriff zu unterziehen, ist für die Situation des Arztes wesentlich, richtet sich aber nicht an den Arzt. Die Willensäußerung des Patienten oder einer Versuchsperson bildet einen Selbstbestimmungsakt[25]. Dieser ist eine Entscheidung darüber, wie mit eigenen persönlichen Rechtsgütern verfahren werden soll[26].

Mit dieser Entscheidung verbindet das Gesetz wichtige Rechtsfolgen für den Arzt. Sie bestehen darin, dass er seine medizinischen Tätigkeiten rechtmäßig unternehmen darf. Die Einwilligung alleine gibt dem Arzt jedoch noch keine Berechtigung[27]. Falls den übrigen Voraussetzungen nicht Genüge getan wird, ist die erteilte Einwilligung für die Berechtigung des Arztes bedeutungs-

---

21 Es geht also nicht um eine subjektiv verstandene Absicht des Patienten oder einer Versuchsperson, die Rechtsfolgen der Einwilligung zu verursachen – anders sieht dies Świderska (2007) 30 (ohne Begründung).

22 Sośniak (1959) 138-139.

23 Anders ohne Begründung Świderska (2007) 30.

24 Anders System Prawa Prywatnego (2007) / *Banaszczyk*, 888.

25 So auch Niemczyk / Łazarska (2005) 49; Safjan (1998) 177; Michałek-Janiczek (2009) 60.

26 So auch Safjan (1998) 35.

27 Anders System Prawa Prywatnego (2007) / *Banaszczyk*, 888.

los. Wenn alle Voraussetzungen der Zulässigkeit eines medizinischen Eingriffs erfüllt sind, darf der Arzt *faktisch* handeln.

Wie schon ausgeführt, beruhen die Rechtsfolgen eines Rechtsgeschäftes insbesondere darauf, dass es durch seinen Vollzug zur Entstehung, Veränderung oder Beendigung eines Rechtsverhältnisses kommt. Im Gegensatz dazu hat jedoch die Einwilligung keinen Einfluss auf das Rechtsverhältnis, das zwischen einem Patienten und einem Arzt besteht. Dieses Rechtsverhältnis kann im Falle einer Heilbehandlung gemäß Art. 30 GBerufA[28] darauf basieren, dass der Arzt zur Rettung des Lebens und der Gesundheit des Patienten berechtigt und verpflichtet ist, wenn die Heilbehandlung aus medizinischen Gesichtspunkten erforderlich ist. Diesem Rechtverhältnis kann aber auch ein Vertrag zugrunde liegen. Die Erteilung der Einwilligung durch den Patienten hat keinen Einfluss auf die Entstehung dieser Rechtsverhältnisse[29]. Die Einwilligung mag z.B. gar nicht erteilt werden[30]. An dieser Stelle fehlt es somit auch an einer Eigenschaft, die es erlauben könnte, die Einwilligung als ein Rechtsgeschäft zu betrachten[31]. Dies bezieht sich entsprechend auch auf die Verweigerung der Einwilligung. Der Widerspruch des Patienten gegen eine Heilbehandlung ändert nichts an dem Fortbestehen der ärztlichen Verpflichtung sowie an der Berechtigung. Insbesondere endet in so einem Fall das Rechtsverhältnis zwischen dem Arzt und dem Patienten nicht[32]. Die Einwilligung hat nur Einfluss darauf, ob der Arzt *faktisch* handeln darf.

Eine ähnliche Schlussfolgerung lässt sich auch im Falle eines therapeutischen Experiments formulieren, jedoch unter dem Vorbehalt, dass das Rechtsverhältnis hier ausschließlich auf der Berechtigung des Arztes zur Rettung des Lebens und der Gesundheit des Patienten basiert. Dem Arzt obliegt nämlich nie eine Pflicht zu experimentieren[33].

Zusammenfassend ist die Einwilligung in einen medizinischen Eingriff eine andere Rechtshandlung als ein Rechtsgeschäft. Der Selbstbestimmungsakt des Patienten ist eine Willensäußerung, aber keine Willenserklärung. Dieser Ausdruck des Willens beabsichtigt objektiv gesehen keine Rechtsfolge

---

28 Gemäß Art. 30 GBerufA obliegt es dem Arzt in jedem Fall, ärztliche Hilfe zu leisten, wenn eine Verzögerung die Gefahr des Todes, einer schweren Körperverletzung oder Gesundheitsschädigung verursachen könnte, und in allen anderen Fällen, die keinen Aufschub dulden.

29 So auch Janiszewska (2007) 31.

30 Die Patienten entscheiden sich manchmal sogar nach dem Abschluss des Vertrages gegen einen bestimmten Eingriff, den sie zusammen mit dem Arzt erwogen haben, verzichten aber dennoch nicht auf seine Hilfe und Behandlung im Übrigen.

31 Syska (2010) 64.

32 Darauf, dass die Verweigerung der Einwilligung im Allgemeinen keinen Einfluss auf das schon bestehende Rechtsverhältnis hat, macht auch Kondek (2008) 82 aufmerksam. Anders Janiszewska (2007) 33.

33 Sośniak (1989) 29.

in Form der Rechtmäßigkeit ärztlicher Tätigkeiten, sondern richtet sich auf ein faktisches[34] medizinisches Vorgehen gegenüber dem körperlichen Rechtsgut des Patienten (der Versuchsperson).

Im Lichte der Schlussfolgerung, dass die Einwilligung kein Rechtsgeschäft ist, ist zu der Frage zurückzukehren, ob bzw. in welchem Maße die Vorschriften des KC über Willenserklärungen und Rechtsgeschäfte analog auf die Einwilligung Anwendung finden können.

3. Die Beurteilung der Wirksamkeit der Einwilligung in einen medizinischen Eingriff und die analoge Anwendung der Vorschriften des Zivilgesetzbuches – eine kurze Beleuchtung des Problems anhand eines ausgewählten Beispiels aus der Problematik der Willensmängel

Nach der Lehre ist die Einwilligung fehlerhaft, wenn der Informationspflicht gegenüber dem Patienten oder der Versuchsperson nicht Genüge getan wurde. Es ist zu fragen, ob man zur Bestimmung der Folgen einer solchen fehlerhaften Einwilligung auf Art. 82[35] oder Art. 84[36] KC zurückgreifen soll.

Die Einwilligung in eine Heilbehandlung oder in ein medizinisches Experiment ist eine spezifische Institution mit *Doppelnatur*, d.h. sie besteht aus zwei Elementen[37]. Diese Doppelnatur der aufgeklärten Einwilligung spiegelt

---

34 Sośniak (1959) 139, 141; Przybylska (2003) 744.

35 Art. 82 KC: „Nichtig ist die Willenserklärung, wenn sie von einer Person abgegeben worden ist, die aus irgendwelchen Gründen in einem Zustand war, der die bewusste und freie Entscheidungsfindung oder die Willensäußerung ausschließt. Dies bezieht sich insbesondere auf eine psychische Krankheit, eine geistige Behinderung oder auf eine andere, auch nur vorübergehende Störung der Geistestätigkeit.".

36 Art. 84 KC: „§ 1. Im Falle eines Irrtums über den Inhalt des Rechtsgeschäftes ist es zulässig, sich den rechtlichen Folgen der Willenserklärung zu entziehen. Wenn aber eine Willenserklärung einer anderen Person gegenüber abgegeben worden ist, ist es nur dann zulässig, sich ihren Rechtsfolgen zu entziehen, wenn der Irrtum von dem Empfänger der Willenserklärung, auch unverschuldet, hervorgerufen wurde, oder wenn er vom Irrtum wusste oder ihn leicht bemerken konnte, es sei denn, dass das Rechtsgeschäft unentgeltlich war. § 2. Es ist nur zulässig sich auf einen Irrtum zu berufen, der die Vermutung begründet, dass, wenn die die Willenserklärung abgebende Person nicht vom Irrtum beeinflusst gewesen wäre und die Angelegenheit vernünftig beurteilt hätte, sie eine Willenserklärung dieses Inhalts nicht abgegeben hätte (wesentlicher Irrtum).".

37 So auch Świderska (2005) 594-595; Śliwka (2008) 131.

sich wegen der Informationspflicht auch in GBerufA wider[38]. Wegen der Doppelnatur der Einwilligung ist deren Wirksamkeit vom Vorhandensein beider Bestandteile des Begriffs der aufgeklärten Einwilligung abhängig[39]. Die Einwilligung wird als eine aufgeklärte, bewusste Einwilligung verstanden. Der erste Bestandteil ihres Begriffs ist also „aufgeklärt", „bewusst", der zweite selbstverständlich die Zustimmung, was einer Übersetzung des englischen Fachausdrucks *„informed consent"* entspricht. Wenn das erste Element fehlt, verstößt dies gegen die Natur der aufgeklärten Einwilligung und widerspricht dem Sinn dieses Rechtsinstituts. In diesem Falle gibt es die aufgeklärte Einwilligung gar nicht (*non existens*)[40].

Meiner Ansicht nach ist die Konstruktion der aufgeklärten Einwilligung dafür entscheidend, dass die Anwendung der Vorschriften des KC über die Mängel der Willenserklärung auf die Einwilligung sowohl in Bezug auf Art. 82 KC als auch auf Art. 84 KC nicht gerechtfertigt ist[41].

Der Begriff der aufgeklärten Einwilligung setzt bereits voraus, dass die Einwilligung bewusst, also ohne irgendwelche Störungen oder Beeinträchtigungen des Entscheidungsprozesses, geäußert werden muss.

Anders ist dies im Falle einer Willenserklärung im Sinne des KC. Das Bewusstsein wird grundsätzlich insoweit nicht zum inhaltlichen Element der Willenserklärung[42], als die Vorschriften des KC eine Lösung erst zum Zwecke der Korrektur einer falsch abgegebenen Willenserklärung vorsehen. Diese Lösung besteht in den Regelungen über die Mängel der Willenserklärung. Sie haben zum Ziel, dass man sich den Rechtsfolgen einer vorhandenen, aber falschen Willenserklärung entziehen kann.

Diese Konstruktion deutet auf die Funktion der Willenserklärung hin. Die Willenserklärung dient dazu, dass eine Person am Rechtsverkehr teilnehmen kann. Ihre Willenserklärung richtet sich deswegen vor allem an die anderen Teilnehmer des Rechtsverkehrs[43]. Die Vorschriften über Mängel der Willenserklärung ermöglichen es in bestimmten Fällen, eine falsch abgegebene Willenserklärung mit dem echten inneren Willen des Handelnden in Einklang zu bringen bzw. diese falsche Willenserklärung aus dem Rechtsverkehr zu tilgen. Da sich die Anwendung dieses Korrekturmechanismus aber negativ auf

38 So auch Safjan (1998) 39, 68-69; Borysiak (2008) 44.
39 So auch Dukiet-Nagórska (2000) 82, 86; Dzienis (2001) 85; Kubiak (2000) 48.
40 So auch Świderska (2007) 33; Kubiak (2000) 53; Niemczyk / Łazarska (2005) 54; Borysiak (2008) 47.
41 Ähnlich auch Syska (2010) 63-64.
42 Siehe auch System Prawa Prywatnego (2008) / *Radwański*, 21-22.
43 Siehe auch System Prawa Prywatnego (2008) / *Radwański*, 21-22.

die Sicherheit des Rechtsverkehrs auswirkt, ist sie nur als Ausnahme zu betrachten[44].

Im Gegensatz dazu ist im Falle der aufgeklärten Einwilligung der Korrekturmechanismus schon in deren Begriff mit einbezogen. Dies entspricht der Funktion der aufgeklärten Einwilligung als Akt der Selbstbestimmung des Patienten über die eigenen Rechtsgüter, der nicht zur Teilnahme am Rechtsverkehr dient[45]. Es ist darauf hinzuweisen, dass im Falle der Einwilligung die Interessen der anderen Personen im Hintergrund stehen. Der Schutz der Autonomie des Patienten steht im Gegensatz dazu im Vordergrund. Dies zeigt sich darüber hinaus auch daran, dass die Einwilligung jederzeit, d.h. grundsätzlich bis zur Vornahme des Eingriffs, ohne Angabe von Gründen von der einwilligungsfähigen betroffenen Person widerrufen werden kann[46].

Wenn es also aus irgendwelchen Gründen zur Beeinträchtigung des Entscheidungsprozesses eines Patienten oder einer Versuchsperson kommt, sei es durch Mangel an Aufklärung, Bewusstsein oder Freiheit der Entscheidungsfindung, so führt dies im Endeffekt zur Nichtexistenz der Einwilligung. Für eine derartige Beeinträchtigung des Entscheidungsprozesses kann es verschiedene Ursachen geben – Zwang, finanzielle Anreize, Missverständnisse usw.

Die dargestellte Unterscheidung von Einwilligung und Willenserklärung trifft darüber hinaus auch zu, wenn man die Definitionen der Willenserklärung des KC und der Einwilligung des GBerufA einbezieht.

Gemäß Art. 32 Abs. 7 GBerufA ist die Einwilligung mündlich oder durch jedes Verhalten zu äußern, das unzweifelhaft auf den Willen des Handelnden hindeutet[47], sich der vom Arzt empfohlenen medizinischen Behandlung zu unterziehen, es sei denn, das Gesetz bestimmt es anders.

Im Falle der Einwilligung soll der Wille des Patienten nicht lediglich, wie es das KC für eine Willenserklärung vorsieht, genügend oder ausreichend, sondern zweifelsfrei ausgedrückt werden[48]. Die Voraussetzung der Freiheit von Zweifeln ist der Voraussetzung einer genügenden, ausreichenden Äußerung des Willens nicht gleich zu stellen. Die Definition des GBerufA ist auf die höchstmögliche Gewährleistung der Autonomie der betroffenen Person ge-

---

44 Ähnlich über den Charakter der Vorschriften über die Mängel der Willenserklärung auch System prawa cywilnego (1985) / *Grzybowski*, 484-485; Gwiazdomorski (1974) 66-67; Longchamps de Berier (1939) 75.

45 Safjan (1998) 35.

46 So die h.M. Bezüglich des Experiments siehe auch Art. 27 Abs. 1 GBerufA.

47 Schon in der älteren Literatur wurde vorgeschlagen anzunehmen, dass die Einwilligung des Patienten durch jedes, aber zugleich keine Zweifel erweckende, Verhalten geäußert werden kann. Siehe Sośniak (1989) 128.

48 Auf die Voraussetzung der Freiheit von Zweifeln weist auch Boratyńska / Konieczniak (2001) 283-284 hin.

richtet. Die Voraussetzung der Freiheit von Zweifeln bedeutet, dass der Gesetzgeber einen besonders großen Wert darauf legt, dass der vom Patienten geäußerte Wille mit dessen innerem Willen übereinstimmt[49].

Die Beurteilung der Willensäußerung eines Patienten nach den Kriterien des KC statt des GBerufA verstößt gegen den Wortlaut des GBerufA und zugleich gegen den Schutz der Autonomie des Patienten.

4. Schlusswort

Angesichts der Eigenart der Einwilligung in einen medizinischen Eingriff ist bei der Anwendung von Vorschriften des KC auf die Einwilligung, so wie es das Beispiel aus der Problematik der Mängel der Willenserklärung gezeigt hat, immer Vorsicht geboten. Eine analoge Anwendung der KC-Vorschriften auf die Einwilligung nach Aufklärung sollte stets sorgfältig daraufhin überprüft werden, ob sie wirklich notwendig und gerechtfertigt ist.

Literaturverzeichnis

Boratyńska / Konieczniak (2001): *Maria Boratyńska / Przemysław Konieczniak*, Prawa pacjenta (Warszawa 2001).

Borysiak (2008): *Witold Borysiak*, Brak objaśnionej zgody pacjenta a odpowiedzialność lekarza za brak ostrożności i przypadek, in: Studia Iuridica 2008, Bd. 49, 57.

Dukiet-Nagórska (2000): *Teresa Dukiet-Nagórska*, Świadoma zgoda pacjenta w ustawodawstwie polskim, in: Prawo i Medycyna 2000, Nr. 6-7, 78-95.

Dzienis (2001): *Paweł Dzienis*, Zgoda pacjenta jako warunek legalności leczenia, in: Przegląd Sądowy 2001, Nr. 11-12.

Gwiazdomorski (1974): *Jan Gwiazdomorski*, Próba korektury pojęcia czynności prawnej, in: Zeszyty Naukowe Uniwersytetu Jagiellońskiego, Prace z Wynalazczości i Ochrony Własności Intelektualnej, 1974, H. 1.

Haberko (2009): *Joanna Haberko*, Instytucja świadka zgody na czynności diagnostyczne i terapeutyczne będące eksperymentem medycznym w świetle ustawy o zawodach lekarza i lekarza dentysty oraz ustawy Prawo farmaceutyczne, in: Prawo i Medycyna 2009, Nr. 3, 61-75.

Janiszewska (2007): *Beata Janiszewska*, Uwagi o charakterze prawnym odmowy zgody na interwencję medyczną, in: Prawo i Medycyna 2007, Nr. 4.

Kondek (2008): *Jędrzej Kondek*, Czy milczenie oznacza zgodę? Próba analizy cywilnoprawnej, in: Studia Iuridica 2008, Bd. 49.

Kubiak (2000): *Rafał Kubiak*, Zgoda uczestnika eksperymentu - cz. 1, in: Prawo i Medycyna 2000, Nr. 8.

49 Auf die Hervorhebung der Bedeutung des subjektiven Patientenwillens durch den Gesetzgeber, um ihm einen verstärkten Schutz seiner höchsten persönlichen Rechtsgüter zu gewähren, macht auch Zawadzki (2007) 147 aufmerksam.

Longchamps de Berier (1939): *Roman Longchamps de Berier*, Polskie prawo cywilne. Zobowiązania (Lwów 1939, anastatische Ausgabe Poznań 1999).
Michałek-Janiczek (2009): *Aldona Michałek-Janiczek*, Autonomia małoletniego w zakresie leczenia, Państwo i Prawo 2009, H. 10, 57-69.
Niemczyk / Łazarska (2005): *Stanisław Niemczyk / Aneta Łazarska*, Materialnoprawne elementy aktu zgody pacjenta w ujęciu prawnym i medycznym, in: Prawo i Medycyna 2005, Nr. 2, 48-65.
Przybylska (2003): *Justyna Przybylska*, Cywilnoprawne aspekty instytucji zgody pacjenta na interwencję medyczną i jej definicja, in: Monitor Prawniczy 16/2003.
Safjan (1998): *Marek Safjan*, Prawo i medycyna (Warszawa 1998).
Sośniak (1959): *M. Sośniak*, Znaczenie zgody uprawnionego w zakresie cywilnej odpowiedzialności odszkodowawczej, in: Zeszyty Naukowe Uniwersytetu Jagiellońskiego, Kraków 1959, H. 6, 127-173.
Sośniak (1989): *Miczysław Sośniak*, Cywilna odpowiedzialność lekarza (Warszawa 1989).
Syska (2010): *Maciej Syska*, O charakterze prawnym oraz dopuszczalności oświadczeń pro futuro, in: Prawo i Medycyna 2010, Nr. 1.
System prawa cywilnego (1985): *Witold Czachórski* (Hrsg.), System prawa cywilnego, Bd. 1. *Stefan Grzybowski* (Hrsg.), Część ogólna (Wrocław u.a. 1985).
System Prawa Prywatnego (2007): *Zbigniew Radwański* (Hrsg.), System Prawa Prywatnego. Bd. 1. *Marek Safjan* (Hrsg.) Prawo cywilne - część ogólna (Warszawa 2007).
System Prawa Prywatnego (2008): *Zbigniew Radwański* (Hrsg.), System Prawa Prywatnego, Bd. 2. *Zbigniew Radwański* (Hrsg.), Prawo cywilne - część ogólna (Warszawa 2008).
Szpunar (1974): *Adam Szpunar*, Uwagi o pojęciu czynności prawnej, in: Państwo i Prawo (PiP) 1974, H. 12.
Śliwka (2008): *Marcin Śliwka*, Prawa pacjenta w prawie polskim na tle prawnoporównawczym (Toruń 2008).
Świderska (2005): *Małgorzata Świderska*, Glosa do wyroku SN z dnia 17 grudnia 2004 r., in: Orzecznictwo Sądów Polskich 2005, H. 11, Pos. 131.
Świderska (2007): *Małgorzata Świderska*, Zgoda pacjenta na zabieg medyczny (Toruń 2007).
Wolter (2001): *Aleksander Wolter / Jerzy Ignatowicz*, Prawo cywilne. Zarys części ogólnej (Warszawa 2001).
Zawadzki (2007): *Piotr Zawadzki*, Oświadczenia podobne do oświadczeń woli - przebaczenie i zgoda, in: Przegląd Prawniczy Uniwersytetu Warszawskiego 2007, Nr. 2.
Zoll (1948): *Fryderyk Zoll*, Zobowiązania w zarysie według polskiego Kodeksu Zobowiązań (Warszawa 1948).

Die culpa in contrahendo in Portugal

Isabel Mousinho de Figueiredo

Abstracts

Since 1966, the Portuguese Civil Code has regulated the doctrine of *culpa in contrahendo* under article 227 of the general part, which is dedicated to wide-ranging provisions applicable to, but not specifically reserved for, the law of obligations.

The doctrine of *culpa in contrahendo* illustrates that the methodology of law is marked by paradigms. The worthiness of an abstraction is tested through paradigms that are self-evident and result in the general acceptance of a certain legal outcome, i.e. through "endoxal abduction". There are significant variations in the doctrine of *culpa in contrahendo* that have evolved over time and legal systems. In Portugal, *culpa in contrahendo* should be allocated to contract law. The same paradigm-centred methodology reveals itself anew when it comes to fitting *culpa in contrahendo* in the sections of the civil code. Even though the applicability of the general part is not limited to the law of obligations, most of its rules were created from and for the paradigm of contract.

Portugalski kodeks cywilny reguluje problematykę *culpa in contrahendo* od roku 1966 w art. 227 należącym do części ogólnej. Ma on zatem zastosowanie także poza obszarem prawa zobowiązań. Konstrukcja *culpa in contrahendo* pokazuje, że metoda prawnicza jest kształtowana przez paradygmaty. Dzięki zastosowaniu wnioskowań przez „abdukcję" użyteczność konstrukcji abstrakcyjnych jest weryfikowana w oczywistych i powszechnie akceptowanych sytuacjach wzorcowych („abdukcja endoksalna"). Istnieją zasadnicze różnice co do charakteru prawnego *culpa in contrahendo* w różnych porządkach prawnych. W prawie portugalskim konstrukcję *culpa in contrahendo* należy raczej lokować w prawie zobowiązań umownych. Przyjmując, że stosowanie części ogólnej nie jest ograniczone prawa zobowiązań należy pamiętać, że w większości jest ona ukształtowana przez paradygmat kontraktu.

O Código Civil português consagra a *culpa in contrahendo* desde 1966 no seu artigo 227.º na Parte Geral, juntamente com outras normas relativas ao negócio jurídico e à declaração de vontade.

Na figura da *culpa in contrahendo* revela-se com particular acuidade a metodologia da Ciência do Direito centrada em paradigmas. São raras as descobertas no Direito, como a de 1861 pela mão de *von Jhering*, inicialmente limitada a negócios nulos por preterição de regras de forma.

É tarefa do Direito procurar conceitos abstractos que permitam a aplicação efectiva do princípio da igualdade. As abstracções são testadas em paradigmas concretos e pacíficos, que pela via abdutiva revelam a inequívoca, i.e. endoxal adequação da consequência jurídica.

No Direito Comparado e ao longo do tempo evoluíram campos de aplicação da *culpa in contrahendo* muito distintos entre si, dependendo também do Direito dos Contratos e do Direito da responsabilidade civil vigente em cada momento.

No Direito português destacam-se os chamados deveres de lealdade, visto que os deveres de protecção por regra são abarcados pela cláusula geral de responsabilidade extra-negocial prevista no artigo 483.º CC port.

Assim, também nas dificuldades da opção de ordenação sistemática da *culpa in contrahendo* se revela a supramencionada metodologia paradigmática. As previsões normativas da Parte Geral valem também fora do Direito das Obrigações. No entanto, a esmagadora maioria das normas relativas ao negócio jurídico foram pensadas a partir e para o paradigma do contrato.

1. Einleitung

Die c.i.c. ist seit dem Inkrafttreten des portugiesischen *Código Civil* 1967 in der Generalklausel[1] des Art. 227 normiert:

Tab. 1.1: *Artikel 227*

Culpa na formação dos contratos	Verschulden bei Vertragsschluss
1. *Quem negoceia com outrem para a conclusão de um contrato deve, tanto nos preliminares como na formação dele, proceder segundo os ditames da boa fé, sob pena de responder pelos danos que causar à outra parte.* 2. *A responsabilidade prescreve nos termos do artigo 498.º.*	1. Wer mit jemandem einen Vertrag verhandelt, soll sich bei der Anbahnung wie beim Abschluss nach den Grundsätzen von Treu und Glauben richten, andernfalls haftet er für den Schaden, der dadurch bei der anderen Partei entsteht. 2. Die Haftung verjährt gemäß Artikel 498. [*Deliktische Haftungsverjährung*]

Der vorausgehende Vorschlag von Vaz Serra ist in der geltenden Fassung nicht wiederzuerkennen[2]. Unmittelbar inspiriert wurde diese Vorschrift

1 Neben der Generalklausel ist die vorvertrágliche Haftung auch in Artikel 229 I, 245 II, 246 und 898 CC port wiederzufinden.

2 Vaz Serra (1957) 145.

durch die deutsche Lehre, das italienische Schrifttum und den Wortlaut des Artikel 1337 des Codice civile.

Die Rechtsnatur der c.i.c. bereitet seit jeher Schwierigkeiten, die für Fragen wie die Regelung der c.i.c. im europäischen Kaufrecht, ihre Qualifikation im IPR oder allgemein, ob aus Vertrag oder aus Delikt gehaftet wird, ausschlaggebend sein können. Dadurch ist auch die systematische Einordnung der c.i.c. erschwert. Diese Schwierigkeiten ergeben sich unter anderem, weil die Rechtsfolgen des *Vertrags*rechts auf *delikt*ische Tatbestände angewendet werden müssen.

Ein methodologischer Exkurs ist an dieser Stelle nicht nur aus diesem Grund angebracht, sondern auch weil es sich in Deutschland und in Portugal um unterschiedliche Rechtsinstitute handelt, selbst wenn unter denselben Begriff ähnliche abstrakte Beschreibungen von Tatbeständen fallen können[3]. Die c.i.c. wird jeweils von verschiedenen Paradigmen geprägt: im deutschen Recht eher vom Salatblattfall, der im portugiesischen Recht nicht unter die c.i.c. fällt. Man bedenke, dass im südkoreanischen BGB angeblich *„culpa in contrahendo"* schlicht anfängliche objektive Unmöglichkeit bedeutet[4]. Hinter einem gemeinsamen Ausdruck ist nicht immer ein Begriff mit einem eindeutigen gemeinsamen Nenner zu finden. Die Mehrdeutigkeit muss dementsprechend geklärt werden und die Anwendungsbereiche gegeneinander abgegrenzt werden. Dies ist nicht nur für die Rechtsfolgen, sondern auch für die dogmatische und systematische Einordnung maßgebend.

2. Allgemeines zum Gegenstand der c.i.c.

2.1. Jherings Begriff

Den Ausdruck der *culpa in contrahendo* selbst dachte sich Jhering 1861 ursprünglich für sehr beschränkte Fallgruppen aus, in denen der Vertrag nichtig ist oder nicht zum Abschluss gelangt ist. Das war der originäre Paradigma, um welchen herum die c.i.c. weiterentwickelt hat. Die unterschiedlichen *culpae in contrahendo* in den verschiedenen geltenden Rechtsordnungen lassen diesen ursprünglichen Gedanken kaum wiedererkennen[5]. Die c.i.c. ist eine ausgezeichnete Fallstudie für die Lehre der Rechtsmethodik. An ihr ist

3 Alpa (1991) 1-3, Bussani / Palmer (2003) 488-506; Kessler / Fine (1964); Hondius (1991) mit Länderberichten aus 22 Staaten; Mehren (1992) 64-74.

4 § 535 des südkoreanischen Zivilgesetzbuches. Choe (1988) 238.

5 Fleischer (2001) 76-79. Zur Entwicklung der c.i.c. statt aller Larenz (1963) 41, Fn. 2; Medicus (1986); Harke (2007).

erkennbar, dass Recht von Paradigmen abhängt und dass Recht *entdeckt*[6] werden kann.

2.2. Rechtsmethodologie der Paradigmen und c.i.c.

Aufgabe der Rechtswissenschaft ist es, dem Gleichbehandlungsgrundsatz nachzukommen, d.h. Identisches gleichzustellen und Unterschiedliches verhältnismäßig zu differenzieren. Die Suche der *ratio decidendi* wird anhand von Abstraktionen durchgeführt. Die Herausforderung besteht darin, die Vielfalt der Lebenssituationen auf einen gemeinsamen Nenner zu bringen und dadurch sinnvolle Anhaltspunkte für Analogieschlüsse zu erkennen. Analogie wird hier im weitmöglichsten Sinne verstanden. Ein unbewusster Grad von Willkür bei der Auswahl der Differenzierungskriterien ist jedoch nicht immer vermeidbar.

Dies wird durch die Deduktion von abstrakten Definitionen versucht, aber die logische Methode ist nicht immer überzeugend. Gelegentlich führt die Deduktion zu falschen Ergebnissen, denn die Normen werden durch Paradigmen abduktiv und endoxal anerkannt.

2.2.1. Abduktion

Die Geschichte des Syllogismus in der Rechtsmethodik ist eine der Anziehung und der Abstoßung. Eine formelle Logik ist sehr erwünscht, doch immer wieder muss festgestellt werden, dass dieser Weg zu inakzeptablen Ergebnissen führt[7].

Aus der Beschreibung des *Seins* können bekanntlich keine Schlüsse auf das *Sollen* gezogen werden[8]. Daran scheitert die *Induktion*. Die *Deduktion* scheitert zwar seltener in der Rechtsanwendung. Die Deduktion kann aber falsch sein als Fehler der Inversionsmethode der Begriffsjurisprudenz, wenn die formelle Auslegung einer Vorschrift überzogen wird. *Omnis definitio periculosa est.*

Alternative zu Induktion und Deduktion bildet die *Abduktion*, die sich laut Charles Pierce von der Induktion hauptsächlich durch die Kreativität der Schlussfolgerung unterscheidet. Die Abduktion hängt nicht von Wahrscheinlichkeiten ab, sondern eher von einer rationalen Bewertung der Daten.

---

6 Grundlegend Dölle (1958). Zur *Wieder*entdeckung, Giaro (2000) 115-118; Harke (2007) 1538-1552. Medicus (1986) 170, Fn. 1 stellt in Frage, ob die c.i.c. nicht eher *erfunden* wurde.

7 Dazu Perelman (1979) 213, 240.

8 Bekanntermaßen als „No *ought* from an *is*" zusammengefasst von Hume (1740) 165-171.

Anhand neuer Fälle werden Entscheidungskriterien erprobt und korrigiert. Es wird somit ein normatives *Sollen* ermittelt. Es wird weder von einer Abstraktion deduziert noch empirisch aus dem Sachverhalt induziert. Die Norm wird vielmehr *abduktiv* aus herangezogenen Beispielsfällen abgeleitet und mit Hilfe der juristischen Phantasie[9] an anderen Fällen erprobt und abgegrenzt.

Bevor Jhering seine neu benannte c.i.c. mit römischen Quellen begründete, stellte er die wahrhaftig entscheidende Frage: „Wer fühlt nicht, daß es einer Schadensersatzklage bedarf?"[10]. Das Rechtsgefühl ist maßgebend.

Die Begründung des Rechtsgefühls bereitet jedoch meist mehr Schwierigkeiten als die neu gefundene Lösung. Selbst wenn feststeht, *dass* gehaftet wird, weiß man noch nicht immer genau woraus oder warum. Bei der c.i.c. liegt nach einer Auffassung der Geltungsgrund im Vertrag[11], der oft trotz Mangels an jeglichem Anhaltspunkt fingiert wird. Nach einer anderen handelt es sich um gesetzliche Pflichten[12]. Beide Auffassungen sind sich sehr wohl bewusst, dass Gemeinsamkeiten und Unterschiede vorliegen. Die letztere bevorzugt den Unterschied zum meist nicht bestehenden Vertrag. Die erste bevorzugt die wenigen Gemeinsamkeiten mit dem intendierten Vertrag. Entscheidend ist vielmehr die Angemessenheit der Rechtsfolge. Das bedeutet, die Lösung ergibt sich aus einer *Abduktion*.

Die Überzeugungskraft der Angemessenheit der Rechtsfolge an sich ist jedoch sehr begrenzt. Sie ist völlig machtlos, wenn sie auf grundlegende Meinungsunterschiede stößt. Persönliche Überzeugungen dürfen kein geltendes Recht sein, solange sie sich nicht eindeutig endoxal verallgemeinert in einer Gesellschaft eingebürgert haben. So auch bei der Abschaffung der Todesstrafe.

2.2.2. Endoxa

Die aristotelischen *endoxa* werden in einer Diskussion von vornherein angenommen, weil sie von der Allgemeinheit, der Mehrheit oder den Weisesten gebilligt werden. Nur auf diese Weise kann sich ein Rechtsgefühl sachlich durchsetzen und von einer Gesellschaft als objektives Recht wahrgenommen werden.

So wird etwa der Ausdruck „herrschende Meinung" beständig eingesetzt und erspart aufwendigere Begründungen. Im Gegensatz dazu bedarf jeglicher Versuch, von der herrschenden Theorie abzuweichen, der Argumenta-

---

9 Canaris (1993) 383; Pinto Bronze (2008) 75-87.

10 Jhering (1861) 5.

11 Jhering, Leonhard, Siber, Fagella, Regelsberger, Sailelles, Ballerstedt, Windscheid, Stoll (1978) und andere.

12 Larenz (1987) 109; Canaris (1983) 33-34, 102-103.

tion[13]. Ein ungebildeter Laie, der wie Jhering zu einem Sachverhalt eine abweichende Rechtsfolge gegen die deduktive Evidenz vorschlagen will, wird auf mehr Skepsis stoßen als der Richter eines höheren Gerichtshofes. Die Anerkennung einer *auctoritas* bzw. die Schätzung des *Weisen* sind nicht unerheblich für die Rechtsfortbildung.

In klassischen Fällen herrscht Einigkeit über die Lösung. Neue Fälle bereiten dagegen Schwierigkeiten. Gibt es im Haftungsrecht eine dritte oder gar eine vierte Spur? Zweck der Rechtswissenschaft ist es gerade zu erforschen, wie Grenzfälle am besten zu lösen sind. Die Formulierung von Vorschriften und ihre paradigmatischen Beispiele dienen als unentbehrliche Anhaltspunkte zur Analogie zum Fall. Die Überzeugungskraft der juristischen Argumentation ist von zentraler Bedeutung. Nur die vertretbaren Auffassungen der Minderheit sind der Rede wert und grundsätzlich gelten Mindermeinungen nicht als anwendbares Recht.

2.2.3. Rolle der Paradigmen in der Rechtswissenschaft

Unter „Theorien" soll an dieser Stelle die generell abstrakte Formulierung von Regeln zu verstehen sein, auch aus dem Blickpunkt *de lege ferenda*[14]. Eine Theorie wird von einer notwendigerweise begrenzten Anzahl von Fällen abduktiv abgeleitet, die dann auch zu dessen Illustration dienen. So ist es nicht nur bei den Präzedenten oder im nordamerikanischen *restatement*, sondern in allen Rechtssystemen. Im deutschen Zivilrecht wird beispielsweise am Jungbullenfall illustriert, wie das geltende Recht den Widerspruch dreier Regelungen in einem konkreten Fall klärt, und zwar des Erwerbs durch Verarbeitung, des gutgläubigen Erwerbs nach §§ 932 ff. und der ungerechtfertigten Bereicherung. Dieser Fall bildet nicht den paradigmatischen Kern der Regel des gutgläubigen Erwerbs bei abhandengekommenen Sachen – und auch nicht der Verarbeitung oder der ungerechtfertigten Bereicherung. Durch diesen phantasievollen und dennoch realen Fall werden die Grenzen der drei Regelungsgruppen untereinander veranschaulicht. Oder neu gesetzt. Somit bildet sich ein neues Paradigma, das maßgebend für die Anwendung in analogen Lebenssituationen ist.

Der Ursprung und zugleich die immanenten Grenzen der juristischen Theorien sind in den Paradigmen zu finden, aus denen sie entnommen wurden. Es ist nicht möglich, alle Bedingungen in der Formulierung der Theorie selbst zu erfassen, weshalb die Theorie sich nie völlig vom Ansatzpunkt losreißen kann[15]. Dies verleiht dem juristischen Argument *ab exemplo* große Überzeugungskraft und dies auch zu Recht. Wir sagen, eine Norm darf nicht

---

13 Alexy (1991) 216-218.

14 Abweichende Terminologie bei Luhmann (1995) 9-10.

15 Popper (1992) 255-271; Canaris (1993) 379.

in einer bestimmten Weise ausgelegt werden, weil dies sonst in einem ausgedachten Fall zu einer unakzeptablen Lösung führen würde. Dies sind legitime Argumentationsverfahren zur Ermittlung des Rechts.

Beim *Rechtsgeschäft* wird instinktiv die Vorstellung des Brötchenkaufs erweckt. Und unter Delikt das missbilligte Zerschellen einer Vase. Diese Fälle gehören zu den zentralen Paradigmen jeweils des Rechtsgeschäfts und des Delikts. Das Recht wird am besten anhand solcher klassischer Beispiele erklärt und verstanden. Jedoch erstreckt es sich über weitreichende Rechtsgebiete. Wie beispielsweise die Fallgruppen der c.i.c., unter vielen anderen. Die Analogie zu den klassischen Paradigmen ist nicht immer eindeutig. „Abstraktion bedeutet also nicht nur Verallgemeinerung, sondern auch Entfernung von der Realität!", so Engisch[16]. Die abstrakten Begriffe erfordern dann Anpassungen und Konkretisierungen, was anhand von Beispielen und Fallgruppen erfolgt. Im Haftungsrecht ist die Notwendigkeit der Konkretisierung durch Beispiele besonders anschaulich. Der schlichte Wortlaut des § 823 I BGB ohne Beispiele bietet an sich kein eindeutiges Argument für oder gegen die Rechtsfolgen des fahrlässigen Delikts, von denen die Literatur und die Rechtsprechung so ausführlich handeln. In der Rechtsvergleichung werden oft ähnliche Problematiken unter ganz unterschiedlichen abstrakten Prämissen diskutiert. Oft liegen diese jedoch erstaunlicherweise nicht so fern von einander, wie es der Unterschied in der abstrakten Gesetzgebung erwarten ließe. Sacco bemerkt zutreffend, dass im Haftungsrecht die größten Gegensätze auf der Ebene der allgemeinen Definitionen zu finden sind; die operativen Normen hingegen sind abgestimmter[17].

Keine Rechtsordnung kann sich von der historischen Entwicklung distanzieren. Die ausgesuchten Abgrenzungskriterien werden mit Beispielen begründet oder abgewiesen. Die paradigmatische Entwicklung der Regeln stellt nicht nur dessen Ansatz dar, sondern auch dessen Prüfungsgegenstand. Denn juristische Regeln sollen Konsistenz und Überprüfbarkeit aufweisen wie andere wissenschaftliche Theorien[18]. Somit wird erneut die mangelnde theoretische Transzendenz der Rechtswissenschaft veranschaulicht, denn die Rechtswissenschaft ist vom eigenen Gegenstand nicht zu unterscheiden, weil es kein extern differenziertes Objekt der Wissenschaft gibt. Die Bildung einer neuen Theorie erfolgt durch einen Paradigmenwechsel[19], d. h. durch anschauliche Fälle, in denen die vorgeschlagene Lösung nicht strittig ist. Jherings entscheidender Beitrag lag im Paradigmenwechsel. Entscheidend war auch die neue Benennung, durch die das neue Paradigma besonders anschaulich wurde. Aus allen Fällen, die weder unter das Delikt noch unter ei-

16 Engisch (1953) 86.
17 Sacco (1991) 369.
18 Canaris (1993) 384.
19 Kuhn (1996) 43-49.

nen wirksamen Vertrag fallen, wurde das Paradigma der c.i.c. unter dieser Bezeichnung abgegrenzt und gilt seitdem als Anhaltspunkt für Analogieschlüsse. Das Paradigma der c.i.c. war besonders fruchtbar. Die Analogiefortbildung reicht erstaunlich weit, besonders in der Rechtsvergleichung.

3. Anwendungsbereich der c.i.c. in Portugal

Selbst vor Abschluss des Rechtsgeschäfts und ab dem ersten geschäftlichen Kontakt schulden sich die Betroffenen Nebenpflichten aus Treu und Glauben oder einem normativen Vertrauensverhältnis[20]. Die grundlegende Kernidee der c.i.c. könnte derart zusammengefasst werden, scheinbar ohne Unterschied zum deutschen Recht.

Die c.i.c. ist nicht nur dem Vertrag vorbehalten, sondern die potentielle Anwendbarkeit erstreckt sich auf alle voraussichtlichen Rechtsgeschäfte, auch außerhalb des Zivilrechts. Eigentlich könnte die vorvertragliche Haftung in vor*geschäftliche* umbenannt werden[21]. Eindeutig wird das Paradigma des Vertrages unter allen Rechtsgeschäften sichtbar, auch in der c.i.c. Deshalb hat es sich allgemein eingebürgert, die Terminologie des Vertrages und des Kontrahierens zu bevorzugen. So auch in Art. 227 des portugiesischen *Código Civil*.

3.1. Kodifizierung in Portugal

Vor der ersten zivilrechtlichen Kodifikation des *Código de Seabra* galten andere Quellenkompilationen. Seit dem 3. Jahrhundert v. Chr. war das portugiesische Territorium Teil des römischen Reiches. Nach dem Untergang im Westen galt auf portugiesischem Gebiet unter anderem auch das Brevier von Alarich, das selbst unter der späteren muslimischen Herrschaft von der christlichen Gemeinschaft weiterhin angewandt wurde. Die morgenländische Herrschaft dauerte vom 8. Jahrhundert bis 1249 und wird in der portugiesischen Geschichte oft eher als fremd empfunden, brachte aber dennoch dauerhafte Änderung wie die Abschaffung der Leibeigenschaft mit sich. Zur Zeit der Gründung des heutigen portugiesischen Staates 1139 bzw. 1143 galt Gewohnheitsrecht neben einigen Gesetzten. Das *ius commune* kam im 13. und 14. Jahrhundert in Form der italienischen und französischen Wiederentdeckungen durch die Schule der Glossatoren und Kommentatoren hinzu. Es

20 Vgl. Art. 2.1.15 der Unidroit-Grundregeln und Artikel 2:301 der PECL. Die c.i.c. wird als Ausnahme zur Vertragsfreiheit dargestellt.

21 Auf Portugiesisch *responsabilidade pré-negocial*. Vgl. Almeida Costa (1984) 32; Mota Pinto (1963) 23-25; Benatti (1970) 33-40.

kam zu Sammlungen des portugiesischen Rechts, wie dem *Livro das Leis e Posturas* und den *Ordenações de D. Duarte*. In der Neuzeit folgte 1446 die Veröffentlichung einer vollständigeren Sammlung, der *Ordenações Afonsinas*, bearbeitet auf Initiative des Königs D. Afonso V. Sie wurden von den *Ordenações Manuelinas* von 1521 ersetzt[22], bis 1603 die *Ordenações Filipinas* veröffentlicht wurden[23]. In diesen ist ein Vorgänger der c.i.c. zu finden im Tatbestand „desjenigen, der eine Verkaufsurkunde oder einen anderen Vertrag verspricht und ihn dann nicht schließen will"[24].

Der *Código de Seabra* von 1867 wurde nach dem Modell des französischen *Code Civil* vom Visconde de Seabra erarbeitet, Richter am Berufungsgerichtshof Porto.

Die Entscheidung, diesen *Código* durch eine pandektistische Systematik trotz der bekannten Kritik zu ersetzen, fiel 1944[25]. Umfangreiche Vorbereitungsstudien wurden bis 1966 veröffentlicht mit weitreichender Rechtsvergleichung. Vater des neuen Zivilgesetzbuches, das 1967 in Kraft trat, war Adriano Vaz Serra. Im ursprünglichen Ausschuss waren die Professoren Manuel de Andrade, Pires de Lima, Paulo Cunha vertreten. Und die ministeriellen Revisionen 1963 und 1965 unter Pires de Lima und Antunes Varela bewirkten tiefgreifende Änderungen.

Anders als das BGB war keine Rechtsvereinheitlichung bezweckt, die seit 1139 bestand, sondern lediglich eine wissenschaftliche Reform mit besonderem Blick auf die damals neu entdeckte deutsche Rechtswissenschaft. Die Rezeption der deutschen Rechtswissenschaft begann um 1900 und ist auf Guilherme Moreira zurückzuführen.

3.2. Rezeption der c.i.c. in Portugal

Die Geschichte der Rezeption der c.i.c. in Portugal ist dokumentiert[26].

Die c.i.c. stieß zunächst auf Widerstand gegen jegliche vorvertragliche rechtliche Bindung, denn das damalige Schrifttum bevorzugte die Freiheit

---

22 Die vier Auflagen sind jeweils von 1512, 1514, 1521 und 1539.

23 Umfassend zur portugiesischen Rechtsgeschichte statt aller Marcello Caetano (2000).

24 *Livro* IV, XIX der *Ordenações Filipinas:* „Do que prometteu fazer scriptura de venda, ou de outro contracto, e depois a não quer fazer".

25 So ausdrücklich im Decreto-*Lei* 33908 vom 4. September 1944 und Vaz Serra (1947) 34. Siehe auch Lima Rego / Ferreira de Almeida (2007) 183; Menezes Cordeiro (2005) 55.

26 Siehe u. a. Vaz Serra (1957) 118-140, 122; Almeida Costa (1984) 41-44; Menezes Cordeiro (2005) 509-510; Mota Pinto (2008) 229-235; Ana Prata (2005) 21-24; Moreira da Silva (2003) 28, Fn. 49.

und Unbefangenheit, die besonders im Liberalismus überwog[27], und die daraus folgende Rechtsicherheit. Für die Umkehrung von dieser Haltung war Art. 1337 des *codice civile* von 1942 nicht unerheblich.

Vor dem *Código Civil* von 1966 sprachen sich gegen die Einführung der c.i.c. im Jahre 1921 Belesa dos Santos, der sie als unsicher, schwer abgrenzbar und unsachlich einschätzte[28] sowie Cunha Gonçalves im Jahre 1931[29], der nur sehr begrenzte Ausnahmen in Fällen zulassen wollte, die heute unter die öffentliche Auftragsvergabe fallen, aus. Jaime de Gouveia hält die c.i.c. für unlogisch und willkürlich[30]. Es nahmen auch Stellung Guilherme Moreira[31], José Tavares[32], Vaz Serra[33], Ruy de Albuquerque[34], Galvão Telles[35], Mota Pinto[36] und Manuel de Andrade[37]. Nach dem Inkrafttreten des *Código Civil* wurde 1970 die Übersetzung des Werkes von Benatti veröffenticht. Ein wichtiger Meilenstein für die c.i.c. war das Jahr 1984, in dem nach der Studie von Baptista Machado die umfassende Habilitationsschrift von Menezes Cordeiro zum Thema Treu und Glauben veröffentlicht wurde. Ab diesem Zeitpunkt wird die c.i.c. auch in der Rechtsprechung konsequent angewandt und allgemein in den Lehrbüchern behandelt. Nennenswert sind noch die Studie zu den Schutzpflichten von Carneiro da Frada[38], die Ergebnisse zur c.i.c. im IPR von Moura Vicente[39] und die neuere umfassende Untersuchung von Mota Pinto[40].

Die c.i.c. in der portugiesischen Rechtsordnung kann nur näher erläutert werden, wenn die relevanten Besonderheiten zum Vertrags- und Deliktsrecht bekannt sind.

---

27 Vgl. Benatti (1970) 20.
28 Belesa dos Santos (1921) 10 ff.
29 Cunha Gonçalves (1931) 246 ff.
30 Gouveia (1932) 293.
31 Moreira (1911) 664 ff.
32 Tavares (1922) 492, Fn. 3.
33 Vaz Serra (1957) 113 ff.
34 Albuquerque (1961) 84.
35 Galvão Telles (1965) 185 f. In der Auflage von 1947 wird die c.i.c. nicht behandelt.
36 Mota Pinto 1963 (1959/1960).
37 Andrade (1966) 402.
38 Carneiro da Frada (1992).
39 Moura Vicente (2001).
40 Mota Pinto (2008).

3.3. Vertrag und Delikt in Portugal

3.3.1. Delikt

Obwohl der Verfasser der gesetzlichen Vorschrift Vaz Serra die Haftung auf absolute Rechte begrenzen wollte, folgt Art. 483 *Código Civil* nicht ausdrücklich dem Enumerationsprinzip. Dieses historische Argument wird vom Schrifttum jedoch als durchaus überbrückbar angesehen, das in der Generalklausel keine Beschränkung auf absolute Rechte erblickt[41]. Doch auch die Auffassung der impliziten Enumeration wird vertreten[42]. In der Rechtsprechung findet man Entscheidungen in beide Richtungen[43]. M. E. handelt es sich eher um vom jüngeren Schrifttum entwickeltes als gefestigtes Recht, denn die Rechtsprechung schließt sich dieser Ansicht immer dann nicht an, wenn die daraus folgende Entscheidung eindeutig unsachgemäß ist. Bis Ende der 90er Jahre war selbst der Begriff des reinen Vermögensschadens weitgehend unbekannt. Allein aus dieser Tatsache kann man schließen, dass die Regel, nach der der reine Vermögensschaden nicht ersatzfähig ist, in Portugal nicht zum geltenden Recht gehörte. Der Begriff ist unentbehrlich für Formulierung und Existenz der Regel selbst. Über die Ersatzfähigkeit wird aufgrund anderer Voraussetzungen entschieden, wie der Rechtswidrigkeit, des Verschuldens, der Kausalität und des Vorliegens eines Schadens, oft mit ähnlichen Resultaten. Das heißt, der deutsche Analytismus wurde eigenständig ohne Übernahme des Enumerationsprinzips rezipiert.

Es wurde vertreten, dass die Schutzpflichten als solche in der portugiesischen Rechtsordnung nicht gelten[44]. Carneiro da Frada ist anderer Auffassung. Die Selbständigkeit der Schutzpflichten hängt aber von der Ersatzfähigkeit des reinen Vermögensschadens ab. Dies sind keine leichten Problematiken.

---

41 Pessoa Jorge (1999) 301; Galvão Telles (1989) 370-377, 374; Cabral de Moncada (1959) 253; Ferrer Correia (1969) 355-361; Almeida Costa (2006) 79-84; Menezes Cordeiro (1986) 283-286; Santos Júnior (2003).

42 Pessoa Jorge (1999) 301; Galvão Telles (1989) 374; Cabral de Moncada (1959) 253; Ferrer Correia (1969) 355-360; Almeida Costa (2006) 79; Menezes Cordeiro (2010) 445-448; Santos Júnior (2003) 550.

43 Beispielsweise in den Urteilen des STJ vom 17.06.1969 (BMJ 188, 146) und vom 25.10.1993 (BMJ 430, 455).

44 Menezes Cordeiro (1984) 722.

3.3.2. Vertrag

Nicht alle europäischen Rechtsordnungen wenden denselben Begriff des *Vertrages* an[45]. So sind im *common law* unter *promissory estoppel* Tatbestände als vor*vertrágliche* Rechtsverhältnisse anerkannt, die in anderen Rechtsordnungen eindeutig zum Vertragsrecht zählen würden, weil die *consideration* nicht erforderlich ist. Im portugiesischen Recht ist grundsätzlich keine *consideration* erforderlich, doch es bestehen andere, weniger offensichtliche Unterschiede zum deutschen Recht.

Grundsätzlich gilt in den Verfügungsverträgen das Konsensualprinzip. Die Folgen sind im ganzen Privatrecht zu finden und auch in der c.i.c. und deren Anwendungsbereich.

3.4. Fallgruppen der c.i.c.

Die Fallgruppen der c.i.c. werden nach Loyalitäts-, Informations- und Schutzpflichten eingeordnet[46]. Ferner wird unterschieden, ob es überhaupt nicht zu einem Vertrag kam, ein unwirksamer Vertag zustande gekommen ist oder ein wirksamer Vertag mit unerwünschtem Inhalt.

Loyalitätspflichten dienen dazu, den Gläubiger zu verpflichten, den Zweck der Hauptleistung zu ermöglichen[47]. Die Teleologie des dynamischen Beitrages des Vertrages wird weitestgehend in Schutz genommen. Schutzpflichten hingegen dienen dazu, den *status quo* abzudecken, d. h. die Unversehrtheit der anderen Partei abgesehen von der vertraglichen Vereinbarung zu sichern. Vorbild der durch die Schutzpflichten bewahrten Güter sind die absoluten Rechte der Parteien, doch andere Güter müssen nicht von vornherein ausgeschlossen sein.

Die Informationspflichten werden aufgrund eines neuen Kriteriums unterschieden[48], und zwar aufgrund des Inhalts der Pflicht statt des Schutzobjekts bzw. -zwecks der Pflicht. Diese Kategorie scheint keine relevante Selb-

---

45 Ranieri (2009) 36-48; Cherti (2010). Zum nordamerikanischen Begriff „contract" in § 1 Restatement (2d): „a promise or a set of promises for the breach of which the law gives a remedy [...]".

46 Menezes Cordeiro (1984) 547-553 und 604-606; Carneiro da Frada (1994) 40-44; Mota Pinto (1970) 338; Menezes Leitão (2006) 353-354; Mota Pinto (2008) 1190-1192, Fn 3340. Wie in den deutschsprachigen Rechtsordnungen ist die Terminologie auch in Portugal nicht immer übereinstimmend. Dazu Pais de Vasconcelos (1995) 403-404, Fn. 804 und Carneiro da Frada (2004) 107, Fn. 85. Grundlegend zur Unterscheidung Stoll (1932) 289. Implizit scheint Stoll auch davon auszugehen, dass Schutzpflichten eine Information oder etwas anderes zum Inhalt haben können. *Idem* 289 und 299-301.

47 Vgl. Canaris (1965) 477.

48 Zutreffend bemerkt von Carneiro da Frada (1994) 42, Fn 72.

ständigkeit zu haben. Die Differenzierung zwischen Loyalitäts- und Schutzpflichten ist sinnvoll, weil aus den erheblichen Gemeinsamkeiten der jeweiligen Tatbestände Schlussfolgerungen auf das Haftungsregime gezogen werden können und sollen. Die Einteilung führt zur tendenziellen Anwendung der Deliktshaftung bei Verletzung von Schutzpflichten und der Vertragshaftung bei Verletzung von Loyalitätspflichten. Dies ist sowohl von der Struktur des Sachverhalts her als auch im Hinblick auf die Angemessenheit der Rechtsfolgen gerechtfertigt. Die jeweilige Analogie zum Vertrag und zum Delikt liegt auf der Hand. Nun können beide Kategorien durchaus eine Information zum Inhalt haben. Viele Gebrauchsanweisungen dienen zugleich der Erfüllung von Loyalitäts- und Informationspflichten. Und wenn eine Produktinformation auf Gefahren aufmerksam macht, kommt die Partei nicht lediglich einer *Information*spflicht nach, sondern einer wahrhaften Schutzpflicht. Die Unterscheidung der Informationspflichten sollte dementsprechend aufgegeben werden, nicht nur wegen ihrer Zwecklosigkeit, sondern auch weil der Anschein einer dritten Kategorie die Rechtsanwendung irreführen kann. Es ist kein Grund ersichtlich, warum diese Kategorie nicht genauso wie die Unterscheidung zwischen Wort und Tat im englischen *tort law* als historisch überwunden gelten sollte[49].

Das bedeutet nicht, dass durch dieselbe Handlung zugleich beide Pflichtarten verletzt werden.

Im heutigen portugiesischen Recht ist der Kernbereich der c.i.c. eher auf die Nebenleistungspflichten konzentriert. Die Fallgruppen des Salatblattfalles, des Bananenschalenfalles oder des Linoleumrollenfalles sind bekannt, fallen jedoch nicht in den Anwendungsbereich der portugiesischen c.i.c.[50]. Aus der c.i.c. ergeben sich für solche Deliktsfälle höchstens gesteigerte Sorgfaltsanforderungen oder erhöhte Schutzpflichten[51]. Weder zur c.i.c. noch zu Vertrag oder Delikt gehören Verstöße gegen Verbote wie die von Höhenunterschiede im Fußboden von Verkaufsflächen, die 1,5 cm überschreiten[52], die systematisch eher den Baurechtsvorschriften zuzuordnen wären, auch wenn sie dem Zweck der Schadensvorbeugung dienen.

49 Erst im Urteil Allen v. Flood [1898] AC 1 wurde in England ein Schaden ohne physischen Ausdruck für ersatzfähig erklärt.

50 Mota Pinto (1963) 5-17; Menezes Cordeiro (1984) 583, 636-639; Sinde Monteiro (1989) 356 Fn. 60; Menezes Leitão (2001) 785; Moreira da Silva (2003) 29-30, Fn. 51; Antunes Varela (2005) 268, der die Schutzpflichten nicht erwähnt; Prata (2005) 82.

51 Mota Pinto (2008) 1193; Larenz (1987) 107, 121.

52 Jansen (2003) 72-73, Fn. 148.

Nach einer weiteren Einordnung können drei andere Fallgruppen unterschieden werden[53]:

- Wenn kein wirksamer Vertrag geschlossen wird;
- Wenn ein Vertrag geschlossen wird und Nebenpflichten bestehen;
- Nachdem der Vertrag erloschen ist (*culpa post factum finitum).*

Wenn ein Vertrag vorliegt, fallen die meisten Pflichten unter die pVV. Der Vertrag bildet einen neuen Paradigmenkreis, in dem die Einheit des Systems zu einem anderen Normenbündel führt. Die Vertragssphäre bzw. die Regelung des Schuldverhältnisses mit primären Leistungspflichten zieht solche Tatbestände an sich.

Grundsätzlich werden die Schutzpflichten zum Thema der c.i.c. zwar angesprochen, stehen dem Delikt aber näher, ohne dass c.i.c. in Frage kommt. So im Salatblattfall.

3.5. Rechtsfolgen der c.i.c.

Die Regel des *non-cumul* gilt in Portugal nicht. Der Kläger kann sich auf beide Haftungsarten berufen. So ist eine scharfe Abgrenzung zwischen Delikt und Vertragshaftung nicht immer erforderlich und die Anwendungsbereiche können sich in der Praxis und in der Theorie decken.

Die c.i.c. lässt sich selbst in ihren zentralen Paradigmen weder als vertragliche noch als deliktische Haftung reibungslos einordnen[54].

Ausdrücklich zur Konkurrenz der c.i.c. und anderer Anspruchs- bzw. Haftungsgrundlagen haben sich Ende des 20. Jahrhunderts viele bedeutsame Autoren zum konkreten Fall des Ankaufs von Gesellschaftsanteilen erklärt. Beim Verkauf wurde vor Vertragsschluss nicht auf eine hohe Bürgschaft der Gesellschaft aufmerksam gemacht[55].

Im Hinblick auf die Frage, ob es sich um vertragliche oder deliktische Haftung[56] handelt, macht Menezes Cordeiro darauf aufmerksam, dass die Alternativität im Grunde nur scheinbar besteht[57].

Nach der herrschenden Meinung wird die c.i.c. eher als Vertragshaftung eingeordnet[58], oft als kasuistisches Mischregime[59]. Statt sich vorneweg abs-

53 Menezes Cordeiro (1989) 546-553; *idem* (2005) 505-507; Menezes Leitão (2001) 784-785.

54 Deshalb ist auch Jherings Entdeckung auf starke Kritik gestoßen, zum Beispiel von Mommsen (1879).

55 Gomes da Silva / Amaral Cabral (1995) 316; Ferrer Correia / Almeno de Sá (1995) 298; Galvão Teles (1995) 201; Rebelo de Sousa (1995) 252.

56 Siehe Übersicht bei Moreira da Silva (2003) 55-64.

57 Menezes Cordeiro (2005) 504. Vaz Serra (1957) 124 vertritt dagegen, es handle sich um einen vertraglichen Anspruch.

trakt und pauschal nur für eines der Normbündel zu entscheiden, wird versucht, die Teleologie der unterschiedlichen Rechtsfolgen einzeln zu ermitteln[60] und die Analogie zum Sachverhalt festzustellen. So kommt man zu einer gemischten Haftung, die für den Fall geeigneter ist.

Grundsätzlich gilt, dass die Schutzpflichten mit der Deliktshaftung und Nebenleistungspflichten mit der Vertragshaftung sanktioniert werden. Die jeweilige Analogie des Tatbestandes liegt auf der Hand.

Die positiven Rechtsfolgenunterschiede zwischen Vertrags- und Deliktshaftung sind ansatzweise mit denen im deutschen Recht vergleichbar, selbst wenn sie nicht so weitreichend sind.

3.5.1. Einzelne Rechtsfolgen der c.i.c.

An erster Stelle gilt, nachdem der Tatbestand der c.i.c. bewiesen wurde, die Vermutung des Verschuldens[61] aus Art. 799 I statt aus Art. 487 I CC port. Hier sind keine großen Unterschiede zum deutschen Recht zu finden[62].

Die Verschuldensfähigkeit wird grundsätzlich der vertraglichen Vorschrift des Art. 123 statt dem deliktischen Art. 488 CC port entnommen[63].

Die vertragliche Haftung für Dritte ist in Art. 500 CC port geregelt[64] und setzt *comissão,* d.h. eine gewisse Subordination[65], voraus im Gegensatz zum Erfüllungsgehilfen des Art. 800 CC port[66]. In Deutschland erlaubt § 831 BGB viel weitergehende Exkulpationsmöglichkeiten. Die Wahl zwischen Vertrag und Delikt wirkt sich in Portugal deshalb weniger aus, vor allem auch weil

---

58 Vaz Serra (1957) 130, Albuquerque (1961) 66-71; Menezes Cordeiro (1984) 585; Mota Pinto (1970) 351-354; Ribeiro de Faria (2003) 130; Prata (2005) 211-214.

59 Menezes Leitão (2006) 356; Ferreira de Almeida (2005) 189, 206; Teixeira de Sousa (1998) 581; Moura Vicente (2001) 274; Moura Vicente (2007) 275; Ferreira Cunha (2006) 66-76. Für Almeida Costa (1984) 53, 91-95, handelt es sich grundsätzlich um deliktische Haftung, selbst bei vertraglichen Paradigmen wie dem Abbruch der Vertragsverhandlungen.

60 So beispielsweise Almeida Costa (1984) 91-98.

61 Allgemein erfasst die Beweislastumkehr nicht lediglich das Verschulden sondern *alle* Haftungsvoraussetzungen bzw. die französische „faute". Die Vermutung der *culpa* ist eine Zurechnungsvermutung, Menezes Cordeiro (1996) 486.

62 Im deutschen Recht ist seit Raape (1947) 217 die Beweislastumkehr für die pVV anerkannt und nach Canaris (1965) 481 auch auf die c.i.c. und den Vertrag mit Schutzwirkung für Dritte zu übertragen.

63 Im deutschen Recht leitet Canaris folgenden Grundsatz ab: „Schutz mangelnder Geschäftsfähigkeit geht vor Vertrauensschutz", Canaris (1964) 1988.

64 In Deutschland: Erfüllungsgehilfen § 278 BGB.

65 Menezes Cordeiro (1984) 638.

66 So Menezes Cordeiro (1996) 462, 487. Eine andere Auffassung wurde von Múrias (1996) vertreten.

der Ersatz reiner Vermögensschäden nicht in allen Fällen von vornerein ausgeschlossen ist.

Für eine Mehrheit von Haftenden ist außervertraglich gemäß Artt. 497 und 507 CC port die Gesamtschuld vorgesehen. Rechtsgeschäftliche Schuldverhältnisse sind dagegen gemäß Art. 513 CC port grundsätzlich als Teilschuld konzipiert.

Die Ermäßigung der Schadensersatzhöhe aus Billigkeitsgründen wird für die deliktische Haftung ausdrücklich in Art 494 CC port ermöglicht.

Zur Verjährungsfrage bereitet 227 II CC port für die c.i.c. die eindeutige Antwort[67]. Die allgemeine Verjährungsfrist von 20 Jahren gemäß Art. 309 CC port gilt für Schuldverhältnisse aus Vertrag, wird aber für außervertragliche Haftung auf drei Jahre gemäß Art. 498 CC port gekürzt[68]. Carneiro da Frada vertritt, dass die Schutzpflichten der dreijährigen Verjährungsfrist unterlägen[69]. Im Urteil des STJ vom 13.02.2001 wurde auch zur kürzeren, deliktischen Verjährungsfrist Stellung genommen.

Es gibt weitere Rechtsfolgenunterschiede, auch im Verfahrensrecht, Kollisionsrecht und bei AGB. Die Ersatzfähigkeit von Nichtvermögensschäden im Rahmen der vertraglichen Haftung war strittig, doch die jüngere Rechtsprechung verneint sie nicht mehr grundsätzlich.

Im Regelfall wird lediglich das negative Interesse ersetzt. Der Ersatz des positiven Interesses ist jedoch dann nicht ausgeschlossen, wenn es ausreichende Anhaltspunkte gibt, die für einen selten vorliegenden Kausalzusammenhang sprechen[70].

3.5.2. Zwischenergebnis

Die portugiesische c.i.c. gehört grundsätzlich zum Vertragsrecht.

4. Regelungsort der c.i.c.

Die c.i.c. könnte man im Allgemeinen Teil des *Código Civil* oder im Allgemeinen Teil des Schuldrechts bzw. des Vertragsrechts regeln. Die paradigmenzentrierte Methodologie zeigt sich hier erneut, nur eine Stufe höher im Abs-

---

67 Ein Unfall während eines Bootstransports 1978 wirkte sich in einem Integritätsschaden aus, dessen Entschädigung erst 1995 vor Gericht verlangt wurde. In: *Colectânea de Jurisprudência,* STJ 2001, I, 117.

68 Ausführlich zum Thema Albuquerque (1989).

69 Carneiro da Frada (1994) 218.

70 Siehe *Acórdão* des STJ vom 27.09.2012 (www.dgsi.pt). Allgemein zur Entwicklung der c.i.c. in der Rechtsprechung siehe Menezes Cordeiro (1984) 576-582; Menezes Cordeiro (2005) 513-516; Moura Vicente (2007) 269-274.

traktionsniveau. Wie das Verhältnis zwischen Tatbestand und Norm, so ist auch die Einordnung des Instituts in die Systematik von den klassischen Paradigmen abhängig, von denen die Norm geprägt wird.

Aus wissenschaftlich-methodologischer Perspektive ist das Paradigma der c.i.c. eindeutig der Vertrag und nicht andere Handlungen. Deshalb wäre auch eine Einordnung in den Besonderen Teil sinnvoll. Die c.i.c. kann aber auch bei anderen Rechtsgeschäften angewandt werden, sogar außerhalb des Privatrechts. Es ist also auch sinnvoll, sie vor die Klammer zu ziehen. Bemerkenswert ist, dass Realakte analog denselben Normen wie das Rechtsgeschäft gemäß Art. 295 CC port in Buch I, Titel II, Kapitel II unterliegen[71]. Das erspart dem portugiesischen Juristen manche Mühe, wird aber nur sehr selten in der Rechtspraxis angewendet. Die c.i.c. kann auch bei empfangsbedürftigen Rechtsgeschäften anwendbar sein[72].

Regelungstechnisch sind keine erheblichen Nachteile ersichtlich, wenn man die c.i.c. im Allgemeinen Teil regelt. Selbst ein rein chronologisches Einordnungskriterium ist mangels anderer Kriterien legitim. So steht das Familienrecht vor dem Erbrecht[73]. Das ist nachvollziehbar. Die thematische Nähe der c.i.c. zum Zustandekommen sowie zu Auslegung und Gültigkeit der Willenserklärung und des Rechtsgeschäfts ist nachvollziehbar, genauso wie zu den Willensmängeln und zum Vertragsschluss.

Der ausgewählte Regelungsort hat auch keine praktischen Nachteile. Wenn die c.i.c. im BT stünde, wäre der Analogieschluss, um Lücken zu schließen, deshalb nicht ausgeschlossen.

Selbst wenn es didaktisch sinnvoll ist, die Vertragsfreiheit zusammen mit der c.i.c. von Grund auf zu lernen, hat es andererseits keinen Sinn, jemanden mit dem vollen Umfang des Problems zu beanspruchen, wenn die Unterschiede zwischen vertraglicher und deliktischer Haftung noch nicht in Tiefe bekannt sind.

5. Fazit

Es gibt nicht den einen richtigen Regelungsort für die c.i.c.

Bei der c.i.c. wird die Abhängigkeit der Rechtswissenschaft von Paradigmen besonders anschaulich. Aufgabe der Rechtswissenschaft ist es, übergreifende, abstrakte Begriffe zu suchen und durch Verallgemeinerungen dem Gerechtigkeitsgebot der Gleichbehandlung nachzukommen. Anhaltspunkte

71 Vgl. 1:107 PECL. Art. 295 CC port ist nicht auf einseitige Rechtsgeschäfte beschränkt, wie im *codice civile* in Italien und im ABGB in Österreich.

72 So auch Benatti (1970) 33-34.

73 Im *Code Civil* wie auch vorher in der Institutionenordnung stand das Erbrecht vor dem Schuldrecht und nach dem Sachenrecht.

dafür bieten konsensfähige, konkrete Paradigmen, aus denen sich dann abduktiv die Sachgerechtigkeit bestimmter Rechtsfolgen eindeutig bzw. endoxal ergeben.

Historisch und rechtsvergleichend entwickelten sich nach ihrer „Entdeckung“ unterschiedliche Anwendungsbereiche der c.i.c., die auch vom jeweiligen Vertrags- und Haftungsrecht abhingen. Im portugiesischen Recht treten bei der c.i.c. hauptsächlich die Loyalitätspflichten in den Vordergrund, denn die Schutzpflichten werden grundsätzlich von der deliktsrechtlichen Generalklausel abgedeckt. Die Befassung mit den Schwierigkeiten, die c.i.c. zwischen anderen etablierten Rechtsinstituten einzuordnen, kann dabei helfen, in der Systematisierung der Kodifikationen die oben genannte paradigmatische Methodologie wiederzufinden. Was im Allgemeinen Teil vor die Klammer gezogen wird, gilt oft auch außerhalb des Vertragsrechts. Wenige Normen zum Rechtsgeschäft wurden jedoch außerhalb dieses Paradigmas entwickelt. Es ist deshalb vertretbar, dass im portugiesischen *Código Civil* die *culpa in contrahendo* seit 1966 in Art. 227 im Allgemeinen Teil neben anderen Rechtsgeschäfts- und Willenserklärungsvorschriften geregelt ist.

Literaturverzeichnis

Albuquerque (1961): *Ruy de Albuquerque*, Da culpa in contrahendo no Direito luso-brasileiro (Diss. Faculdade de Direito da Universidade de Lisboa 1961).

Albuquerque (1989): *Pedro de Albuquerque*, A aplicação do prazo prescricional do n.º 1 do artigo 498.º do Código Civil à responsabilidade contratual, in: Revista de Legislação e Jurisprudência, ano 49 (Lisboa 1989).

Alexy (1991): *Robert Alexy*, Theorie der juristischen Argumentation (Frankfurt am Main 1991).

Almeida Costa (1984): *Mário Júlio de Almeida Costa*, Responsabilidade Civil pela ruptura de negociações preparatórias de um contrato (Coimbra 1984).

Almeida Costa (2006): *Mário Júlio de Almeida Costa*, Direito das Obrigações (Coimbra 2006).

Alpa (1991): *Guido Alpa*, Responsabilità precontrattuale – diritto comparato e straniero, in: Enciclopedia giuridica, Band XXVII (Milano 1991).

Andrade (1966): *Manuel de Andrade*, Teoria Geral das Obrigações (Coimbra 1966).

Antunes Varela (1966): *João de Matos Antunes Varela*, Do projecto ao Código Civil – comunicação feita na Assembleia Nacional no de 26 de Novembro de 1966 (Lisboa 1966).

Antunes Varela (2005): *João de Matos Antunes Varela*, Das Obrigações em Geral, Band I (Coimbra 2005).

Belesa dos Santos (1921): *José Belesa dos Santos*, A simulação (Coimbra 1921).

Benatti (1970): *Francesco Benatti*, A responsabilidade pré-contratual (Coimbra 1970).

Bussani / Palmer (2003): *Mauro Bussani / Vernon Palmer*, Pure Economic Loss in Europe (Cambridge 2003).

Cabral de Moncada (1959): *Luís Cabral de Moncada*, Lições de Direito Civil (Coimbra 1959).
Caetano (2000): *Marcello Caetano*, História do Direito Português (Lisboa 2000).
Canaris (1964): *Claus-Wilhelm Canaris*, Geschäfts- und Verschuldensfähigkeit bei Haftung aus „culpa in contrahendo", Gefährdung und Aufopferung, Neue Juristische Wochenschrift (NJW) 1964, 1987-1993.
Canaris (1965): *Claus-Wilhelm Canaris*, Ansprüche wegen positiver Vertragsverletzung und Schutzwirkung für Dritte bei nichtigen Verträgen, Juristenzeitung (JZ) 1965, 475-482.
Canaris (1983): *Claus-Wilhelm Canaris*, Schutzgesetzte – Verkehrspflichten – Schutzpflichten, in: Festschrift für Karl Larenz (München 1983) 27-110.
Canaris (1993): *Claus-Wilhelm Canaris*, Funktion, Struktur und Falsifikation juristischer Theorien, in: Juristenzeitung (JZ) 1993, 377-391.
Carneiro da Frada (1994): *Manuel Carneiro da Frada*, Contrato e deveres de protecção (Coimbra 1994).
Carneiro da Frada (2004): *Manuel Carneiro da Frada*, Teoria da Confiança e Responsabilidade Civil (Coimbra 2004).
Cherti (2010): *Stefano Cherti* (Hrsg.), La nozione di contratto nella prospettiva storico-comparatistica (Padova 2010).
Choe (1988): *Byoung Jo Choe*, Die culpa in contrahendo bei Rudolph von Jhering (Göttingen 1988).
Cunha Gonçalves (1931): *Luís de Cunha Gonçalves*, Tratado de Direito Civil em Comentário ao Código Civil, IV (Coimbra 1931).
Engisch (1953): *Karl Engisch*, Die Idee der Konkretisierung der Rechtswissenschaft in unserer Zeit (Heidelberg 1953).
Ferreira Cunha (2006): *Daniela Ferreira Cunha*, Responsabilidade pré-contratual por ruptura das negociações (Coimbra 2006).
Ferreira de Almeida (2005): *Carlos Ferreira de Almeida*, Contratos. Conceito – Fontes – Formação (Coimbra 2005).
Ferrer Correia (1969): *António Ferrer Correia*, Da responsabilidade do terceiro que coopera com o devedor na violação de um pacto de preferência, in: Revista de Legislação e Jurisprudência, 98, 335-376.
Ferrer Correia / Almeno de Sá (1995): *António Ferrer Correia / Almeno de Sá*, Parecer, in: A Privatização da Sociedade Financeira Portuguesa (Lisboa 1995) 255-302.
Fleischer (2000): *Holger Fleischer*, Konkurrenzprobleme um die culpa in contrahendo: Fahrlässige Irrefuhrung versus arglistige Täuschung, *Archiv für die civilistische Praxis* (AcP) 200 (2000) 91–401.
Fleischer (2001): *Holger Fleischer*, Informationsasymmetrie im Vertragsrecht (Köln 2001).
Galvão Telles (1965): *Inocêncio Galvão Telles*, Manual dos Contratos em Geral (Coimbra 1965).
Galvão Telles (1989): *Inocêncio Galvão Telles*, Direito das Obrigações (Coimbra 1989).
Galvão Telles (1995): *Inocêncio Galvão Telles*, Parecer, in: A Privatização da Sociedade Financeira Portuguesa (Lisboa 1995) 181-201.
Giaro (2000): *Tomasz Giaro, Culpa in contrahendo*: eine Geschichte der Wiederentdeckung, in: *Ulrich Falk / Heinz Mohnhaupt* (Hrsg.), Das Bürgerliche Gesetzbuch und seine Richter (Frankfurt am Main 2000) 113-154.

Gomes da Silva / Amaral Cabral (1995): *Manuel Gomes da Silva / Rita Amaral Cabral*, Parecer, in: A Privatização da Sociedade Financeira Portuguesa (Lisboa 1995) 303-325.
Gouveia (1932): *Jaime de Gouveia,* Da responsabilidade contratual (Coimbra 1932).
Guilherme Moreira (1911): *Guilherme Moreira,* Instituições do Direito Civil Português, Band II, Das Obrigações (Coimbra 1911).
Harke (2007): *Jan-Dirk Harke*, § 311 11, III. Rechtsgeschäftsähnliche Schuldverhaltnisse, in: Historisch-kritischer Kommentar zum BGB (Tübingen 2007).
Hondius (1991): *Ewoud Hondius* (Hrsg.), Precontractual liability, Reports to the XIIIth Congress, International Academy of Comparative Law (Montréal 1991).
Hume (1740): *David Hume*, Treatise on Human Nature, Buch III, Teil I, section I (London 1740).
Jhering (1861): *Rudolph von Jhering*, Culpa in contrahendo oder Schadenersatz bei nichtigen oder nicht zur Perfection gelangten Verträgen, Jherings Jahrbücher für die Dogmatik des bürgerlichen Rechts (JhJb) 4, 5 (1861) 1-112.
Kessler / Fine (1964): *Friedrich Kessler / Edith Fine*, Culpa in contrahendo, bargaining in good faith and freedom of contract: a comparative study, in: Harvard Law Review, Band 77 (Harvard 1964) 401-449.
Kuhn (1996): *Thomas Kuhn*, The structure of scientific revolutions (Chicago 1996).
Larenz (1978): *Karl Larenz*, Die Sinnfrage in der Rechtswissenschaft, in: *Okko Behrends* u.a. (Hrsg.), Festschrift für Franz Wieäcker zum 70. Geburtstag (Frankfurt am Main 1978).
Larenz (1987): *Karl Larenz*, Lehrbuch des Schuldrechts, Allgemeiner Teil (München 1987).
Lima Rego / Ferreira de Almeida (2007): *Margarida Lima Rego / Carlos Ferreira de Almeida*, Contract Law, in: Portuguese Law (Coimbra 2007) 183-195.
Luhmann (1995): *Niklas Luhmann*, Das Recht der Gesellschaft (Berlin 1995).
Mehren (1992): *Arthur von Mehren*, The formation of contracts, in: Contracts in general, Band VII der International Encyclopedia of Comparative Law (Leiden 1992) 64-74.
Menezes Cordeiro (1984): *António Menezes Cordeiro*, Da boa fé no Direito Civil (Lisaboa 1984).
Menezes Cordeiro (1986): *António Menezes Cordeiro*, Direito das Obrigações (Lisboa 1986).
Menezes Cordeiro (1996): *António Menezes Cordeiro*, Da responsabilidade civil dos administradores das sociedades comerciais (Coimbra 1996).
Menezes Cordeiro (2005): *António Menezes Cordeiro*, Tratado de Direito Civil Português, volume I, tomo I (Coimbra 2005).
Menezes Cordeiro (2010): *António Menezes Cordeiro*, Tratado de Direito Civil Português, volume II, tomo III (Coimbra 2010).
Menezes Leitão (2001): *Luís Menezes Leitão*, Negociações e responsabilidade pré-contratual nos contratos comerciais internacionais, in: Estudos em Homenagem a Manuel Gomes da Silva (Lisboa 2001).
Mommsen (1879): *Friedrich Mommsen*, Über die Haftung der Contrahenden bei der Abschliessung von Schuldverträgen, in: *Erörterungen aus dem Obligationensrecht*, II (Braunschweig 1879).
Moreira da Silva (2003): *Eva Moreira da Silva*, Da responsabilidade pré-contratual por violação de deveres de informação (Coimbra 2003).

Mota Pinto (1963): *Carlos Alberto da Mota Pinto*, A responsabilidade pré-contratual pela não conclusão dos contratos, in: Boletim da Faculdade de Direito da Universidade de Coimbra XIV (Coimbra 1963).

Mota Pinto (1970): *Carlos Alberto da Mota Pinto*, Cessão da posição contratual (Coimbra 1970).

Mota Pinto (2008): *Paulo Mota Pinto*, Interesse contratual negativo e interesse contratual positivo (Coimbra 2008).

Moura Vicente (2001): *Dário Moura Vicente*, Da responsabilidade pré-contratual em Direito Internacional Privado (Coimbra 2001).

Moura Vicente (2007): *Dário Moura Vicente*, Culpa na Formação dos contratos, in: Comemorações dos 35 anos do Código Civil e dos 25 anos da reforma de 1977 (Coimbra 2007) 265-284.

Múrias (1996): *Pedro Múrias*, A responsabilidade por actos de auxiliares e o entendimento dualista da responsabilidade civil (Lisboa 1996).

Pais de Vasconcelos (1995): *Pedro Pais de Vasconcelos*, Contratos Atípicos (Coimbra 1995).

Pawlowski (1969): *Hans-Martin Pawlowski*, Das Studium der Rechtswissenschaft (Tübingen 1969).

Perelman (1979): *Chaïm Perelman*, Juristische Logik als Argumentationslehre (Freiburg 1979).

Pessoa Jorge (1999): *Fernando Pessoa Jorge*, Ensaio sobre os pressupostos da responsabilidade civil (Coimbra 1999).

Pinto Bronze (2009): *José Pinto Bronze*, A imaginação no quadro da judicativo-decisória do Direito, in: Boletim da Faculdade de Direito, Band LXXXIV (Coimbra 2008) 59-88.

Pinto Monteiro (2006): *António Pinto Monteiro*, A Parte Geral do Código, a Teoria Geral do Direito Civil e o Direito Privado Europeu, in: Comemorações dos 35 anos do Código Civil e dos 25 anos da reforma de 1977, Band II (Coimbra 2006).

Popper (1992): *Karl Popper*, Conjectures and refutations – The growth of scientific knowledge (London 1992).

Prata (2005): *Ana Prata*, Notas sobre a responsabilidade pré-contratual, Sonderausdruck der Revista da Banca 16 und 17 (Coimbra 2005).

Raape (1947): *Leo Raape*, Die Beweislast bei positiver Vertragsverletzung – Zugleich ein Beitrag zur Überlassung von gefahrdrohender Beschaffenheit, in: Archiv für die civilistische Praxis (AcP) 147, 217-289.

Ranieri (2009): *Filippo Ranieri*, Europäisches Obligationenrecht (Wien 2009).

Rebelo de Sousa (1995): *Marcelo Rebelo de Sousa*, Parecer, in: A Privatização da Sociedade Financeira Portuguesa (Lisboa 1995) 223-253.

Ribeiro de Faria (2003) *Jorge Ribeiro de Faria*, Direito das Obrigações, Band I (Coimbra 2003).

Sacco (1991): *Rodolfo Sacco*, Legal formants: a dynamic approach to comparative law, American Journal of Comparative Law 39 (Harvard 1991) 343-369.

Santos Júnior (2003): Eduardo Santos Júnior, Da responsabilidade civil de terceiro por lesão de direito de crédito (Coimbra 2003).

Sinde Monteiro (1989): *Jorge de Sinde Monteiro*, Responsabilidade por conselhos, recomendações ou informações (Coimbra 1989).

Stoll (1932): *Heinrich Stoll*, Abschied von der Lehre der positiven Vertragsverletzung, in: Archiv für die civilistische Praxis (AcP) 136 (1932) 257-320.

Tavares (1922): *José Tavares*, Os principios fundamentais do Direito Civil (Coimbra 1922).

Teixeira de Sousa (1998): *Miguel Teixeira de Sousa*, Cumprimento defeituoso e venda de coisas defeituosas, in: Ab uno ad Omnes – 75 anos da Coimbra Editora (Coimbra 1998) 567-585.

Vaz Serra (1947): *Adriano Vaz Serra*, A revisão geral do Código Civil, in: BMJ, Band 2 (Lisboa 1947).

Vaz Serra (1957): *Adriano Vaz Serra*, Culpa do devedor ou do agente, in: BMJ, Band 68 (Lisboa 1957) 13-152.

Wo ist der richtige Regelungsort für das Delikts- und Bereicherungsrecht?

Jan Dirk Harke

Abstracts

The concept of legal transactions and illegal acts as grounds for liability has affected e. g. the civil codes of Brazil, Germany and Portugal. Nevertheless, it does not provide any clues for proper systematization unless it is replaced by the distinction between the right to specific performance and the right to damages. Both remedies are established in all parts of civil law and, therefore, suitable for taking out of brackets in the general part of the code.

Koncepcja zgodnie z którą czynności prawne i zachowania sprzeczne z prawem są podstawą odpowiedzialności cywilnoprawnej znalazła wyraz w szczególności w kodeksach cywilnych Brazylii, Niemiec i Portugalii. Nie jest to jednak poprawne systematycznie rozwiązanie bowiem nie uwzględnia rozróżnienia między uprawnieniem do wykonania zobowiązania i uprawnieniem odszkodowawczym. Oba typy roszczeń występują we wszystkich częściach prawa cywilnego i dlatego nadają się do uregulowania w części ogólnej kodeksu.

O conceito de negócios jurídicos e de atos ilícitos como requisito da responsabilidade civil deixaram suas marcas nos Códigos Civis do Brasil, da Alemanha e de Portugal. Ainda assim, eles não são úteis para uma sistematização adequada, a menos que sejam substituídos pela distinção entre o direito ao cumprimento da prestação e direito à indenização. Ambos são institutos existentes em todas as partes da lei civil e, assim, aptos a serem tratados na Parte Geral dos códigos.

1. Drei verschiedene Modelle

Durchmustert man die Zivilgesetzbücher Brasiliens, Deutschlands und Portugals nach den Bestimmungen über die Haftung für unerlaubte Handlungen, stößt man auf drei verschiedene Regelungsmodelle: Während das Deliktsrecht im brasilianischen *Código Civil* schon Gegenstand von Vorschriften des Allgemeinen Teils ist, wird es im portugiesischen Gesetzbuch im allgemeinen und im BGB erst im besonderen Schuldrecht behandelt. Diese Varianz verwundert, bedenkt man, dass alle drei Gesetzbücher über einen Allgemeinen Teil verfügen und auch im Übrigen recht ähnlich aufgebaut sind.

1.1. Der brasilianische *Código Civil*

Das zweite Buch des Allgemeinen Teils des brasilianischen *Código Civil* gilt den Rechtstatsachen (*fatos jurídicos*) und sein erster Titel dem Rechtsgeschäft (*negócio jurídico*), worauf in den beiden weiteren Titeln die Bestimmungen über erlaubte Rechtshandlungen (*atos jurídicos lícitos*) und unerlaubte Rechtshandlungen (*atos jurídicos illícitos*) folgen. Der Abschnitt über erlaubte Handlungen beschränkt sich auf eine knappe Verweisung auf das Regime der Rechtsgeschäfte (Art. 185 CC bras). Auch der Titel über die Haftung für unerlaubte Handlungen ist kurz und enthält lediglich die deliktische Generalklausel (Art. 186 CC bras) sowie deren Ergänzung durch Bestimmungen über die Haftung für Rechtsmissbrauch (Art. 187 CC bras) und Rechtfertigungsgründe (Art. 188 CC bras).

Die Rechtsfolgen einer unerlaubten Handlung sind im Buch über Schuldverhältnisse (Art. 944-954 CC bras) geregelt, mit dem der besondere Teil des brasilianischen Gesetzbuchs beginnt. Unter der Überschrift: da *responsabilidade civil*, enthält der neunte Titel dieses Buchs außerdem Bestimmungen über die Verpflichtung für das Fehlverhalten Dritter (Art. 928-934 CC bras) und die Gebäude- und Tierhalterhaftung (Art. 936-937 CC bras) sowie eine Generalklausel über die Risikohaftung für gefährliches Verhalten (Art. 927 Abs. 2 CC bras). Auf derselben Regelungsebene wie diese Vorschriften liegen die Bestimmungen über Verträge im Allgemeinen (*dos contratos em geral*), die den fünften Titel des Schuldrechtsbuchs füllen, sowie die im sechsten Titel untergebrachten Bestimmungen über einzelne Verträge (*das várias espécies de contrato*). Der siebte Titel des Buchs über Schuldverhältnisse ist den einseitigen Rechtshandlungen (*atos unilaterais*) gewidmet, zu denen die Geschäftsführung ohne Auftrag (*gestão de negócios*, Art. 861-875 CC bras), die Erfüllung einer Nichtschuld (*pagamento indevido*, Art. 876-883 CC bras) und die ungerechtfertigte Bereicherung (*enriquecimento sem causa*, Art. 884-886 CC bras) gezählt werden. Letztere ist durch eine Generalklausel erfasst (Art. 884 CC bras), aus der die Verpflichtung zur Rückgewähr einer ungeschuldet erbrachten Leistung (Art. 876 CC bras) ausgegliedert ist.

Die Ordnung des seit 2002 geltenden *Código Civil* entspricht im Wesentlichen derjenigen seines Vorgängers aus dem Jahre 1916: Hier waren die unerlaubten Handlungen ebenfalls schon im Allgemeinen Teil geregelt, den juristischen Handlungen gegenübergestellt und diese wiederum in Rechtsgeschäfte und erlaubte Rechtshandlungen gesondert. Die Rechtsfolgen der unerlaubten Handlungen waren zudem gleichfalls schon Gegenstand eines Titels im Obligationenrecht, das damals das dritte Buch des besonderen Teils füllte. Hier fand sich auch schon ein Titel über einseitige Rechtshandlungen, zu denen die Geschäftsführung ohne Auftrag zählte. Während es keinen Abschnitt über die ungerechtfertigte Bereicherung als solche gab, waren die Bestimmungen über die Leistung auf eine Nichtschuld im Titel über die Wirkungen einer Verpflichtung untergebracht (Art. 964 ff.: *do pagamento indevido*) und hier den Regeln über die Erfüllung und Nichterfüllung einer wirklich bestehenden Schuld angegliedert. Sie bilden das Vorbild für die auf den ersten Blick überraschende Sonderregelung der Leistung auf eine Nichtschuld, die man im neuen *Código Civil* auch im Abschnitt über die ungerechtfertigte Bereicherung hätte behandeln können.

1.2. Der portugiesische *Código Civil*

Das portugiesische Gesetzbuch von 1966 ähnelt dem brasilianischen insofern, als sein allgemeiner Teil ebenfalls einen Abschnitt über Rechtstatsachen (*factos jurídicos*) enthält, der in den Titel über Rechtsverhältnisse (*relações jurídicas*) eingegliedert ist. Als Rechtstatsachen werden jedoch nur Rechtsgeschäfte und sonstige Rechtsakte behandelt, deren Regelung sich ebenso wie diejenige der erlaubten Rechtshandlungen im brasilianischen Recht auf eine Verweisung auf das Regime der Rechtsgeschäfte beschränkt (Art. 295 CC port). Die unerlaubten Handlungen sind dagegen völlig den Bestimmungen über die Haftung für außervertragliche Schädigungen (*responsabilidade civil*) überlassen. Gemeinsam mit der Geschäftsführung ohne Auftrag (*gestão de negócios*) und der ungerechtfertigten Bereicherung (*enriquecimento sem causa*) sind sie als Entstehungsgründe von Verpflichtungen (*fontes das obrigações*) neben den Vertrag und einseitige Rechtsgeschäfte (*negocios unlilaterais)* in das zweite Kapitel des allgemeinen Schuldrechts (*obrigações em geral*) eingeordnet. Dieses bildet den ersten Titel des zweiten Buchs des *Código Civil*. Das besondere Schuldrecht im zweiten Titel beschränkt sich folglich auf die Bestimmungen über einzelne Vertragsarten (*contratos em especial*).

Die Bestimmungen über die *responsabilidade civil* beginnen mit einer Vorschrift (Art. 483 CC port), die sich sowohl als deliktische Generalklausel als auch im Sinne einer bloßen Haftung für Rechtsgutsverletzung deuten lässt. Es folgen ergänzende Bestimmungen, unter anderem über die einzelnen Voraussetzungen der Haftung (Art. 484-489 CC port), die Verpflichtung für das Verhalten Dritter und die Gebäude- und Sachenhaftung (Art. 492 f. CC port). Die Risikohaftung für gefährliches Verhalten ist Gegenstand eines eigenen Untertitels (Art. 499-510 CC port) in dem Titel über unerlaubte Handlungen. Die auf die Regeln über die Geschäftsführung ohne Auftrag

(Art. 464-472 CC port) folgenden Bestimmungen über die Verpflichtung wegen ungerechtfertigter Bereicherung (Art. 473-482 CC port) gehen von einer bereicherungsrechtlichen Generalklausel (Art. 473 CC port) aus, als deren bloßer Anwendungsfall die Rückgewähr einer ungeschuldet erbrachten Leistung (Art. 476-478 CC port) erscheint.

Der Positionierung der Regeln über gesetzliche Schuldverhältnisse im geltenden portugiesischen Gesetzbuch liegt die Abkehr von der noch im alten *Código de Seabra* von 1867 wirksamen Lehre von den Quasikontrakten zugrunde. Dem Redaktor des Schuldrechts im neuen Gesetzbuch erschien diese Rechtsfigur zu fragwürdig, als dass er ihr systembildende Kraft beimessen und die Geschäftsführung ohne Auftrag und ungerechtfertigte Bereicherung mit den einzelnen Vertragsarten zusammenfassen wollte.[1] Um ihrer Natur als gesetzliche Schuldverhältnisse Ausdruck zu verleihen, musste er sie gemeinsam mit der Verpflichtung aus unerlaubter Handlung dem Vertragsrecht schlechthin gegenüberstellen; und hierfür bot sich eben ein Abschnitt über die Entstehungsgründe von Verpflichtungen als Teil des allgemeinen Schuldrechts an.[2] An der brasilianischen Regelung störte den Urheber des portugiesischen Schuldrechts vor allem die Zweiteilung in die Vorschriften des allgemeinen Teils und des Schuldrechts.[3]

1.3. Das deutsche BGB

Im deutschen BGB treten Verträge und gesetzliche Schuldverhältnisse, die im brasilianischen Gesetzbuch im Allgemeinen Teil, im portugiesischen im allgemeinen Schuldrecht nebeneinandergestellt sind, am schärfsten auseinander: Während die Verträge Gegenstand sowohl eines Abschnitts über Rechtsgeschäfte im Allgemeinen Teil des Gesetzbuchs als auch eines eigenen Abschnitts im Buch über Schuldverhältnisse sind, erscheinen Geschäftsführung ohne Auftrag, ungerechtfertigte Bereicherung und unerlaubte Handlungen im letzten Titel des Schuldrechtsbuchs. Dieser enthält das gesamte besondere Obligationenrecht und vornehmlich Bestimmungen über einzelne Vertragsarten. In diese ist die Geschäftsführung ohne Auftrag (§§ 677-687 BGB) im 13. Titel als Anhang zur Regelung des Auftrags (§§ 662-674 BGB) eingereiht; ungerechtfertigte Bereicherung (§§ 812-822 BGB) und unerlaubte Handlungen (§§ 823-853 BGB) füllen die abschließenden Titel 26 und 27.

Während das deutsche Kondiktionsrecht von einer bereicherungsrechtlichen Generalklausel (§ 812 BGB) ausgeht, ist die Deliktshaftung grundsätzlich auf die Verletzung von Rechtsgütern (§ 823 Abs. 1 BGB) und die vorsätz-

---

1 Vaz Serra (1957) 47 ff., ders. (1958b) 128 ff.
2 Vaz Serra (1958b) 133 ff.
3 Vaz Serra (1958a) 101 f.

liche Schädigung (§ 826 BGB) begrenzt. Diese Einschränkung hat zur Herausbildung einer quasivertraglichen Haftung unter Vertragspartnern und für *culpa in contrahendo* geführt, die ungeachtet ihrer deliktsrechtlichen Funktion seit 2002 in den Bestimmungen des allgemeinen Schuldrechts (§§ 242 Abs. 2, 311 Abs. 2, 3 BGB) zu finden ist.[4] In dem Abschnitt über die Haftung für unerlaubte Handlungen sind auch die Verpflichtung für das Verhalten Dritter, Gebäude und Tiere integriert (§§ 831-838 BGB); weitere Fälle der Risikohaftung für gefährliches Verhalten sind dagegen einer spezialgesetzlichen Regelung überlassen.

Die verstreute Regelung der gesetzlichen Schuldverhältnisse in dem ansonsten vor allem von den einzelnen Vertragstypen besetzten besonderen Schuldrecht ist erst das Ergebnis einer abschließenden Überarbeitung des Gesetzes durch die Redaktionskommission,[5] die dem 1895 herausgegebenen zweiten Entwurf des BGB die endgültige Fassung gab. Im ersten Entwurf des Gesetzes, der 1888 veröffentlicht wurde, fanden sich die Vorschriften des besonderen Schuldrechts noch in drei Abschnitte aufgegliedert, von denen einer den Verträgen, einer dem Deliktsrecht und der dritte „Schuldverhältnissen aus anderen Gründen", nämlich der ungerechtfertigten Bereicherung und der Geschäftsführung ohne Auftrag, galt. Diese drei Teile folgten auf den einleitenden Abschnitt über „Schuldverhältnisse im Allgemeinen". In einer Gliederung für das zweite Buch des BGB von 1877[6] und einem auf der Basis des Dresdener Entwurfs gefertigten Entwurf von 1881[7] sowie dem Teilentwurf des Redaktors von Kübel[8] waren die unerlaubten Handlungen sogar noch in das allgemeine Schuldrecht integriert und erschienen hier gemeinsam mit Verträgen und „einseitigen Versprechen" im Titel über die „Entstehung der Schuldverhältnisse". Von dieser Kategorie ging die erste BGB-Kommission später ab, weil sie einerseits nicht lediglich das Deliktsrecht in das allgemeine Schuldrecht aufnehmen wollte, andererseits aber auch generelle Regeln über die Entstehung gesetzlicher Schuldverhältnisse vermisste.[9]

---

4 Vgl. Harke (2010) Rn. 263 ff.

5 Vgl. Jakobs / Schubert (1978) 39.

6 Vgl. Jakobs / Schubert (1978) 19 f.

7 Vgl. Jakobs / Schubert (1978) 22 ff.

8 Vgl. Jakobs / Schubert (1978) 24 f.

9 Vgl. das Protokoll der Beratung vom 1. Kommission am 3. Juli 1882, Jakobs / Schubert (1983) 872 f.: „Die zunächst angeregte Frage, ob im Eingang des Allgemeinen Theils des Obligationenrechts zu bestimmen sein werde, daß Schuldverhältnisse nicht bloß aus Verträgen bezw. einseitigen Versprechen und aus unerlaubten Handlungen, sondern kraft Gesetzes auch aus anderen Thatsachen entspringen könnten, wurde verneint. Man erachtete eine solche Bestimmung für zu doktrinär, aber auch für überflüssig ... Wenn der Allgemeine Theil des Obligationenrechts allgemeine Grundsätze über Verträge und einseitige Versprechen, sodann über Delikte enthalte, dagegen über die sonstigen Entstehungsgründe keine allgemeinen Grundsätze

Die schließlich Gesetz gewordene Fassung, in der die gesetzlichen Schuldverhältnisse sogar ohne Zusammenfassung zu einer eigenen Kategorie unter die einzelnen Vertragsarten gemischt sind, entsprach dem 1879 vorgestellten vorläufigen Plan des Redaktors von Kübel[10]. Eine Aufnahme der unerlaubten Handlung in den Allgemeinen Teil des BGB haben dessen Verfasser nie erwogen.[11]

2. Die gemeinsame Wurzel

2.1. Vertrag und Delikt als Bausteine für den allgemeinen Teil und das Schuldrechtssystem

Die Zusammenstellung von Vertrag und Delikt als Entstehungsgründen einer Verpflichtung, die für das BGB zunächst als Element des allgemeinen Schuldrechts geplant war und im portugiesischen *Código Civil* Gesetz geworden ist, hat dieselbe Wurzel wie das Konzept der juristischen Tatsachen, das den allgemeinen Teil des brasilianischen Gesetzbuchs prägt. In Brasilien geht es auf die Gliederung des *Esboço* zurück, mit dem *Teixeira de Freitas* 1860 den Entwurf eines Zivilgesetzbuchs vorlegte.[12] Anders als die ältere und in der Rechtspraxis verwendete *Consolidação das Leis Civis*[13] enthält der *Esboço* in seinem Allgemeinen Teil einen Abschnitt über Tatsachen (*factos*) und hierin einen Titel über deren Erscheinungsformen (*modos de existencia*), zu denen *Teixeira de Freitas* die Rechtshandlungen (*actos jurídicos*) und die unerlaubten Handlungen (*actos illícitos*) zählt. Diese erscheinen aber auch wieder im zweiten Abschnitt des zweiten Buchs des besonderen Teils, das den persönlichen Rechten in bürgerlichen Rechtsbeziehungen (*direitos pessoaes nas relações civis*), also dem Schuldrecht, gewidmet ist. Hier gibt unter anderem Titel über vertragliche Verpflichtungen (*obrigações derivadas dos contractos*) und Verpflichtungen, die aus einer unerlaubten Handlung entstehen (*obrigações derivadas de actos illícitos*). Daneben findet sich ein Titel über Verpflichtungen, die aus unwillkürlichen Handlungen resultieren (*obrigações derivadas de actos involuntários*); ihm sind Vorschriften über irrtümlich herbeigeführten Schaden und in diesem Rahmen auch die Bestimmungen über

aufstelle, so erkläre sich dies, wie bei einiger Aufmerksamkeit nicht zu verkennen sei, zur Genüge daraus, daß allgemeine Grundsätze über die sonstigen Entstehungsgründe nicht angezeigt erscheinen."

10 Vgl. Jakobs / Schubert (1978) 21 f.

11 Vgl. die Materialien zum System des Allgemeinen Teils bei Jakobs / Schubert (1985) 1 ff.

12 Teixeira de Freitas (1860).

13 Teixeira de Freitas (1857).

die Rückgewähr einer irrtümlich erlangten Leistung (*pagamento recebido por erro*) eingegliedert.

Ein ähnliches Muster findet sich in der zeitgenössischen Literatur des deutschen Pandektismus: Im Lehrbuch von Windscheid erscheinen Rechtsgeschäfte und „unerlaubtes Verhalten" oder „Vergehen" sowohl im zweiten Buch, das „von den Rechten überhaupt" handelt und allgemeine Lehren enthält,[14] als auch in dem vierten, für das Schuldrecht vorgesehenen Buch, dessen erstes Kapitel „von den Forderungen überhaupt" handelt und dem allgemeinen Schuldrecht gewidmet ist[15]. Hier wie dort erscheinen Vertrag und Delikt jeweils als alternative Entstehungsgründe von Rechten oder Forderungen.

Noch näher an der Lösung von Teixeira de Freitas liegt der Aufbau anderer bedeutender Pandektenlehrbücher: Bei Vangerow finden sich Rechtsgeschäft und unerlaubte Handlungen einerseits als Gegenstände von Kapiteln im fünften Buch über das Schuldrecht,[16] andererseits in Abschnitten des vierten Kapitels des den „allgemeinen Lehren" gewidmeten ersten Buchs behandelt, und zwar unter der Überschrift „Von den Handlungen" [17]. Ähnlich verfährt Arndts, der Vertrag und Delikt zwar im besonderen Teil des Schuldrechts behandelt, in dem ersten Buch über die „Rechte im Allgemeinen" aber einen Abschnitt über „Handlungen in Beziehung auf Entstehung und Endigung von Rechten" und hierin Unterabschnitte über Rechtsgeschäfte und unerlaubte Handlungen vorsieht.[18] Ebenso verfährt Wächter[19]. Und sogar Dernburg, der das Delikt nicht zum Gegenstand eines eigenen Abschnitts in seinem ersten Buch über allgemeine Lehren macht, vereint beide doch zumindest im Text unter dem Oberbegriff der „juristischen Tatsachen" und dem Begriff der „Handlungen"[20]. Zu entsprechenden Abschnitten im allgemeinen Teil seines Lehrbuchs macht dies wiederum Regelsberger[21].

2.2. Savignys Lehre von den Handlungsarten

Die Qualifikation von Rechtsgeschäft und Delikt als Erscheinungsformen der juristischen Tatsachen oder Rechtshandlungen lässt sich bis in die erste Hälfte des 19. Jahrhunderts zu Savigny verfolgen, auf den sich auch Teixeira de

14 Windscheid (1862).
15 Windscheid (1865).
16 Vangerow (1869).
17 Vangerow (1863).
18 Arndts von Arnesberg (1852).
19 Wächter (1880).
20 Dernburg (1884) § 79, 178.
21 Regelsberger (1893).

Freitas ausdrücklich beruft[22]. Als Unterfall der juristischen Tatsachen nennt Savigny die freien Handlungen und als deren Unterfälle wiederum die Rechtsgeschäfte, die auf die Herbeiführung einer Rechtswirkung gerichtet sind, und andere Handlungen, mit denen wie vor allem bei Delikten gerade keine Rechtsfolge angestrebt, aber gleichwohl bewirkt ist:

> „Ich nenne die Ereignisse, wodurch der Anfang oder das Ende der Rechtsverhältnisse bewirkt wird, juristische Thatsachen. Alle juristische Thatsachen also kommen darin mit einander überein, daß durch sie an den Rechtsverhältnissen bestimmter Personen irgend eine Veränderung in der Zeit hervorgebracht wird. Innerhalb dieser gemeinsamen Natur aber zeigen sich in ihnen große Verschiedenheiten. ... Die juristischen Thatsachen können bestehen: A. In freyen Handlungen des Betheiligten, das heißt derjenigen Person, von deren Erwerb und Verlust die Rede ist. ... In den freyen Handlungen ferner kann der Wille des Handelnden auf eine zwiefache Weise thätig seyn: a) Als unittelbar gerichtet auf die Entstehung oder Auflösung des Rechtsverhältnisses ... Diese Thatsachen heißen Willenserklärungen oder Rechtsgeschäfte. b) Oder als unmittelbar gerichtet auf andere, nichtjuristische Zwecke, so daß die juristische Wirkung entweder als untergeordnet im Bewußtsein zurücktritt, oder entschieden nicht gewollt wird."[23]

Savigny verknüpft hier, wie dies für seine Arbeitsweise typisch ist, die Tradition des Gemeinen Rechts mit Konzepten der Naturrechtslehre. In die Theorie der juristischen Tatsachen geht einerseits die römische Zweiteilung der Verpflichtungen in solche aus Vertrag und Delikt ein, die sich in reiner Form bei Gaius und, erweitert um die Zusatzkategorien der Quasiverträge und Quasidelikte, auch noch im byzantinischen Recht findet:

> Gai 3.88
> *Nunc transeamus ad obligationes, quarum summa divisio in duas species diducitur: omnis enim obligatio vel ex contractu nascitur vel ex delicto.*
>
> Wir wollen jetzt zu den Verpflichtungen übergehen, deren Haupteinteilung in zwei Kategorien erfolgt: Jede Verpflichtung entsteht nämlich entweder aus Vertrag oder aus Delikt.

> IJ 3.13.2
> *Sequens divisio in quattuor species deducitur: aut enim ex contractu sunt aut quasi ex contractu aut ex maleficio aut quasi ex maleficio.*
>
> Die zweite Einteilung erfolgt in vier Arten: Die Verpflichtungen entspringen entweder einem Vertrag oder gleichsam einem Vertrag oder aus einem Delikt oder gleichsam aus einem Delikt.

Andererseits gibt Savigny dieser Zweiteilung eine neue, handlungstheoretische Gestalt, indem er als Oberbegriff von Rechtsgeschäft und Delikt die

---

22 Vgl. die Anmerkung zu Art. 431, Teixeira de Freitas (1860) 265; hierzu Schmidt (2009) 339.
23 Savigny (1840) 3-6.

Rechtstatsache oder Handlung als eine schon in der Naturrechtslehre entwickelte Kategorie übernimmt: Schon vor Savigny bezeichnete Daniel Nettelbladt mit dem Begriff des *actus iuridicus* sämtliche Verhaltensweisen mit rechtlicher Konsequenz und schloss damit auch die unerlaubten Handlungen ein:[24]

> *Diuiduntur vero actus iuridici in obligatorios, si iura et obligationes actu producunt, et non obligatorios, si non producunt. Obligatorii actus sunt vel illiciti, si legibus sunt contrarii, vel liciti, si legibus non sunt contrarii. Actus iuridici liciti vero negotia iuridica* (rechtliche Geschäfte) *appellari solent, eaque in valida et invalida diuidi, prout vel producunt actu, vel non producunt iura et obligationes.*[25]

Die Rechtsakte sind aber unterteilt, nämlich obligatorisch, wenn sie Rechte und Pflichten hervorbringen, und nicht obligatorisch, wenn sie sie nicht hervorbringen. Die obligatorischen Akte sind entweder unerlaubt, wenn sie den Gesetzen widersprechen, oder erlaubt, wenn sie den Gesetzen nicht widersprechen. Die erlaubten Rechtsakte werden gewöhnlich Rechtsgeschäfte genannt, und diese sind in die wirksamen und unwirksamen unterteilt, je nachdem ob sie Rechte und Pflichten hervorbringen oder nicht.

3. Ein neuer Regelungsgegenstand für den allgemeinen Teil

Dass die Reihung von Rechtsgeschäft und Delikt als Entstehungsgründe von Verpflichtungen nicht befriedigen kann, wurde zu Savignys Zeit und später durch die Integration von Geschäftsführung ohne Auftrag und ungerechtfertigter Bereicherung in das Vertragsrecht verdeckt. Das theoretische Muster hierfür lieferte die justinianische Kategorie der Quasikontrakte, die es erlaubte, die Geschäftsführung ohne Auftrag als eine mandatsähnliche Beziehung, die Verpflichtung aus ungerechtfertigter Bereicherung als einen mit dem Darlehen verwandten Obligationstyp in die Reihe der vertraglichen Schuldverhältnisse einzuordnen. Erkennt man hierin eine bloße Kosmetik, kann man sich der Einsicht nicht verschließen, dass beide Institute eigenständige Verpflichtungsgründe sind, die sich, da sie keine Absicht zur Vertragsbindung voraussetzen, nicht den Verträgen oder Rechtsgeschäften und, da sie weder ein rechtswidriges noch ein gefährliches Verhalten vorausset-

24 Hierzu Hattenhauer (2011) 70.

25 Nettelbladt (1767) § 145. In einer späteren Auflage seines Lehrbuchs verengte Nettelbladt den Begriff des *actus iuridicus* auf Rechtsgeschäfte; vgl. Nettelbladt (1785) § 118: *Haec facta generali nomine actus iuridici, seu potius negotia iuridica* (rechtliche Geschäfte) *appellari solent.*

zen, auch nicht den Delikten zuordnen lassen. Erschöpft die Gliederung in Rechtsgeschäfte und unerlaubte Handlungen demnach nicht den Kreis der Verpflichtungsgründe, ist sie, für sich genommen, aber ohne Wert. Und auf den ersten Blick scheint es keine Alternative zu ihrer Aufgabe und nur den Ausweg zu geben, entweder nach dem Vorbild des portugiesischen Gesetzbuchs eine mehrgliedrige Reihung der Verpflichtungsgründe vorzunehmen oder wie das deutsche Gesetzbuch auf deren Systematisierung ganz zu verzichten. Unterfallen die kraft Gesetzes eintretenden Schuldverhältnisse dann dem allgemeinen oder besonderen Schuldrecht, wird aber auch die Stellung der Rechtsgeschäftslehre im Allgemeinen Teil des Zivilgesetzbuchs fraglich. Rechtfertigen lässt sie sich allenfalls noch in einer Rechtsordnung, die wie die deutsche dem Trennungsprinzip gehorcht und Verträge daher in nennenswertem Umfang auch als Verfügungsgeschäfte außerhalb des Schuldrechts kennt.

Vielleicht lässt sich der Reihung von Rechtsgeschäft und unerlaubter Handlung aber doch ein Sinn abgewinnen, der die Auflösung der Figur der Quasikontrakte überlebt und sich für die Gestaltung des allgemeinen Teils eines Gesetzbuchs fruchtbar machen lässt. Sicherlich empfiehlt sich nicht die Fortführung von Savignys Systematik, wie sie heute noch im brasilianischen Gesetzbuch zu finden ist,[26] und dies schon wegen der ganz praktischen Unzuträglichkeit, dass Vertrag und Delikt dann sowohl Regelungsgegenstand des Allgemeinen Teils als auch des besonderen Schuldrechts sind.[27] Vertrag und unerlaubte Handlung stehen aber als typische Verpflichtungsgründe für verschiedene Arten von Ansprüchen, die im gesamten Privatrecht vorkommen und durchaus einer Regelung im allgemeinen Teil zugänglich sind. Gemeint ist dabei nicht der Gegensatz zwischen vertraglichen und gesetzlichen Schuldverhältnissen, der zwar besteht, aber folgenlos ist, weil es, wie der deutsche Gesetzgeber von 1900 schon erkannt hat, keine gemeinsamen Regeln für die gesetzlichen Schuldverhältnisse gibt:[28] Während unerlaubte Handlungen zum Schadensersatz verpflichten, sind die Schuldverhältnisse, die sich aus Geschäftsführung ohne Auftrag oder ungerechtfertigter Bereicherung ergeben, ebenso wie vertragliche Verpflichtungen zunächst einmal auf Leistungen gerichtet. Gerade in diesem unterschiedlichen Anspruchsinhalt, den Vertrag und Delikt verkörpern, liegt aber eine fundamentale Differenz, die sich im allgemeinen Teil eines Zivilgesetzbuchs beschreiben lässt:

---

26 Erst recht ist die im neuen brasilianischen Gesetzbuch vorgesehene Dreiteilung in Rechtsgeschäfte, erlaubte Rechtshandlungen und unerlaubte Handlungen nicht sinnvoll, weil die Rechtsgeschäfte, wenn überhaupt kategorisiert, dann ein Unterfall der erlaubten Rechtshandlungen sind; vgl. Schmidt (2009) 372.

27 Richtig Schmidt (2009) 374.

28 Vgl. Harke (2010) Rn. 18 f.

Zwar sind sich der Anspruch auf Leistung und das Schadensersatzrecht auf den ersten Blick insoweit ähnlich, als es hier wie dort ein Stufenverhältnis von Natural- und Geldleistung gibt. Beim Leistungsanspruch besteht er in Gestalt des Rechts auf die Leistung *in natura* und dem sekundären Anspruch auf ein Äquivalent in Geld. Beim Schadensersatzanspruch existiert er entweder in Form der verletzten Sorgfaltspflicht, die sich zumindest theoretisch zur Grundlage eines Abwehranspruchs machen lässt, und dem eigentlichen Schadensersatzanspruch oder aber in der Verpflichtung zur Naturalrestitution und dem Geldersatz. Diese Ähnlichkeit ist jedoch nur äußerlich und ändert nichts daran, dass Leistungs- und Schadensersatzansprüche in ihrem Inhalt grundverschieden, nämlich in dem einen Fall auf einen bestimmten Gegenstand festgelegt, in dem anderen Fall flexibel sind, weil das Schadensersatzrecht von der wirklichen und hypothetischen Entwicklung abhängt, die der verpflichtungsbegründende Sachverhalt nimmt.[29]

Dieser Unterschied hat dazu geführt, dass im allgemeinen Schuldrecht des BGB besondere Regeln für das Schadensersatzrecht (§§ 249-255) neben den Bestimmungen über den Anspruch auf Leistung (§§ 262-285) stehen. Da beide Arten von Ansprüchen in allen Bereichen des Zivilrechts auftreten und aus den schuldrechtlichen Entstehungsgründen des Vertrags, der Geschäftsführung ohne Auftrag und der ungerechtfertigten Bereicherung ebenso hervorgehen wie etwa aus dem Eigentümer-Besitzer-Verhältnis, einer ehelichen Verbindung oder aus einem Vermächtnis, gehören die Bestimmungen über Leistungs- und Schadensersatzansprüche aber nicht in das allgemeine Schuldrecht, sondern in den Allgemeinen Teil. Und mit ihnen ließen sich hier auch das Erlöschen und die Veränderung der Schuldverhältnisse durch Übertragung einer Forderung oder Verpflichtung sowie das Problem einer Mehrheit von Schuldnern oder Gläubigern regeln. Für das Schuldrecht blieben dann nur noch die allgemeinen Regeln über Verträge und die besonderen Bestimmungen über einzelne Vertragstypen sowie die Entstehung der gesetzlichen Schuldverhältnisse. Und in den Allgemeinen Teil ließen sich – gewissermaßen in Vervollständigung der Systematik zu einem regelrechten *remedy approach* - auch allgemeine Bestimmungen über dingliche Rechte aufnehmen, so dass schon im Allgemeinen Teil der grundlegende Unterschied zwischen Schuld- und Sachenrecht dargestellt würde.

Literaturverzeichnis

Arndts von Arnesberg (1852): *Ludwig Arndts von Arnesberg*, Lehrbuch der Pandecten, Bd. 1 (München 1852).

Harke (2010): *Jan Dirk Harke*, Allgemeines Schuldrecht (Berlin / Heidelberg 2010).

---

29 Vgl. Harke (2010) Rn. 20 ff.

Hattenhauer (2011): *Christian Hattenhauer*, Einseitige private Rechtsgestaltung. Geschichte und Dogmatik (Tübingen 2011).
Dernburg (1884): *Heinrich Dernburg*, Pandekten (Berlin 1884).
Jakobs / Schubert (1978): *Horst Heinrich Jakobs / Werner Schubert*, Die Beratung des Bürgerlichen Gesetzbuchs. Recht der Schuldverhältnisse I (Berlin / New York 1978).
Jakobs / Schubert (1983): *Horst Heinrich Jakobs / Werner Schubert*, Die Beratung des Bürgerlichen Gesetzbuchs. Recht der Schuldverhältnisse III (Berlin / New York 1983).
Jakobs / Schubert (1985): *Horst Heinrich Jakobs / Werner Schubert*, Die Beratung des Bürgerlichen Gesetzbuchs. Allgemeiner Teil, 1. Teilband (Berlin / New York 1985).
Nettelbladt (1767): *Daniel Nettelbladt*, Systema elementare universae iurisprudentiae naturalis (3. Aufl. Halle 1767).
Nettelbladt (1785): *Daniel Nettelbladt*, Systema elementare universae iurisprudentiae naturalis (5. Aufl. Halle 1785, Nachdruck Hildesheim u. a. 1997).
Regelsberger (1873): *Ferdinand Regelsberger*, Pandekten (Leipzig 1873).
Savigny (1840): *Friedrich Carl von Savigny*, System des heutigen römischen Rechts, Bd. 3 (Berlin 1840).
Schmidt (2009): *Jan Peter Schmidt*, Zivilrechtskodifikation in Brasilien (Tübingen 2009).
Teixeira de Freitas (1857): *Augusto Teixeira de Freitas*, Consolidação das leis civis (Rio de Janeiro 1857).
Teixeira de Freitas (1860): *Augusto Teixeira de Freitas*, Código Civil – Esboço (Rio de Janeiro 1860).
Vangerow (1863): *Karl Adolph von Vangerow*, Lehrbuch der Pandekten, Bd. 1 (7. Aufl. Marburg 1863).
Vangerow (1869): *Karl Adolph von Vangerow*, Lehrbuch der Pandekten, Bd. 3 (7. Aufl. Marburg 1869).
Vaz Serra (1957): *Adriano Paes da Silva Vaz Serra*, Gestão de negócios, BMJ 66 (Mai 1957) 45, 47 ff.
Vaz Serra (1958a): *Adriano Paes da Silva Vaz Serra*, Obrigações – ideias preliminares gerais, BMJ 77 (Juni 1958) 5.
Vaz Serra (1958b): *Adriano Paes da Silva Vaz Serra*, Fontes das obrigações, BMJ 77 (Juni 1958) 127 ff.
Wächter (1888): *Karl Georg von Wächter*, Pandekten, Bd. 1 (Leipzig 1888).
Windscheid (1862): *Bernhard Windscheid*, Lehrbuch des Pandektenrechts, Bd. 1 (Düsseldorf 1862).
Windscheid (1865): *Bernhard Windscheid*, Lehrbuch des Pandektenrechts, Bd. 2.1 (Düsseldorf 1865).

III. Teil

Die Idee des allgemeinen Teils und die „nationalen“ allgemeinen Teile des Privatrechts

Entstehung und Strukturvergleich der pandektistischen Allgemeinen Teile in den Zivilrechtskodifikationen Deutschlands, Polens und Portugals

Ulrich Ernst

Abstracts

The article provides an overview of the origins and structure of the general parts of the Civil Codes of Germany (1896), Poland (1964) and Portugal (1965). Poland and Portugal introduced the pandectistic structure to their codes under the influence of the German model. The Polish and the Portuguese codes contain structural innovations, which can be seen as a consequential further development of the systems. Often the new solutions proceed in the same direction, which is interesting since there was hardly any contact between legislators in eastern-block Poland and far-right Portugal after World War II. The very detailed order of subdivisions with proper section titles is particular to the Portuguese general part. The Polish Code has no equivalent since it is the least complex of all three codes, but in several solutions its structure seems to be the most appropriate pandectistic reaction to recent issues (e.g. the way the Polish general part includes now former commercial code and newer consumer law provisions). For lawyers who have studied one pandectistic code, it is relatively easy to orientate oneself in another pandectistic code, even a code with significantly different substantive provisions. This should be an incentive for intensifying the dialogue among members of what may be called "the pandectistic branch" of the civil law family.

Artykuł omawia genezę i strukturę części ogólnych kodeksów cywilnych Niemiec (1896), Polski (1964) oraz Portugalii (1965). Polska i Portugalia, pod wpływem modelu niemieckiego, posłużyły się w swych kodyfikacjach systematyką pandektową. Zarówno polska jak i portugalska kodyfikacja zawierają strukturalne innowacje, które mogą być uznane za nieuniknione konsekwencje dalszego rozwoju systemu pandektowego. Często nowe rozwiązania w obydwu porządkach zmierzały w tym samym kierunku, co uznać wypada za interesujące, zważywszy na to, że pomiędzy członkami komisji kodyfikacyjnych w należącej do bloku wschodniego Polsce i rządzonej przez skrajną prawicę Portugalii nie istniał niemal żaden kontakt. Charakterystyczną cechą portugalskiej części ogólnej jest bardzo drobiazgowa struktura formalna, wraz z podziałem na mniejsze całości i z samodzielnymi śródtytułami wyszczególniającymi kolejne przepisy. Polski Kodeks cywilny, będący najmniej złożoną kodyfikacją spośród trzech wspomnianych, nie ma odpowiedników, ale w kilku rozwiązaniach jego struktura zdaje się być najbardziej konsekwentną odpowiedzią systemu pandektowego na nowo powstałe problemy prawne. W sposobie, w jakim polska część ogólna zawiera dyspozycje należące do *sedes materiae* dawnego Kodeksu Handlowego i nowsze przepisy, będące wyrazem rozwoju prawa konsumenckiego, polska kodyfikacja zdaje się bardziej przekonująca niż zmieniona ostatnimi nowelizacjami struktura BGB. Dla prawnika, który zapoznał się z jedną z pandektystycznych kodyfikacji, jest względnie prostym zadaniem zorientowanie się w materii innego kodeksu wyrosłego z tej samej tradycji, nawet jeśli zawiera on istotnie różne rozwiązania materialnoprawne. Powinno to być zachętą dla poszerzenia dialogu pomiędzy przedstawicielami tego, co nazwać można „pandektystyczną gałęzią" tradycji civil law.

O presente artigo oferece uma visão geral sobre a formação e a estrutura das partes gerais dos Códigos Civis da Alemanha (1896), da Polônia (1964) e de Portugal (1965). Polônia e Portugal introduziram a estrutura pandectística a seus Códigos Civis sob influência do modelo alemão. Os Códigos polonês e português contém, porém, inovações estruturais que podem ser vistas como um desenvolvimento posterior e consequente do sistema. Frequentemente apontam as novas soluções numa mesma direção, o que é interessante, uma vez que praticamente não houve nenhum contato entre o legislador polônes, integrante do bloco oriental, e o legislador português, membro de um governo posicionado após a Segunda Guerra Mundial além da direita. Característica para a Parte Geral portuguesa é a classificação bem detalhada em subdivisões, com nomes próprios para cada seção. O Código polonês não possui algo equivalente, já que é o menos complexo dos três, mas em muitos casos parece que a sua estrutura oferece uma solução pandectística mais consequente para novas questões legais. A forma com a qual a Parte Geral polonesa inclui hoje o antigo Código Comercial e as novas regras de Direito do Consumidor parece mais convincente do que a estrutura recente do Código alemão. Para um jurista que estudou um Código pandectística é relativamente fácil orientar-se de acordo com um dos outros códigos, ainda que haja regras substancialmente distintas. Isso deveria ser um incentivo para um diálogo mais intensivo entre os membros daquele que pode ser chamado como o "ramo pandectístico" da família de direito civil.

1. „Einführung in die Rechtsvergleichung"

Der Allgemeine Teil des Bürgerlichen Gesetzbuchs von 1896 gilt als höchster Ausdruck der Systembildung der deutschen Zivilrechtswissenschaft des 19. Jahrhunderts. Zurückführen lässt er sich auf Arnold Heises Heidelberger Vorlesungsgliederung von 1807 für den Unterricht des Römischen Rechts[1], die seither als „pandektistisch" bezeichnet wird. Sie teilte den Stoff in Sachen-,

1 Heise (1807).

Schuld-, Familien- und Erbrecht ein. Dem vorangestellt waren übergreifende Lehren, deren Struktur eine Reminiszenz an Gaius' Gliederung in antiker Zeit in *personae, res* und *actiones* darstellte. Anstelle der *actiones* im Sinne von Formen gerichtlicher Rechtsdurchsetzung ging es jetzt aber um „Rechtstatsachen“ (also Ereignisse, die subjektive Rechte begründeten, änderten oder zum Erlöschen brachten), mit der Rechtsgeschäftelehre im Mittelpunkt.

Im 20. Jahrhundert äußerte sich in Deutschland Skepsis gegenüber dem Allgemeinen Teil und es wurde betont, dass er nur von wenigen Staaten für ihre Gesetzbücher übernommen worden sei.[2] Diese Aussage blendete die Osthälfte Europas aus. Dort verankerte sich das Konzept in kommunistischer Zeit und wurde nach dem Wandel von 1989 und 1991 beibehalten[3] – oft bestärkt durch deutsche Gesetzgebungsberatung[4]. Ebenfalls in wirtschaftlich und demografisch global bedeutenden Staaten wie Brasilien[5] oder Japan ist es zu finden. In vielen weiteren Ländern wird das Zivilrecht in pandektistischer Systematik unterrichtet.[6]

In der heutigen Europäischen Union ragen als Staaten, die besonders getreu die Idee eines pandektistischen Allgemeinen Teils sowohl in der Kodifikation wie in der Lehre verinnerlicht haben, Portugal und Polen heraus.[7] Deren Zivilgesetzbücher stammen aus den 60er Jahren des 20. Jahrhunderts. In beiden Ländern hat man die deutschsprachige Literatur rezipiert, untereinander dürfte es aber aufgrund der Zugehörigkeit zu den gegensätzlichen politischen Machtblöcken und der gerade in den 40er-60er Jahren fast vollständigen Abschottung im Vorfeld nicht zu einem Austausch gekommen sein, vermutlich bis heute nicht. In der Rechtsvergleichung beider Länder besteht das Bewusstsein, einer romanisch-germanischen Familie des kodifizierten *civil law* anzugehören.[8] In der als deutsches Standardwerk geltenden „Einführung in die Rechtsvergleichung“ von Zweigert / Kötz dagegen, welche den europäischen Kontinent in der dritten Auflage von 1996 in drei Rechtskreise einteilt – den „romanischen“, den „deutschen“ und den „nordischen“, kommen diese Länder nur am Rande vor.

---

2 S. die Darstellung bei Zweigert / Kötz (1996) 141-147.

3 So in Polen, Russland und der Ukraine.

4 So z.B. in Georgien und der Moldau. Näher Knieper (2004) 33 ff.

5 Dazu in diesem Band: *Jan Peter Schmidt*, Der Ursprung des Allgemeinen Teils im brasilianischen Privatrecht.

6 Zweigert / Kötz (1996) 47.

7 Über Gesetzbücher mit pandektistischen Allgemeinen Teilen verfügen in der EU aber auch noch Griechenland, Tschechien und die Slowakei und unter den Ländern der östlichen Partnerschaft die Moldau, die Ukraine, Aserbaidschan und Georgien, dazu in Europa noch Belarus und Russland.

8 Vgl. aus portugiesischer Sicht Moura Vicente (2008) 63 ff.

Polen war in der Zweiten Auflage von 1984 dem „sozialistischen" Rechtskreis zugeordnet.[9] Dieser war von den Autoren um Länder gezogen worden, deren Recht sie nach sowjet-russischem Vorbild gestaltet sahen. Infolgedessen begann dessen historische Darstellung gemäß dem vorherrschenden russischen Geschichtsnarrativ mit dem Kiewer Reich im 9. Jahrhundert. Der Tatsache, dass die Länder Mittelosteuropas bis 1945 in ihrer zum Teil 1000-jährigen Staatlichkeit weder mit dem russischen Recht noch mit der marxistischen Rechtslehre allzu viel zu tun hatten, erfuhr dabei keine übermäßige Beachtung; die polnischen Gesetzgebungsleistungen der Zeit zwischen 1918-1938 blieben unerwähnt. In der dritten Auflage war der Mittelost- und Osteuropa gewidmete Raum wegen Wegfall des sozialistischen Rechtskreises fast auf null gesunken[10] - im Gegensatz zu der sich gleichzeitig abzeichnenden Steigerung der wirtschaftlichen Bedeutung dieser Region. Es blieb – nun im Kapitel zum deutschen BGB – die Bemerkung, dass das Recht „in den osteuropäischen Staaten" neu aufzubauen sei, und es wurde bedauert, dass man dort nicht in einem Anlauf eine auf dem westeuropäischen Vorbild beruhende einheitliche Regelung in Kraft gesetzt habe. Dabei lag wohl gerade in der Pflege des eigenen nationalstaatlichen Modells eine Anlehnung ans „westeuropäische Vorbild". Zu Polen findet sich noch der Hinweis, dass es vor 1945 dem französischen Rechtskreis zuzurechnen gewesen sei, gestützt auf einen in Frankreich publizierenden Autor rumänischer Herkunft.[11]

Portugal kommt etwas ausführlicher und vorteilhafter weg. Es wird am Ende der Ausführungen zum romanischen Rechtskreis erwähnt und der *Código Civil* von 1966 in seiner Vorgeschichte und Struktur skizziert.[12] Das Fazit ist aber kritisch; das Gesetzbuch erscheint als „eher rückwärtsgewandtes, konservatives Werk": zum einen, weil es „zur Verwunderung gerade des deutschen Rechtsvergleichers" den Allgemeinen Teil aus Deutschland übernommen hat; zum anderen, weil es „auch im Familien- und Erbrecht in den traditionell konservativen Bahnen der südeuropäischen Länder" wandele.[13] Die im *Código Civil* verwirklichte Synthese von aus Deutschland stammender, aber vervollkommneter pandektistischer Struktur unter Beibehaltung eigener traditioneller Rechtsinstitute fand in der zweiten Hälfte des vorigen Jahrhunderts keine Anerkennung bei den deutschen Weltrechtsgelehrten.

---

9 Zweigert / Kötz (1984) § 24.

10 Zweiger / Kötz (1996) 153 f.; ähnlich auch das Verschweigen der Länder Mittel- und Osteuropas bei der Schilderung der Rezeption des deutschen Allgemeinen Teils auf Seite 147.

11 „Dagegen zählten Polen und Rumänien damals [nach 1918?] zum romanischen Rechtskreis (vgl. *Constantinescu*, Travaux de la Semaine internationale de Droit 1950 [1954] 664).", Zweigert / Kötz (1984) 154.

12 Zweigert / Kötz (1996) 106 f.

13 Eine Aussage, die sicher 1966 noch berechtigt war.

Europäische Regelwerke der letzten Jahrzehnte erhielten keinen Allgemeinen Teil des Zivilrechts. Wo neben dem Vertragsrecht zumeist allenfalls das außervertragliche Schuldrecht und Teile des Sachenrechts zusammengefasst wurden, nicht dagegen das Familien- und Erbrecht, stellte sich die Frage danach auch noch nicht.[14] Jedenfalls kennt der akademische Entwurf für einen Gemeinsamen Referenzrahmen für das Europäische Privatrecht von 2009 das Rechtsgeschäft als zentrales Element des pandektistischen Allgemeinen Teils.[15] Angesichts der deutsch-polnisch-portugiesischen Gemeinsamkeiten erscheint die Überlegung angebracht zu sein, ob das Konzept schadlos aufgegeben werden kann oder vielleicht offensiver in der rechtspolitischen Diskussion über eine europäische Kodifikation (oder auch neue nationale, wie in Polen)[16] vertreten werden sollte.

Die Prüfung, wie weit die Allgemeinen Teile halten, was sie an Abstraktion und Übersichtlichkeit versprechen, können erst Einzelstudien zeigen. Ziel dieser Ausführungen ist es, einen Überblick über die Entstehung der pandektistischen Kodifikation und die Ausprägung der Systematik in Deutschland, Polen und Portugal zu vermitteln. Dazu wird kurz die Herkunft der drei Kodifikationen skizziert (II.), anschließend ein Überblick auf sie geboten (III.) und es werden die Strukturbausteine der Allgemeinen Teile einander gegenübergestellt (IV.). So soll eine Diskussionsgrundlage entstehen, während Aussagen über das Funktionieren der Allgemeinen Teile den Einzelstudien vorbehalten bleiben.

2. Entstehung der Gesetzbücher und ihre Geltung über politische Systemwechsel hinweg

Zeitachsen: *politische Systeme / zentrale Zivilrechtsakte (ohne pandektistischen Allgemeinen Teil / mit Allgemeinem Teil)*

	Deutschland	**Polen**	**Portugal**
1640			Wiedererlangung der Unabhängigkeit, Monarchie
1867			**Zivilgesetzbuch** („Código de Seabra“)

14 So der akademische Entwurf für einen gemeinsamen Referenzrahmen als umfangreichstes Werk: *Draft Common Frame of Reference* (2009).

15 Schmidt (2010).

16 Zielona Księga (2006).

1871	Staatsgründung - „Deutsches Reich“, Monarchie		
1896	**Bürgerliches Gesetzbuch**		
1910			Demokratie
1918	Demokratie	Wiedererlangung der Unabhängigkeit, Staats-gründung, Demokratie	
1926		Autoritarismus	Diktatur
1933	Diktatur	**Schuldrechtsgesetzbuch**	
1939		Teilung zwischen Deutschland und der Sowjetunion	
1944		Diktatur unter sowjetischer Dominanz	
1945	Besatzungszeit		
1946		**Allgemeine Vorschriften des Zivilrechts (I.)**	
1949	„Bundesrepublik Deutschland“, Demokratie / „Deutsche Demokratische Republik“, Diktatur unter sowjetischer Dominanz		
1950		**Allgemeine Vorschriften des Zivilrechts (II.)**	
1964		**Zivilgesetzbuch**	
1966			**Zivilgesetzbuch**
1974	**Zivilgesetzbuch der DDR**		
1976			Demokratie
1989		Demokratie	
1990	Beitritt der DDR zur Bundesrepublik, **BGB gilt wieder im ganzen Land**		

2.1. Deutschland

Arnold Heises (1778-1851) Pandektensystem verbreitete sich im 19. Jahrhundert in der deutschen Rechtslehre.[17] Für eine Zivilrechtskodifikation übernahm sie als Erster der sächsische Gesetzgeber von 1863; es folgte das neue Deutsche Reich mit dem Bürgerlichen Gesetzbuch (BGB) von 1896. Dieses ersetzte die in den deutschen Territorien partikular geltenden Zivilrechte.

Weimarer Republik, NS-Diktatur und die Bundesrepublik ließen, trotz Änderungsbestrebungen, die Struktur des BGB weitgehend unverändert. In der sowjetisch geprägten DDR wurde dagegen 1974 das BGB durch ein neues Zivilgesetzbuch abgelöst, welches als Schritt zur leichteren Verständlichkeit bewusst von der pandektistischen Gliederung absah. Nach dem Ende der DDR trat das BGB wieder im ganzen deutschen Staatsgebiet in Kraft. Die sog. Schuldrechtsmodernisierung von 2001 führte zu größeren Änderungen des BGB (im Allgemeinen Teil betrafen sie das Verjährungsrecht); an seiner Struktur wurde aber nicht gerüttelt.

2.2. Portugal

Portugal[18] hatte seit 1868 ein Zivilgesetzbuch, den nach seinem Hauptautor benannten *Código de Seabra*. Diese Kodifikation war stilistisch, inhaltlich und systematisch vom französischen *Code Civil* inspiriert, wies aber viele Eigenständigkeiten auf. Schon Mitte des 19. Jahrhunderts hatte in den Rechtsunterricht an der Universität Coimbra die Stoffgliederung nach pandektistischem Muster Einzug gehalten. Die Kodifikation brach diese Tradition ab. Zu Begin des 20. Jahrhunderts setzte sich – hauptsächlich befördert vom in Coimbra lehrenden Guilherme Moreira (1861-1922) – wieder die pandektistiche Systematisierung des Unterrichts durch. Die Anregung dazu stammte wohl aus dem Schrifttum Italiens, wo man auf die gleiche Weise verfuhr, ebenfalls ohne über ein pandektistisches Gesetzbuch zu verfügen.[19]

1944 erging von der politischen Führung des konservativ-autoritären „Neuen Staates" der Auftrag zu einer Neukodifikation. In der portugiesischen Rechtslehre bestand Einigkeit, dass das neue Gesetzbuch pandektistisch strukturiert sein sollte. Die Kodifikationsarbeiten sollten, schon nach dem Willen des Gesetzgebers, sorgfältig und in Ruhe betrieben werden. Sie waren erst 1966 abgeschlossen. Der damals geschaffene *Código Civil* (CC port) hatte

17 Aktueller Überblick zur Gesetzesentstehung und -wicklung in Deutschland: MünchKomm BGB (2012) / *Säcker*, Einl. Grundlegende Darstellung der Entstehung bei Schwarz (1921).

18 Zur Vorgeschichte und Entwicklung des KC von 1966 auf Deutsch: Müller (2008).

19 Näher auf Deutsch: Jayme (1997).

über die zur Demokratisierung des Landes führenden Nelkenrevolution von 1974 hinaus bis heute Bestand.

2.3. Polen

In Polen[20] ist die Entscheidung für einen allgemeinen Teil nach pandektistischem Vorbild keine Widerspiegelung einer gewachsenen dogmatischen Überzeugung. Bei Wiedererlangung der Unabhängigkeit 1918 galten in den verschiedenen Landesteilen die von den deutsch-preußischen, österreichischen und russischen Teilungsmächten geprägten Partikularrechtsordnungen mit BGB, ABGB und *Code civil* (im zum Zarenreich gehörenden Zentralpolen). In der polnischen Rechtslehre ab 1918 wurde daher das Zivilrecht vergleichend behandelt; neben den „ererbten" vorpandektistischen Gesetzbüchern und dem BGB sah man als vorbildlich die neuere Schweizer Kodifikation, welche bewusst keinen Allgemeinen Teil enthielt. Wichtigster Privatrechtsakt der sog. Zwischenkriegszeit (1918-1939) war das polnische Schuldrechtsgesetzbuch von 1933[21]. Dessen allgemeine Bestimmungen trafen keine Aussagen zu Personen und Rechtsobjekten und erhoben nicht den Anspruch der Erstreckung der Lehre zu Willenserklärungen und Vertrag auf andere Materien als das Schuldrecht. Zugleich wurde ein Handelsgesetzbuch[22] dekretiert, welches sich in seiner Konzeption an das in Deutschland und Österreich geltende HGB anlehnte. Bei weiteren, unvollendet gebliebenen Gesetzgebungsarbeiten zeichnete sich eine Gliederung in Sachen-, Familien-, und Erbrecht ab, was, zusammen mit dem Schuldrechtsgesetzbuch, eine Struktur wie in der Schweiz ergeben hätte. Ob am Ende der Schaffung eines einheitlichen Privatrechts ein Kodex mit Allgemeinem Teil stehen sollte, war bis 1939 nicht ausgemacht.

Nach Ende des 2. Weltkrieges ging es zunächst um die rasche Vollendung der Rechtseinheit. Die Dekretierung von Sachen-, Familien- und Erbrecht erforderte allgemeine Regelungen zu den Rechtsgeschäften. Solche enthielten die „Allgemeinen Vorschriften des Zivilrechts" von 1946. Sie hatten nur 15 Artikel und besagten unter anderem: „Die Vorschriften des Schuldrechtsgesetzbuchs [von 1933] über Willenserklärungen sind mangels besonderer Vorschriften analog auf in anderen Bestimmungen des Zivilrechts vorgesehene Willenserklärungen anzuwenden."[23]

In der neuen „Volksrepublik" sahen die zweite Hälfte der vierziger und die erste Hälfte der fünfziger Jahre die Durchsetzung der kommunistischen

20 Zur Entwicklung schon Ernst (2009).
21 Kodeks zobowiązań, Dz.U. 1933, Nr. 82, Pos. 598.
22 Kodeks handlowy, Dz.U. 1934, Nr. 57, Pos. 502.
23 Dz.U. 1946, Nr. 67, Pos. 369, dort Art. 11.

Parteiherrschaft in stalinistischer Ausprägung.[24] Einen Paradigmenwechsel bedeute auch 1950 das Gesetz über die Allgemeinen Vorschriften des Zivilrechts.[25] Dieses ist deutlich länger als sein Vorgänger, das Dekret von 1946, und stellt in Struktur und Inhalt einen kompletten pandektistischen Allgemeinen Teil dar, welcher die Systematik dessen im *Kodeks cywilny* (KC) von 1964 vorwegnahm. Das Gesetz von 1950 schlug die Bestimmungen zu den Willenserklärungen aus dem Schuldrechtsgesetzbuch heraus. Die Vorentscheidung für eine pandektistische Struktur der Kodifikation scheint 1947 während Kommissionsarbeiten für einen Entwurf für ein Zivilgesetzbuch gefallen zu sein.[26] Dies und der wahrscheinliche politische Auslöser lassen sich aus einer Fußnote in der Begründung zum KC-Entwurf von Ende 1947 erschließen:[27] „Trotz gewisser Vorbehalte, welche (insbesondere den Anhängern des romanischen Rechtsdenkens) die Methode vielstufiger Abstraktionen aufdrängen kann, überwog die Ansicht, dass das polnische Zivilgesetzbuch einen Allgemeinen Teil haben sollte. Es entspricht dies der Tendenz zu abstrakten Formulierung, welche die polnische Gesetzgebungstechnik kennzeichnet. Es erscheint als unzutreffend, in dieser Tendenz Einflüsse des deutschen Rechts zu sehen. Die Neigung zu allgemeinen - und damit notwendig abstrakten - Formulierungen, wird auch in anderen Gesetzgebungen immer sichtbarer und erklärt sich sicherlich – unter anderem – mit der Tatsache, dass gesetzliche Regulierung einen immer breiteren Bereich der gesellschaftlichen Beziehungen erfasst. Unter den neuesten Zivilgesetzbüchern haben einen Allgemeinen Teil z. B. die Gesetzbücher der sowjetischen Unionsrepubliken. Es enthält ihn auch der Entwurf des Zivilgesetzbuchs der UdSSR von 1947." Diese Klarstellung erschien notwendig in einem Polen, in welchem sowjetische Dominanz an die Stelle der deutschen Okkupation im Zweiten Weltkrieg getreten war. Federführende Person bei den Arbeiten am polnischen Zivilgesetzbuch vom Kriegsende bis zum Erfolg 1964 war Jan Wasilkowski, ausgebildet in Wien, Krakau und Nancy, nach 1945 Warschauer Professor, 1964-1969 Mitglied des Zentralkomitees der kommunistischen Partei (PZPR).[28]

---

24 Über das Los der Vorschriften des Schuldrechtsgesetzbuchs und ihre Uminterpretation in dieser Zeit: Stawarska-Rippel (2004).

25 Gesetz vom 18 Juli 1950, Dz.U. 1950 Nr. 34, Pos. 311.

26 Jan Wasilkowski zeichnete in einem Aufsatz von 1947 zwar schon die Struktur eines Allgemeinen Teils vor, äußert sich selbst aber zur Frage von dessen Notwendigkeit neutral, verweist auf Länder ohne Allgemeinen Teil , hält für Polen eine grundlegende Erörterung für angezeigt und skizziert auch eine Alternativstruktur ohne pandektistischen Allgemeinen Teil: Wasilkowski (1947) 63 f.

27 Wasilkowski / Wolter (1947) 19, dort Fn. 1.

28 *Studia Prawnicze* (1970) 3 f. (Vorwort).

Freilich verdankte sich das pandektistische Modell in der sowjetischen Zivilgesetzgebung einem Wissenschaftstransfer von Deutschland nach Russland aus der Zeit vor 1914.[29] In Stil und Inhalt handelt es sich beim polnischen Allgemeinen Teil in seinen Fassungen von 1950 und im *Kodeks cywilny* (KC) von 1964[30] im Wesentlichen um eine vereinfachte Fortschreibung von Bestimmungen des Schuldrechtsgesetzbuchs von 1933. Entfernt wurden 1990 aus dem Allgemeinen Teil die für das kommunistische System spezifischen Vorschriften. 2003 wurde er um Regelungsbereiche des Handelsrechts ergänzt, welche in den KC eingestellt wurden. Neukodifikationsüberlegungen aus der Zeit nach 2003 wollen einen Allgemeinen Teil beibehalten, aber Bestimmungen zu Verträgen ins Schuldrecht überführen.[31]

3. Vergleich der Allgemeinen Teile

3.1. Sprache und Stil

Die Formulierung der Vorschriften des BGB gilt als genau, dabei aber umständlich und wenig elegant.[32] Der CC port kann beanspruchen, noch präziser gestaltet zu sein. Dagegen orientiert sich im KC die Struktur, nicht jedoch der Stil am deutschen Gesetzbuch. Seine ursprünglichen Vorschriften zeugen vom Bemühen um verständlichere Sprache und Verzicht auf Detailregelungen. Damit bauen sie auf die Traditionen der Vorkriegsgesetzgebung auf; oft sind sie aber noch weiter vereinfacht worden.

Im Ergebnis zählte der Allgemeine Teil des BGB in seiner Urfassung 240 Paragrafen. Derjenige des CC port verfügt über 396 Artikel, davon freilich über 65 im einleitenden Abschnitt, zu dem es kein direktes Gegenstück im BGB gibt. Damit ist die Regelungsdichte nicht wesentlich höher, allerdings gibt es eine viel ausgefeiltere Untergliederung. Dagegen hat der Allgemeine Teil des KC nur 125 Artikel, die aber grundsätzlich die gleichen Bereiche abdecken, wie die differenzierteren Bestimmungen der beiden anderen Gesetzbücher (s. Übersicht mit den Gliederungen der drei Allgemeinen Teile am Ende dieses Beitrags).

---

29 Kurzynsky-Singer (2009) 1326.

30 Deutsche Überblicksdarstellung: Gralla (1966).

31 Entwurf der Kodifikationskommissionen beim polnischen Justizministerium für einen Allgemeinen Teil: Księga pierwsza kodeksu cywilnego (2009). Dazu Radwański (2010).

32 Zweigert / Kötz (1996) 143.

3.2. Struktur

In allen drei Allgemeinen Teilen finden sich als Gliederungselemente die Rechtssubjekte und die Rechtsobjekte; daran schließen die Bestimmungen zu den Rechtsgeschäften an (im CC port eingeordnet unter den allgemeineren Begriff der Rechtstatsachen). Stets folgen darauf als Regelungsgegenstände noch die Zeit und die Folgen ihres Ablaufs.

Der polnische Allgemeine Teil enthält sog. Einleitungsvorschriften[33], sein portugiesisches Gegenstück beginnt mit Bestimmungen über „Gesetze, ihre Auslegung und Anwendung". Diese enthalten Aussagen über die Rechtsquellen, die Anwendung von Gewohnheitsrecht und Billigkeit durch die Gerichte, aber auch Rechtsanwendungsregeln für internationale Fälle[34]. Letztere finden sich in Deutschland im gesonderten Einführungsgesetz zum BGB. In Polen sind die innerstaatlichen, im Wesentlichen temporalen Kollisionsnormen in einem Einführungsgesetz zum KC untergebracht; die internationalen dagegen im Gesetz zum internationalen Privatrecht.

Die Einleitungsvorschriften im KC bestanden ursprünglich aus nur sieben Artikeln, von denen im Jahre 1990 zwei gestrichen wurden. Übrig blieben die Umreißung des Gegenstandes des Gesetzbuchs und der Grundsatz der Nichtrückwirkung, die praktisch bedeutende Vorschrift über den Rechtsmissbrauch, Beweislastregeln und die Vermutung des guten Glaubens.[35]

Bestimmungen zur Rechtsausübung, zu Beweislast und Vermutungsregeln finden sich am Ende des Allgemeinen Teils des CC port. Das BGB beschränkt sich an entsprechender Stelle auf die Rechtsausübung (und die Sicherheitsleistung), wobei die Vorschrift zum Rechtsmissbrauch (§ 226 BGB) keine große praktische Rolle spielt – wohl wegen ihrer hohen Anforderungen und der großzügigen Handhabung des in § 242 BGB geregelten Grundsatzes von Treu und Glauben.[36]

Besonderheit des CC port ist das „Rechtsverhältnis" als Gliederungsbegriff im Allgemeinen Teil. Damit werden alle Regelungsgegenstände, die schon aus dem Allgemeinen Teil des BGB bekannt sind, zusammengefasst und von den Einleitungsvorschriften des CC port abgesondert.[37] In der Lehre wird die *„relação jurídica"* als ein „Verhältnis des gesellschaftlichen Lebens, welches durch das Recht geordnet wird, indem einer Person ein subjektives

33 Poln.: „Przepisy wstępne".

34 Allerdings jedenfalls mittlerweile ohne Vollständigkeit: Schmidt (2011) 936, 938.

35 Dies alles sind Themen, die schon Heise an den Anfang seines Systems stellte: „Von den Quellen des Rechten", „Von den Rechten", „Von Verfolgung und Schützung der Rechte".

36 MünchKomm BGB (2012) / *Grothe*, § 226 Rn. 1.

37 Die Ausrichtung auf diesen Begriff geht auf Überlegungen von Guilherme Moreisra und Manuel de Andrade zurück, siehe Müller (2008) 59, 74 u. 84 ff.

Recht zugeschrieben und einer anderen Person eine Rechtspflicht oder Unterordnung auferlegt wird". Aus dieser Definition ergibt sich freilich nicht die Notwendigkeit von „Sachen" für das Bestehen eines Rechtsverhältnisses.[38]

3.3. Rechtssubjekte

Alle drei Gesetzbücher fassen Regelungen zu den Rechtsträgern in einem Abschnitt unter dem Titel „Personen"[39] zusammen. Gemeinsam ist die Unterscheidung zwischen natürlichen und juristischen Personen. Allerdings werden in Portugal die Begriffe der „Einzel-" und der „Kollektivpersonen" verwendet, wobei die abweichende Terminologie auf vor Schaffung des CC port in der Lehre entwickelte Ansichten zum Wesen der nichtnatürlichen Personen beruht.[40]

Im Abschnitt zu den natürlichen Personen regelt das BGB nur deren Rechtsfähigkeit, nicht aber die Geschäftsfähigkeit. Diese findet sich im Abschnitt zu den Rechtsgeschäften, was weniger sinnvoll erscheint, wenn man dort gemeinsame Bestimmungen für alle Arten von Personen erwartet. Demgemäß haben sowohl der polnische wie der portugiesische Gesetzgeber die Bestimmungen zur Geschäftsfähigkeit in den Abschnitt zum Personenrecht eingeordnet. Während im BGB nur der Name einer juristischen Person ausdrücklich unter Schutz steht (und der Schutz weiterer Rechtsgüter erst durch die Rechtsprechung, nicht zuletzt des Bundesverfassungsgerichts, näher ausgestaltet wurde)[41], finden sich sehr ausführliche Regelungen dazu im CC port (Art. 70-81). Die weit gefassten Bestimmungen im KC (Art. 23 und 24) sind nicht so ausführlich wie die portugiesischen; sie haben aber seit Einführung der Pressefreiheit 1989 einen enormen Bedeutungszuwachs erfahren.

Die Vorschriften zu den juristischen Personen im BGB enthalten nur Spezialregelungen für einzelne Typen. Dagegen wurde in Polen und Portugal der Versuch unternommen, Allgemeines vor die Klammer zu ziehen, so z. B. zu Fragen der Repräsentation. Die allgemeinen Bestimmungen zu den juristischen Personen erheben in Polen Anspruch, auch für nicht im KC näher geregelte Arten von Personen anwendbar zu sein, sofern für diese Sonderregelungen fehlen. Art. 157 CC port führt dagegen die Kategorien juristischer

38 Zum deutschen Recht die Darstellung bei Medicus (2010) § 9. Zur polnischen Definition des Zivilrechtsverhältnisses: Radwański (2011) § 10, II. So aber auch schon bei Savigny (1840), der im Abschnitt über die Rechtsverhältnisse Kapitel über Personen sowie die Entstehung und den Untergang der Rechtsverhältnisse, nicht aber über Rechtsgegenstände aufnahm.

39 Polnisch: „osoby", portugiesisch: „pessoas".

40 Mota Pinto / Pinto Monteiro (2005) 269 ff.

41 Lijowska (2001).

Personen einzeln auf, für welche die allgemeinen Bestimmungen gelten; für Handelsgesellschaften ordnet er eine nur analoge Anwendung an.

Der deutsche und der portugiesische Gesetzgeber nahmen – bei allem sonstigen Ringen um systematische Konsequenz – in den Abschnitt zu den Personen auch Regelungen zu nichtrechtsfähigen Vereinen auf. In Polen ist das Vereinsrecht dagegen Gegenstand von Sondergesetzen, sodass die systematische Klarheit der Gliederung des Allgemeinen Teils des KC davon nicht beeinträchtigt wird.

In allen drei Ländern ist zudem das Phänomen weiterer Zusammenschlüsse bekannt, die nicht als vollwertige juristische Personen anerkannt werden, aber bestimmte Eigenschaften mit ihnen teilen. In Deutschland sorgte für Zweifel bei der Rechtsanwendung weniger die Offene Handelsgesellschaft, der in § 124 des deutschen Handelsgesetzbuchs die Fähigkeit, Rechte und Pflichten zu haben, zuerkannt wird. Da eine solche ausdrückliche Bestimmung für die Gesellschaft bürgerlichen Rechts fehlt, war und ist umstritten, inwieweit diese rechtsfähig ist.[42] Mangels allgemeiner Vorschriften zu den juristischen Personen im Allgemeinen Teil des BGB muss dieser Frage allerdings in unserem Zusammenhang nicht weiter nachgegangen werden. In Polen bestand eine Lehrauffassung, dass die Qualifikation als juristische Person formal zu erfolgen habe, in dem Sinne, dass der Gesetzgeber sie ausdrücklich anzuordnen hat. Da das polnische Handelsgesellschaftengesetzbuch[43] Personalhandelsgesellschaften zwar als Trägerinnen von Rechten und Pflichten bezeichne, aber nicht als juristische Person, seien die betreffenden Vorschriften im Allgemeinen Teil des Zivilgesetzbuchs auf sie nur analog anwendbar.[44] Diese Auffassung hat einen Niederschlag in der Reform des Allgemeinen Teils des KC von 2003 gefunden. Dort ordnet jetzt Art. 33^1 an, dass sich die Regeln zu den juristischen Personen analog auf Organisationseinheiten ohne Rechtspersönlichkeit beziehen, die Rechte und Pflichte haben können. Laut den Gesetzesmaterialien sind damit eben solche Fälle wie derjenige der Offenen Handelsgesellschaft gemeint.[45]

Nach Schaffung der Kodifikationen wurden alle drei Länder verpflichtet, europäische Richtlinien zum Verbraucherschutz in die nationale Gesetzgebung umzusetzen. Portugal regelte das Verbraucherrecht in Sonderrechtsakten,[46] sodass der Allgemeine Teil des CC port davon nicht berührt wurde. Der

---

42 Siehe zuletzt die kritische Betrachtung der jüngeren Entwicklung: Beuthien (2011).

43 Kodeks spółek handlowych, Dz.U. 2000 Nr. 94, Pos. 1037, dort Art. 8 § 1.

44 Wolter / Ignatowicz / Stefaniuk (2001) § 11.

45 Vgl. Begründung zum Änderungsgesetz des KC vom 14.2.2003, Dz.U. Nr. 49, Pos. 408, Sejm-Druck Nr. 666, eingegangen am 2.7.2002, S. 20. Zu den Kategorien der Rechtssubjekte im KC siehe auch in diesem Band: *Tomasz Giaro*, Der allgemeine Teil: Physik und Metaphysik. Zivilistik in Zeiten der Dekodifikation.

46 Menezes Cordeiro (2005) § 11.

deutsche und der polnische Gesetzgeber hatten dagegen den Ehrgeiz, das Verbraucherrecht in die Zivilrechtskodifikation einzufügen. Damit sollte diese weiterhin beanspruchen, Regelungsort für die alltäglichen Angelegenheiten der Bürger zu sein. Somit stellte sich die Frage nach der Einordnung der Definitionen des Verbraucher- und des Unternehmerbegriffs. In beiden Ländern wählte man dafür den Allgemeinen Teil der Zivilrechtskodifikation. Die Lösung des deutschen Gesetzgebers aus dem Jahre 2000 ist nicht besonders elegant.[47] Die Regelungen wurden dem Abschnitt zu den natürlichen Personen beigegeben (§§ 13 u. 14), obwohl Unternehmer auch juristische Personen sein können, und dem Abschnittswechsel die Begriffe „Verbraucher, Unternehmer" hinzugefügt, obwohl diese jeweils nur eine Vorschrift enthalten. Geschickter verfuhr man in Polen: Hier hat man den Verbraucher 2003 ebenfalls im Abschnitt zu den natürlichen Personen definiert. Für den „Unternehmer" wurde dagegen ein dritter – Querschnitts- – Abschnitt nach denen über die natürlichen und juristischen Personen geschaffen. Er enthält auch die Vorschriften über die Firma und stellt damit den Abschluss einer Entwicklung dar, die in kommunistischer Zeit mit der Aufhebung der Vorschriften des Handelsgesetzbuchs zum Kaufmannsstand begann und unter anderen gesellschaftlichen Umständen nach 1989 nicht rückgängig gemacht wurde, sondern zu einer völligen Abschaffung des Handelsgesetzbuchs führte.

Insgesamt finden sich mit Einbeziehung der Geschäftsfähigkeit und einer Herausbildung allgemeiner Bestimmungen zu den juristischen Personen konsequentere Verwirklichungen pandektistischer Regelungsideen in den heutigen Strukturen der Gesetzbücher Polens und Portugals als in der des BGB. Dem polnischen Gesetzgeber ist zudem eine stimmige Einordnung des Unternehmerrechts gelungen.

3.4. Rechtsobjekte

Mit dem Begriff *„res"* bezeichnete das römische Recht allgemein die Rechtsgegenstände und das Gleiche bedeutet der Ausdruck „Sache" im österreichischen ABGB von 1811[48].

Das BGB versteht unter „Sachen" dagegen nur die körperlichen Gegenstände. Da nur diese und keine anderen Arten von Rechtsobjekten im betref-

---

47 Eingefügt wurden die Vorschriften durch das Gesetz über Fernabsatzverträge und andere Fragen des Verbraucherrechts sowie zur Umstellung von Vorschriften auf Euro, BGBl. 2000 I, S. 887. Kritisch zur Einordnung schon Palandt BGB (2002) / *Heinrichs*, § 13, Rn. 1.

48 § 285 ABGB: Alles, was von der Person unterschieden ist, und zum Gebrauche der Menschen dient, wird im rechtlichen Sinne eine Sache genannt.

fenden Abschnitt des Allgemeinen Teils des BGB angesprochen werden, genügt dieser insoweit nicht dem Anspruch, einen Überblick über die Bestandteile eines Rechtsverhältnisses zu geben. Im Rechtsunterricht ist die genauere Behandlung der Vorschriften zu den Sachen in der Vorlesung zum Sachenrecht üblich, während sie im Allgemeinen Teil eher als aus dem Zusammenhang gerissen erscheinen.[49]

Die Schöpfer des KC verwenden zwar das polnische Äquivalent für Sache[50] im engen Sinne des BGB; sie stellt aber nicht den Gliederungsbegriff im Allgemeinen Teil dar; vielmehr trägt der Abschnitt zu den Rechtsobjekten den Titel „Vermögensgut“[51]. Auch er enthält freilich hauptsächlich die schon im BGB zu findenden Vorschriften zu den Sachen, ihren Bestandteilen usw. Nur der Beginn des Abschnitts handelt vom Vermögensgut im Allgemeinen. Art. 44 KC zählte im Ursprungswortlaut von 1964 – entsprechend den damaligen Vorstellungen von Unterscheidung der Inhaberschaft in Abhängigkeit vom Rechtsträger – auf: Vermögen des Staates, Vermögen „gesellschaftlicher Organisationen des arbeitenden Volkes“, individuelles Vermögensgut anderer Personen und „persönliches Vermögensgut natürlicher Personen“. In der Fassung von 1990 beschränkt sich die Vorschrift auf die Feststellung, dass unter Vermögensgut das Eigentum und andere Vermögensrechte zu verstehen sind. Dafür wurde zugleich Art. 44^1 KC eingeführt, der im Hinblick auf Sondervorschriften als „staatliches Vermögensgut“ dasjenige des Fiskus sowie staatlicher juristischer Personen definiert. Ohne die Zugabe „staatlich“ bedienen sich des Begriffs „Vermögensgut“ noch einige Vorschriften des Schuldrechtes; darüber hinaus wird er kaum im polnischen Privatrecht verwandt. Er tauchte aber wieder in der amtlichen polnischen Fassung der europäischen Insolvenzverfahrensverordnung auf, als Äquivalent zu den deutschen „Vermögenswerten“ und den englischen *„assets“*[52].

1990 enthiellt der Abschnitt im KC zum Vermögensgut auch noch Regeln über bestimmte organisierte Gütergesamtheiten, nämlich das „Unternehmen“[53] und den „landwirtschaftlichen Betrieb“[54] (Art. 55^1-55^4 KC). Sie umreißen zunächst, welche Vermögensgegenstände zu den Gesamtheiten gehören, und dienen daher als Auslegungshilfen darüber, was Geschäfte in Bezug auf die Vermögensgesamtheiten umfassen. Es besteht Einigkeit, dass für die rechtsgeschäftliche Übertragung einer solchen Gesamtheit auf einen anderen Rechtsträger alle Anforderungen zu beachten sind, welche für die Übertragung der einzelnen Gegenstände gelten, insbesondere auch die For-

49 Zweigert / Kötz (1996), 145 f.
50 Poln.: „rzecz“.
51 Poln.: „mienie“, wörtlich: „das Haben“.
52 Vgl. z.B. Art. 4 II b) der VO 1346/2000/EG.
53 Poln.: „przedsiębiorstwo“.
54 Poln.: „gospodarstwo rolne“.

merfordernisse für Grundstücksübereignungen.[55] Von 2003 stammt die heutige Bestimmung über die Haftung eines Erwerbers eines Unternehmens oder landwirtschaftlichen Betriebes für die mit diesem verbundenen Verbindlichkeiten – gemeinsam mit dem Veräußerer. Die Vorschriften zum Unternehmen knüpfen damit an den Abschnitt zur Vermögensveräußerung[56] im früheren Handelsgesetzbuch an.

Der CC port verwendet als Abschnittsüberschrift im Allgemeinen Teil die Sache.[57] Anschließend besagt Art. 202 CC port, dass damit alles bezeichnet wird, „was Objekt von Rechtsverhältnissen sein kann".[58] Damit erscheint „Sache" nicht als eine Unterform der Rechtsobjekte, sondern als ihr Synonym. Die weiteren Vorschriften des betreffenden Abschnitts sind aber denen des BGB zu den Sachen sehr ähnlich und ergeben, dass der Sachbegriff nicht viel weiter reicht und insbesondere keine Forderungen und Rechte an immateriellen Gütern umfasst. Wegen des Widerspruchs zur zitierten Definition wird die Begrifflichkeit des CC port in der portugiesischen Rechtslehre als „unkorrekt" zurückgewiesen und darauf verwiesen, dass es Gegenstände von Rechtsverhältnissen gibt, „welche keine Sachen im Rechtssinne darstellen".[59]

Während also der deutsche Gesetzgeber gar nicht erst versucht hat, im Allgemeinen Teil die Rechtsobjekte generell zu regeln, ist der Versuch im portugiesischen Gesetz gescheitert, da dort weite Definition des Sachbegriffs und anschließender eingeengter Gebrauch nicht zueinanderpassen. Nur der polnische Gesetzgeber verwendet mit dem „Vermögensgut" als Gliederungsbegriff einen Ausdruck, der sich sowohl auf körperliche wie nichtkörperliche Gegenstände bezieht, und grenzt ihn auch vom Begriff der Sache ab. Freilich hat auch er es nicht vermocht, dafür gemeinsam geltende Regeln zu finden und als solche für den Allgemeinen Teil zu formulieren.[60] Immerhin fand er hier einen angemessenen Ort für Bestimmungen zur Unternehmensveräußerung.

---

55 Auf Deutsch dazu Ernst (2005) 127 ff. mit weiteren Nachweisen.

56 Poln. „Zbycie przedsiębiorstwa", Art. 39 ff. des polnischen Handelsgesetzbuchs von 1934.

57 Port.: „coisa".

58 „Artigo 202º (Noção) 1. Diz-se coisa tudo aquilo que pode ser objecto de relações jurídicas. ..".

59 Mota Pinto / Pinto Monteiro (2005) 344: "Há entes susceptíveis de serem objecto de relações jurídicas que não são coisas em sentido jurídico." (Es gibt Wesen, die Objekte von Rechtsverhältnissen sein können, die keine Sachen im Rechtssine sind.). Zum *coisa*-Begriff siehe vgl. auch Mota Pinto (2002).

60 Dazu in diesem Band *Wojciech Dajczak*, Der Begriff der „Sache" (*res*) in der europäischen Rechtstradition und seine Auswirkungen auf die Entwicklung der polnischen Privatrechtsdogmatik im 20. Jahrhundert.

3.5. Rechtstatsachen, insbesondere Rechtsgeschäfte

3.5.1. Rechtstatsachen und Rechtshandlungen als Oberbegriffe

Von den Ereignissen, welche Einfluss auf den Bestand und den Inhalt von Rechtsverhältnissen nehmen, regeln das deutsche und das polnische Gesetzbuch nur den Fall des Rechtsgeschäfts[61] als aus mindestens einer Willenserklärung[62] bestehenden Akt.

Die portugiesische Systematik verweist darauf, dass auch andere Handlungen oder Ereignisse so, wie die Rechtsgeschäfte auf subjektive Rechte einwirken können. Zu diesem Zweck ist der im CC port auf „Sachen" folgende Abschnitt den Rechtstatsachen gewidmet, unter welchen man sowohl menschliche Handlungen wie natürliche Ereignisse von rechtlicher Relevanz versteht.[63] Hier fügt sich dann auch der Zeitablauf nachvollziehbar ein, der in den anderen beiden Gesetzbüchern zusammenhanglos neben Subjekten, Objekten und Rechtsgeschäften steht. Willensakte werden im CC port als Rechtshandlungen[64] bezeichnet. Dabei geht es hier fast hauptsächlich um Rechtsgeschäfte.[65] Nur eine Vorschrift, Art. 295 KC, gilt für die „übrigen" Rechtshandlungen und sie ordnet die analoge Anwendung der Regeln über die Rechtsgeschäfte an.

3.5.2. Rechtsgeschäfte im Allgemeinen

Auch zu den Rechtsgeschäften selbst findet sich die feinste Unterteilung im portugiesischen Allgemeinen Teil. Grundsätzlich haben aber alle drei Gesetzbücher ein ähnliches normatives Programm. Und wenn auch in Deutschland und Polen Untergliederungen fehlen, so sind dort in den größeren Abschnitten doch jeweils mehrere Vorschriften zum jeweils gleichen Thema nachei-

61 Poln.: „czynność prawna".

62 Poln.: „oświadczenie woli".

63 Mota Pinto / Pinto Monteiro (2005) 356: "Facto jurídico é todo o acto humano o acontecimento natural juridicamente relevante.... A primeira grande classificação dos factos jurídicos é a que se pode estabelecer entre factos voluntários ou actos jurídicos e factos jurídicos involuntários ou naturais." (Rechtstatsache ist jede menschliche Handlung oder jedes rechtlich bedeutsame Naturereignis.).

64 Mota Pinto / Pinto Monteiro (2005) 357: "Os simples actos jurídicos são factos voluntários cujos efeitos se produzem, mesmo que não tenham sido previstos ou queridos pelos seus autores, embora muitas vezes haja concordância entre a vontade destes e os referidos efeitos." (Die einfachen Rechtshandlungen sind Willensakte, deren Wirkungen eintreten, selbst wenn diese von ihren Urhebern nicht vorhergesehen oder gewollt waren, auch wenn oft eine Übereinstimmung zwischen diesem Willen und den beschriebenen Folgen bestehen dürfte.).

65 Port.: „negócio jurídico".

nander gruppiert (so z.B. zum Zugang von Willenserklärungen, zu Wirkamkeitseinschränkungen).

In Polen hat man einen Unterabschnitt mit allgemeinen Vorschriften zu den Rechtsgeschäften formuliert. Diese enthalten zwar auch, was im BGB unter „Willenserklärung" abgehandelt wird. Vorangestellt sind aber Bestimmungen über die Wirkung von Rechtsgeschäften. Dort finden sich nicht nur die aus dem BGB bekannten Themen der Wirkungslosigkeit von Geschäften bestimmter Inhalte. Vielmehr stellt Art. 56 KC eine allgemeine Vorschrift über die Wirkung von Rechtsgeschäften dar: „Das Rechtsgeschäft entfaltet nicht nur die in ihm ausgedrückten Wirkungen, sondern auch die, welche sich aus dem Gesetz, den Grundsätzen des gesellschaftlichen Zusammenlebens und festgestellter Gewohnheit ergeben."[66] Sie folgt dem ganz ähnlich formulierten Art. 60 des Schuldrechtsgesetzbuches von 1933, welcher sich allerdings nur auf Verträge bezog. Mit der Einfügung von Art. 56 KC brachten die Verfasser des KC den Grundsatz der Privatautonomie zum Ausdruck, dass nämlich auszugehen ist vom Willen des Handelnden, selbst wenn dessen Gestaltungsmöglichkeiten durch normative Vorgaben eingeschränkt sind, und dass das Instrument, welches die Rechtsordnung dafür gewährt, das Rechtsgeschäft ist. Die Aufnahme einer solche Vorschrift in der Privatautonomie abgeneigten kommunistischen Zeiten ist den Verfassern des Gesetzbuchs hoch anzurechnen.

Die polnischen und portugiesischen Gesetzbücher sind zudem übersichtlicher als das BGB, weil, wie schon angeführt, die Bestimmungen zur Geschäftsfähigkeit natürlicher Personen nicht in die jeweiligen Abschnitte zu den Rechtsgeschäften aufgenommen wurden.

3.5.3. Verträge

Anders als BGB und KC enthält der CC port im Abschnitt zu den Rechtsgeschäften keinen Unterteil über den Vertrag bzw. Vertragsschluss. Dies bedeutet nicht, dass die Vorschriften dazu im Allgemeinen Teil fehlen würden und stattdessen, wie für ein eventuelles neues polnisches Zivilgesetzbuch angedacht,[67] in das Schuldrecht eingestellt sind. Vielmehr findet man sie unter „Vollendung der Willenserklärung"[68], wo auch der Zugang von Willenserklärungen geregelt ist. Dort enthält Art. 227 CC port schon von Anfang an eine Vorschrift zum Verschulden beim Vertragsschluss. An systematisch entsprechender Stelle finden sich solche auch in den Vertragsschlussbestim-

66 Poln.: Art. 56. Czynność prawna wywołuje nie tylko skutki w niej wyrażone, lecz również te, które wynikają z ustawy, z zasad współżycia społecznego i z ustalonych zwyczajów.

67 Zielona Księga (2006).

68 Port.: "Perfeição da declaração negocial".

mungen des KC (vgl. Art. 72 § 2, jetzt auch Art. 72[1] § 2 KC), hingegen wurden Vorschriften dazu in das BGB erst mit der Reform von 2001 ins Schuldrecht aufgenommen (vgl. § 311 II).

Die portugiesische Terminologie erweckt den Eindruck radikaler Folgerichtigkeit. So wird dem Oberbegriff des Rechtsgeschäfts stärkere Bedeutung zugemessen. Weiterhin wird vermieden, dass es im Allgemeinen Teil und im Schuldrecht ähnlich lautende Abschnittstitel gibt. Einwände gegen diese Benennung erscheinen aber nicht weniger gewichtig: Sie verdunkelt, dass es auch andere als schuldrechtliche Verträge gibt, deren Regelungsort damit nach pandektistischem Ideal der Allgemeine Teil ist. Weiterhin macht sie es für einen nicht eingeweihten ausländischen Rechtsanwender schwer, die Vorschriften zum Vertragsschluss zu finden.

3.5.4. Unwirksamkeit

Eine didaktisch begrüßenswerte Lösung im portugiesischen Allgemeinen Teil ist die Herausstellung eines eigenen Abschnitts zu den verschiedenen Varianten der beschränkten Wirksamkeit oder Unwirksamkeit von Rechtsgeschäften. Hier finden sich beispielsweise die Rechtsfolgen einer an anderer Stelle geregelten Anfechtung bei Willensmängeln. Nicht ganz konsequent erscheint es, wenn sich bei dieser Gelegenheit auch eine Vorschrift mit Tatbestandsmerkmalen zur Unwirksamkeit findet, nämlich bei Gesetzwidrigkeit (Art. 294 CC port). Auch das BGB hat eine entsprechende Vorschriftengruppe im Abschnitt über die Willenserklärung (§§ 139-144).

Möglicherweise wäre es noch stimmiger, diese Vorschriften als allgemeinere vor denen über einzelne Tatbestände zu Wirksamkeitsbeschränkungen zu regeln. Ansätze dazu finden sich im Abschnitt mit den allgemeinen Vorschriften zu den Rechtsgeschäften im KC (Art. 57- 60). Da aber weitere Fälle von Wirkungsbeschränkung an anderer Stelle, zusammen mit den Tatbeständen behandelt werden – insbesondere die schwebende Unwirksamkeit im Anfechtungsrecht – kann der KC insofern nicht als konsequent, womöglich aber pragmatisch gegliedert aufgefasst werden.

3.6. Ergebnisse

Schon in ihrer Grundkonzeption sind die Allgemeinen Teile Polens und Portugals moderner und übersichtlicher als der des 70 Jahre älteren BGB. Dabei haben in den beiden geografisch und zeitweilig auch politisch weit voneinander entfernten Staaten die Gesetzgeber zum Teil ähnliche neue Lösungen gewählt (so hinsichtlich der Einordnung der Geschäftsfähigkeit natürlicher Personen und die allgemeinen Vorschriften für juristische Personen).

Eindrucksvoll am CC port ist die Durchgliederung des Allgemeinen Teils, welche das Gesetz sehr viel übersichtlicher macht, als die beiden anderen hier untersuchten. In Polen fehlt es an einer solchen Strukturierung; sie ist aber wegen der Kürze des Gesetzes auch weniger angebracht. Wo der polnische Gesetzgeber von der Gliederung des BGB abgewichen ist, erscheinen seine Lösungen als systematischer Fortschritt, mitunter gehen sie weiter als der CC port. Weder in Polen noch in Portugal hat man es vermocht, im Allgemeinen Teil Regelungsaussagen für Rechtsobjekte allgemein und nicht nur die schon im BGB geregelten Sachen zu treffen. Mit dieser Einschränkung hat sich die ursprüngliche Struktur auch auf in den materiellen Regelungen oft vom BGB abweichende Gesetzbücher übertragbar erwiesen. Dem an *einem* pandektistischen Kodex geschulten Rechtsanwender bereitet sie kaum Schwierigkeiten, sich auch in einem anderen zurechtzufinden.

4. Romano-germanische Synthese

Die vergleichende Betrachtung hat wichtige Gemeinsamkeiten gezeigt, über die Grenze zwischen dem oben angesprochenen „germanischen" und „romanischen" Rechtskreis hinweg. Eine andere Frage ist, ob dies schon die Annahme einer pandektistischen Rechtsfamilie innerhalb des Civil-Law-Systems rechtfertigt. Auch Zweigert / Kötz weisen darauf hin, dass die von ihnen gewählte Einteilung kriterienbezogen ist, wobei sie eben die Struktur der Gesetzbücher nicht zum Kriterium machen, und dass zum anderen die Zuordnung eines Rechts zu einer Familie relativ ist.[69] Ihnen ist positiv anzurechnen, das ihr Werk unter den Gesamtdarstellungen des späten 20. Jahrhunderts den CC port von 1966 wahrgenommen und treffend beschrieben, wenn vielleicht auch nicht gerecht beurteilt hat.

Die deutsche Rechtsvergleichung sollte allerdings von der Trennung zwischen romanischem und germanischem Rechtskreis Abschied nehmen. Bereits in der ersten Hälfte des 20. Jahrhunderts wurde sie fragwürdig, da sich neue Staaten eigene Gesetzbücher in Kenntnis und im Syntheseversuch der damaligen modernen Kodizes gaben. Als die meisten Kodifikationen gemäß den Unterscheidungskriterien Mischsysteme darstellten, welche die Trennung zwischen romanischem und germanischem Rechtskreis überwanden, hatte diese sich genauso überlebt, wie nach 1989 der sozialistische Rechtskreis.

69 Präsentation der verschiedenen Modelle der Rechtskreiseinteilung und deren Würdigung hinsichtlich des portugiesischen Rechts bei: Müller (2008) 247; Zweigert / Kötz (1996) 72.

Literaturverzeichnis

Beuthien (2011): *Volker Beuthien*, Was hat die „rechtsfähige Personengesellschaft" Neues gebracht?, in: Neue Zeitschrift für Gesellschaftsrecht (NGZG) 481-488.

Draft Common Frame of Reference (2009): *Christian von Bar / Eric Clive / Hans Schulte-Nölke* u.a. (Hrsg.) Draft Common Frame of Reference (Munich 2009).

Ernst (2005): *Ulrich Ernst*, Mobiliarsicherheiten in Deutschland und Polen. Sicherungseigentum – Registerpfand – Kollisionsrecht (Tübingen 2005).

Ernst (2009): *Ulrich Ernst*, Polnisches Zivilgesetzbuch, in: *Jürgen Basedow / Klaus J. Hopt / Reinhard Zimmermann* (Hrsg.), Handwörterbuch des Europäischen Privatrechts, 1165-1170 (Tübingen 2009).

Gralla (1996): *Erhardt Gralla*, Das polnische Zivilgesetzbuch, in: Osteuropa-Recht 1996, 81-119.

Heise (1807): *Arnold Heise*, Grundriß eines Systems des gemeinen Civilrechts zum Behuf von Pandecten-Vorlesungen (Heidelberg 1807).

Jayme (1997): *Erik Jayme*, Guilherme Moreira (1861-1922) und die deutsche Pandektistik, in: *Erik Jayme / Heinz-Peter Mansel* (Hrsg.), Auf dem Wege zu einem gemeineuropäischen Privatrecht: 100 Jahre BGB und die lusophonen Länder. Symposium in Heidelberg, 29. - 30.11.1996, 63–71 (Baden-Baden 1997).

Knieper (2004): *Rolf Knieper*, Juristische Zusammenarbeit: Universalität und Kontext. (Wiesbaden 2004).

Księga pierwsza kodeksu cywilnego (2009): Księga pierwsza Kodeksu cywilnego. Projekt z uzasadnieniem (Warszawa 2009).

Kurzynsky-Singer (2009): *Eugenia Kurzynsky-Singer*, Russisches Zivilgesetzbuch, in: Jürgen *Basedow / Klaus J. Hopt / Reinhard Zimmermann* (Hrsg.), Handwörterbuch des Europäischen Privatrechts (Tübingen 2009) 1324-1326.

Lijowska (2001): *Magdalena Lijowska*, Koncepcja ogólnego prawa osobistości w niemieckim i polskim prawie cywilnym, in: Kwartalnik Prawa Prywatnego (KPP) 2001, Nr. 4, 713-799.

Medicus (2010): *Dieter Medicus*, Allgemeiner Teil des BGB (10. Aufl. Heidelberg).

Menezes Cordeiro (2005): *António Menezes Cordeiro*, Tratado de Direito Civil Português: Parte Geral, Bd. I: Intodução, Doutrina Geral, Negócio Jurídico (3. Aufl. Coimbra 2005).

Mota Pinto (2002): *Paulo Mota Pinto*, Das Rechtsobjekt in Portugal, in: *Andreas Wacke / Christian Baldus* (Hrsg.), Juristische Vorlesungen und Prüfungen in Europa. Ein praktischer Vergleich am Beispiel des Rechtsobjekts (Stuttgart u.a. 2002) 154-167.

Mota Pinto / Pinto Monteiro (2005): *Paulo Mota Pinto / António Pinto Monteiro*, Teoria Geral do Direito Civil, begr. v. *Carlos Alberto da Mota Pinto* (4. Aufl. Coimbra 2005).

Moura Vicente (2008): *Dário Moura Vicente*, Direito Comparado. Bd. I: Introdução e parte geral (Coimbra 2008).

Müller (2008): *Jens Müller*, Der Allgemeine Teil im portugiesischen Zivilgesetzbuch: Entstehungsgeschichte und ausgewählte Einzelprobleme (Hamburg 2008).

MünchKomm BGB (2012): *Franz Jürgen Säcker* (Hrsg.), Münchner Kommentar zum Bürgerlichen Gesetzbuch, Band 1 (6. Auflg. München 2012).

Palandt BGB (2002): *Otto Palandt* (Begr.), Bürgerliches Gesetzbuch (61. Auflg. München 2002).

Radwański (2010): *Zbigniew Radwański*, Aktualność posłużenia się częścią ogólną kodeksu cywilnego jako instrumentem regulacji prawa prywatnego, in: Transformacje Prawa Prywatnego (TPP) 4/2010, 13-20.

Radwański (2011): *Zbigniew Radwański*, Prawo cywilne – część ogólna (11. Aufl. Warszawa 2011).

Savigny (1840): *Friedrich Carl von Savigny*, System des heutigen Römischen Rechts. Erster Band (Berlin 1840).

Schmidt (2010): *Jan Peter Schmidt*, Der „juridical act" im DCFR: Ein nützlicher Grundbegriff des europäischen Privatrechts?, in: Zeitschrift für Europäisches Privatrecht (ZEuP) 2010, 304-319.

Schmidt (2011): *Jan Peter Schmidt*, Luís de Lima Pinheiro, Direito Internacional privado. Vol. 1+2, Coimbra 2008, 2009, in: Rabels Zeitschrift für ausländisches und internationales Privatrecht (RabelsZ) 2011, 936-940.

Schwarz (1921): *Andreas Bertalan Schwarz*, Zur Entstehung des modernen Pandektensystems, in: Zeitschrift der Savigny-Stiftung für Rechtsgeschichte (Romanistische Abteilung) 42 (1921) 578–610.

Stawarska-Rippel (2004): *Anna Stawarska-Rippel*, Kodeks zobowiązań w pierwszych latach polskiej ludowej, in: Kwartalnik Prawa Prywatnego (KPP) 2004, 697-716.

Studia Prawnicze (1970): Studia Prawnicze (SP) 1970, Nr. 26–27. Zeszyt specjalny wydany dla uczczenia pracy naukowej i kodyfikacyjnej Profesora Jana Wasilkowskiego.

Wasilkowski (1947): *Jan Wasilkowski*, Zagadnienie kodyfikacji jednolitego prawa cywilnego, in: Demokratyczny przegląd prawniczy (DPP) 1947, Nr. 1/2, 62-64.

Wasilkowski / Wolter (1947): *Jan Wasilkowski / Aleksander Wolter*, Projekt kodeksu cywilnego, in: Demokratyczny Przegląd Prawniczy (DPP) 1947, Nr. 12, 19-24.

Wolter / Ignatowicz / Stefaniuk (2001): *Aleksander Wolter / Jerzy Ignatowicz / Krzysztof Stefaniuk*, Prawo cywilne – zarys części ogólnej (2. Aufl. Warszawa 2001).

Zielona księga (2006): *Zbigniew Radwański* (Hrsg.), Zielona księga. Optymalna wizja Kodeksu cywilnego w Rzeczypospolitej Polskiej (Warszawa 2006).

Zweigert / Kötz (1996): *Konrad Zweigert / Hein Kötz*, Einführung in die Rechtsvergleichung auf dem Gebiete des Privatrechts (3. Aufl. Tübingen 1996).

***Gliederungsübersichten:** die Allgemeinen Teile der Zivilrechtskodifikationen Deutschlands, Polens und Portugals (Stand 2012, angefertigt und übersetzt von Ulrich Ernst)*

Deutschland: Bürgerliches Gesetzbuch - Allgemeiner Teil	**Polen:** kodeks cywilny - część ogólna
Personen - Natürliche Personen, Verbraucher, Unternehmer - Juristische Personen -- Vereine --- Allgemeine Vorschriften --- Eingetragene Vereine -- Stiftungen -- Juristische Personen des öffentlichen Rechts **Sachen und Tiere** **Rechtsgeschäfte** - Geschäftsfähigkeit - Willenserklärung - Vertrag - Bedingung und Zeitbestimmung - Vertretung und Vollmacht - Einwilligung und Genehmigung **Fristen, Termine** **Verjährung** - Gegenstand und Dauer der Verjährung - Hemmung, Ablaufhemmung und Neubeginn der Verjährung - Rechtsfolgen der Verjährung **Ausübung der Rechte, Selbstverteidigung, Selbsthilfe** **Sicherheitsleistung**	**Einleitende Vorschriften** **Personen** - Natürliche Personen -- Rechts- und Geschäftsfähigkeit -- Wohnsitz -- Todeserklärung - Juristische Personen - Unternehmer und ihre Bezeichnung **Vermögensgut** **Rechtsgeschäfte** - Allgemeine Bestimmungen - Vertragsschluss - Form der Rechtsgeschäfte - Willenserklärungsmängel - Bedingung - Stellvertretung -- Allgemeine Bestimmungen -- Vollmacht -- Prokura **Frist** **Anspruchsverjährung**

Portugal: Código civil - Parte Geral
Die Gesetze, ihre Auslegung und Anwendung **- Rechtsquellen** **- Geltung, Auslegung und Anwendung** **- Die Rechte der Fremden und Gesetzeskollisionen** -- Allgemeine Bestimmungen -- Kollisionsnormen

Die Rechtsverhältnisse

- Die Personen

-- Einzelpersonen

--- Rechtspersönlichkeit und Geschäftsfähigkeit

--- Persönlichkeitsrechte

--- Wohnsitz

--- Verschollenheit

--- Fehlen und Beschränkungen der Geschäftsfähigkeit

-- Kollektive Personen

--- Allgemeine Bestimmungen

--- Vereine

-- Nichtrechtsfähige Vereine und spezielle Komitees

- Die Sachen

- Die Rechtstatsachen (*factos jurídicos*)

-- Rechtsgeschäft

--- Willenserklärung

---- Umstände der Willenserklärung

---- Form

---- Vollendung der Willenserklärung

---- Auslegung und Ergänzung

---- Fehlen und Mängel des Willens

---- Stellvertretung

----- Allgemeine Grundsätze

----- Rechtsgeschäftliche Stellvertretung

---- Bedingung und Zeitbestimmung

--- Geschäftsgegenstand. Wucherische Geschäfte

--- Nichtigkeit und Vernichtbarkeit des Rechtsgeschäfts

-- Rechtshandlungen (*actos jurídicos*)

-- Die Zeit und ihre Folgen für die Rechtsverhältnisse

- Die Ausübung und der Schutz der Rechte

--- Allgemeine Bestimmungen

--- Beweise

Der Ursprung des Allgemeinen Teils im brasilianischen Privatrecht*

Jan Peter Schmidt

Abstracts

The old Brazilian Civil Code of 1916, as well as the new Code of 2002, began with a general part in the spirit of the *Pandektensystem*. German legal doctrine has often ascribed this characteristic to the influence of the German Civil Code (BGB). In Brazilian legal scholarship on the other hand, the common view is quite different and holds that the idea of a general part existed in Brazil already long before the BGB. However, a closer examination reveals that both of these points of view are imprecise. While it is true, that the general part can be found in Brazilian private law as early as the middle of the 19th century, it was not an original creation, but had been taken over from German pandectist literature. At the same time, it should be emphasised that already the Brazilian codification drafts from the 19th century structured the general part differently from the BGB, a tradition that has been continued up to the new Code of 2002. Hence, Brazilian legal culture has to some extent developed its own conception of the general part, which offers valuable insights also to European observers.

Dawny brazylijski kodeks cywilny z 1916, podobnie jak nowa kodyfikacja z 2002 roku, rozpoczyna się od „części ogólnej", utrzymanej w duchu systemu pandektowego. Niemiecka nauka prawa, bez pogłębionej analizy, zwykła przypisywać tę cechę wpływowi niemieckiego kodeksu cywilnego (BGB). W doktrynie brazylijskiej panuje natomiast opinia zgoła odmienna. Zgodnie z nią idea części ogólnej w Brazylii istniała na długo przed powstaniem BGB. Jednakże dokładniejsza analiza ukazuje, że obydwa stanowiska są nieprecyzyjne. Chociaż nie ulega wątpliwości, że zamysł części ogólnej można odnaleźć w brazylijskim prawie prywatnym już w połowie XIX wieku, nie był on jednak tworem oryginalnym, lecz koncepcją wyrosłą z recepcji niemieckiej literatury pandektystycznej. Zarazem podkreślenia wymaga odmienność strukturalna części ogólnej w XIX-wiecznych brazylijskich projektach kodyfikacyjnych w stosunku do części ogólnej w BGB, co jest aktualne także w kontekście kodeksu cywilnego z 2002 r. W ten sposób zatem brazylijska kultura prawna wypracowała własną koncepcję części ogólnej, a doświadczenia z nią związane mogą dostarczyć cennych spostrzeżeń również europejskiemu obserwatorowi.

---

* Erweiterte und mit Nachweisen versehene Fassung des am 16. Oktober 2010 in Ciążeń gehaltenen Vortrags.

O velho Código Civil brasileiro de 1916, do mesmo modo como o novo de 2002, começou com uma Parte Geral no espírito do chamado „sistema dos pandectas“ (*Pandektensystem*). A doutrina alemã costumava explicar essa característica com a influência do Código Civil alemão (BGB), sem entrar em mais detalhes. No Brasil, por outro lado, é muito difundido uma outra visão, segundo a qual a ideia de uma Parte Geral foi introduzida no Direito brasileiro já muito antes da promulgação do BGB. Contudo, uma análise mais profunda da questão mostra que ambos pontos de vista são imprecisos. Enquanto que é certo que no Direito brasileiro a Parte Geral já pode ser encontrada na metade do século XIX, ela não foi uma criação original, mas teve sua origem na recepção da doutrina pandectística alemã. Ao mesmo tempo, vale frisar que, já nos projetos brasileiros de codificação do século XIX, a Parte Geral recebeu um tratamento independente, que deixou rastos inclusive no novo Código de 2002. A ideia de uma Parte Geral, assim, mostra-se fortemente enraizada na cultura jurídica brasileira, e as experiências feitas com ela constituem um valioso objeto de estudo também para o observador europeu.

1. Unterschiedliche Sichtweisen in Deutschland und Brasilien

Wirft ein deutscher Jurist einen Blick auf die beiden brasilianischen Zivilgesetzbücher von 1916 und 2002, so fällt ihm wohl als erstes ihre Gliederung nach dem Pandektensystem[1] ins Auge: Sie beginnen mit einem Allgemeinen Teil, dem die vier Blöcke Familienrecht, Sachenrecht, Schuldrecht und Erbrecht folgen.[2] Die Ähnlichkeit mit dem Aufbau des deutschen BGB ist trotz mancher Abweichungen im Detail unverkennbar. Namhafte deutsche Juristen haben wie selbstverständlich hieraus den Schluss gezogen, dass die Struktur der brasilianischen Zivilgesetzbücher und insbesondere das Vorhandensein eines Allgemeinen Teils unmittelbar auf den Einfluss des BGB zurückgehen.[3] Ein solcher Einfluss des deutschen Rechts wäre auch keineswegs etwas Außergewöhnliches, hat es ihn doch bekanntlich vielerorts auf der

---

1 Zu dessen Entstehung immer noch grundlegend Schwarz (1921).

2 Das Zivilgesetzbuch von 2002 hat allerdings die Reihenfolge der Materien geändert und enthält zudem noch ein Buch über das Unternehmensrecht, näher unten II.4.

3 Beispielhaft hierfür die Knappheit, mit der Zweigert / Kötz (1996) 114 zum brasilianischen Código Civil von 1916 feststellen: „Auf deutschen Einfluss geht weitgehend die Systematik des Gesetzes zurück, so insbesondere sein ‚Allgemeiner Teil'“; ähnlich Wieacker (1967) 485 (Fn. 47): „Die Wirkungen des BGB [auf den Código Civil von 1916] beschränken sich auf das System und die Übernahme von 62 Paragraphen“; schließlich Rauchhaupt (1955) 129: „Die Berücksichtigung des deutschen Rechts zeigt sich besonders in der Betonung und Voransetzung eines Allgemeinen Teiles“.

Welt gegeben: in Europa etwa in Griechenland, Polen und Portugal, außerhalb Europas z.B. in Japan und Korea.[4] Schließlich scheinen auch die zeitlichen Umstände für den genannten Zusammenhang zu sprechen: Das BGB wurde 1896 verabschiedet, das erste brasilianische Zivilgesetzbuch im Jahr 1916. Der brasilianische Gesetzgeber hätte somit genug Zeit gehabt, sich vom BGB inspirieren zu lassen.

In der brasilianischen Rechtswissenschaft hingegen findet man eine ganz andere Sicht der Dinge. Sehr häufig liest man dort die Aussage, dass es die Idee eines Allgemeinen Teils in Brasilien schon Mitte des 19. Jahrhunderts und damit lange vor dem deutschen BGB gegeben habe.[5] Ein – durchaus prominenter – brasilianischer Autor ging sogar so weit, den Allgemeinen Teil des BGB auf den Einfluss des brasilianischen Rechts zurückzuführen![6]

Wir stehen somit zwei ganz unterschiedlichen, zum Teil sogar diametral entgegengesetzten Auffassungen über den Ursprung des Allgemeinen Teils in Brasilien gegenüber. Hat Brasilien ihn selbst erfunden oder von Deutschland rezipiert? Der vorliegende Beitrag soll Klarheit in dieser Frage bringen.

2. Die Stationen des Allgemeinen Teils im brasilianischen Privatrecht

Zunächst ist einem möglichen Missverständnis vorzubeugen: Wie an anderer Stelle in diesem Band gezeigt wird,[7] enthält das portugiesische Zivilgesetzbuch ebenfalls einen Allgemeinen Teil. Da Brasilien bis 1822 portugiesische Kolonie war und so lange auch dem Recht des Mutterlandes unterlag,[8] scheint die Annahme plausibel, dass Brasilien den Allgemeinen Teil von Portugal gewissermaßen geerbt hat. Dies wäre jedoch ein Irrtum, denn in Brasilien gibt es den Allgemeinen Teil schon viel länger als in Portugal, wo er erst durch das zweite Zivilgesetzbuch von 1966 eingeführt wurde.[9] Zwar hat, wie sogleich zu zeigen ist, die portugiesische Doktrin des 19. Jahrhunderts eine gewisse Rolle bei der Herausbildung des Allgemeinen Teils in Brasilien gespielt, und sind überdies die brasilianische und die portugiesische Rechtskul-

4 Zur Verbreitung des Pandektensystems in der Welt Schmidt (2009a). Kritisch zu der im Pandektensystem vorgenommenen Stoffeinteilung Baldus / Raff (2008).

5 Siehe etwa Reale (2006), 29; Ferraz Júnior (1994) 253; Limongi França (1980) 132; Martins-Costa (1999) 197; Veloso (2010) 17 f.

6 Meira (1983) 394 ff.

7 Ulrich Ernst, Entstehung und Strukturvergleich der pandektistischen Allgemeinen Teile in den Zivilrechtskodifikationen Deutschlands, Polens und Portugals.

8 Pontes de Miranda (1928) 49 ff.

9 Zur Entstehung Müller (2008) 67 ff.

tur bis in die heutige Zeit eng miteinander verknüpft;[10] in der Frage des Allgemeinen Teils verliefen die Entwicklungen beider Länder jedoch weitgehend unabhängig voneinander.

2.1. Der Allgemeine Teil in der „Konsolidierung der Zivilgesetze" (*Consolidação das Leis Civis*) von 1858

Wie in der Einleitung bereits angedeutet, begegnet man dem Allgemeinen Teil im brasilianischen Privatrecht schon Mitte des 19. Jahrhunderts. Zum besseren Verständnis ist kurz auf die allgemeine Rechtslage zur damaligen Zeit einzugehen:[11] Auch nach der Unabhängigkeit Brasiliens im Jahr 1822 wurde zunächst die Fortgeltung der portugiesischen Gesetze angeordnet, und zwar solange, bis sie durch eigene brasilianische Gesetze ersetzt wurden. Schon die erste brasilianische Verfassung von 1824 gab zwar das Ziel der Schaffung eines Zivilgesetzbuches aus, doch unternahm die Regierung zunächst keine Anstrengungen in dieser Hinsicht.[12] Wichtigste Rechtsquelle im jungen Brasilien war deshalb weiterhin eine umfangreiche portugiesische Gesetzessammlung aus dem Jahr 1603, die sogenannten *Ordenações Filipinas*. Diese Kompilation war allerdings nicht nur von vornherein lückenhaft und unsystematisch,[13] viele ihrer Bestimmungen waren inzwischen auch stark veraltet oder durch nachfolgende Gesetze modifiziert worden. Vor diesem Hintergrund überrascht es nicht, dass der Rechtszustand, der Mitte des 19. Jahrhunderts in Brasilien herrschte, als überaus chaotisch und verworren empfunden wurde. Brasiliens Juristen sehnten sich danach, ein eigenes Zivilgesetzbuch zu bekommen, das das Privatrecht nicht nur übersichtlich gestalten, sondern zugleich modernisieren sollte.

In diesem besonderen historischen Moment betrat ein Jurist die Bühne, der heute als der Begründer der brasilianischen Rechtswissenschaft gilt: Augusto Teixeira de Freitas (1816-1883).[14] Wie groß die Wertschätzung ist, die ihm später nicht nur in Brasilien, sondern auch in verschiedenen anderen südamerikanischen Ländern entgegengebracht wurde, macht etwa seine Be-

---

10 Freilich scheinen die portugiesischen Autoren in Brasilien deutlich mehr gelesen zu werden als umgekehrt die brasilianischen Autoren in Portugal. Zur Diskussion um das Bestehen einer „lusitanischen Rechtsfamilie" Moura Vicente (2008) 87 ff.

11 Näher zum Folgenden Schmidt (2009b) 18 ff.

12 Auf Druck der Handelskreise kam es 1850 immerhin zur Verabschiedung eines Handelsgesetzbuches, dazu Schmidt (2009b) 20 ff.

13 Näher zu Entstehung und Charakteristika der *Ordenações Filipinas* und ihrer Vorgänger Almeida Costa (2012) 273 ff.

14 Zu Leben und Werk Meira (1983); Veloso (2010) 9 ff.; ferner die Beiträge in Schipani (1988).

zeichnung als der „Savigny Amerikas" deutlich.[15] Freitas brachte die brasilianische Kodifikationsbewegung nicht nur endgültig ins Rollen, sondern wurde auch ihr wichtigster (wenn auch zunächst erfolgloser) Protagonist. Im Jahr 1854 schlug er der Regierung einen Plan zur Schaffung eines Zivilgesetzesbuches vor.[16] Hierzu sollten in einem ersten Schritt zunächst sämtliche geltenden Zivilrechtsnormen erfasst und in eine systematische Ordnung gebracht werden. Sodann wollte Freitas im zweiten Schritt auf dieser Grundlage ein echtes Gesetzbuch erarbeiten. Sein Vorschlag, der Kodifikation zunächst eine Konsolidierung des geltenden Rechts vorangehen zu lassen,[17] fand die Zustimmung der Regierung und sie erteilte ihm einen entsprechenden Auftrag.

Freitas erledigte diese „Herkulesaufgabe"[18] in den Jahren 1855-57. Ergebnis seiner Bemühungen war die *Consolidação das Leis Civis*, also die „Konsolidierung der Zivilgesetze". Sie war das, was man heute ein *Restatement* nennen würde:[19] Aus der Fülle der portugiesischen und brasilianischen Rechtsquellen hatte Freitas diejenigen zivilrechtlichen Vorschriften ermittelt, die aktuell noch in Kraft standen, hatte sie in insgesamt 1.333 Artikel gegossen und zu jedem von ihnen die Quelle angegeben.[20] Darüber hinaus hatte Freitas die geltenden Vorschriften in eine systematische Ordnung gebracht, die wie folgt aussah:

I. Allgemeiner Teil
  1. Personen
  2. Sachen

II. Besonderer Teil
  1. Persönliche Rechte
  2. Dingliche Rechte

---

15 Nachweise bei Valladão (1970) 371. Siehe auch die Würdigung, die *Freitas* durch David (2005) 78 erfuhr: „Son rôle est, au Brésil, le même que celui de ces grands juristes, Accurse, Bartole, Domat, Pothier, Bracton, Coke, Blackstone, Stair, qui, à des époques variées et dans des pays variés, ont exposé le droit de leur pays ... . Avant Freitas il n'y a pas de science du droit brésilien".

16 Zum Folgenden ausführlich Matos Peixoto (1939); Matos Peixoto (1939a); Meira (1983) 89 ff.

17 Ähnlich war das Vorgehen von Andrés Bello in Chile, zu einem Vergleich Guzmán Brito (1988).

18 Valladão (1970) 363.

19 Michaels (2009).

20 Vorangestellt hatte Freitas der *Consolidação* eine etwa 180 Seiten lange Einleitung, in der er seine grundlegenden Ansichten über das Zivilrecht erläuterte, vor allem die Anordnung der Materien betreffend. Die Einleitung zur *Consolidação* gilt als „... eine der lichtvollsten Seiten der brasilianischen Rechtsliteratur, die ... weiterhin zu den besten zählt, die jemals von uns geschrieben wurden", Gomes (1984) 2; siehe auch de Matos Peixoto (1939) 6.

Hier also hat die eingangs zitierte Aussage vieler brasilianischer Rechtswissenschaftler ihren Ursprung, dass es den Allgemeinen Teil in Brasilien schon viel früher als in Deutschland gegeben habe.[21] Vergleicht man die Daten der Fertigstellung der *Consolidação* im Jahr 1857 (bzw. ihrer offiziellen Veröffentlichung durch die Regierung im Jahr 1858, wodurch sie *de facto* den Status eines geltenden Zivilgesetzbuchs erlangte) und der Verabschiedung des BGB im 1896, so hat diese Sichtweise ihre Berechtigung. Zugleich ist aber natürlich darauf hinzuweisen, dass die Geburtsstunde des Allgemeinen Teils in Deutschland lange vor dem BGB lag. Er war auf gesetzlicher Ebene bereits im sächsischen BGB von 1863 vorhanden[22] (das in den oft zitierten Worten Wieackers „in seiner begrifflichen und systematischen Leistung Vorläufer und Generalprobe des kommenden Deutschen Gesetzbuches war"[23]), und noch viel länger war der Allgemeine Teil bereits fester Bestandteil der Pandektenlehrbücher gewesen, die ihrerseits vom Naturrecht beeinflusst worden waren.[24] Zu nennen ist vor allem der „Grundriß eines Systems des gemeinen Civilrechts zum Behuf von Pandecten-Vorlesungen" von Georg Arnold Heise aus dem Jahr 1807, der eine entscheidende Rolle bei der Popularisierung des Pandektensystems spielte, sodann natürlich auch Friedrich Carl von Savignys „System des heutigen Römischen Rechts" (1840-1849). Fragt man nun, woher Freitas die Idee eines Allgemeinen Teils genommen hatte, so lautet die Antwort: eben genau aus den deutschen Pandektenlehrbüchern, mit denen er in hohem Maße vertraut war. Insbesondere von Savigny war Freitas stark beeinflusst worden, und er brachte seine große Bewunderung für diese „höchste Autorität"[25], aber auch für die deutsche Rechtswissenschaft insgesamt, vielfach zum Ausdruck.[26] Freitas las die deutschen Autoren allerdings nicht im Original, sondern in französischer Übersetzung.[27]

Des Weiteren wird in Brasilien häufig vergessen, dass die Idee eines Allgemeinen Teils sogar noch vor Freitas in die dortige Rechtswissenschaft eingeführt worden war, und zwar durch einen portugiesischen Autor. Aufgrund

---

21 Beeinflusst worden sein dürfte diese Sichtweise auch durch René David, der 1950 in seinem Cours de droit civil comparé (= David [2005] 70) die in Brasilien später oft zitierten Worte schrieb: „... quarante ans avant le Code civil allemand (BGB) auquel l'on attribue en général le mérite de cette innovation, Teixeira de Freitas, au Brésil, a considéré qu'il y avait lieu de commencer un Code civil par une partie générale, contenant des dispositions que dominent l'ensemble du droit civil et peuvent trouver leur application dans les parties diverses de ce droit".

22 Der zugehörige Entwurf stammte aus dem Jahr 1852, ausführlich Ahcin (1996).

23 Wieacker (1967) 464.

24 Dazu HKK (2003) / *Mathias Schmoeckel*, vor § 1, Rn. 14 ff.

25 Siehe zum Beispiel Teixeira de Freitas (1876) CXLVIII, CLIV.

26 Näher Schmidt (2009b) 36 f.

27 Meira (1983) 228.

der erwähnten Fortgeltung großer Teile des portugiesischen Rechts kam der portugiesischen Rechtsliteratur auch nach der Unabhängigkeit Brasiliens noch eine große Bedeutung zu, und zu den wichtigsten Werken der damaligen Zeit zählten die erstmals 1844 erschienen „Instituições de Direito Civil Portuguez“ von Manuel A. Çoelho da Rocha. Die Gliederung dieser Darstellung war in verschiedener Hinsicht bemerkenswert: Es gab einen Allgemeinen Teil und einen Besonderen Teil, und beide Teile bestanden jeweils aus den Abschnitten Personen, Sachen und Rechtshandlungen. Coelha da Rocha gab im Vorwort seines Buches an, sich in der Frage der Systematik an Ferdinand Mackeldeys „Lehrbuch des heutigen Römischen Rechts“ orientiert zu haben,[28] das ihm in einer französischen Übersetzung aus dem Jahr 1837 vorgelegen hatte.[29] Die „Instituições“ von Coelho de Rocha waren also der eigentliche Ausgangspunkt der Rezeption der deutschen Pandektistik in Portugal und Brasilien.[30] Allerdings darf man ihren Einfluss wohl nicht überschätzen, weder in Brasilien noch in Portugal selbst.[31] Insbesondere Teixeira de Freitas äußerte sich eher kritisch als lobend über sie.[32]

Es lässt sich damit folgendes Zwischenfazit zur Genese des Allgemeinen Teils in Brasilien ziehen:

- In der Rechtsliteratur taucht der Allgemeine Teil erstmals 1844 auf, konkret in den „Instituições de Direito Civil Portuguez“ des Portugiesen Coelho da Rocha;
- auf der (quasi-)gesetzlichen Ebene findet sich der Allgemeine Teil erstmals 1857/1858 in der „Konsolidierung der Zivilgesetze“ von Teixeira de Freitas;
- der Allgemeine Teil war keineswegs eine Erfindung Teixeira de Freitas', wie brasilianische Rechtsgelehrte häufig meinen, und Freitas selbst hätte dies auch nie behauptet. Als Inspirationsquelle hatte ihm vielmehr die deutsche Pandektistik gedient, die er in französischer Übersetzung las und die ihm zu einem gewissen Grad auch durch die portugiesische Rechtswissenschaft vermittelt worden war.[33]

Trotzdem muss betont werden, dass Freitas' Entscheidung, der *Consolidação* einen Allgemeinen Teil voranzustellen, eine gesetzgeberische Pionierleistung

28 Mackeldey (1833). Zum System von Coelho da Rocha und einem Vergleich zu dem von *Mackeldey* näher Müller (2008) 34 ff.; Menezes Cordeiro (2005) 111.
29 Siehe das Vorwort bei Coelho da Rocha (1984).
30 So für Portugal auch Müller (2008) 39.
31 Zu einer umfassenden Rezeption der deutschen Pandektistik kam es in Portugal erst später, siehe Jayme (1997).
32 Teixeira de Freitas (1876) LXI.
33 Auch Carvalho (1988) 125 f. weist eindeutig nach, dass der Allgemeine Teil nicht auf *Freitas* zurückgeht.

war, denn wie gezeigt hatte der Allgemeine Teil bis dahin nur in den Lehrbüchern existiert. Hinzu kommt, dass Freitas den deutschen Autoren keineswegs blind folgte, sondern sich in der Frage des Inhalts des Allgemeinen Teils um Eigenständigkeit bemühte (für den Besonderen Teil der *Consolidação* galt dies ohnehin[34]). Während nämlich die große Mehrheit der deutschen Pandektenlehrbücher den Allgemeinen Teil in die Abschnitte: 1. Personen, 2. Sachen und 3. Juristische Tatsachen oder Rechtshandlungen gliederte, beschränkte *Freitas* den Allgemeinen Teil der *Consolidação* bewusst auf Personen und Sachen als „den beiden konstituierenden Elementen jedes Rechtsverhältnisses".[35] Er begründete ausführlich, warum er, anders als die deutschen Autoren, die Regelung der Juristischen Tatsachen oder Rechtshandlungen (also aller Tatsachen oder menschlichen Handlungen von rechtlicher Relevanz) im Allgemeinen Teil für unzweckmäßig hielt. Sein Argument, dass die Vorschriften über Willenserklärungen nur scheinbar allgemeiner Natur seien, weil sie ohnehin fast nur auf Verträge und Testamente Anwendung fänden,[36] ist bekanntlich auch heute noch einer der Hauptkritikpunkte an der allgemeinen Rechtsgeschäftslehre.[37]

So gut wie keine Ausführungen machte Freitas hingegen zu den Funktionen eines Allgemeinen Teils. Man kann annehmen, dass er ihn schlicht für die fortschrittlichste Errungenschaft der Rechtssystematik hielt, sozusagen den *state of the art*. Zudem legte Freitas ohnehin größten Wert auf eine stringente Systematik,[38] die Idee eines Allgemeinen Teils kam seinem Streben daher wunderbar entgegen.

2.2. Der Allgemeine Teil in Teixeira de Freitas' Entwurf eines Zivilgesetzbuches (*Esboço*, 1860-1865)

Nach Veröffentlichung der „Konsolidierung der Zivilgesetze" wurde weiter an dem Plan festgehalten, auf dieser Grundlage eine echte Neukodifikation zu schaffen. Erneut erhielt Teixeira de Freitas den Auftrag hierzu, und zwischen

34 Hier lehnte Freitas die im Pandektensystem vorgenommene Verselbständigung des Familien- und Erbrechts ab, die ihren Ursprung im Naturrecht hatte, und setzte stattdessen ganz auf die römischrechtliche Unterscheidung zwischen persönlichen und dinglichen Rechten, näher Schmidt (2009b) 334, 340 f.

35 Teixeira de Freitas (1876) CXIII.

36 Teixeira de Freitas (1876) CXIX f.

37 Siehe zu diesem Argument etwa Zweigert / Kötz (1996) 145; Boehmer (1965) 76. Ausführlich in diesem Band: *Jan Peter Schmidt*, Die Anwendbarkeit des Allgemeinen Teils im Erbrecht. Eine vergleichende Untersuchung zum deutschen BGB und dem portugiesischen Código Civil.

38 Villela (1988) 244 charakterisiert Freitas' Suche nach einem vollkommenen System des Privatrechts nicht ohne Berechtigung als „obsessiv".

1860 und 1865 legte er in mehreren Lieferungen den sogenannten *Esboço* (Skizze, Entwurf) vor, der trotz seiner mehr als 5.000 Artikel allerdings immer unvollständig bleiben sollte.[39] Hier interessiert daran wiederum nur die Systematik,[40] die wie folgt aussah:

I. Einführung

II. Allgemeiner Teil
1. Personen
2. Sachen
3. Juristische Tatsachen

III. Besonderer Teil
1. Persönliche Rechte
2. Dingliche Rechte
3. Persönliche und dingliche Rechte

Dass Freitas den Allgemeinen Teil wiederholte, war keine Überraschung, sehr wohl hingegen die geistige Kehrtwende, die er hinsichtlich der Juristischen Tatsachen vorgenommen hatte. Diese bildeten nun, anders als noch in der *Consolidação*, den dritten Abschnitt des Allgemeinen Teils. Freitas erläuterte dies mit seinem Wunsch, alle Formen rechtlich relevanten menschlichen Handelns vollständig zu regeln.[41] Der Einfluss Savignys ist hier deutlich erkennbar.[42]

Auch wenn der *Esboço* letztlich scheitern sollte,[43] wurde er die wichtigste Inspirationsquelle für alle nachfolgenden Kodifikationsversuche in Brasilien. Mit ihm hatte sich die Idee eines Allgemeinen Teils endgültig in der brasilianischen Rechtskultur etabliert.[44] Auch im Nachbarland Argentinien entfaltete der *Esboço* großen Einfluss,[45] ohne dass die Struktur des Código Civil von 1869 dies allerdings klar erkennen lässt.[46]

---

39 Veröffentlicht wurden insgesamt 4.908 Artikel. 300 weitere waren bereits erarbeitet, gingen aber verloren, siehe Meira (1983) 206 f. Im Internet ist der größte Teil des *Esboço* unter <archive.org/details/cdigocivil00brazgoog> einsehbar.

40 Für andere Merkmale siehe die Würdigung von Bucher (2004) 528, 532, 544 ff.

41 Teixeira de Freitas (1860-65) Anmerkung zu Art. 431.

42 Vgl. von Savigny (1840) Bd. III, §§ 104 ff.

43 Zu den Gründen Meira (1983) 217 ff.

44 Näher Schmidt (2009b) 341 f.

45 Martínez Paz (1927).

46 Das Gesetzbuch hat keinen echten Allgemeinen Teil, regelt an etwas versteckter Stelle im zweiten Buch („Persönliche Rechte") aber die Rechtsgeschäftslehre (Art. 944 ff.), dazu Moisset de Espanés (1970). Im peruanischen Código Civil von 1984 ist der Rechtsgeschäftslehre sogar ein eigenes Buch gewidmet (Buch II, Art. 140 ff.). Brasilien ist aber nach wie vor das einzige Land Lateinamerikas, dessen Zivilgesetzbuch einen Allgemeinen Teil nach dem Modell der Pandektistik aufweist.

2.3. Der Allgemeine Teil im Código Civil von 1916

Auch der Entwurf aus dem Jahr 1899, der Grundlage für den 1916 in Kraft gesetzten ersten brasilianischen Código Civil war,[47] speiste sich zu großen Teilen aus dem *Esboço*. Sein Verfasser Clovis Bevilaqua (1859-1944) war ebenfalls ein großer Kenner der deutschen Rechtswissenschaft,[48] und natürlich hatte ihm bei Erarbeitung seines Entwurfs auch das 1896 verabschiedete BGB vorgelegen. Trotzdem wäre es ein voreiliger Schluss, den Allgemeinen Teil im Entwurf Bevilaquas unmittelbar auf den Einfluss des BGB zurückzuführen. Vielmehr folgte Bevilaqua in erster Linie der von Teixeira de Freitas begründeten eigenen Rechtstradition, und das BGB dürfte in der Frage der Systematik nur eine untergeordnete Rolle gespielt haben.[49]

Dies ist auch daran erkennbar, dass der Allgemeine Teil des brasilianischen Zivilgesetzbuches von 1916 in struktureller Hinsicht verschiedentlich von dem des BGB abwich. Dies begann bei seiner Unterteilung in: 1. Personen, 2. Güter und 3. Juristische Tatsachen, womit er strenger der Pandektensystematik folgte als der Allgemeine Teil des BGB selbst. Dessen Abschnitte 3-7 stehen bekanntlich unverbunden nebeneinander und sahen sich wegen ihrer fehlenden Homogenität immer wieder der Kritik ausgesetzt.[50] Ferner regelte der Código Civil von 1916 innerhalb der Juristischen Tatsachen nicht nur die Rechtsgeschäfte, sondern auch die unerlaubten Handlungen,[51] was systematisch insofern konsequent war, als diese ebenfalls eine wichtige Gruppe innerhalb der rechtlich relevanten menschlichen Verhaltensweisen darstellen.[52] Bekanntlich sagt das BGB in seinem Allgemeinen Teil nichts zur unerlaubten Handlung, anders war dies noch bei den Pandektenlehrbüchern.[53]

Sodann fällt auf, dass das Zivilgesetzbuch von 1916 in seinem Allgemeinen Teil nicht einem engen, auf körperliche Gegenstände beschränkten

---

47 Grund für die lange Dauer des Gesetzgebungsverfahrens war vor allem die ausführlichen Diskussion um sprachliche Fragen, Pontes de Miranda (1928) 108 ff.

48 Näher Schmidt (2009b) 44 ff.

49 In diesem Sinne auch Lima Marques (1997) 88; David (2005) 70. Zur Diskussion auch Villela (1994) 271 ff.

50 Siehe etwa Nipperdey (1938) 722; Boehmer (1965) 74; Wieacker (1967) 487.

51 Art. 159 Código Civil 1916, der eine Generalklausel nach Vorbild der Art. 1382, 1383 Code civil war (jetzt Art. 186 Código Civil 2002).

52 Ein Nachteil dieses Regelungsstandorts lag freilich darin, dass die nähere Ausgestaltung der Haftung für unerlaubtes Handeln im Schuldrecht des Código Civil 1916 erfolgte und das Deliktsrecht somit auseinandergerissen wurde, dazu Schmidt (2009b) 347 ff. Näher zur Problematik in diesem Band: *Jan Dirk Harke*, Wo ist der richtige Regelungsort für das Delikts- und Bereicherungsrecht?.

53 Siehe z.B. Windscheid und Kipp (1906) § 101, 519 ff.; Regelsberger (1893) §§ 178 f., 643 ff.

Sachbegriff folgte, sondern mit der Kategorie der „Güter“ (*bens*) alles das erfasste, was einen wirtschaftlichen Wert hatte und Objekt einer Rechtsbeziehung sein konnte, also auch unkörperliche Gegenstände wie Rechte. Der Allgemeine Teil des Código Civil von 1916 war damit folgerichtiger als der des BGB, der nur die körperlichen Gegenstände regelte.[54]

Zur Aufgabe des Allgemeinen Teils äußerte sich Bevilaqua nur sehr knapp, ähnlich wie Freitas schien er ihn nicht weiter für rechtfertigungsbedürftig zu halten. Naheliegend erscheint die Annahme, dass es Bevilaqua vor allem um die Einsparung von Vorschriften mittels Abstraktion und Verallgemeinerung sowie um die Vermeidung von Regelungslücken ging.[55]

Eigenständigkeit zeigte das erste brasilianische Zivilgesetzbuch daneben auch im Besonderen Teil, wo Bevilaqua bewusst von der Reihenfolge nicht nur des BGB, sondern auch der Pandektenlehrbücher abgewichen war: Während diese noch das Sachenrecht vorangestellt hatten, um Schuldrecht, Familienrecht und Erbrecht folgen zu lassen, tauschten die Verfasser des BGB die Plätze von Schuld- und Sachenrecht.[56] Insbesondere wegen der nachgeordneten Position des Familienrechts wurde das BGB zum Teil sehr scharf kritisiert. Anton Menger etwa sprach von der „Umkehrung der natürlichen Ordnung“ und sah in der Voranstellung des Vermögensrechts einen Beleg dafür, „wie sehr die natürlichen Grundlagen der Gesellschaft durch das Eigentumsinteresse überwuchert werden“.[57] Der brasilianische Código Civil von 1916 hingegen setzte das Familienrecht an den Anfang, gefolgt von Sachenrecht, Schuldrecht und Erbrecht. Bevilaqua begründete diese Reihenfolge vor allem damit, dass die Familie das Fundament der Gesellschaft sei.[58] Schon wenige Jahre nach seinem Entwurf konnte er sich in seiner Entscheidung bestätigt stehen, als 1907 Eugen Huber das schweizerische ZGB ebenfalls mit dem Familienrecht beginnen ließ.[59]

---

54 Zur Kritik am engen Sachbegriff des BGB etwa HKK (2009) / *Ralf Michaels*, vor § 241, Rn. 82 ff.; Näher zum Sachbegriff in diesem Band *Wojciech Dajczak*, Der Begriff der „Sache“ (*res*) in der europäischen Rechtstradition und seine Auswirkungen auf die Entwicklung der polnischen Privatrechtsdogmatik im 20. Jahrhundert.

55 In diesem Sinne wohl auch Villela (1994) 273. Anders Reis (2011) 249, der sich aber selbst zu widersprechen scheint, wenn er einerseits ausführt, dass die Technik des „Vor-die-Klammer-Ziehens“ im brasilianischen Kontext keine Rolle gespielt habe, zugleich aber auf die große Bedeutung der Rechtsgeschäftslehre hinweist. Denn diese ist der klarste Ausdruck des Abstraktions- und Verallgemeinerungsstrebens.

56 Zu den vermuteten Gründen HKK (2007) / *Ralf Michaels*, vor § 241, Rn. 19 m.w.N.

57 Menger (1927) 38 f.

58 Bevilaqua (1979) Bd. I, 86 ff.

59 Er folgte hierbei der Tradition einiger Kantonalgesetzbücher, näher Müller-Freienfels (1973) 658 f.

2.4. Der Allgemeine Teil im Código Civil von 2002

Während des 20. Jahrhunderts war der Allgemeine Teil in Brasilien im Zuge verschiedener Reformvorhaben zweimal von der Abschaffung bedroht, die entsprechenden Entwürfe blieben aber ohne Erfolg.[60] Die Verfasser des neuen Código Civil von 2002, die ihre Arbeit bereits Ende der 1960er Jahre aufnahmen, bekannten sich hingegen eindeutig zur Beibehaltung des Allgemeinen Teils[61] und wussten hierbei wohl auch die Mehrheit der brasilianischen Juristen hinter sich.[62] Der Allgemeine Teil des Zivilgesetzbuchs von 2002 hat zwar zahlreiche Änderungen inhaltlicher Art gebracht,[63] in struktureller Hinsicht die brasilianische Tradition jedoch nahtlos fortgesetzt. Er ist ebenfalls in die Abschnitte: 1. Personen, 2. Güter und 3. Juristische Tatsachen gegliedert, und es lässt sich somit ohne Schwierigkeiten eine Linie vom Zivilgesetzbuch von 2002 zum ersten Zivilgesetzbuch von 1916 und von diesem zurück zu den Arbeiten Teixeira de Freitas' ziehen.[64]

Größere Änderungen haben im Besonderen Teil des Zivilgesetzbuchs stattgefunden: Zum einen enthält der Código von 2002 ein zusätzliches Buch über das Unternehmensrecht, das Ergebnis der legislativen Zusammenführung von Zivil- und Handelsrecht nach italienischem und schweizerischem

---

60 Die Angriffe gegen den Allgemeinen Teil bildeten im Wesentlichen die Kritik aus dem deutschen Schrifttum nach, die ihren Höhepunkt unter dem Nationalsozialismus erreicht hatte; ausführlich zum Ganzen Schmidt (2009b) 312 ff., 353 ff.

61 Siehe die Stellungnahmen des Koordinators der Entwurfskommission Miguel Reale (Reale [1975] Nr. 12) und des für den Allgemeinen Teil zuständigen Redaktors José Carlos Moreira Alves (Moreira Alves [2003] 3 ff.), der auch die Rezeption des Allgemeinen Teils durch den portugiesischen Código Civil von 1966 als „wichtige Lektion" lobte (idem) 19.

62 Siehe neben anderen Junqueira de Azevedo (2004) 67; Fradera (2005) 206 ff.; Couto e Silva (1991) 59; Martins-Costa / Branco (2002) 95 ff.; Limongi França (1980) 131 f.; Rodrigues (1964) 207 ff. Prominente Gegenstimmen waren Gomes (1985) 2 ff.; Silva Pereira (1974) 61; Fachin / Ruzyk (2000) 246 f.; Amaral (1999) 29 f.

63 Zum Beispiel die Anerkennung der Persönlichkeitsrechte, die (Wieder-)Einführung der *laesio enormis* oder die Neuregelung der Verjährung. Hingegen wurde mit dem Código Civil von 2002 entgegen zahlreicher brasilianischer und ausländischer Autoren keineswegs die Rechtsgeschäftslehre eingeführt, sie war bereits im Vorgängergesetzbuch vorhanden; einzig wurde der als ungenau empfundene Begriff des „ato jurídico" durch den des „negócio jurídico" ersetzt. Sehr wohl eine Neuerung, wenngleich recht doktrinärer Art, war dagegen die Regelung zu den „Rechtshandlungen im engeren Sinne", auf die die Vorschriften über Rechtsgeschäfte nun ausdrücklich analog anzuwenden sind (Art. 185 Código Civil 2002). Näher zum Ganzen Schmidt (2009b) 358 ff.

64 Vom Koordinator der Entwurfskommission Miguel Reale wurde diese historische Kontinuität auch ausdrücklich betont, Reale (1975) Nr. 12.

Vorbild ist.[65] Sodann hat es auch eine Änderung in der Reihenfolge der Bücher gegeben: Wie im BGB steht nun das Schuldrecht an der Spitze, gefolgt von Unternehmensrecht, Sachenrecht, Familienrecht und Erbrecht. Die Entwurfsverfasser begründeten dies vor allem mit dem Wunsch, einen Gleichlauf mit der seit langem im Rechtsunterricht gepflegten Abfolge der Materien herbeizuführen. Im Schrifttum wurde die neue Ordnung willkommen geheißen und als „praktischer" und „logischer" bezeichnet.[66] Inhaltliche Konsequenzen sind mit dieser Änderung jedenfalls nicht verbunden, sie ist allenfalls symbolischer Natur.

3. Fazit

Der Allgemeine Teil blickt in Brasilien inzwischen auf eine Tradition von über 150 Jahren zurück. Er ist jedoch keine brasilianische Erfindung, sondern beruht auf einer Rezeption der deutschen Pandektistik. Daher verkennt die in Brasilien verbreitete Auffassung, es habe den Allgemeinen Teil dort schon 40 Jahre früher als in Deutschland gegeben, die historischen Zusammenhänge. Zugleich hat sich aber auch die traditionelle Auffassung der deutschen Rechtswissenschaft, dass nämlich der Allgemeine Teil des brasilianischen Zivilgesetzbuches von 1916 unmittelbar auf den Einfluss des BGB zurückgehe, als nicht minder unpräzise erwiesen. Denn die Rezeption des Allgemeinen Teils fand schon lange vor dem BGB statt und wurde nicht durch dieses, sondern die Pandektenlehrbücher vermittelt. Hierdurch konnte der Allgemeine Teil schon sehr früh eine eigenständige Behandlung durch die brasilianische Rechtswissenschaft erfahren. Wenngleich diese also den Allgemeinen Teil nicht erfunden hat, ist es trotzdem völlig berechtigt, wenn sie ihn heute als festen Bestandteil ihrer eigenen Rechtskultur betrachtet.

Dessen ungeachtet haben der Allgemeine Teil der brasilianischen Zivilgesetzbücher von 1916 und 2002 dieselben historischen Wurzeln wie der Allgemeine Teil des BGB, und beide sind trotz unterschiedlicher Ausgestaltung im Detail Ausdruck derselben Denktradition. Dies ermöglicht einen fruchtbaren Vergleich zwischen beiden Rechtsordnungen,[67] gerade auch im Hinblick auf die inzwischen mehr als ein Jahrhundert währenden praktischen Erfahrungen mit dem Allgemeinen Teil.

---

65 Auch diese Idee war freilich schon von Teixeira de Freitas propagiert worden, ausführlich Schmidt (2009b) 163 ff.

66 Siehe die Nachweise bei Schmidt (2009b) 384 f.

67 Ansätze dazu bei Schmidt (2009b) 382 f.

Ahcin (1996): *Christian Ahcin*, Zur Entstehung des Bürgerlichen Gesetzbuchs für das Königreich Sachsen von 1863/65 (Frankfurt am Main 1996).

Almeida Costa (2012): *Mário Júlio de Almeida Costa*, História do direito português (5. Aufl. Coimbra 2012).

Amaral (1999): *Francisco Amaral*, O Projeto de Código Civil, in: Revista Brasileira de Direito Comparado 16 (1999) 23-47.

Baldus / Raff (2008): *Christian Baldus / Thomas Raff*, La capacité du "système des pandectes", in: Studia Universitatis Babeş-Bolyai – Iurisprudentia 2 (2008) 101-114.

Basedow / Hopt / Zimmermann (2009): *Jürgen Basedow / Klaus J. Hopt / Reinhard Zimmermann* (Hrsg.), Handwörterbuch des Europäischen Privatrechts (Tübingen 2009).

Bevilaqua (1979): *Clovis Bevilaqua*, Código Civil dos Estados Unidos do Brasil, 2 Bände (Historische Ausgabe Rio de Janeiro 1979).

Boehmer (1965): *Gustav Boehmer*, Einführung in das Bürgerliche Recht (2. Aufl. Tübingen 1965).

Bucher (2004): *Eugen Bucher*, Zu Europa gehört auch Lateinamerika!, in: Zeitschrift für Europäisches Privatrecht (2004) 515-547.

Carvalho (1988): *Orlando de Carvalho*, Teixeira de Freitas e a unificação do direito privado, in: *Sandro Schipani* (Hrsg.), Augusto Teixeira de Freitas e il diritto latinoamericano (Padova 1988) 101-153.

Coelho da Rocha (1984): *Manuel Antônio Coelho da Rocha*, Instituições de Direito Civil Portuguez (São Paulo 1984 [Nachdruck der zweiten Auflage von 1848]).

Couto e Silva (1991): *Clóvis do Couto e Silva*, Miguel Reale. Civilista, in: Revista dos Tribunais 672 (1991) 53-62.

David (2005): *René David*, Le droit brésilien jusqu'en 1950 (= Cours de droit civil comparé [Doctorat, 1949-1950], 210-394), in: *Arnoldo Wald / Camille Jauffret-Spinosi* (Hrsg.), Le droit brésilien d'hier, d'aujourd'hui et demain (Paris 2005) 25-182.

Fachin / Ruzyk (2000): *Luiz Edson Fachin / Carlos Eduardo Pianovsky Ruzyk*, Um projeto de Código Civil na contramão da Constituição, in: Revista Trimestral de Direito Civil 4 (2000) 243-263.

Ferraz Júnior (1994): *Tercio Sampaio Ferraz Júnior*, Deutsch-Brasilianische Rechtsbeziehungen in Geschichte und Gegenwart aus rechtsphilosophischer Sicht, in: *Jan Curschmann / Harald Postel* (Hrsg.), Deutsch-Südamerikanische Rechtstage 1992, 4. Fachkongress der Argentinisch-Deutschen Juristenvereinigung, 11. Jahrestagung der Deutsch-Brasilianischen Juristenvereinigung und Fachtagung „Mercosur" gemeinsam mit dem Rechts- und Steuerausschuß des Ibero-Amerika-Vereins (Frankfurt am Main 1994) 245-256.

Fradera (2005): *Véra Maria Jacob de Fradera*, La partie générale du Code civil, in: *Arnoldo Wald / Camille Jauffret-Spinosi* (Hrsg.), Le droit brésilien d'hier, d'aujourd'hui et demain (Paris 2005) 203-222.

Gomes (1984): *Orlando Gomes*, Fontes e diretrizes do pensamento jurídico de Teixeira de Freitas, in: Revista Forense 287 (1984) 1-6.

Gomes (1985): *Orlando Gomes*, Código civil. Projeto Orlando Gomes (Rio de Janeiro 1985).

Guzmán Brito (1988): *Alejandro Guzmán Brito*, Codificación y consolidación: una comparación entre el pensamiento de A. Bello y el pensamiento de A. Teixeira de

Freitas, in: *Sandro Schipani* (Hrsg.), Augusto Teixeira de Freitas e il diritto latinoamericano (Padova 1988) 255-267.

Heise (1807): *Georg Arnold Heise*, Grundriß eines Systems des gemeinen Civilrechts zum Behuf von Pandecten-Vorlesungen (Heidelberg 1807).

HKK (2003): *Mathias Schmoeckel / Joachim Rückert / Reinhard Zimmermann* (Hrsg.), Historisch-kritischer Kommentar zum BGB, Bd. I, Allgemeiner Teil, §§ 1-240 (Tübingen 2003).

HKK (2007): *Mathias Schmoeckel / Joachim Rückert / Reinhard Zimmermann* (Hrsg.), Historisch-kritischer Kommentar zum BGB, Bd. II, Teilbd. 1: Schuldrecht Allgemeiner Teil, Vor § 241-§ 304 (Tübingen 2007).

Jayme (1997): *Erik Jayme*, Guilherme Moreira (1861-1922) und die deutsche Pandektistik, in: *Erik Jayme / Heinz-Peter Mansel* (Hrsg.), Auf dem Wege zu einem gemeineuropäischen Privatrecht, 100 Jahre BGB und die lusophonen Länder. Symposium in Heidelberg, 29.-30.11.1996 (Baden-Baden 1997) 63-71.

Junqueira de Azevedo (2004): *Antônio Junqueira de Azevedo*, Estudos e Pareceres de Direito Privado (São Paulo 2004).

Lima Marques (1997): *Claudia Lima Marques*, Das BGB und das brasilianische Zivilgesetzbuch von 1916, in: *Erik Jayme / Heinz-Peter Mansel* (Hrsg.), Auf dem Wege zu einem gemeineuropäischen Privatrecht, 100 Jahre BGB und die lusophonen Länder. Symposium in Heidelberg, 29.-30.11.1996 (Baden-Baden 1997) 73-97.

Limongi França (1980): *Rubens Limongi França*, Manual de direito civil, Bd. I (4. Aufl. São Paulo 1980).

Mackeldey (1833): *Ferdinand Mackeldey*, Lehrbuch des heutigen Römischen Rechts (10. Aufl. Giessen 1833).

Martínez Paz (1927): *Enrique Martínez Paz*, Freitas y su influencia sobre el Codigo Civil Argentino Cordoba (1927).

Martins-Costa (1999): *Judith Martins-Costa*, O sistema na Codificação Civil Brasileira: de Leibniz a Teixeira de Freitas, in: Revista da Faculdade de Direito da Universidade Federal do Rio Grande do Sul 17 (1999) 189-204.

Martins-Costa / Branco (2002): *Judith Martins-Costa / Gerson Luiz Carlos Branco*, Diretrizes teóricas do novo Código Civil brasileiro (São Paulo 2002).

Matos Peixoto (1939): *José Carlos de Matos Peixoto*, A codificação de Teixeira de Freitas, in: Revista Forense 77 (1939) 5-20.

Matos Peixoto (1939a): *José Carlos de Matos Peixoto*, A codificação de Teixeira de Freitas (continuação), in: Revista Forense 77 (1939) 211-231.

Meira (1983): *Sílvio Meira*, Teixeira de Freitas. O Jurisconsulto do Império (2. Aufl. Brasília 1983).

Menezes Cordeiro (2005): *António Menezes Cordeiro*, Tratado de Direito Civil Português, Parte Geral, Bd. I: Intodução, Doutrina Geral, Negócio Jurídico (3. Aufl. Coimbra 2005).

Menger (1927): *Anton Menger*, Das bürgerliche Recht und die besitzlosen Volksklassen (5. Aufl. Tübingen 1927).

Michaels (2009): *Ralf Michaels*, Restatements, in: *Jürgen Basedow / Klaus J. Hopt / Reinhard Zimmermann* (Hrsg.), Handwörterbuch des Europäischen Privatrechts (Tübingen 2009) 1295-1299.

Moisset de Espanés (1970): *Luis Moisset de Espanés*, Notas sobre el problema de la Parte General y los Libros Preliminares en la legislación civil, in: Jurisprudencia Argentina - Doctrina (1970) 528-532.

Moreira Alves (2003): *José Carlos Moreira Alves*, A parte geral do projeto de Código Civil brasileiro. Subsídios históricos para o novo Código Civil brasileiro (2. Aufl. São Paulo 2003).

Moura Vicente (2008): *Dário Moura Vicente*, Direito Comparado, Bd. I: Introdução e parte geral (Coimbra 2008).

Müller (2008): *Jens Müller*, Der Allgemeine Teil im portugiesischen Zivilgesetzbuch. Entstehungsgeschichte und ausgewählte Einzelprobleme (Hamburg 2008).

Müller-Freienfels (1973): *Wolfram Müller-Freienfels*, Zur Diskussion um die systematische Einordnung des Familienrechts, in: Rabels Zeitschrift für ausländisches und internationales Privatrecht 37 (1973) 609-659.

Nipperdey (1938): *Hans Carl Nipperdey*, Die Vereinheitlichung des Rechts der Schuldverhältnisse in Italien und Deutschland, in: Zeitschrift der Akademie für Deutsches Recht 5 (1938) 721-728.

Pontes de Miranda (1928): *Francisco Cavalcanti Pontes de Miranda*, Fontes e Evolução do Direito Civil Brasileiro (Rio de Janeiro 1928).

Rauchhaupt (1955): *Friedrich Wilhelm von Rauchhaupt*, Vergleich und Angleichbarkeit der Rechte Süd- und Mittelamerikas, in: Rabels Zeitschrift für ausländisches und internationales Privatrecht 20 (1955) 121-143.

Reale (1975): *Miguel Reale*, Exposição de Motivos do Anteprojeto do Código Civil, 16. Januar 1975, Mensagem N° 160/75, in: Diário do Congresso Nacional, Seção I, Suplemento (B) (1975) 107-125.

Reale (2006): *Miguel Reale*, A Parte Geral do novo Código Civil, in: Revista do Tribunal Regional Federal da 4ª Região 60 (2006) 27-38.

Regelsberger (1893): *Ferdinand Regelsberger*, Pandekten (Leipzig 1893).

Reis (2011): *Thiago Reis*, Apologie des Pandektensystems. Rezension zu: Jan Peter Schmidt, Zivilrechtskodifikation in Brasilien, in: Rechtsgeschichte 18 (2011) 246-249.

Rodrigues (1964): *Silvio Rodrigues*, A projetada reforma do código civil, in: Revista da Faculdade de Direito da Universidade de São Paulo 59 (1964) 206-216.

Savigny (1840-1849): *Friedrich Carl von Savigny*, System des heutigen Römischen Rechts, 8 Bände (Berlin 1840-1849).

Schipani (1988): *Sandro Schipani* (Hrsg.), Augusto Teixeira de Freitas e il diritto latinoamericano (Padova 1988).

Schmidt (2009a): *Jan Peter Schmidt*, Pandektensystem, in: *Jürgen Basedow / Klaus J. Hopt / Reinhard Zimmermann* (Hrsg.), Handwörterbuch des Europäischen Privatrechts (Tübingen 2009) 1132-1136.

Schmidt (2009b): *Jan Peter Schmidt*, Zivilrechtskodifikation in Brasilien. Strukturfragen und Regelungsprobleme in historisch-vergleichender Perspektive (Tübingen 2009).

Schwarz (1921): *Andreas Bertalan Schwarz*, Zur Entstehung des modernen Pandektensystems, in: Zeitschrift der Savigny-Stiftung für Rechtsgeschichte (Romanistische Abteilung) 42 (1921) 578-610.

Silva Pereira (1974): *Caio Mário da Silva Pereira*, Tendências atuais do direito civil, in: Revista Forense 247 (1974) 60-72.

Teixeira de Freitas (1860-1865): *Augusto Teixeira de Freitas*, Código Civil. Esboço (Rio de Janeiro 1860-1865).

Teixeira de Freitas (1876): *Augusto Teixeira de Freitas*, Consolidação das Leis Civis. Publicação autorisada pelo governo (3. Aufl. Rio de Janeiro 1876).

Valladão (1970): *Haroldo Valladão*, Novas dimensões do direito. Justiça social, desenvolvimento, integração (São Paulo 1970).
Veloso (2010): *Zeno Veloso*, Teixeira de Freitas e Pontes de Miranda (Belém 2010).
Villela (1988): *João Baptista Villela*, Da 'Consolidação das Leis Civis' à teoria das consolidações: problemas histórico-dogmaticos, in: *Sandro Schipani* (Hrsg.), Augusto Teixeira de Freitas e il diritto latinoamericano (Padova 1988) 241-253.
Villela (1994): *João Baptista Villela*, Deutsch-Brasilianische Rechtsbeziehungen in Geschichte und Gegenwart aus privatrechtlicher Sicht, in: *Jan Curschmann / Harald Postel* (Hrsg.), Deutsch-Südamerikanische Rechtstage 1992, 4. Fachkongress der Argentinisch-Deutschen Juristenvereinigung, 11. Jahrestagung der Deutsch-Brasilianischen Juristenvereinigung und Fachtagung „Mercosur" gemeinsam mit dem Rechts- und Steuerausschuß des Ibero-Amerika-Vereins (Frankfurt am Main 1994) 257-292.
Wieacker (1967): *Franz Wieacker*, Privatrechtsgeschichte der Neuzeit unter besonderer Berücksichtigung der deutschen Entwicklung (2. Aufl. Göttingen 1967).
Windscheid / Kipp (1906): *Bernhard Windscheid / Theodor Kipp*, Lehrbuch des Pandektenrechts, Bd. I (9. Aufl. Frankfurt am Main 1906).
Zweigert / Kötz (1996): *Konrad Zweigert / Hein Kötz*, Einführung in die Rechtsvergleichung auf dem Gebiete des Privatrechts (3. Aufl. Tübingen 1996).

Das Konzept des Allgemeinen Teils in der Pandektistik und im deutschen BGB am Beispiel der Rechtsfähigkeit*

Susanne Hähnchen

Abstracts

The structure of civil law, which consists of a general part followed by special property law and the law of obligation, the so-called system of pandects, is a German development of the 19th century. The implementation of this was supported by Friedrich Carl von Savigny. The abstraction achieved through the introduction of a general part at the beginning was originally intended to manage the wealth of material. Thus, didactic aims were pursued as well. Yet, the decrease in the law's comprehensibility to laymen and the increase in the room for interpretation may well be problematic. An important provision of the general part was and is the provison on legal capacity. Legal capacity is required for every human being that is to be subject to legal rights and duties and to be able to participate in legal transactions. An individual who fulfils the prerequisites for legal capacity is a person in a legal context. The article addresses the general and equal legal capacity of natural persons in the German Civil Code of 1896 and in 20th century developments (National Socialism, German Democratic Republic, status quo).

Uporządkowanie prawa prywatnego w części ogólnej, z następującymi po niej szczegółowymi regulacjami z zakresu prawa rzeczowego i zobowiązań, czyli tak zwany system pandektowy, stanowi dorobek rozwoju XIX-wiecznej niemieckiej myśli prawniczej. Wpływowym rzecznikiem wprowadzenia takiej systematyki był Friedrich Carl von Savigny. Pierwotnie sądzono, że wyabstrahowanie wspólnego rdzenia poprzez umieszczenie na początku części ogólnej pozwoli uporać się z bogactwem materiału. W ten sposób zamierzano także osiągnąć konkretne cele dydaktyczne. Niepożądanymi skutkami takiego zabiegu mogą być mniejsza zrozumiałość prawa dla laików oraz zbytnia swoboda interpretacyjna. Istotnym elementem części ogólnej jest zdolność prawna. Jest to kwalifikacja dogmatyczna każdej osoby, która ma być podmiotem prawa prywatnego, a więc podmiotem praw i obowiązków uczestniczącym w obrocie prawnym. Jednostka wypełniająca przesłanki zdolności prawnej staje się osobą w sensie prawnym. Poniższy artykuł podejmuje kwestię ogólnej i równej zdolności prawnej osób fizycznych w niemieckim kodeksie cywilnym (BGB) z 1896 roku oraz przybliża problematykę jej rozwoju w XX wieku (z

* Frau stud. iur. Kathrin Berenbrink danke ich für ihre Unterstützung bei der Literaturrecherche und beim Korrekturlesen.

uwzględnieniem okresu narodowego socjalizmu, Niemieckiej Republiki Demokratycznej oraz obecnego stanu prawnego).

A estrutura do Direito Civil, que consiste em uma Parte Geral seguida do Direito Especial das Coisas e das Obrigações, o chamado sistema pandectístico, é uma criação alemã do século 19. Papel importante na propagação do sistema teve Friedrich Carl von Savigny. A abstração atingida pela Parte Geral colocada à frente servia originalmente à superação do imenso volume da matéria tratada. Ainda, buscava-se atingir também objetivos didáticos. Problemática poderia ser uma menor compreensão do Direito por parte do leigo, bem como maiores e mais amplas possibilidades de interpretação. Um importante conceito da Parte Geral foi e é a capacidade jurídica. Ela é requisito para que todas as pessoas sejam sujeitos de direito, ou seja, titulares de direitos e obrigações e, assim, possam celebrar negócios jurídicos. Quem possui tal capacidade é, em sentido jurídico, uma pessoa. Este artigo trata da capacidade jurídica geral e igual de todas as pessoas naturais no Código Civil alemão de 1896 e seus desenvolvimentos no século 20 (Nacional-socialismo, República Democrática Alemã e situação atual).

1. Die Entwicklungen vor dem BGB

1.1. Allgemeiner Teil

Die Ordnung des Privatrechts in einen vorweg geschalteten Allgemeinen Teil, vor dem nachfolgenden besonderen Sachen- und Obligationenrecht, das sogenannte Pandektensystem, gilt als spezifisch deutsche Entwicklung.[1] Die Ordnung des Familien- und Erbrechts hingegen stammt primär aus der naturrechtlichen Tradition und passt systematisch nicht in diese Einteilung.[2] Diese Gebiete wurden aber traditionell in Darstellungen zum Privatrecht zusammen behandelt und so fanden auch das Familien- und Erbrecht Eingang in das Pandektensystem, obwohl der AT für das Obligationen- und Sachenrecht entwickelt wurde. Noch heute findet der AT des BGB nur teilweise Anwendung auf das Familien- und Erbrecht, was die Andersartigkeit dieser Teilgebiete innerhalb des Pandektensystems unterstreicht.

Im gemeinen Recht bestand vor allem nach 1800 ein großes Bedürfnis nach einer strukturierteren Darstellung des Rechts. Damit konnte man Zu-

1 Literaturauswahl dazu, insbesondere zur Entwicklung des AT: Schwarz (1921) 578 ff.; Heck (1941) 1 ff.; Rückert (1976) 497 ff. (503 ff.); Schubert (1980) 192 f.; Lipp (1980); Björne (1984) insb. 250 ff.; Bydlinski (1996) 117 ff.; HKK (2003) / *Zimmermann / Rückert / Schmöckel*, vor § 1; HKK (2003) / *Duve*, §§ 1-14, Baldus 2008, 23 ff.

2 Zu diesen „Lebensbereichen" und der „Kreuzeinteilung" im BGB jüngst wieder Baldus (2008) 24 f.; vgl. etwa auch Laufs (2006) 324 f.; Medicus (2010) 11.

sammenhänge besser sichtbar machen, die im überlieferten antiken römischen Recht nicht ohne weiteres erkennbar waren. Zunächst ging es dabei jedenfalls den Vertretern des gemeinen Rechts (Romanisten) nicht um eine Kodifikation, sondern um die literarische Erfassung und Ordnung des Stoffes, insbesondere zu didaktischen Zwecken. Später verstärkte sich auch der Wunsch (ursprünglich insbesondere der Germanisten[3]), durch ein einheitliches (kodifiziertes) Zivilrecht die mit der Rechtszersplitterung in den deutschen Ländern verbundene Rechtsunsicherheit zu überwinden und nach der Reichsgründung von 1871 das Zusammengehörigkeitsgefühl der noch jungen Nation zu stärken.

Als Erfinder des Pandektensystems und damit des AT gilt heute *Heise* (1778-1851), ein Zeitgenosse und Freund *Savignys*, welcher das System dann durchsetzte.[4] *Heise* selbst wies allerdings in seinem Grundriß (1807) darauf hin, dass auch er Vorbilder hatte.[5] Tatsächlich muss man mindestens die späten Naturrechtler[6] berücksichtigen, die ganz ähnlich arbeiteten, und vor *Heise* verwendete schon *Hugo* als erster Lehrer des gemeinen Rechts dieses System.

1840 schrieb *Savigny* in seinem „System des heutigen Römischen Rechts“ zum Konzept des AT:

> „Wenn wir versuchen, die einzelnen Rechtsinstitute in dem lebendigen Zusammenhang ihrer Theile, also vollständig darzustellen, so kommen wir dabey nothwendig auf manche Seiten ihres Wesens, die bey jedem anderen Institut gleichfalls erscheinen, wenngleich vielleicht mit einigen Modificationen. Dahin gehört hauptsächlich die Natur der Rechtssubjecte, und insbesondere ihrer Rechtsfähigkeit: ferner die Entstehung und der Untergang der Rechtsverhältnisse: endlich der Schutz der Rechte gegen Verletzung und die daraus hervorgehenden Modificationen der Rechte selbst. Es giebt in der That kein Rechtsinstitut, in welchem nicht die Erörterung dieser Fragen nöthig und wichtig wäre. Wir können nun solche Stücke bey jedem Institut wieder ganz und von Neuem abhandeln, aber eine Wiederholung dieser Art würde weder für den Schriftsteller noch für den Leser erträglich seyn. Wir könnten sie ganz oder vollständig bey dem ersten vorkommenden Rechtsinstitut (also nach unsrer Anordnung bey dem Eigenthum) abhandeln, und bey den nachfolgenden darauf verweisen: allein auch dieses Verfahren würde sogleich als willkührlich und unverhältnißmäßig sich darstellen. Dazu kommt aber noch die wichtigere Rücksicht, daß das wahrhaft Gemeinsame in solchen Theilen der Rechtsinstitute gerade durch die Zusammenstellung gründlicher erkannt werden kann. Und so erscheint es denn

3 Vgl. Sellert (2000) 83, 84 f.
4 Björne (1984) 270.
5 Heise (1819) IX.
6 Dazu ausführlich Schwarz (1921) 588 ff.; Lipp (2001) 79 ff.; HKK (2003) / *Schmoeckel*, vor § 1 BGB, Rn. 16 ff., jeweils m.w.N. auch zu früheren Ansätzen seit dem 16. Jh. und den Veränderungen um 1800 sowie der Aussonderung des Familien- und Erbrechts durch die Naturrechtler. Kritisch Björne (1984) 271 ff.

> von allen Seiten gerathen, dieses wirklich Gemeinsame auszuziehen und dem System der besonderen Rechtsinstitute voran zu stellen, um dann bey jedem einzelnen die Modificationen, die für dasselbe gelten, an jene gemeinsame Grundlage anknüpfen können."[7]

Der Vorteil des AT liegt also darin, dass für verschiedene Rechtsinstitute gemeinsame Gedanken nicht immer wieder ausgesprochen werden müssen, sondern wie in der Mathematik ausgeklammert und „vor die Klammer gezogen" werden können.[8] Ein solches System ist effizienter – vorausgesetzt, man hat gelernt, es zu beherrschen – und ästhetischer. In dieser Abstraktion, der Loslösung vom konkreten Umfeld, liegen aber auch Probleme.[9] Das Recht ist nur noch schwer zu verstehen, nur Experten zugänglich und mit der Abstraktionshöhe nehmen trotz Präzision die Interpretationsmöglichkeiten zu. Daher kann weder ein Nicht-Jurist rechtliche Fragen allein beantworten, noch können Juristen immer sichere Vorhersagen abgeben, wie ein Gericht entscheiden wird.

Schon *Savigny* war sich bewusst, dass rechtliche Abstraktion Gefahren mit sich bringt („für unsere Wissenschaft von jeher eine der ergiebigsten Quellen falscher Ansichten"[10]). Dass heute an den meisten deutschen Universitäten die juristische Ausbildung immer noch wenig anschaulich (um nicht zu sagen abschreckend) mit dem BGB AT beginnt,[11] kann man weder den Pandektisten im Allgemeinen, noch *Savigny* im Speziellen anlasten. Er empfahl in einer Vorlesung für Anfänger „so schnell als möglich auf das Besondere einzugegehn, damit vor Allem der Zuhörer in den Besitz concreter Anschauungen von Rechtsinstituten gesetzt werde".[12]

Ab der Mitte des 19. Jahrhunderts (*Savigny* verursachte – wie so oft – eine Zäsur) war es üblich, dass Lehrbücher des Zivilrechts mit einem AT begannen. Bekannte Pandektenlehrbücher des 19. Jahrhunderts stammen (u.a.) von *Arndt*, *Brinz* (mit abweichender Stoffanordnung), *Gans*, *Puchta* (in jungen Jahren dem AT noch sehr ablehnend gegenüber), *Thibaut* und vor allem *Windscheid*. Auf unterschiedliche Details kann hier nicht eingegangen werden, in der Literatur gibt es jedoch ausführliche Untersuchungen dazu.[13]

---

7 Savigny (1840) 390 f. Zum Einfluss Savignys auf die Grundentscheidungen des BGB Rückert (1991) 624 ff.

8 Ausführlich dazu Larenz (1991) 165 ff., 437 ff.; Lipp, 40 ff., 43 ff.; Björne (1984) 251 ff.

9 Zu beidem jeweils m.w.N. ausführlich Björne (1984) 263 ff.; Bydlinski (1996), 119 ff.; HKK (2003) / *Schmoeckel*, vor § 1 BGB, Rn. 43 ff.

10 Savigny (1840) 392.

11 Zu den didaktischen Problemen vgl. auch Medicus (2010) 22 f.

12 Savigny (1840) 392.

13 Überblicke z.B. bei Björne (1984) 251 ff., 263 ff.; HKK (2003) / *Schmoeckel*, vor § 1 BGB, Rn. 23 ff.

Die analytische Leistung, die erforderlich war, um einen AT zu schaffen, beeindruckt bis heute als größte Leistung der Pandektistik,[14] auch wenn es wie erwähnt Vorarbeiten gab. Im Übrigen orientierte man sich bei der Stoffbehandlung weitestgehend am alten Institutionensystem.[15] Seit *Gaius'* Anfängerlehrbuch aus der Mitte des 2. Jahrhunderts n. Chr. kennen wir die didaktische Einteilung des Stoffes nach Personen, Sachen und Klagen, sowie die Obligation als unkörperliche Sache und Verbindung zur Klage. Die Klagen wurden im Laufe der Zeit als Prozessrecht isoliert. Im materiellen Recht verblieben damit Personen, Sachen und Obligationen.

1.2. Rechtsfähigkeit

Ein wichtiger Begriff des AT war und ist die Rechtsfähigkeit. Sie ist die Voraussetzung für alle Personen, um Rechtssubjekte (eine weitere begriffliche Abstraktion), also Träger von Rechten und Pflichten zu sein, und um am Rechtsverkehr teilnehmen zu können. Wem diese Fähigkeit zukommt, der ist eine Person im Rechtsinn.[16]

Juristischen Personen und Gesellschaften muss die Rechtsfähigkeit von der Rechtsordnung erst zuerkannt werden.[17] Insofern war der Bundesgerichtshof in jüngerer Zeit rechtsfortbildend tätig, als er der Gesellschaft bürgerlichen Rechts[18] und der Wohnungseigentümergemeinschaft[19] Rechtsfähigkeit zusprach.

Die allgemeine und gleiche Rechtsfähigkeit aller natürlicher Personen, um die es im Folgenden näher gehen soll, ist – so wie wir sie heute kennen – durchaus keine Selbstverständlichkeit. Gerade das gemeine Recht hatte noch ein ganz anderes Konzept vor Augen, aus dem heraus seit dem Naturrecht die modernen Vorstellungen erst entwickelt werden mussten.[20] Im römischen Recht, aber auch im mittelalterlichen deutschen Recht wurde nach Status unterschieden. So war zwar in Rom auch der Sklave eine *persona*. Jedoch war nur der freie Bürger rechtsfähig. Weiter wurde abgestuft nach Freiheit (*libertas*), Bürgerrecht (*civitas*) und der Stellung im Familienverband

---

14 Bydlinski (1996) 118; Medicus (2010) 12; Schwarz (1921) 580 fand zwar keine Vorzüge am Pandektensystem im Allgemeinen und schrieb dessen dauernde Wirkung nur dem „überragenden Ansehen der Häupter der historischen Schule" zu. Jedoch den AT bezeichnete er als „interessanteste, die ergiebigste Materie" (a.a.O., 587).

15 Genauer dazu Baldus (2008) 23 f.

16 Statt Vieler MünchKomm BGB (2012) / *Schmitt*, § 1 BGB Rn. 6 ff. m.w.N.

17 Ausführlich zu diesen Lehmann (2007) 225 ff.

18 BGHZ 146, 341.

19 BGHZ 163, 154.

20 Die „Lösungswege im Überblick" bei HKK (2003) / *Duve*, §§ 1-14 BGB, Rn. 4 ff.; näher zur Entwicklung des Menschenbildes des Privatrechts Behrends (2000) 12 ff.

(*status familiae*). Im Mittelalter findet sich neben der Ordnung nach Ständen etwa die Ausgrenzung von Juden und Kranken.

2. Das deutsche BGB von 1896

Die Väter des BGB waren vorwiegend Pandektisten. Nicht zufällig wurde der 1. Entwurf des BGB von 1888 nach dem seinerzeit führenden pandektistischen Lehrbuch des berühmtesten Mitglieds der 1. Kommission der „Kleine Windscheid" genannt.[21] Generell folgte man der Grundkonzeption *v. Mohls*, dass Gesetze zwar verständlich sein sollten, sich aber vorrangig an geschulte Rechtsanwender richten.[22]

Allgemein für das BGB und konkret im Zusammenhang mit der Rechtsfähigkeit von Bedeutung war die grundsätzliche Entscheidung für ein naturrechtlich geprägtes, liberales und egalitäres Menschenbild.[23] Auch für die Überwindung von rechtlich zementierten Standesunterschieden, die am Begriff der Person anknüpften, konnte man sich unter anderem auf die theoretischen Vorarbeiten *Savignys* berufen.[24]

In den Gesetzesmaterialien der Kommission des 1. Entwurfs heißt es dazu:

> „der Entw[urf] stellt Vorschriften auf, die für Alle gelten, nicht besondere Regeln für die Verhältnisse der verschiedenen Gliederungen der Gesellschaft."[25]

Der Redaktor *Gebhard* formulierte konkret in seiner Gesetzesvorlage von 1876 für die 1. Kommission schon sehr nahe am späteren Gesetzeswortlaut:

> „§ 41. Die Rechtsfähigkeit des Menschen beginnt mit seiner Geburt und endigt mit seinem Tode."[26]

Daraus wurde letztlich § 1 BGB.[27] Die Vorschrift lautet seit Inkrafttreten des Gesetzes zum 1.1.1900 unverändert:

---

21 Laufs (2006) 324 weist allerdings ausdrücklich darauf hin, dass das BGB kein Professorenwerk und nicht aus einem Guss sei.

22 Vgl. zur Gesetzeskonzeption im Allgemeinen und hinsichtlich des AT im Besonderen HKK (2003) / Schmoeckel, vor § 1 BGB, Rn. 5 ff., 23 ff., 30 ff. Gerade die hohe Abstraktionsebene wurde Gegenstand heftiger Kritik: Die strengen Begrifflichkeiten führten zu volks- und lebensfremder Begriffsjurisprudenz und machten die Suche nach Gerechtigkeit schwer, vgl. Behrends (2000) 27. Aktuell dazu Limbach (2010) 61 ff.; Schnapp (2011) 422 ff.

23 Näher dazu Coing (1982) 7 ff.; HKK (2003) / *Rückert*, vor § 1, Rn. 39 f. – dort auch zu den weiterhin vorhandenen Einschränkungen außerhalb des BGB.

24 HKK (2003) / *Rückert*, vor § 1 BGB, Rn. 40.

25 Motive zum BGB, 25, in: Mugdan (1899) 370.

26 Zitiert nach Schubert (1980) 8.

„Die Rechtsfähigkeit des Menschen beginnt mit der Vollendung der Geburt."

Grundsätzlich wollte man in das anzufertigende Gesetzbuch keine Selbstverständlichkeiten und Bekenntnisse aufnehmen.[28] Daher strich man auch in § 1 die Worte „und endigt mit dem Tode".[29] Heute jedoch gehört der Todesbegriff keineswegs zu den geklärten Selbstverständlichkeiten der Rechtswissenschaft (Stichwort: Hirntodkonzept).[30]

Die Rechtsfähigkeit hat man nirgends im Gesetz definiert, sondern der Vorlage folgend einfach vorausgesetzt:

> „Die Rechtsfähigkeit steht dem Menschen kraft des Spruches der Rechtsordnung zu, weil er Mensch ist; sie steht dem Individuum zu ohne Rücksicht auf dessen sonstige Eigenschaften und dessen Willen; der Einzelne kann sich ihrer nicht entschlagen."[31]

Erstmals ist die Rechtsfähigkeit durch den im Jahr 2000 eingefügten § 14 Abs. 2 BGB indirekt über den Begriff der rechtsfähigen Personengesellschaft legaldefiniert worden und zwar als Fähigkeit, Rechte zu erwerben und Verbindlichkeiten einzugehen.[32]

In den durch Standesvorrechte des Adels, der Beamten, der Fürsten und des Gewerbes geprägten teilstaatlichen Zivilgesetzbüchern des 18. und 19. Jahrhunderts hatte sich hingegen die völlige rechtliche Gleichheit noch nicht durchgesetzt. Insofern war das BGB zu seiner Zeit in Deutschland führend.[33] Erst in den modernen Staaten ist die Rechtsfähigkeit als volle Teilhabe an einer Rechtsgemeinschaft – Ausnahmen bestehen nach wie vor vor allem im Familienrecht – nicht mehr vom Status oder der Zugehörigkeit zu einer Staats- oder Volksgemeinschaft abhängig. Nur im Öffentlichen Recht ist die Staatsangehörigkeit Voraussetzung der vollen rechtlichen Teilhabe.[34]

Wenn nach ausländischem Recht einer natürlichen Person keine Rechtsfähigkeit zukommt, so ist diese Rechtsnorm nach Art. 6 EGBGB[35] wegen ihrer

---

27 § 41 der Vorlage Gebhards entspricht § 3 des Ersten Entwurfs von 1888 = § 1 des Zweiten Entwurfs von 1896, dem späteren § 1 BGB.

28 HKK (2003) / *Schmoeckel*, vor § 1 BGB, Rn. 9 ff., 41.

29 Explizit diese Begründung in den Protokollen zum BGB, S. 8331, in: Mugdan (1899) 571.

30 Vgl. Damm (2002) 9, 58.

31 Gebhard, Begründung seiner Vorlage, zitiert nach Schubert (1980) 351. Vgl. auch den Kommissionsbericht zum Allgemeinen Teil, 3, in: Mugdan (1899) 949.

32 Dazu Lehmann (2007) 227.

33 Vgl. schon Staudinger BGB (1912) 42. Genauer dazu HKK (2003) / *Rückert*, vor § 1, Rn. 39 ff. m.w.N.

34 Staudinger BGB (1912) 42.

35 Art. 6 EGBGB Öffentliche Ordnung (*ordre public*)[1] Eine Rechtsnorm eines anderen Staates ist nicht anzuwenden, wenn ihre Anwendung zu einem Ergebnis führt, das mit wesentlichen Grundsätzen des deutschen Rechts offensichtlich unvereinbar ist.

Unvereinbarkeit mit Art. 1 GG nicht anwendbar.[36] Dennoch spielt die Staatsangehörigkeit gemäß Art. 7 EGBGB[37] auch im Zivilrecht eine Rolle für die diesbezüglich anwendbaren Vorschriften. Die Vorschrift des § 1 BGB findet direkt also nur auf Deutsche Anwendung. Der Gedanke ist jedoch ein grundsätzlicher.

3. Das 20. Jahrhundert

3.1. Nationalsozialismus (1933-1945)

Der Wortlaut des § 1 BGB wurde wie erwähnt nie geändert. Wenn man jedoch das „Dritte Reich" betrachtet, so muss man genauer zwischen Gesetzestext und Interpretation differenzieren.

Im 25-Punkte-Programm von 1920 (dem Parteiprogramm der NSDAP) lautete Punkt 19:

> „Wir fordern Ersatz für das der materialistischen Weltordnung dienende römische Recht durch ein deutsches Gemeinrecht."

Wie *Landau* belegt hat, stammt dieses Postulat nicht so sehr aus der germanistischen Rechtswissenschaft, als vielmehr aus der Popularliteratur.[38] Die nach der Machtergreifung der Nationalsozialisten in der Rechtswissenschaft massiv erhobenen Vorwürfe waren nicht neu – wie schon die selbstkritischen Überlegungen bei *Savigny* und die Diskussion seiner Zeitgenossen sowie später bei Entstehung des BGB zeigen –, wurden aber mit besonderer Heftigkeit vorgebracht. Insbesondere das pandektistische allgemeine Begriffsdenken wurde angeprangert.[39] Die mangelnde Anschaulichkeit abstrak-

---

[2] Sie ist insbesondere nicht anzuwenden, wenn die Anwendung mit den Grundrechten unvereinbar ist.

36 MünchKomm BGB (2012) / *Schmitt*, § 1, Rn. 13.

37 Art. 7 EGBGB Rechtsfähigkeit und Geschäftsfähigkeit (1) Die Rechtsfähigkeit und die Geschäftsfähigkeit einer Person unterliegen dem Recht des Staates, dem die Person angehört. Dies gilt auch, soweit die Geschäftsfähigkeit durch Eheschließung erweitert wird.
(2) Eine einmal erlangte Rechtsfähigkeit oder Geschäftsfähigkeit wird durch Erwerb oder Verlust der Rechtsstellung als Deutscher nicht beeinträchtigt.

38 Ausführlich zum Hintergrund dieses Postulats und zu den allgemeinen Konsequenzen daraus Landau (1989) 11 ff., insb. 18, 20, 22.

39 Larenz (1935) 225 ff., 226 ff., Die damalige Diskussion und die Fortführung nach 1945 (u.a. durch Wieacker) zusammenfassend und m.w.N. zu Verteidigern des AT HKK (2003) / *Schmoeckel*, vor § 1, Rn. 46 ff. Vgl. auch den Überblick, den der Zeitgenosse Wieacker selbst gab in seiner Privatrechtsgeschichte der Neuzeit (2. Aufl. 1967), Exkurs „Zur Frage des Allgemeinen Teils" auf S. 486 ff. und am Schluss (S. 488): der AT sei entbehrlich, wenn nicht sogar schädlich.

ter Rechtsbegriffe hielt man für unvereinbar mit dem nationalsozialistischen Recht.

Zunächst wurde die Vorlesung BGB AT abgeschafft.[40] Aber auch das BGB selbst und insbesondere der AT mit seinem Konzept der Gleichheit sollten beseitigt werden.[41] Dazu äußerte der damalige Staatssekretär im Reichsjustizministerium *Schlegelberger* in einem Vortrag:

> „diese Abstraktion ertötet noch den letzten Rest von Blut und Fleisch. In den Tropengewässern gibt es kleine, mehr als die großen Ungeheuer gefürchtete Raubfische, die Piranhas, die jedes in ihren Machtbereich kommende Lebewesen, Mensch, Ochse oder Pferd, mit unheimlicher Geschwindigkeit in wenigen Minuten buchstäblich skelettieren. Wenn man sich in der Begriffswelt des BGB. umsieht, kann man sich oft des Eindrucks nicht erwehren, daß hier Piranhas am blutvollen Leben ganze Arbeit geleistet haben."[42]

Schlegelberger schloss mit den Worten:

> „Ich bin glücklich, heute folgendes mitteilen zu können. Der Führer und Reichskanzler hat sich ... damit einverstanden erklärt, daß das Reichsjustizministerium die Erneuerung des gegenwärtig im Bürgerlichen Gesetzbuch geregelten Rechts alsbald in Angriff nimmt und an Stelle eines neuen Gesetzbuches einzelne, der Verschiedenheit der Lebensgüter entsprechende Gesetze vorbereitet."[43]

Hinter diesem Plan standen verschiedene Aspekte. Zum einen war es in einer Diktatur, in der nicht der Einzelne zählte („Du bist nichts, dein Volk ist alles."[44]), inkonsequent oder sogar gefährlich, das Individuum und seine Rechte an exponierter Stelle als § 1 des BGB zu betonen.[45] Relativ früh und deutlich formulierte einer der großen deutschen Zivilrechtler des 20. Jahrhunderts (auch nach 1945):

> „Im Rechte stehen heißt nicht, in Beziehung zu anderen Individuen stehen, sondern heißt, in der Ordnung eines Volkslebens seine bestimmte Stelle, seine Funktion, seine Gliedstellung haben."

Daraus folgerte *Larenz* weiter die „Grundbegriffe ... [der] neue[n] Systematik ... Es sind dies der Volksgenosse als Rechtsgenosse (an Stelle der abstrakten Person) und seine konkrete Rechtsstellung als seine Stellung im Recht, seine

40 Vgl. Eckhardt (1935) 12.
41 Schlegelberger (1937) insb. 10, 14, 21; Larenz (1938) 99 ff.
42 Schlegelberger (1937) 12.
43 Schlegelberger (1937) 26.
44 Zu dieser und anderen Parolen Rüthers (1989) 22 ff.
45 Allgemein in diesem Sinne Wesenberg / Wesener (1985) 210: Der totalitäre Staat musste ein mit Privatautonomie begabtes Individuum mit Misstrauen betrachten. Bezeichnend hierfür ist, dass Larenz Savigny vorwarf, dieser habe sein eignes Programm verraten. Wer das Individuum ins Zentrum seiner Lehre stelle, könne nicht (wie Savigny) beanspruchen, dass dieses Recht die Konkretisierung des dem Volk eigentümlichen Geistes sei; vgl. dazu Behrends (2000) 46.

Gliedstellung in der Gemeinschaft und seine Stellung im Verhältnis zu anderen Volksgenossen."[46]

Hinzu kam die rassistische Verachtung für „nichtarische" Menschen und andere „Volksfremde", aus der letztlich das Konzept der „gestuften" Rechtsfähigkeit entstand. *Larenz* kritisierte, dass die „bisherige Dogmatik" keine Grade oder Abstufungen der Rechtsfähigkeit kenne[47] und formulierte:

> „Rechtsgenosse ist nur, wer Volksgenosse ist; Volksgenosse ist, wer deutschen Blutes ist. Dieser Satz könnte an Stelle des die Rechtsfähigkeit „jedes Menschen" aussprechenden § 1 BGB. an die Spitze unserer Rechtsordnung gestellt werden. Nur der Rechtsgenosse nimmt in vollem Maße an dem Rechtsleben der Volksgemeinschaft teil. ... Wer außerhalb der Volksgemeinschaft steht, steht auch nicht im Recht, ist nicht Rechtsgenosse. ... Der Nichtrechtsgenosse ist Rechtssubjekt, er genießt eine beschränkte Rechtsfähigkeit, die ihm ... in bestimmtem Umfange zugestanden wird."[48]

Dieses Konzept erinnert auf den ersten Blick auffällig an das antike römische Recht,[49] ohne dass man diesen Bezug aber explizit herstellte. Sicherlich hätte ein solcher schlecht zur grundsätzlichen Kritik an diesem Recht gepasst und durfte also auch gar nicht erfolgen. Eine gewisse „Vorbildung" bei *Larenz* kann aber unterstellt werden. Die Nationalsozialisten hingegen assoziierten mit dem römischen Recht Folgendes:

> „Das Römische Recht ist entstanden zur Zeit des untergehenden, von Juden überfluteten Roms, es ist unsozial und schützt den privaten Gewinn auf Kosten der Gemeinschaft. Es ist ein Recht der Gerissenen und Schlauen. Auf diesem Rechtsboden ist der Deutsche dem Juden immer unterlegen."[50]

---

46 Larenz (1935) 240.

47 Larenz (1935) 227 mit Fn. 4: Der Gedanke der Abstufung der Rechtsfähigkeit finde sich hingegen bei v. Gierke.

48 Larenz (1935) 241 f.

49 S.o., unter 1.2. am Ende. An die Statusänderung (*capitis deminutio*) des römischen Rechts erinnern insbesondere folgende Aussagen: „die allgemeine Rechtsfähigkeit jedes Volksgenossen ... erleidet ... eine Einschränkung durch Minderung der Ehrenrechte und kann dem „Verräter", der aus der Volksgemeinschaft ausgestoßen wird, ganz genommen werden. ... Eine Einschränkung der Rechtsfähigkeit liegt auch in dem Verlust der „bürgerlichen Ehrenämter"... Letzten Endes bedeutet jede Ehrenstrafe eine Beeinträchtigung des Rechtsgenosse-Seins des Volksgenossen und damit der Rechtsfähigkeit. ... Die Rechtsfähigkeit ist also eine nach bestimmten Fähigkeiten gestufte und somit konkrete.", alle Zitate Larenz (1935) 243.

50 Deutsch-sozialistisches Programm von 1919, der Vorläufer des 25-Punkte-Programmes von 1920, zitiert nach Landau (1989) 15.

Zur Umsetzung der nationalsozialistischen Ideologie kam es zwar nie im Gesetzestext des BGB – das Gesetz wurde jedenfalls hinsichtlich § 1 BGB nicht ersetzt,[51] „nur" interpretiert[52] – aber das ist ein schwacher Trost.

3.2. Deutsche Demokratische Republik (1949-1989)

In der DDR galt das alte BGB zumindest theoretisch über 25 Jahre weiter, vermutlich, weil Stalin ursprünglich die beiden deutschen Staaten wieder zusammen führen wollte. Erst zum 1.1.1976 trat ein neues Zivilgesetzbuch (ZGB) in Kraft. Auffällig ist, dass man das Familienrecht bereits früher in einem separaten Gesetz geregelt hatte.[53] Das Bodenrecht des BGB spielte kaum noch eine Rolle, weil durch die Enteignungen und Zwangskollektivierungen dafür kein Platz mehr war. Ein separates Vertragsrecht der Betriebe war schon in der Besatzungszeit entstanden.[54]

Anders als das BGB begann das ZGB der DDR in seiner Präambel mit allgemeinen Postulaten und im Ersten Teil mit „Grundsätzen des sozialistischen Zivilrechts", also mit den im BGB bewusst vermiedenen Bekenntnissen.

Ein AT im Sinne des BGB fehlt. Die hierher geregelten Materien waren teilweise gar nicht vorhanden oder über das Gesetz verstreut.[55] Der Begriff der Rechtsfähigkeit kommt im ZGB nicht vor. Allerdings lautet § 6 ZGB:

> (1) Die Rechte und Pflichten der Bürger in den zivilrechtlichen Beziehungen werden durch die sozialistischen gesellschaftlichen Verhältnisse bestimmt, die auf der politischen Macht der Arbeiterklasse, dem sozialistischen Eigentum an den Produktionsmitteln und der Leitung und Planung der Volkswirtschaft durch den sozialistischen Staat beruhen.
>
> (2) Jeder Bürger kann im Rahmen des Zivilrechts sozialistisches Eigentum nutzen, persönliches Eigentum, Urheberrechte sowie andere Rechte erwerben und innehaben, Verträge schließen und andere Rechtsgeschäfte vornehmen, über sein Eigentum durch Testament verfügen und erben; er hat die damit verbundenen Pflichten verantwortungsbewußt zu erfüllen.

---

51 Allerdings wurden Einzelgesetze zum Familien- und Testamentsrecht erlassen. Das geplante „Volksgesetzbuch" kam jedoch über einen Teilentwurf nicht hinaus.

52 Dazu grundlegend Rüthers (2005). Dabei stellte zwar die Interpretationshoheit den „Schlüssel zu Macht" dar. Jedoch bedeutete die „schlichte Interpretation" – anders als eine Gesetzesänderung – auch eine gewisse „Gefährlichkeit" für die Nationalsozialisten, weil dadurch keine vollständige Steuerung der Gerichte gewährleistet war, vgl. R. Schröder (2002) 109, 113 f.

53 DDR GBl. I (1966) Nr. I S. 1 und die Hinweise etwa in §§ 42 Abs. 3, 100 Abs. 3 ZGB.

54 Zum Vorstehenden Wesel (2003) 102, 130, 131 f.: „Sehr vereinfacht gesprochen war es eine Art Verbraucherschutzgesetz für die Bürger…"; Wesel (2010) Rn. 156, S. 624.

55 Vgl. dazu Brunner (1979) 137 ff.

Bürger im Sinne des ZGB meinte allerdings nicht nur die Staatsbürger der DDR, sondern auch Ausländer und Staatenlose.[56] Ansonsten galt für die Rechtsfähigkeit, dass sie – wie auch nach dem BGB – mit der Geburt begann und mit dem Tod endete. An Versuchen, wie im Dritten Reich eine „abgestufte“ Rechtsfähigkeit zu begründen, fehlt es glücklicherweise.[57]

4. Der aktuelle Stand

Das Konzept der allgemeinen und gleichen Rechtsfähigkeit natürlicher Personen wird – wie in anderen modernen Ländern – heute nicht mehr in Frage gestellt. Problematisch ist lediglich die Frage, ob der Leibesfrucht, dem *nasciturus,* volle Rechtsfähigkeit zuzugestehen ist.[58] Insofern gibt es bis heute die Vorstellung einer relativen bzw. beschränkten Rechtsfähigkeit, die aber nur für den Beginn der Rechtsfähigkeit relevant ist und nicht die rechtliche Gleichheit der Personen in Frage stellt.

Eine wirkliche Diskussion des AT findet derzeit in Deutschland – anders als etwa in Österreich[59] – nicht mehr statt.[60] Mit der zum 1.1.2002 in Kraft getretenen Schuldrechtsmodernisierung hat man sogar versucht, im 2. Buch des BGB (Schuldrecht) eine noch bessere Verschränkung zwischen allgemeinem und besonderem Leistungsstörungsrecht zu erreichen, also letztlich die Umsetzung der AT-Technik konsequent weiter zu verbessern.

Man kann abschließend sagen, dass die Idee des AT sich in der Praxis grundsätzlich bewährt hat, ohne dass sie anderen zwingend überlegen wäre. Andere europäische Gesetzbücher kommen ohne AT aus.[61]

---

56 Brunner (1979) 142.

57 HKK (2003) / *Duve*, §§ 1-14 BGB, Rn. 16 geht m.E. zu weit, wenn er hier Parallelen zur nationalsozialistischen Zeit zieht.

58 Dazu Hähnchen (2008) 161, 162 m.w.N.

59 Vgl. Baldus (2008) 23. Kritisch für das österreichische Recht (gegen eine „Systemreform“ und zu Baldus) Brauneder (2009) 231.

60 So sinngemäß auch HKK (2003) / *Schmoeckel*, vor § 1 BGB, Rn. 51, der Rn. 52 Einzelkritik zusammen fasst, hinsichtlich misslungener Einordnungen jüngerer Gesetzesänderungen. Diese Kritik betrifft aber eher die Fähigkeiten des heutigen Gesetzgebers, nicht das systematische Grundkonzept. Milde Kritik bei Baldus (2008) 26. Eine Übersicht über Kritiker, Fürsprecher und dem AT gegenüber neutral eingestellte Rechtswissenschaftler findet sich bei Münch (2000) 147, 149 Fn. 11.

61 Im französischen Code Civil und im schweizerischen ZGB finden sich zwar auch einleitende Teile, jedoch anders als der deutsche AT gestaltet. Diese Gesetzbücher sind in Ungarn, Lettland, im ehemaligen Jugoslawien und in Italien rezipiert worden, vgl. HKK (2003) / *Schmoeckel*, vor § 1 BGB, Rn. 43. Einen dem deutschen Recht ähnlichen AT findet man heute noch im griechischen sowie im polnischen Recht: Spickhoff (2002) 157, 173.

Baldus (2008): *Christian Baldus*, Export des Pandektensystems?, in: Journal für Rechtspolitik (JRP) 2008, 23-26.

Behrends (2000): *Okko Behrends*, Das Privatrecht des deutschen Bürgerlichen Gesetzbuchs, seine Kodifikationsgeschichte, sein Verhältnis zu den Grundrechten und seine Grundlagen im klassisch-republikanischen Verfassungsdenken, in: Okko *Behrends / Wolfgang Sellert* (Hrsg.), Der Kodifikationsgedanke und das Modell des Bürgerliches Gesetzbuches (Göttingen 2000) 9-82.

Behrends / Sellert (2000): *Okko Behrends / Wolfgang Sellert* (Hrsg.), Der Kodifikationsgedanke und das Modell des Bürgerliches Gesetzbuches (Göttingen 2000).

Björne (1984): *Lars Björne*, Deutsche Rechtssysteme im 18. und 19. Jahrhundert (Ebelsbach 1984).

Brauneder (2009): *Wilhelm Brauneder*, Das ABGB und sein System, in: Journal für Rechtspolitik (JRP) 2009, 231.

Brunner (1979): *Georg Brunner*, Einführung in das Recht der DDR (2. Aufl. München 1979).

Bydlinski (1996): *Franz Bydlinski*, System und Prinzipien des Privatrechts (Wien u.a. 1996).

Coing (1982): *Helmut Coing*, Handbuch der Quellen und Literatur der neueren europäischen Privatrechtsgeschichte, Band III/1 (München 1982).

Damm (2002): *Reinhard Damm*, Das BGB im Kaiserreich, in: *Uwe Diederichsen / Wolfgang Sellert* (Hrsg.), Das BGB im Wandel der Epochen (Göttingen 2002) 9-67.

Diederichsen / Sellert (2002): *Uwe Diederichsen / Wolfgang Sellert* (Hrsg.), Das BGB im Wandel der Epochen (Göttingen 2002).

Eckhardt (1935): *Karl August Eckhardt*, Das Studium der Rechtswissenschaft (Hamburg 1935).

Hähnchen (2008): *Susanne Hähnchen*, Der werdende Mensch - Die Stellung des Nasciturus im Recht, in: Jura 2008, 161-165.

Heck (1941): *Philipp Heck*, Der Allgemeine Teil des Privatrechts. Ein Wort der Verteidigung, in: Archiv für die civilistische Praxis (AcP) 146 (1941) 1-27.

Heise (1819): *Arnold Heise*, Grundriß eines Systems des gemeinen Civilrechts zum Behuf von Pandekten-Vorlesungen (Heidelberg 1807, 3. Aufl. 1819).

HKK (2003): *Mathias Schmoeckel / Joachim Rückert / Reinhard Zimmermann* (Hrsg.), Historisch-kritischer Kommentar zum BGB, Band 1, Allgemeiner Teil, §§ 1-240 (Tübingen 2003).

Landau (1989): *Peter Landau*, Römisches Recht und deutsches Gemeinrecht. Zur rechtspolitischen Zielsetzung im nationalsozialistischen Parteiprogramm, in: *Michael*

Aufgrund der fehlenden Überlegenheit des deutschen AT gegenüber anderen Kodifikationen schlägt Münch für einen zukünftigen europäischen AT folgende Konzeption vor: Der AT solle technische und inhaltliche Aufgaben erfüllen, durch begriffliche Klarstellungen (Definitionen) sowie Vorgaben, die Grundlage für materielle Bewertungen sein können, wie etwa (in Anlehnung an das schweizerische ZGB) Treu und Glauben, Gutgläubigkeit und die richterliche Entscheidungsmacht, vgl. Münch (2000) 154 ff. Umgesetzt auf das vorliegende Thema wäre danach eine Definition der Rechtsfähigkeit sinnvoll.

Stolleis / Dieter Simon (Hrsg.), Rechtsgeschichte im Nationalsozialismus (Tübingen 1989) 11-24.
Larenz (1935): *Karl Larenz*, Rechtsperson und subjektives Recht, in: *Georg Dahm* u.a. (Hrsg.) Grundfragen der neuen Rechtswissenschaft (Berlin 1935) 225-260.
Larenz (1938): *Karl Larenz*, Neubau des Privatrechts, in: Archiv für die civilistische Praxis (AcP) 145 (1938) 91-107.
Larenz (1991): *Karl Larenz*, Methodenlehre der Rechtswissenschaft (6. Aufl. Berlin u.a. 1991).
Laufs (2006): *Adolf Laufs*, Rechtsentwicklungen in Deutschland (6. Aufl. Berlin 2006).
Lehmann (2007): *Matthias Lehmann*, Der Begriff der Rechtsfähigkeit, in: Archiv für die civilistische Praxis (AcP) 207 (2007) 225-255.
Limbach (2010): *Jutta Limbach*, Die Sprache muss das Recht verständlich machen – Sprachzucht als Beitrag zur Demokratie, in: Zeitschrift für Rechtspolitik (ZRP) 2010, 61-62.
Lipp (1980): *Martin Lipp*, Die Bedeutung des Naturrechts für die Ausbildung der Allgemeinen Lehren des deutschen Privatrechts (Berlin 1980).
Medicus (2010): *Dieter Medicus*, Allgemeiner Teil. Lehrbuch (10. Aufl. Heidelberg u.a. 2010).
Mugdan (1899): *Benno Mugdan*, Die gesammten Materialien zum Bürgerlichen Gesetzbuch für das Deutsche Reich. Band 1: Einführungsgesetz und Allgemeiner Theil (Berlin 1899).
Münch (2000): *Joachim Münch*, Strukturprobleme der Kodifikation, in: *Okko Behrends / Wolfgang Sellert* (Hrsg.), Der Kodifikationsgedanke und das Modell des Bürgerliches Gesetzbuches (Göttingen 2000) 147-173.
MünchKomm BGB (2012): *Franz Jürgen Säcker / Roland Rixecker* (Hrsg.), Münchener Kommentar zum Bürgerlichen Gesetzbuch, Band 1/1, Allgemeiner Teil, §§ 1 – 240 (6. Auflage 2012).
Rückert (1976): *Joachim Rückert*, Rezensionsabhandlung zu J. Bohnert, Die Rechtslehre G.F. Puchtas (1789-1846) in: Zeitschrift der Savigny-Stiftung für Rechtsgeschichte, Romanistische Abteilung (ZRG RA) 93 (1976) 497-512.
Rückert (1991): *Joachim Rückert*, Savignys Einfluß auf die Jurisprudenz in Deutschland nach 1900, in: Juristische Schulung (JuS) 1991, 624-629.
Rüthers (1989): *Bernd Rüthers*, Entartetes Recht. Rechtslehren und Kronjuristen im Dritten Reich (2. Aufl. München 1989).
Rüthers (2005): *Bernd Rüthers*, Die unbegrenzte Auslegung. Zum Wandel der Privatrechtsordnung im Nationalsozialismus (6. Aufl. Tübingen 2005).
Savigny (1840): *Friedrich Carl v. Savigny*, System des heutigen römischen Rechts, Band I (Berlin 1840).
Schlegelberger (1937): *Franz Schlegelberger*, Abschied vom BGB (Berlin 1937).
Schnapp (2011): *Friedrich E. Schnapp*, Warum können juristische Laien Gesetze nicht „verstehen“?, Jura 2011, 422-429.
Schröder (2002): *Rainer Schröder*, Das BGB im Dritten Reich, in: *Uwe Diederichsen / Wolfgang Sellert* (Hrsg.), Das BGB im Wandel der Epochen (2002) 109-126.
Schubert (1980): *Werner Schubert* (Hrsg.), Die Vorlagen der Redaktoren für die erste Kommission zur Ausarbeitung des Entwurfs eines Bürgerlichen Gesetzbuches, Nachdruck der Manuskripte aus den Jahren 1876-1883 (Berlin u.a. 1980).

Schwarz (1921): *Andreas Schwarz*, Zur Entstehung des modernen Pandektensystems, in: Zeitschrift der Savigny-Stiftung für Rechtsgeschichte, Romanistische Abteilung (ZRG RA) 42 (1921) 578-610.
Sellert (2000): *Wolfgang Sellert*, Der Beitrag der Germanisten zur Kodifikation des Zivilrechts: 1814-1849, in: *Okko Behrends / Wolfgang Sellert* (Hrsg.), Der Kodifikationsgedanke und das Modell des Bürgerliches Gesetzbuches (Göttingen 2000) 83-100.
Spickhoff (2002): *Andreas Spickhoff*, Das BGB in Europa, in: *Uwe Diederichsen / Wolfgang Sellert* (Hrsg.), Das BGB im Wandel der Epochen (Göttingen 2002) 157-184.
Staudinger BGB (1912): *Julius von Staudinger* (Begr.) / *Theodor Löwenfeld* (Hrsg.), J. von Staudingers Kommentar zum Bürgerlichen Gesetzbuch und dem Einführungsgesetze, Band 1, Allgemeiner Teil, §§ 1-240 (7./8. Aufl., München / Berlin 1912).
Wesel (2003): *Uwe Wesel*, Recht, Unrecht und Gerechtigkeit. Von der Weimarer Republik bis heute (München 2003).
Wesel (2010): *Uwe Wesel*, Geschichte des Rechts in Europa. Von den Griechen bis zum Vertrag von Lissabon (München 2010).
Wesenberg / Wesener (1976): *Gerhard Wesenberg / Gunter Wesener*, Neuere deutsche Privatrechtsgeschichte (4. Aufl. Wien u.a. 1985).
Wieacker (1967): *Franz Wieacker*, Privatrechtsgeschichte der Neuzeit (2. Aufl. Göttingen 1967).

Das Rechtssubjekt in der polnischen dogmatischen Diskussion und Rechtspraxis des 20. und 21. Jahrhunderts

Andrzej Gulczyński

Abstracts

The place and concept of legal entities in the codes became a subject of interest in Poland after regaining independence in 1918. Furthermore, attempts were made to compare natural and legal persons. These attempts were heavily influenced by Pandectist and positivist concepts. In 1928, during the work of the Codification Committee, Ignacy Koschembahr-Łyskowski drafted the general part. According to the author of the draft, the law did not provide for a system of personal rights, and its aim was to facilitate the achievement of the social and economic objectives specified therein. A child without a chance of survival was not an subject of law. The draft, however, was not approved. As late as 1945, a decree was issued which only regulated personal law. In the following year, the general provisions of the civil law were drafted. They were combined in the decree of 1950 and the general part was included in the Civil Code of 1964. Legal capacity was acquired at birth; from 1993-1997 a child had legal capacity at conception. The current deliberations again pertain to the status of unborn children as well as the status and place of animals, consumers and entrepreneurs in the civil law system. These new ideas separate the dichotomous division into the subjects and objects of law (*personae – res*) and into natural and legal persons, which are chiefly regulated outside the Civil Code. In the author's opinion, this tendency demonstrates the need to take into consideration the deviation from the division into the subjects and objects of law and from the functional assessment of legal norms.

Przedmiotem zainteresowania nauki prawa w odrodzonej Polsce stało się miejsce oraz koncepcja podmiotów prawa w kodeksach tu obowiązujących. Podjęto też próby porównawczego omówienia zagadnienia osób fizycznych i prawnych. Dominowały w nich koncepcje pandektystyczne i pozytywistyczne. W ramach prac Komisji Kodyfikacyjnej Ignacy Koschembahr-Łyskowski przygotował w 1928 r. projekt części ogólnej. Według autora projektu prawo nie tworzyło systemu praw podmiotowych, winno natomiast umożliwiać zrealizowanie określonych w nim celów społecznych i gospodarczych. Dziecko, które nie miało szans przeżycia nie stawało się podmiotem prawa. Projekt nie został jednak zaakceptowany. Dopiero w 1945 r. wydano dekret regulujący wyłącznie prawo osobowe, w roku następnym odrębne przepisy ogólne prawa cywilnego. Połączenie nastąpiło w dekrecie z 1950 r. a część ogólna znalazła swe miejsce w Kodeksie cywilnym z 1964 r. Zdolność prawną uzyskuje człowiek z chwilą urodzenia, w latach 1993-1997 dziecko uzyskiwało zdolność prawną od chwili poczęcia. Obecnie rozważania dotyczą nadal statusu dziecka poczętego, ale także statusu i miejsca w systemie prawa cywilnego zwierząt, konsumenta i przedsiębiorcy. Koncepcje te łamią dychotomię podziału na podmioty i przedmioty prawa (*persone – res*) oraz na osoby fizyczne i osoby prawne, które w znacznej mierze regulowane są poza Kodeksem cywilnym. W przekonaniu autora tendencja ta świadczy o konieczności rozważenia rezygnacji z podziału na podmioty i przedmioty prawa oraz funkcjonalnej oceny norm prawnych.

A localização sistemática e o conceito de pessoa jurídica trazidos pelas codificações tornou-se objeto de interesse na Polônia após sua independência em 1918. Ainda, foram feitas tentativas de equiparação entre pessoa natural e pessoa jurídica, tentativas estas dominadas por conceitos pandectísticos e positivistas. Em 1928, durante os trabalhos da comissão codificadora, a Parte Geral foi elaborada por Ignacy Koschembahr-Łyskowski. De acordo com o autor do projeto, o direito não previu um sistema de direitos pessoais, e seu objetivo era facilitar o alcance de determinados objetivos sociais e econômicos. Uma criança sem chance de sobrevivência não era sujeito de direito. Tal projeto, porém, não foi aprovado. Em 1945, bem mais tarde, foi estabelecido um decreto que regulava apenas o direito das pessoas, sendo que no ano seguinte foi realizado o projeto das normas gerais do Direito Civil. Estas normas foram incorporadas a um decreto de 1950 e a Parte Geral foi incluída no Código Civil de 1964. Capacidade jurídica era adquirida com o nascimento, entre 1993 e 1997 uma criança obtia capacidade jurídica com a concepção. As decisões atuais ainda dizem respeito ao status do nascituro, bem como ao status e localização sistemática das normas pertinentes aos animais, consumidores e empresa no sistema de Direito Civil. Esses institutos rompem a divisão dicotômica entre sujeitos e objetos de direito (*persone – res*) e entre pessoas naturais e pessoas jurídicas, que são principalmente reguladas fora do Código Civil. Na opinião do autor, esta tendência demonstra a necessidade de se considerar um certo desvio da divisão em sujeitos e objetos de direito e uma abordagem funcional de normas jurídicas.

1. Die Rechtslage am Anfang des 20. Jahrhunderts

Nach der Wiedergeburt Polens nach dem ersten Weltkrieg galten auf dem neuen Staatsgebiet unterschiedliche Rechtssysteme[1]. In Zentralpolen (auch Kongresspolen genannt) galt das Personenrecht mit französischen Ursprüngen. Im Jahre 1808 war auf dem Gebiet des Herzogtums Warschau der Code civil eingeführt worden. Nach der Entscheidung des Wiener Kongresses wurde dieses Herzogtum aufgelöst und das Königreich Polen unter der Herr-

1 Radwański (1968); Kraft (2002); Glatz (2000) 23-26; Kempter (2007) 26-31; Ernst (2009) 1165.

schaft Russlands geschaffen. Das erste Buch des Code civil wurde im Jahre 1825 im Zuge des sogenannten Bürgerlichen Gesetzbuchs des Königreichs Polen (poln.: Kodeks cywilny Królestwa Polskiego) eingeführt[2], welches nur das Personen- und Familienrecht ersetzte. In diesem Gesetzbuch folgten die Vorschriften betreffend die Person grundsätzlich dem Code civil. Nach Art. 7 war der Genuss der bürgerlichen Rechte nicht vom Besitz der staatsbürgerlichen und politischen Rechte abhängig; diese Rechte konnte man aufgrund der Vorschriften der Staatsverfassungsgesetze erwerben und nach Art. 8 genoss jeder Pole als Untertan des Königreichs Polen die bürgerlichen Rechte.

Es ist leicht zu erkennen, dass diese Vorschrift grundsätzlich eine Wiederholung der entsprechenden Vorschrift des Code civil ist[3]. Schon am Anfang des 19. Jahrhunderts wurde darüber nachgedacht, wie man den Begriff *Franzose* (im Sinne von Inländer in Abgrenzung zum Ausländer) im CC ersetzen könne. Den Begriff *Pole* konnte man im Sinne einer staatsbürgerlichen Bedeutung nicht verwenden, weil Polen nicht mehr existierte, und die nationale Bedeutung kam auch nicht in Betracht, weil auf diesem Gebiet noch weitere Nationalitäten lebten.

In beiden Gesetzbüchern wurden keine subjektiven oder persönlichen Rechte erwähnt, weil dieses Konzept damals noch nicht bekannt war. Man konnte die Eigenschaft, *Pole* zu sein, durch den Tod, durch Vermögenseinziehung, durch Einbürgerung in einen anderen Staat oder durch den ständigen Aufenthalt in einem anderen Land verwirken. Sehr wichtig war aber der Personenstand und seine Registrierung, was in beiden Gesetzbücher genau standardisiert war[4]. Wichtige Merkmale eines *Polen* waren sein Wohnsitz und die Anwesenheit.

Im ehemaligen österreichischen Herrschaftsgebiet galt das ABGB[5]. Dieses stark vom Naturrecht beeinflusste Gesetzbuch unterstrich deutlich die Herkunft der Rechte. Im ABGB wurden drei Arten von Personenrechten unterschieden: a) angeborene, die mit der Persönlichkeit verbunden waren (§§ 15-20), b) mit dem Alter oder dem Gebrauch der Vernunft verbundene (§§ 21-23) oder c) aus sonstigen Umständen (wie Anwesenheit, Religion, Staatsbürgerschaft, Familie) hergeleitete. Nach § 16 ABGB kommt jeder Mensch mit bestimmten Rechten auf die Welt. Das bedeutet aber nicht, dass alle

2 Pauli (1982) 2104-2107, 2113-2124; Gulczyński (2005) 40.

3 Delsol (1873) 30-44. In der polnischen Literatur wurde dieses Konzept akzeptiert: Okolski (1885) 21-28.

4 Gulczyński (2005) 31-37.

5 Dziadzio (2010). Man muss noch ein Rechtssystem erwähnen, und zwar dasjenige von Zips und Arwa. Diese Gebiete gehörten zu Ungarn (genauer: Oberungarn, Slowakei), dort galt also vor allem das alte Gewohnheitsrecht. Nach der Verordnung des Ministerrates vom 14. September 1922 (Dz.U. 1922, Nr. 90, Pos. 833) galt seit dem 25. November 1922 in diesem Gebiet auch das ABGB.

Menschen gleich sind. Sklaverei und Leibeigenschaft sind zwar ausgeschlossen, unterschiedliche subjektive Rechte je nach Geschlecht dagegen nicht[6]. Neben der Vermutung angeborener Rechte (§ 16) konnte man auch neue erwerben, was man aber beweisen musste (§ 18).

Ein anderer Teil der polnischen Gebiete, der östliche, war unmittelbar Russland inkorporiert. Hier galt die *Свод законов Российской империи* – Svod Sakonov Rossijskoj Impjerii (Gesetzessammlung des Russischen Kaiserreichs) von 1832. Das Zivilrecht war im ersten Teil des 10. Bandes der Svod Sakonov normiert. Vorschriften, die die Rechtsstellung der Person beschrieben, fanden sich auch in anderen Bänden der Svod Zakonov. Grundsätzlich konnte jeder Mensch Subjekt von Rechten und Pflichten sein, was aber im Gesetzbuch nicht wörtlich ausgesprochen war. Diese Eigenschaft erlangte man mit der Geburt. Es waren aber Ausnahmen für die Leibesfrucht vorgesehen: Sie konnte erben und der Verlust der Standesrechte des Vaters hatte keine Bedeutung auf das schon gezeugte Kind. Die Rechtsfähigkeit endete nicht nur mit dem Tod, sondern auch beim Eintritt in ein Kloster. Es waren außerdem unterschiedliche Beschränkungen z.B. bei Annahme an Kindes statt für die Geistlichen oder wegen unterschiedlicher Religionszugehörigkeit vorgesehen, ebenso im Erbrecht für die Geistlichen. Die Beschränkungen wegen Staatsbürgerschaft, Nationalität, Bekenntnis oder Stand wurden in Polen grundsätzlich abgeschafft, die Beschränkungen im Eherecht und für die Geistlichen sind aber geblieben[7].

In den westlichen und nördlichen Gebieten, die zu Preußen gehört hatten, galt seit 1900 das BGB. Nach § 1 beginnt die Rechtsfähigkeit des Menschen mit der Vollendung der Geburt. Die Vorschriften über Beginn und Ende der natürlichen Personen (auch durch Todeserklärung) sowie die Regelungen die juristischen Personen betreffend befanden sich im Allgemeinen Teil. Die familiären Rechtsverhältnisse waren schon in einem separaten Buch normiert. Zu diesen gehörten u.a. die Verwandtschaft, die rechtliche Stellung der unehelichen Kinder und die Kindesannahme. Ein besonderes Problem der Praxis, das in diesem Landesteil auftrat, war eine besondere Art von Personen: *personnes royales*[8].

In allen auf polnischem Gebiet geltenden Gesetzen erlangte man die Rechtsfähigkeit mit der Geburt. Eigentlich wurde dies nur im BGB wörtlich ausgesprochen. Im ABGB sprach man von den angeborenen Rechten, also konnte man diese weder vor der Geburt noch danach erhalten. Nur nach dem KCKP brauchte man Lebensfähigkeit (Art. 274). Für das noch nicht geborene Kind konnten aber Rechte vorbehalten sein (als Regel – § 22 ABGB, o-

6 In der Regel wurde dies damals akzeptiert, siehe z.B. Zoll (1904) 542.
7 Bossowski (1922) 30, 50.
8 Ausführlicher dazu: Bielecki (1922).

der in den erwähnten Fällen – Bd. X, Teil 1, Art. 1106 Svod Zakonov; § 844, 1912, 1923, 2109, 2178 BGB). Es war auch möglich, für ein noch nicht geborenes Kind einen *curator ventris* vom Familienrat (Art. 357 KCKP) oder vom Gericht (§ 1912 BGB, § 274 ABGB) bestellen zu lassen. Nach § 274 ABGB konnte man einen Sachwalter für die Nachkommenschaft überhaupt[9] oder für eine bereits vorhandene Leibesfrucht bestellen. Das bedeutet, dass man einen Sachwalter auch für ein noch nicht gezeugtes Kind anordnen konnte.

Noch nach ALR I, I § 13 musste man die Lebendgeburt durch Zeugen beweisen. Im CC wurde aber angenommen, dass die Gegenbehauptung bewiesen werden müsse. Dies wird später zur Regel: Im ABGB wird die Lebendgeburt vermutet (§ 23 ABGB).

2. Das Rechtssubjekt in der polnischen Literatur der Zwischenkriegszeit

Die verschiedenen Konzepte der Person (des Menschen) als Träger von Rechten waren in der polnischen Wissenschaft bekannt. Doch es entstand kein Buch oder Aufsatz, das oder der diese Probleme im Schwerpunkt beschrieben hätte. Die wichtigsten Konzepte wurden dennoch in den Lehrbüchern dargestellt. Unter diesen kann man zwei Arten unterscheiden: In den ersten wurde ein Rechtssystem dargestellt, während in den anderen ein Vergleich oder eine Verallgemeinerung unternommen wurde.

Nicht alle Systeme hatten in der Diskussion den gleichen Stellenwert. Grundsätzlich außer Betracht sind die Regelungen der Svod Sakonov geblieben. Nur F. Bossowski hat das in den östlichen Gebieten geltende Privatrecht in einem Lehrbuch dargestellt. Er selbst gab jedoch zu, dass sein Werk eigentlich eine Übersetzung des Lehrbuches von G. F. Szerszeniewicz ist. Der erste Teil des Paragrafen über die natürliche Person als Rechtssubjekt umfasst drei Untertitel: I. Recht und Rechtsfähigkeit, II. Beginn der Rechtsfähigkeit, III. Verlust der Rechtsfähigkeit. Danach bespricht er das Personenstandsregister, den Einfluss verschiedener Umstände auf die Rechtsfähigkeit, zu denen er Staatsbürgerschaft, Nationalität und Bekenntnis sowie Stand rechnet. Bemerkenswert ist, dass Szerszeniewicz und Bossowski eine pandektistische Systematik anwenden. Rechtssubjekt kann nach Bossowski jeder Mensch sein, der Rechtsfähigkeit (*правоспособност*) besitzt. Rechtsfähigkeit ist also die vom objektiven Recht verliehene Fähigkeit, z.B. Subjekt des Eigentums oder einer Forderung zu sein[10]. Er unterstreicht auch, dass heute

9 Till hat über ein Subjekt vorübergehend bestehender Rechte geschrieben: Till (1911) 181, Anm. 9.
10 Bossowski (1922) 29.

alle Menschen die Rechtsfähigkeit haben, weil die Sklaverei nicht mehr existiert. Es ist jedoch fraglich, ob man diese Eigenschaft mit der Zeugung oder mit der Geburt erwirbt. Nach Bossowski beginnt in der Svod Sakonov die Rechtsfähigkeit mit der Lebendgeburt des Kindes[11].

In der Zwischenkriegszeit sind einige Lehrbücher erschienen, die sich mit dem österreichischen ABGB befassten. Wegen dessen großer Bedeutung und Verwendung nicht nur an den Universitäten, sondern auch in der Rechtspraxis muss man vor allem das Lehrbuch von E. Till aus dem Jahre 1911 erwähnen. Er beginnt sein Lehrbuch mit einem Kapitel über objektive Rechte, dann kommen die subjektiven Rechte, im Rahmen derer er erklärt, wer als Rechtssubjekt betrachtet werden kann. Er unterscheidet *Personen* (osoby) und *juristische Personen* (osoby prawnicze). Eine Person im rechtlichen Sinn ist nach Till ein Geschöpf, dem das objektive Recht die Fähigkeit gibt, Subjekt von Rechten und Pflichten zu sein[12]. Diese Eigenschaft nennt er *osobowość* (wörtlich: Persönlichkeit, in einer Klammer gibt er jedoch auch einen deutschen Begriff an: Rechtsfähigkeit). Gleichzeitig unterstreicht er, dass *Person* und Rechtssubjekt nicht identisch seien. Der Begriff *Rechtssubjekt* betreffe konkrete Rechte, während die *Person* abstrakt sei[13]. Auf die rechtliche Stellung könnten Geschlecht, Bekenntnis, Staatsangehörigkeit, Gesellschafs- und Vermögensstand sowie die bürgerliche Ehre Einfluss haben.

F. Zoll bereitete im freien Polen eine neue Auflage seines Buches vor. Er teilte den Stoff ähnlich wie Till ein und stellte die Bedeutung der Person nach österreichischem Recht dar: Eine Person ist derjenige, welcher nach der geltenden Rechtsordnung Subjekt von Rechten und Pflichten sein kann. Zoll unterstrich, dass sich eine solche Stellung ausschließlich aus dem Recht ergeben könne und dass jeder Mensch die gleichen Rechte erhalte, egal ob er männlich oder weiblich, jung oder alt, krank oder gesund, In- oder Ausländer sei. Die Rechtsfähigkeit sei eine vom Recht gegebene Eigenschaft (also kein angeborenes Recht) der Person und bedeute, dass diese Subjekt von Rechten und Pflichten sein könne[14].

Für die ehemals preußischen Landesteile bereiteten F. Zoll und A. Ohanowicz ein Lehrbuch vor. Bei der Besprechung der BGB-Vorschriften finden wir – interessanterweise – die gleiche Erklärung wie im Zollschen Werk (1921) betreffend Person und Subjekt[15].

Zur zweiten Gruppe der Veröffentlichungen gehören die Arbeiten, in denen man versuchte alle Systeme (unter Einbeziehung des schweizerischen ZGB) zu vergleichen. R. Longchamps de Berier hat sein Buch aus dem Jahre

11 Bossowski (1922) 30.
12 Till (1911) 137.
13 Till (1911) 138.
14 Zoll (1921) 33
15 Zoll / Ohanowicz (1921) 25.

1922 als einführende, vergleichende und rechtstheoretische Arbeit gesehen. Der Autor schrieb zuerst über die bürgerlichen Rechte im subjektiven Sinne, dann über die Persönlichkeit im Allgemeinen und über natürliche und juristische Personen. Longchaps de Berier nimmt an, dass alle Menschen Rechtssubjekte sind. Die innere Gliederung des Kapitels über die Personen war folgende: Person, Rechtsfähigkeit, Beginn und Ende der Persönlichkeit des Menschen, Familienname, Personenstand im Allgemeinen, gesellschaftlicher Stand, Familienstand, physischer Zustand (also Alter, Gesundheit und Geschlecht), Wohnsitz, Folgen der Abwesenheit, Personenstand. Er kritisierte u.a. die naturrechtliche Fassung der Personenrechte im ABGB, weil man einige subjektive Rechte im ABGB als Rechtsverhältnisse betrachten solle[16].

H. Konic teilte sein Buch über Personenrecht in sieben Kapitel ein: Personenrechte in Allgemeinen, Ausübung der Personenrechte, Wohnsitz, Abwesenheit, Personenstand und Familienname sowie juristische Personen. Nach Konic ist jedes Individuum Rechtssubjekt[17]. Er verwendet das Wort *jednostka,* was eine Art Einheit, Individuum bedeutet, aber nicht unbedingt Mensch. Er denkt sicherlich auch an juristische Personen, nicht jedoch an Tiere. Er erklärt weiter, dass dies nur die privatrechtlichen Beziehungen betreffe, nicht die politischen. Letztere seien in der Verfassung geregelt, erstere dagegen in den bürgerlichen Gesetzbüchern. Für ihn ist also entscheidend, wo die Rechte geregelt sind. Die Aufgabe des bürgerlichen Rechtes sieht Konic in der entsprechenden Normierung der Beziehungen zwischen den Rechtssubjekten. Wirkliche Rechtssubjekte sind nur die natürlichen Personen (Menschen). Solchen Personen können Persönlichkeitsrechte (*prawa osobowe, prawa osobiste, droits de personnalité*) und Familienrechte (*prawa familijne*) zustehen. Nach einem Vergleich der auf polnischem Gebiet geltenden Gesetze mit dem schweizerischen ZGB kommt man zur Schlussfolgerung, dass nur im ABGB eine Einteilung der Personenrechte stattfindet, in keinem jedoch die Natur oder der Begriff dieser Rechte besprochen wird. Dies war Aufgabe der Rechtswissenschaft. Einzelne Rechte sollten aber genau normiert sein. Diesem Erfordernis genügte jedoch das KCKP nicht (es fehlen z.B. Vorschriften über den Namen). In der Svod Sakonov werden von den Personenrechten nur die Familienrechte besprochen[18].

Eine wichtige Rolle spielt auch die Darstellung des für uns interessanten Problems von F. Bossowski in der Enzyklopädie des Privatrechts. Der Stoff ist in zwei Kapitel geteilt: natürliche und juristische Personen (dies wurde im Titel des Beitrags deutlich). Natürliche Person ist jeder Mensch, der Rechtsfähigkeit besitzt[19]; das bedeutet aber, dass jeder Mensch eine natürliche

16 Longchamps de Berier (1922) 77.
17 Konic (1924) 1.
18 Konic (1924) 7.
19 Bossowski (1937) 1272-1334.

Person ist. Dann bespricht er die Entstehung und das Ende der natürlichen Person. Nach Bossowski wurde in allen in Polen geltenden Rechtsystemen angenommen, dass jeder Mensch rechtsfähig sei und dass diese Eigenschaft mit der Geburt (egal ob das im entsprechenden Gesetzbuch ausdrücklich erwähnt wurde oder nicht) beginne.

3. Vorschläge der Kodifikationskommission (1928)

Schon am 3. Juni 1919 wurde ein Gesetz über die Kodifikationskommission verabschiedet. Ihre Aufgabe war die Vorbereitung einer einheitlichen polnischen Gesetzgebung[20]. Eines der obersten Ziele war auch die Vorbereitung eines einheitlichen Zivilgesetzbuches. Es wurde geprüft, ob man eines der Gesetzbücher, die in den einzelnen Teilgebieten galten, für ganz Polen übernehmen könne. Anfang der zwanziger Jahre begann die Kommission die Arbeiten an einem ganz neuen Zivilgesetzbuch. Zu den Schwerpunkten gehörten vor allem die unterschiedliche Rechtsterminologie und das unterschiedliche juristische Denken. Als Prinzip wurde grundsätzlich das Pandektensystem angenommen. Zunächst bereitete man kleinere Abschnitte des zukünftigen Gesetzbuches vor.

Es wurde nicht endgültig entschieden, ob ein allgemeiner Teil entstehen solle. Zuerst entstanden Teilprojekte (1920-1921). S. Gołąb bereitete die Vorschriften über Drohung, Irrtum, List und die fingierte Willenserklärung vor[21]. Weitere Teile bereiteten andere Juristen vor, z.B. M. Allerhand den Entwurf des Todeserklärungsgesetzes[22], E. Till die Vorschriften über juristische Personen[23].

Im Jahre 1927 waren die strukturellen Änderungen in der Kodifikationskommission vollendet. Es wurde eine Unterabteilung für einen Allgemeinen Teil des Bürgerlichen Gesetzbuches und das Obligationenrecht eingerichtet[24]. An der Spitze stand Henryk Konic als Vorsitzender und Ignacy Koschembahr-Łyskowski als Vizepräsident und Hauptreferent. Mitglieder dieser Unterabteilung waren: L. Domański (Korreferent), R. Longchamps de Berier, L. Petrażycki, M. Rostworowski, S. Wróblewski, J. Trammer.

In der damaligen Rechtswissenschaft in Polen überwogen die individualistischen und liberalen Anschauungen. Sie unterstützten grundlegend die Konzeption des subjektiven Rechtes. Eine andere Ansicht vertrat jedoch I.

---

20 Eine umfassende Darstellung der Tätigkeit der Kommission im Bereich des Privatrechts: Górnicki (2000).

21 Górnicki (2000) 168-171.

22 Górnicki (2000) 175-177.

23 Till (1921); Górnicki (2000) 175-177.

24 Górnicki (2000) 166-167.

Koschembahr-Łyskowski. Er war vom französischen Juristen L. Duguit beeinflusst. Und eben jener, also Koschembahr-Łyskowski, hat einen Entwurf des Allgemeinen Teils vorbereitet. In den Jahren 1928-1932 wurde dieser Entwurf samt Motiven in drei Teilen veröffentlicht[25]. Er bestand aus 169 Artikeln, die in vier Titeln gruppiert worden waren: I. Vom Rechte, II. Von den Personen, III. Von den Sachen, IV. Von den Rechtsverhältnissen.

Der erste Teil des ersten Abschnitts regelte die natürliche Person (Oddział I. O osobie fizycznej) und umfasste sechs Paragrafen über den Beginn der Persönlichkeit, die Rechts- u. Handlungsfähigkeit, den Wohnsitz, die Verwandtschaft, den Schutz der Persönlichkeit, den Abwesenden und den Verschollenen, die Verschollenheits- und die Todeserklärung sowie über das Ende der Persönlichkeit.

Artikel 1 des Entwurfes lautete: *Aus den Vorschriften des Gesetzes folgen Normen zur Handlungsweise des Menschen, welche verbindlich sind, um die sozialen und wirtschaftlichen Zwecke des Rechtes zu verwirklichen*[26]. Nach Koschembahr-Łyskowski bestimmten die Vorschriften kein subjektives Recht; sie sollten nur dem Richter als allgemeine Richtlinie dienen. Er hob in seiner Begründung den sozialen Zweck des Rechtes hervor und wies u.a. auf die Konzeptionen von H. Lévy-Ullmann hin, der erklärt hatte, *dass schon im Begriffe des Rechtes dessen sozialer Zweck zum Ausdruck komme*, weiter auch auf die Konzeptionen von A. Menger, welche die sozialen Aufgaben der Rechtswissenschaft betreffen. Im Jahre 1935 stellte Koschembahr-Łyskowski einen neuen Vorschlag vor. Er änderte in der zitierten Vorschrift einen wichtigen Gedanken. Die Normen sollten nicht *den Zweck des Rechtes verwirklichen* (1928: *przez prawo określone*), sondern *die Gesamtheit der geltenden Gesetzgebung* (1935: *ustalone przez całokształt ustawodawstwa obecnego*)[27]. Diese Vorschrift deutet darauf hin, dass das Recht nicht als *System der subjektiven Rechte* aufgefasst wird, sondern als Gesamtheit der Vorschriften über die Handlungsweise des Menschen.

Der Verfasser des Entwurfes akzeptierte die herrschende Meinung nicht, so dass er das System der objektiven und subjektiven Rechten nicht als Grundsatz übernahm. Koschembahr-Łyskowski sah also im Privatrecht kein System subjektiver Rechte, sondern die Gesamtheit der Vorschriften, welche die Tätigkeit des Menschen bestimmen. Schon dieses Konzept konnten die anderen Mitglieder der Gesetzgebungskommission nur schwer oder überhaupt nicht übernehmen. Die Diskussion – nicht nur über diese Konzeptionen, sondern überhaupt über den ganzen Entwurf – wurde jedoch bis zur

25 Łyskowski (1928); Koschembahr-Łyskowski (1928); Górnicki (2000) 177-191.
26 Koschembahr-Łyskowski (1928) 3.
27 Koschembahr-Łyskowski (1935) 56.

Beendigung der Arbeiten an den besonderen Teilen des Bürgerlichen Gesetzbuches vertagt.

Sehr wichtig war die Unterscheidung zwischen Persönlichkeit und Rechtsfähigkeit. Die Persönlichkeit erlangte man mit der Geburt, und erst mit Erlangung der Persönlichkeit erlangte man die Rechtsfähigkeit[28]. Wichtig war auch das Konzept des Beginns der Persönlichkeit. Nach Art. 22 beginnt *Die Persönlichkeit des Menschen (...) mit der vollendeten Geburt nach Lostrennung von der Mutter. Ein vor Ablauf der Schwangerschaft geborenes Kind ist keine Person, wenn es die zum Leben unentbehrlichen Organe nicht besitzt und vor Ablauf eines Monats aus Mangel dieser Organe verstirbt. Für ein noch ungeborenes Kind können zu seinen Gunsten Berechtigungen vorbehalten werden*[29]. Das bedeutete, dass das Kind die Fähigkeit zu leben beweisen musste. Koschembahr-Łyskowski akzeptierte jedoch die Trennung zwischen privatem und öffentlichem Recht. Die Staatsbürgerschaft hatte also keinen Einfluss auf die Rechtsfähigkeit[30].

4. Kodifizierungsarbeiten in der Nachkriegszeit

Nach dem Ende des Zweiten Weltkriegs wurden die Kodifizierungsarbeiten weitergeführt[31]. Die Lage war jedoch schwierig, nicht nur wegen der nicht beendeten Kodifikation und der neuen Grenzen des polnischen Staates. Die Wanderbewegungen der Bevölkerung machten die Situation noch komplizierter und führten zu Rechtsunsicherheiten. Eine der grundlegenden politischen Aufgaben war die Beseitigung der Rechtszersplitterung. Der Ministerrat beschloss am 12. Juni 1945, dass die ganze Vereinheitlichung des Privatrechts binnen neun Monaten abgeschlossen sein solle. So schnell erreichte der neue Gesetzgeber das Ziel nicht, doch zwischen August 1945 und November 1946, also in relativ kurzer Zeit, wurden zehn Dekrete erlassen, die verschiedene Teile des Zivilrechts umfassten. Das erste war das Dekret über das Personenrecht vom 29. August 1945[32], das letzte das Dekret über allgemeine Vorschriften des Zivilrechts vom 12. November 1946[33]. Eine derart

28 Art. 23. Mit der Erlangung der Persönlichkeit beginnt die Rechtsfähigkeit, d.h. die Fähigkeit, Subjekt von Rechten und Verbindlichkeiten zu sein.

29 Koschembahr-Łyskowski (1928) 6.

30 Łyskowski (1928) 30-31. Vgl. auch Konic (1924) 8. Interessant ist hier das Urteil des Obersten Gerichts vom 9. Dezember 1935, nach dem das Wort „Staatsbürger" (das in der polnischen Zivilprozessordnung von 1930 gebraucht wird) nicht nur natürliche, sondern auch eine juristische Person (OSP 1937, Nr. 174) bezeichnen kann.

31 Es entstanden auch neue Universitäten, doch die Arbeiten wurden vor allem als politische Aufgabe betrachtet.

32 Dz.U. 1945, Nr. 40, Pos. 223.

33 Dz.U. 1946, Nr. 67, Pos. 369.

schnelle Beendigung der Arbeiten war dank der Entwürfe der Gesetzgebungskommission, die in der Zwischenkriegszeit tätig gewesen war, möglich[34].

Das Dekret über das Personenrecht von 1945 bestand aus 26 Artikeln und regelte u.a. die Rechtssubjekte, also die natürliche und die juristische Person. Grundsätzlich waren alle Menschen gleich, doch muss man das Dekret über den Ausschluss von Personen deutscher Nationalität aus der polnischen Volksgemeinschaft vom 13. September 1946 erwähnen[35]. Die Zugehörigkeit zur deutschen Nationalität verursachte den Verlust der polnischen Staatsbürgerschaft und u.a. des Eigentums und der Testierfähigkeit.

Der Justizminister berief am 18. Februar 1947 die neue Kodifikationskommission ein. Mitglieder waren u.a. die langjährigen Richter am OG M. Lisiewski und J. Witecki, der Professor der Warschauer Universität und Mitglied der alten Kodifikationskommission J. Wasilkowski sowie der Anhänger der neuen sozialistischen Bewegung S. Szer. Am 19. November wurde der Entwurf des ersten Teils von der Kommission beschlossen und veröffentlicht[36].

Im Jahre 1948 wurde ein Entwurf des Zivilgesetzbuches vorbereitet, er wurde jedoch abgelehnt. In diesem Jahr sind große Veränderungen im politischen und im Rechtsystem zu bemerken. Die neue sozialistische Gemeinschaft brauchte u.a. die Unterscheidung zwischen *ius privatum* und *ius publicum* nicht mehr[37]. Zunächst wurden aber im Jahre 1950 zwei neue Gesetze erlassen, und zwar das Familiengesetzbuch und die Allgemeinen Vorschriften des Zivilrechts[38]. Das letztere Gesetz ersetzte das Personenrecht von 1945, die Allgemeinen Vorschriften des Zivilrechts von 1946 und einige Vorschriften des allgemeinen Teils des Obligationengesetzbuches von 1933. Das bedeutet, dass der polnische Gesetzgeber die Konzeption des AT des Bürgerlichen Rechts angenommen hat.

Die vom Justizminister berufene Kommission hat 1954 einen Entwurf des Zivilgesetzbuchs veröffentlicht[39]. Inzwischen war die politische Entwicklung durch die sozialistische Verfassung von 1952 bestätigt worden. Der Entwurf bestand aus vier Büchern: I. Allgemeine Vorschriften (Referent: S. Szer), II. Eigentum und andere Sachenrechte, III. Schuldverhältnisse, IV. Erbrecht. Es ist leicht zu bemerken, dass der Entwurf kein Familienrecht enthält. Das entsprach den in der Sowjetunion herrschenden Konzeptionen. Der zweite Titel war den Personen gewidmet, dort wurden die natürliche und die juristische

34 Kallas / Lityński (2000) 374-376.
35 Dz.U. 1946, Nr. 55, Pos. 310.
36 Projekt (1947).
37 Kallas / Lityński (2000) 392-393.
38 Dz.U. 1950, Nr. 34, Pos. 311.
39 Projekt (1954).

Person separat normiert. Die Abteilung über die natürlichen Personen umfasste vier Untertitel: allgemeine Vorschriften, Wohnsitz, Todeserklärung und Pflegschaft. Nach einer öffentlichen Diskussion veröffentlichte die Gesetzgebungskommission im Jahre 1955 einen neuen Entwurf[40]. Dieser wurde jedoch dem Parlament nicht vorgelegt.

Das Jahr 1956 war ein Wendepunkt in Rechtslehre und Gesetzgebung. Dies war einerseits die Folge des Aufstands gegen die kommunistische Obrigkeit (im Juni in Posen), doch vor allem ermöglichte der XX. Parteitag der Kommunistischen Partei der Sowjetunion die Entstalinisierung in Osteuropa. Im August 1956 entstand aufgrund einer Verordnung des Vorsitzenden des Ministerrats beim Justizministerium eine neue Kodifikationskommission unter der Leitung von J. Wasilkowski.

Diese Kommission benutzte den Entwurf von 1955 und veröffentlichte im Jahre 1960 einen neuen Entwurf des KC. Nach der Diskussion wurde 1961 eine geänderte Version vorbereitet, die als Grundlage für den Ministerrat und den Sejm diente[41]. Am 23. April 1964 wurde der KC mit AT, aber ohne Familienrecht verabschiedet[42]. Der polnische KC wurde mehrmals novelliert. Nach 1989 wurde der polnische KC Schritt für Schritt an die liberalen Bedingungen angepasst, mehrere sozialistische Rechtsinstitute wurden abgeschafft[43]. Von großer Bedeutung waren die Novelle vom 14. Februar 1993 und die Einführung neuer Rechtssubjekte, also Verbraucher und Unternehmer[44], sowie die Änderung des Beginns der Rechtsfähigkeit mit der Novelle vom 7. Januar 1993[45].

Im Jahre 1996 hat der Ministerrat eine neue Kodifikationskommission für das Privatrecht einberufen. An deren Spitze wurde Z. Radwański gestellt. Die Kommission entschied zunächst, dass ihre Hauptaufgabe die Anpassung des polnischen Zivilrechts an die Standards der EU sei[46]. Dann aber wurde entschieden, dass ein neues Gesetzbuch entstehen solle. Andere Stimmen wenden sich bis heute gegen diese Idee und drängen auf weitere Änderungen am KC von 1964. Im Jahre 2008 veröffentlichte die Kodifikationskommission einen neuen Entwurf des Allgemeinen Teils[47]. Kapitel II ist den Personen gewidmet und teilt sich in natürliche und juristische Personen.

---

40 Projekt (1955).

41 Projekt (1962).

42 Dz.U. 1964, Nr. 16, Pos. 93; Glatz (2000) 34-47; Kempter (2007) 42-45; Ernst (2009) 1167-1168.

43 Glatz (2000) 89-111.

44 Dz.U. 1993, Nr. 49, Pos. 408. Ausführlicher dazu Radwański (2003).

45 Dz.U. 1993, Nr. 17, Pos. 78.

46 Radwański (2005); Radwański (2008).

47 Księga pierwsza Kodeksu cywilnego (2009).

5. Das Konzept der natürlichen Person in der polnischen Gesetzgebung nach 1945

In allen Dekreten und Gesetzen wurde das Problem des Rechtssubjektes geregelt. Die erste Vorschrift betreffend die Rechtsfähigkeit wurde im Personenrecht von 1945 verortet. Entsprechend lautete dessen Art. 1: *Jeder ist rechtsfähig; im Rahmen des Gesetzes kann* [jeder] *Rechte und Pflichten haben.* Diese Vorschrift unterstreicht das *Jeder*, ohne die Zugabe Mensch. Ohne Zweifel wurde dieses Wort jedoch in diesem Sinn verwendet. Jeder Mensch, ohne Unterschied, was jedoch nicht wörtlich ausgesprochen wurde. Es wurde nicht entschieden, woher die Rechte kommen, die naturrechtlichen oder funktionellen Konzepte wurden nicht angenommen. Vielmehr sieht man hier die positivistischen Anschauungen. Man konnte die Rechte und Pflichten im Rahmen des Gesetzes ausüben, also im Rahmen dessen, was dem objektiven Recht entspringt.

Nach Art. 2 beginnt *Die Rechtsfähigkeit (...) mit dem Zeitpunkt der Geburt* (§ 1) und es *wird vermutet, dass das Kind lebendig geboren ist* (§ 2). Der Mensch hat keine angeborenen Rechte, sondern erhält diese Rechte im Rahmen des Gesetzes und mit dem Zeitpunkt der Geburt. Die Vermutung des lebendgeborenen Kindes war auch herrschende Meinung in Europa.

Im Entwurf von 1948 wurde diese Vermutung identisch wiederholt. Wichtig war jedoch die Zusammenfügung von zwei Sätzen: *Jeder Mensch kann vom Zeitpunkt seiner Geburt im Rahmen des Gesetzes Rechte und Pflichten haben (Rechtsfähigkeit).* Die Vorschrift enthält also eine Legaldefinition der Rechtsfähigkeit.

Sie wurde ohne Änderung in die Allgemeinen Vorschriften des Zivilrechts von 1950 übernommen (als Art. 6. § 1). Nach dem sowjetischen Muster (Zivilgesetzbuch von 1922) wurde jedoch als Absatz 2 hinzugefügt: *Geschlecht, Rasse, Nationalität, Bekenntnis oder Herkunft haben keinen Einfluss auf die Rechtsfähigkeit.* Dieser Absatz wurde im Entwurf von 1954 und 1955 gestrichen, galt aber bis zur Einführung des neuen Zivilgesetzbuchs von 1964.

Im Entwurf von 1960 wurde die Vorschrift betreffend die Rechtsfähigkeit gekürzt: *Jeder Mensch ist vom Zeitpunkt seiner Geburt an rechtsfähig* (Art. 2). In dieser Gestalt wurde sie in die folgenden Entwürfe (als Art. 7 im Entwurf von 1961, als Art. 8 im Entwurf von 1962) und dann in den KC von 1964 als Art. 8 übernommen.

Die Vermutung der Lebendgeburt wurde in den Allgemeinen Vorschiften von 1950 neu gestaltet: *Im Falle der Geburt eines Kindes wird vermutet, dass das Kind lebendig geboren wurde* (Art. 7). Das bedeutete keine inhaltliche Änderung. Die Vorschrift wurde dann in den folgenden Entwürfen übernommen, mit einer kleinen Änderung. Da in einem Satz zweimal das Wort Kind fällt, wurde es im Zivilgesetzbuch von 1964 beim zweiten Mal durch ein

Pronomen ersetzt: *Wird ein Kind geboren, wird vermutet, dass es lebend auf die Welt gekommen ist* (Art. 9).

6. Die natürliche Person in der polnischen Literatur nach 1945

Die Überlegungen zur Gestalt des zukünftigen Gesetzbuchs spiegelten sich nicht nur in der Herausgabe eines separaten Personenrechts und allgemeiner Vorschiften wider, sondern auch in der Literatur. Entsprechend der Systematik in der Gesetzgebung veröffentlichte J. Wisłocki im Jahre 1946 ein Lehrbuch über das Personenrecht. Auf ein Kapitel mit allgemeinen Erläuterungen (I.) folgten natürliche (II.) und juristische Personen (III.) und dann der Schutz der Eigennamen (IV.). Im ersten Kapitel erklärte er sowohl die Quellen des Personenrechts (1) als auch den Begriff der Persönlichkeit (2). Bei der Besprechung der Entstehung der natürlichen Person betrachtete er separat den *nasciturus* und die *persona sperata*[48]. Andere, wie J. Górski, besprachen jedoch schon den AT im ganzen. Górski sah das Personenrecht also nicht separat. Nach ihm ist die Rechtsfähigkeit grundsätzlich nicht beschränkt, doch erwähnt er als Beispiel möglicher Beschränkungen die Staatsangehörigkeit[49].

Eine neue Bearbeitung des Lehrbuchs für Zivilrecht bereitete F. Zoll, diesmal schon unter Mitarbeit von A. Szpunar, vor. Als ersten Band gab er den „allgemeinen Teil" heraus. Interessant ist die innere Einteilung des Bandes, weil er über Rechte im subjektiven Sinne (II), dann Rechtssubjekte im subjektiven Sinne (III) und Persönlichkeitsrechte (IV) schrieb. Die innere Einteilung des Kapitels III war traditionell: natürliche und juristische Personen. Es ist jedoch nicht klar, warum er dem Kapitel den Titel „Rechtssubjekte im subjektiven Sinn" gab. Wenn man Vorschriften oder Rechtsnormen bespricht, kann man nur von Recht im objektiven Sinne reden.

Nach Zoll ist die Persönlichkeit eine Eigenschaft jedes Menschen ohne Beschränkungen. Er erwähnt jedoch einige Beispiele, wie die Staatsangehörigkeit, die aber keinen Einfluss auf die Rechtsfähigkeit hat[50]. Eine Eigenschaft der Personen (der natürlichen oder der juristischen) ist die Rechtsfähigkeit – die vom Recht gegebene Fähigkeit, Subjekt von Rechten und Pflichten zu sein. Die Persönlichkeit beginnt mit Erlangung der Selbständigkeit, also nach der Lostrennung vom Mutterleib. Die Durchtrennung der Nabelschnur ist nicht nötig. Übereinstimmend mit dem Dekret über das Personenrecht von 1945 wurde die Rechtsfähigkeit jedem Menschen „im Rahmen des

48 Wisłocki (1946) 12-13.
49 Górski (1949) 36.
50 Zoll (1946) 88-90.

Gesetzes" verliehen[51]. Das bedeutet, dass die Grenzen dieser Fähigkeit sowohl alte als auch nach 1945 verabschiedete Gesetze bestimmen. Zwischen den verschiedenen Landesteilen konnten also – trotz der Wiedervereinigung – weiterhin Unterschiede bestehen. Im bereits vereinheitlichten Recht bemerkt er Beschränkungen im Familienrecht (u.a. Alter, Geisteskrankheit) und im öffentlichen Recht (Staatsbürgerschaft beim Kauf von Immobilien)[52].

Einige Erwägungen zu den Allgemeinen Vorschriften des Zivilrechts von 1950 stellte das Mitglied der Gesetzgebungskommission J. Witecki an. Er kritisierte, dass man nach Art. 6 § 1 nur im Bereich des Zivilrechts (*w zakresie prawa cywilnego*) Rechte und Pflichten haben könne. Seiner Meinung nach wäre *w ramach ustawy* (im Rahmen des Gesetzes) viel besser[53]. Die Erwähnung von Faktoren, welche die Rechtsfähigkeit nicht beschränken können, in Art. 6 § 2 unterstreicht nach Witecki den Unterschied zwischen der Rechtsordnung der Volksrepublik Polen und den faschistischen Systemen, in denen verschiedene Beschränkungen möglich waren. Weiter erinnert er auch daran, dass die Gleichheit schon das Manifest des Polnischen Komitees der Nationalen Befreiung (sog. Lubliner Komitee) vom 22. Juli 1944 „garantiert" habe. Das Gesetz könne aber auch Beschränkungen einführen; im damals geltenden Recht war dies die Nationalität (narodowość), was nicht Zugehörigkeit zu einer Gruppe, sondern Staatszugehörigkeit bedeutet. Im Einklang mit Art. 6 § 1 erklärt Witecki, dass man die Rechtsfähigkeit mit der Geburt erlange – der *nasciturus* habe also keine Rechtsfähigkeit, er sei noch nicht Mensch: *nie jest jeszcze człowiekiem*[54]. Nicht Person, sondern deutlich: Mensch.

Innerhalb kurzer Zeit erschienen auch Handbücher, die nur dem Allgemeinen Teil des Zivilrechts gewidmet waren[55]. Als erster veröffentlichte S. Szer ein Lehrbuch aufgrund der Vorlesungen, die er in der Höheren Juristenschule „Teodor Duracz" (diese Schule sollte Juristen schnell, d.h. ohne universitäre Ausbildung, auf den Staatsdienst vorbereiten) gehalten hatte. Innerhalb der Rechtssubjekte unterscheidet er natürliche und juristische Personen, stellt aber auch die Diskussion in den sozialistischen Staaten dar. In den Bourgeoisie-Staaten ist dieser Begriff sehr abstrakt, also versteht man diese Eigenschaft als die Möglichkeit, Rechte zu haben. Dagegen ist dies in sozialistischen Ländern auch mit Verpflichtungen verbunden[56]. Man muss aber daran erinnern, dass auch Koschembahr-Łyskowski Rechte und Ver-

51 Zoll (1946) 96-97.
52 Zoll (1946) 96-97.
53 Witecki (1950) 392.
54 Witecki (1950) 393.
55 Von den einzelnen Aufsätzen ist v.a. Klein (1969) zu erwähnen.
56 Szer (1950) 95-99.

pflichtungen gemeinsam betrachtet hat. Zur Problematik der Rechtspersönlichkeit rechnet er auch Pflegschaft und Vormundschaft[57].

Ein anderes Mitglied der Kodifikationskommission, A. Wolter, veröffentlichte ebenso ein Lehrbuch über den AT. Er hebt hervor, dass nach der Verfassung von 1952 (Art. 66 Abs. 1 und Art. 69 Abs. 1) alle Menschen gleich sind, weswegen § 2 der Allgemeinen Vorschriften nicht mehr nötig sei. In der zweiten Auflage nimmt er an, dass diese Vorschrift deswegen auch im Entwurf des Gesetzbuches von 1962 nicht mehr enthalten sei[58]. Die Gleichheit aller Menschen in den bourgeoisen Staaten sei nur formell, weil die ökonomischen Unterschiede so groß seien; er hebt auch verschiedene Unterschiede in rechtsnationalistischen Staaten hervor. Erst der sozialistische Staat habe materielle Gleichheit geschaffen. Nach 1964, also schon im neuen Rechtsstand, wurde das Lehrbuch von Wolter (schon ohne diese Bemerkungen) wieder unter dem gleichen Titel herausgegeben[59]. Wichtig war aber auch ein Lehrbuch von S. Grzybowski aus dem Jahre 1974[60]. Nach Grzybowski beginnt die Rechtspersönlichkeit mit der Geburt – also besitzt nach der herrschenden Meinung der *nasciturus* keine Rechtsfähigkeit, er ist *pars viscerum matris*, und nur B. Walszek vertritt vereinzelt eine andere Meinung[61].

Auch der spätere, langjährige Vorsitzender der Kodifikationskommission für Zivilrecht Z. Radwański bereitete im Jahre 1979 ein Lehrbuch zum AT vor[62]. Im Einklang mit dem KC erklärte er, dass jeder Mensch die Rechtsfähigkeit mit der Geburt erhalte und dass für den *nasciturus* garantierte Rechte auf die Zukunft gerichtet seien. Sie entstünden erst mit der Geburt. Die andere Lösung, wie im tschechoslowakischen Zivilgesetzbuch, nach dem ein schon erzeugtes Kind Rechtsfähigkeit erhält, führe zum gleichen Ergebnis, weshalb man über Subjektqualität sowieso erst nach der Geburt reden könne. Man könne diese Rechte natürlich schon vor der Geburt schützen. Er unterstreicht, dass die Frage sehr schwierig sei, weil man entscheiden müsse, welche Tatsachen in Betracht zu ziehen sind, um die Rechte des noch nicht geborenen Kindes zu schützen. Schritt für Schritt erkannte jedoch die Rechtspraxis immer breitere Möglichkeiten des Schadenersatzes an, z.B. bei Einnahme von Arzneimitteln durch die Mutter. Nach Radwański (1979) steht gemäß den demokratischen Regeln der Verfassung der Volksrepublik Polen jedem Menschen die gleiche Rechtsfähigkeit zu, es ist aber möglich z.B. aufgrund des Strafgesetzbuches zum Verlust der elterlichen oder der Vormund-

---

57 Szer (1962) 149.

58 Wolter (1955); 2. Aufl. Warszawa 1963.

59 Warszawa 1967, 1968 und 1970. Weitere Auflagen dieses Buches haben J. Ignatowicz und später noch K. Stefaniuk vorbereitet.

60 Grzybowski (1974); 2 Aufl. (Warszawa 1978); 3. Aufl. (Warszawa 1985).

61 Grzybowski (1974) 140.

62 Radwański (1979); 2. Aufl. (Warszawa 1981).

schaftsrechte zu verurteilen[63]. In späteren Auflagen akzeptiert er die herausgebildete Meinung, dass das Leben mit der Zeugung beginne und man die Rechte aufschiebend bedingt erhalte.

Einen ganz anderen Charakter haben die systematischen, mehrbändigen Bearbeitungen des Privatrechts. Die Idee für eine solche Bearbeitung wurde zweimal in die Tat umgesetzt, zuerst als System des Zivilrechts (der erste Band mit dem Allgemeinen Teil erschien in zwei Auflagen 1974 und 1985) und dann als System des Privatrechts. S. Grzybowski, Verfasser des ersten Bandes des Systems des polnischen Zivilrechts (1974) stellte das subjektive Recht (VII), die Subjekte der zivilrechtlichen Verhältnisse (VIII) und dann natürliche (IX) und juristische (X) Personen dar[64]. Im Abschnitt VIII besprach er in einem Untertitel die scheinbaren (im Sinne tatsächlich nicht existierender, vermuteter) Subjekte der zivilrechtlichen Beziehungen. Hier wurden aber die Probleme des Menschen als Person nicht betrachtet.

Die zweite Auflage bereiteten schon mehrere Autoren vor. S. Grzybowski blieb Herausgeber und Autor der Abschnitte über die Rechtssubjekte. Die Systematik wurde nicht grundsätzlich geändert. Wichtig war aber die neue innere Einteilung im Untertitel über den Bereich der Rechtsfähigkeit, und zwar in Allgemeine Grundsätze und Beschränkungen der Rechtsfähigkeit. Als mögliche Beschränkungen besprach er die Staatsbürgerschaft, den Verlust der bürgerlichen Ehrenrechte und der elterlichen Gewalt infolge eines Urteils, die Beschränkung der Erbfähigkeit sowie persönliche Eigenschaften. Er bezweifelt jedoch, dass diese Merkmale wirklich auf die Rechtsfähigkeit Einfluss haben; in anderen Bereichen wirkten sie sich stärker aus[65].

Das größte Werk der zeitgenössischen polnischen Rechtswissenschaft ist das System des Privatrechts, das unter der Leitung von Z. Radwański herausgegeben wurde. Die Systematik ist hier ganz anders und folgt der allgemeinen Diskussion. Herausgeber der ersten Bandes (2007) ist M. Safjan und das für diese Erwägungen relevante Kapitel haben M. Pazdan[66] und J. Frąckowiak vorbereitet[67].

Sie beginnen mit einem Kapitel über allgemeine Fragen der Subjekte bürgerlicher Rechtsverhältnisse (XIII), dann beschreibt er natürliche Personen (XIV), juristische Personen (XV) und die Persönlichkeitsrechte (XVI). Im einführenden Kapitel werden die rechtliche Persönlichkeit, Rechtsfähigkeit und Subjektqualität, Gerichtsfähigkeit und Rechtsfähigkeit im Bereich der

---

63 Radwański (1979) 121-123. Dann hat Radwański eine neue Fassung mit einem neuen Titel vorbereitet: Radwański (1993), die neueren Auflagen zusammen mit A. Olejniczak.

64 System prawa cywilnego (1974) / *Stefan Grzybowski*, 212-400.

65 System prawa cywilnego (1985) / *Stefan Grzybowski*, 321-323.

66 System Prawa Prywatnego (2007) / *Maksymilian Pazdan*, 911-1002, 1109-1169.

67 System Prawa Prywatnego (2007) / *Józef Frąckowiak*, 1103-1108.

Verwaltungsverhältnisse besprochen. Der allgemeinen Diskussion entspricht auch die Darstellung der rechtlichen Stellung der Tiere. Sie können keine Rechtssubjekte sein, genießen aber besonderen Schutz. Im Kapitel über die natürlichen Personen wird auch die Rechtsfähigkeit besprochen: Eigenschaften der natürlichen Person, Entmündigung, Geschäftsfähigkeit, Individualisierung der natürlichen Person, natürliche Person als Verbraucher und Unternehmer. Das bedeutet, dass auch die letztgenannten zu den Rechtssubjekten gerechnet werden.

Die Problematik der Rechtssubjekte wurde auch zu einem Punkt des Interesses der Rechtstheorie. Der Zivilrechtler A. Stelmachowski hatte in seinem Buch aus dem Jahre 1969 diese Problematik noch nicht gesondert behandelt. Erst in der zweiten Auflage aus dem Jahre 1984 besprach ein neues Kapitel die Subjekte im Zivilrecht[68]. Er teilte diesen Stoff auf folgende Weise: Flexibilität des zivilistischen Begriffs des Subjekts von Rechten und Pflichten; erst danach unterscheidet er natürliche und juristische Personen. Die Einführung des neuen Problems in seine rechtstheoretischen Erwägungen verband er mit einer neuartigen Fassung einer der Regeln des Zivilrechts. In der ersten Auflage war von den traditionellen Regeln des Zivilrechts (und eine davon war die Autonomie des Willens der Parteien) und von den im sozialistischen Zivilrecht geltenden Regeln die Rede. Dagegen verwarf er bereits in der zweiten Auflage diese Einteilung und erkannte nur ein Prinzip als Regel: die Autonomie des Willens. Diese Autonomie des Willens der Parteien äußerte sich auf zwei Ebenen: der funktionellen und der strukturellen. Die zweite war nach ihm die Rechtsfähigkeit. Er unterschied zwei Rechtssubjekte: die natürlichen und die juristischen Personen, und nennt die Rechtsfähigkeit ein Attribut der Person. A. Stelmachowski hob auch einen historischen Aspekt hervor: Das Konzept der natürlichen Person sei im römischen sowie im mittelalterlichen Recht kaum entwickelt gewesen[69], erst die Französische Revolution habe eine Veränderung – durch die Gleichstellung aller Menschen – mit sich gebracht. Er unterstreicht auch, dass für die Rechtssubjektsqualität die Konstruktion der Rechtsfähigkeit eine besondere Rolle spiele[70]; weiter hebt er auch hervor, dass eine unbeschränkte Rechtsfähigkeit nur Staatsbürger der Volksrepublik Polen hätten, Ausländer könnten keine Immobilien erwerben oder auf andere Weise u.a. über landwirtschaftliche Immobilien verfügen[71]. Er weist auch auf zwei Anschauungen betreffend den Beginn der Rechtspersönlichkeit hin; er nennt sie die „offizielle" – nach ihr ist der *nasciturus* kein Subjekt der Rechte (S. Grzy-

---

68 Stelmachowski (1984) 232 ff.
69 Stelmachowski (1984) 232.
70 Stelmachowski (1984) 242.
71 Das Gesetz von 1920 galt mit Änderungen weiter (Dz.U. 1920, Nr. 31, Pos. 178).

bowski, A. Wolter, S. Chrempiński)[72] und die „andere" (B. Walaszek, J. Mazurkiewicz, J. Rezler[73], auch im Urteil des OG vom 4. April 1966)[74]. Nach Stelmachowski spiegeln die kasuistischen Bestimmungen des polnischen Rechts die Regel wider, nicht die Ausnahmen. Dies führt also zur Annahme, dass in der Rechtswissenschaft das Konzept des *nasciturus* als Subjekt der Rechte entstehe. Nach ihm erwirbt man die Subjektqualität unter einer auflösenden Bedingung, nicht einer aufschiebenden: Wenn das Kind tot geboren wurde, tritt das Fehlen der Subjektqualität von Anfang an (*ex tunc*) ein[75].

Z. Ziembiński, einer der bekanntesten polnischen Rechtstheoretiker, behandelt mehrere methodologische und theoretische Probleme. Als Ausgangspunkt nimmt er die Definition der menschlichen Person als Rechtssubjekt (er weist auf die andere Ansicht H. Kelsens hin). Er macht auf einen wesentlichen Streit in der Rechtswissenschaft aufmerksam, und zwar: Wer sollte als Subjekt – dem bestimmte Rechte und Pflichten auferlegt werden – betrachtet werden? Er unterscheidet in diesem Bereich zwei wissenschaftliche Ansätze: 1) ideologisch-biologische, die nach der Menschlichkeit eines Wesens fragen (manchmal trennt man in der Diskussion zivil- und strafrechtliche Aspekte; nicht mehr aktuell ist der Streit über die Menschlichkeit von Menschen mit starker geistiger Behinderung)[76], 2) gesellschaftlich-ideologische, die danach fragen, ob jede Person, die als Mensch bezeichnet wird, als potentieller Adressat von Rechten und Pflichten betrachtet werden sollte (ideologische Vorurteile führen manchmal dazu, dass einige Gruppen unter einem bestimmten Niveau angesiedelt werden)[77].

7. Die Diskussion um die Wende des 20. zum 21. Jahrhundert

Diskussionen rufen in der dogmatischen Auseinandersetzung der Gegenwart immer noch der *nasciturus*, und neuerdings auch der Status der Tiere sowie der Verbraucher und Unternehmer hervor. Die Todeserklärung verursacht keine größere Diskussion[78], vielmehr wird über ausgewählte Aspekte der

72 System prawa cywilnego (1974) / *Stefan Grzybowski*, 307 ff.; Wolter (1972) 140; Chrempiński (1959).

73 Walaszek (1956); Mazurkiewicz (1974); Rezler (1970).

74 OSN 1966, Pos. 158; kritische Anmerkungen: OSPiKA 1966, Pos. 279; Nowe Prawo 1966, Nr. 12.

75 Stelmachowski (1984) 246.

76 Ziembiński (1980) 337.

77 Ziembiński (1980) 338.

78 Eine andere Frage ist aber, ob man schon vor der Geburt „sterben" kann, siehe: Haberko (2010a).

Verlängerung der irdischen Persönlichkeit diskutiert. Dies ist mit einer immer stärkeren Position der Persönlichkeitsrechte verbunden[79].

Lange wurde das Problem des nichtgeborenen Kindes besprochen. Nach dem KC kann ein erzeugtes Kind Erbe sein, ihm steht ein Schadenersatzanspruch zu und es kann vom Vater anerkannt werden[80]. Die Rechtsprechung ließ jedoch einen immer größeren Schutz des *nasciturus* zu. Schon im Jahre 1958 hat dagegen S. Chrempiński vorgeschlagen, eine Vorschrift einzuführen, nach der *die Rechtsfähigkeit auch ein gezeugtes Kind hat, allerdings die Rechte und Vermögensverpflichtungen nur unter dem Vorbehalt erhält, dass es lebend geboren wurde*[81].

Nach langen Diskussionen[82] ist dieses Konzept in den neunziger Jahren zurückgekehrt. Die Ursache war jedoch das Streben nach einem Abtreibungsverbot. Mit dem Gesetz von 1993 wurde dem Art. 8 KC ein zweiter Paragraf hinzugefügt: § 2. Rechtsfähig ist auch ein gezeugtes Kind; die Rechte und Pflichten erhält es jedoch nur unter der Bedingung, dass es lebend geboren wird[83]. Die Behauptung, dass der Mensch schon ab der Empfängnis Subjekt von Rechten ist, hat im Jahre 1996 zu einem interessanten Urteil des OG geführt. Nach dem OG konnte auch das gezeugte Kind schon eine in den nationalsozialistischen Konzentrationslagern unterdrückte Person sein, wenn es erst später lebendig geboren wurde[84].

Diese Vorschrift (Art. 8 § 2 KC) wurde 1996 abgeschafft[85], die Diskussionen sind aber nicht beendet. Die herrschende Meinung erklärte deutlich T. Smyczyński: Menschliches Leben beginnt mit der Zeugung und alle Tatsachen, die den *nasciturus* betreffen, können nicht ohne Einfluss auf den schon geborenen Mensch bleiben. Deswegen sollte der *nasciturus* alle Rechte unter der aufschiebenden Bedingung erhalten, soweit es um seine Rechte geht[86]. Die andere Sicht nimmt an, dass der *nasciturus* ein Teil des Mutterleibes sei. Ein weiteres Problem besteht jedoch beim künstlich gezeugten Embryo, der noch nicht in den Mutterleib verpflanzt worden ist.

Der von der Kodifikationskommission im Jahre 2008 veröffentlichte Entwurf enthält folgende Vorschrift: *§ 1. Natürliche Person ist jeder Mensch. Vom Zeitpunkt der Geburt an ist jeder Mensch Subjekt von Rechten und*

---

79 Mazurkiewicz (2010). Verschiedene Aspekte dieses Problems wurden u.a. während einer internationalen Tagung erörtert – siehe Sammelband: Gulczyński (2010).

80 Motyka-Mojkowski (2010) 95.

81 Chrempiński (1958) 89.

82 Mazurkiewicz (1973); Mazurkiewicz (1988).

83 Dz.U. 1993, Nr. 17, Pos. 78.

84 OSN 1997 Nr. 7, Pos. 105.

85 Dz.U. 1996. Nr. 139, Pos. 646.

86 Smyczyński (1995) 14; System Prawa Prywatnego (2007) / *Maksymilian Pazdan*, 938-944. Umfassende aktuelle Darstellung der Diskussion: Haberko (2010).

Pflichten (Rechtsfähigkeit), § 2. Ein gezeugtes Kind wird als bereits geboren betrachtet, wenn ihm dies günstig ist; die Vermögensrechte erwirbt es jedoch nur, wenn es lebend geboren wird. § 3. Die Vorschrift des § 2 berührt nicht die Vorschriften, die zu einem breiteren Schutz des Kindes führen.

Man kann annehmen, dass es für ein noch nicht geborenes Kind günstig wäre, einen Familiennamen zu haben. Dieser kann sich jedoch z.B. bei Heirat der Mutter und dann nach Anerkennung durch den Vater wieder ändern. Sollte man diese Änderungen auch registrieren, auch bei einer Totgeburt?

In der stark verwurzelten Dichotomie zwischen Subjekt und Objekt der Rechte gibt es keinen Platz für Zwischenlösungen[87]. Man nimmt an, dass Tiere keine Subjekte sein können. Deswegen müssen sie als Sache betrachten werden. Sie genießen jedoch besonderen Schutz und einem ständig wachsenden Bewusstsein zufolge kann man Tiere nicht als Sache betrachten. Man spricht also von der Dereifikation und der Personifizierung der Tiere[88]. Das ist ein Einfluss des internationalen Rechts[89] und wurde in der polnischen Rechtswissenschaft diskutiert. Dies hat zu einem neuen Tierschutzgesetz geführt. Der Gedanke wurde also ähnlich wie in der ABGB-Novelle von 1988 (§ 285a) und der BGB-Novelle von 1990 (§ 90a) auch in der polnischen Gesetzgebung eingeführt, doch leider nicht im Zivilgesetzbuch, sondern im Tierschutzgesetz von 1997[90]. Nach dessen Art. 1 sind Tiere Sachen. Nach Absatz 2 muss man aber bei den nichtgeregelten Problemen die Vorschriften über Sachen entsprechend anwenden. Dies ist ein propagandistischer Faktor des Rechtes.

Die größten Schwierigkeiten bei den Änderungen oder der Schaffung eines neuen Zivilgesetzbuchs bereiten die Bestimmung seines Verhältnisses zum Recht der Europäischen Gemeinschaft – u.a. zu den Verbrauchervertragsrichtlinien[91]. Das Institut des Verbrauchers widerspricht dem Gleichheitsprinzip – zumindest der formellen Gleichheit. Der Verbraucher wird aber als schwächere Partei des Rechtsverhältnisses angesehen. Deswegen wurde bei der Harmonisierung des polnischen Rechts mit EU-Recht auch dieses Institut eingeführt. Zuerst wurde im Jahre 2000 der Verbraucher in Art. 394 § 3 eingeführt. Nach dieser Vorschrift wurden als Verbraucher nicht nur natürliche Personen, sondern auch juristische betrachtet. Doch nach der in der europäischen Rechtswissenschaft herrschenden Meinung hat die Kodifizierungskommission eine Beschränkung auf natürliche Personen vorgeschlagen. Aufgrund der Novelle vom 14. Februar 2003 wurde Art. 384 § 3 abge-

87 Vgl. Schild (2010) 313-316.
88 Łętowska (1997) 79-92; Radecki (2003) 37-45.
89 Przyborowska-Klimczak (2002); System Prawa Prywatnego (2007) / *Maksymilian Pazdan*, 930-934.
90 Dz.U. 1997, Nr. 111, Pos. 724.
91 Radwański (2007) 257-258.

schafft und ein neuer Artikel 22^{1} im Allgemeinen Teil eingeführt: Als Verbraucher gilt nun jede natürliche Person, die ein Rechtsgeschäft ausführt, das in keinem unmittelbaren Zusammenhang mit ihrer wirtschaftlichen oder beruflichen Tätigkeit steht[92]. Gleichzeitig wurde Art. 43^{1} hinzugefügt, der definiert, dass ein Unternehmer eine natürliche oder juristische Person oder eine rechtsfähige Organisationseinheit ist, die eine gewerbliche oder berufliche Tätigkeit im eigenen Namen ausübt. Der KC enthält zurzeit nur die Begriffe des Unternehmers und des Verbrauchers (auch u.a. missbräuchliche Klauseln, Produkthaftung); andere Regelungen befinden sich in Nebengesetzen (u.a. Verbrauchsgüterkauf, Verbraucherkredit)[93].

Eine weitere Änderung hatte jedoch ebenfalls großen Einfluss auf das Konzept der Subjektsqualität. 2003 wurde Art. 33^{1} eingefügt[94]. Nach dieser Vorschrift steht die Rechtsfähigkeit auch denjenigen Organisationseinheiten zu, die keine juristischen Personen sind. Auf diejenigen, denen das Gesetz Rechtsfähigkeit einräumt, finden die Vorschriften über juristische Personen entsprechende Anwendung. Dies betrifft die juristischen Personen, bedeutet jedoch, dass heute die Begriffe Rechtsfähigkeit und Subjekt völlig getrennt sind[95]. Es ist also möglich, Rechtsfähigkeit zu besitzen, ohne Person zu sein. Könnte man diese Lösung vielleicht auch auf den *nasciturus* anwenden?

8. Zusammenfassung

In dem am Anfang des 20. Jahrhunderts in Polen geltenden Recht waren die Zivilgesetzbücher unterschiedlich eingeteilt. Nur im BGB gab es einen abgesonderten Allgemeinen Teil, im ABGB und in dem in Zentralpolen geltenden Recht dominierte als systematisches Prinzip die Teilung in Personen und Sachen.

In der Rechtswissenshaft wurde angenommen, dass in allen damals geltenden Gesetzbüchern die Rechtssubjekte geregelt seien. Doch im ABGB wurde dies nicht ausgesprochen, in KCKP und Svod Sakonov wurden die Personen und Personenrechte nicht ausreichend besprochen. Die Frage war, ob ein neues Gesetzbuch einen Allgemeinen Teil oder ein Personenrecht haben sollte.

In der polnischen Rechtswissenschaft wurde jedoch die pandektistische Systematik akzeptiert. Die Vorlesungen und Lehrbücher, aber auch grundsätzlich der ganze Diskurs wurden im Rahmen des pandektistischen Systems geführt. Dies hatte natürlich bestimmte Folgen, und zwar die Vereinheitli-

92 Dz.U. 2003, Nr. 49, Pos. 408.
93 Koroluk (2003) 439-440; Radwański / Olejniczak (2011) 204-211.
94 Dz.U. 2003, Nr. 49, Pos. 408.
95 System Prawa Prywatnego (2007) / *Maksymilian Pazdan*, 916-923.

chung des Rechtsdenkens aufgrund der unterschiedlichen Vorschriften. Der im Jahre 1928 in Rahmen der Tätigkeit der Kodifizierungskommission vorbereitete Entwurf des Allgemeinen Teils (mit einer funktionellen, nicht rein positivistischen Anschauung) wurde nicht angenommen. Der sozialistische Gesetzgeber regelte 1945 separat das Personenrecht (um die Bedeutung der Personen hervorzuheben), dann allgemeine Vorschriften des Zivilrechts (1946). In diesen zwei Bereichen entstand 1950 ein neues Gesetz: die Allgemeinen Vorschriften des Zivilrechts. Dies bedeutete, dass ein AT des Zivilrechts auch die Personen umfassen musste; diese wurden nicht in einem separaten Buch normiert.

Eine Person im rechtlichen Sinne ist – nach der herrschenden Meinung – ein Geschöpf, welchem das objektive Recht die Fähigkeit gibt, Subjekt von Rechten und Pflichten zu sein. In den einzelnen Entwürfen und Gesetzen wurde angenommen, dass jedem Menschen gleiche Rechte zustehen. Die Person (sowohl die natürliche als auch die juristische) hat eine Eigenschaft, die zuerst als *osobowość* (wörtlich: Persönlichkeit), dann aber als *zdolność prawna* (Rechtsfähigkeit) bezeichnet wurde. Diese Eigenschaft ist keine angeborene, sondern eine vom Recht gegebene.

Es wurde darüber nachgedacht, ob die Gesetze die Rechtsbegriffe erklären sollten oder ob dies die Aufgabe der Rechtswissenschaft bleiben sollte. Bei Koschembahr-Łyskowski (1928), im Personenrecht von 1945 und im Entwurf des AT von 2008 wurde eine Legaldefinition der Rechtsfähigkeit vorgenommen.

Woher diese Eigenschaft kommt, wurde nicht grundsätzlich erklärt. Sie ist nicht *angeboren*, kommt also nicht von der Natur. Vielmehr hängt sie vom Gesetz ab, weil jeder Mensch seine Rechte und Verpflichtungen nur im Rahmen der Gesetze ausüben kann.

Ursprünglich wurde zwischen *Personen* (osoby) und *juristischen Personen* (osoby prawnicze) unterschieden. Später wurde aber ein Adjektiv hinzugegeben: *fizyczne*, also physische Personen – was in der deutschen Sprache den heutigen natürlichen Personen entspricht.

In der polnischen Rechtswissenschaft und Gesetzgebung wurde angenommen, dass die Rechtsfähigkeit mit der Geburt beginnt (also wie im BGB), aber auch, dass die Rechtsfähigkeit jedermann zusteht (also wie im schweizerischen ZGB). Ohne Zweifel wurde auch die Rechtsvermutung des lebend geborenen Kindes angenommen.

Der *nasciturus* wurde und wird weiterhin nicht als Subjekt der Rechte betrachtet. Ursprünglich wurde auch hervorgehoben, dass er nicht Person oder Mensch sei. Das ist unmenschlich, hat aber grundsätzlich nur theoretische und philosophische Bedeutung. Praktische Probleme im Recht waren vorherzusehen. Nach der herrschenden Meinung muss man den *nasciturus* schützen und ihn mit bestimmten Rechten ausstatten. Schon jetzt ist in der Literatur klar, dass auch der *nasciturus* ein Mensch ist. In den Jahren 1993 bis 1997 war der *nasciturus* auch Rechtssubjekt, was durch die Diskussion um die Abtreibung kam. In eben dieser Diskussion wurde die Menschlichkeit der *nasciturus* verneint, er wird als Teil des Mutterleibes betrachtet; auf der anderen Seite spricht man dagegen von Subjektqualität und Menschlichkeit, es geht aber nicht um die Subjektqualität, sondern um den Schutz des Menschen. Und dies ist der entscheidende Punkt. Meiner Meinung nach kann man die anderen Probleme ohne eine Subjektsqualität des *nasciturus* auflösen. Die Ansicht von Koschembahr-Łyskowski, nach der ein nicht lebensfähiger Mensch nicht als Person betrachtet werden sollte, ist heute zu weitgehend. Ein nicht lebensfähig geborenes Kind kann man heute lange künstlich am Leben halten.

Von den besprochenen Gesetzen und Entwurfen wurden nur im ABGB und in den Allgemeinen Vorschiften von 1950 die Faktoren erwähnt, die die Rechtsfähigkeit nicht beschränken können. In ersterem: Sklaverei und Leibeigenschaft, in letzterem: Geschlecht, Rasse, Nationalität, Bekenntnis oder Herkunft. Eine wichtige Beschränkung, die nicht im Gesetzbuch geregelt war, waren die besonderen Vorschriften für Ausländer beim Erwerb von Immobilien.

Die Gleichheit der Personen und die Unmöglichkeit von Beschränkungen war in der Rechtswissenschaft zwar akzeptiert, doch auch wenn die Autoren schreiben, dass die Gesetzgebung keine Unterschiede innerhalb der natürlichen Personen kenne, wurden die Ausnahmen (vor allem für Ausländer) kaum bemerkt. Als mögliche Beschränkungen wurden in vertiefenden Untersuchungen solche Merkmale wie Staatsbürgerschaft, Verlust der bürgerlichen Ehrenrechte und der elterlichen Gewalt infolge eines Urteils, Begrenzung der Erbfähigkeit sowie persönliche Eigenschaften wie Alter, Gesundheit oder psychischer Zustand erwähnt. Diese Merkmale haben in der Tat auf die Rechtsfähigkeit Einfluss, wirken sich aber in anderen Bereichen wie der Geschäftsfähigkeit noch stärker aus.

Die Subjektsqualität und die Rechtsfähigkeit haben wie alle anderen Rechtsinstitute einen bestimmten Zweck. Das Recht soll für Ordnung sorgen, bestimmte Werte schützen und Konflikte lösen. Um diesen Zweck zu erfüllen entstand u.a. das Konzept der Menschenrechte (als deren Bestandteil u.a. die Gleichheit vorgesehen ist), die heute zu den Grundsätzen der Rechtsordnung gehören. Ein anderes Institut ist die Rechtsfähigkeit. Der Mensch hat nicht unbedingt angeborene Rechte, sondern vom objektiven Recht die Möglichkeit erhalten, Träger von Rechten und Pflichten zu sein. Wegen der Neigung zur Personifizierung wurde auch ein Kunstprodukt ausgebildet – die juristische Person, die dem juristischen Denken entsprach, das auf der Dichotomie zwischen Personen und Sachen basiert. Mit der Personifizierung ist ein anderer Prozess verbunden: die Verdinglichung. Als Sachen wurden u.a.

elektrische Energie oder Tiere betrachtet. Dies erleichtert die Lösung vieler Probleme, doch das Leben ist viel komplizierter als diese Einteilung.

Neben Personifizierung und Verdinglichung (wie auch den Gegenprozessen) steht ein anderes Problem, und zwar das Zusammenleben der Menschen, Tiere (im weiteren Sinne) und vielleicht auch Schutz der Natur- und Kulturgüter wie etwa der Wälder oder Denkmäler. Eine breitere Betrachtung sieht man schon in Art. 2 des Entwurfs des AT von 2008, in dem zu den rechtlich geschützten Gütern (dobra prawnie chronione) u.a. Sachen, Tiere und Persönlichkeitsrechte gerechnet wurden. Der in Art. 1 erwähnte Begriff des zivilrechtlichen Verhältnisses (als Beziehung zwischen natürlichen und juristischen Personen, die als autonome und gleichstehende Parteien zu betrachten sind) ist zu eng.

Man könnte den Gedanken von Z. Ziembiński modifizieren. Man darf nicht nur nach dem Menschen fragen, also wer als potentieller Adressat der Rechte und Pflichten in Betracht kommt. Aus heutiger Sicht wäre es viel besser, auch festzustellen, *was* oder *welcher Gestalt* etwas sein sollte, das Träger bestimmter Rechte und Pflichten sein kann. Es geht also nicht um ein Subjekt (als Gegensatz zum Objekt), sondern um einen Träger von Rechten und Pflichten. Man kann nicht allen Menschen die gleichen Verpflichtungen auferlegen, einige Beschränkungen gehören zur Natur. Und man muss nicht erklären, dass z.B. ein Geisteskranker nicht zum Vormund eines anderen Geistkranken ernannt werden kann. Außerdem finden wir es in der Praxis sinnvoll, einem Hund eine Hundehütte zu schenken, auch wenn dies rechtlich nicht möglich ist, während es zwar rechtlich möglich ist, einem Geisteskranken ein Schloss zu schenken, aber nicht unbedingt sinnvoll. Deswegen kann es sinnvoll sein, Lebewesen manchmal nur Rechte zu geben und manchmal nur Pflichten aufzuerlegen. Träger von Rechten ist nach heutigem Stand auch der *nasciturus*. Zu dieser Schlussfolgerung führt auch die Änderung im Rahmen der juristischen Personen: Die Rechtsfähigkeit steht nach § 33^1 KC (in bestimmten Fällen) auch den Organisationseinheiten zu, die keine juristischen Personen sind. Man muss jedoch immer über die Funktion dieser Lösung nachdenken, also welches Ziel man erreichen will, auch um Kuriositäten auszuschließen.

Bielecki (1922): *Adam Bielecki*, Osoby pochodzenia królewskiego w Traktacie Wersalskim, in: Przegląd Administracyjny (1922) 387–393.

Bossowski (1922): *Franciszek Bossowski*, Prawo cywilne Ziem Wschodnich (Warszawa-Kraków 1922).

Bossowski (1937): *Franciszek Bossowski*, Osoby fizyczne i osoby prawne, in: Encyklopedia podręczna prawa prywatnego, *Henryk Konic / Fryderyk Zoll / Jan Wasilkowski* (Hrsg.), Bd. 3 (Warszawa 1937) 1272-1334.

Chrempiński (1958): *Stanisław Chrempiński*, Czy dziecko poczęte powinno być uznane za podmiot prawa, in: Nowe Prawo (NP) 1958 Nr. 2, 83-89.

Delsol (1873): *Jean Joseph Delsol*, Zasady Kodeksu Napoleona w związku z nauką i jurysprudencją, spolszczone przez *M. Godlewskiego*, Bd. 1 (Warszawa 1873).

Dziadzio (2010): *Andrzej Dziadzio*, ABGB in Polen, in: *Elisabeth Berger* (Hrsg.), Das ABGB außerhalb Österreichs (Berlin 2010) 205-226.

Ernst (2009): *Ulrich Ernst*, Art. Polnisches Zivilgesetzbuch, in: Handwörterbuch des Europäischen Privatrechts. Bd. 2, Hrsg. *Jürgen Basedow / Klaus J. Hopt / Reinhard Zimmermann*, unter Mitwirkung von *Martin Illmer* (Tübingen 2009) 1165-1170.

Glatz (2000): *Walburga Glatz*, Die Entwicklung des polnischen Zivilrechts. Darstellung und Bewertung unter dem Aspekt wirtschaftlichen Wandels (Berlin 2000).

Górnicki (2000): *Leonard Górnicki*, Prawo cywilne w pracach Komisji Kodyfikacyjnej Rzeczypospolitej Polskiej w latach 1919-1939 (Wrocław 2000).

Górski (1949): *Józef Górski*, Wstęp do nauki prawa cywilnego (Poznań 1949).

Grzybowski (1974): *Stefan Grzybowski*, Prawo cywilne. Zarys części ogólnej (Warszawa 1974).

Gulczyński (2005): *Andrzej Gulczyński*, Das Napoleonische Gesetzbuch (Code civil) und sein Einfluss auf die Stabilisierung des Familiennamens in den polnischen Gebieten, Zeitschrift für Neuere Rechtsgeschichte 27 (2005) Nr. 1/2, 28-48.

Gulczyński (2010): *Andrzej Gulczyński* (Hrsg.), Leben nach dem Tod. Rechtliche Probleme im Dualismus: Mensch – Rechtssubjekt (Graz 2010).

Haberko (2010): *Joanna Haberko*, Cywilnoprawna ochrona dziecka poczętego a stosowanie procedur medycznych (Warszawa 2010).

Haberko (2010a): *Joanna Haberko*, Rechtspersönlichkeit und zivilrechtliche Aspekte bei der Zerstörung von menschlichen Embryonen – vor der Implantation, in: *Andrzej Gulczyński* (Hrsg.), Leben nach dem Tod. Rechtliche Probleme im Dualismus: Mensch – Rechtssubjekt (Graz 2010) 247-259.

Jędrejek (1999): *Grzegorz Jędrejek*, Prawo prywatne w Katolickim Uniwersytecie Lubelskim w latach 1918-1952, in: *Antoni Dębiński* (Hrsg.), Prawo, kultura, uniwersytet. 80 lat Ośrodka prawniczego KUL (Lublin 1999) 239-264.

Kallas / Lityński (2000): *Marian Kallas / Adam Lityński*, Historia ustroju i prawa Polski Ludowej (Warszawa 2000).

Kempter (2007): *Dorota Kempter*, Der Einfluss des europäischen Rechts auf das polnische Zivilgesetzbuch (Baden-Baden 2007).

Klein (1969): *Alfred Klein*, Zdolność prawna, zdolność do czynności prawnych i inne zdolności a klasyfikacja zdarzeń prawnych, in: Studia Cywilistyczne 13-14 (1969) 163-178.

Konic (1924): *Henryk Konic*, Prawo osobowe. Wykład porównawczy na tle prawodawstw obowiązujących w Polsce w zestawieniu z kodeksem szwajcarskim, cz. 1 (Warszawa 1924).

Koroluk (2003): *Sławomir Koroluk*, Zmiana definicji konsumenta w Kodeksie cywilnym-propozycja interpretacji, in: Monitor Prawniczy (MoP) 2003, Nr. 10, 439-444.

Koschembahr-Łyskowski (1928): *Ignacy Koschembahr-Łyskowski*, Zivilgesetzbuch der Republik Polen, Erstes Buch, Allgemeine Vorschriften, in: Zeitschrift für Polnisches Recht und Wirtschaftswesen 1928, Appendix, 1-82.

Kraft (2002): *Claudia Kraft*, Europa im Blick der polnischen Juristen. Rechtsordnung und juristische Profession in Polen im Spannungsfeld zwischen Nation und Europa 1918-1939 (Frankfurt am Main 2002).

Księga pierwsza kodeksu cywilnego (2009): Księga pierwsza kodeksu cywilnego. Projekt z uzasadnieniem (Warszawa 2009).

Longchamps de Berier (1922): *Roman Longchamps de Berier*, Wstęp do nauki prawa cywilnego (Lublin 1922).

Łętowska (1997): *Ewa Łętowska*, Dwa cywilnoprawne aspekty praw zwierząt: dereifikacja i personifikacja, in: Studia z prawa prywatnego. Księga pamiątkowa ku czci profesor Biruty Lewaszkiewicz-Petrykowskiej (Łódź 1997) 71-92.

Łyskowski (1928): *Ignacy [Koschembahr-] Łyskowski*, Kodeks cywilny Rzeczypospolitej Polskiej, Księga pierwsza: przepisy ogólne. Projekt z uzasadnieniem, Bd. 1-3 (Warszawa 1928-1932).

Mazurkiewicz (1973): *Jacek Mazurkiewicz*, Nasciturus w prawie cywilnym i karnym, Palestra 1973, Nr. 11, 37-43.

Mazurkiewicz (1985): *Jacek Mazurkiewicz*, Ochrona dziecka poczętego w świetle kodeksu rodzinnego i opiekuńczego (Wrocław 1985).

Mazurkiewicz (1988): *Jacek Mazurkiewicz*, Przedstawiciel ustawowy dziecka poczętego, in: Państwo i Prawo (PiP) 1988 Nr. 1, 100-104.

Mazurkiewicz (2010): *Jacek Mazurkiewicz*, Non omnis moriar. Ochrona dóbr osobistych zmarłego w prawie polskim (Wrocław 2010).

Motyka-Mojkowski (2010): *Mariusz Motyka-Mojkowski*, Polnisches Zivilrecht AT: Polskie prawo cywilne – część ogólna (Warszawa 2010).

Okolski (1885): *Antoni Okolski*, Zasady prawa cywilnego obowiązującego w Królestwie Polskim (Warszawa 1885).

Pauli (1982): *Lesław Pauli*, Polen, in: *Helmut Coing* (Hrsg.), Handbuch der Quellen und Literatur der neueren europäischen Privatrechtsgeschichte, Bd. III – Das 19. Jahrhundert (München 1982) 2099-2140.

Projekt (1947): Projekt części ogólnej kodeksu cywilnego, in: Demokratyczny Przegląd Prawniczy 1947 Nr. 12, 19-24.

Projekt (1954): Projekt kodeksu cywilnego Polskiej Rzeczypospolitej Ludowej (Warszawa 1954).

Projekt (1955): Projekt kodeksu cywilnego Polskiej Rzeczypospolitej Ludowej. Tekst ustalony w wyniku dyskusji ogólnokrajowej (Warszawa 1955).

Projekt (1962): Projekt kodeksu cywilnego oraz przepisów wprowadzających kodeks cywilny (Warszawa 1962).

Przyborowska-Klimczak (2002): *Anna Przyborowska-Klimczak*, Ochrona zwierząt w świetle dokumentów międzynarodowych, in: *Marek Mozgawa* (Hrsg.), Prawna ochrona zwierząt (Lublin 2002) 93-116.

Radecki (2003): *Wojciech Radecki*, Ustawa o ochronie zwierząt (2. Aufl. Wrocław 2003).

Radwański (1968): *Zbigniew Radwański*, Prawo cywilne i proces cywilny, in: *Franciszek Ryszka* (Hrsg.), Historia państwa i prawa Polski 1918-1939, Bd. 2 (Warszawa 1968) 140-253.

Radwański (1979): *Zbigniew Radwański*, Zarys części ogólnej prawa cywilnego (Warszawa 1979).

Radwański (1993): *Zbigniew Radwański*, Prawo cywilne. Część ogólna (Warszawa 1993).

Radwański (2003): *Zbigniew Radwański*, Podmioty prawa cywilnego w świetle zmian kodeksu cywilnego przeprowadzonych ustawą z dnia 14 lutego 2003 r., in: Przegląd Sądowy 2003, Nr. 7/8, 3-23.

Radwański (2005): *Zbigniew Radwański*, Kodifikationsprobleme des Zivilrechts in Polen, in: *Ján Lazar / Peter Blaho* (Hrsg.), Kodifikation, Europäisierung und Harmonisierung des Privatrechts (Bratislava 2005) 173-182.

Radwański (2007): *Zbigniew Radwański*, Kodifizierung des Zivilrechts in Polen, in: *Ján Lazar / Peter Blaho* (Hrsg.), Fundamentale Grandsätze des Privatrechts in vereinigten Europa (Bratislava 2007) 255-260.

Radwański (2008): *Zbigniew Radwański*, Założenia nowego kodeksu cywilnego, in: Rejent 18 (2008), Nr. 2, 11-22.

Radwański / Olejniczak (2011): *Zbigniew Radwański / Adam Olejniczak*, Prawo cywilne – cześć ogólna (Warszawa 2011).

Redzik (2009): *Adam Redzik*, Prawo prywatne na Uniwersytecie Jana Kazimierza we Lwowie (Warszawa 2009).

Rezler (1970): *Jan Rezler*, Przyczynek do charakterystyki sytuacji prawnej dziecka poczętego, in: Nowe Prawo (NP) 1970, Nr. 9, 1225-1235.

Schild (2010): *Wolfgang Schild*, Wagners Fafner. Zum Verhältnis von Tier, Person und Mensch, in: *Andrzej Gulczyński* (Hrsg.), Leben nach dem Tod. Rechtliche Probleme im Dualismus: Mensch – Rechtssubjekt (Graz 2010) 307-322.

Smyczyński (1995): *Tadeusz Smyczyński*, Nasciturus jako podmiot roszczeń odszkodowawczych, in: Prawo Asekuracyjne 1995, Nr. 3, 14-24.

Stelmachowski (1984): *Andrzej Stelmachowski*, Wstęp do teorii prawa cywilnego (2. Aufl. Warszawa 1984).

System prawa cywilnego (1974): *Witold Czachórski* (Hrsg.), System prawa cywilnego, Bd. 1. *Stefan Grzybowski* (Hrsg.) Część ogólna (Wrocław u. a. 1974).

System prawa cywilnego (1985): *Witold Czachórski* (Hrsg.), System prawa cywilnego, Bd. 1. *Stefan Grzybowski* (Hrsg.), Część ogólna (Wrocław u. a. 1985).

System Prawa Prywatnego (2007): Zbigniew Radwański (Hrsg.), System Prawa Prywatnego, Bd. 1. *Marek Safjan* (Hrsg.), Prawo cywilne – część ogólna (Warszawa 2007).

Szer (1950): *Seweryn Szer*, Prawo cywilne: część ogólna. Zarys wykładów wygłoszonych na Uniwersytecie Łódzkim i w Wyższej Szkole Prawniczej im. T. Duracza (Warszawa 1950).

Szer (1962): *Seweryn Szer*, Prawo cywilne: część ogólna (Warszawa 1962).

Till (1911): *Ernest Till*, Nauki ogólne austriackiego prawa prywatnego (3. Aufl. Lwów 1911).

Till (1921): *Ernest Till*, Osoby prawne, projekt rozdziału kodeksu cywilnego z uwagami (Poznań 1921).

Walaszek (1956): *Bronisław Walaszek*, Nasciturus w prawie cywilnym, in: Państwo i Prawo (PiP) 1956, Nr. 7, 121-132.

Wisłocki (1946): *Juliusz Wisłocki*, Prawo osobowe (Warszawa 1946).

Witecki (1950): *Witecki Jan*, Osoby i ich zdolność do czynności prawnych, in: Przegląd Notarialny 1950 Nr. 11/12, 391-419.
Wolter (1955): *Aleksander Wolter*, Prawo cywilne. Część ogólna (Warszawa 1955).
Ziembiński (1980): *Zygmunt Ziembiński*, Problemy podstawowe prawoznawstwa (Warszawa 1980).
Zoll (1903): *Fryderyk Zoll*, Prawa osobiste w zarysie ze stanowiska prawa pryw. austr., in: Czasopismo Prawnicze i Ekonomiczne 4 (1903) 535-563.
Zoll (1904): *Fryderyk Zoll*, W sprawie reformy kodeksu cyw. Austr., in: Przegląd Prawa i Administracji 29 (1904) 535-553.
Zoll (1921): *Fryderyk Zoll*, Prawo cywilne w zarysie (2. Aufl. Warszawa-Kraków 1921).
Zoll (1946): *Fryderyk Zoll*, Prawo cywilne w zarysie, vorbereitet unter Mittarbeit von *Adam Szpunar*, Część ogólna, Bd. 1, H. 1 (Kraków 1946), H. 2 (Kraków 1948).
Zoll / Ohanowicz (1921): *Fryderyk Zoll / Alfred Ohanowicz*, Prawo cywilne b. dzielnicy pruskiej. Wstęp. Część ogólna. Zobowiązania (Warszawa-Kraków 1923).

Das System der verschiedenen Formen der „Geschäftsfähigkeit“ im brasilianischen und portugiesischen Recht*

Rafael Longhi

Abstracts

This essay intends to analyze the capacity to enter into legal transactions in the Brazilian Civil Code and the Portuguese Civil Code. Both legislations allow as an exception the incapacity to to enter into legal transactions. Despite the common origin, both countries have adopted different legal solutions in their civilian codifications. It is possible to identify the influence of different legal models on both codifications. Without any intention of exhausting the subject matter, the essay focuses on the systematic analysis of different premises of the incapacity to to enter into legal transactions in the general part of both civil codes.

Tematem niniejszego opracowania jest porównawcza analiza regulacji zdolności do czynności prawnych w kodeksach cywilnych Brazylii i Portugalii. W obu krajach uznaje się wyjątkowe przypadki niezdolności do czynności prawnych. Pomimo wspólnych korzeni prawnych w obu krajach kwestia ta jest uregulowana odmiennie. Można dostrzec, że regulacja w tych krajach była inspirowana przez różne modele dogmatyczne. Nie aspirując do roli wyczerpującego opracowania powyższego zagadnienia artykuł stanowi systematyczną prezentację odmienności przesłanek wyłączających zdolność do czynności prawnych w częściach ogólnych brazylijskiego i portugalskiego kodeksu cywilnego.

No presente artigo examina-se a capacidade de exercício em uma perspectiva comparada entre o Código Civil brasileiro e o Código Civil português. Os dois países regulamentam nos respectivos estatutos legislativos as regras sobre a incapacidade – a exceção –, visto que a capacidade de exercício constitui a regra. Essa regulamentação decorre do desenvolvimento e da continuidade das normas constantes do primeiro processo de codificação, considerando que esses países têm em vigor um segundo Código Civil. Apesar da origem legislativa comum, advinda da relação política da época colonial, Brasil e Portugal adotaram diferentes soluções normativas na codificação do direito civil. É possível identificar a influência de diferentes modelos jurídicos estrangeiros nesse processo que, por sua vez, incorporada ao direito de cada país, serviu

---

* Für wertvolle Hinweise möchte ich mich an dieser Stelle bei Frau Dr. Lena Kunz und Frau Vivianne Geraldes Ferreira (Mestre em Direito Privado, USP) bedanken.

como sustentação ao desenvolvimento jurídico e à codificação do direito civil. Sem qualquer pretensão de exposição exaustiva do tema, concentra-se na análise da diferente sistematização das normas sobre a incapacidade na parte geral de ambos os Códigos Civis.

1. Einleitung

Bestimmungen hinsichtlich der Fähigkeit, rechtserhebliche Handlungen vorzunehmen, sind Bestandteil jeder Rechtsordnung. Mit dem Begriff Geschäftsfähigkeit wird die Fähigkeit bezeichnet, „Rechtsgeschäfte in eigener Person wirksam vorzunehmen".[1] Für den Rechtsverkehr ist die Beantwortung der Frage, wer rechtsgeschäftlich handeln darf, von herausragender Wichtigkeit. Denn es besteht ein allgemeines Interesse des Geschäftsverkehrs, Rechtsgeschäfte zu begründen und aufrechtzuerhalten. Andererseits schützt die Rechtsordnung bestimmte Gruppen von Personen auf Grund von Unerfahrenheit, Unreife oder geistiger Störung vor den Nachteilen einer rechtsgeschäftlichen Bindung oder Verfügung. Das Thema „Geschäftsfähigkeit" gewinnt wieder an Relevanz, weil einerseits sehr junge Personen unter dem Druck des Marktes zur Teilnahme am Geschäftsverkehr aufgefordert werden und andererseits die durchschnittliche Lebenserwartung steigt. Hinzu kommt der allgemeine Versuch, geistig Behinderte stärker in das gesellschaftliche Leben zu integrieren. In all diesen Fällen taucht die Frage auf, in welchem Maße ein Ausgleich zwischen dem Schutz des Geschäftsunfähigen und dem Interesse seines Gegenübers zu finden ist. Darauf gibt es mehrere mögliche Antworten. Bei der Untersuchung verschiedener Rechtssysteme geht es um die unterschiedliche Ausgestaltung des angesprochenen Ausgleichs.

Da die Geschäftsfähigkeit als allgemeine Rechtslehre begriffen wird, hielt sie in jede Kodifikation Einzug. Hier soll die Geschäftsfähigkeit, wie sie das portugiesische und das brasilianische Zivilgesetzbuch vorsehen, untersucht werden. Es ist jedoch nicht Ziel dieser Untersuchung, jede Einzelheit der „Geschäftsfähigkeit" in Portugal oder in Brasilien darzustellen. Vielmehr werden ausgewählte Fragen der verschiedenen Rechtssysteme untersucht.

---

1 NomosKommentar BGB (2012) / *Christian Baldus*, § 104, Rn. 1.

2. Eine begriffliche Anmerkung: Geschäftsfähigkeit oder „*capacidade de exercício*"?

Die brasilianische und portugiesische Rechtsordnung teilen in Fragen der Handlungs- und Geschäftsfähigkeit zahlreiche Begrifflichkeiten. Allerdings ist die Wiedergabe mit Begriffen aus dem deutschen Recht nicht immer unproblematisch, weil diese trotz dogmatischer Schnittmengen nicht immer oder nur scheinbar übereinstimmen. „*Capacidade de direito*" und „*capacidade de agir ou exercício*"[2] sowie „*incapacidade*" sind in beiden Ländern rechtsdogmatische Begriffe.

Der Begriff „*capacidade jurídica*" kann in beiden Rechtssystemen mit „Rechtsfähigkeit" übersetzt werden. Problematisch ist allerdings die Übersetzung von „*capacidade de exercício* ou de agir".

Aus der „*capacidade jurídica*" wird in beiden Ländern die „*capacidade de exercício*" abgeleitet. Beviláqua hat „capacidade de exercício" für das brasilianische Recht mit Geschäftsfähigkeit übersetzt.[3] Für das portugiesische Recht gibt die Rechtsdogmatik den gesetzlichen Begriff „*capacidade de exercício*" nach Art. 123 CC port mit „Handlungsfähigkeit" wieder; die Geschäftsfähigkeit im Sinne des deutschen Rechts ist hiervon mitumfasst.[4] Für die nachfolgenden Ausführungen ist jedenfalls festzuhalten, dass „*capacidade de exercício ou de agir*" die Geschäftsfähigkeit im Sinne des deutschen Recht umfasst.[5] Wenn nachfolgend von Geschäftsfähigkeit die Rede ist, ist damit das rechtsgeschäftliche Handeln einer Person gemeint. Sofern Geschäftsunfähigkeit verwendet wird, ist damit „*incapacidade*" gemeint.

---

2 „*Capacidade de agir*" oder „*capacidade de exercício*" werden sowohl in Portugal als auch in Brasilien als Synonyme verwendet. So auch: „*(...) como a capacidade de exercício ou de agir*" (Tribunal Constitucional de Portugal. Acórdão n. 409/2011, Rel. Maria Lúcia Amaral, 27.09.2011); In Brasilien dazu: Pereira (1996) 162-163.

3 Beviláqua (1946) 82; so auch: Diniz (2002) 113.

4 Vgl. Guichard (2011) 1-53, 19, Fn.7; „*Capacidade de exercício ou de agir*" wird von Mota Pinto / Pinto Monteiro / Mota Pinto (2005) 221 und von Hörster (1992) 311-312, Rd. 492 als Handlungsfähigkeit übersetzt.

5 Hier besteht auch ein systematischer Unterschied im Vergleich zum BGB. Denn sowohl im CC port als auch im CC bras stehen die Normen über die Geschäftsfähigkeit nicht in der Rechtsgeschäftslehre, sondern bei den Regeln über die Personen („Pessoas").

3. Die normativen Maßstäbe zum Schutzzweck von Geschäftsunfähigen

Das Hauptziel der Regelungen zur Geschäftsunfähigkeit ist es aus moderner Perspektive, den Schutz derer zu gewährleisten, die nicht über die Fähigkeit zur Teilnahme am Rechtsverkehr verfügen. Der Gesetzgeber sucht nach Maßstäben, um diese Personen wegen der mangelnden Einsichtsfähigkeit vor möglichen Beeinträchtigungen zu schützen. Aus dem Zweck dieser Normen geht hervor, dass der Schutz der Geschäftsunfähigen gegenüber anderen Interessen vorrangig ist. Zur Erfüllung dieses Normzwecks bedient sich das Rechtssystem sowohl in Brasilien als auch in Portugal zweier Kriterien.

Durch die Festlegung eines starren Maßstabs soll der vom Rechtsverkehr geforderten Rechtssicherheit Rechnung getragen werden. Ein Paradebeispiel sind Vorschriften, die eine Altersgrenze festlegen. Aus einer objektiven Betrachtung des Rechtsgeschäfts soll leicht ersichtlich sein, ob die Parteien rechtserheblich handeln dürfen. Aus der Perspektive der anderen Partei soll erkennbar sein, ob das Gegenüber am Rechtsverkehr selbstständig teilnehmen darf. Es besteht ein allgemeines Interesse, zu wissen, ob man einem Geschäftsfähigen gegenübersteht. Wäre dies nicht der Fall, herrschte Rechtsunsicherheit. Denn es bliebe immer ungewiss, ob man mit der Gültigkeit des Rechtsgeschäfts rechnen kann. Das für den Norminhalt ausgewählte Kriterium soll vor allem der Rechtssicherheit dienen. Dies ermöglicht auch einen effektiven Schutz des Geschäftsunfähigen, ohne diese Frage auf den Einzelfall zu verlagern. Darüber hinaus wäre die Überprüfung der Geschäftsfähigkeit in jedem konkreten Fall unvorstellbar.

Auch wenn die feste Altersgrenze die tatsächliche Einsichtsfähigkeit des Minderjährigen verfehlen kann, trägt dieses Kriterium wie bereits erwähnt der Rechtssicherheit Rechnung. Der Gesetzgeber nimmt diese Situation hinsichtlich der Minderjährigen hin und stützt die Vorschriften zum Minderjährigenschutz grundlegend auf das formelle Kriterium der Altersgrenze. Die Festlegung von Altersgrenzen erweist sich aufgrund der natürlichen geistigen Entwicklung eines Menschen als besonders geeignet, die Reife eines Minderjährigen zur autonomen Teilnahme am gemeinschaftlichen Leben gesetzlich festzulegen. Der Prozess bis zur Erreichung der geistigen Reife von Minderjährigen wird außerdem von einer Veränderung der körperlichen Verfassung begleitet, was seinerseits die Erkennbarkeit für den Vertragspartner regelmäßig erleichtert. Jede Rechtsordnung setzt diesen Gedanken in verschiedenem Maße um. Wird das im Gesetz festgelegte Alter der Volljährigkeit einmal erreicht, besteht jedoch keine Möglichkeit, später die volle Geschäftsfähigkeit wegen der Vollendung eines bestimmten Alters wieder zu verlieren. So gibt es keine Altersgrenze zur Herabstufung der erworbenen Geschäftsfähigkeit. Diese Grundvorstellung stammt jedoch aus einer Epoche, in der die

Lebenserwartung nicht mit der heutigen vergleichbar war. Die Aktualität dieser Problematik ergibt sich deswegen auch aus dem Bestehen der Geschäftsfähigkeit am Ende des menschlichen Lebens. Auf die Frage, ob es sinnvoll ist, bei voll Geschäftsfähigen nach einem bestimmten Alter die Geschäftsfähigkeit zu beschränken oder sogar zu entziehen, ist hier nicht einzugehen.

Ein starrer Maßstab ist immer an die abstrakte Vorstellung von der Person gebunden. Die Verallgemeinerung dieses menschlichen Bildes durch die Festlegung einer Altersgrenze beseitigt die Notwendigkeit der individuellen Überprüfung, ob im Einzelfall die Einsichtsfähigkeit einer Person zur Vornahme eines Rechtsgeschäfts vorliegt. Das durch die gesetzliche Festlegung von Altersgrenzen bestimmte abstrakte Bild des Minderjährigen wird jedoch bisher nicht als geeignetes Kriterium zur Herabstufung der Geschäftsfähigkeit eines Volljährigen empfunden. Eine solche Festlegung würde einen unverhältnismäßigen Eingriff in die menschliche Selbstbestimmung darstellen. Denn eine „Rückentwicklung" des menschlichen Geistes ab einem bestimmten Alter lässt sich so pauschal nicht nachweisen. Nur aufgrund des tatsächlichen Nicht-Vorliegens der Einsichtsfähigkeit wird dem Volljährigen die Möglichkeit genommen, Rechtsgeschäfte alleine wirksam vorzunehmen. Dafür ist eine gerichtliche Entscheidung zur Herabstufung der Geschäftsfähigkeit unerlässlich und als konstitutiv für den neuen Rechtszustand einzustufen. Zu prüfen ist, ob der Volljährige tatsächlich die geistige Fähigkeit innehat, privatautonome Entscheidungen selbst zu treffen. Diese Gedanken prägen die beiden im Folgenden zu untersuchenden Zivilgesetzbücher.

4. Mögliche Gründe für unterschiedliche Regelungsmodelle

Eine geschichtliche Einführung soll zunächst ein wenig Licht in die folgende Untersuchung bringen. Historisch betrachtet haben die beiden Regelungen einen gemeinsamen Ursprung im ehemaligen Recht der Kolonialmacht Portugal. Das portugiesische Recht fand bis zur brasilianischen Unabhängigkeit im Jahr 1822 auch in Brasilien vollumfänglich Anwendung. Erst im weiteren Verlauf entwickelten sich die Rechtssysteme unterschiedlich.

Nach der politischen Trennung erließ Portugal am 1. Juli 1867 ein Zivilgesetzbuch. Hierauf musste die ehemalige portugiesische Kolonie bis zum 1. Januar 1916 warten.[6] Bis dahin galten zum Teil die von Portugal bis 1822 er-

6 Jeder Verweis auf Zivilgesetzbücher, die außer Kraft getreten sind, erfolgt im Text ausdrücklich. Wird nur der CC port oder der CC bras zitiert, ist das jeweils geltende Gesetzbuch gemeint. Das geltende Zivilgesetzbuch Portugals wurde am 25. No-

lassenen Gesetze aufgrund des brasilianischen Gesetzes vom 20. Oktober 1823 in Brasilien fort. Die unterschiedliche Ausgestaltung der Geschäftsfähigkeitsregelungen geht daher auf die Rechtsentwicklung nach der politischen Trennung zurück. Warum die Regelungen der Geschäftsfähigkeit in der Zwischenzeit in der Kodifizierung des Zivilrechts dieser Länder unterschiedliche Gestalt annahmen, soll untersucht werden.

Vor dem Erlass des portugiesischen Zivilgesetzbuchs von 1867 waren die philippinischen königlichen Ordonnanzen, eine Gesetzessammlung aus dem Jahr 1603, eine wichtige Rechtsquelle sowohl in Brasilien als auch in Portugal. Diese enthielten keine allgemeine Regelung der Geschäftsfähigkeit. Stattdessen wurde das Thema in dieser Gesetzessammlung kasuistisch dargestellt. So wurde etwa festgelegt, ab welchem Alter einer Person eine Vollmacht erteilt werden durfte oder sie als testierfähig angesehen wurde.[7] Als volljährig galt damals, wer das 25. Lebensjahr vollendet hatte.[8] Außerdem stand selbst der Volljährige, der „filho-família", unabhängig von seinem Alter unter väterlicher Gewalt[9], wenn nicht die Voraussetzungen für seine Verselbstständigung erfüllt waren.[10] Das Erreichen eines bestimmten Alters befreite also nicht von sich aus den Minderjährigen aus der väterlichen Gewalt. Hierauf ist nicht in Einzelheiten einzugehen. Es reicht insoweit aus, festzustellen, dass dieser Rechtszustand den Anforderungen am Anfang des 19. Jahrhunderts nicht mehr gerecht wurde.

Eine Erklärung für die unterschiedliche Ausgestaltung der Geschäftsfähigkeitsregelung könnten die bereits angesprochenen unterschiedlichen Zeiträume der zivilrechtlichen Kodifizierung liefern. Denn das erste portugiesische Zivilgesetzbuch wurde im Jahr 1867 erlassen, während dies in Brasili-

---

vember 1966 erlassen. Seit 10. Januar 2002 gibt es auch in Brasilien ein neues Zivilgesetzbuch. Es ist im Folgenden auf diese Rechtsentwicklung zurückzukommen.

7 Ord. Fil. L. 3 T. 29 § 1.° und Ord. Fil. L. 4 T. 81 pr. Bemerkenswert ist bei den Regelungen der philippinischen Ordonnanzen, dass die Prozessfähigkeit, die in mehreren Vorschriften Beachtung fand, in den Vordergrund trat. Siehe dazu: Freitas (1876) 20-21, Fn. 30, 31.

8 Rocha (1848) 37. Er begründete seine Auffassung mit der Norm der Ord. Fil. L. 3 T. 41 pr. Diese gewährte aber lediglich demjenigen, der unter 25 Jahren war, eine Wiedereinsetzung in den vorigen Stand, um die benachteiligenden Maßnahmen rückgängig zu machen. Als eine Geschäftsfähigkeitsregelung war dies aber nicht gedacht. Die Gesetzeslage, was die Volljährigkeit angeht, änderte sich nach dem Erlass der „Resolução" vom 31. Oktober 1831 und des „Alvará" vom 28. November 1834 in Brasilien, die nach Freitas die Volljährigkeit mit 21 Jahren festgelegten (Freitas [1876] 7, Fn. 9).

9 Ord. Fil. L. 4 T. 81 § 3.

10 Die väterliche Gewalt über den „filho-família" endet unter anderem durch die Emanzipation (Ord. Fil. L. 4 T. 50 § 2), die Eheschließung (Ord. Fil. L. 4 T. 50 § 2) und den Tod des Vaters (Ord. Fil. L. 4. T. 50 § 2). Dazu: Freitas (1876) 167-168 (Art. 202).

en erst 1916 geschah. Obwohl der zeitliche Unterschied aus einer geschichtlichen Perspektive nicht so groß erscheint, standen beide aufgrund des Aufschwungs der Pandektistik im Laufe des 19. Jahrhunderts unter dem Einfluss verschiedener Rechtsströmungen.[11] Dies geht jedoch zunächst auf den Einfluss des französischen Rechts zurück.

Die wissenschaftliche Verbindung zwischen Portugal und Frankreich lässt sich deutlich am Wortlaut des Art. 38 des portugiesischen Dekrets vom 16. Mai 1832 erkennen.[12] Im Kern ordnet diese Norm an, dass die portugiesische Verwaltung bei Gesetzeslücken auf die französischen Verwaltungsgesetze zurückgreifen soll. Dieser Einfluss bleibt nicht auf das öffentliche Recht beschränkt. Dies wird durch das Gesetz vom 18. August 1769 möglich. Denn dieses Gesetz setzte die gute Vernunft als Maßstab für die Ausfüllung der Gesetzeslücke.[13]

Die Erweiterung dieser Gedanken ist selbst bei der dogmatischen Darstellung des Zivilrechts anzutreffen. So griff die Rechtsdogmatik auch ausländische Rechtsquellen auf, um ihre systematische Darstellung des Zivilrechts *möglich* zu machen. Die Tatsache, dass die portugiesische Jurisprudenz aus vielen verschiedenen Elementen bestand, unter denen die heimischen Gesetze nur einen geringen Anteil ausmachten, bezeichnete Rocha 1848 als Schande für die portugiesische Jurisprudenz.[14] Methodisch erfolgte dies im Wege der Analogie.[15] Ein solches Verständnis der Analogie bedeutet nicht das Füllen von Gesetzlücken im Gesetzessystem, sondern die Vervollständigung des Rechtssystems selbst durch ausländische Gesetze und Rechtslehren. Dass das römische Recht als subsidiäre Rechtsquelle beiseitegelassen wurde, rechtfertigte man damit, dass die römischen Quellen wegen der verschiedenen umstrittenen Interpretationsmöglichkeiten widersprüchlich seien.[16] Stattdessen zogen die Rechtsgelehrten die Autorität der modernen Zi-

---

11 Die Einflüsse der Pandektistik auf die brasilianische Zivilrechtsdogmatik ist insbesondere auf die Arbeit von Teixeira de Freitas in der Mitte des 19. Jahrhunderts zurückzuführen. Zu Freitas' Bedeutung für das lateinamerikanische Recht siehe Schipani (1988). Zur deutschen Einwirkung auf die brasilianische Rechtswissenschaft in rechtsphilosophischer Hinsicht siehe Losano (1974) 323 ff.

12 Art. 38 des portugiesischen Dekrets vom 16. Mai 1832 lautet: „A inspeção geral e superior sobre a execução de todas as leis administrativas, tomando e mandando tomar, nos casos omissos, e em tudo quanto são modelos e formas de expediente, como subsidiárias as leis administrativas de França, na forma de lei de 18 do Agosto de 1769."

13 Siehe dazu: Cruz (1981) Teilbd. II, 245-436.

14 Rocha (1848) 284. Er gilt als Wegbereiter für die Rezeption der Pandektistik in Portugal (Monteiro [1997] 36).

15 Rocha (1848) 285. Zur Analogie im 19. Jahrhundert siehe: Baldus (2010) 45 ff.

16 Rocha (1848) 285.

vilgesetzbücher heran[17], insbesondere von Preußen und Frankreich. Die methodische Schwierigkeit, eine solche Vorgehensweise zu rechtfertigen, wurde damals von Rechtsgelehrten erkannt. Als Argument wurde vorgebracht, dass so die geeignetste Lösung für das portugiesische Recht zu finden sei.[18] Für die Geschäftsfähigkeit ist insbesondere die Behauptung von Rocha von Relevanz, dass für die Vormundschaft der *Code Civil* als subsidiäre Rechtsquelle heranzuziehen sei.[19] So fanden französische Rechtsdogmatik und Gesetze ihren Weg ins portugiesische Zivilrecht.

Die Diskussion um das erste portugiesische Zivilgesetzbuch erweckte die Aufmerksamkeit der brasilianischen Juristen, insbesondere von Teixeira de Freitas. Den von Seabra geschriebenen Entwurf kritisierte Freitas jedoch heftig; er schrieb seine Auffassung in einem Werk („*apostila*") aus dem Jahr 1859 nieder. Als irrig bezeichnete Freitas vor allem die Methode, die Seabra bei seinem Entwurf verwendet hatte. Es sei nicht möglich, das gesetzliche System nach der „fortschreitenden Entwicklung des Rechts in der Größenordnung ihrer Erscheinungsformen" konsequent umzusetzen.[20] Darunter versteht Freitas Seabras Versuch, das Zivilrechtssystem nach vier Gesichtspunkten auszurichten, nämlich Person, Rechtserwerb, Eigentum und Rechtsschutz. Diese sollten die Reihenfolge der Bücher im Zivilgesetzbuch bilden.

---

17 J. Monteiro (1997) 35.

18 Rocha (1848) 281 ff. Dass eine intersubjektive Überprüfbarkeit des Lösungsvorschlags nicht zu erreichen ist, liegt auf der Hand. Denn was man für die geeignetste Lösung hält, liegt ganz in der Rechtsvorstellung des Autors. Er legte jedoch das Problem offen und sah sich von der Wirklichkeit gezwungen, eine angemessene Lösung zu bieten. Widersprüchlich waren vor allem die subsidiären Rechtsquellen. Bei einer so widersprüchlichen Rechtslage scheint es, dass jede Lösungsmöglichkeit bei Gesetzeslücken in hohem Maße der rein wissenschaftlichen Überzeugung des Juristen folgte. In diesem methodischen Vorgehen liegt möglicherweise auch der Grund, warum die Rechtsvergleichung auch heute noch sowohl in Portugal als auch in Brasilien für selbstverständlich gehalten wird. So sagt Erik Jayme über diese portugiesische Eigenschaft: „Die lusitanischen Lösungen bewahren durchaus eine eigenständige Originalität, die aber im Feuer der ausländischen Ideen gestählt ist" (zit. nach Monteiro [1997] 29-49, 39); In ähnlicher Hinsicht für Brasilien im 19. Jahrhundert siehe Marques (1997) 76. Nach dieser Meinung wurde damals das Recht von brasilianischen Juristen als eine „universelle ideale Wahrheit" verstanden. Die heute in Brasilien herrschende Auffassung betrachtet die rechtsvergleichende Methode zur Auslegung eigener Rechtsnormen als eine Tugend (Marques [1997] 77, Fn. 29). Ob diese brasilianische Selbstverständlichkeit nicht eine Erscheinung dieser besonderen Zeit ist und aus heutiger Perspektive zweifelhaft geworden ist, was die Auslegung des eigenen Rechts angeht, soll andernorts behandelt werden. Immerhin kann auf diese Weise die vom Gesetzgeber gewählte Lösung zugunsten ausländischer Rechtsvorstellungen verdrängt werden.

19 Rocha (1848) 285.

20 Freitas (1859) 87.

Diese Unterteilung lag auch dem portugiesischen Zivilgesetzbuch von 1867 zugrunde. Festzustellen sei das Ausbleiben einer scharfen Abgrenzung zwischen öffentlichem Recht und Privatrecht sowie zwischen materiellem und prozessualem Recht. Nach Freitas sollte es auch einen Unterschied zwischen Rechtsfähigkeit und Geschäftsfähigkeit geben.[21] Freitas' Vorwürfe, die in einer Reihe neben weiteren kritischen Stellungnahmen standen, beantwortete Seabra 1859 ausführlich („nova apostila"). Dennoch hielt Seabra an seinem Konzept fest. Diese Auseinandersetzung wird als Streit verschiedener Systemvorstellungen interpretiert.[22]

Die strenge Unterscheidung des römischen Rechts zwischen *persönlichen* und *dinglichen* Rechten war für Freitas der Leitgedanke, der dem Rechtssystem zugrundeliegen sollte. Ein solches System hat er, der im Jahr 1859 von der brasilianischen Regierung mit der Anfertigung eines Entwurfs für ein Zivilgesetzbuch beauftragt worden war, in einem „Esboço" („Skizze") zu entwickeln versucht. Dieses Vorhaben konnte er jedoch nicht zu Ende bringen. Das Scheitern dieser Arbeit würde später aufgrund seiner hohen Qualität in Brasilien als sehr bedauerlich angesehen.[23] Dies beweist beispielsweise auch die Ausstrahlungswirkung seiner Arbeit auf die argentinische Rechtswissenschaft.[24]

Der heftige Meinungsstreit zwischen Seabra und Freitas, den beiden wichtigsten Juristen Portugals und Brasiliens im 19. Jahrhundert, könnte dazu beigetragen haben, dass sich die zivilrechtliche Dogmatik beider Länder in der nachfolgenden Zeit auseinanderentwickelt hat.[25]

Später bot Seabra Brasilien den fertigen Entwurf des Zivilgesetzbuchs an.[26] Die Stellungnahme von Clóvis Bevilaqua bringt diese Problematik deutlich zum Ausdruck. Denn ohne sich mit diesem Werk auseinandergesetzt zu

---

21 Freitas (1859) 119.

22 Justo (2001) 7. Es liegt die Auffassung zugrunde, dass das von Seabra entwickelte System des Gesetzbuchs dem Code Civil nahekommt, was für Freitas' Rechtssystem nicht gilt.

23 Beviláqua (1940) 12.

24 Brito (2005) 192. Zu Freitas' Einfluss auf die argentinische Rechtswissenschaft: Paz (1927).

25 Als Beispiel gilt die Aussage von Freitas (1859) 51 über die von Seabra gewählte Methode: *„Entendemos mesmo, e sem medo de exageração, que na estructura do projeto, e na explicação que se lhe adiciona, não existe o mais fraco vislumbre de uma ideia de méthodo"*. Zur Antwort von Seabra siehe: Seabra (1859). Heftige Auseinandersetzungen zwischen brasilianischen und portugiesischen Juristen waren im 19. Jahrhundert nicht selten (Hauagge [2009] 18, Fn. 89). Der Streit zwischen Freitas und Seabra war wohl der Ausgangspunkt für diese Streitkultur.

26 Die geschichtlichen Hintergründe des Entwurfs von Seabra wird von Hauagge (2009) 19 ff. dargestellt.

haben, sprach er Seabra ab, dass seine Arbeit in Brasilien Einfluss ausgeübt habe.

Die erste portugiesische zivilrechtliche Kodifikation, der *„Código Seabra"*, war stark vom französischen Zivilgesetzbuch inspiriert.[27] Das französische Vorbild trug entscheidend zur Ausgestaltung der portugiesischen Geschäftsfähigkeitsregelungen bei. Eine Unterteilung innerhalb der Minderjährigkeit nach Altersstufen gab es nicht. Ganz anders verlief die brasilianische Rechtsentwicklung bis zum Zivilgesetzbuch von 1916, die stärker der portugiesischen Rechtstradition als dem portugiesischen Zivilgesetzbuch von 1867 Rechnung trug.[28]

5. Die „Geschäftsfähigkeit" nach dem portugiesischen Zivilgesetzbuch (CC port)

Ab dem Ende des 19. Jahrhunderts ist in Portugal eine allmähliche Abkehr von der französischen Rechtsdogmatik zu erkennen. Die zunächst von der Lehre rezipierte Pandektistik wird für diese Richtungsänderung des portugiesischen Rechts als entscheidend angesehen.[29] Neben den direkten Einflüssen des deutschen Rechts hat hierzu auch die Ausgestaltung des Rechtsunterrichts beigetragen. Die Voranstellung eines im Sinne des „Allgemeinen Teils" geplanten Rechtsunterrichts zeigte sich für die portugiesischen Rechtsgelehrten systematisch schlüssig. Dieser sah zunächst das Studium Allgemeiner Rechtslehren vor und ermöglichte zugleich eine Annäherung an die deutsche Rechtslehre insbesondere nach dem Erlass des BGB.[30] Als in der ersten Hälfte des 20. Jahrhunderts die Ausarbeitung eines neuen Zivilgesetzbuchs auf die politische Tagesordnung kam, war es für den Juristenstand konsequent, einen Allgemeinen Teil in das neue Zivilgesetzbuch aufzunehmen.[31]

Dass in den CC port von 1966, der bis heute in Kraft ist, ein Allgemeiner Teils aufgenommen wurde, zeigt den Einfluss des BGB. Obwohl die Pandektistik stark auf das portugiesische Gesetz eingewirkt hat, kann von einer vollständigen Übernahme der fremden Rechtsansicht keine Rede sein. So gelten

27 Costa (2011) 466; Justo (2001) 5.

28 So Justo (2001) 9 in Portugal; I.d.S auch in Brasilien: Marques (1997) 76. Siehe auch: Cruz (1981a) Teilbd. I 25-77.

29 Costa (1985) 13-14. Zum Pandektensystem siehe: Baldus (2008) 23-26.

30 Die wissenschaftliche Überlegenheit eines Zivilgesetzbuchs mit Allgemeinem Teil überzeugte die portugiesische Rechtslehre. Außerdem wurden dadurch Wiederholungen im Zivilgesetzbuch vermieden. Kritik am Allgemeinen Teil des Gesetzes ist aber oft berechtigt, insbesondere was die Frage der Verständlichkeit angeht.

31 Mota Pinto / Pinto Monteiro / Mota Pinto (2005) 21; Müller (2008) 71 ff.

die Normen über die Geschäftsfähigkeit im Allgemeinen Teil als Beispiel für die Eigenständigkeit der portugiesischen Rechtsdogmatik.

Der Allgemeine Teil als erstes Buch des CC port ist in zwei Ebenen, nämlich in zwei Titel, unterteilt. Für die vorliegende Darstellung ist der zweite Titel von Interesse, der dem Allgemeinen Teil des BGB entspricht. Die Reihenfolge der geregelten Materien in diesem Titel gründet auf dem dogmatischen Element des Rechtsverhältnisses („*relação jurídica*“).[32] Dieser zweite Titel des ersten Buchs ist daher auch mit „Rechtsverhältnis“ überschrieben.[33] Das Rechtsverhältnis wurde in vier Unterkategorien aufgeteilt, nämlich in der Reihenfolge des Gesetzes in „Personen“ („*Pessoas*“), „Sachen“ („*Coisas*“), „juristische Tatsachen“ („*fatos jurídicos*“) und „Ausübung und Schutz

---

32 Der Begriff „Rechtsverhältnis“ geht auf Savigny zurück (1840) § 52 („Das Wesen der Rechtsverhältnisse“)· Das Rechtsverhältnis wird so definiert: „Von dem nunmehr gewonnen Standpunkt aus erscheint uns jedes einzelne Rechtsverhältnis als eine Beziehung zwischen Person und Person, durch eine Rechtsregel bestimmt. Diese Bestimmung durch eine Rechtsregel besteht aber darin, daß dem individuellen Willen ein Gebiet angewiesen ist, in welcher er unabhängig von jedem fremden Willen zu herrschen hat“ (Savigny [1849] § 52, 333). Wie unsicher Savigny während des Entstehungsprozesses des § 52 war, weist Kiefner (1982) 149-176, 151 ff. nach, insbesondre nach der Kritik von Puchta (162-163) und Rudorff (166). Letzterer stellt unter anderen über eine mögliche Version des § 52 fest: „(...) Sie giebt zu viel: denn Untersuchungen über die Beschaffenheit des Menschen, über die Bestimmung desselben den Willen Gottes zu vollziehen, über das Wesen des Guten und Bösen, über das sittliche Verhalten des Menschen zur äußern Natur und gegen den Nächsten, über das Verhältnis der Gerechtigkeit zur Nächstenliebe (...) gehören schwerlich in ein Werk über das heutige Römische Recht“ (Rudorff zit. nach Kiefner [1982] 149-176, 166). Nach Kritik wurde die geänderte Fassung des ursprünglichen § 52 in die Endfassung so nicht aufgenommen. Dies zeichnet ein wenig bekanntes Bild von Savigny: Ein Savigny, der stets zur Revision bereit ist und die Einwürfe anderer wohlwollend aufnimmt (Kiefner [1982] 167). Die Lehre vom Rechtsverhältnis hat sowohl in Brasilien als auch in Portugal eine herausragende Bedeutung. Inwieweit Savignys Lehre vom Rechtsverhältnis auf die portugiesische bzw. brasilianische Rechtswissenschaft tatsächlich eingewirkt hat, kann hier offen bleiben.

33 Die Aufnahme der Lehre vom Rechtsverhältnis in den CC port ist dem Verständnis von Manuel de Andrade geschuldet, der mit dem Entwurf des Allgemeinen Teils beauftragt wurde. Zu seinem Konzept vgl. sein Werk, das von seinen Schülern veröffentlicht wurde, Andrade (2003). Zur Bedeutung des BGB für die Arbeit von Manuel de Andrade siehe J. Monteiro (1997) 29-49. Nach dessen Ansicht war es ein „Markstein für Generationen von Juristen“ in Portugal. Nennenswert ist auch der Jurist Guilherme Moreira in Bezug auf die Rezeption der Pandektistik in Portugal. Siehe dazu: Jayme (1997) 63-71.

von Rechten“ („*exercício e tutela dos direitos*“). Die Rechtsgeschäftslehre fällt in den Abschnitt der juristischen Tatsachen.[34]

Es fällt auch auf, dass der Begriff der „personalidade“[35] schon in der ersten Vorschrift des Allgemeinen Teils in Art. 66 CC port geregelt ist, die besagt: „Die Rechtspersönlichkeit wird im Zeitpunkt der vollständigen und lebenden Geburt erworben“. Eine Legaldefinition des Begriffs der Rechtspersönlichkeit gibt es im Gesetz jedoch nicht. Die Rechtspersönlichkeit besteht nach der Lehre in „der Eignung oder Befähigung zur Erhaltung der Rechtswirkungen“ (Schaffung, Modifizierung oder Vernichtung von Rechtsverhältnissen). So wird die Rechtspersönlichkeit als Zentrum der Zurechnung von Rechtswirkungen verstanden.[36] Die Rechtsfähigkeit wird als Konzept aus dem Art. 67 CC port abgeleitet. Diese Vorschrift bestimmt: „Die Personen können Subjekt jeglicher Rechtsverhältnisse sein, unbeschadet anderslautender gesetzlicher Vorschriften; hierin besteht ihre Rechtsfähigkeit.“

Stellt man die oben zitierten Vorschriften nebeneinander, erkennt man, dass die Rechtsfähigkeit von Gesetzes wegen beschränkt werden kann, während die Rechtspersönlichkeit eine nicht beschränkbare Eigenschaft jedes Menschen ist. Sie erlischt gemäß Art. 68 CC port erst mit dem Tod. Die Rechtsfähigkeit tritt als die quantitative Seite der Rechtspersönlichkeit auf.[37] Die Rechtspersönlichkeit einer Person erscheint jedoch als unantastbar.

Diese gesetzliche Konstruktion wird von Mota Pinto / Pinto Monteiro / Mota Pinto (2005) mit Art. 6 der UN-Menschenrechtserklärung (1945) in Verbindung gebracht, der nach der offiziellen portugiesischen Version des *Office of the High Comissioner for Human Rights* proklamiert: *Todos os indivíduos têm direito ao reconhecimento, em todos os lugares, da sua personalidade jurídica.*[38] Die deutsche Version der Norm deckt sich jedoch nicht *wörtlich* mit der portugiesischen: *Jeder hat das Recht, überall als rechtsfähig anerkannt zu werden*. Für das deutsche Recht tritt die Rechtsfähigkeit als unantastbar in den Vordergrund, während dies im portugiesischen Recht der Rechtspersönlichkeit zukommt. Anzumerken ist noch, dass das portugiesische Zivilgesetzbuch nach dieser Erklärung erlassen wurde. Wichtig ist für diese Untersuchung, dass dieser Unterschied einen Anhaltspunkt für verschiedene dogmatische Konstruktionen bietet.

---

34 Als „Juristische Tatsache“ („*fato jurídico*“) bezeichnet Eneccerus / Nipperdey (1960) § 136, 860 die juristische, das heißt, „rechtlich bedeutsame oder rechtswirksame Tatsache, die (allein oder mit anderen) eine Rechtswirkung herbeiführt“.

35 Der Rechtsbegriff „*personalidade*“ ou „*personalidade jurídica*“ wird mit Rechtspersönlichkeit übersetzt. Es ist aber im Bezug auf das Wort „*personalidade*“ keine wörtliche Übersetzung.

36 Andrade (2003) 30.

37 Guichard (2011) 20.

38 Mota Pinto / Pinto Monteiro / Mota Pinto (2005) 201.

Vor dem Erlass des Zivilgesetzbuchs von 1966 wurden nach Andrade *„capacidade de testar"* (Testierfähigkeit) und *„capacidade nupcial"* (Eheschließungsfähigkeit) als Sonderfälle der Rechtsfähigkeit dargestellt.[39] Es wurde argumentiert, dass eine solche Handlung nur der Betreffende selbst vornehmen konnte. In der Lehre wurde die Auffassung vertreten, dass, soweit man nicht testierfähig oder zur Eheschließung fähig war, keine Rechtsfähigkeit für die jeweilige Handlung bestand. Soweit aber Rechtsfähigkeit vorliegt, tritt auch Geschäftsfähigkeit ein.[40]

Seit dem Inkrafttreten des CC port ist die Geschäftsunfähigkeit im Allgemeinen Teil (Art. 122 – 156 CC port) geregelt. In systematischer Hinsicht geht der CC port von der Geschäftsfähigkeit aus. Geregelt werden die Ausnahmefälle. Ein Stufenmodell, das zur Unterscheidung von Rechtsfolgen in Fällen der Geschäftsunfähigkeit diente, ist dem Gesetz nicht zu entnehmen. Fehlt die Geschäftsfähigkeit, sind die Rechtsgeschäfte, die vom Geschäftsunfähigen geschlossen wurden, anfechtbar.

Im Allgemeinen haben auch Überlegungen französischer Rechtsgelehrter die Regelungen der Rechts- und Geschäftsfähigkeit des CC port beeinflusst. Da diese Einflüsse zum Teil bereits in den CC port von 1867 aufgenommen worden waren, absorbierte sie die portugiesische Rechtstradition und betrachtete sie nicht mehr als ausländische Einflüsse. Zu nennen sind nach Müller[41] unter anderem: a) das Nichtvorhandensein strikt abgegrenzter Altersstufen bei Minderjährigen; b) die Notwendigkeit gerichtlicher Geltendmachung von Anfechtungsgründen bei Willenserklärungen Geschäftsunfähiger; c) die passive Rolle des minderjährigen Vertragspartners nach dem Zustandekommen des Vertrags; d) die flexible Konstruktion der Teilgeschäftsfähigkeit für Minderjährige, d.h. eine volle Geschäftsfähigkeit des Minderjährigen für bestimmte Geschäften, die seiner natürlichen Einsichtsfähigkeit entsprechen. Dass das portugiesische Minderjährigenrecht trotz des französischen Einflusses nicht die *„lésion"* übernommen hat, wird als Beweis für die Selbstständigkeit der portugiesischen Rechtslehre gegenüber ausländischen Rechtsvorstellungen gedeutet.[42]

Die Volljährigkeit, die die volle Geschäftsfähigkeit begründet, erreicht man nach Art. 122 CC port mit 18 Jahren. Der Volljährige kann grundsätzlich alle rechtsgeschäftlichen Handlungen vornehmen. Nach den Normen des Allgemeinen Teils werden als geschäftsunfähig die Minderjährigen, die Ent-

39 Andrade (2003) 31.
40 Andrade (2003) 33, Fn. 1.
41 Müller (2008) 166.
42 Müller (2008) 162.

mündigten und die „Gebrechlichkeitspfleglinge“ angesehen.[43] Im Folgenden werden die groben Umrisse der Systematik der Geschäftsunfähigkeit dargestellt.

5.1. Der Minderjährige

Die Gleichbehandlung von Minderjährigen unterschiedlichen Alters würde zu unerträglichen Ergebnissen führen. Denn ein siebzehnjähriger Jugendlicher besitzt nicht mehr dieselbe Unerfahrenheit wie ein fünfjähriges Kind. Dieses Problem korrigiert teilweise Art. 127 CC port, der einen Maßstab zur materiellen Kontrolle der Geschäftsfähigkeit im Einzelfall anlegt und die unerwünschten Folgen zum Teil mildert. Zu beachten ist jedoch, dass eine flexible Teilgeschäftsfähigkeit für Minderjährige immer die Überprüfung der Geschäftsfähigkeit im Einzelfall erfordert, falls diese streitig sein sollte.

Der Minderjährige ist nach Art. 123 CC port[44] geschäftsunfähig, es sei denn, es liegt ein Ausnahmefall des Art. 127 CC port vor oder er ist nach Art. 132 CC port emanzipiert. Folgende Ausnahmen von der Geschäftsunfähigkeit Minderjähriger sieht Art. 127 CC port vor: „1. Ausnahmsweise wirksam sind, abgesehen von anderen im Gesetz vorgesehenen Fällen: a) Verwaltungshandlungen und Verfügungen eines Minderjährigen, der das sechzehnte Lebensjahr vollendet hat, hinsichtlich Gegenständen, die er durch eigene Arbeit erworben hat; b) Rechtsgeschäfte des täglichen Lebens des Minderjährigen, die seiner natürlichen Einsichtsfähigkeit entsprechen und nur geringwertige Ausgaben oder Verfügungen mit sich bringen; c) Rechtsgeschäfte, die sich auf den Beruf beziehen, dessen Ausübung dem Minderjährigen erlaubt wurde, oder solche, die bei Ausübung des Berufs geschlossen werden“.[45] Emanzipiert wird der Minderjährige gemäß Art. 132 CC port durch die Eheschließung: „Der Minderjährige wird von Rechts wegen durch die Eheschließung emanzipiert“. Anzumerken ist auch, dass der emanzipierte Minderjährige ein Testament errichten darf. Die Haftung für solche Rechtsgeschäfte ist speziell in Art. 127 Nr. 2 CC port geregelt. Nach dieser Vorschrift kommt eine Haftung nur in Bezug auf die Güter, über die der Minderjährige frei verfügen kann, in Betracht.

Anstelle des Minderjährigen sorgt dessen gesetzlicher Vertreter für seine Interessen, d.h. dieser handelt im Namen des Minderjährigen. Im Regelfall

---

43 Der Rechtsbegriff „*inabilitação*“ wird mit Gebrechlichkeit und die „*interdição*“ mit Entmündigung übersetzt. Für den „*inabilitado*“ wird die Übersetzung „Gebrechlichkeitspflegling“ verwendet.

44 Art. 123 CC port: Ungeachtet anderslautender Vorschriften sind Minderjährige geschäftsunfähig.

45 Übers. nach Müller (2008) 287.

üben die Eltern diese Aufgabe aus, aber es kann auch ein Vormund bestellt werden. Schließt der Minderjährige ein Rechtsgeschäft nicht gesetzesgemäß im Alleingang, kann dieses Rechtsgeschäft erst nachträglich vom gesetzlichen Vertreter mittels der ausdrücklichen oder stillschweigenden Genehmigung durchgeführt werden.

Die Willenserklärung eines Minderjährigen ist grundsätzlich gültig. Liegt eine Annahme vor, kommt das Rechtsgeschäft zustande und ist als wirksam anzusehen, es sei denn, es wird von einem Anfechtungsberechtigten angefochten. Zur Anfechtung des Rechtsgeschäfts des Minderjährigen, das nicht unter die Ausnahmenfälle des Art. 127 CC port fällt, räumt Art. 125 Nr. 1 a) CC port dem gesetzlichen Vertreter eine einjährige Frist ab dem Zeitpunkt der Kenntnisnahme des vom Minderjährigen geschlossenen Rechtsgeschäfts ein. Dies gilt aber nur, wenn der Minderjährige die Leistung schon bewirkt hat. Der Minderjährige selbst erhält dieselbe Frist zur Anfechtung des Rechtsgeschäfts, wenn er voll geschäftsfähig geworden ist. Vor dem Eintreten des vom Minderjährigen versprochenen Leistungserfolges wird keine feste Frist bestimmt. Eine mögliche Aufforderung des Vertragspartners des Minderjährigen an dessen gesetzlichen Vertreter, die Genehmigung zu erteilen, um den „schwebenden" Zustand zu beseitigen, wie es § 108 Abs. 2 BGB vorsieht, kennt das Gesetz nicht. Der Vertragspartner des Minderjährigen kann sich nicht auf die Minderjährigkeit als Anfechtungsgrund berufen, um das Rechtsgeschäft zu vernichten.

Der gute Glaube an die volle Geschäftsfähigkeit eines Minderjährigen wird im CC port nicht geschützt. Eine Ausnahme ist jedoch nach Art. 126 CC port dann vorgesehen, wenn der Minderjährige seinen Vertragspartner über seine volle Geschäftsfähigkeit getäuscht hat. Ist dies der Fall, wird der Minderjährige gesetzlich nicht geschützt und eine Anfechtung des Rechtsgeschäfts unter Berufung auf die Minderjährigkeit abgelehnt.

5.2. Entmündigung und Gebrechlichkeit

Die Geschäftsfähigkeit eines Volljährigen kann durch gerichtliche Entscheidung herabgestuft werden. Dies kann durch Entmündigung oder Feststellung der Gebrechlichkeit geschehen. Anders als beim Minderjährigen liegt beim Entmündigten und beim „Gebrechlichkeitspflegling" eine tatsächliche Behinderung vor, wegen der es das Gesetz dem Betroffenen nicht erlaubt, selbst am Rechtsverkehr teilzunehmen. Für die Intensität dieses so gravierenden Eingriffs in die menschliche Selbstbestimmung kommt es auf den Grad der physischen oder geistigen Behinderung des Betroffenen an. Die Entmündigung hebt die Geschäftsfähigkeit der Person auf. Die Gebrechlichkeit beschränkt die Geschäftsfähigkeit auf bestimmte Rechtsgeschäfte.

Die Entmündigung ist in Art. 138 bis 151 CC port geregelt. Der Entmündigte besitzt laut Gesetz nicht die Fähigkeit, eine Willenserklärung frei und unbeeinflusst abzugeben. Aus diesem Grund wird ihm der gleiche Schutz wie dem Minderjährigen zugebilligt. Nach Art. 139 CC port wird der Entmündigte dem Minderjährigen, was seine Rechtsstellung vor dem Gesetz anbelangt, gleichgestellt. Dies gilt jedoch nicht, wenn es eine Sonderregelung für die Entmündigung gibt. Die Ausgestaltung der portugiesischen Geschäftsunfähigkeitsregelungen für Volljährige richtet sich grundsätzlich nach den Regeln des Minderjährigenschutzes. Die gesetzliche Anknüpfung an den Minderjährigenschutz wird besonders deutlich, wenn der gesetzliche Vertreter des Entmündigten ein Elternteil ist. In diesem Fall wird der Entmündigte nach Art. 144 CC port so betrachtet, als ob er ein Minderjähriger wäre. Der Elternteil bekommt die elterliche Gewalt über das volljährige Kind zurück.

Sieht man von der Ausnahme für Siebzehnjährige ab, kann nur ein Volljähriger entmündigt werden. Die gerichtliche Feststellung der Entmündigung Minderjähriger ist zwar möglich, wirkt aber erst ab dem Zeitpunkt der Erlangung der Volljährigkeit; davor steht der Minderjährige unter elterlicher Gewalt. Zur Entmündigung bedarf es eines Verfahrens, in dem die Person durch gerichtliches Urteil für geschäftsunfähig erklärt wird. Der Entmündigte wird schließlich durch einen gesetzlichen Vertreter, den Vormund, vertreten.

Die Kriterien, die eine Entmündigung zulassen, sind zweierlei. Sowohl eine geistige Störung als auch eine physische Behinderung können eine Entmündigung begründen. Gemäß Art. 138 CC port kann man aufgrund einer psychischen Störung, der Taubstummheit oder der Blindheit entmündigt werden. Die ausschließlich physisch Behinderten behalten jedoch die Eheschließungsfähigkeit (Art. 1601 Abs. b CC port) und die Testierfähigkeit (Art. 2189 Abs. b CC port).

Die Nichtigkeit des rechtsgeschäftlichen Handelns des Entmündigten wird von Gesetzes wegen freilich nicht angeordnet. Das vom Entmündigten alleine geschlossene Rechtsgeschäft ist gemäß Art. 148 CC port nach der Verkündung des Urteils, in dem die Person entmündigt wird, lediglich anfechtbar.

Entscheidend für die Frage, ob das Rechtsgeschäft vor der Verkündung dieses Urteils rückgängig gemacht werden kann, ist die Gutgläubigkeit des Vertragspartners in Bezug auf die Geschäftsfähigkeit. Als gutgläubig wird derjenige angesehen, der den geschäftsunfähigen Zustand des anderen nicht kennt oder nicht hätte kennen müssen. Als wichtiges Indiz für die Kenntnis wird auf das Stadium des Gerichtsverfahrens abgestellt.[46] Entscheidet sich der Richter am Anfang des Verfahrens für eine ordnungsgemäße Klageerhebung, wird dies nach Art. 944 CPC port der Öffentlichkeit mitgeteilt. Dies er-

46 Mota Pinto / Pinto Monteiro / Mota Pinto (2005) 236 ff.

folgt nach Art. 945 CPC port unter anderem durch einen Aushang, der den Namen des Betroffenen und den Streitgegenstand enthalten soll, in einer der meistverbreiteten Zeitungen des jeweiligen Gerichtsbezirks. Wird das Rechtsgeschäft vor dieser Bekanntmachung geschlossen, so muss der Vertreter des Entmündigten beweisen, dass dessen geistige Behinderung im Zeitpunkt des Vertragsschlusses offenkundig war (Art. 150 i.V.m. Art. 257 CC port). Nach der Veröffentlichung gibt es eine Beweiserleichterung zugunsten des Entmündigten. Nunmehr reicht nach Art. 149 Nr. 1 CC port der Beweis des Schadens, den der Entmündigte durch das Rechtsgeschäft erlitten hat, um dieses rückgängig zu machen, wenn die Entmündigung des Betroffenen später im gerichtlichen Verfahren erklärt wird.

Das Entmündigungsverfahren kann nur auf Antrag eines dazu Berechtigten erfolgen. Antragsberechtigt sind nach Art. 143 CC port unter anderem ein Elternteil oder der Ehepartner. Der Richter kann statt der vollumfänglichen Entmündigung auch lediglich Gebrechlichkeit feststellen.

Die Gebrechlichkeit ist in Art. 152 bis 156 CC port geregelt und stellt einen Mittelweg zwischen Entmündigung und Geschäftsfähigkeit dar. Auch sie muss vom Gericht angeordnet werden. Der Antrag bestimmt aber nicht von sich aus, welchen Schutz das Gericht dem Volljährigen gewähren muss. Der Richter ist nach Art. 954 CPC port in solchen Fällen nicht an den Antrag gebunden.[47] Er darf vielmehr entscheiden, welche Art des gesetzlichen Schutzes für den Betroffenen am geeignetsten ist. Dies verschafft dem „Gebrechlichkeitspflegling" mehr Freiraum im Vergleich zum Entmündigten, weil seine Geschäftsfähigkeit durch das gerichtliche Urteil nicht vollkommen aufgehoben wird. Der „Gebrechlichkeitspflegling" wird von einem Pfleger unterstützt, um am Rechtsverkehr teilnehmen zu können. Es ist ihm aber grundsätzlich gestattet, sein Vermögen allein zu verwalten. Der Gebrechlichkeitspflegling darf nach Art. 153 Nr. 1 CC port nicht über sein Vermögen rechtsgeschäftlich verfügen, ohne dass sein vom Gericht bestellter Pfleger eine Genehmigung erteilt hat. Der Richter kann ihm überdies im Einzelfall weiteres Handeln ohne die Genehmigung des Pflegers untersagen. Ergänzend gelten die Regelungen der Entmündigung für die Gebrechlichkeit. Gesucht wird im konkreten Einzelfall nach dem adäquaten Maß der Einschränkung der Geschäftsfähigkeit.

Typische Fälle, die nach Art. 152 CC port die Feststellung der Gebrechlichkeit herbeiführen können, sind beispielsweise Trunksucht, Rauschgift-

47 Tribunal da Relação de Lisboa, Acórdão n.° 4883/2006-6, Rel. Fátima Galante, 29.06.2006: *„(...) o art. 954° do CPC permite não só que se decrete a inabilitação, quando inicialmente tenha sido pedida a interdição, mas também que se decrete a interdição, quando só tenha sido requerida a inabilitação, sendo certo que, como expressamente decorre do citado art. 954°, n° 4 do CPC, podem ser tidos em consideração todos os fatos provados, mesmo que não alegados pelas partes"*.

sucht und Verschwendungssucht. Der physisch oder geistig Behinderte kann je nach Grad der Behinderung einen Fall der Entmündigung oder der Gebrechlichkeit darstellen. Außerdem werden geistig Behinderte im Gesetz zuweilen strenger als physisch Behinderte behandelt.[48]

Schließlich ist anzumerken, dass man sich nach der herrschenden Meinung nicht auf einen „lichten Augenblick" berufen kann, um für die Gültigkeit des Rechtsgeschäfts zu argumentieren.[49] Fällt der Grund für die Entmündigung oder für die Feststellung der Gebrechlichkeit weg, bedarf es einer gerichtlichen Aufhebung.

6. Die „Geschäftsfähigkeit" nach dem brasilianischen Zivilgesetzbuch (CC bras)

Bereits bei der ersten Kodifizierung des Zivilrechts 1916 ließ sich Brasilien von weiteren Rechtsströmungen inspirieren und nicht in gleichem Maße wie Portugal vom französischen Recht beeinflussen.[50] Die ausländische Rechtsentwicklung fand herausragende Berücksichtigung in der Gesetzesvorlage von Clóvis Beviláqua, dem alleinigen Verfasser dieses Entwurfs und Inhabers eines Lehrstuhls für Rechtsvergleichung in Recife. Die systematische Gliederung des Gesetzes, das mit einem Allgemeinen Teil ausgestattet war, zeugt von der Einwirkung der Pandektistik auf das brasilianische Recht. Die Beeinflussung beschränkt sich nicht auf das System des Gesetzes, eine materielle Abhandlung kann bei dieser Gelegenheit jedoch nicht erfolgen. Im Jahr 2002 wurde das neue Zivilgesetzbuch erlassen. Nachfolgend wird auf dessen Geschäftsfähigkeitsregelungen eingegangen.

Der brasilianische Gesetzgeber versuchte, die Weiterentwicklung in der Dogmatik und in der Rechtsprechung seit 1916 in das Gesetzbuch aufzunehmen. Der Entwurf wurde 1975 angefertigt und ins Parlament eingebracht. Die Anfertigung des Entwurfs erfolgte in einer politisch schwierigen

48 Außerhalb des Allgemeinen Teils werden dem geistig Behinderten weitere Befugnisse entzogen (Pinheiro [2009] 2). So haben geistig Behinderte, Entmündigte oder Gebrechlichkeitspfleglinge etwa nach Art. 1601, b, CC port keine Eheschließungsfähigkeit. Die Verfassungsmäßigkeit dieser Norm wird von Pinheiro (2009) 6 in Frage gestellt.

49 Pinheiro (2009) 5.

50 Das heißt nicht, dass das französische Recht auf die brasilianische Kodifizierung keinen Einfluss ausgeübt hätte. Bei näherer Betrachtung zeigt sich, insbesondere was den Inhalt dieses Gesetzbuchs angeht, die große Bedeutung des französischen Rechts für die Entwicklung des brasilianischen Zivilrechts. Dieser Einfluss ist auch heute noch so bedeutend, dass die Lösung des eigenen Gesetzes zuweilen zugunsten des französischen Rechts beiseite gelassen wird (Wald [1997] 84-93, 89).

Zeit, weil damals die bürgerlichen Freiheiten durch legislative Maßnahmen in Brasilien stark eingeschränkt waren. Unter diesen Umständen kam dem Erlass eines neuen Zivilgesetzbuchs für die Bevölkerung keine Priorität zu. Die Gesetzvorlage lag für mehr als 25 Jahre im Parlament. Erstaunlicherweise wurde die Diskussion über den Entwurf und das Gesetzgebungsverfahren während der demokratischen Zeit wieder aufgenommen. Trotz des Widerstandes aus der Fachwelt wurde das Gesetz 2002 vom Parlament verabschiedet.[51]

Die heutige Gliederung des brasilianischen Zivilgesetzbuchs entspricht, abgesehen von der Reihenfolge und der Einfügung eines Buchs über das Unternehmensrecht, der des alten Zivilgesetzbuchs. Das Zivilgesetzbuch besteht aus zwei Teilen, dem Allgemeinen Teil und dem Besonderen Teil. Der Allgemeine Teil des brasilianischen Zivilgesetzbuchs wiederum ist in drei Bücher – Personen, Güter und juristische Tatsachen – gegliedert. Der besondere Teil setzt sich aus vier Büchern zusammen, dem Obligationenrecht, dem Unternehmensrecht, dem Sachenrecht, dem Familienrecht und dem Erbrecht. Das Rechtsgeschäft ist unter der Kategorie der juristischen Tatsachen geregelt, die Vorschriften über die „Geschäftsfähigkeit" hingegen sind im Buch „Von den Personen" im Allgemeinen Teil geregelt.

Unter „Rechtspersönlichkeit" versteht man kurz gesagt die Möglichkeit, Rechtssubjekt zu sein.[52] In der brasilianischen Rechtsdogmatik wird nicht scharf zwischen den Begriffen *„capacidade jurídica"* („Rechtsfähigkeit") – Art. 1 CC bras[53] – und *„personalidade"* („Rechtspersönlichkeit") – Art. 2 CC bras[54] – unterschieden. Teilweise werden sie synonym verwendet.[55] Aus der Rechtsfähigkeit wird die Geschäftsfähigkeit abgeleitet. Die Geschäftsfähigkeit bildet den Regelfall, Ausnahmen von der Geschäftsfähigkeit sind im Zivilgesetzbuch festgelegt.[56]

Die wichtigsten Änderungen der Regelung der Geschäftsfähigkeit waren inhaltlicher Art. Das Zivilgesetzbuch von 2002 hat die Grenze zur Volljährigkeit vom 21. Lebensjahr auf das 18. heruntergesetzt. Die Systematik des alten Zivilgesetzbuchs, d.h. ein Stufenaufbau von der Geschäftsunfähigkeit bis zur Erreichung der Geschäftsfähigkeit, wurde beibehalten.

---

51 Schmidt (2009) 91, 101.

52 Miranda (1954) 153.

53 Art. 1 CC bras: Jede Person ist fähig zu Rechten und Pflichten in der bürgerlichen Rechtsordnung.

54 Art. 2 CC bras: Die [Rechts-] Persönlichkeit des Menschen beginnt mit der lebenden Geburt; doch nimmt das Gesetz von der Empfängnis an die Rechte der Leibesfrucht unter seinen Schutz.

55 Miranda (1954) 154, 155.

56 W. Monteiro (1973) 303.

Im Mittelpunkt der Regelung der Geschäftsunfähigkeit des CC bras steht die Unterscheidung zweier Stufen der Einsichtsfähigkeit von Geschäftsunfähigen. Aus dem Fehlen der Einsichtsfähigkeit einer natürlichen Person einerseits oder dem Mangel an Einsichtsfähigkeit andererseits geht die normative Abstufung der Geschäftsunfähigkeit hervor. Bei Fehlen der Einsichtsfähigkeit, die begrifflich als „absolute Geschäftsunfähigkeit" erfasst wird, tritt die Nichtigkeit des Rechtsgeschäfts ein. Bei einer lediglich mangelhaften Einsichtsfähigkeit, der so genannten „relativen Geschäftsunfähigkeit", ordnet das Gesetz dagegen die Anfechtbarkeit des Rechtsgeschäfts an. Neben dem Minderjährigen wird auch der Entmündigte als absolut oder relativ geschäftsunfähig angesehen. Das bedeutet, dass die Entmündigung nicht notwendigerweise zum Entzug der vollen Geschäftsfähigkeit führt. Anzumerken ist weiterhin, dass nach der herrschenden Meinung kein Raum für einen lichten Augenblick bleibt.[57]

Die fehlende Einsichtsfähigkeit macht es dem absolut Geschäftsunfähigen auch unmöglich, ein Testament zu errichten oder eine Ehe zu schließen. Im Gegensatz dazu wird dem relativ Geschäftsunfähigen mehr Freiraum gewährt und ihm sogar gestattet, bei bestimmten Rechtshandlungen alleine tätig zu werden, so etwa bei der Testamentserrichtung. Der wesentliche Unterschied zum beschränkt Geschäftsfähigen im Sinne des BGB betrifft die Wirksamkeit der Rechtshandlung eines relativ Geschäftsunfähigen, denn letzterer bedarf lediglich einer Genehmigung des Berechtigten.[58] Das vom relativen Geschäftsunfähigen alleine geschlossene Rechtsgeschäft ist von Anfang an auch ohne eine Genehmigung wirksam. Es wird jedoch einer nachträglichen Kontrolle des Genehmigungsberechtigten unterstellt und kann daher angefochten werden. Berechtigt sind dazu unter anderem der relativ Geschäftsunfähige selbst, die Eltern oder der Vormund.

Wird der Betroffene vom Gericht entmündigt, sind nach dem rechtskräftigen Urteil sein Name, sein gesetzlicher Vertreter (Pfleger) und die Grenzen seiner Befugnisse aus der Pflegschaft nach Art. 1184 CPC port ins Personenregister einzutragen. Auch ist dies dreimal in einer Zeitung und dem Gesetzblatt zu veröffentlichen. Dies ist jedoch nicht konstitutiv, denn die gerichtliche Entscheidung erhält bereits mit ihrer Verkündung volle Wirksamkeit, auch wenn das Urteil noch nicht rechtskräftig ist. Wird eine Person für relativ geschäftsunfähig erklärt, werden die rechtsgeschäftlichen Handlungen im Urteil aufgezählt, die der Geschäftsunfähige alleine nicht wirksam vornehmen darf (Art. 1772 CC bras). Vor dem Urteil ist stets die konkrete Lage zu untersuchen, um die Wirksamkeit des Rechtsgeschäfts beurteilen zu können. Zu bestimmen ist, ob der Betroffene bei der vorgenommenen Rechtshand-

57 Venosa (2011) 6; Delgado (2008) 140.
58 Miranda / Heinsheimer (1928) 8.

lung bereits von der fehlenden Einsichtsfähigkeit betroffen war. Die Beweislast trägt dann der gesetzliche Vertreter des Entmündigten.[59]

Das Zivilgesetzbuch sieht auch die Emanzipation des relativ geschäftsunfähigen Minderjährigen vor. Die entsprechende Norm war schon wortgleich im alten Zivilgesetzbuch von 1916 vorhanden. Emanzipation bedeutet nicht bloß die Beendigung der elterlichen Verfügungsgewalt, sondern wirkt wie eine Volljährigkeitserklärung.[60] Aus den weiteren Anwendungsfällen ist hervorzuheben, dass gemäß Art. 5 einziger Paragraf I CC bras die Eltern selbst durch einen notariellen Akt den relativ geschäftsunfähigen Minderjährigen emanzipieren können.

Die Großzügigkeit des Gesetzgebers im Hinblick auf diese Emanzipationsmöglichkeit könnte jedoch gerade den Schutzzweck der Geschäftsunfähigkeitsnormen verfehlen, weil sie den notariellen Akt der Willkür der Eltern überlässt. Dies wurde während der Geltung des alten Zivilgesetzbuchs kritisiert und als das Überbleibsel des „patriarchalischen Gedankens" verstanden.[61] Dies wird doch in der Gesellschaft nicht als nachteilig empfunden, insbesondere weil es der Realität vieler Familien entspricht, dass Jugendliche häufig sehr früh selbstständig sein müssen, um etwas zum familiären Lebensunterhalt beitragen zu können. Diese Rechtsfertigung mag mit der sozialen Entwicklung des Landes im Laufe der Zeit wegfallen und in Frage gestellt werden. Insbesondere vor dem Hintergrund der gegenwärtigen Diskussion im Familienrecht über eine Stärkung der Verantwortlichkeit der Eltern gegenüber dem Minderjährigen, was die Erziehung und die Bedeutung der elterlichen Gewalt aus der Perspektive des Kindeswohls anbelangt, ist dies bald zu erwarten.

6.1. Die absolute Geschäftsunfähigkeit

Die absolut Geschäftsunfähigen sind in Art. 3 CC bras geregelt. Sie dürfen keine Rechtshandlungen in eigenem Namen ausführen. Für den Rechtsverkehr ist der Wille eines absolut Geschäftsunfähigen irrelevant.[62] Es liegt eine unwiderlegliche Vermutung vor, dass der absolut Geschäftsunfähige über sein Vermögen alleine nicht verfügen kann.

In Art. 3 CC bras sind drei Fälle absolut Geschäftsunfähiger vorgesehen: a) Minderjährige unter 16 Jahre; b) diejenigen, die wegen eines Gebrechens oder einer psychischen Störung nicht über die erforderliche Einsichtsfähig-

59 STJ (Brasilien), REsp n. 255.271, Rel. Cesar Asfor Rocha, 20.12.2000.
60 Miranda / Heinsheimer (1928) 9.
61 Miranda / Heinsheimer (1928) 9.
62 Rodrigues (1997) 42.

keit zur Vornahme von Rechtshandlungen verfügen; c) diejenigen, die aus vorübergehendem Grund ihren Willen nicht ausdrücken können.[63]

Es bereitet der Rechtsdogmatik Schwierigkeiten zu erklären, wie der absolut geschäftsunfähige Minderjährige Rechtsgeschäfte von geringem Geldwert wirksam schließen kann. Von Gesetzes wegen ist dies als nichtig einzustufen, denn es ist keine Ausnahme von der Nichtigkeitsregelung für diesen Fall vorgesehen. Diese gesetzliche Regelung entspricht insoweit nicht der verbreiteten Vorstellung von der Wirklichkeit. Solche Rechtsgeschäfte werden allerorts geschlossen, ohne dass eine Nichtigkeit in Frage kommt, weil die Geschäfte von der Gesellschaft toleriert werden.[64] Wie weit diese allgemeine Akzeptanz, die nicht der Regelung des Gesetzes entspricht, geht, ist jedoch fraglich. Das Problem ist durchaus bekannt, erhält aber bisher aufgrund seiner geringen Relevanz für das brasilianische Rechtsleben keine große Aufmerksamkeit.

Eine praxisrelevantere Problematik dieser Norm tritt insbesondere bei Volljährigen ein und ergibt sich aus der Frage, welchen Grad an Einschränkung der Einsichtsfähigkeit die gerichtliche Erklärung der Geschäftsunfähigkeit herbeiführen kann. Die einfache Diagnose einer psychischen Störung reicht nicht aus, um die Geschäftsunfähigkeit zu begründen[65]; vielmehr hat im Einzelfall der Richter ein medizinisches Gutachten einzuholen, um den geistigen Zustand des Betroffenen genauer beurteilen zu können. Der Richter ist nicht an das fachliche Gutachten gebunden; wenn aber eine Entmündigung in Betracht kommt, wird es aller Wahrscheinlichkeit nach für die richterliche Entscheidung den Ausschlag zwischen absoluter und relativer Geschäftsunfähigkeit geben. Zu entscheiden ist, ob die erforderliche Einsichtsfähigkeit der Person gänzlich fehlt oder ob sie nur eingeschränkt ist. Es muss eine schwerwiegende Behinderung vorliegen, welche die Einsichtsfähigkeit des Betroffen tatsächlich beeinträchtigt.

Der Minderjährige wird entweder von seinen Eltern oder von einem Vormund gesetzlich vertreten. Die Geschäftsunfähigkeit eines Volljährigen setzt seine Entmündigung voraus. Das Gericht bestellt dem Volljährigen im Rahmen des Entmündigungsprozesses einen Pfleger. Der gesetzliche Vertreter handelt im Namen des absolut Geschäftsunfähigen. Die Handlungen des Pflegers sind allerdings im Vergleich zu deren Ausübung durch die Eltern einer strengeren Kontrolle ausgesetzt.

---

63 Art. 3. CC bras: Absolut [geschäfts-]unfähig, die Rechtshandlungen des bürgerlichen Lebens vorzunehmen, sind: I – die Minderjährigen unter sechzehn Jahren; II - diejenigen, die wegen Gebrechen oder psychischer Störung nicht über die erforderliche Einsichtsfähigkeit zur Vornahme dieser Rechtshandlungen verfügen; III - diejenigen, die aus vorübergehendem Grund ihren Willen nicht ausdrücken können.

64 Venosa (2011) 5.

65 Simão (2008) 26-27.

Die Normen jedoch, welche die Entmündigung regeln, sind nicht im Allgemeinen Teil zu finden, sondern im Familienrecht von Art. 1767 CC bras bis Art. 1783 CC bras. Dass diese nicht nur in Angelegenheiten des Familienrechts von Bedeutung sind, liegt jedoch auf der Hand. Die Verbindung der Entmündigungsnormen mit dem Familienrecht lässt sich aber dadurch rechtfertigen, dass die Familienangehörigen im Regelfall zur gesetzlichen Vertretung des absolut Geschäftsunfähigen ernannt werden. In systematischer Hinsicht jedoch wäre es sinnvoller, diese Regelungen in den Allgemeinen Teil zu bringen. Denn ihre Bedeutung erstreckt sich über das Familienrecht hinaus. Dadurch wäre der Zusammenhang mit den Vorschriften über die Person verstärkt. Der brasilianische Gesetzgeber hat somit die Gelegenheit verpasst, den Regelungen der Geschäftsfähigkeit im systematischen Zusammenhang besser gerecht zu werden, insbesondere weil das portugiesische Zivilgesetzbuch dafür ein Vorbild hätte sein können.

Im gerichtlichen Verfahren muss der Richter nach Art. 168 CC bras die Nichtigkeit des Rechtsgeschäfts eines absolut Geschäftsunfähigen von Amts wegen erklären. Das Fehlen der Einsichtsfähigkeit ist weder durch die Genehmigung des gesetzlichen Vertreters noch durch Zeitablauf heilbar.

6.2. Die relative Geschäftsunfähigkeit

Die relative Geschäftsunfähigkeit ist in Art. 4 CC bras geregelt. Dieser besagt, dass folgende Personen als relativ geschäftsunfähig anzusehen sind: a) die Minderjährigen zwischen 16 und 18 Jahren; b) die Trunksüchtigen, die Rauschgiftsüchtigen und diejenigen, die wegen psychischer Störung eine reduzierte Einsichtfähigkeit haben; c) die geistig Behinderten ohne vollständige geistige Entwicklung; d) die Verschwendungssüchtigen.[66]

Die relativ Geschäftsunfähigen brauchen keinen gesetzlichen Vertreter. Die Handlungsinitiative bleibt ihnen, sie bedürfen lediglich der Genehmigung der Eltern, des Vormunds oder des Pflegers, um am Rechtsverkehr teilzunehmen. Der Wille der relativ Geschäftsunfähigen muss nunmehr berücksichtigt werden. Die Genehmigungsberechtigten dürfen nicht im Namen des relativ Geschäftsunfähigen handeln. Die Genehmigung zur rechtsgeschäftlichen Handlung eines relativ Geschäftsunfähigen darf gleichzeitig oder nach-

66 Art. 4. CC bras: [Geschäfts-]Unfähig hinsichtlich bestimmter Rechtshandlungen oder der Arten ihrer Vornahme sind: I - die Minderjährigen über 16 und unter 18 Jahren; II - die Trunksüchtigen, die Rauschgiftsüchtigen und diejenigen, die wegen psychischer Störung eine reduzierte Einsichtfähigkeit haben; III - die geistig Behinderten ohne vollständige geistige Entwicklung; IV - die Verschwendungssüchtigen. Einziger Paragraf: Die [Geschäfts-] Fähigkeit der Indianer wird von Sonderregelungen geregelt.

träglich erfolgen, ihre Erteilung im Voraus ist hingegen nicht gesetzlich vorgesehen. Dies widerspricht jedoch nicht dem Zweck der Regelung der relativen Geschäftsunfähigkeit. Eine solche Auslegung verfehlt nicht den Schutzzweck dieser Rechtsnorm. Um sein Interesse zu schützen, soll der Vertragspartner eines relativ Geschäftsunfähigen die Genehmigung des Berechtigten beim Vertragsschluss verlangen. Diese Lösung ist das Ergebnis eines Interessenausgleichs und ergibt sich daraus, dass der relativ Geschäftsunfähige bei vorliegender Genehmigung des Berechtigten bei einem ordnungsgemäß geschlossenen Rechtsgeschäft nicht mehr schutzwürdig ist. Eine Anfechtbarkeit des Rechtsgeschäfts wegen der Geschäftsunfähigkeit ist dann ausgeschlossen. Geht ein Vertragspartner aber trotz der fehlenden Genehmigung eine vertragliche Bindung mit einem relativ Geschäftsunfähigen ein, geht der Schutz des Geschäftsunfähigen vor möglichen Beeinträchtigungen aufgrund dessen Unerfahrenheit vor. Das Geschäftsrisiko trägt der Vertragspartner des relativ Geschäftsunfähigen. In diesem Fall heilt jedoch eine Genehmigung des Berechtigten das mangelhafte Rechtsgeschäft.

Nur durch eine Klage kann die relative Geschäftsunfähigkeit als Anfechtungsgrund geltend gemacht werden. Hervorzuheben ist insoweit, dass sich nur der Geschäftsunfähige, nicht jedoch sein Vertragspartner, auf diesen Anfechtungsgrund berufen darf. Was die Anfechtungsfrist anbelangt, gewährt Art. 178 III CC bras dem Minderjährigen eine Frist von vier Jahren ab dem Zeitpunkt der Erlangung der Volljährigkeit. Anfechtungsberechtigt ist der gerade volljährig Gewordene. Bis zu diesem Zeitpunkt darf der Genehmigungsberechtigte das Anfechtungsrecht ausüben. Der gute Glaube an die volle Geschäftsfähigkeit eines Minderjährigen wird nicht geschützt, es sei denn, die Partei wird diesbezüglich vom relativ geschäftsunfähigen Minderjährigen arglistig getäuscht (Art. 180 CC bras). Wird der Anfechtungsgrund der relativen Geschäftsunfähigkeit vor Gericht geltend gemacht, entsteht die Frage, wie gelegentlich entstandene Schäden zu regulieren sind. Nach Art. 182 CC bras sind die Parteien nach der gerichtlichen Entscheidung so zu stellen, als ob das Rechtsgeschäft nicht zustande gekommen wäre. Es kommt daher ein Ersatz des negativen Interesses durch den relativ Geschäftsunfähigen in Betracht. Im Fall des relativ geschäftsunfähigen Minderjährigen obliegt es jedoch dem Vertragspartner nach Art. 181 CC bras nachzuweisen, dass die von ihm erbrachte Leistung dem Minderjährigen zugute kommt.[67]

Bei den Regelungen zum relativ geschäftsunfähigen Minderjährigen hat der Gesetzgeber eine Gelegenheit verpasst, die Zweckmäßigkeit eines Stufenaufbaus für Minderjährige zu bewahren und zugleich an die zeitliche Entwicklung anzupassen. Es ist nicht zu erklären, warum einerseits die Volljährigkeit auf das 18. Lebensjahr herabgesetzt wurde, anderseits aber die

---

67 Venosa (2011) 198.

Grenze zwischen relativer und absoluter Geschäftsunfähigkeit unverändert geblieben ist. Dieselben Gründe, die den Gesetzgeber veranlasst haben, die Volljährigkeit herabzusetzen, nämlich die frühere Erreichung eines bestimmten Reifengrads, sprechen auch für eine entsprechende Herbabsetzung der Altersgrenzen der relativen Geschäftsunfähigkeit. Hiermit wäre die abgestufte Integrierung des Minderjährigen in die Gesellschaft den beiden Kategorien der Geschäftsunfähigkeit eher gerecht geworden. Ein Bedeutungsverlust der gesetzlichen Altersstufen zeigt sich deutlich daran, dass die möglichen Anwendungsfälle damit drastisch reduziert wurden.

Die neue Fassung der relativen Geschäftsunfähigkeit ordnet nicht an, dass die indigene Bevölkerung pauschal als relative geschäftsunfähig angesehen werden soll, wie es beim Zivilgesetzbuch von 1916 der Fall war. Die Geschäftsfähigkeit wird denjenigen Indigenen zugesprochen, die sich an die neuen Lebensgewohnheiten der Gesellschaft gewöhnt haben. Anderenfalls gewährleistet das öffentliche Recht deren Schutz und sie werden unter die Vormundschaft einer öffentlichen Behörde gestellt. Die rechtsgeschäftlichen Handlungen, denen die zuständige Behörde nicht zugestimmt hat, sind daher anfechtbar.[68]

7. Schluss

Die Gemeinsamkeiten zwischen Brasilien und Portugal sind insbesondere bei den dogmatischen Begrifflichkeiten im Zivilrecht festzustellen. Dies geht in hohem Maße auf die Zeit der politischen Bindung zurück. Seither ist eine beachtliche inhaltliche Änderung in den Regelungen der Geschäftsfähigkeit zu konstatieren. Beide Rechtsordnungen standen in der Zeit der Kodifizierung des Zivilrechts unter verschiedenen ausländischen Einflüssen, insbesondere des *Code Civil* und des BGB. Dieser Unterschied lässt sich außerdem in der Rechtsentwicklung des 19. Jahrhunderts am Werk der wichtigsten Juristen beider Länder ablesen. In der folgenden Zeit nahm die Einwirkung der Pandektistik auf das portugiesische Recht zu. In beiden Länder ist heute schon das zweite Zivilgesetzbuch in Kraft.

Das geltende portugiesische Zivilgesetzbuch ist ein Beispiel für eine gelungene Systematisierung der Geschäftsfähigkeit, welche die verschiedenen ausländischen Einflüsse und die eigene Rechtstradition aus dem ersten Zivilgesetzbuch in Einklang bringt. Durch den Regelungsort der Normen, die zur Geschäftsunfähigkeit führen, wird die Verknüpfung zwischen dem Allgemeinen Teil und den übrigen Büchern des Zivilgesetzbuchs verstärkt. Das allgemeine Bild der geschäftsfähigen Person als allgemeine Lehre kommt durch

68 Delgado (2008) 145.

die Verortung im Allgemeinen Teil viel konsequenter zum Ausdruck als in Brasilien. Die Entmündigung erlangt eine wichtige Bedeutung, nicht nur für das Familienrecht. Ihre Einbeziehung in den Allgemeinen Teil schafft Klarheit, insbesondere wenn die Kritik an der Voranstellung eines Allgemeinen Teils häufig auf dessen mangelnde Verständlichkeit abzielt. Doch es lässt sich nicht leugnen, dass sich die Anwendung dieser Normen auf das ganze System erstreckt und nur ausnahmsweise davon abgewichen wird.

Der Minderjährige wird sehr unterschiedlich behandelt. Die Portugiesen haben sich für eine tatsächliche Überprüfung der Geschäftsfähigkeit des Minderjährigen entschieden. Diese Lösung wirft viele Fragen in Bezug auf ihre Praktikabilität auf, insbesondere was die Rechtssicherheit angeht. Problematisch scheint außerdem, dass das Schweigen des gesetzlichen Vertreters eines Geschäftsunfähigen nach portugiesischem Recht auch Rechtsfolgen mit sich bringen kann, denn ein vom Geschäftsunfähigen vorgenommenes Rechtsgeschäft ist grundsätzlich unabhängig von seinem Alter lediglich anfechtbar. Dies könnte aber gerade den Schutzzweck der Geschäftsunfähigkeitsnormen verfehlen. Das brasilianische Zivilgesetzbuch baut den Schutz des Minderjährigen auf die Festlegung von Altersstufen auf und nimmt damit Abstand von einer tatsächlichen Überprüfung der Geschäftsfähigkeit. In beiden Zivilgesetzbüchern hat der Dritte dem Minderjährigen gegenüber nach dem Vertragsschluss eine rein passive Rolle. Die Bewahrung seines Interesses wird vor den Vertragsschluss gestellt.

Die Entmündigung taucht als wichtigstes Instrument zur Herabstufung der vollen Geschäftsfähigkeit eines Volljährigen in beiden Ländern auf. Ob dieses Rechtsinstitut noch als zeitgemäß anzusehen ist, darf aus rechtsvergleichender Perspektive bezweifelt werden. Selbst der Begriff „Entmündigung" ist bereits in einigen Ländern verschwunden.

Literaturverzeichnis

Andrade (2003): *Manuel Antonio Domingues de Andrade*, Teoria Geral da Relação Jurídica, Bd. I (Nachdr. Coimbra 2003).

Baldus (2008): *Christian Baldus*, Export des Pandektensystems?, in: (öst.) Journal für Rechtspolitik (JRP) 16 (2008) 23-26.

Baldus (2010): *Christian Baldus*, § 3: Gesetzesbindung, Auslegung und Analogie: Römische Grundlagen und Bedeutung des 19. Jahrhunderts, in: *Karl Riesenhuber* (Hrsg.), Europäische Methodenlehre. Handbuch für Ausbildung und Praxis (2. Aufl. Berlin 2010) 26-111.

Beviláqua (1940): *Clóvis Beviláqua*, Código Civil dos Estados Unidos do Brasil comentado, Bd. I (Rio de Janeiro 1940).

Beviláqua (1946): *Clóvis Beviláqua*, Teoria Geral do Direito Civil (3. Aufl. Rio de Janeiro 1946).

Brito (2005): *Alejandro Gúzman Brito*, Acto, negocio, contrato y causa en la tradición del derecho europeo e iberoamericano (Navarra 2005).
Costa (1985): *Mario Julio de Almeida Costa*, Noções de direito civil (2. Aufl. Coimbra 1985).
Costa (2012): *Mario Julio de Almeida Costa*, História do direito português (5. Aufl. Coimbra 2012).
Cruz (1981): *Guilherme Braga da Cruz*, O direito subsidiário na história do direito português, in: Obras Esparsas. Estudos de História do Direito. Direito Moderno, Bd. II, Teilbd. 2 (Coimbra 1981) 245-437.
Cruz (1981a): *Guilherme Braga da Cruz*, Formação histórica do moderno direito privado português e brasileiro, in: Obras Esparsas. Estudos de História do Direito. Direito Moderno, Bd. II, Teilbd. 1 (Coimbra 1981) 25-77.
Delgado / Gomes Junior (2008): *José Augusto Delgado / Manoel Gomes Junior* (Hrsg.), Comentários ao Código Civil brasileiro: Arts. 104 a 232 (Rio de Janeiro 2008).
Diniz (2002): *Maria Helena Diniz*, Arts. 1.° a 232 e Arts. 2.028 a 2.036, in: *Ricardo Fiúza* (Hrsg.), Novo Código Civil comentado (São Paulo 2002).
Enneccerus / Nipperdey (1960): *Ludwig Enneccerus / Hans Carl Nipperdey*, Allgemeiner Teil des Bürgerlichen Rechts, II Halbbd. (15 Aufl. Tübingen 1960).
Freitas (1859): *Augusto Teixeira de Freitas*, Nova apostila à censura do Senhor Alberto de Moraes Carvalho sobre o projecto do Código Civil Portuguez (Rio de Janeiro 1859).
Freitas (1876): *Augusto Teixeira de Freitas*, Consolidação das leis civis, Bd. I (3. Aufl. Rio de Janeiro 1876).
Freire (1779): *Pascoal José de Melo Freire*, Instituições de direito civil português, Bd. I, *Miguel Pinto de Menezes* (Übers.) (Coimbra 1967).
Guichard (2011): *Raul Guichard*, Sobre a incapacidade dos menores no direito civil e a sua justificação (Zugriff am 27.7.2012, unter: https://sites.google.com/site/textosderaulguichard).
Hauagge (2009): *Vinicius Elias Hauagge*, Visconde de Seabra e a codificação civil brasileira, in: Biblioteca Digital Jurídica (Zugriff am 21.7.2012 unter: http://bdjur.stj.gov.br/dspace/handle/2011/22590).
Hörster (1992): *Heinrich Ewald Hörster*: A parte geral do Código Civil português: teoria geral do direito civil (Coimbra 1992).
Jayme (1997): *Erik Jayme*, Guilherme Moreira und die deutsche Pandektistik, in: *Erik Jayme / Heinz-Peter Mansel* (Hrsg.), Auf dem Weg zu einem gemeineuropäischen Privatrecht: 100 Jahre BGB und die lusophonen Länder (Baden-Baden 1997) 63-71.
Justo (2001): *Antonio dos Santos Justo*, O direito brasileiro: raízes históricas, in: Revista Brasileira de Direito Comparado (20) 2001, 2-14.
Kiefner (1982): *Hans Kiefner*, Das Rechtsverhältnis. Zu Savigny System des Römischen Rechts, in: Europäisches Rechtsdenken in Geschichte und Gegenwart. Festschrift für Helmut Coing zum 70. Geburtstag, Bd. I (München 1982) 149-176.
Losano (1974): *Mario Giuseppe Losano*, La scuola di Recife e l'influenza tedesca sul diritto brasiliano, in: *Giovanni Tarello* (Hrsg.), Materiali per una storia della cultura giuridica, Bd. IV (Bologna 1974) 323-415.
Marques (1997): *Claudia Lima Marques*, Das BGB und das brasilianische Zivilgesetzbuch von 1916, in: *Erik Jayme / Heinz-Peter Mansel* (Hrsg.), Auf dem Weg zu einem gemeineuropäischen Privatrecht: 100 Jahre BGB und die lusophonen Länder (Baden-Baden 1997) 73-97.

Miranda / Heinsheimer (1928): *Francisco Cavalcanti Pontes de Miranda / Karl Heinsheimer* (Hrsg.), Brasilien: Código civil: mit Übersetzung, Einleitung und Anmerkungen (Mannheim / Berlin / Leipzig 1928).
Miranda (1954): *Francisco Cavalcanti Pontes de Miranda*, Introdução, pessoas físicas e jurídicas, Bd. I (Rio de Janeiro 1954).
Monteiro (1973): *Washington de Barros Monteiro*, Direito de família (12. Aufl. São Paulo 1973).
Monteiro (1997): *Jorge Ferreira Sinde Monteiro*, Manuel de Andrade und der Einfluß des deutschen Bürgerlichen Gesetzbuches auf das portugiesische Zivilgesetzbuch von 1966, in: *Erik Jayme / Heinz-Peter Mansel* (Hrsg.), Auf dem Weg zu einem gemeineuropäischen Privatrecht: 100 Jahre BGB und die lusophonen Länder (Baden-Baden 1997) 29-49.
Mota Pinto / Pinto Monteiro / Mota Pinto (2005): *Carlos Alberto da Mota Pinto / António Pinto Monteiro / Paulo Mota Pinto*, Teoria geral do direito civil (4. Aufl. Coimbra 2005).
Müller (2008): *Jens Müller*, Der Allgemeine Teil im portugiesischen Zivilgesetzbuch (Hamburg 2008).
NomosKommentar BGB (2012): *Thomas Heidel* u.a. (Hrsg.), NomosKommentar BGB. Bd. 1: Allgemeiner Teil. EGBGB (2. Aufl. Baden-Baden 2012).
Paz (1927): *Enrique Martinez Paz*, Freitas y su influencia sobre el Codigo Civil argentino (Cordoba 1927).
Pereira (1996): *Caio Mário da Silva Pereira*, Instituições die direito civil, Bd. I (18. Aufl. Rio de Janeiro 1996).
Pinheiro (2009): *Jorge Duarte Pinheiro*, As pessoas deficientes como sujeitos de direitos e deveres: incapacidades e suprimento – a visão do jurista (Zugriff am 1.7.2012 unter: http://www.icjp.pt/sites/default/files/media/600-886.pdf).
Rocha (1848): *Manuel Antonio Coelho da Rocha*, Instituições de direito civil portuguez, Bd. I (2. Aufl. Coimbra 1848).
Rodrigues (1997): *Sílvio Rodrigues*, Direito Civil: parte geral (27. Aufl. São Paulo 1997).
Savigny (1840): *Friedrich Karl von Savigny*, System des heutigen Römischen Rechts, Bd. I (Berlin 1840).
Schipani (1988): *Sandro Schipani* (Hrsg.), Augusto Teixeira de Freitas e il diritto latinoamericano (Padova 1988).
Schmidt (2009): *Jan Peter Schmidt*, Zivilrechtskodifikation in Brasilien (Tübingen 2009).
Seabra (1859): *António Luís de Seabra*, Novíssima apostila em resposta à diatribe do Sr. Augusto Teixeira de Freitas contra o projeto do Código Civil português (Coimbra 1859).
Simão (2008): *José Fernando Simão*, Responsabilidade civil do incapaz (São Paulo 2008).
Venosa (2011): *Sílvio de Salvo Venosa*, Código Civil interpretado (2. Aufl. São Paulo 2011).
Vicente (2009): *Dário Moura Vicente*, O lugar dos sistemas jurídicos lusófonos (Zugriff am 27.6.2012 unter: http://www.fd.ul.pt/LinkClick.aspx?fileticket=Hok25hMXaWk%3D&tabid=341).
Wald (1997): *Arnoldo Wald*, O direito como instrumento catalisador do desenvolvimento das relações econômicas entre a França e o Brasil, in: Revista de Informação legislativa (Infolegis) 134 (1997) 87-94.

Konstruktion und Form des Rechtsgeschäfts und der Willenserklärung in der polnischen dogmatischen Diskussion und in der Rechtspraxis des 20. und 21. Jahrhunderts*

Jerzy Pisuliński

Abstracts

This paper presents the evolution of regulations governing legal transactions and the submission of declarations of intent from the unification of the Polish civil law provisions in the respective scope by the Code of Obligations of 1933, through the regulations in the General Provisions of the Civil Law of 1950, up until the provisions of the current Civil Code of 1964. In addition, the draft of book one of the new civil code of 2008 (general part) has been critically examined. Despite including the definition of "declaration of intent" therein, this concept was understood differently in legal science. Until the mid-1970s, the subjective and objective concepts of a declaration of will dominated. In more recent literature, however, the objective depiction of a declaration of will is starting to prevail, first started by Jan Gwiazdomorski. This paper also presents various definitions of legal transaction. It indicates that the contemporary doctrine has moved away from identifying legal transactions with a declaration of intent. In the science of civil law, an attempt has been made to formulate a definition of legal transaction, one which makes a reference to the notion of conventional actions, which differs from the traditional definition. The originator and leading representative of this line of thought is Zbigniew Radwański. This idea, however, has been met with criticism as it treats a legal transaction as consecutive, which is incorrect from a methodological point of view. This paper also presents the evolution of provisions governing the form of a declaration of intent. The draft of book one of the new civil code basically retains, with minor changes, the provisions regarding form included in the civil code of 1964. The draft abandons the written form for evidential purposes and introduces the so-called document form.

O presenta artigo trata da evolução das normas referente a negócios jurídicos e declaração de vontade a partir da unificação da lei civil polonesa no âmbito do Código das Obrigações de 1933, passando pela regulamentação das regras gerais na lei civil de 1950, até as regras do atual Código Civil de 1964. Também o projeto de um novo Código Civil de 2008 (Parte Geral) foi analisado de forma crítica. Apesar da inclusão ali da

* Übersetzung aus dem Polnischen: Dr. Anna Przyborowska.

definição de declaração de vontade, este conceito foi entendido de forma completamente diferente pela doutrina. Até a metade da década de 70, dominavam a noção subjetiva e a noção objetiva de declaração de vontade. Porém, a versão objetiva da declaração de vontade passou a dominar a literatura posterior, o que teve início com J. Gwiazdomorski. O presente artigo apresenta também as várias definições de ato jurídico. Isto indica que a doutrina atual abandonou a identificação do negócio jurídico com a declaração de vontade. Na ciência do direito civil foi feita uma tentativa de se formular uma definição de negócio jurídico diversa da tradicional que fizesse referência à noção de acordo. O criador e maior representante dessa linha de pensamento foi Z. Radwański. Essa ideia, no entanto, dá lugar à crtítica quando trata o negócio jurídico como consequência, o que é errado do ponto de vista metodológico. Este trabalho apresenta ainda a evolução das regras referentes â forma da declaração de vontade. O projeto do livro primeiro do novo Código Civil praticamente mantém, com pequenas alterações, as regras concernentes às forma previstas no Código Civil de 1964. O projeto abandona a forma escrita para fins probatórios e introduz a chamada forma documental.

W artykule przedstawiono ewolucję uregulowania czynności prawnych i składania oświadczenia woli od ujednolicenia przepisów polskiego prawa cywilnego w tym zakresie przez kodeks zobowiązań z 1933 r., przez regulację w przepisach ogólnych prawa cywilnego z 1950 r. aż do przepisów obowiązującego kodeksu cywilnego z 1964 r. Omówiono krytycznie także projekt z 2008 r. księgi pierwszej nowego kodeksu cywilnego (część ogólna). Mimo zamieszczenia w tych regulacjach definicji oświadczenia woli pojęcie to było różnie rozumiane w nauce prawa. Do połowy lat 70-tych XX w. dominowała koncepcja subiektywno-obiektywna oświadczenia woli. W nowszej literaturze zaczyna jednak przeważać ujęcie obiektywne oświadczenia woli, zapoczątkowana przez J. Gwiazdomorskiego. W artykule przedstawiono także różne definicje pojęcia czynności prawnej. Wskazano, że współcześnie doktryna całkowicie odeszła od utożsamiania czynności prawnej z oświadczeniem woli. W nauce prawa cywilnego podjęto próbę sformułowania odmiennej od tradycyjnej definicji czynności prawnych, która nawiązuje do pojęcia czynności konwencjonalnych. Twórcą i czołowym przedstawicielem tego kierunku jest Z. Radwański. Koncepcja ta spotyka się jednak z krytyką ze względu na traktowanie czynności prawnej jako skutkowej, co jest niepoprawne z metodologicznego punktu widzenia. W artykule przedstawiono też ewolucję przepisów regulujących formę oświadczenia woli. Projekt księgi pierwszej nowego KC w zasadzie utrzymuje z drobnymi zmianami przepisy o formie zawarte w KC z 1964 r. Projekt rezygnuje z formy pisemnej dla celów dowodowych a także wprowadza tzw. formę dokumentową.

1. Einführung

Die Evolution der Ansichten zum Thema der Begriffe der „Willenserklärung“ und des „Rechtsgeschäfts“ in der polnischen Rechtslehre und Rechtsprechung des 20. und 21. Jahrhunderts darzustellen würde eine umfangreiche Monographie erfordern. Deswegen werden die folgenden Anmerkungen eher den Charakter einer Synthese haben. Es ist nämlich unmöglich, auf alle zu diesem Thema in der Rechtslehre und Rechtsprechung geäußerten Ansichten einzugehen. Bereits eingangs sei jedoch betont, dass die Bestandsaufnahme der polnischen Lehre in diesem Bereich im Vergleich zur gut ausgebauten deutschen Literatur recht arm ausfällt. Bezeichnend ist, dass dem Begriff der „Willenserklärung" in der polnischen Lehre bislang nur eine monographische Bearbeitung gewidmet wurde[1]. Außer einigen wenigen Ausnahmen[2] wird die Problematik der Willenserklärungen vor allem in Systemdarstellungen und Lehrbüchern sowie – quasi beiläufig – bei der Analyse anderer Fragen (insbesondere der Willensmängel) besprochen[3]. Ebenfalls wird dem Begriff des „Rechtsgeschäfts" hauptsächlich in Systemdarstellungen und Lehrbüchern Beachtung geschenkt; es fehlt jedoch – was überraschend ist – an einer Monographie. Lediglich die Problematik der Unwirksamkeit des Rechtsgeschäfts wurde Gegenstand von (gar) drei monographischen Bearbeitungen[4]. Es wundert also nicht, dass in Bezug auf den Begriff des „Rechtsgeschäfts" im Grunde alles umstritten ist. Es fällt schwer, diese Sachlage als befriedigend zu bewerten.

Es sollte jedoch angemerkt werden, dass trotz des unzureichenden Niveaus der polnischen Untersuchungen der Rechtsgeschäftsproblematik den Vertretern der polnischen Rechtslehre die deutschen Ausarbeitungen über die Theorien der Willenserklärungen sowie die Konzeptionen der Rechtsgeschäfte gut bekannt sind und dass verbreitet davon Gebrauch gemacht wird. Praktisch in allen Ausarbeitungen, die den Begriffen der „Willenserklärung" und des „Rechtsgeschäfts" gewidmet sind, wird auf Arbeiten der führenden, sich mit dieser Thematik befassenden Vertreter der deutschen Rechtslehre, wie z.B. (in der älteren Literatur) auf die Arbeiten von A. Manigk und E. Danz, in der neueren hingegen die von K. Larenz, W. Flume und C. W. Canaris, verwiesen. Die polnische Rechtslehre steht in diesem Bereich also unter einem wesentlichen Einfluss der deutschen Lehre.

---

1 Jędrzejewska (1992).

2 Vor allem sei auf die folgenden Ausarbeitungen hingewiesen: Gwiazdomorski (1974) 57; Szpunar (1974) 3 ff.; Jędrzejewska (1989) 75 ff.

3 Vgl. die kurzen Erörterungen zum Begriff der Willenserklärung in den Ausarbeitungen von Kozaczka (1961) 8 ff.; Lewaszkiewicz-Petrykowska (1973) 13 ff.

4 Vgl. Preussner-Zamorska (1983); Gutowski (2006); Gutowski (2010).

2. Die Regelung der Willenserklärung und des Rechtsgeschäfts im Obligationengesetzbuch, im Gesetz über allgemeine Vorschriften des Zivilrechts von 1950, im Zivilgesetzbuch von 1964 und im Entwurf des neuen Zivilgesetzbuches

2.1. Das Obligationengesetzbuch (poln.: Kodeks zobowiązań), das am 1. Juli 1934 in Kraft getreten ist[5] und das die bis dahin geltenden Vorschriften der Zivilgesetzbücher der ehemaligen Besatzerstaaten[6] – in dem von ihm geregelten Rahmen – ersetzt hat, enthielt keine erschöpfende Regelung der Rechtsgeschäftsproblematik. Es hat jedoch in den Vorschriften über die Entstehung von Schuldverhältnissen die Fragen der Abgabe von Willenserklärungen (Art. 29-30) und der Willensmängel (Art. 31-45) geregelt. Wie Art. 29 KZ feststellte, kann man seinen Willen nicht nur durch Worte und allgemein bekannte Zeichen erklären, sondern auch durch ein Verhalten, das in der gegebenen Situation keinen Zweifel über den Inhalt der Erklärung entstehen lässt[7]. Das Obligationgesetzbuch enthielt auch eine Definition des Vertrages (Art. 50) sowie Vorschriften über den Vertragsschluss (Art. 61-73). Aus Art. 50 § 1 KZ ging hervor, dass der Vertrag durch übereinstimmende Willenserklärungen zweier Parteien entsteht, deren Rechtsfolge die Entstehung eines (nicht nur schuldrechtlichen, s. § 2 dieser Vorschrift) Rechtsverhältnisses ist. Es sei betont, dass Art. 1 KZ unter den Ereignissen, aus denen sich ein Schuldverhältnis ergeben kann, die Willenserklärung aufzählte. Das Rechtsgeschäft erwähnte diese Vorschrift nicht[8].

2.2. Die Vorschriften des KZ über Rechtsgeschäfte, darunter über Willenserklärungen, wurden zum 1. Oktober 1950 durch das Gesetz über allgemeine Vorschriften des Zivilrechts (poln.: *Przepisy ogólne prawa cywilnego,*

---

5 Verordnung des Präsidenten der Republik Polen vom 27. Oktober 1933, Dz.U. Nr. 82, Pos. 598.

6 Es ging insbesondere um die Vorschriften des BGB, des ABGB und des Code Napoléon.

7 Diese Vorschrift stellte eine Wiederholung des Art. 29 des Entwurfes des Gesetzes über das Obligationenrecht, der am 23.-27. Juni 1933 vom Verabschiedungskolleg der Kodifikationskommission angenommen wurde, dar. Er unterschied sich nicht wesentlich von Art. 39 des Entwurfes des Gesetzes über das Obligationenrecht, der in der zweiten Lesung von der 3. Unterkommission für Zivilrecht der Kodifikationskommission angenommen wurde. Diese Vorschriften knüpften an Art. 15 S. 1 des vorläufigen Entwurfes des Gesetzes über das Obligationenrecht, der von *E. Till* im Jahre 1923 angefertigt wurde, an. Siehe auch Art. 52 des Gegenentwurfes, der von *L. Domański* angefertigt wurde.

8 Laut A. Szpunar (1974) 8 war dies eine der Ursachen, weswegen das Rechtsgeschäft häufig mit der Willenserklärung gleichgesetzt wurde.

im Folgenden: AVZG)[9] aufgehoben. Dieses Gesetz regelte die Rechtsgeschäfte in Titel III (Art. 40-98). Gemäß Art. 40 AVZG verstand man unter einem Rechtsgeschäft eine Handlung, die die Entstehung, Änderung oder Aufhebung eines Rechtsverhältnisses beabsichtigt und die nicht nur die in ihr ausgedrückten Rechtsfolgen herbeiführt, sondern auch solche, die aus Gesetz oder Gebräuchen hervorgehen. Art. 43 AVZG hingegen definierte die Willenserklärung. Laut dieser Vorschrift konnte – bis auf die vom Gesetz vorgesehenen Ausnahmen – der Wille der ein Rechtsgeschäft vornehmenden Person durch jegliches Verhalten dieser Person, das ihren Willen hinreichend deutlich macht, ausgedrückt werden.

2.3. Art. 43 AVZG wurde ohne Änderungen von Art. 60 des Zivilgesetzbuches (*Kodeks cywilny* in der ursprünglichen Fassung)[10], das am 1. Januar 1965 in Kraft getreten ist, übernommen. Im Jahre 2001 wurde Art. 60 KC novelliert[11], indem an sein Ende die Worte „darunter auch durch das Offenbaren des Willens dieser Person in elektronischer Form“ hinzugefügt wurden. Diese Änderung hatte die Betonung der Zulässigkeit der Abgabe von Willenserklärungen in elektronischer Form im Sinn.

In das geltende Zivilgesetzbuch wurde der erste Teil des Art. 40 AVZG hingegen nicht übernommen, obwohl sein Äquivalent in den Entwürfen des Zivilgesetzbuches aus den Jahren 1954, 1955 und 1960 enthalten war[12]. Der geltende Art. 56 KC nimmt lediglich auf den zweiten Teil des Art. 40 AVZG Bezug und besagt, dass ein Rechtsgeschäft nicht nur die in ihm zum Ausdruck gebrachten Rechtsfolgen herbeiführt, sondern auch solche, die sich aus Gesetz, aus den Grundsätzen des gesellschaftlichen Zusammenlebens und aus gefestigten Gebräuchen ergeben.

2.4. Ähnlich wie im Zivilgesetzbuch von 1964 soll sich im geplanten neuen Zivilgesetzbuch, an dessen Entwurf die Kodifikationskommission für Zivilrecht arbeitet, im ersten Buch ein gesonderter, den Rechtsgeschäften gewidmeter Titel finden[13]. Im Vergleich zum geltenden Zivilgesetzbuch fällt auf, dass im Allgemeinen Teil eine Regelung bezüglich des Vertragsschlusses keine Berücksichtigung gefunden hat, was darauf zurückzuführen ist, dass die Kodifikationskommission für Zivilrecht beabsichtigt, diese Frage im zweiten Buch in den allgemeinen Vorschriften des Schuldrechts zu regeln.

9 Gesetz vom 18. Juli 1950, Dz.U. Nr. 34, Pos. 311.

10 Gesetz vom 23. April 1964, Dz.U. Nr. 16, Pos. 93 mit Änd.

11 Durch das Gesetz vom 18. September 2001, Dz.U. Nr. 130, Pos. 1450.

12 Wie Gwiazdomorski (1974) 67, behauptet, beabsichtigte der Verzicht in Art. 56 KC auf den Ausdruck „[Handlung, die] die Entstehung, Änderung oder Aufhebung eines Rechtsverhältnisses bezweckt“, der in Art. 40 enthalten war, die Objektivierung des Begriffs des „Rechtsgeschäfts“.

13 Siehe Titel IV (Art. 78-134) des Entwurfes des ersten Buches: Księga pierwsza kodeksu cywilnego. (2009).

Die Willenserklärung wurde in Art. 78 § 2 KC-E geregelt. Entsprechend dieser Vorschrift ist eine „Willenserklärung jegliches Verhalten einer Person, durch das diese ihren Willen zum Eintritt von Rechtsfolgen, die insbesondere in der Entstehung, der Änderung oder dem Erlöschen eines Rechtsverhältnisses bestehen, ausdrückt“. Im Vergleich zu Art. 60 KC wird in dieser Vorschrift nicht die „Ausnahme der gesetzlich vorgesehenen Fälle” erwähnt, was damit begründet wurde, dass sich dieser Ausdruck auf Vorschriften beziehe, die die Abgabe der Willenserklärung in einer bestimmten (z.B. der schriftlichen) Form erfordern. Die Abgabe einer Willenserklärung in einer bestimmten Form stellt kein Element der Definition der Willenserklärung dar. Überdies wird in dieser Vorschrift die Möglichkeit der Äußerung der Willenserklärung in elektronischer Form nicht erwähnt, was ebenfalls als treffende Lösung betrachtet werden sollte, denn die Abgabe einer Willenserklärung in elektronischer Form (z.B. mithilfe einer E-Mail) ist eine Art der Äußerung einer Willenserklärung, die inzwischen von niemandem mehr in Frage gestellt wird. In der neuen Definition der Willenserklärung fehlt auch die Voraussetzung, dass der Wille des Erklärenden in einer „hinreichenden Weise“ ausgedrückt sein muss. Die Formulierung des Art. 78 § 2 KC-E macht dagegen – im Gegensatz zu Art. 60 KC – deutlich, dass der Zweck der Willenserklärung die Herbeiführung von Rechtsfolgen ist.

Im Zusammenhang mit Art. 78 § 2 KC-E steht Art. 95 § 1 KC-E, der besagt, dass die fehlende Absicht der Herbeiführung von Rechtsfolgen nicht die Rechtsfolgen eines solchen Verhaltens der Person ausschließt, die eine andere Person vernünftigerweise als eine an sie gerichtete Willenserklärung gedeutet hat. Wie in der Begründung zu dieser Vorschrift betont wurde, führe die fehlende Absicht der Herbeiführung von Rechtsfolgen dazu, dass die Erklärung keine Willenserklärung sei. Die geplante Vorschrift ist jedoch erforderlich, denn sie „akzeptiert ausdrücklich nicht das willensbedingte, sondern das objektive Konzept der Willenserklärung (und somit zugleich des Rechtsgeschäfts)“. Diese Vorschrift kann im Zusammenhang mit Art 78 § 2 KC-E Zweifel aufkommen lassen. Es ist nämlich nicht klar, ob dem Art. 95 § 1 KC-E die Fiktion zugrunde liegt, dass eine Willenserklärung abgegeben wurde, oder ob er eine Korrektur der in Art. 78 § 2 KC-E enthaltenen Definition der Willenserklärung dahingehend vornimmt, dass der fehlende Wille der Herbeiführung von Rechtsfolgen kein Hindernis für die Anerkennung der Erklärung als Willenserklärung darstellt, wenn der Vertrauensschutz des Adressaten einer solchen Erklärung es erfordert. Im Fall der Annahme der zweiten Auslegung des Art. 95 § 1 KC-E sollte dies als Bezugnahme auf die in der deutschen Rechtslehre erörterte Geltungstheorie gesehen werden.

Art. 79 § 1 KC-E bestimmt, dass ein Vertrag ein Rechtsgeschäft ist, das übereinstimmende Willenserklärungen von zwei oder mehr Parteien enthält. In Art. 80 S. 1 KC-E wird wiederum festgestellt, dass ein Rechtsgeschäft, das eine Willenserklärung enthält, ein einseitiges Rechtsgeschäft darstellt, das zur Entstehung, Änderung oder zum Erlöschen eines subjektiven Rechts führen kann, wenn das Gesetz dies bestimmt. Es sei darauf hingewiesen, dass in der Definition des einseitigen Rechtsgeschäfts betont wurde, dass seine Rechtsfolge in der Entstehung, Änderung oder im Erlöschen eines subjektiven Rechts bestehen kann. Dies scheint inkonsequent und unnötig. Aus der Definition der Willenserklärung geht nämlich bereits hervor, dass ihre Rechtsfolge die Entstehung, Änderung oder das Erlöschen eines Rechtsverhältnisses sein soll, und das subjektive Recht geht immer aus einem Rechtsverhältnis hervor. Ähnlich ist die Definition des Vertrages als überflüssig zu erachten, denn sie ist so allgemein, dass sie die auf der Grundlage des geltenden Zivilgesetzbuches bestehenden Zweifel aus dem Weg räumen könnte (z.B. solche, die mit der abändernden Annahme eines Angebots oder mit kollidierenden AGB zusammenhängen). Außerdem scheinen die Definitionen des einseitigen Rechtsgeschäfts und des Vertrages das Rechtsgeschäft mit der Willenserklärung bzw. den Willenserklärungen der Parteien, aus der bzw. denen es sich zusammensetzt, gleichzusetzen. Die Feststellung, dass es im geltenden Zivilgesetzbuch an einer Vertragsdefinition fehle, kann nicht als überzeugendes Argument für die Aufnahme einer solchen Definition in das neue Zivilgesetzbuch angesehen werden, denn ihr Fehlen hat bislang keine Probleme bereitet.

3. Das Konzept der Willenserklärung in Rechtslehre und Rechtsprechung

In der Diskussion über den Begriff der Willenserklärung im polnischen Zivilrecht können zwei Strömungen unterschieden werden. Die erste könnte man als subjektiv-objektiv bezeichnen, die zweite als rein objektiv. Die erste ist für die Rechtslehre bis zum Anfang der Siebzigerjahre repräsentativ. Seither findet die zweite immer größere Anerkennung. Sie spiegelt sich insbesondere in den Arbeiten von J. Gwiazdomorski, Z. Radwański und A. Jędrzejewska wider.

An dieser Stelle sollte jedoch betont werden, dass in der polnischen Literatur im Grunde genommen niemand eine rein subjektive Auffassung der Willenserklärung vertreten hat, wie sie für die deutsche Rechtslehre des 19. Jahrhunderts charakteristisch war.

3.1. Die Anhänger der traditionellen Auffassung der Willenserklärung betonen, dass die Willenserklärung das Verhalten eines Menschen darstelle, das dessen Willen zur Herbeiführung von Rechtsfolgen ausdrücke und bestimmte Voraussetzungen erfüllen müsse, also so weit verständlich sein müsse, dass im Wege der Auslegung der Sinn der Willenserklärung festgestellt werden könne. Ferner dürfe es nicht auf physischen Zwang zurückzuführen sein und müsse ernst gemeint sein[14]. Gerade die Absicht der Herbeiführung von Rechtsfolgen, die das Recht mit einem bestimmten Rechtsgeschäft verbindet, soll die Willenserklärung von anderem menschlichen Verhalten (sog. Handlungen)[15], die ebenfalls Rechtsfolgen herbeiführen, und zwar unabhängig vom Willen des Handelnden, unterscheiden[16].

Nach dieser Vorstellung von der Willenserklärung ist diese Ausdruck des auf eine Rechtsfolge gerichteten Willens, wobei traditionell die Entscheidung über die Abgabe einer Erklärung (sog. innerer Wille) und deren äußerer Ausdruck unterschieden werden[17]. Deshalb wird die Willenserklärung auch als eine auf eine vom Recht vorgesehene Art und Weise nach außen kundgetane Entscheidung zur Herbeiführung von Rechtsfolgen definiert. Die Anhänger dieser Auffassung sind sich jedoch bewusst, dass die Voraussetzung der Übereinstimmung des inneren Willens mit dem äußeren Willen insbesondere im Hinblick auf die Sicherheit des Rechtsverkehrs und den Vertrauensschutz nicht möglich ist. Sie weisen darüber hinaus darauf hin, dass der innere Wille für die Teilnehmer des Rechtsverkehrs nicht erkennbar sei, weswegen die entscheidende Bedeutung dem äußeren Willen beigemessen werden sollte[18]. Lediglich ausnahmsweise kann – wenn der Interessenschutz des Erklärenden es erfordert – dem inneren Willen Vorrang gegeben werden[19]. Darüber entscheiden jedoch gesetzliche Vorschriften und nicht ein bestimmtes theoretisches Konzept.

In der Rechtsprechung, insbesondere der ehemaligen Arbitragekommissionen, die vor 1989 über Rechtsstreitigkeiten zwischen den sog. Einheiten

---

14 Bezüglich dieser Voraussetzungen ist sich die Lehre einig, s. bspw. Longchamps de Berier (1938) 67; System prawa cywilnego (1985) / *Stefan Grzybowski*, 482; Wolter / Ignatowicz / Stefaniuk (1996) 240.

15 Z.B. die Aufforderung des Schuldners zur Leistungserfüllung (Art. 455 KC). Mehr über diese Handlungen bei Mularski (2011).

16 Die Unterscheidung einer solchen Handlungskategorie stellt Szpunar (1974) 15, infrage, laut dem solche Handlungen Willenserklärungen darstellen.

17 Vgl. Longchamps de Berier (1938) 70, Szer (1967) 310; System prawa cywilnego (1985) / *Stefan Grzybowski*, 482; Wolter / Ignatowicz / Stefaniuk (1996) 242.

18 So konsequent die in der vorherigen Fußnote zitierten Verfasser. Jedoch weisen die Kritiker der dargestellten Ansicht zu Recht auf eine gewisse Inkonsequenz der Autoren hin, die als Ziel der Auslegung der Willenserklärung die Feststellung des „tatsächlich ausgedrückten Willens" ansehen, vgl. Grzybowski (1985) 257; Jędrzejewska (1992) 77.

19 Als Beispiele für Situationen, in denen dem inneren Willen eine entscheidende Rolle zukäme, werden Willensmängel (insbesondere das Fehlen der bewussten oder freien Willensbildung oder Willensausübung sowie der Irrtum) und die letztwillige Verfügung (Testament) genannt. S. bspw. System prawa cywilnego (1985) / *Stefan Grzybowski*, 485.

der vergesellschafteten Wirtschaft entschieden, konnte man auf Beispiele von Entscheidungen stoßen, die direkt auf die Willenstheorie Bezug nahmen[20]. Das Oberste Gericht berief sich in seiner Rechtsprechung hingegen deutlich seltener auf den inneren Willen. Als Beispiel für eine solche Entscheidung kann das Urteil des OG vom 4. November 1982[21] dienen. In dieser Entscheidung stellte der OG fest, dass allein die Abgabe einer Erklärung über die Kündigung der Mitgliedschaft durch einen Dritten, die von einem Genossenschaftsmitglied vorbereitet wurde, gegenüber einer Genossenschaft keine Rechtsfolgen herbeiführe, wenn dies ohne Kenntnis des Mitglieds erfolgt sei[22]. Die Tendenz, sich auf den inneren Willen zu berufen, zeigte sich ebenfalls in Klagen, die mit Arbeitsverhältnissen zusammenhingen[23]. Diese Rechtsprechung wird in dieser Ausarbeitung jedoch nicht analysiert. Auf den auf die Herbeiführung von Rechtsfolgen gerichteten Willen stellt das OG in Entscheidungen über die konkludente Abgabe von Willenserklärungen ab, darunter in Entscheidungen, in denen das Schweigen als Willenserklärung gedeutet wird. Beispiele liefert die neueste Rechtsprechung des OG. Im Urteil vom 3. Dezember 2009[24] stellte das OG fest: „Damit ein bestimmtes Verhalten als Willenserklärung (Rechtsgeschäft) verstanden werden kann, muss es im Lichte der Richtlinien der Auslegung von Willenserklärungen, die aus Art. 65 KC hervorgehen, auf die Absicht der Herbeiführung von bestimmten Rechtsfolgen hinweisen". In einem früheren Urteil vom 28. Mai 1998[25] bemerkte das OG, dass „entsprechend dem Inhalt des Art. 60 KC die Abgabe der Willenserklärung (die Kundgabe des Willens) zwar durch jedwedes Verhalten, das diesen Willen kundgibt, erfolgen kann, jedoch muss es im Lichte der Begleitumstände ein solcher Ausdruck sein, der auf eine hinreichend verständliche und zweifelsfreie Weise den Willen zur Herbeiführung von Rechtsfolgen, die vom Inhalt des Rechtsgeschäfts erfasst sein sollen, zum Ausdruck bringt". Im Fall von Willenserklärungen, die von einer juristischen Person konkludent abgegeben werden, weist das OG wiederum darauf hin, dass das Verhalten, um als Willenserklärung gelten zu können, mit dem Willen der Personen, die zur Abgabe von Willenserklärungen im Namen der juristischen Person berechtigt sind, übereinstimmen muss[26]. Betont werden sollte ebenfalls die Tatsache, dass das OG in seiner Rechtsprechung zur Fest-

---

20 S. die von Jędrzejewska (1989) 76-78, angeführten Entscheidungen.
21 II CR 380/82, OSN 1983, Nr. 8, Pos. 117.
22 Leider hat das OG seine Ansicht nicht begründet.
23 S. Beispiele von Entscheidungen, die von Jędrzejewska (1989) 81-83, zitiert werden.
24 II CSK 550/09, Lex 577690.
25 III CKN 531/97, OSN 1999, Nr. 1, Pos. 13.
26 S. Urteil des OG vom 26.09.2008, V CSK 108/08, OSN ZD 2009, D, Pos. 90.

stellung, ob eine Willenserklärung abgegeben wurde, immer öfter die Regeln über die Auslegung von Willenserklärungen anwendet[27].

3.2. Seit Anfang der Siebzigerjahre begann sich in der polnischen Literatur die Tendenz zu entwickeln, den Begriff der Willenserklärung zu objektivieren. Als erster sprach sich J. Gwiazdomorski für ein solches Verständnis der Willenserklärung aus. Ihm zufolge „ist eine Willenserklärung jedes Verhalten einer Person (d.h. das Verhalten muss nicht auf die Herbeiführung einer bestimmten Rechtsfolge gerichtet sein), aus dem – unter Berücksichtigung der Begleitumstände, der Grundsätze des gesellschaftlichen Zusammenlebens und der gefestigten Gebräuchen – die Absicht hervorgeht, den Willen zur Herbeiführung einer Rechtsfolge auszudrücken“[28]. Die entscheidende Bedeutung kommt nämlich nicht allein der Absicht, bestimmte Rechtsfolgen herbeizuführen, zu, sondern der Bedeutung, die sich aus dem Verhalten der bestimmten Person für die Umgebung ergibt. Dies steht nicht im Widerspruch zu Art. 60 KC, denn diese Vorschrift bestimmt nicht, dass in der Willenserklärung der tatsächliche Wille des Erklärenden zum Ausdruck kommen soll, oder dass ein solcher Wille lediglich aus der Erklärung hervorgehen soll, ohne über ihr Wesen zu entscheiden.

Für eine objektive Betrachtung der Willenserklärung spricht sich auch A. Jędrzejewska[29] aus. Sie geht davon aus, dass der Handelnde das Risiko seiner Handlungen selbst tragen sollte. Deswegen sei der objektive Empfängerhorizont maßgebend. Dies bedeute, dass vom Begriff der Willenserklärung „all die Verhalten erfasst sind, die es dem Empfänger erlauben, auf einen bestimmten ‚Willen‘ zu einer rechtlichen Verpflichtung zu schließen, und dies unabhängig davon, ob es in konkreten Fällen auf Seiten des ‚Erklärenden‘ an einer subjektiv verstandenen Grundlage für eine Haftung für sein Verhalten fehlt“[30]. Obwohl die Autorin erkennt, dass ein solches Konzept der Willenserklärung sich u.U. dem Vorwurf stellen muss, dass es zur Verwerfung des Selbstbestimmungsgrundsatzes in Bezug auf Rechtsgeschäfte führe[31], ist sie der Auffassung, dass ein solcher Vorwurf unbegründet sei. Sie betont, dass die Willenserklärung ein Werkzeug der Kommunikation zwischen Rechtssub-

27 Vgl. bspw. das Urteil des OG vom 22.06.2006, V CSK 70/06, OSN 2007, Nr. 4, Pos. 59 und die in der Begründung zu diesem Urteil angeführten früheren Urteile des OG, Urteil des OG vom 14.11.2008, V CSK 174/08, LEX Nr. 477 605, Urteil des OG vom 14.5.2009, I CSK 401/08, LEX Nr. 515726.

28 Gwiazdomorski (1974) 65.

29 Jędrzejewska (1992)186 ff.

30 Jędrzejewska (1992) 189.

31 Preussner-Zamorska (1983) 65, die feststellt, dass die Objektivierung der Willenserklärung dazu führe, das Wesen dieses Begriffs infrage zu stellen, denn der Wille höre auf, ein entscheidendes Element des Rechtsgeschäfts zu sein.

jekten, also ein gesellschaftlicher Akt sei[32]. Sie könne demzufolge nicht auf eine individuell-subjektive Weise verstanden werden. Nur ein objektiver Begriff könne allen die Möglichkeit eines konfliktlosen Austausches von Gütern, d.h. „der Entscheidung über den Einsatz des eigenen Vermögens und die Eingehung von Verpflichtungen" garantieren. Man müsse nämlich die Entscheidungen beachten, die andere getroffen hätten, als sie sich an ein bestimmtes Verhalten des Erklärenden angepasst hätten. Die Grundlage dafür, dass einer Willenserklärung gewisse Rechtsfolgen zugeschrieben werden, seien demnach die begründeten Erwartungen (das Vertrauen) der Erklärungsempfänger.

An die objektive Erfassung der Willenserklärung knüpft auch die Ansicht Z. Radwańskis an[33]. Er behandelt die Willenserklärung als einen konventionellen Akt, der zur Regelung der Rechtssituation der Subjekte, die sie betreffe, diene. Ihr Sinn bestehe darin, dass sie eine verbindliche Feststellung von Verhaltensnormen vornehme. Sie habe also den gleichen Charakter wie die normative Äußerung. Die ihr eigentümliche Eigenschaft ist jedoch, dass die Zivilrechtssubjekte selbst die Änderung der Rechtssituation bewirken, wohl aber in den vom Recht gesetzten Grenzen. Das Konzept der Willenserklärung als konventioneller Akt wird von einem Teil der neuesten Zivilrechtslehre befürwortet[34]. Es wird jedoch auch herbe Kritik geübt[35] und ein Teil der Verfasser spricht sich gegen dieses Konzept aus[36].

An das Konzept, das die Willenserklärung als konventionellen Akt betrachtet, knüpft manchmal die Rechtsprechung an, insbesondere das Verfassungsgericht, deutlich seltener dagegen das OG[37].

4. Der Begriff des Rechtsgeschäfts

Die in der polnischen Rechtslehre vertretenen Ansichten zum Begriff des Rechtsgeschäfts können grundsätzlich in zwei Gruppen aufgeteilt werden: die erste, die das Rechtsgeschäft einer einseitigen Willenserklärung bzw. ei-

32 A. Jędrzejewska scheint also an die Soziologisierungskonzepte anzuknüpfen.

33 S. insbesondere Radwański (1977) 43 – 44, Radwański (1986) 27, System Prawa Prywatnego (2008) / *Zbigniew Radwański*, 17 – 20.

34 Z.B. Kodeks cywilny. Komentarz (2011) / *Piotr Machnikowski*, 148.

35 Vgl. Szpunar (1986), S. 21, der meint, dass es auf der Grundlage von Zivilrechtsverhältnissen unbrauchbar sei. Weniger entschieden spricht sich gegen dieses Konzept Preussner-Zamorska (1983) 214 ff. aus.

36 S. bspw. Kodeks cywilny. Komentarz (2009) / *Pyziak-Szafnicka*, 546.

37 S. die von Gutowski (2006) 3, in Fn. 5 zitierten Urteile. Als übertrieben sollte seine Feststellung betrachtet werden, dass „der aktuelle Begriff der konventionellen Akte vollkommen in die polnische Rechtssprache durchgedrungen ist".

nem Vertrag gleichstellen und die zweite, welche die Rechtsgeschäfte von den sie bildenden Willenserklärungen unterscheidet[38]. Als Vertreter der ersten Meinung kann man u.a. R. Longchamps de Berier, F. Zoll und A. Szpunar aufzählen. Zu den Anhängern der zweiten Anschauung zählen u.a. A. Wolter, S. Grzybowski und Z. Radwański.

R. Longchamps de Berier schrieb in seinem Schuldrechtslehrbuch[39]: „Eine Kategorie [von rechtserheblichen Tatsachen, mit denen das Recht die Entstehung, Änderung oder das Erlöschen eines Schuldverhältnisses verbindet – JP] stellen menschliche Handlungen dar, die zur Herbeiführung von Rechtsfolgen vorgenommen werden, die die Rechtsvorschriften vom Willen der Personen abhängig machen, die in einem Rechtsverhältnis stehen oder stehen sollen. Dies sind Rechtsgeschäfte (...)". Weiter stellte der Verfasser fest: „Da ein wesentlicher Bestandteil eines jeden Rechtsgeschäfts die auf eine bestimmte Rechtsfolge gerichtete Willenserklärung ist, kann man Rechtsgeschäfte allgemein als Willenserklärungen bezeichnen, und dieser Terminologie bedient sich das Obligationengesetzbuch (Art. 1), obwohl es manchmal auch den Begriff des Rechtsgeschäfts verwendet (z.B. Art. 288 ff.)[40]". Außer Rechtsgeschäften unterschied R. Longchamps de Berier Taten, also Tun und Unterlassen, an die das Recht Rechtsfolgen knüpft, und zwar „nicht deswegen, weil es in ihnen den Willen ihrer Herbeiführung sieht, sondern aus anderen Gründen", und andere Ereignisse, die überhaupt keine menschlichen Handlungen darstellen. Es sei bemerkt, dass R. Longchamps de Berier in einer ein paar Jahre älteren Ausarbeitung das Rechtsgeschäft von der einen oder den mehreren Willenserklärungen, aus der es sich zusammensetzt, unterschied[41]. Er stellte in ihr fest, dass der Haupt-, aber nicht der einzige Bestandteil des Rechtsgeschäfts die Willenserklärung sei. Das Recht verlange jedoch häufig noch weitere Tatbestände – über die Willenserklärung hinaus –, wie eine öffentliche Erklärung, das Mitwirken von anderen Personen oder Behörden oder einen Realakt (z.B. die tatsächliche Übergabe einer Sache). Seiner Meinung nach gehörten zum Begriff des Rechtsgeschäfts hingegen nicht gewisse innere Einstellungen der handelnden Personen, wie der böse Glaube, Schuld, Arglist usw., die jedoch einen Einfluss auf die Wirksamkeit des Rechtsgeschäfts haben können.

F. Zoll (der Jüngere) stellte fest[42], dass Rechtshandlungen, die Ausdruck des menschlichen Willens seien und Rechtsfolgen herbeiführen, aus „Rechtsgeschäften bzw. Willenserklärungen" und Taten bestehen. Rechtsgeschäfte seien hingegen „Willenserklärungen, die – allein oder zusammen mit

---

38 Vgl. Szpunar (1974) 9.
39 Longchamps de Berier (1938) 14.
40 Longchamps de Berier (1938) 14.
41 Siehe Longchamps de Berier (1931) 163.
42 Zoll (1945) 11 – 12.

zusätzlichen Tatsachen (z.B. Rechtsbedingungen, *conditiones iuris*) – die Herbeiführung von solchen Rechtsfolgen zum Zweck haben, die laut Gesetz eine normale Folge solcher Erklärungen seien". Etwas weiter schrieb er jedoch, dass die Willenserklärung mit dem Rechtsgeschäft nicht identisch sei, denn manchmal werde für ein Rechtsgeschäft die Abgabe von mindestens zwei Willenserklärungen verlangt sowie „andere vom Gesetz vorgesehene Tatsachen, wie z.B. die Anwesenheit von Zeugen, das Mitwirken von Behörden (...)". Da eine oder mehrere Willenserklärungen die Grundlage eines Rechtsgeschäfts bildeten, könne man in seinen Augen „diese beiden Bezeichnungen so verwenden, als ob es sich um die gleichen Begriffe handele".

Die beiden oben angeführten Aussagen ausgezeichneter polnischer Juristen der ersten Hälfte des 20. Jahrhunderts zeigen also, dass die durch sie vorgenommene Gleichstellung des Rechtsgeschäfts mit Willenserklärungen, aus denen sie sich zusammensetzen, eine gewisse Vereinfachung ist. Die Verfasser unterschieden die beiden Begriffe voneinander, fanden jedoch – vielleicht aus didaktischen Gründen – dass sie gleichgestellt werden können, insbesondere „wenn die Präzision keiner Unterscheidung erfordert"[43].

Zu den Vertretern der ersten Gruppe zählt auch A. Szpunar, der die Argumente für die Unterscheidung des Rechtsgeschäfts von den es bildenden Willenserklärungen zur Kenntnis genommen hat, sie aber als nicht überzeugend einstufte[44]. Zwar verlange das Gesetz für die Herbeiführung von Rechtsfolgen durch ein Rechtsgeschäft manchmal andere Elemente als die Willenserklärung, bspw. die Herausgabe der Sache oder den Eintrag ins Grundbuch, allerdings entschieden diese nicht über das Wesen des Rechtsgeschäftsbegriffs. Seiner Meinung nach ist es notwendig, sich auf die „wesentlichen Eigenschaften" von Rechtsbegriffen zu beschränken. Im Fall von Rechtsgeschäften sei dies die Willenserklärung. Diese sei der „gemeinsame Nenner" aller Rechtsgeschäfte; überdies sei die Willenserklärung ein allgemein verständlicher Begriff, „denn er rufe bestimmte Assoziationen hervor". So sehr A. Szpunar Recht hat, dass es Rechtsgeschäfte gibt, die sich in Willenserklärungen „erschöpfen", so sind solche Willenserklärungen doch nicht immer imstande, alleine – d.h. ohne zusätzliche Elemente, aus denen sich das Rechtsgeschäft zusammensetzt – die beabsichtigten (genauer: die vom Gesetz bestimmten) Rechtsfolgen herbeizuführen. Es ist schwierig, manche der von den oben angeführten Autoren genannten Elemente als zusätzliche Elemente des Tatbestandes anzusehen. Die z.B. von F. Zoll genannte Anwesenheit Dritter (Zeugen, eines Vertreters der Behörden) bei der Abgabe der Willenserklärung sollte eher als ein Element der Form betrachtet werden, in welcher laut Gesetz die Abgabe der Willenserklärung erfolgen sollte. An die-

43 Zoll (1945) 13.
44 Szpunar (1974) 9.

sem Beispiel wird deutlich, dass die grundlegende Schwierigkeit der Definition des Rechtsgeschäfts im Aufzeigen solcher Eigenschaften besteht, die sie von anderen rechtserheblichen Tatsachen unterscheidet. Ein Element, das zu jedem Rechtsgeschäft gehört, ist – worauf A. Szpunar zutreffend hinweist – gerade die Erklärung bzw. die Willenserklärung. Andere Elemente wie die Herausgabe der Sache oder die Eintragung ins Grundbuch können, müssen aber nicht auftreten[45].

Gegen die Gleichsetzung der Willenserklärung mit dem Rechtsgeschäft werden auch andere Argumente angeführt[46]. Es wird darauf hingewiesen, dass das Gesetz in vielen Vorschriften die Willenserklärung vom Rechtsgeschäft unterscheide (von der Willenserklärung ist z.B. in Art. 60 – 65, 78 – 79, 82 – 88 KC die Rede, vom Rechtsgeschäft dagegen z.B. in Art. 14, 52, 56 – 58 KC usw.). Darüber hinaus kann die Willenserklärung allein keine Rechtsfolgen herbeiführen (z.B. die Angebotsabgabe), wenn nicht noch eine Willenserklärung auftritt (z.B. Angebotsannahme). Insbesondere dieses zweite Argument ist jedoch nicht überzeugend, denn die Anhänger der kritisierten Ansicht unterscheiden einseitige von zwei- (bzw. mehr-) seitigen Rechtsgeschäften.

Wie bereits erwähnt, scheint im Schrifttum die zweite Ansicht zu überwiegen, die es gebietet, die Willenserklärungen von dem aus ihnen bestehenden Rechtsgeschäft zu unterscheiden. Die am häufigsten zitierte Definition des Rechtsgeschäfts wurde von A. Wolter formuliert[47]. „Ein Rechtsgeschäft ist ein Tatbestand, der aus mindestens einer Willenserklärung besteht und an den eine Rechtsnorm deswegen eine Rechtsfolge knüpft, weil sie diese Rechtsfolge als vom Willen des Erklärenden erfasst ansieht“. Damit ein Rechtsgeschäft Rechtsfolgen herbeiführen könne, müssten alle seine Elemente verwirklicht sein, d.h. es müssen nicht nur die Willenserklärungen abgegeben worden sein, sondern auch andere Elemente erfüllt sein, wenn das Gesetz es erfordert, so bspw. die Herausgabe einer Sache oder die Eintragung ins Grundbuch. Des Weiteren betont der Verfasser, dass das Rechtsgeschäft eine Rechtsfolge nur deshalb herbeiführen könne, weil eine Rechtsnorm sie an dieses Rechtsgeschäft knüpfe. An A. Wolters Definition knüpft E. Skowrońska-Bocian unmittelbar an[48].

---

45 Darauf weist auch Kodeks cywilny. Komentarz. Pyziak Szafnicka (2009) / *Małgorzata Pyziak – Szafnicka*, 549, hin.

46 Gutowski (2006) 26 – 28.

47 Wolter (1963) 204. Diese Definition wird in den späteren Auflagen dieses Lehrbuches, allerdings in einer verkürzten Fassung, wiederholt, s. Wolter / Ignatowicz / Stefaniuk (1996) 257 (es wird dort darauf hingewiesen, dass das Rechtsgeschäft auch Rechtsfolgen herbeiführen kann, die nicht in der Willenserklärung ausgedrückt sind, sondern aus Gesetz, dem gesellschaftlichen Zusammenleben oder gefestigten Gebräuchen hervorgehen).

48 Skowrońska – Bocian (2005) 169-170.

Eine ähnliche Definition formuliert S. Grzybowski. Er stellt fest[49], dass das Rechtsgeschäft die Handlung einer (natürlichen oder juristischen) Person darstelle, die zum Zwecke der Herbeiführung von Rechtsfolgen vorgenommen werde. Diese Handlung bestehe in einer Willenserklärung, die wesentlicher Bestandteil des Rechtsgeschäfts sei, neben der jedoch „manchmal noch rechtserhebliche Tatsachen" (z.B. die Herausgabe einer Sache oder die Eintragung ins Grundbuch) wie auch gewisse „psychische oder rechtliche Zustände" unerlässlich seien. Der Verfasser betont, dass ein Rechtsgeschäft nur aus dem Grunde Rechtsfolgen herbeiführen könne, weil sie bezweckt seien und in der Willenserklärung ausgedrückt seien, sowie weil eine Rechtsnorm sie an das jeweilige Rechtsgeschäft knüpfe. Deswegen könne ein Rechtsgeschäft auch keine oder manchmal andere Rechtsfolgen als die bezweckten herbeiführen.

Ähnlich ist auch die von S. Szer[50] konstruierte Rechtsgeschäftsdefinition, nach der wesentlichen Bestandteil des Rechtsgeschäfts (mindestens) eine Willenserklärung ist, die den Inhalt des Rechtsgeschäfts bildet. Diese reiche jedoch nicht immer zur Herbeiführung von Rechtsfolgen aus, denn sie müsse manchmal „mit anderen rechtserheblichen Tatsachen verbunden sein oder es müssen noch andere Voraussetzungen eine Rolle spielen" (darunter nennt der Verfasser, indem er auf Art. 169 KC hinweist, die Herausgabe der Sache und den guten Glauben).

Es sei bemerkt, dass in den obigen Definitionen die Absicht der Herbeiführung von Rechtsfolgen betont wird. Dies ist eine Konsequenz der von den genannten Autoren verfolgten Annahme, dass die Willenserklärung den Willen der Herbeiführung von Rechtsfolgen ausdrücken solle (s. die obigen Anmerkungen). Diese Einstellung wird von den Anhängern des objektiven Begriffs der Willenserklärung kritisiert. Daraus folgt eine etwas andere Definition des Rechtsgeschäfts, wie sie von J. Gwiazdomorski vorgeschlagen wurde[51]. Laut ihm ist „ein Rechtsgeschäft ein Tatbestand, der aus mindestens einer Willenserklärung besteht und der von den Rechtsvorschriften als die Ursache der Entstehung von Rechtsfolgen sowie als das zur Entstehung solcher Rechtsfolgen führende Mittel betrachtet wird, die von den Rechtsvorschriften als von der das Rechtsgeschäft vornehmenden Person bezweckt angesehen werden". In dieser Definition fehlt es jedoch an einem Hinweis, aus welchen anderen Elementen als der Willenserklärung das Rechtsgeschäft bestehen kann. Dies stellt einen Mangel der Definition dar.

Den oben dargestellten Rechtsgeschäftsdefinitionen (von A. Wolter, S. Szer, S. Grzybowski) wird vorgeworfen, dass das auf diese Weise definierte

49 Siehe Grzybowski (1985) 224; System prawa cywilnego (1985) / *Stefan Grzybowski*, 479.
50 Siehe Szer (1967) 308.
51 Gwiazdomorski (1974) 66.

Rechtsgeschäft eine Sammelkategorie sei, wodurch „seine Unterscheidung im Rahmen der Systematik der rechtserheblichen Tatsachen problematisch und zweifelhaft ist"[52]. Überdies wird darauf aufmerksam gemacht, dass die genannten Tatbestände (z.B. die Geschäftsfähigkeit) oder psychische Zustände (z.B. guter Glaube), die das Rechtsgeschäft ausmachten, mit der Willenserklärung nicht gleichgesetzt werden könnten, denn ihr Fehlen führe nicht dazu, dass das Rechtsgeschäft nicht vorgenommen werde, sondern sie führen lediglich zu seiner Mangelhaftigkeit[53]. Auch andere Umstände, die sog. Rechtsbedingungen (z.B. den Eintrag ins Grundbuch), zu Bestandteilen des Rechtsgeschäfts zu zählen, erwecke Zweifel, denn vor dem Eintritt solcher Bedingungen müsse das Rechtsgeschäft als nicht erfolgt angesehen werden. Aus den Vorschriften gehe allerdings hervor, dass die Grundlage der Eintragung z.B. eine einseitige Willenserklärung oder ein Vertrag sei (vgl. Art. 246 und 248 KC), die – im Fall des Fehlens des Eintrags – als nicht existierend betrachtet werden müsste. Vielmehr könne das Gesetz allein an den Eintrag gewisse Rechtsfolgen knüpfen (wie z.B. die Vermutung des Bestehens des ins Grundbuch eingetragenen Rechts), und zwar unabhängig davon, ob das Rechtsgeschäft, das seine Grundlage bilde, die rechtlich vorgesehenen Voraussetzungen erfülle[54]. Dies führt zum Ergebnis, dass es schwer zu bestimmen sei, welche Elemente das Rechtsgeschäft ausmachten und zugleich, zu welchem Zeitpunkt es vorgenommen werde, was doch von wesentlicher praktischer Bedeutung sei.

Die oben dargestellten Ansichten über das Konzept des Rechtsgeschäfts können als traditionell betrachtet werden. In der neuesten Literatur wird versucht, eine neue Definition des Rechtsgeschäfts zu formulieren. Diese soll sich von den bisherigen abheben und an den Begriff des konventionellen Aktes, wie er von der Posener Schule der Rechtstheorie herausgebildet wurde, anknüpfen. Der Schöpfer und Hauptvertreter dieser neuen Auffassung ist Z. Radwański[55]. Laut ihm ist „das Rechtsgeschäft der konventionelle Akt eines Zivilrechtssubjekts, dessen Inhalt – zumindest in einem grundlegenden Rahmen – seine rechtlichen Konsequenzen bestimmt"[56]. Der Vorteil dieser Definition soll die Abkehr von mehrdeutigen, psychologisch angehauchten Begriffen (wie Wille, Absicht, Zweck) sein sowie die Betonung, dass die Rechtsfolgen eines Rechtsgeschäfts nicht nur durch den Inhalt des Geschäfts bestimmt werden (vgl. Art. 56 KC). Die Konsequenz dieses Konzeptes des

52 Preussner-Zamorska (1983) 40.

53 Preussner-Zamorska (1983) 41.

54 Preussner-Zamorska (1983) 51.

55 An das Konzept Z. Radwańskis scheinen andere Vertreter der Zivilrechtslehre anzuknüpfen, u.a. *P. Machnikowski* (Kodeks cywilny. Komentarz [2011] 133) und Gutowski (2006) 19-20.

56 So insbesondere in: System Prawa Prywatnego (2008) / *Zbigniew Radwański*, 34.

Rechtsgeschäfts ist, dass ein Verhalten, das nicht den in Rechtsnormen bestimmten Regeln entspricht, nicht als Rechtsgeschäft anerkannt wird. Daher kann auf der Grundlage dieses Konzepts die Unwirksamkeit des Rechtsgeschäfts nicht als Sanktion für die mangelhafte Vornahme eines Rechtsgeschäfts aufgefasst werden[57]. Z. Radwański scheint demnach das Rechtsgeschäft als eine Handlung anzusehen, die eine bestimmte Rechtsfolge herbeiführt, was Gegenstand von Kritik ist. Der Einbezug von Rechtsfolgen in die Definition des Rechtsgeschäfts wird als methodologisch falsch betrachtet, da die Rechtsfolge erst die Folge des vorgenommenen Rechtsgeschäfts bilde[58].

5. Die Form der Willenserklärung (bzw. des Rechtsgeschäfts)

5.1. Die Form der Willenserklärung war im Obligationengesetzbuch in Art. 109-114 geregelt. Aus Art. 29 KZ, der die Willenserklärung definierte, ging im Zusammenhang mit Art. 109 § 1 KZ hervor, dass die Willenserklärung grundsätzlich auf jede Weise abgegeben werden konnte[59]. Lediglich dort, wo das Gesetz oder der Vertrag die Einhaltung einer besonderen Form erforderte und für die Nichtwahrung die Unwirksamkeit androhte, führte die Nichteinhaltung dieser Form zur Unwirksamkeit der Willenserklärung. In Art. 111 KZ wurde die Form der sog. Vertragsveränderungen (Ergänzung, Änderung, Aufhebung des Vertrags oder Rücktritt vom Vertrag) für den Fall geregelt, dass der Vertrag in Schriftform geschlossen wurde. Diese erforderten ebenfalls die Einhaltung der Schriftform.

5.2. Die Formfreiheit der Willenserklärung wurde auch im AVZG beibehalten[60]. Aus Art. 63 und 64 AVZG ging hervor, dass, wenn das Gesetz oder die Parteien für ein bestimmtes Rechtsgeschäft eine bestimmte Form verlangten, deren Nichtwahrung zur Unwirksamkeit des Rechtsgeschäfts führte. Das AVZG enthielt dagegen keine Regelung zur Form der Vertragsveränderungen (es fehlte an einem Äquivalent zu Art. 111 KZ). Es ist darauf hinzuweisen, dass im AVZG von der Unwirksamkeit des Rechtsgeschäfts die Rede war[61], wohingegen der KZ von der Unwirksamkeit der Willenserklärung sprach. Dies ist darauf zurückzuführen, dass im AVZG der zentrale Terminus das Rechtsgeschäft war, und nicht die Willenserklärung. Darüber hinaus sah

57 S. System Prawa Prywatnego (2008) / *Zbigniew Radwański*, 433.
58 So insbesondere Gutowski (2006) 20.
59 Longchamps de Berier (1938) 105.
60 Wolter (1963) 231.
61 Der Titel des Abschnitts IV des Titels III AZVG lautete „die Form des Rechtsgeschäfts".

das AVZG – im Gegensatz zum KZ – keine Schriftform vor, für deren Nichtwahrung Beweisbeschränkungen angedroht waren (vgl. Art. 110 KZ)[62]. Es galt also der Grundsatz, dass die Nichteinhaltung der Schriftform zur Unwirksamkeit des Rechtsgeschäfts führte.

5.3. Im Zivilgesetzbuch ist die Form der Rechtsgeschäfte (und nicht der Willenserklärung) in den Art. 73-81 geregelt. Aus Art. 60 KC wird gefolgert, dass die Willenserklärung grundsätzlich auf beliebige Weise abgegeben werden kann[63], es sei denn, das Gesetz oder die Parteien verlangen die Einhaltung einer bestimmten Form[64]. In der Lehre wird diskutiert, ob der Grundsatz der Formfreiheit der Rechtsgeschäfte eine Folge des Grundsatzes der Privatautonomie, insbesondere der Vertragsfreiheit, sei oder ob sich ganz im Gegenteil der Grundsatz der Privatautonomie auf die Entscheidung über die Vornahme eines Rechtsgeschäfts und seine Gestalt beziehe, die Frage der Form aber nicht erfasse. Die erste Ansicht, die als traditionell bezeichnet werden kann und in der Lehre recht stark vertreten wird[65], musste sich der Kritik von Z. Radwański stellen[66]. Als Folge dieser Kritik scheint die zweite Ansicht, die die Pflicht zur Vornahme eines Rechtsgeschäfts in einer bestimmten Form als eine Beschränkung der Privatautonomie ansieht, in letzter Zeit immer mehr Anhänger zu gewinnen, und zwar insbesondere unter den Vertretern der Lehre, die an das Konzept der Vertragsfreiheit als Kompetenznorm anknüpfen[67]. Diese Diskussion führt nicht zu Unterschieden zwischen den Vertretern beider Ansichten im Hinblick auf die Frage, ob im polnischen Zivilrecht der Grundsatz der Vertragsfreiheit herrsche.

---

62 In der Lehre wurde jedoch die Ansicht vertreten, dass die Aufgabe der für Beweiszwecke vorgeschriebenen Schriftform im Jahre 1950 überstürzt war, vgl. Wolter (1963) 233.

63 S. in der Rechtsprechung bspw. das Urteil des OG vom 16.01.1970, III PRN 96/69, OSN 1970, Nr. 9, Pos. 161.

64 Im Entwurf der Änderung des Zivilgesetzbuches vom Juli 2000 (veröffentlicht in Kwartalnik Prawa Prywatnego [KPP] 2000, Nr. 3, 695 ff.), der von der Kodifikationskommission für Zivilrecht vorbereitet wurde, wurde die Einfügung eines neuen Art. 73 KC vorgeschlagen (der bisherige Art. 73 KC sollte zu Art. 73^1 werden), laut dem „die Parteien einen Vertrag in beliebiger Form abschließen können, es sei denn, das Gesetz bestimmt ein anderes“. Diese Vorschrift hat sich nicht im Gesetz vom 14 Februar 2003 über die Novellierung des Zivilgesetzbuches eingefunden (Dz.U. Nr. 49, Pos. 408).

65 Dafür, dass die Formfreiheit vom Grundsatz der Privatautonomie umfasst sei, sprachen sich u.a. Ohanowicz / Górski (1970) 84; Stelmachowski (1983) 180-182; Rajski (2000) 56; W. Czachórski (2002) 135 aus. In der Rechtsprechung wurde diese Ansicht u.a. in der Begründung des Beschlusses der vollen Besetzung der Zivilkammer des OG vom 28.04.1995, III CZP 166/94, OSN 1995, Nr. 10, Pos. 135 geäußert.

66 S. Radwański (1977) 101 ff., Radwański (1999) 268-270.

67 So insbesondere Machnikowski (2005) 144-145; siehe auch Górska (2007) 29.

Im Zivilgesetzbuch wurde wieder die Form der Vertragsveränderungen geregelt (Art. 77 KC) und man kehrte zur Schriftform zurück, deren Nichteinhaltung zu Beweisbeschränkungen führt (es gilt der Grundsatz, dass die Nichtwahrung der Schriftform nicht die Unwirksamkeit des Rechtsgeschäfts zur Folge hat, anders als es das AVZG vorgesehen hat, siehe Art. 73 § 1 und Art. 74 KC)[68]. Ebenfalls wurde eine allgemeine Vorschrift aufgenommen, wonach für verpflichtende und verfügende Rechtsgeschäfte über einen Wert von über 10.000 (alte) Złoty die Pflicht der Einhaltung der Schriftform gilt, deren Nichteinhaltung mit Beweisbeschränkungen sanktioniert ist (Art. 75 KC)[69]. Diese Vorschrift wurde durch das Gesetz über die Novellierung des Zivilgesetzbuchs von 2003[70] aufgehoben. Zugleich wurde auch Art. 77 KC, der die Form der Vertragsveränderungen regelte, geändert[71].

5.4. Im Entwurf des ersten Buches des neuen Zivilgesetzbuches wird vorgeschlagen, die bisherigen Vorschriften über die Form beizubehalten (s. Art. 104-115 KC-E). Außer der Änderung des Titels dieses Abschnitts (Rückkehr zur Bezeichnung „Form der Willenserklärung"[72]) wird vorgeschlagen, den Grundsatz der Formfreiheit ausdrücklich zu betonen (Art. 104 § 1 KC-E) und auch – nach dem Muster des deutschen Rechts – (vgl. § 126 b BGB) die sog. Texttform einzuführen. Es wird ebenfalls der Verzicht auf die Schriftform vorgeschlagen, deren Nichteinhaltung in Beweisbeschränkungen resultiert. Dieser letzte Vorschlag wird damit begründet, dass diese Form in den meisten Gesetzgebungen außer der französischen nicht vorkomme und es auch in Frankreich zu einer starken Beschränkung ihrer Anwendung gekommen sei. In der Entwurfsbegründung wird betont, dass Rechtsfolge der Nichtwahrung der Schriftform – grundsätzlich – die Unwirksamkeit der Willenserklärung sein wird (so wie es im AVZG der Fall war)[73], was jedoch nicht ausdrücklich aus dem Entwurf hervorgeht. Der Vorschlag des Verzichts auf die Schriftform, deren Nichteinhaltung Beweisbeschränkungen zur Folge hat, wurde in den bislang noch wenigen Aussagen in der Rechtslehre uneinheitlich bewer-

---

68 Mehr dazu bei Gwiazdomorski (1967) 61 ff; Piekarski (1965) 355 ff; Szpunar (1987) 39 ff.

69 1990 wurde die Höhe der Verpflichtung oder Verfügung geändert, indem die Summe auf 2 000 000 (alte) Złoty erhöht wurde, was nach der Währungsreform im Jahre 1995 2 000 (neue) Złoty (PLN) entsprach.

70 Dz.U. Nr. 49, Pos. 408.

71 Zum Thema der Änderungen dieser Formvorschriften siehe insbesondere Krajewski (2003) 4 ff.; Radwański (2003) 391 ff.; Górska (2004) 119 ff.; Pisuliński (2012) 99.

72 In der Entwurfsbegründung wird betont, dass die bisherige Bezeichnung nicht dem Wesen der Regelung entspreche, denn die Vorschriften regelten die Form der Willenserklärungen, also eines der Elemente des Rechtsgeschäftes.

73 Da die Arbeiten an den Vorschriften der anderen Bücher noch nicht abgeschlossen sind, ist unklar, welchen Umfang die Vorschriften, die die Schriftform der Willenserklärung erfordern, haben.

tet[74]. In diesen Ausarbeitungen wird betont, die Aufhebung der o.g. Schriftform nur im Zusammenhang mit dem Umfang, in dem das Institut der Schriftform unter Androhung der Unwirksamkeit eingesetzt werde, bewertet werden könne. Und dies sei erst dann möglich, wenn die Entwürfe der übrigen Bücher des neuen Zivilgesetzbuches, insbesondere der Vorschriften des besonderen Teils des Schuldrechts, vorlägen (die Arbeiten daran währen). Erst dann werde man feststellen können, ob die vorgeschlagene Änderung zur Entformalisierung des Rechtsverkehrs beitragen könne. Ferner wird auf die Uneindeutigkeit der Vorschriften über die Urkunde und insbesondere die Definition der Urkunde hingewiesen. Die Kodifikationskommission für Zivilrecht hat bereits einen (bislang unveröffentlichten) Entwurf zur Modifizierung der Vorschriften des geltenden Zivilgesetzbuchs über die Form der Rechtsgeschäfte vorbereitet, in welche die sog. Textform[75] aufgenommen werden soll. Die Definition der Urkunde wurde, um den Zweifeln, die gegenüber dem Entwurf des neuen Zivilgesetzbuches aufgekommen sind, entgegenzutreten, berichtigt.

5.5. Die Vorschriften über die Form der Rechtsgeschäfte rufen im Grunde keine größeren Meinungsverschiedenheiten in der Zivilrechtslehre hervor[76]. Nach dem Inkrafttreten des KC konzentrierte sich die Diskussion zuerst auf das Problem der Rechtsfolgen von Rechtsgeschäften, für die Sondervorschriften die Schriftform verlangten. Dies hing damit zusammen, dass die Sanktion für die Nichtwahrung der Schriftform dahingehend abgeändert wurde, dass man auf die Schriftform, für deren Nichtwahrung Unwirksamkeit angedroht war, zugunsten der Form unter Androhung von Beweisbeschränkungen verzichtete. Insbesondere war unklar, ob im Zusammenhang mit dem Inkrafttreten der neuen Vorschriften in den Fällen, in denen ältere Vorschriften die Schriftform zur Wirksamkeit des Rechtsgeschäfts verlangten, die Nichtwahrung der Schriftform wegen der Änderung die Beweisbeschränkungen des Rechtsgeschäfts zur Folge hatte, oder ob die Form nach wie vor zur Wirksamkeit erforderlich war (entsprechend dem Grundsatz *lex generali non derogat legi speciali*)[77].

Daneben wurden nach dem Inkrafttreten des Zivilgesetzbuches von 1964 in der Rechtslehre v.a. die folgenden fünf Fragen diskutiert:

a) der Geltungsbereich des Art. 75 KC,

---

74 Siehe Górska (2008) 34 ff.; Zawada (2010) 40; Kocot (2012) 95 f.

75 Die wörtliche Übersetzung lautet Urkundsform (*forma dokumentowa*).

76 Bezüglich einiger Zweifel an der Bedeutung des Begriffes „Form der Rechtsgeschäfte" s. Górska (2007) 4 ff.

77 S. bspw. Błeszyński (1985) 195-196 und die dort zitierte Literatur (hinsichtlich Art. 30 Abs. 2 des Gesetzes vom 10 Juli 1952 über Urheberrechte, Dz.U. Nr. 34, Pos. 234).

b) die Auslegung der Vorschriften über die Schriftform mit dem sog. feststehenden Datum (Art. 81 KC),
c) die Auslegung des Art. 77 KC hinsichtlich der Form der sog. Vertragsveränderungen,
d) das Verhältnis zwischen dem Inhalt des Rechtsgeschäfts und dessen Form, insbesondere bezüglich der notariellen Beurkundung, die für Verpflichtungs- und Verfügungsverträge, die Immobilien zum Gegenstand haben, gefordert wird (Art. 158 KC), und die Rechtsfolgen in dem Fall, dass einige vertragliche Bestimmungen in der notariellen Urkunde unberücksichtigt bleiben,
e) die Zulässigkeit der Vornahme von Rechtsgeschäften in der sog. elektronischen Form und Auslegung der die elektronische Form einführenden Vorschriften, insbesondere im Hinblick auf die sog. sichere qualifizierte elektronische Signatur.

All diese Fragen bedürften einer längeren Erörterung, was an dieser Stelle jedoch aus Platzgründen unmöglich ist; deswegen wird auf sie lediglich kurz eingegangen.

Ad a) Was die erste Frage angeht, betraf die Kritik am ehemaligen Art. 75 KC die Schwierigkeiten bei der Feststellung des Wertes der Verbindlichkeit oder des Wertes des Verfügungsgegenstandes, um die Anwendbarkeit der Vorschrift feststellen zu können. Lediglich hinsichtlich der Verfügung über das Recht an wiederkehrenden Leistungen besagte die Norm, dass der Wert der Leistung für ein Jahr, und wenn die Leistung in einer kürzeren Zeit erbracht werden soll, der Wert der Leistungen für die gesamte Zeit (Art. 75 § 2 KC) berücksichtigt werden sollte. Es war demnach nicht klar, ob zur Berechnung des Wertes der Verbindlichkeit oder der Verfügung in den übrigen Fällen einzig der Wert der Hauptleistung oder auch der der Nebenleistungen Berücksichtigung finden sollte sowie ob der vertraglich bestimmte Wert oder der Marktwert maßgebend sein sollte[78]. Bis zur Aufhebung des Art. 75 KC blieben diese Fragen umstritten. Der Grund dafür war vielleicht, dass Art. 75 KC die Pflicht zur Vornahme des Rechtsgeschäfts in Schriftform, für deren Nichteinhaltung Beweisschwierigkeiten angedroht waren, einführte, die Gerichte aber in großem Maße von der Möglichkeit Gebrauch machten, trotz Nichtwahrung der Schriftform Zeugen oder Parteien zum Zwecke der Beweisführung über die Vornahme des Rechtsgeschäfts zu berufen[79].

78 S. bspw. Gwiazdomorski (1967) 78, der darauf hinweist, dass der Wert des Gegenstandes (z.B. übertragene Sache) maßgeblich sein sollte.

79 S. Art. 74 § 2 KC in seiner ursprünglichen Fassung, der einen solchen Beweis zuließ, „wenn auf Grund besonderer Umstände das Gericht es für notwendig erachtete". Zur Auslegung dieser Vorschrift s. u.a. den Beschluss des OG vom 08.08.1986, III CZP 45/86, OSN 1987, Nr. 7, Pos. 95 (Darlehen unter Geschwistern), sowie Szpunar (1987) 46 ff.

Ad b) Die das feststehende Datum regelnden Vorschriften sehen vor, dass eine Urkunde das feststehende Datum durch notarielle Beglaubigung (s. Art. 96 Pkt. 3 des Notariatsgesetzes[80]), durch Anbringung eines Vermerks durch ein Staatsorgan, ein Organ der Einheit der territorialen Selbstverwaltung oder einen Notar oder durch die Feststellung des Geschäfts in einer amtlichen Urkunde oder durch den Tod der unterzeichnenden Person erlangen kann (vgl. Art. 81 §§ 2, 3 KC). Zweifel betreffen die Frage, ob die aufgezählten Arten der Erlangung des feststehenden Datums gleichwertig sind[81]. In der Rechtsprechung wird die Ansicht vertreten, dass das feststehende Datum, das auf eine in Art. 81 § 2 KC genannte Art erlangt wurde, nicht dem feststehenden Datum aus Art. 81 § 1 KC gleichwertig sei[82]. Es wird aber auch die Meinung vertreten, dass es ausreiche, dass das Rechtsgeschäft das feststehende Datum auf eine in Art. 81 §§ 2, 3 KC genannte Art und Weise erlange[83]. In der Literatur dagegen scheint die Ansicht zu überwiegen, dass man die Schriftform mit einem feststehenden Datum i.S.d. Art. 81 § 1 KC, die als feststehendes Datum im engeren Sinne bezeichnet werde, von der Schriftform mit dem feststehenden Datum i.S.d. Art. 81 §§ 2, 3 KC unterscheiden sollte. Wenn das Gesetz die Einhaltung der Schriftform mit dem feststehenden Datum verlange (unabhängig davon, ob unter Androhung der Unwirksamkeit oder zum Zwecke der Herbeiführung bestimmter Rechtsfolgen), wird laut den Vertretern dieser Auffassung[84] die Form nur dann eingehalten, wenn das Datum amtlich beglaubigt wurde (die Erlangung des feststehenden Datums im Wege der in Art. 81 §§ 2, 3 KC genannten Möglichkeiten sei nicht ausreichend). Die Anhänger der vermittelnden Ansicht erkennen die Unterschiede zwischen den in Art. 81 § 1 und Art. 81 §§ 2, 3 KC genannten Situationen und finden, dass unterschieden werden sollte zwischen solchen Fällen, in denen die Schriftform mit dem feststehenden Datum unter Androhung der Unwirksamkeit verlangt werde, und solchen, in denen sie die

80 Gesetz vom 14. Februar 1991, konsolidierte Fassung Dz.U. von 2008, Nr. 189, Pos. 1158 mit Änd.

81 In einem wesentlichen Teil der Ausarbeitungen, insbesondere in den Lehrbüchern, wird dieses Problem nicht beachtet. Siehe jedoch Górska (2007) 197 ff; Górska (2010) 107 ff.

82 S. insbesondere das Urteil des Appellationsgerichtes Katowice vom 07.02.2007, I ACa 1569/06, mit Anm. *A. Szlęzak*, OSP 2009, Nr. 1, Pos. 5, Urteil des OG vom 19.11.2003, V CK455/02, Lex 141686 mit Anm. *K. Kocemba*, Rejent 2004, Nr. 10, S. 134, Urteil des OG vom 30.09.2008, II CSK 149/08, OSP 2009, Nr. 9, Pos. 91 mit Anm. *A. Szlęzak,* Beschluss des OG (7) vom 28.10.2011, III CZP 33/11, OSN 2012, Nr. 4, Pos. 41.

83 S. den Beschluss des OG vom 29.11.2005, III 104/05, OSP 2006, Nr. 7-8, Pos. 87 mit Anm. *P. Pełczyński* (ebenda) und Anm. *G. Wolak*, Monitor Prawniczy 2008, Nr. 23, S. 1276, Urteil des OG vom 05.02.2009, I CSK 325/08, Lex 490437.

84 S. insbesondere Gilowski (2001) 43; so auch OG im Beschluss (7) vom 28.10.2011.

Herbeiführung bestimmter Rechtsfolgen bezwecke[85]. Im ersten Fall sei dem Formerfordernis nachgekommen, wenn die Urkunde auf die in Art. 81 § 1 KC bezeichnete Art und Weise beglaubigt worden sei. Habe die Form das Hervorrufen bestimmter Rechtsfolgen zum Zweck, führe das Rechtsgeschäft diese Rechtsfolgen auch dann herbei, wenn das feststehende Datum auf eine der in Art. 81 §§ 2, 3 KC genannten Arten erlangt wurde[86]. Schließlich wird in der Lehre die Meinung vertreten, dass der Begriff der Schriftform mit dem feststehenden Datum einheitlich verstanden werden sollte[87]. Dies bedeutet, dass bis zum Moment der Erlangung des feststehenden Datums (auf jede der in Art. 81 KC genannten Weisen) das Rechtsgeschäft entweder gar keine Rechtsfolgen mit sich bringe (wenn für die Nichteinhaltung der Schriftform mit dem feststehenden Datum die Unwirksamkeit angedroht wird, wie in Art. 329 § 1 i.Vm. Art. 73 § 2 KC) oder die bezweckten Rechtsfolgen nicht herbeiführe (wenn diese Rechtsfolgen von der Einhaltung der Schriftform mit dem feststehenden Datum abhängen, s. z.B. Art. 590 § 1 S. 2 KC, Art. 678 § 2 KC). Im ersten Fall führe das Fehlen des feststehenden Datums gemäß dieser Ansicht nicht zur Unwirksamkeit des Rechtsgeschäfts, sondern das Rechtsgeschäft wird als nicht zu Ende gebracht angesehen. Das spätere Erlangen des feststehenden Datums führe weder zur Heilung noch zur Umdeutung des Rechtsgeschäfts, wie es die Anhänger der restriktiven Ansicht befürworten.

Ad c) Die Regelung der Vertragsveränderungen in Art. 77 KC rief insbesondere in ihrer ursprünglichen Fassung viele Zweifel hervor[88]. Sie lautete „Wenn der Vertrag in Schriftform geschlossen wurde, muss seine Ergänzung, Änderung oder Aufhebung im beiderseitigen Einverständnis der Parteien wie auch der Rücktritt schriftlich erfolgen". Insbesondere war nicht klar, ob diese Vorschrift nur Fälle erfasst, in denen der ursprüngliche Vertrag die Einhaltung der sog. einfachen Schriftform erforderte, oder auch solche, in denen eine qualifizierte Schriftform (mit einer amtlichen Beglaubigung des Datums oder der Unterschrift oder die notarielle Beurkundung) erforderlich war, sowie ob oder inwiefern die Nichtwahrung der für den ursprünglichen Vertrag verlangten Form sanktioniert war. Weitere Zweifel betrafen die Rechtsfolgen der Nichteinhaltung der von Art. 77 KC vorgeschriebenen Form – sollten sie für alle Vertragsveränderungen gleich sein (unabhängig davon, welche Zwecke die Form beim ursprünglichen Vertrag verfolgte) oder sollten die Rechtsfolgen wie im Fall der für den ursprünglichen Vertrag vorgesehenen Form

---

85 So z.B. Kodeks cywilny. Komentarz (2009a) / *Adam Jedliński*, 502; S. auch Olek (2008) 81. Diese Unterscheidung wird von Gilowski (2001) 51 ff., kritisiert. Siehe auch Górska (2010) 114 ff.

86 So OG im Beschluss (7) vom 28.10.2011.

87 Olek (2008a) 113.

88 S. dazu insbesondere Drozd (1973) 201 ff. m.w.N.; Szpunar (1987) 49-50.

eintreten? Die grammatische Auslegung konnte zum Ergebnis führen, dass Art. 77 KC auf alle Fälle angewendet werden sollte, in denen der ursprüngliche Vertrag in Schriftform geschlossen worden war, selbst wenn es sich um die sog. qualifizierte Schriftform handelte, sowie auf solche, in denen für den Vertrag kein Formerfordernis galt, die Parteien ihn aber schriftlich geschlossen hatten[89]. In all diesen Fällen sollte die Änderung, Ergänzung oder Aufhebung des Vertrags oder der Rücktritt vom Vertrag schriftlich unter der Androhung der Beweisbeschränkungen erfolgen. Die teleologische Auslegung hingegen führte zum Ergebnis, dass Art. 77 KC keine Anwendung auf Fälle finden sollte, in denen die Schriftform (darunter auch die qualifizierte) vom Gesetz unter die Androhung der Unwirksamkeit gestellt wurde. In einer solchen Situation sollte die Änderung, Ergänzung oder Aufhebung des Vertrags oder der Rücktritt in der gleichen Form und mit den gleichen Folgen vorgenommen werden, wie es das Gesetz für den ursprünglichen Vertrag vorsah[90]. Art. 77 KC wäre danach auf alle anderen Fälle anzuwenden gewesen, also wenn für den ursprünglichen Vertrag die Schriftform zu Beweiszwecken oder zur Herbeiführung bestimmter Rechtsfolgen dienen sollte sowie wenn gar keine Form erforderlich war, die Parteien den Vertrag jedoch in Schriftform (einschließlich der qualifizierten) geschlossen hatten. Trotz der von E. Drozd dargestellten überzeugenden Argumentation zugunsten der oben dargestellten Auslegung, erweckte Art. 77 KC bis zu seiner Änderung 2003 Zweifel. Leider beseitigt Art. 77 KC auch in seinem neuen Wortlaut nicht alle zuvor aufgetretenen Zweifel[91]. Dies betrifft u.a. die Anwendung dieser Vorschrift auf die Änderung oder Ergänzung eines Vertrags, wenn der ursprüngliche Vertrag auf Wunsch der Parteien die Einhaltung der Schriftform erforderte. Nach wie vor entscheidet diese Vorschrift auch nicht über die Frage der Form von Vertragsveränderungen, wenn das Gesetz lediglich für die Willenserklärung einer der Parteien die Einhaltung einer bestimmten Form vorschreibt (z.B. die Erteilung einer Bürgschaft oder die Bestellung eines beschränkten dinglichen Rechts). In der vorliegenden Ausarbeitung werden diese Fragen jedoch nicht analysiert.

Ad d) Das Problem, welche Bestimmungen eines Rechtsgeschäfts in einer Urkunde festgehalten werden sollten und welche nicht, wurde insbesondere in Bezug auf Verpflichtungs- und Verfügungsverträge, die Immobilien zum Gegenstand haben, untersucht, für deren Wirksamkeit die notarielle Beur-

---

89 So z.B. A. Szpunar (1987) 49; System prawa cywilnego (1985) / *Zbigniew Radwański*, 641 (hinsichtlich der Nichteinhaltung der von Art. 77 KC vorgeschriebenen Form vertrat er der Ansicht, dass die Aufhebung des Vertrags oder der Rücktritt vom Vertrag schriftlich unter der Androhung der Beweisbeschränkungen erfolgten).

90 S. Urteil des OG vom 17.5.2002, I CKN 827/00, OSP 2003, Nr. 12, Pos. 157.

91 S. mehr zur Auslegung des Art. 77 KC in neuer Fassung Pisuliński (2012) 102 ff.

kundung des abgeschlossenen Vertrags erforderlich ist[92]. Das ist jedoch ein allgemeineres Problem, denn es betrifft alle Fälle, in denen das Gesetz oder der Vertrag die Vornahme des Rechtsgeschäfts in irgendeiner Schriftform verlangen. In der Literatur werden dazu drei Ansichten vertreten[93]. Laut der ersten sollten sich alle Vertragsbestimmungen in der notariellen Urkunde finden[94]. Bestimmungen, die ausgelassen wurden, seien unwirksam. Nach der zweiten Auffassung müssen nur die *essentialia negotii* in der notariellen Urkunde vorkommen[95]. Die übrigen seien wirksam, obwohl sie nicht in die Urkunde aufgenommen wurden. Eine Kompromisslösung drückt die dritte Meinung aus. Laut dieser sollte die notarielle Urkunde die *essentialia* und die *accidentalia negotii* (z.B. die Bedingung) enthalten, das Auslassen der naturalia negotii wirke sich dagegen nicht auf ihre Wirksamkeit aus[96]. In der Rechtsprechung taucht dieses Problem sporadisch auf[97]. Gewisse Schlussfolgerungen auf die Haltung der Gerichte zu dieser Frage können aus der Rechtsprechung des OG über die Wirksamkeit des von der Scheinerklärung verdeckten Rechtsgeschäfts (Art. 83 KC) gezogen werden. Indem das OG annimmt, dass das verdeckte Geschäft ein vom Scheingeschäft getrenntes Rechtsgeschäft sei, sagt er in der neuesten Rechtsprechung, dass das verdeckte Rechtsgeschäft unwirksam sei, wenn das Gesetz für seine Wirksamkeit die notarielle Beurkundung verlange. Selbst wenn man nämlich der liberalsten Ansicht bezüglich des Umfangs der Bestimmungen, die von der notariellen Urkunde erfasst sein müssen, folge, erfülle das verdeckte Rechtsgeschäft die Voraussetzungen nicht, wenn in der notariellen Urkunde der Kaufpreis nicht genannt werde[98] (wenn das Scheingeschäft z.B. ein Schenkungs-

---

92 S. insbesondere Szpunar (1964) 375-377, Szpunar (1987a) 3 ff., Drozd (1974) 149 ff.; System Prawa Prywatnego (2008) / *Edward Drozd*, 119-123.

93 Sie werden besprochen in: System Prawa Prywatnego (2008) / *Edward Drozd*, 119-120; und in: System prawa cywilnego (1985) / *Zbigniew Radwański*, 635 -636.

94 So insbesondere Drozd (1974) 162; System prawa cywilnego (1985) / *Zbigniew Radwański*, 636.

95 So konsequent z.B. A. Szpunar (1987a) 9.

96 S. bspw. System prawa cywilnego (1977) / *Józef Piątowski*, 249.

97 S. das Urteil des Appellationsgerichtes Białystok vom 13.03.2003, I ACa 76/03, Orzecznictwo Sądów Apelacyjnych (OSA) 2003, Nr. 8, S. 35 mit Anm. *M. Niedośpiał*, OSA 2004, Nr. 1, S. 65. Das Appellationsgericht war in dieser Entscheidung der Meinung, dass die Änderung der Zahlungsweise des im Kaufvertrag über eine Immobilie genannten Preises der notariellen Beurkundung bedarf (s. Art. 77 KC).

98 S. Begründung des Urteils des OG vom 12.10.2001, V CKN631/00, OSN 2002, Nr. 7-8, Pos. 91, mit Anm. *A. Bieranowski*, Rejent 2002, Nr. 11, S. 188; *M. Watrakiewicz*, Rejent 2002, Nr. 11, S. 199; *M. Warciński*, Palestra 2003, Nr. 9-10, S. 274. In dieser Entscheidung wich das OG von der bisherigen Rechtsprechung ab, in der die Ansicht vertreten wurde, dass das Scheingeschäft die Form an das verdeckte Rechtsgeschäft „ausleihe". S. auch den Beschluss des OG vom 22.05.2009, OSN 2010, Nr.

vertrag war). Das OG scheint sich dafür auszusprechen, dass als Minimalvoraussetzung die essentialia negotii vom Formerfordernis erfasst sein müssen. Wenn in der notariellen Urkunde also nicht der vom Käufer zu entrichtende volle Preis genannt werde, sei der Vertrag unwirksam[99]. Nicht zulässig sei auch die Beweisführung, dass die Parteien einen anderen Preis als den in der notariellen Urkunde angegebenen vereinbart haben, denn dies würde auf die Umgehung der unter Androhung der Unwirksamkeit geregelten Formvorschriften abzielen (Art. 247 des Zivilverfahrensgesetzbuches)[100].

Ad e) Im Zusammenhang mit dem Erscheinen neuer Kommunikationsmittel, insbesondere der elektronischen, entstand das Problem, ob die mit deren Hilfe vorgenommenen Rechtsgeschäfte dem Schriftformerfordernis genügten. Dieses Problem wurde vom Gesetzgeber erst im Jahre 2001 durch die Änderung des Art. 78 KC, der die Voraussetzungen der Einhaltung der Schriftform regelt, gelöst[101]. Diese Modifizierung hing mit der Umsetzung der Richtlinie 1999/93/EG über gemeinschaftliche Rahmenbedingungen für elektronische Signaturen[102] ins polnische Recht zusammen. Gegenwärtig erkennt Art. 78 § 2 KC die sog. elektronische Form als der Schriftform gleichwertig an, wenn die in elektronischer Form abgegebene Willenserklärung mit einer sicheren elektronischen, mithilfe eines gültigen Qualifikationszertifikats verifizierten Signatur versehen ist[103]. Dies ist eine restriktive Regelung. Andere in elektronischer Form abgegebene Willenserklärungen (die z.B. nur mit einer einfachen elektronischen Signatur versehen sind) werden demzufolge nicht dem Schriftformerfordernis gerecht[104]. Wenn für die Nichtwahrung der Schriftform nicht die Unwirksamkeit angedroht ist, sind die in elektronischer Form abgegebenen Willenserklärungen wirksam. Am Rande sei bemerkt, dass in der Rechtsprechung des OG und der Rechtslehre die Auf-

---

1, Pos. 13, mit Anm. *K.P. Sokołowski*, OSP 2010, Nr. 6, Pos. 60 und *A. Sylwestrzak*, Gdańskie Studia Prawnicze Przegląd Orzecznictwa 2010, Nr. 1, S. 85.

99 So das OG in seinem Urteil vom 27.04. 2004, II CK 191/03, Lex 399 727 und im Urteil vom 08.03.2005, IV CK 630/04, Lex 277 091.

100 So das OG in seinem Urteil vom 07.08.1997, I CKN 214/97, Lex 457 999 und in den in der vorherigen Fußnote zitierten Entscheidungen.

101 Mehr zum Thema der sog. elektronischen Form siehe u.a.: Radwański (2001) 1107 ff.; Wyrozumska (2003) 45 ff; Gromaszek (2007) 51 ff.

102 ABl. EG L 13 vom 19.01.2000.

103 S. Art. 5 des Gesetzes vom 18. September 2001 über die elektronische Signatur, Dz.U. Nr. 130, Pos. 1450 mit Änd.

104 Manchmal stellen Sondervorschriften jedoch Rechtsgeschäfte, die in elektronischer Form vorgenommen wurden, der Schriftform gleich, obwohl sie nicht die sichere elektronische Signatur tragen, vgl. Art. 7 des Gesetzes vom 29. August 1997 – Bankrecht, konsolidierte Fassung Dz.U. 2012, Pos. 1376.

fassung vertreten wird, dass eine per Fax übersandte Willenserklärung dem Schriftformerfordernis nicht genüge[105].

Literaturverzeichnis

Błeszyński (1985): *Jan Błeszyński*, Prawo autorskie (Warszawa 1985).

Czachórski (2002): *Witold Czachórski* u. a., Zobowiązania. Zarys wykładu (Warszawa 2002).

Drozd (1973): *Edward Drozd*, Forma czynności prawnych na tle Art. 77 KC, in: Studia Prawnicze 1973, Nr. 38, 201 – 232.

Drozd (1974): *Edward Drozd*, Przeniesienie własności nieruchomości (Warszawa / Kraków 1974).

Gilowski (2001): *Paweł Gilowski*, Data pewna a forma oświadczenia woli z data pewną, Rejent 2001, Nr. 3, 31 – 57.

Górska (2004): *Katarzyna Górska*, Forma pisemna w obrocie gospodarczym po nowelizacji kodeksu cywilnego, in: Kwartalnik Prawa Prywatnego (KPP) 2004, Nr. 1, 117 – 136.

Górska (2007): *Katarzyna Górska*, Zachowanie zwykłej formy pisemnej czynności prawnych (Warszawa 2007).

Górska (2008): *Katarzyna Górska*, O perspektywie zniesienia formy pisemnej dla celów dowodowych w nowym kodeksie cywilnym, in: Rejent 2008, Nr. 12, 34 – 57.

Górska (2010): *Katarzyna Górska*, O formie pisemnej z poświadczoną datą w nowym kodeksie cywilnym – uwagi w kontekście obowiązującej regulacji prawnej, in: Rejent 2010, Nr. 3, 103 – 126.

Gromaszek (2007): *Magdalena Gromaszek*, Składanie oświadczeń woli w postaci elektronicznej, in: Przegląd Prawa Handlowego (PPH) 2007, Nr. 3, 51 – 56.

Grzybowski (1985): *Stefan Grzybowski*, Prawo cywilne. Zarys części ogólnej (Warszawa 1985).

Gutowski (2006): *Maciej Gutowski*, Nieważność czynności prawnej (Warszawa 2006).

Gutowski (2010): *Maciej Gutowski*, Wzruszalność czynności prawnej (Warszawa 2010).

Gwiazdomorski (1967): *Jan Gwiazdomorski*, Nowe przepisy o formie czynności prawnych, in: Księga pamiątkowa ku czci Kamila Stefki (Warszawa / Wrocław 1967) 61 – 89.

Gwiazdomorski (1974): *Jan Gwiazdomorski*, Próba korektury pojęcia czynności prawnej, in: Zeszyty Naukowe Uniwersytetu Jagiellońskiego (ZNUJ) Prace z wynalazczości i ochrony własności intelektualnej, 1974, H. 1, 57 – 70.

Jędrzejewska (1989): *Anna Jędrzejewska*, Wpływ teorii woli wewnętrznej na koncepcje oświadczeń woli w polskiej judykaturze, in: Państwo i Prawo (PiP) 1989, Nr. 11, 75 – 86.

Jędrzejewska (1992): *Anna Jędrzejewska*, Koncepcja oświadczenia woli w prawie cywilnym (Warszawa 1992).

105 S. Urteil des OG vom 06.11.2002, I CKN 1158/00, Lex 75 283, Urteil des OG vom 23.11.2007, IV CSK 228/07, OSN ZD 2008, C, Pos. 88. In der Literatur wird allgemein angenommen, dass die Wiedergabe mittels Fotographie oder Druck nicht die Voraussetzung der eigenhändigen Unterschrift erfülle, so bspw. System Prawa Prywatnego (2008) / *Radwański*, 132.

Kocot (2012): *Wojciech J. Kocot*, Forma oświadczenia woli w dobie europeizacji polskiego prawa prywatnego, in: *Jerzy Pisuliński / Piotr Tereszkiewicz / Fryderyk Zoll* (Hrsg.), Rozprawy z prawa cywilnego, własności intelektualnej i prawa prywatnego międzynarodowego. Księga pamiątkowa dedykowana Profesorowi Bogusławowi Gawlikowi (Warszawa 2012) 77 - 98.

Kodeks cywilny. Komentarz (2011): *Edward Gniewek* (Hrsg.), Kodeks cywilny. Komentarz. (Warszawa 2011).

Kodeks cywilny. Komentarz (2009): *Małgorzata Pyziak-Szafnicka* (Hrsg.), Kodeks cywilny. Część ogólna. Komentarz (Warszawa 2009).

Kodeks cywilny. Komentarz (2009a): *Andrzej Kidyba* (Hrsg.), Kodeks cywilny. Komentarz, Bd. I, Część ogólna (Warszawa 2009).

Kozaczka (1961): *Adam Kozaczka*, Błąd jako wada oświadczenia woli, in: Zeszyty Naukowe Uniwersytetu Jagiellońskiego (ZNUJ). Studia i Rozprawy (Kraków 1961).

Krajewski (2003): *Marcin Krajewski*, Zmiany regulacji formy czynności prawnych, in: Przegląd Prawa Handlowego (PPH) 2003, Nr. 7, 4 – 12.

Księga pierwsza kodeksu cywilnego (2009): Księga pierwsza kodeksu cywilnego. Projekt z uzasadnieniem (Warszawa 2009).

Lewaszkiewicz-Petrykowska (1973): *Biruta Lewaszkiewicz-Petrykowska*, Wady oświadczenia woli w polskim prawie cywilnym (Warszawa 1973).

Longchamps de Berier (1931): *Roman Longchamps de Berier*, Art. Czynności prawne, in: Encyklopedia podręczna prawa prywatnego, Hrsg. v. Henryk Konic, H. I (Warszawa 1931) 161 – 202.

Longchamps de Berier (1938): *Roman Longchamps de Berier*, Zobowiązania (Lwów 1938).

Machnikowski (2005): *Piotr Machnikowski*, Swoboda umów według Art. 353^1 KC. Konstrukcja prawna (Warszawa 2005).

Mularski (2011): *Krzysztof Mularski*, Czynności podobne do czynności prawnych (Warszawa 2011).

Ohanowicz / Górski (1970): *Alfred Ohanowicz / Jan Górski*, Zarys prawa zobowiązań (Warszawa 1970).

Olek (2008): *Włodzimierz Jarosław Olek*, Forma pisemna z datą pewną (cz. 1), in: Rejent 2008, Nr. 6, 75 – 95.

Olek (2008a): *Włodzimierz Jarosław Olek*, Forma pisemna z datą pewną (cz. 2), in: Rejent 2008, Nr. 7-8, 99 – 119.

Piekarski (1965): *Marian Piekarski*, Zawarcie umowy. Forma czynności prawnych, in: Nowe Prawo 1965, Nr. 4, 355-361.

Pisuliński (2012): *Jerzy Pisuliński*, Forma czynności następczych, in: *Jerzy Pisuliński / Piotr Tereszkiewicz / Fryderyk Zoll* (Hrsg.), Rozprawy z prawa cywilnego, własności intelektualnej i prawa prywatnego międzynarodowego. Księga pamiątkowa dedykowana Profesorowi Bogusławowi Gawlikowi (Warszawa 2012) 99 - 115.

Preussner-Zamorska (1983): *Janina Preussner-Zamorska*, Nieważność czynności prawnej w prawie cywilnym (Warszawa 1983).

Radwański (1977): *Zbigniew Radwański*, Teoria umów (Warszawa 1977).

Radwański (1986): *Zbigniew Radwański*, Zagadnienia ogólne wykładni oświadczeń woli, Nowe Prawo 1986, Nr. 9, 25 – 36.

Radwański (1999): *Zbigniew Radwański*, Uwagi o autonomii woli, in: II Kongres notariuszy Rzeczpospolitej Polskiej, Referaty i opracowania (Poznań / Kluczbork 1999) 257 – 271.

Radwański (2001): *Zbigniew Radwański*, Elektroniczna forma czynności prawnych, in: Monitor Prawniczy (MoP) 2001, Nr. 22, 1107 – 1113.
Radwański (2003): *Zbigniew Radwański*, O zmianie przepisów kodeksu cywilnego dotyczących pisemnej formy oświadczeń woli, in: Monitor Prawniczy (MoP) 2003, Nr. 9, 391 – 395.
Rajski (2000): *Jerzy Rajski*, Prawo o kontraktach w obrocie gospodarczym (Warszawa 2000).
Skowrońska – Bocian (2005): *Elżbieta Skowrońska – Bocian*, Prawo cywilne. Część ogólna. Zarys wykładu (Warszawa 2005).
Stelmachowski (1983): *Andrzej Stelmachowski*, Ewolucja autonomii woli, in: Tendencje rozwoju prawa cywilnego (Wrocław u a. 1983) 157 – 210.
System prawa cywilnego (1977): *Witold Czachórski* (Hrsg.), System prawa cywilnego, *Jerzy Ignatowicz* (Hrsg.), Bd. II, Prawo własności i inne prawa rzeczowe (Wrocław u.a. 1977).
System prawa cywilnego (1985): *Witold Czachórski* (Hrsg.), System prawa cywilnego, Bd. I. *Stefan Grzybowski* (Hrsg.), Część ogólna (Wrocław u.a.1985).
System Prawa Prywatnego (2008): *Zbgniew Radwański* (Hrsg.), System Prawa Prywatnego Bd. 2. *Zbgniew Radwański* (Hrsg.), Prawo cywilne – część ogólna (Warszawa 2008).
Szer (1967): *Seweryn Szer*, Prawo cywilne. Część ogólna (Warszawa 1967).
Szpunar (1964): *Adam Szpunar*, Forma umowy o przeniesienie własności nieruchomości, in: Księga pamiątkowa dla uczczenia pracy naukowej Kazimierza Przybyłowskiego (Kraków / Warszawa 1964) 365 – 377.
Szpunar (1974): *Adam Szpunar*, Uwagi o pojęciu czynności prawnej, in: Państwo i Prawo (PiP) 1974, Nr. 12, 3 – 16.
Szpunar (1986): *Adam Szpunar*, O konwalidacji nieważnych czynności prawnych, in: Państwo i Prawo (PiP) 1986, Nr. 5, 20-32.
Szpunar (1987): *Adam Szpunar*, Uwagi o formie przewidzianej dla celów dowodowych, in: Ruch Prawniczy, Ekonomiczny i Socjologiczny 1987, H. 4, 39 – 53.
Szpunar (1987a): *Adam Szpunar*, Zakres formy notarialnej przy przeniesieniu własności nieruchomości, in: Nowe Prawo 1987, Nr. 9, 3 – 14.
Wolter (1963): *Aleksander Wolter*, Prawo cywilne. Zarys części ogólnej (Warszawa 1963).
Wolter / Ignatowicz / Stefaniuk (1996): *Aleksander Wolter / Jerzy Ignatowicz / Krzysztof Stefaniuk*, Zarys części ogólnej (Warszawa 1996).
Wyrozumska (2003): *E. Wyrozumska*, Elektroniczne oświadczenie woli w ustawie o podpisie elektronicznym i po nowelizacji kodeksu cywilnego, in: Przegląd Prawa Handlowego (PPH) 2003, Nr. 8, 45 – 51.
Zawada (2010): *Kazimierz Zawada*, Ocena regulacji czynności prawnych w projektowanej księdze pierwszej kodeksu cywilnego, in: Przegląd Sądowy 2010, Nr. 3, 32 – 44.
Zoll (1945): *Fryderyk Zoll*, Zobowiązania w zarysie według kodeksu zobowiązań (Warszawa 1945).

Die Arglistanfechtung in den Zivilgesetzbüchern Brasiliens, Deutschlands und Portugals

Jan Dirk Harke

Abstracts

The right to rescind a legal transaction on grounds of the other party's fraud is, in its origin, a mere manifestation of delictual liability arising from pre-contractual fault. Its separation and integration into the general rules on legal transactions has resulted in a contradiction in the law of pre-contractual liability, which now also covers negligent misrepresentation, and has rendered the right of avoidance superfluous. In Brazil, Germany and Portugal, this antinomy has been concealed by the allocation of the right of avoidance in the general part of the civil code.

Uprawnienie do odstąpienia od czynności prawnej z uwagi na podstęp wywodzi się historycznie z odpowiedzialności deliktowej dotyczącej postępowania w toku zawierania umowy. Jego włączenie do ogólnej regulacji czynności prawnej wywołało sprzeczność w dogmatycznej konstrukcji odpowiedzialności przedkontraktowej, dlatego że powtarza ona odstąpienie od umowy z powodu podstępu regulowane przepisami o wadach czynności prawnych. W Brazylii, Niemczech i Portugalii sprzeczność ta nie jest widoczna, bo regulację prawa do odstąpienia od umowy umieszczono w części ogólnej kodeksu cywilnego.

O direito à anulação de um negócio jurídico em razão de fraude da outra parte é, em sua origem, uma mera manifestação da responsabilidade civil em razão de culpa pré-contratual. Sua separação da responsabilidade civil e sua posterior integração às normas gerais do negócio jurídico levaram a uma contradição em relação ao direito da responsabilidade pré-contratual, que atualmente abrange também o dolo por negligência e tornou supérfluo o direito à anulação do contrato. No Brasil, na Alemanha e em Portugal, esta antinomia foi sanada pela previsão do direito à anulação na Parte Geral do Código Civil.

1. Die Regelungen im Überblick

Den Zivilrechtsordnungen Brasiliens, Deutschlands und Portugals ist nicht nur ein Allgemeiner Teil des bürgerlichen Gesetzbuchs, sondern auch gemein, dass sich hierin eine für alle Arten von Rechtsgeschäften geltende Regelung über die Folgen einer arglistigen Täuschung findet.

1.1. Die Arglistanfechtung nach BGB

Die älteste der heute noch geltenden Regelungen ist die des deutschen BGB, die seit 1900 nahezu unverändert ist: Als Teil der Bestimmungen über die Willenserklärung sieht § 123 BGB in seinem Abs. 1 vor, dass sie von ihrem Urheber angefochten werden kann, wenn er zu ihrer Abgabe durch arglistige Täuschung oder widerrechtliche Drohung bestimmt worden ist. Rechtsfolge ist wie bei der Anfechtung wegen eines Irrtums (§ 119 BGB), dass das Rechtsgeschäft zunächst gültig und dann im Fall der Anfechtung nach § 142 Abs. 1 BGB als von Anfang an nichtig anzusehen ist. Das Vertrauen in seinen Bestand wird nur geschützt, wenn weder Vorsatz noch Fahrlässigkeit im Spiel ist: Gemäß § 142 Abs. 2 BGB wird jeder, der die Anfechtbarkeit des Geschäfts kannte oder hätte kennen müssen, so behandelt, als hätte er gewusst oder wissen müssen, dass das Geschäft nichtig ist. Wegen des in Deutschland geltenden Abstraktionsprinzips ist ein Übereignungsgeschäft, das aufgrund eines angefochtenen Vertrags vorgenommen wird, nicht automatisch ebenfalls unwirksam. Denkbar ist jedoch, dass es, insbesondere wenn es zugleich mit dem schuldrechtlichen Vertrag abgeschlossen wird, auch aufgrund der Täuschung vorgenommen und daher selbständig anfechtbar ist. In diesem Fall werden Dritterwerber, an die der Erwerber die aufgrund des unwirksamen Vertrags erlangte Sache weiterreicht, nach den Regeln über den gutgläubigen Erwerb vom Nichtberechtigten geschützt. Dies bedeutet, dass sie die Sache trotz nachträglichen Wegfalls der Berechtigung ihres Vordermanns wirksam erwerben können, sofern sie bei beweglichen Sachen die Anfechtbarkeit seiner durch den Sachbesitz ausgewiesenen Rechtsstellung nicht gekannt oder grob fahrlässig verkannt (§§ 932, 142 Abs. 2 BGB), im Fall unbeweglicher Sachen nicht positiv gewusst haben, dass der im Grundbuch eingetragene Erwerber dieses Recht noch durch Anfechtung verlieren kann (§§ 892 Abs. 1, 142 Abs. 2 BGB). Bleibt die Übereignung von der Täuschung unberührt oder wird trotz eines sich hierauf erstreckenden Willensmangels nur der schuldrechtliche Vertrag angefochten, hat der Getäuschte einen Anspruch auf Rückgewähr seiner eigenen Leistung wegen ungerechtfertigter Bereicherung des anderen Teils (§ 812 Abs. 1 S. 1 Alt. 1 BGB) und ist diesem seinerseits zur Rückgewähr einer selbst empfangenen Leistung verpflichtet.

Für die Anfechtung, die beim Irrtum unverzüglich erfolgen muss (§ 121 BGB), lässt § 124 BGB dem Getäuschten eine Zeit von einem Jahr, die erst in dem Moment beginnt, in dem er die Täuschung entdeckt; unabhängig hiervon ist das Anfechtungsrecht aber jedenfalls ausgeschlossen, wenn seit der Abgabe der Willenserklärung zehn Jahre verstrichen sind. Die Anfechtungserklärung erfolgt außergerichtlich wiederum durch Willenserklärung und ist bei Verträgen nach § 143 BGB grundsätzlich gegenüber dem Vertragspartner, bei empfangsbedürftigen einseitigen Rechtsgeschäften gegenüber ihrem Adressaten, bei sonstigen einseitigen Rechtsgeschäften gegenüber demjenigen abzugeben, der durch das anfechtbare Rechtsgeschäft unmittelbar einen rechtlichen Vorteil erlangt hat.

Ist der Urheber einer Willenserklärung nicht durch seinen Vertragspartner oder ihren Empfänger, sondern durch einen Dritten getäuscht worden, ist die Erklärung nicht stets anfechtbar. Vielmehr muss der Vertragspartner oder Erklärungsempfänger nach § 123 Abs. 1 BGB die von dem Dritten verübte Täuschung gekannt oder sie nur infolge von Fahrlässigkeit verkannt haben. Erwirbt ein anderer als der Erklärungsempfänger durch die Erklärung unmittelbar ein Recht, setzt ihre Anfechtung voraus, dass der Begünstigte die Täuschung kannte oder hätte kennen müssen. Auch die Anfechtung ist gemäß § 143 Abs. 2 BGB dem Begünstigten gegenüber vorzunehmen.

1.2. Arglistanfechtung im portugiesischen Zivilgesetzbuch

Die Regelung der arglistigen Täuschung im aktuellen *Código Civil* Portugals baut nicht auf dem Vorgängerregime im *Código de Seabra* von 1867 auf. Der Tendenz dieses Gesetzbuchs folgend, war die Arglist hier ebenso wie im französischen *Code civil* Gegenstand einer überaus knappen Bestimmung in dem Titel über Verträge und Verpflichtungen im Allgemeinen (*dos contratos e obrigações em geral*) und hier dem Unterabschnitt über den Konsens (*do mútuo consenso*) zugewiesen. Über das französische Vorbild ging die Bestimmung in Art. 663 des *Código de Seabra* allerdings insoweit hinaus, als sie einerseits klarstellte, dass die Täuschung, die zur Nichtigkeit des Vertrags führte, nicht unbedingt von einem Kontrahenten ausgehen musste, sondern auch von einem Dritten verübt werden konnte, der ein unmittelbares Interesse an dem Vertrag hatte.[1] Zudem enthielt die Vorschrift eine Unterscheidung zwischen der Arglist (*dolo*) und der Bösgläubigkeit (*má fé*) und definierte die erste als Vorspiegelung mit dem Ziel, einen Irrtum auszulösen oder

1 Art. 663 des Código de Seabra: O erro, que procede de dolo ou de má fé de um dos contraentes, ou de terceiro, que tenha interesse directo no contrato, produz nulidade.

aufrechtzuerhalten, und die zweite als Nichtaufklärung eines erkannten Irrtums.[2]

Das seit 1967 in Portugal geltende Regime der Arglistanfechtung findet sich im Allgemeinen Teil des neuen *Código civil* in dem Kapitel über die Willenserklärung (*declaração negocial*), der seinerseits in den Abschnitt über Rechtshandlungen (*factos jurídicos*) als Teil der Bestimmungen über Rechtsverhältnisse (*relações jurídicos*) eingeordnet ist. An die Vorgängerbestimmung knüpft die heutige Regelung nur insoweit an, als deren Definitionen in Art. 253 des neuen *Código civil* übernommen, nun aber beide auf die Arglist selbst bezogen sind. Hinzugekommen ist eine Ausnahmedefinition für Behauptungen, die, obwohl nicht voll zutreffend, nach der Ansicht des Rechtsverkehrs als zulässig anzusehen sind,[3] sowie die Fälle, in denen ein erkannter Irrtum des anderen Teils mangels entsprechender Verpflichtung nicht aufgeklärt wird. Und anders als im alten *Código civil* soll heute die Täuschung eines jeden Dritten genügen:

> Art. 253 CC port
> 1. Entende-se por dolo qualquer sugestão ou artifício que alguém empregue com a intenção ou consciência de induzir ou manter em erro o autor da declaração, bem como a dissimulação, pelo declaratário ou terceiro, do erro do declarante.
> 2. Não constituem dolo ilícito as sugestões ou artifícios usuais, considerados legítimos segundo as concepções dominantes no comércio jurídico, nem a dissimulação do erro, quando nenhum dever de elucidar o declarante resulte da lei, de estipulação negocial ou daquelas concepções.

Das aus der Arglist folgende Recht zur Anfechtung (*anulação*) ist freilich nicht bei jeder Dritttäuschung, sondern nur dann eröffnet, wenn der Erklärungsempfänger oder im Fall der unmittelbaren Begünstigung eines Dritten dieser selbst die arglistige Täuschung kennt oder kennen muss. Dagegen soll die Anfechtung nicht daran scheitern, dass auch der Getäuschte seinerseits den Versuch einer arglistigen Täuschung des anderen unternommen hat:

> Art. 254 CC port
> 1. O declarante cuja vontade tenha sido determinada por dolo pode anular a declaração; a anulabilidade não é excluída pelo facto de o dolo ser bilateral.
> 2. Quando o dolo provier de terceiro, a declaração só é anulável se o destinatário tinha ou devia ter conhecimento dele; mas, se alguém tiver

---

2 Art. 663 § único des Código de Seabra: Entende-se por dolo nos contratos qualquer sugestão ou artifício, que se empregue para induzir em erro, ou manter nele, algum dos contraentes; e por má fé a dissimulação do erro do outro contraente, depois de conhecido.

3 Diese Figur des *dolus bonus* findet sich auch in der brasilianischen Lehre; vgl. Salvo Venosa (2005) Nr. 22.4.1, S. 441, Wald (2010) 248. Kritisch zu ihr Coelho (2010) Nr. 11.2.1, S. 351 f. und unter dem Gesichtspunkt der Bestimmungen im Verbraucherschutzgesetz Gomes (2009) Nr. 14, S. 323 f.

adquirido directamente algum direito por virtude da declaração, esta é anulável em relação ao beneficiário, se tiver sido ele o autor do dolo ou se o conhecia ou devia ter conhecido.

Der Zeitraum, in dem die Anfechtung zur Grundlage einer Klage auf Rückgewähr der von dem Getäuschten erbrachten Leistung gemacht werden kann, beträgt ebenso wie im Fall des beachtlichen Irrtums ein Jahr ab Wegfall des Willensmangels. Ist das Geschäft noch nicht vollständig durchgeführt worden, kann er dem Anspruch des Gläubigers die Täuschung aber auch danach noch einredeweise entgegenhalten und sogar seine Leistung zurückfordern:

Art. 287 CC port
1. Só têm legitimidade para arguir a anulabilidade as pessoas em cujo interesse a lei a estabelece, e só dentro do ano subsequente à cessação do vício que lhe serve de fundamento.
2. Enquanto, porém, o negócio não estiver cumprido, pode a anulabilidade ser arguida, sem dependência de prazo, tanto por via de acção como por via de excepção.

Eine Höchstfrist für die gerichtlich geltend zu machende Anfechtung ergibt sich aus der allgemeinen Verjährungsregelung. Hiernach besteht eine Verjährungsfrist von 20 Jahren,[4] die mit Entstehung des Rechts zu laufen beginnt[5].

Die Anfechtung hat Rückwirkung und vernichtet das Geschäft nicht nur als schuldrechtliches Phänomen, sondern wegen des in Portugal geltenden Konsensprinzips auch als Rechtsgrund für den Eigentumserwerb, der ebenfalls rückwirkend entfällt. Dritterwerber, die die Sache von dem Erwerber erlangen, können diese, da das portugiesische Recht keinen gutgläubigen Erwerb vom Nichtberechtigten kennt, nur ersitzen. Die Ersitzung durch einen gutgläubigen Besitzer setzt bei gewöhnlichen beweglichen Sachen dreijährigen Besitz voraus (Art. 1299 CC port), bei Grundstücken dagegen eigentlich die Eintragung im Grundbuch und zehnjährigen Besitz (Art. 1294 CC port) und bei registrierbaren beweglichen Sachen die Eintragung im jeweiligen Register und fünfjährigen Besitz (Art. 1298 § 1 CC port). Für den Fall, dass jemand entgeltlich eine Sache von demjenigen erwirbt, der sie im Zuge eines anfechtbaren Vertrags erlangt hat, ist die Ersitzung allerdings insofern erleichtert, als die Anfechtung dem Eigentumserwerb des gutgläubigen Dritten, der die Anfechtbarkeit weder kannte noch kennen musste, nicht mehr schaden kann, wenn sie nicht binnen drei Jahren nach Abschluss des anfechtbaren Geschäfts und früher als das von dem Dritterwerber eingegangene Geschäft in das maßgebliche Register eingetragen worden ist:

4 Art. 309 des portugiesischen *Código civil*.
5 Art. 305 § 1 des portugiesischen *Código civil*.

Art. 291 CC port
1. A declaração de nulidade ou a anulação do negócio jurídico que respeite a bens imóveis, ou a móveis sujeitos a registo, não prejudica os direitos adquiridos sobre os mesmos bens, a título oneroso, por terceiro de boa fé, se o registo da aquisição for anterior ao registo da acção de nulidade ou anulação ou ao registo do acordo entre as partes acerca da invalidade do negócio.
2. Os direitos de terceiro não são, todavia, reconhecidos, se a acção for proposta e registada dentro dos três anos posteriores à conclusão do negócio.
3. É considerado de boa fé o terceiro adquirente que no momento da aquisição desconhecia, sem culpa, o vício do negócio nulo ou anulável.

Derjenige Dritterwerber, der die Sache unentgeltlich erlangt hat und noch bereichert ist, muss ihren Wert dagegen auch nach Ablauf der gewöhnlichen Ersitzungsfrist noch dem Getäuschten herausgeben, sofern dieser keinen Ersatz von dem Erwerber erlangen kann:

Art. 289 CC port
1. Tanto a declaração de nulidade como a anulação do negócio têm efeito retroactivo, devendo ser restituído tudo o que tiver sido prestado ou, se a restituição em espécie não for possível, o valor correspondente.
2. Tendo alguma das partes alienado gratuitamente coisa que devesse restituir, e não podendo tornar-se efectiva contra o alienante a restituição do valor dela, fica o adquirente obrigado em lugar daquele, mas só na medida do seu enriquecimento. ...

1.3. Arglistanfechtung nach brasilianischem Zivilgesetzbuch

Die Vorschriften des neuen portugiesischen *Código civil* sind zumindest in einem Punkt von der älteren brasilianischen Regelung beeinflusst, die sich in dem bis 2002 geltenden Gesetzbuch von 1916 fand: Für den Fall der beiderseitigen Täuschung enthielt sie das Gegenmodell zur jetzigen portugiesischen Regelung, nämlich den Satz, dass eine von dem Getäuschten selbst verübte Täuschung des anderen Teils das Recht zur Anfechtung gerade ausschließe.[6] Diese Bestimmung hat nahezu unverändert Eingang in das neue Gesetzbuch von 2002 gefunden:

Art. 150 CC bras
Se ambas as partes procederem com dolo, nenhuma pode alegá-lo para anular o negócio, ou reclamar indenização.

Auch im Übrigen entspricht die heute in Brasilien geltende Regelung im Wesentlich der alten. Sie findet sich heute im Abschnitt über das Rechtsgeschäft (*do negócio jurídico*) als Teil des Buchs über Rechtshandlungen (*dos fatos jurídicos*), in dem sie im alten Gesetzbuch unter dem Titel über Rechtsakte

6 Art. 97 des alten brasilianischen *Código civil*.

(*dos atos jurídicos*) eingeordnet war. Inhaltlich unterscheidet sie ebenso wie die alte Regelung zwischen der Täuschung, die für die Vornahme des Rechtsgeschäfts kausal geworden ist und auch dann, wenn sie in einem Unterlassen besteht, seine Anfechtung erlaubt, und dem minderschweren Fall des *dolus accidens* (*dolo accidental*), der nur auf den Inhalt des Vertrags eingewirkt hat und lediglich einen Anspruch auf Ersatz des vom Getäuschten erlittenen Schadens auslöst:[7]

> Art. 145
> São os negócios jurídicos anuláveis por dolo, quando este for a sua causa.[8]
>
> Art. 146
> O dolo acidental só obriga à satisfação das perdas e danos, e é acidental quando, a seu despeito, o negócio seria realizado, embora por outro modo.[9]
>
> Art. 147
> Nos negócios jurídicos bilaterais, o silêncio intencional de uma das partes a respeito de fato ou qualidade que a outra parte haja ignorado, constitui omissão dolosa, provando-se que sem ela o negócio não se teria celebrado.[10]

Für eine Ausdehnung des Anfechtungsrechts hat der neue brasilianische *Código civil* ebenso wie das geltende portugiesische Gesetzbuch im Fall der Täuschung durch einen Dritten gesorgt: Während früher eine Anfechtung nur bei Kenntnis des Vertragspartners oder Erklärungsempfängers von der Täuschung des Dritten möglich war, genügt heute schon deren fahrlässige Unkenntnis. Nur wenn der Kontrahent von der Täuschung weder wusste noch wissen musste, ist der Getäuschte auf Schadensersatz gegen den Dritten beschränkt:

> Art. 148
> Pode também ser anulado o negócio jurídico por dolo de terceiro, se a parte a quem aproveite dele tivesse ou devesse ter conhecimento; em caso contrário, ainda que subsista o negócio jurídico, o terceiro responderá por todas as perdas e danos da parte a quem ludibriou.[11]

---

7 Diese Unterscheidung entspringt der vorkodifikatorischen Rechtstradition in Brasilien; vgl. Bevilaqua (1927) zu Art. 93, S. 332 und Miranda (1983) § 449 Nr. 4, S. 330.

8 Wortgleich ist Art. 92 des alten brasilianischen *Código civil*.

9 Vgl. Art. 93 des alten brasilianischen *Código civil*: O dolo acidental só obriga à satisfação das perdas e danos. É acidental o dolo, quando a seu despeito o ato se teria praticado, embora por outro modo.

10 Vgl. Art. 93 des alten brasilianischen *Código civil*: Nos atos bilaterais o silêncio intencional de uma das partes a respeito de fato ou qualidade que a outra parte haja ignorado, constitui omissão dolosa, provando-se que sem ela se não teria celebrado o contrato.

11 Für die Täuschung durch einen Vertreter enthält Art. 149 des neuen *Código Civil*, der Art. 96 des alten entspricht, eine Sonderregelung über die Haftung, die sich beim gesetzlichen Vertreter auf den erlangten Vorteil des Vertretenen beschränkt: *O dolo do representante legal de uma das partes só obriga o representado a*

Die Anfechtung muss gerichtlich durch Klage innerhalb von vier Jahren ab Vertragsschluss geltend gemacht werden und löst eine Pflicht zur Rückgewähr der empfangenen Leistungen oder entsprechendem Wertersatz aus:

> Art. 177
> A anulabilidade não tem efeito antes de julgada por sentença ...
>
> Art. 178
> É de quatro anos o prazo de decadência para pleitear-se a anulação do negócio jurídico, contado ... no caso de ... dolo ... do dia em que se realizou o negócio jurídico; ...
>
> Art. 182
> Anulado o negócio jurídico, restituir-se-ão as partes ao estado em que antes dele se achavam, e, não sendo possível restituí-las, serão indenizadas com o equivalente.

Zwar folgt das brasilianische Recht dem Traditionsprinzip, so dass mit der Anfechtung des Vertrags auch ein konstitutives Element für den Übergang des Eigentums an einer veräußerten Sache wegfällt. Da die Anfechtung *ex nunc* wirkt,[12] lässt sie das Eigentum, das ein Erwerber aufgrund eines anfechtbaren Vertrags erlangt hat, allerdings zunächst unberührt, so dass Dritte es bis zur Anfechtung nach gewöhnlichen Regeln erwerben können und der Getäuschte in diesem Fall lediglich Wertersatz von seinem Kontrahenten verlangen kann.

2. Vergleich

Ein praktisch wichtiger Unterschied zwischen den Regelungen der Arglistanfechtung in Brasilien, Deutschland und Portugal ist durch einen externen Faktor, nämlich das Regime der Eigentumsübertragung, vorgegeben: Während das deutsche Recht den gutgläubigen Erwerb bei Sachen jeder Art und das brasilianische Recht ihn zumindest bei Mobilien (Art. 1268 CC bras) kennt, steht dem redlichen Erwerber nach portugiesischem Recht nur das Institut der Ersitzung offen. Da das portugiesische Recht zudem dem Konsensprinzip folgt, bedeutet dies, dass die Arglistanfechtung zumindest für die Dauer der Ersitzungszeit auch einen Dritterwerber einer durch den anfechtbaren Vertrag übereigneten Sache trifft. Im deutschen Recht ist dies ganz unabhängig vom Abstraktionsprinzip schon deshalb zumeist nicht der Fall, weil der Dritte die Sache in aller Regel gutgläubig erworben hat und daher

---

responder civilmente até a importância do proveito que teve; se, porém, o dolo for do representante convencional, o representado responderá solidariamente com ele por perdas e danos.

12 Vgl. Diniz, zu Art. 177 m.w.N.

vor einem Herausgabeanspruch des Getäuschten sicher ist. In Brasilien stellt sich die Frage des gutgläubigen Erwerbs wegen der *ex-nunc*-Wirkung der Anfechtung erst gar nicht. Selbst wenn das brasilianische Recht der Anfechtung Rückwirkung verliehe, vollzöge sich der entgeltliche Dritterwerb zumindest bei beweglichen Sachen aber ebenfalls im Wege des gutgläubigen Erwerbs. Nur beim unentgeltlichen Erwerb und bei der Übereignung von Immobilien wäre der Dritterwerber ebenso wie in Portugal auf die Ersitzung angewiesen, die bei Grundstücken einer überaus differenzierten Regelung unterworfen ist (Art. 1238 ff. CC bras). Hier besteht eine wesentliche Divergenz, wobei Deutschland und Portugal klar diesseits und jenseits der Grenze liegen, die quer durch das brasilianische Recht verläuft.

Entgegen dem Eindruck, den man auf den ersten Blick gewinnt, ist auch die Trennlinie bei der Ausübung des Anfechtungsrechts gezogen: Zunächst scheint es so, als ob sich hier das deutsche Recht mit der außergerichtlichen Anfechtungserklärung auf der einen Seite und die beiden lusophonen Rechtsordnungen mit der Anfechtung durch Klage auf der anderen Seite gegenüberstehen. In Wirklichkeit unterscheiden sich das deutsche und das portugiesische Recht im praktischen Ergebnis kaum: Zwar muss der Getäuschte, wenn er eine schon erbrachte Leistung zurückerhalten will, die Anfechtung gerichtlich geltend machen. Dies bleibt ihm jedoch, wenn der andere Teil sie nicht freiwillig zurückgibt, auch in Deutschland nicht erspart. Und das Recht, eine noch nicht erbrachte Leistung zurückzubehalten, hat er in Deutschland und Portugal gleichermaßen, ohne zur Klage gezwungen zu sein: Nach deutschem Recht muss er nur außergerichtlich die Anfechtung erklären; in Portugal genügt es sogar, wenn er sich auf die Anfechtbarkeit beruft, die ein Leistungsverweigerungsrecht begründet. Anders ist das brasilianische Recht, das in jedem Fall die gerichtliche Geltendmachung der Anfechtung verlangt und dem Getäuschten ohne diese auch keine Einrede gegen die Forderung des anderen Teils gibt.

Eine Sonderrolle spielt das brasilianische Recht auch bei der Anfechtungsfrist: Während in Deutschland und Portugal eine vergleichsweise kurze Frist von einem Jahr besteht, die aber erst mit Entdeckung der Täuschung beginnt, sieht das brasilianische Recht einen deutlich längeren Zeitraum von vier Jahren vor, lässt diesen aber objektiv, nämlich mit Geschäftsabschluss, beginnen. So gibt es dem Interesse an Rechtssicherheit den Vorzug, das in Deutschland und Portugal nur mit der Festlegung einer Höchstfrist gewahrt wird. Diese ist wiederum deutlich länger und beträgt in Deutschland zehn und in Portugal 20 Jahre.

Bemerkenswert ist schließlich die Divergenz von brasilianischem und portugiesischem Recht bei der Regelung des eher exotischen Falls einer beiderseitigen Arglist: Den Ausschluss der Anfechtung im brasilianischen Recht führte der Schöpfer des Gesetzbuchs von 1916, *Clovis Bevilaqua*, auf das Gebot der *boa fé* zurück, die verbiete dem anderen Vertragsteil vorzuhalten, was man selbst nicht beachtet habe.[13] Die Gegensposition des portugiesischen Rechts ist eine Konsequenz aus der Einordnung des *dolo* als Willensmangel: Da dem Urheber einer Willenserklärung trotz seines eigenen Fehlverhaltens die rechtsgeschäftliche Absicht fehlt, darf seine Erklärung keinen Bestand haben.[14] Im deutschen Recht würde sich eine der brasilianischen Regelung entsprechende Lösung ergeben, wenn man der Anfechtung oder dem aus ihr erwachsenden Bereicherungsanspruch den Einwand der unzulässigen Rechtsausübung entgegensetzt.

3. Die Stellung im Allgemeinen Teil und die Konkurrenz zur Haftung für culpa in contrahendo

Die Verortung der Arglistanfechtung im Allgemeinen Teil des Zivilgesetzbuchs sorgt dafür, dass sie außer auf Schuldverträge auch auf sonstige Verträge und einseitige Rechtsgeschäfte Anwendung findet. Die Erstreckung auf andere als Schuldverträge ist in Deutschland deshalb von Vorteil, weil es infolge des Trennungs- und Abstraktionsprinzips dingliche Verträge gibt, die so der Anfechtung unterliegen. Freilich sorgt gerade das Abstraktionsprinzip dafür, dass diese dinglichen Verträge häufig wirksam bleiben und nur das schuldrechtliche Kausalgeschäft anfechtbar ist. In Brasilien und Portugal ist die Verallgemeinerung der Irrtumsanfechtung in dieser Hinsicht wertlos, da nach dem hier geltenden Traditions- oder Konsensprinzip die Beseitigung des Schuldvertrags automatisch auf die dingliche Ebene durchschlägt. Einen Nutzen erbringt die Regelung der Arglistanfechtung im Allgemeinen Teil des Gesetzbuchs hier, indem sie auch für das Testament gilt, für dessen Anfechtung in beiden Ländern schlicht auf die allgemeinen Regeln verwiesen wird (Art. 2201 CC port[15], 1909 CC bras[16]). In Deutschland geht dieser Vorteil dadurch verloren, dass das fünfte, dem Erbrecht gewidmete Buch des BGB eine umfassende Regelung der Testamentsanfechtung enthält (§§ 2078 ff. BGB), die für die allgemeinen Bestimmungen über die Anfechtung wegen eines Willensmangels nur in Ausnahmefällen Raum lässt.

Sind die Vorschriften über die Arglistanfechtung in Brasilien, Deutschland und Portugal auch in den Allgemeinen Teil des Zivilgesetzbuchs verwiesen,

---

13 Bevilaqua (1927) zu Art. 97, S. 335.

14 Mota Pinto (2005) 526.

15 É também anulável a disposição testamentária determinada por erro, dolo ou coacção.

16 São anuláveis as disposições testamentárias inquinadas de erro, dolo ou coação. -§ único. Extingue-se em quatro anos o direito de anular a disposição, contados de quando o interessado tiver conhecimento do vício.

liegt der Schwerpunkt ihrer Anwendung doch ebenso wie in anderen Ländern beim Schuldvertrag. Und gerade hier erweist sich ihre Verallgemeinerung zu einer für alle Arten von Rechtsgeschäften geltenden Regelung als Quelle eines unüberbrückbaren Widerspruchs, der in Deutschland schon erkannt und in Brasilien und Portugal zumindest schon latent vorhanden ist. Er ergibt sich aus der Konkurrenz mit der Haftung für vorvertragliches Fehlverhalten, die im portugiesischen Gesetzbuch schon seit 1967, in Brasilien und Deutschland seit 2002 geregelt ist. Im portugiesischen *Código Civil* findet sie sich ebenfalls ansatzweise im Allgemeinen Teil geregelt, der die Parteien von Vertragsverhandlungen zur Einhaltung des Gebots der guten Treue (*boa fé*) verpflichtet und ihnen für den Fall seiner Missachtung eine Schadensersatzpflicht auferlegt:

> Art. 227 § 1 CC port
> Quem negoceia com outrem para conclusão de um contrato deve, tanto nos preliminares como na formação dele, proceder segundo as regras da boa fé, sob pena de responder pelos danos que culposamente causar à outra parte.

Das brasilianische Gesetzbuch begnügt sich dem Postulat der guten Treue, das jedoch Teil der Bestimmungen des allgemeinen Schuldrechts im zweiten Buch des *Código Civil* geworden ist:

> Art. 422 CC bras
> Os contratantes são obrigados a guardar, assim na conclusão do contrato, como em sua execução, os princípios de probidade e boa-fé.

An derselben Stelle ist auch die deutsche Regelung platziert, die nur äußerlich komplizierter und scheinbar konkreter, inhaltlich aber ebenso abstrakt wie die portugiesischen und die brasilianischen Bestimmungen ist: Nach § 311 Abs. 2 BGB kann ein Schuldverhältnis mit Pflichten nach § 241 Abs. 2 BGB auch durch die Aufnahme von Vertragsverhandlungen, die Anbahnung eines Vertrags und die hiermit verbundene Möglichkeit eines Teils zur Einwirkung auf die Rechte und Interessen des anderen sowie schließlich durch sonstige geschäftliche Kontakte entstehen. Die Pflicht, die in § 241 Abs. 2 BGB beschrieben wird, ist die Pflicht zur Rücksicht auf die Rechte, Rechtsgüter und Interessen des anderen Teils. Sie ist Gegenstück zur Leistungspflicht, die bei Verträgen erst mit deren Abschluss begründet wird und den Schuldner in erster Linie zur Leistung *in natura* verpflichtet. Zwar kann auch die Rücksichtspflicht einen durch Naturalvollstreckung durchsetzbaren Anspruch hervorbringen; dieser ist jedoch ebenso wie die zum Schutz des Eigentums dienende *actio negatoria* (§ 1004 BGB) nur ein Abwehranspruch, der gewissermaßen nur Vorwirkung des Schadensersatzanspruchs ist.[17] Bei diesem liegt die eigentliche Bedeutung der Rücksichtspflicht, die nur vorgibt, für was die Parteien bei geschäftlichen Kontakten einzustehen haben. Der sich aus

17 Vgl. Harke (2010) Rn. 21 f.

einem Fehlverhalten ergebende Schadensersatzanspruch aus § 280 Abs. 1 BGB ist formal vertraglicher Natur, hat aber die Funktion der Deliktshaftung, indem er die Parteien allein aufgrund ihres schuldhaften Verhaltens bei geschäftlichem Kontakt und ohne Rücksicht auf den Vertragsschluss haftbar macht. Die Zuordnung zur Vertragshaftung bewirkt, dass der Anspruch wegen *culpa in contrahendo* auch die fahrlässige Verursachung reiner Vermögensschäden abdeckt, die im Rahmen der eigentlichen Deliktshaftung nur bei Vorsatz des Täters ersetzbar sind (§§ 823 Abs. 2, 826 BGB).

In Portugal und Brasilien enthält sich das Gesetzbuch einer Qualifikation der Schadensersatzpflicht für die Verletzung des Gebots der *boa fé*. Nach der Systematik der beiden Rechtsordnungen, in denen sich die vertragliche Leistungs- und die deliktische Schadensersatzpflicht klar gegenüberstehen, kann sich die Haftung für *culpa in contrahendo* nur aus der deliktischen Generalklausel ergeben, die auch fahrlässig verursachte reine Vermögensschäden erfasst.[18] Im portugiesischen Gesetzbuch ist sie im allgemeinen Schuldrecht in das Kapitel über die Quellen des Schuldverhältnisses (*fontes das obrigações*) eingestellt:

> Art. 483 § 1 CC port
> Aquele que, com dolo ou mera culpa, violar ilicitamente o direito de outrem ou qualquer disposição legal destinada a proteger interesses alheios fica obrigado a indemnizar o lesado pelos danos resultantes da violação.

In Brasilien findet sie sich dagegen im Allgemeinen Teil des *Código Civil* im Titel über unrechtmäßige Handlungen (*dos atos ilícitos*):

> Art. 186 CC bras
> Aquele que, por ação ou omissão voluntária, negligência ou imprudência, violar direito e causar dano a outrem, ainda que exclusivamente moral, comete ato ilícito.

Das Problem, vor das die Haftung für *culpa in contrahendo* im Zusammenhang mit der Arglistanfechtung stellt, ist zweigeteilt: Zum einen erhebt sich die Frage, ob der Getäuschte, wenn die Voraussetzungen der Arglistanfechtung gegeben sind oder ausfallen, dennoch einen Schadensersatzanspruch wegen vorvertraglichen Fehlverhaltens hat. Zum anderen entsteht das Grundsatzproblem, welcher Sinn der Arglistanfechtung noch zukommen soll, wenn es ein weiterreichendes Schadensersatzrecht gibt. Die erste Frage bejaht man in Deutschland üblicherweise;[19] um die zweite drückt sich zumin-

---

18 Für das portugiesische Recht Mota Pinto (2005) 525 Fn. 722 und Hörster (1992) Rn. 788. Für das brasilianische Recht Salvo Venosa (2005a) Nr. 23.3, S. 511 f., Coelho (2010a) Nr. 28.4, S. 108; kritisch zu dieser Einordnung unter dem alten *Código Civil* dagegen Miranda (1983) § 456 Nr. 1, S. 345 f.

19 Vgl. insbesondere Grigoleit (1997) 40 ff., 157 ff., der aber die Anfechtungsfrist auf die Haftung wegen *culpa in contrahendo* übertragen will.

dest die Rechtsprechung herum, indem sie sich darauf beruft, die Arglistanfechtung diene dem Schutz der Entscheidungsfreiheit und setze anders als die Haftung für *culpa in contrahendo* keinen Schaden voraus[20]. Die durch Täuschung erreichte Bindung an einen Vertrag, den man sonst nicht oder anders eingegangen wäre, bedeutet jedoch stets einen, wenn auch nicht unbedingt durch Geldzahlung, so doch zumindest in Natur ausgleichbaren Schaden; und für seinen Ersatz sorgt das Recht des Getäuschten, von dem Vertragspartner eine Anpassung des Vertrags oder zu verlangen, so gestellt zu werden, als habe man sich hierauf nie eingelassen. Die Schadensersatzpflicht macht die Arglisthaftung damit praktisch entbehrlich.[21] Sie schützt den Getäuschten umfassender, indem sie über die Beseitigung der Vertragsbindung hinaus für den Ersatz weiterer Schäden sorgt und auch dann eingreift, wenn die Täuschung nicht mit Vorsatz verübt worden, sondern das Produkt reiner Nachlässigkeit des Täters ist. Zudem hebelt sie die Anfechtungsfrist von einem Jahr aus, indem sie erst in der Regelfrist von drei Jahren ab Ende des Jahres verjährt, in dem der Getäuschte von der Täuschung erfahren hat oder sie ohne grobe Fahrlässigkeit hätte erkennen können (§§ 195, 199 Abs. 1 BGB).

Dieselben Probleme wie in Deutschland stellen sich auch in Brasilien und Portugal, sind hier bislang aber noch weitgehend unentdeckt geblieben. Dass eine vorvertragliche Täuschung einen Verstoß gegen das Gebot der *boa fé* bedeutet, lässt sich ebenso wenig leugnen wie die Konsequenz, dass derjenige, der die Täuschung vorsätzlich oder fahrlässig begangen hat, hier aufgrund der deliktischen Generalklausel einzustehen hat. Im Text des brasilianischen Zivilgesetzbuchs kommt dies sogar dadurch zum Ausdruck, dass für die dem Vertragspartner nicht zurechenbare Täuschung durch einen Dritten (Art. 148) sowie für die minderschwere Täuschung durch einen *dolo acidental* (Art. 146) ausdrücklich auf einen Schadensersatzanspruch verwiesen wird.[22] Stellt man noch in Rechnung, dass die Unterscheidung zwischen *dolus incidens* und *dolus accidens* ohnehin kaum durchführbar ist, weil der Getäuschte den Vertrag nahezu stets zu anderen Bedingungen, nämlich gegebenenfalls unter erheblicher Reduktion der Gegenleistung, abgeschlossen hätte, wird klar, dass Arglistanfechtung und Schadensersatzrecht auch hier nebeneinander stehen. Während im brasilianischen Recht die vierjährige Anfechtungsfrist durch die in drei Jahren verjährende deliktische Haftung nicht

---

20 BGH, NJW 1998, 302, 304, 898. Ebenso, aber mit noch restriktiverem Schadensbegriff Lieb (1999) 337, 339 ff. Dagegen Canaris (2000) 290, 314.

21 Dies ist Teil der Überwindung des alten römischen Haftungsmodells, das an den Vorsatz des Täters oder eine Rechtsgutsverletzung auf Seiten des Geschädigten anknüpft; vgl. Harke (2010) Rn. 288.

22 Dass dieser deliktsrechtlicher Natur ist, betonen Rodrigues (1989) Nr. 81, S. 144 (vgl. auch Rodrigues [2003] Nr. 105, 195), Salvo Venosa (2005) Nr. 22.4.1, S. 441.

allzu häufig unterlaufen werden kann, kommt es in Portugal zu derselben Schwierigkeit wie in Deutschland, nämlich dass der einjährigen Anfechtungsfrist eine dreijährige Verjährungsfrist gegenübersteht.

Der Grund, aus dem das Konkurrenzverhältnis zwischen Arglistanfechtung und Haftung für *culpa in contrahendo* in Brasilien und Portugal bisher vernachlässigt worden ist, liegt darin, dass man die Schadensersatzpflicht für vorvertragliches Fehlverhalten hier in traditioneller Manier als Haftung für Verhandlungsabbruch oder verschuldete Unwirksamkeit eines Vertrags deutet.[23] Kommt sie damit nur zum Zuge, wenn die Vertragsbindung ausgefallen ist, kann sie sich auch nicht mit der Arglistanfechtung überschneiden, die ja nur bei Wirksamkeit des Vertrags denkbar ist. Die Beschränkung der Schadensersatzpflicht für *culpa in contrahendo* auf den Fall, dass es an einem gültigen Vertragsschluss fehlt, entspricht der Vorstellung ihres Entdeckers, *Rudolf von Jhering*, der die von ihm propagierte vertragsähnliche Haftung eben auf diese Konstellation begrenzt sah.[24] Und sie stimmt auch mit der Haltung des BGB-Gesetzgebers von 1900 überein, der glaubte, die von *Jherings* Rechtsfigur erfassten Fälle durch Schadensersatzpflichten bei Irrtumsanfechtung (§ 122 BGB), Vertretungsmängeln (§ 179 BGB) und anfänglicher Unmöglichkeit der Leistung (§ 307 BGB) geregelt zu haben. Ebenso, wie sich in Deutschland die nunmehr auch im Gesetz zum Ausdruck gekommene Einsicht durchgesetzt hat, dass die Haftung für *culpa in contrahendo* jegliches vorvertragliche Fehlverhalten ohne Rücksicht auf Gültigkeit oder Unwirksamkeit des Vertrags abdeckt,[25] wird sich diese Erkenntnis auch in Brasilien und Portugal verbreiten. In der portugiesischen Rechtswissenschaft gibt es bereits Vertreter, die für einen Anspruch auf Vertragsanpassung oder Beseitigung der Vertragsbindung aufgrund von Art. 227 des portugiesischen *Código civil* eintreten,[26] diesen aber zuweilen immer noch mit dem Regime der Arglistanfechtung harmonisieren wollen[27]. Es ist zu erwarten, dass diese Versuche nicht anders als in Deutschland scheitern und die Arglistanfechtung auch in den lusophonen Rechtsordnungen durch die Haftung für *culpa in contrahendo* zur Makulatur wird.

---

23 Für das portugiesische Recht Antunes Varela (2000) 267 ff., Vasconcelos (2005) 331 ff. und Hörster (1992) Rn. 787; Vgl. für das brasilianische Recht Rodrigues (2004) Nr. 29, S. 69 f., Salvo Venosa (2005a) Nr. 23.3, S. 511 ff., Coelho (2010a) Nr. 28.4, S. 108.

24 Jhering (1861) 1 ff.

25 Hierzu Harke (2010) Rn. 282 ff.

26 Hörster (1992) Rn. 786, Sinde Monteiro (1989) 380 f., Moreira da Silva (2003) 236 ff.

27 Vor allem durch Anwendung der Anfechtungsfrist auf die Haftung für *culpa in contrahendo*; vgl. Sinde Monteiro (1989), Moreira da Silva (2003) 236 ff. Anders Hörster (1992) Rn. 786, Mota Pinto (2005) 525.

Die Wurzel des innergesetzlichen Widerspruchs zwischen der Haftung für *culpa in contrahendo* und der Arglistanfechtung ist mit deren Absonderung in den Allgemeinen Teil verwoben. Diese entspringt nämlich der Vorstellung, die arglistige Täuschung bewirke ebenso wie der Irrtum eines Vertragspartners einen Willensmangel, der auf die gleiche Art sanktioniert werden müsste. Die Anfänge dieser Vorstellung liegen in der Spätantike, als man *dolus* und *error* als Gründe für eine Wiedereinsetzung in den vorigen Stand (*restitutio in integrum*) nebeneinanderstellte,[28] der das moderne Konzept der Anfechtung entlehnt ist. Mit ihr setzte man sich über die Natur der *dolus*-Sanktion im klassischen römischen Recht hinweg, die eben nicht in einem besonderen Mechanismus zur Beseitigung der Vertragsbindung bestand, sondern diese schlicht als Teil einer an den *dolus* geknüpften Schadensersatzpflicht bewirkte.[29] Einmal von diesem Stamm getrennt, konnte die Arglistanfechtung nicht die Entwicklung des Schadensersatzrechts nachvollziehen, das sich allmählich von der Beschränkung auf die die Vorsatzhaftung löste und begann, auch die fahrlässige Verursachung reiner Vermögensschäden einzuschließen. In den Ländern, in denen die Arglistanfechtung zum Regelungsgegenstand des Allgemeinen Teils des Zivilgesetzbuchs geworden ist, musste diese Entwicklung insbesondere deshalb verpasst werden, weil die Arglistsanktion der Rechtsgeschäftslehre zugeschlagen und damit von der vertraglichen oder der Haftung für unerlaubte Handlung getrennt geblieben ist. Wäre sie mit dieser schuldrechtlichen Materie verbunden geblieben und im Obligationenrecht geregelt worden, gäbe es sie heute nicht, und dies zu Recht.

Literaturverzeichnis

Antunes Varela (2000): *João de Matos Antunes Varela*, Das Obrigaçoes em geral (10. Aufl. Coimbra 2000).

Bevilaqua (1927): *Clovis Bevilaqua*, Codigo civil commentado, Bd. 1 (3. Aufl. Rio de Janeiro 1927).

Canaris (2000): *Claus-Wilhelm Canaris*, Wandlungen des Schuldvertragsrechts, in: Archiv für die civilistische Praxis (AcP) 200 (2000) 290.

Coelho (2010): *Fábio Ulhoa Coelho*, Curso de Direito Civil, Bd. 1: Parte Geral (4. Aufl. São Paulo 2010).

Coelho (2010a): *Fábio Ulhoa Coelho*, Curso de Direito Civil, Bd. 3: Contratos (4. Aufl. São Paulo 2010).

Diniz: *Maria Helena Diniz*, Código civil anotado, zu Art. 177 (erscheint jedes Jahr).

Grigoleit (1997): *Hans Christoph Grigoleit*, Vorvertragliche Informationshaftung (München 1997).

Gomes (2009): *José Jairo Gomes*, Teoria Geral do Direito Civil (Belo Horizonte 2009).

28 Hierzu Harke (2005) 267 ff.

29 Grundlegend Kupisch (1974) 243 ff., Kaser (1977) 101 ff.

Harke (2005): *Jan Dirk Harke*, Si error aliquis intervenit – Irrtum im klassischen römischen Vertragsrecht (Berlin 2005).
Harke (2010): *Jan Dirk Harke*, Allgemeines Schuldrecht (Berlin / Heidelberg 2010).
Hörster (1992): *Heinrich Ewald Hörster*, A Parte Geral do Código Civil Português. Teoria Geral do Direito Civil (Coimbra 1992).
Jhering (1861): *Rudolf von Jhering*, Culpa in contrahendo bei nichtigen oder nicht zur Perfection gelangten Verträgen, in: Jehrings Jahrbücher für die Dogmatik des bürgerlichen Rechts (JhJb) 4 (1861) 1 ff.
Kaser (1977): *Max Kaser*, Zur in integrum restitutio, besonders wegen metus und dolus, in: Zeitschrift der Savigny-Stiftung für Rechtsgeschichte (SZ) 94 (1977).
Kupisch (1974): *Berthold Kupisch*, In integrum restitutio und vindicatio utilis bei Eigentumsübertragungen im römischen Recht (Berlin 1974).
Lieb (1999): *Lieb*, Culpa in contrahendo und rechtsgeschäftliche Entscheidungsfreiheit, in: Beuthien u. a. (Hg.), Festschrift für Medicus (Köln u. a. 1999).
Miranda (1983): *Pontes de Miranda*, Tratado de Direito Privado, Bd. 4 (4. Aufl. São Paulo 1983).
Moreira da Silva (2003): *Eva Sónia Moreira da Silva*, Da responsabilidade pré-contratual por violação dos deveres de informação (Coimbra 2003).
Mota Pinto (2005): *Carlos Alberto da Mota Pinto*, Teoria Geral do Direito Civil (4. Aufl. [von *António Pinto Monteiro* und *Paulo Mota Pinto*] Coimbra 2005).
Rodrigues (1989): *Silvio Rodrigues*, Dos vícios do consentimento (3. Aufl. São Paulo 1989).
Rodrigues (2003): *Silvio Rodrigues*, Direito Civil, Bd. 1: Parte Geral (34. Aufl. São Paulo 2003).
Rodrigues (2004): *Silvio Rodrigues*, Direito Civil, Bd. 3, Dos Contratos (30. Aufl. São Paulo 2004).
Salvo Venosa (2005): *Silvio de Salvo Venosa*, Direito Civil, Bd. 1: Parte Geral (5. Aufl. São Paulo 2005).
Salvo Venosa (2005a): *Silvio de Salvo Venosa*, Direito Civil, Bd. 2: Teoria Geral das Obrigaçoes e Teoria Geral das Obrigaçoes (5. Aufl. São Paulo 2005).
Sinde Monteiro (1989): *Jorge Ferreira Sinde Monteiro*, Responsabilidade por conselhos, recomendaçoes ou informaçoes (Coimbra 1989).
Vasconcelos (2005): *Pedro Pais de Vasconcelos*, Teoria Geral do Direito Civil (Coimbra 2005).
Wald (2010): *Arnoldo Wald*, Direito Civil, Bd. 1, Introdução e Parte Geral (12. Aufl. São Paulo 2010).

Die Handlungsvollmacht nach polnischem Recht*

Jerzy Pisuliński

Abstracts

This paper presents the evolution of regulations governing the commercial power of attorney under Polish law. In particular, the paper considers the provisions in the Commercial Code of 1934, which formed the basis for the provisions in the civil code of 1964 regarding commercial representation (amended in 2003) as well as the provisions in the draft of book one of the new civil code of 2008. The provisions of the Polish Commercial Code of 1934 were based on its German counterpart. The Commercial Code provided for two types of commercial powers of attorney: commercial representation and a commercial power of attorney other than commercial representation, also called a commercial power of attorney in the strict sense, granted by a trader for the purpose of running an enterprise. This paper provides a comparison of the regulations on commercial representation and commercial powers of attorney in the strict sense as defined in the new civil code draft proposed in 2008 with the regulations of the civil code and commercial code of 1934. Considerable similarities and few differences between the regulations are indicated. Because of on 1 January 2012 the scope of commercial representation was extended for natural persons – entrepreneurs, doubts were expressed as to the need to regulate the commercial power of attorney in the strict sense in the new civil code. In addition, the broad scope of the authorisation of a holder of a commercial power of attorney was questioned, as it basically overlaps with the authorisation of a commercial representative (the exception consists in the absence of the authorisation of the holder of a commercial power of attorney to contract in respect of procedural acts that may be performed by a commercial representative).

W artykule przedstawiono ewolucję przepisów o pełnomocnictwie handlowym w prawie polskim, ze szczególnym uwzględnieniem przepisów kodeksu handlowego z 1934 r., na których wzorowane są przepisy kodeksu cywilnego z 1964 o prokurze (dodane w 2003 r.) oraz przepisy projektu księgi pierwszej nowego kodeksu cywilnego z 2008 r. Przepisy polskiego KH z 1934 r. wzorowane były na niemieckim kodeksie handlowym. Kodeks handlowy szczegółowo regulował dwa rodzaje pełnomocnictwa handlowego: prokurę oraz pełnomocnictwo handlowe niebędące prokurą, udzielone przez kupca do prowadzenia przedsiębiorstwa, zwane pełnomocnictwem handlowym w ścisłym znaczeniu. W artykule porównano regulację prokury i pełnomocnictwa handlowego w ścisłym znacznie w pro-

* Übersetzung aus dem Polnischen: Dr. Anna Przyborowska.

jekcie z 2008 r. z przepisami obowiązującego KC i KH z 1934 r. Wskazano na bardzo duże podobieństwa między tymi regulacjami i nieliczne różnice. W związku z rozszerzeniem możliwości korzystania z prokury przez przedsiębiorców będących osobami fizycznymi po 1 stycznia 2012 r. wyrażono wątpliwość co do potrzeby regulowania pełnomocnictwa handlowego w ścisłym znaczeniu w nowym KC Wątpliwości budzi też bardzo szerokie ujęcie w projekcie z 2008 r. zakresu umocowania pełnomocnika handlowego, które w zasadzie swoim zakresem pokrywa się z zakresem umocowania prokurenta (wyjątek dotyczy braku umocowania pełnomocnika handlowego do czynności procesowych, które może dokonywać prokurent).

Este artigo apresenta a evolução das normas concernentes à representação nos termos do direito polonês. Em particular, o artigo trata das regras previstas no Código Comercial de 1934, que serviu de base para as normas do Código Civil de 1964, alterado em 2003, referentes à representação comercial, bem como para o projeto de novo Código Civil de 2008. Base para as regras do Código Comercial polonês de 1934 foi seu correspondente alemão. O Código Comercial previu dois tipos de representação comercial: representação comercial e mandato comercial outro que representação comercial, também chamado mandato comercial em sentido estrito, a ser outorgado por um comerciante para o propósito de dirigir uma empresa. O presente artigo compara as regras sobre representação comercial e mandato comercial em sentido estrito definidas pelo projeto de novo Código Civil de 2008 com aquelas previstas no Código Civil vigente e no Código Comercial de 1934. Semelhanças consideráveis e algumas divergências são apontadas. Uma vez que, em 1º de janeiro de 2012, a representação comercial foi extendida a pessoas naturais, foi colocada em dúvida a necessidade de regulamentação no novo Código Civil do mandato comercial em sentido estrito. Ainda, o amplo leque de poderes do mandatário comercial foi questionada, já que ele basicamente coincide com o leque de poderes dum representante comercial (a exceção consiste na ausência, em relação ao mandatário comercial, do poder de contratar referente a atos procedimentais que devam ser realizados por um representante comercial).

1. Einleitung

Eine der dringendsten Angelegenheiten nach der Wiedererlangung der Unabhängigkeit Polens im November 1918 war die Vereinheitlichung des geltenden Rechts. Bereits Anfang 1919 wurden für das ganze Land einheitliche Vorschriften über das Handelsregister eingeführt[1], die sich u.a. mit der Pro-

1 Dekret vom 7. Februar 1919 über das Handelsregister, Dziennik Praw (Rechtsblatt des Polnischen Staats, ehemaliges Amtsblatt [Anm. d. Übers.]) 1919, Nr. 14, Pos. 260.

kura beschäftigten. Im Jahre 1933 wurde das Handelsgesetzbuch erlassen[2]. Da es Vorschriften über die Handlungsvollmacht enthielt (Art. 60-69), wurden die ab 1919 geltenden Normen über die Prokura aufgehoben. Das zum gleichen Zeitpunkt erlassene Obligationengesetzbuch[3] regelte zwar die Vollmacht (Art. 95-103), wobei aber die Bestimmungen über besondere Arten der Vollmacht (und zu solchen gehört die Handlungsvollmacht, wovon später die Rede sein wird) in Kraft geblieben sind[4]. Das Handelsgesetzbuch von 1933 sollte am 1. Juli 1934 in Kraft treten, was jedoch nicht geschehen ist, denn seine Regelungen wurden durch ein neues Handelsgesetzbuch, das am 27. Juni 1934 erlassen wurde[5], ersetzt. Dieses ist am 1. Juli 1934 in Kraft getreten und galt formell bis Ende 1964. Zu diesem Zeitpunkt wurde es durch die Einführungsvorschriften zum Zivilgesetzbuch von 1964[6] aufgehoben, die jedoch die Normen über Handelsgesellschaften und – bezüglich dieser – auch Bestimmungen über die Firma, das Handelsregister und die Prokura in Kraft ließen[7]. Infolge dieser Entscheidung des Gesetzgebers hatten die im Handelsgesetzbuch von 1934 enthaltenen Vorschriften über die Prokura bis zum 24. September 2003 Geltung, weil am 25. September 2003 die Vorschriften des das Zivilgesetzbuch novellierenden Gesetzes vom 14. Februar 2003[8] in Kraft getreten sind. Kraft dieser Novellierung sind zur Vollmachtsregelung des Zivilgesetzbuchs (Art. 98-109) die Vorschriften über die Prokura (Art. 109^1-109^9) hinzugetreten. Im Jahre 2008 verkündete die Kodifikationskommission für Zivilrecht den Entwurf eines ersten Buchs des neuen Zivilgesetzbuchs, das auch Normen über die Vollmacht, darunter die Handlungsvollmacht, umfasst.

In diesem Aufsatz werde ich mich insbesondere auf den Vorschlag zur Neuregelung der Handlungsvollmacht im genannten Entwurf konzentrieren. Zuvor werde ich kurz die Entwicklung der Regelung der Handlungsvollmacht im polnischen Zivilrecht von 1919 bis in die Gegenwart skizzieren.

---

2 Verordnung des Präsidenten der Republik Polen vom 27. Oktober 1933 – Handelsgesetzbuch, Dz.U. Nr. 82, Pos. 600.

3 Verordnung des Präsidenten der Republik Polen vom 27. Oktober 1933 – Obligationengesetzbuch, Dz.U. Nr. 82, Pos. 598.

4 Vgl. Art. II Pkt. 5 der Verordnung des Präsidenten der Republik Polen vom 27. Oktober 1933 – Einführungsvorschriften zum Obligationengesetzbuch, Dz.U. Nr. 82, Pos. 599.

5 Verordnung des Präsidenten der Republik Polen vom 27. Juni 1934 – Handelsgesetzbuch, Dz.U. Nr. 57, Pos. 502.

6 Gesetz vom 23. April 1964, Dz.U. Nr. 16, Pos. 94. S. Art. VI §§ 1, 2 dieses Gesetzes.

7 Dies bedeutete, dass tatsächlich v.a. die Vorschriften des Handelsgesetzbuchs von 1934 (Kodeks handlowy) über Handelsgeschäfte außer Kraft getreten sind (Art. 498 ff. KH). Ein Teil der Handelsgeschäfte wurde im KC geregelt. Siehe Pisuliński (2010) 320 f.

8 Dz.U. Nr. 49, Pos. 408.

Bevor ich aber dazu übergehe, muss eine terminologische Frage geklärt werden. Das Handelsgesetzbuch von 1934 enthielt in Teil I Buch I den Abschnitt VI mit dem Titel „Handlungsbevollmächtigte“[9]. Darin waren a) die Prokura, b) die Vollmacht ohne Erteilung der Prokura, die vom Kaufmann für die Vornahme der Geschäfte des Unternehmens oder seiner Teile erteilt wurde, sowie c) die Vollmacht, die den Bevollmächtigten erteilt wurde, derer sich der Kaufmann außerhalb seines Handelsbetriebs bediente, geregelt. Darüber hinaus normierten die Vorschriften die Rechtsfolgen des Handelns von im Geschäftslokal des Unternehmens tätigen Personen[10] sowie des Handelns des Kaufmanns, der im Namen einer anderen Person, aber ohne Vertretungsmacht oder in ihrer Überschreitung tätig wurde[11]. Daher wurde in der damaligen Literatur und in späteren Ausarbeitungen behauptet, dass die Regelung des Handelsgesetzbuchs fünf Arten der Vollmacht umfasse: a) der Prokura, b) der Handlungsvollmacht ohne Erteilung der Prokura (Handlungsvollmacht im engeren Sinne), c) der Handlungsvollmacht zum Handeln außerhalb des Betriebs des Kaufmanns, d) der vermuteten Handlungsvollmacht und e) der vermeintlichen Handlungsvollmacht[12]. Im Grunde genommen konnte aber von höchstens vier Arten der Handlungsvollmacht gesprochen werden, da der vermeintlich Bevollmächtigte in Wirklichkeit kein Bevollmächtigter war. Da auf die Handlungsvollmacht zum Handeln außerhalb des Handelsbetriebs des Kaufmanns die Vorschriften über die Handlungsvollmacht im engeren Sinne Anwendung fanden (Art. 67 § 1 KH), bezüglich Art. 68 KH hingegen fraglich ist, ob dieser die sog. vermutete Vollmacht geregelt habe[13], kann sogar die These aufgestellt werden, dass das Handelsgesetzbuch von 1934 nur zwei Arten der Handlungsvollmacht geregelt habe: die Prokura und die Handlungsvollmacht ohne Erteilung der Prokura (Handlungsvollmacht im engeren Sinne). Mit diesen beiden Arten befassen sich die folgenden Überlegungen.

---

9 Diese Bestimmungen waren inhaltsgleich mit den Art. 60-69 des Handelsgesetzbuchs von 1933.

10 Eine solche Person wurde vermuteter Bevollmächtigter genannt.

11 Ein solcher Kaufmann wurde als vermeintlicher Kaufmann bezeichnet.

12 Vgl. bspw. Kodeks handlowy. Komentarz (1994) / *Janusz Szwaja*, 420 f.

13 Dem Art. 68 KH ist Art. 97 KC nachgebildet, bezüglich dessen die Meinung vertreten wurde, dass er nicht die vermutete Vollmacht regele, sondern sich auf eine anderen Konstruktion beziehe, vgl. System prawa cywilnego (1985) / *Bogusław Gawlik*, 789, laut dem Art. 97 KC die Möglichkeit des Gewerbetreibenden beseitigt, sich auf die fehlende Vertretungsmacht oder deren Überschreitung durch eine „im Geschäftslokal eines Unternehmens tätige“ Person zu berufen und über die Wirksamkeit der im Rahmen der Wirtschaftstätigkeit des Unternehmens vorgenommenen Rechtsgeschäfte entscheidet. Siehe auch Kodeks cywilny. Komentarz do Art. 1-449[10] (2011) / *Maksymilian Pazdan*, 465-467, welcher die einzelnen Ansätze bespricht, welche die in Art. 97 KC angewandte Konstruktion erläutern.

2. Die Handlungsvollmacht nach dem Handelsgesetzbuch von 1934

Die Vorschriften des Handelsgesetzbuchs von 1934 über die Handlungsvollmacht wiederholten wortwörtlich die entsprechenden Vorschriften des Handelsgesetzbuchs von 1933. Diese Regelung war wesentlich ausgebauter als die Bestimmungen des Dekrets über das Handelsregister, das lediglich die Prokura normierte. Mit Sicherheit war das deutsche Handelsgesetzbuch aus dem Jahre 1897 eine Inspiration für die Schöpfer des polnischen Handelsgesetzbuchs, was im Übrigen der Vergleich der polnischen Regelung mit den §§ 48-58 HGB bestätigt.

Es sollte betont werden, dass die Konstruktion der Prokura in beiden Rechtstexten sehr ähnlich war, obwohl die Regelung im polnischen Handelsgesetzbuch detaillierter ausgestaltet war. Dies betraf insbesondere den Widerruf der Prokura, ihr Erlöschen wegen der Konkurserklärung des Kaufmanns, die Rechtsfolgen des Todes des die Prokura erteilenden Kaufmanns und die Rechtsfolgen der Gesamtprokura (d.h. die Prokura, die an mehrere Personen gemeinschaftlich erteilt wurde). Genauso wie nach dem Dekret von 1919 ermächtigte die Prokura den Prokuristen, im Namen des Kaufmanns alle mit dem Betrieb des Unternehmens zusammenhängenden gerichtlichen und außergerichtlichen Rechtshandlungen vorzunehmen (Art. 61 § 1 KH). Für bestimmte im Handelsgesetzbuch geregelte Rechtshandlungen musste der Prokurist eine gesonderte Ermächtigung einholen, nämlich für die Veräußerung oder Verpachtung des Unternehmens, die Bestellung eines Nießbrauchs am Unternehmen und für die Veräußerung und Belastung von Immobilien[14]. Andere Beschränkungen hinsichtlich der Prokura waren Dritten gegenüber unwirksam (Art. 61 §§ 2, 3 KH). Aus diesem Grunde bestanden Zweifel, ob die Erteilung einer sog. Niederlassungsprokura[15] (d.h. wenn der Prokurist ermächtigt war, den Kaufmann lediglich im Rahmen des Betriebs einer Zweigniederlassung oder der Hauptniederlassung zu vertreten) zulässig sei. Einheitlich wurde angenommen[16], die Prokura sei eine besonde-

---

14 In der Literatur wurde jedoch die Ansicht vertreten, dass der Prokurist zur Veräußerung der Immobilie ermächtigt sei, wenn gerade der Handel mit Immobilien Unternehmensgegenstand sei, so z.B. Kodeks handlowy. Komentarz (1994) / *Janusz Szwaja*, 459; Allerhand (1935) 104.

15 Zu diesem Thema siehe Kodeks handlowy. Komentarz (1994) / *Janusz Szwaja*, 460 ff. sowie Pyzioł (2002) 49 f. In der Rechtsprechung hat sich das Oberste Gericht in der Entscheidung vom 21.6.1935, II C 503/35, OSP 1936, Nr. 10, Pos. 575 gegen die Zulässigkeit der Erteilung einer Niederlassungsprokura ausgesprochen.

16 Vgl. System prawa cywilnego (1985) / *Bogusław Gawlik*, 789; Kodeks handlowy. Komentarz (1994) / *Janusz Szwaja*, 425 m.w.N. In der Rechtsprechung siehe das Urteil des OG vom 17.5.2000, V CKN 413/2000, Lex Polonica 1932394.

re Art der Vollmacht[17]. Das Handelsgesetzbuch ließ eine Gesamtprokura (Art. 62 KH) zu, wobei eine an mehrere Personen erteilte Prokura nur dann als Gesamtprokura galt, wenn dies aus der Erklärung über deren Erteilung hervorging. Die Prokura konnte nur von einem registrierten Kaufmann im Wege einer schriftlichen Erklärung (Art. 60 KH) erteilt werden. Sie war unveräußerlich (Art. 63 KH) und jederzeit widerruflich. Sie erlosch ebenfalls im Fall der Konkurserklärung des Kaufmanns. Nicht zum Erlöschen führte hingegen der Tod des Kaufmanns oder der Verlust seiner Geschäftsfähigkeit (Art. 64 KH). Die Erteilung der Prokura und ihr Erlöschen musste zur Eintragung ins Handelsregister (Art. 65 § 1 KH) angemeldet werden, wobei diese nur deklaratorische Wirkung hatte[18].

Wie bereits erwähnt wurde, ließ das Handelsgesetzbuch ebenfalls die Erteilung einer Handlungsvollmacht ohne Erteilung der Prokura zur Führung des ganzen Unternehmens oder seiner Teile oder zur Vornahme von bestimmten Arten von Geschäften zu. Solch eine Handlungsvollmacht konnte von jedem, darunter dem registrierten Kaufmann erteilt werden. Diese Vollmacht ermächtigte zu allen Rechtshandlungen, die mit den dem Prokuristen anvertrauten Angelegenheiten gewöhnlich verbunden waren. Ohne zusätzliche Ermächtigung war der Bevollmächtigte aber nicht befugt, die Vollmacht auf eine andere Person zu übertragen, das Unternehmen zu veräußern oder zu verpachten, an ihm einen Nießbrauch zu bestellen, Immobilien zu veräußern oder zu belasten, Prozesse zu führen, Vergleiche zu schließen, Schiedsgerichtsvereinbarungen zu treffen, Wechsel und Schecks zu unterzeichnen[19] oder Darlehen aufzunehmen (Art. 66 § 1 KH)[20]. Wie aus dieser Aufzählung ersichtlich wird, war der Vertretungsumfang des Handlungsbevollmächtigten enger als der des Prokuristen. Andere Beschränkungen der Handlungsvollmacht waren gegenüber Dritten wirksam, wenn diese ihnen bekannt waren oder bekannt sein mussten (Art. 66 § 2 KH)[21]. Die genannte Vorschrift wurde auch auf Vertreter angewandt, die vom Kaufmann zur Vornahme von Rechtshandlungen außerhalb seines Geschäftsbetriebs ermäch-

---

17 Art. 43 des Dekrets von 1919 enthielt sogar einen Verweis auf die analoge Anwendung der Zivilrechtsvorschriften zur Vollmacht auf die Prokura.

18 Siehe Kodeks handlowy. Komentarz (1994) / *Janusz Szwaja*, 485. Siehe darüber hinaus das Urteil des OG vom 20.10.2005, II CK 120/05, Monitor Prawniczy 2005, Nr. 22, S. 1095.

19 Dies betraf nicht nur das Ausstellen von Wechseln und Schecks, sondern auch die Erteilung von Wechsel- und Scheckbürgschaften sowie das Indossieren eines Wechsels oder Schecks.

20 Die Ausnahmetatbestände ähnelten stark den Ausnahmetatbeständen im Fall der Generalvollmacht nach dem Obligationengesetzbuch, vgl. Art. 95 § 1 des Obligationengesetzbuchs.

21 Mehr zum Thema der in Art. 66 KH geregelten Handlungsvollmacht siehe Machalski (1993) 25 ff.

tigt worden waren (Art. 67 § 1 KH), so z.B. auf Personen, die zum Kauf von für die Produktion notwendigen Rohstoffen oder Waren, zum Vertragsschluss mit Abnehmern der Waren usw. ermächtigt worden waren. In der Lehre wurde behauptet, dass Art. 67 KH auf alle Handlungsbevollmächtigte außerhalb des Handelsbetriebs Anwendung finde[22]. Die Erteilung einer Handlungsvollmacht im engeren Sinne erforderte keine Anmeldung zur Eintragung ins Handelsregister und musste auch nicht schriftlich erfolgen[23].

3. Die Prokura nach dem Zivilgesetzbuch von 1964

Das Zivilgesetzbuch, das am 23. April 1964[24] verabschiedet wurde, enthielt anfangs keine Vorschriften über die Handlungsvollmacht. Es übernahm jedoch die Vorschrift des Handelsgesetzbuchs von 1934 über die Rechtsfolgen des Handelns einer im Geschäftslokal des Unternehmens tätigen Person, wodurch dieser ein universeller Charakter verliehen wurde (da sie nicht nur Unternehmen von Kaufleuten betraf[25]). Was die Rechtsfolgen der Handlungen eines vermeintlich Bevollmächtigten anbelangt, so wurde diese Frage im Zivilgesetzbuch, anders als im Handelsgesetzbuch von 1934, nach dem Muster der zuvor geltenden allgemeinen Vorschriften des Zivilrechts und des Obligationengesetzbuchs geregelt[26]. Erst infolge der oben erwähnten Novellierung des KC vom 14. Februar 2003 wurden die Vorschriften über die Prokura (Art. 109^{1}-109^{9}) ins KC eingeführt. Die Neuregelung brachte keine wesentlichen Änderungen der Prokura mit sich. Diese stellt nach wie vor eine besondere Art der Vollmacht dar, wovon v.a. die sich in Art. 109^{1} KC befindende

22 So Machalski (1993a) 30.

23 Wie allerdings betont wurde, sollte die Erteilung einer Vollmacht zur Führung des ganzen Unternehmens wegen Art. 96 § 1 des Obligationengesetzbuchs schriftlich erfolgen, weil dieser für die Generalvollmacht Schriftform verlangte. So Allerhand (1935) 112.

24 Dz.U. Nr. 16, Pos. 93.

25 Die den Begriff des Kaufmanns regelnden Vorschriften des Handelsgesetzbuchs wurden im Übrigen mit dem Inkrafttreten des Zivilgesetzbuchs aufgehoben. Aufgrund der Verstaatlichung der Industrie und des auf Privatunternehmer ausgeübten Zwanges, deren Kleinbetriebe (mit Ausnahme von Handwerksbetrieben) zu schließen, verloren diese nach 1945 immer mehr an Bedeutung. In der sozialistischen Wirtschaft gab es keinen Platz für Privatunternehmer, zu denen Kaufleute i.S.d. Handelsgesetzbuchs gehörten.

26 Die Art. 103 f. KC waren im wesentlichen Maße den Art. 93-95 der allgemeinen Vorschriften des Zivilrechts (Gesetz vom 18. Juli 1950, Dz.U. Nr. 34, Pos. 311) nachgebildet, und diese wiederum den Art. 100 f. des Obligationengesetzbuchs (die kraft Art. 103 des Obligationengesetzbuchs auf einseitige Rechtsgeschäfte entsprechende Anwendung fanden).

Feststellung zeugt, dass die Prokura eine vom Unternehmer erteilte Vollmacht ist. Diese Sichtweise beansprucht auch in der Rechtslehre allgemeine Geltung[27]. Zugleich liegt die Besonderheit der Prokura – so wie bereits nach dem Handelsgesetzbuch von 1934 – darin, dass ihr Umfang gesetzlich zwingend festgelegt ist, ohne die Möglichkeit seiner wirksamen Beschränkung gegenüber Dritten (Art. 109^1 § 2 KC).

Vergleicht man die Vorschriften des Handelsgesetzbuchs von 1934 mit den Vorschriften des KC über die Prokura, können ein paar wesentliche Unterschiede aufgezeigt werden:

- Das Zivilgesetzbuch sieht vor, dass die Prokura von einem Unternehmer erteilt werden kann, der der Eintragungspflicht ins Unternehmerregister unterliegt (Art. 109^1 KC); dieses Register ist nicht auf Handelsgesellschaften beschränkt, sondern erfasst auch andere Subjekte (vgl. Art. 36 des Gesetzes über das Landesgerichtsregister)[28], darunter u.a. Genossenschaften, die zu Zeiten der Geltung des Handelsgesetzbuchs nicht berechtigt waren, Prokuren zu erteilen[29]. In der Lehre ist es streitig, ob gewerbetreibende Unternehmer mit einer Eintragungspflicht ins von den Gemeinden geführte Gewerberegister zur Prokuraerteilung befugt seien. Diese Zweifel hängen damit zusammen, dass solche Unternehmer ursprünglich ins Unternehmerregister des Landesgerichtsregisters eingetragen werden sollten, wovon jedoch Abstand genommen wurde. Da aber in Art. 109^7 § 4 KC vom Tod des Unternehmers und dem Verlust seiner Geschäftsfähigkeit die Rede ist, könnte dies darauf hindeuten, dass auch natürliche Personen als Unternehmer zur Prokuraerteilung berechtigt sind[30]. Nach Änderungen hinsichtlich der Registrierung von natürlichen Personen als Unternehmer durch das Gesetz vom 13. Mai 2011 zur Änderung des Geset-

27 Vgl. bspw. Kodeks cywilny. Komentarz do Art. 1-449^{10} (2011) / *Maksymilian Pazdan,* 471 und 497; Kodeks cywilny. Komentarz (2011) / *Jerzy Strzebińczyk*, 256; Kodeks cywilny. Komentarz (2009) / *Katarzyna Kopaczyńska-Pieczniak*, 603; Smyk (2010) 46.

28 Gesetz vom 20. August 1997 über das Landesgerichtsregister (konsolidierte Fassung Dz.U. von 2007 Nr. 168, Pos. 1186 mit Änd.).

29 Siehe Art. 40 Abs. 2 des Gesetzes vom 29. Oktober 1920 über Genossenschaften, konsolidierte Fassung Dz.U. von 1950, Nr. 25, Pos. 232. Das Genossenschaftsrecht sieht eine besondere Art der Vollmacht für Rechtsgeschäfte vor, die mit der Leitung der laufenden wirtschaftlichen Tätigkeit der Genossenschaft oder einer ihrer organisatorisch ausgesonderten Einheiten verbunden ist (vgl. Art. 55 § 1 des Gesetzes vom 16. September 1982 – Genossenschaftsrecht, konsolidierte Fassung Dz.U. von 2003 Nr. 188, Pos. 1848 mit Änd.). Diese Vollmacht ähnelt der Handlungsvollmacht nach Art. 66 § 1 KH.

30 Zu dieser Frage siehe Kodeks cywilny. Komentarz do Art. 1-449^{10} (2011) / *Maksymilian Pazdan*, 501 f. m.w.N.; System Prawa Prywatnego (2008) / *Maksymilian Pazdan*, 536 ff. m.w.N.

zes über die Gewerbefreiheit[31], mit dem am 1. Januar 2012 das Zentralregister der wirtschaftlichen Tätigkeit[32] gegründet wurde, entstand die Möglichkeit der Prokuraerteilung durch natürliche Personen als Unternehmer, die zur Eintragung in dieses Register verpflichtet sind. Darin werden u.a. Angaben über den zur Geschäftsführung ermächtigten Vertreter, einschließlich der Angaben über die von der Vollmacht erfassten Angelegenheiten eingetragen (Art. 25 Abs. 1 Pkt. 11 des Gesetzes über die Gewerbefreiheit)[33]. Hindernisse für die Eintragung von Prokuristen ins Register scheinen nicht gegeben zu sein. Dem steht Art. 109^1 § 1 KC nicht entgegen, denn er spricht allgemein vom Unternehmerregister, wodurch – *lege non distinguente* – jedes Unternehmerregister gemeint sein kann, nicht nur das des Landesgerichtsregisters. Diese Änderung würde eine wesentliche Erweiterung der Zugänglichkeit der Prokura bedeuten, auch im Vergleich zu den Vorschriften des Handelsgesetzbuchs von 1934.

- Der KC lässt ausdrücklich die Niederlassungsprokura zu (Art. 109^6 KC), deren Erteilung nach dem Handelsgesetzbuch unzulässig war (s. Anm. oben).
- Im KC wurde eindeutig geklärt: Soll der Prokurist ein Rechtsgeschäft vornehmen, für deren Gültigkeit laut dem KC die erteilte Vollmacht besonderer Form bedarf (vgl. Art. 99 § 1 KC), findet diese Voraussetzung auf diesen Fall keine Anwendung (Art. 109^2 § 1 S. 2 KC). Diese Frage war zu Zeiten der Regelung der Prokura im Handelsgesetzbuch umstritten[34].

4. Die Vorschriften über Prokura- und Handlungsvollmacht im Entwurf des neuen ZGB

4.1. Die Tatsache, dass im Jahre 1964 die Vorschriften des Handelsgesetzbuchs über die Prokura beibehalten und die Vorschriften über die Hand-

---

31 Dz.U. Nr. 131, Pos. 764.

32 Centralna Ewidencja i Informacja o Działalności Gospodarczej (CEIDG) [Anm. d. Übers.].

33 *Maksymilian Pazdan* weist darauf hin, dass der Begriff „Vertreter für die Führung der Angelegenheiten des Unternehmers" dem Zivilgesetzbuch unbekannt sei (Kodeks cywilny. Komentarz do Art. 1-449^{10} [2011] 502). Dennoch sollte dies der Anerkennung des Zentralregisters der wirtschaftlichen Tätigkeit als Unternehmerregister nicht im Wege stehen. Es ist ein öffentliches Register und der Umfang der darin eingetragenen Angaben zum Unternehmer ähnelt dem des Unternehmerregisters des Landesgerichtsregisters (er ist weiter als der Umfang der im bisherigen Gewerberegister offengelegten Informationen).

34 Siehe Kodeks handlowy. Komentarz (1994) / *Janusz Szwaja*, 439 f., der sich für die Anwendung des Art. 99 § 1 KC ausgesprochen hat. Die Gegenansicht wurde von Pyzioł (2002) 45 vertreten.

lungsvollmacht ohne Erteilung der Prokura aufgehoben wurden und daraufhin im geltenden KC ausschließlich die Prokura geregelt war, ist auf Kritik gestoßen. Es wurde gefordert, die Handlungsvollmacht ohne Erteilung der Prokura wieder einzuführen[35]. In diese Richtung tendiert der Entwurf des ersten Buchs des neuen KC, der von der Kodifikationskommission für Zivilrecht vorgelegt wurde[36]. Die Analyse des Projekts führt zu dem Schluss, dass die Autoren die geltende Vertretungsregelung des KC generell für richtig erachten und die von ihnen vorgeschlagenen Änderungen hauptsächlich die in diesem Zusammenhang entstehenden Zweifel und Lücken aus dem Weg räumen sollen. Die wichtigste Änderung liegt im Vorschlag, neben die Vollmacht (im Entwurf als „einfache" bezeichnet) und die Prokura die „Handlungsvollmacht", die auf den aufgehobenen Vorschriften des Handelsgesetzbuchs von 1934 (Art. 66-68) basieren würde, treten zu lassen. Im Entwurf wird die Wiederherstellung der Handlungsvollmacht ohne Erteilung der Prokura vor allem dadurch begründet, dass die Prokura nicht allen Unternehmern zugänglich sei, sondern nur denjenigen, die eine wirtschaftliche Tätigkeit in größerem Maße ausüben und der Eintragungspflicht ins entsprechende Register (d.h. das Unternehmerregister des Landesgerichtsregisters) unterliegen. Darüber hinaus wird betont, dass die Generalvollmacht es erlaube, viele der Ziele zu erreichen, die auch mit der Handlungsvollmacht verfolgt werden könnten, dass jedoch wegen der Beschränkung der Vertretungsmacht des Vollmachtsinhabers auf Handlungen im Rahmen einer gewöhnlichen Verwaltung (vgl. Art. 98 KC und Art. 146 §§ 1, 2 KC-E) den Vertragspartnern keine ausreichende Garantie geboten werde. Die Institution der Handlungsvollmacht soll also die Lücke zwischen der einfachen Vollmacht (insbesondere der Generalvollmacht) und der Prokura schließen. Letztendlich wird darauf hingewiesen, dass in anderen Rechtsordnungen (der deutschen, der österreichischen[37] und der schweizerischen[38]) eine ähnliche Art der Handlungsvollmacht neben der Prokura besteht[39]. Diese Argumente vermögen nicht zu überzeugen. Vor allem verzichtet der Entwurf auf die Einschränkung, dass die Prokura nur von einem Unternehmer erteilt werden kann, der von der obligatorischen Eintragung ins Unternehmerregister erfasst ist. Dies ist aber nicht mit dem Verzicht auf die Voraussetzung der Eintragung der Prokura ins Unternehmerregister gleichbedeutend (s. Art. 170 § 1 KC-E). Der Entwurf beruht auf der Annahme, dass auch natürliche Personen als Unternehmer ins Unternehmerregister des Landesgerichtsregisters eingetragen werden können. Diese Annahme verkennt jedoch die Konzeption des oben genannten Gesetzes vom

35 Siehe Bielski (2001) 26; Bielski (2001a) 51.
36 Księga pierwsza kodeksu cywilnego (2009).
37 Siehe §§ 54-55, § 58 des Unternehmensgesetzbuchs.
38 Siehe Art. 462-465 des Obligationenrechts.
39 Księga pierwsza kodeksu cywilnego (2009) 159-161.

13. Mai 2011 zur Novellierung des Gesetzes über die Gewerbefreiheit, das ein separates Register, das Zentralregister der wirtschaftlichen Tätigkeit, geschaffen hat. Im Zusammenhang mit dieser Gesetzesänderung und der Ermöglichung der Prokuraerteilung auch durch natürliche Personen, die als Unternehmer ins Zentralregister der wirtschaftlichen Tätigkeit eingetragen sind, scheint die parallele Einführung einer „Handlungsvollmacht", die der Prokura stark angenähert ist (was auch in der Entwurfsbegründung vermerkt ist) und auch im Wesentlichen mit deren Umfang übereinstimmt[40], nicht nur überflüssig, sondern auch axiologisch inkohärent. Solch ein weiter Umfang der Vertretungsmacht bei gleichzeitig fehlendem Erfordernis der Offenlegung von Angaben über die Person des Vertreters in einem öffentlichen Register birgt sowohl für den Unternehmer selbst, der von solch einer Person vertreten werden soll, als auch für andere Teilnehmer des Rechtsverkehrs Gefahren (die Kontrahenten hätten keine Gewissheit, ob sie es mit einem „einfachen" Bevollmächtigten oder einem „Handlungsbevollmächtigten" zu tun haben).

Die Einführung einer Handlungsvollmacht neben der Prokura hätte dann Sinn, wenn letztere ausschließlich solchen Unternehmern (sowohl natürlichen als auch juristischen Personen) vorbehalten wäre, die ein Unternehmen in bedeutendem Ausmaße führen, und sich zugleich der Umfang der Vertretungsmacht des Prokuristen wesentlich vom Umfang der Vertretungsmacht des Handlungsbevollmächtigten unterschiede (im Handelsgesetzbuch von 1934 war der Umfang der Vertretungsmacht des Prokuristen wesentlich weiter als der der Vertretungsmacht des Handlungsbevollmächtigten). Die Schaffung zweier nahezu identisch ausgestalteter Institutionen mit sehr ähnlichem subjektivem Umfang scheint demzufolge nicht gut durchdacht zu sein.

4.2. Was die vorgeschlagene Regelung der Handlungsvollmacht angeht, fällt – wovon bereits die Rede war – die große Ähnlichkeit mit den Prokuravorschriften bei gleichzeitiger Andersartigkeit gegenüber der Regelung der Handlungsvollmacht im Handelsgesetzbuch von 1934 auf. Die Unterschiede gegenüber den Vorschriften des Handelsgesetzbuchs bestehen nicht nur in einer ausführlicheren Regelung (der Entwurf regelt, wer Handlungsbevollmächtigter sein kann sowie die Frage der Erteilung von Untervollmachten durch den Handlungsbevollmächtigten), sondern auch im Umfang der Vertretungsmacht (die im Entwurf weiter ist, vgl. Art. 161 KC-E und Art. 66 § 1 KH) und dem Formerfordernis bei Erteilung der Handlungsvollmacht (der

40 Die Handlungsvollmacht ermächtigt ebenso wie die Prokura zu allen außergerichtlichen Rechtshandlungen, die mit der Führung eines Handelsgewerbes verbunden sind, vgl. Art. 161 und Art. 168 §§ 1, 2 Pkt. 1, 2, § 3 KC-E. Die Prokura ermächtigt überdies zur Vornahme von gerichtlichen Rechtshandlungen, für die der Handlungsbevollmächtigte einer gesonderten Vollmacht bedarf, vgl. Art. 161 § 2 KC-E.

Entwurf sieht die Schriftform bei sonstiger Unwirksamkeit vor, wohingegen das Handelsgesetzbuch keine besondere Form vorschrieb, vgl. Art. 162 KC-E und Art. 66 § 3 KH). Folgende Fragen bezüglich der Handlungsvollmacht sind dagegen ähnlich wie bei der Prokura geregelt: der Umfang der Vertretungsmacht des Handlungsbevollmächtigten und des Prokuristen (mit dem Vorbehalt, dass der Prokurist auch gerichtliche Rechtshandlungen vornehmen kann); die Form der Vollmachtserteilung (vgl. Art. 162, 172 KC-E); Anforderungen hinsichtlich der Person des Handlungsbevollmächtigten und des Prokuristen (vgl. Art. 163, 174 §§ 1, 2 KC-E); das Verbot der Erteilung einer Unterhandlungsvollmacht und der Unterprokura sowie die Zulässigkeit der Bestellung von Vertretern für einzelne Rechtsgeschäfte und für Rechtsgeschäfte bestimmter Art (vgl. Art. 164, 177 KC-E); das Verbot für den Handlungsbevollmächtigten und den Prokuristen, ein konkurrierendes Handelsgewerbe zu betreiben (vgl. Art. 165, 180 KC-E). Zugleich scheinen gewisse sichtbare Unterschiede bei den Regelungen beider Institutionen nicht immer berechtigt. Als Beispiel kann die Frage des Erlöschens der Handlungsvollmacht im Fall der Insolvenzerklärung, der Eröffnung des Liquidationsverfahrens und der Umwandlung des Unternehmens dienen, die – anders als im Fall der Prokura (vgl. Art. 179 KC-E)[41] – in Bezug auf die Handlungsvollmacht im Entwurf nicht normiert wurde, obwohl der Umfang der Vertretungsmacht des Handlungsbevollmächtigten an den der Vertretungsmacht des Prokuristen stark angenähert ist und überdies die Handlungsvollmacht auch von Unternehmern erteilt werden kann, die zur Eintragung ins Unternehmerregister verpflichtet sind. Ebenfalls wurde in Bezug auf die Handlungsvollmacht die Frage ihrer Beschränkung auf Geschäfte des Handelsbetriebs oder der Zweigniederlassung nicht geregelt. Solch eine Beschränkung scheint zwar zulässig, kann sich aber gleichzeitig Dritten gegenüber als unwirksam erweisen, es sei denn diese kannten sie oder mussten sie kennen (Art. 161 § 3 KC-E). Für die Prokura ist diese Beschränkung direkt vorgesehen (vgl. Art. 171 S. 1 KC-E).

Es sollte noch auf zwei Aspekte aufmerksam gemacht werden, die Zweifel wecken. Der erste betrifft den Namen der Institution. Der Begriff „Handlungsvollmacht“ ist irreführend, denn es handelt sich hierbei nicht um eine Vollmacht, die nur im Zusammenhang mit dem geführten Handelsgewerbe erteilt wird. Die Bezeichnung „Handlungsvollmacht“ hatte eine gewisse Berechtigung, als diese Institution im Handelsgesetzbuch geregelt war, und die vom Bevollmächtigten vorgenommenen Rechtsgeschäfte Handelsgeschäfte waren. Der zweite Aspekt betrifft Art. 167 KC-E, der an Art. 69 KH angelehnt

41 Diese Bestimmung stimmt mit dem gegenwärtigen Art. 1097 KC überein mit der Ausnahme, dass der Tod des Prokuristen ausgelassen wurde, weil man im Entwurf davon ausgegangen ist, dass das Erlöschen der Prokura in einem solchen Fall offensichtlich sei.

ist und der die Rechtsfolgen eines Vertragsschlusses durch den Unternehmer in fremdem Namen ohne Vertretungsmacht oder mit deren Überschreitung bestimmt. Gemäß dieser Vorschrift soll der ohne Vertretungsmacht oder mit deren Überschreitung handelnde Unternehmer anstelle des vermeintlich Vertretenen Vertragspartei werden. Die andere Partei soll vom Unternehmer Vertragserfüllung oder Rückgewähr des in Erfüllung des Vertrags von ihr Erlangten und Ersatz des infolge des Vertragsschlusses entstandenen Schadens verlangen können. Zunächst sorgt die Frage für Bedenken, ob der Unternehmer nur dann Vertragspartei werde, wenn die andere Partei vom Fehlen der Vertretungsmacht oder von deren Überschreitung keine Kenntnis hatte, oder aber auch dann, wenn sie von dieser Tatsache wusste? Ein weiterer Vorbehalt betrifft die Möglichkeit, von der anderen Partei die Rückgewähr der erfüllten Leistung zu verlangen und Ersatz des negativen Interesses zu fordern. Dies ist inkonsequent. Wenn nämlich die andere Partei Vertragserfüllung geltend machte und die Gegenleistung vom Unternehmer nicht erlangen könnte, könnte sie nach den allgemeinen Regeln vom Vertrag zurücktreten und Rückgewähr der empfangenen Leistung sowie den Ersatz des positiven Interesses verlangen (vgl. Art. 494 KC). Der anderen Partei sollte demnach die Rücktrittsmöglichkeit gewährt werden (weil der Unternehmer Vertragspartei wurde), wobei bezüglich der Rechtsfolgen die allgemeinen Rücktrittsvorschriften Anwendung finden sollten. Dies wäre eine schlüssige Lösung, wenn man annähme, dass die Rechtsfolgen des abgeschlossenen Vertrags gegenüber dem Unternehmer entstünden. Schließlich lässt die geplante Vorschrift offen, binnen welcher Frist die andere Partei die Entscheidung darüber treffen soll, ob sie Vertragserfüllung oder Rückgewähr der Leistung (was im Grunde genommen mit einem Rücktritt gleichbedeutend wäre) verlangen will. Dies führt zu Unsicherheit auf Seiten des Unternehmers.

4.3. Die Entwurfsvorschriften über die Prokura (Art. 168-180 KC-E) stellen im Wesentlichen eine Wiederholung der geltenden Regelung des KC dar. Deswegen soll an dieser Stelle lediglich auf die Unterschiede gegenüber den geltenden Normen des KC und auf gewisse Unklarheiten bezüglich einiger neuer oder geänderter Prokuravorschriften hingewiesen werden.

Zu den wichtigsten Unterschieden zwischen der geltenden Regelung der Prokura im KC und der des Entwurfs gehören:

- Der in Art. 168 § 1 KC-E enthaltene Verzicht auf die Einschränkung, dass die Möglichkeit Prokura zu erteilen ausschließlich dem eintragungspflichtigen Unternehmer offen steht (wovon oben teilweise bereits die Rede war). Dies führt allerdings dazu, dass das Verhältnis der Prokura zum Register unklar wird. Auf der einen Seite könnte aus Art. 168 § 1 KC-E geschlossen werden, dass alle Unternehmer, unabhängig davon, ob sie von der Eintragungspflicht erfasst sind oder nicht, eine Prokura erteilen können. Auf der anderen Seite folgt aus Art. 170 § 1 KC-E, dass die Eintragung der Prokura ins Unternehmerregister zwingend ist. Dementsprechend ist hierin eine gewisse Inkonsequenz zu sehen.

- Ein längerer Katalog von Ausnahmen aus dem gesetzlichen Umfang der Vertretungsmacht des Prokuristen im Entwurf als im KC. Der Entwurf fordert eine separate Vollmacht für den Prokuristen auch für den Erwerb eines Unternehmens, und nicht nur für dessen Veräußerung (vgl. Art. 168 § 2 Pkt. 1 KC-E und Art. 109^3 KC). Gleichzeitig lässt der Entwurf die Ermächtigung des Prokuristen zur Veräußerung, zum Erwerb oder zur Belastung einer Immobilie zu, wenn dies in der Erklärung über die Prokuraerteilung enthalten ist (Art. 168 § 3 KC-E). Der KC verlangt keine Zusatzvollmacht für den Prokuristen für den Erwerb von Immobilien, sondern nur für deren Veräußerung oder Belastung. Wenn diese Rechtshandlungen aber zur wirtschaftlichen Tätigkeit des Unternehmens gehören, geht man davon aus, dass keine Sondervollmacht erforderlich sei (s. frühere Anmerkungen). In diesem Umfang sind die vorgeschlagenen Änderungen als sinnvoll zu betrachten.
- Die Regelung der Grundsätze der Bestellung und Abberufung des Prokuristen (Art. 173 KC-E), was gegenwärtig bis auf die Erteilung einer Prokura durch Handelsgesellschaften nicht normiert ist.
- Die eindeutige Feststellung, dass eine juristische Person Prokurist sein kann, wenn besondere Vorschriften dies zulassen (Art. 174 § 2 KC-E), und der Ausschluss einiger Personen, denen keine Prokura erteilt werden kann (Mitglieder des Aufsichtsorgans, vgl. Art. 174 § 3 KC-E). Diese Fragen sind heute im KC nicht geregelt.

Außerdem sorgen einige der geplanten Artikel für Zweifel:

- Art. 171 S. 1 KC-E spricht von der Zweigniederlassung des Unternehmers und nicht des Unternehmens (wie gegenwärtig Art. 109^5 KC). Von der ersteren ist im geltenden Recht nur in Bezug auf ausländische Unternehmer die Rede (s. Art. 85 des Gesetzes über die Gewerbefreiheit). Natürliche Personen können als Unternehmer, die ebenfalls das Recht hätten, Prokura zu erteilen, keine Zweigniederlassungen besitzen. Es scheint demzufolge, dass die Formulierung des heutigen Art. 109^5 KC korrekt ist.
- Es ist vertretbar, dass jemand, der die Funktion des Mitglieds eines Aufsichtsorgans ausübt, kein Prokurist sein sollte (Art. 174 § 3 KC-E); da es aber an einer solchen Beschränkung in den Vorschriften über die Handlungsvollmacht fehlt, wäre es möglich, dem Mitglied eines Aufsichtsorgans eine Vollmacht zu erteilen, deren Umfang beinahe genauso weit reicht wie der der Prokura. Darin steckt eine Inkonsequenz.

- Inkohärent ist die Regelung der Art. 170 § 2 und Art. 175 KC-E. Einerseits verlangt Art. 170 § 2 KC-E, dass in der Anmeldung der Prokura zum Unternehmerregister die Art und Weise der Ausübung der Gesamtprokura und der unechten Gesamtprokura[42] angegeben wird. Andererseits wird die Art und Weise der Ausübung der Gesamtprokura und der unechten Gesamtprokura schon von Art. 175 KC-E geregelt[43]. Da sie sich also bereits aus den Entwurfsvorschriften selbst ergibt, ist die Voraussetzung der Angabe der Art und Weise im Antrag (wie auch im Eintrag ins Register) überflüssig.

5. Zusammenfassung

Die Kritik an der heutigen Regelung der Handlungsvollmacht im KC und die Bestrebungen zur Wiedereinführung der Handlungsvollmacht ohne Erteilung der Prokura ins polnische Recht in Anlehnung an die Normen des Handelsgesetzbuchs von 1934 und an die Lösungen einiger ausländischer Rechtssysteme basiert – wie es scheint – auf einer bereits überholten Konzeption der Unterscheidung von Rechtsgeschäften des Handelsverkehrs[44] und der Schaffung von so etwas wie einem allgemeinen Teil für diese. Diese Konzeption widerspricht dem im KC ausgedrückten Grundsatz der Einheit des Zivilrechts und der Erfassung von Handelsgeschäften durch den KC. Im Zusammenhang mit den Arbeiten am neuen KC hat sich die Kodifikationskommission für Zivilrecht ausdrücklich für die Beibehaltung der aktuellen, auf einem monistischen Modell basierenden Lösung und die Nichtunterscheidung von Handelsgeschäften ausgesprochen[45]. Die Arbeit an einem neuen KC bringt zugleich die Gelegenheit mit sich, auch einige Institutionen des Handelsrechts in dieses mit einzubeziehen. Ein Beispiel ist der Vorschlag zur Einbindung der Regelung der Handlungsvollmacht in die Vorschriften des ersten Buchs des neuen KC. Die im Entwurf des ersten Buchs des neuen KC konzipierten Lösungen im Bereich der Prokuraregelung scheinen grundsätzlich richtig zu sein. Im Wesentlichen knüpfen sie an die bestehende Regelung des KC an, die – bekanntermaßen – wiederum den in der Praxis gut funktionierenden Normen des Handelsgesetzbuchs von 1934 nachgebildet wurde.

---

42 Der Prokurist, dem die unechte Prokura erteilt wurde, darf die Rechtshandlungen ausschließlich zusammen mit einem Mitglied des Leitungsorgans vornehmen (Art. 175 § 2 S. 1 KC-E).

43 Die Zulässigkeit der unechten Gesamtprokura stieß bislang auf Zweifel, siehe den Beschluss des OG vom 27. April 2001, III CZP 6/01, OSN 2001, Nr. 10, Pos. 148 sowie auch Kodeks cywilny. Komentarz do Art. 1-449[10] (2011) / *Maksymilian Pazdan*, 512.

44 So ausdrücklich Bielski (2001 und 2001a).

45 Siehe Zielona księga (2006) 27 f.

Andererseits scheint die Unterscheidung einer besonderen Art der Handlungsvollmacht ohne Erteilung der Prokura (d.h. einer Handlungsvollmacht im engeren Sinne) in der Gestalt, wie sie im Entwurf vorgeschlagen wird, unangebracht zu sein, erst recht in Verbindung mit der Erweiterung der Möglichkeit der Prokuraerteilung auf natürliche Personen als Unternehmer. Gleichzeitig wird im Entwurf der Umfang der Vertretungsmacht des Generalbevollmächtigten näher bestimmt (vgl. Art. 146 § 2 KC-E)[46], was dazu beitragen soll, Zweifel an der Brauchbarkeit dieser Art der Vollmacht in B2B-Geschäften auszuräumen. Eine Generalvollmacht kann vom Unternehmer erteilt werden und scheint in der vorgeschlagenen Gestalt für die Geschäftsführung durch den Unternehmer hinreichend weit zu sein.

Literaturverzeichnis

Allerhand (1935): *Maurycy Allerhand,* Kodeks handlowy. Komentarz, Bd. 1 (Bielsko-Biała 1991, Reprint der Ausgabe von 1935).

Bielski (2001): *Piotr Bielski,* Pełnomocnictwo handlowe (uwagi *de lege lata* i *de lege ferenda*), in: Przegląd Prawa Handlowego (PPH) 2001, Nr. 5, 19 – 27.

Bielski (2001a): *Piotr Bielski,* Prokura jako instytucja prawa przedsiębiorców rejestrowych, in: Przegląd Prawa Handlowego (PPH) 2001, Nr. 9, 41 - 51.

Kodeks cywilny. Komentarz (2009): *Andrzej Kidyba* (Hrsg.), Kodeks cywilny. Komentarz, Bd. 1, Część ogólna (Warszawa 2009).

Kodeks cywilny. Komentarz (2011): *Edward Gniewek* (Hrsg.), Kodeks cywilny. Komentarz (Warszawa 2011).

Kodeks cywilny. Komentarz do Art. 1-449[10] (2011): *Krzysztof Pietrzykowski* (Hrsg.) Kodeks cywilny, Bd. 1, Komentarz do Art. 1-449[10] (Warszawa 2011).

Kodeks handlowy. Komentarz (1994): *Stanisław Sołtysiński / Andrzej Szajkowski / Janusz Szwaja,* Kodeks handlowy, Komentarz, Bd. 1 (Warszawa 1994).

Księga pierwsza kodeksu cywilnego (2009): Księga pierwsza kodeksu cywilnego. Projekt z uzasadnieniem (Warszawa 2009).

Machalski (1993): *Stanisław Machalski,* O pełnomocnictwie handlowem w rozumieniu Art. 66, 67 i 68 Kodeksu Handlowego, in: Przegląd Prawa Handlowego (PPH) 1993, Nr. 4, 25 - 28.

Machalski (1993a): *Stanisław Machalski,* O pełnomocnictwie handlowem w rozumieniu Art. 66, 67 i 68 Kodeksu Handlowego (II), in: Przegląd Prawa Handlowego (PPH) 1993, Nr. 6, 30 – 32.

Pisuliński (2010): *Jerzy Pisuliński,* Die Evolution des polnischen Vertragsrechts. Aktuelle Lage und Zukunft, in: European Review of Contract Law 2010, vol. 6, no 3, 319 - 336.

Pyzioł (2002): *Wojciech Pyzioł,* in: *Wojciech Pyzioł / Andrzej Szumański / Ireneusz Weiss,* Prawo spółek (Bydgoszcz / Kraków 2002).

Smyk (2010): *Marcin Smyk,* Pełnomocnictwo według kodeksu cywilnego (Warszawa 2010).

46 Der Inhalt des Art. 146 § 2 KC-E wurde teilweise dem Art. 66 § 2 KH nachgebildet.

System prawa cywilnego (1985): *Witold Czachórski* (Hrsg.), System prawa cywilnego, Bd. 1. *Stefan Grzybowski* (Hrsg.), Część ogólna (Wrocław u.a. 1985).

System Prawa Prywatnego (2008): *Zbigniew Radwański* (Hrsg.), System Prawa Prywatnego, Bd. 2. *Zbigniew Radwański* (Hrsg.), Prawo cywilne – część ogólna (Warszawa 2008).

Zielona księga (2006): *Zbigniew Radwański* (Hrsg.), Zielona księga. Optymalna wizja kodeksu cywilnego w Rzeczpospolitej Polskiej (Warszawa 2006).

Der Begriff der „Sache“ (*res*) in der europäischen Rechtstradition und seine Auswirkungen auf die Entwicklung der polnischen Privatrechtsdogmatik im 20. Jahrhundert

Wojciech Dajczak

Abstracts

Article 45 of the Polish Civil Code defines thing. As in article 90 BGB, a "thing" is an object subject to ownership and must be in material form. An historical and comparative analysis shows, however, that this similarity does not result from a thorough analysis of the pandect concept of a "thing" by Polish researchers. Moreover, it is contradictory to the foundations of the original Polish code-drafting projects of the interwar period. The adoption of the definition of a material thing as the central concept of the Polish law of property is the result of hasty over simplifications by the Polish legislature shortly after the Second World War. When Polish law was amended after the change of political regime in 1989, a proposal was put forward to include the interwar concept that made the "object of property rights" the central notion of the law of property. From a wider historical and comparative perspective, this concept is supported by the German criticism of article 90 BGB and the French interpretation of the notion of *bien*. This provides the grounds for three major conclusions: First, a clear distinction between the objects of legal transactions and objects subject to legal monopoly is useful for systemic purposes. Second, the material concept of a "thing" should be replaced by a more flexible notion of an object subject to legal monopoly, which covers both material and non-material objects. In order to avoid legal gaps, this notion should be circumscribed by: an act of law, good customs, and economic reasonableness. Third, the concept of an "object of legal monopoly" should be included in the law of property, not in the general part of the civil law.

Art. 45 polskiego kodeksu cywilnego definiuje pojęcie rzeczy. Podobnie jak w § 90 BGB „rzecz" oznacza przedmiot własności i obejmuje tylko obiekty materialne. Analiza historyczno-porównawcza pokazuje jednak, że to podobieństwo nie jest wynikiem wnikliwej analizy przez polskich prawników pandektystycznej koncepcji rzeczy. Co więcej, jest sprzeczne z oryginalnymi polskimi projektami kodyfikacyjnymi z okresu międzywojennego. Przyjęcie „materialistycznej definicji rzeczy" jako centralnego pojęcia polskiego prawa rzeczowego jest wynikiem pośpiechu i uproszczeń polskiego prawodawcy krótko po II Wojnie Światowej. W toku modernizacji polskiego prawa po politycznym przełomie roku 1989 zgłoszono propozycje uwzględnienia międzywojennej koncepcji, według której centralnym pojęciem prawa rzeczowego było pojęcie „przedmiotu praw rzeczowych". W szerszej perspektywie historyczno-porównawczej ta koncepcja ma wsparcie w niemieckiej krytyce § 90 BGB i francuskiej interpretacji pojęcia *bien*. To daje podstawę do trzech głównych wniosków. Po pierwsze, jest użyteczne systemowo jasne odróżnienie przedmiotu transakcji prawnych i przedmiotów monopolu prawnego. Po drugie, materialistyczne pojęcie 'rzeczy' powinno być zastąpione elastycznym pojęciem obiektu monopolu prawnego obejmującym obiekty materialne i niematerialne. Dla uniknięcia luk w prawie granicami tego pojęcia powinny być: ustawa, dobre obyczaje i ekonomiczna racjonalność. Po trzecie, pojęcie „przedmiotu monopolu prawnego" powinno być umieszczone nie w części ogólnej prawa cywilnego a w prawie rzeczowym.

O artigo 45 do Código Civil polonês define coisa. De forma semelhante ao artigo 90 do BGB, "coisa" é apenas o bem corpóreo que possa ser objeto do direito de propriedade. A análise histórica e comparada, porém, demonstra que esta semelhança não resulta de uma análise exata do conceito pandectístico de coisa por parte dos pesquisadores poloneses. Mais além disso, ela é contraditória em relação ao projeto original do Código polonês do período entreguerras. A adoção de uma definição de bem corpóreo como conceito central do Direito Real Polonês resulta da pressa e das simplificações introduzidas pelo legislador polonês logo após a Segunda Guerra Mundial. Durante a modernização do Direito Polonês após a mudanca do regime político em 1989, foi apresentada uma proposta para incluir um conceito oriundo do período entreguerras que fazia do "objeto de direitos materiais" a noção central no direito das coisas. Numa perspectiva histórica e comparada mais ampla, este conceito é apoiado pela crítica alemã ao artigo 90 do BGB e pela interpretação francesa da noção de *bien*. Isto dá margem a três conclusões maiores: Primeiramente, uma distinção clara entre objeto de transações legais e objetos de monopólio legal é útil para fins relativos à sistemática. Em segundo lugar, o conceito materialístico de "coisa" deveria ser substituído por uma noção flexível de um objeto de monopólio legal abrangindo objetos corpóreos e incorpóreos. Para evitar lacunas jurídicas, os limites dessa noção devem ser estabelecidos por: um ato legal, pelos costumes e pela razoabilidade econômica. Em terceiro lugar, o conceito de "objeto de monopólio legal" deveria ser incluído no direito real , e não na parte geral do direito civil.

1. Einführung

Im allgemeinen Teil des polnischen ZGB von 1964 ist die Definition der Sache zu finden. Artikel 45 des polnischen ZGB lautet: „Sachen im Sinne des Gesetzbuches sind nur körperliche Sachen“. Vom rechtsvergleichenden Gesichtspunkt her klingt dies wie eine Kopie des § 90 BGB. Betrachtet man die europäische Rechtstradition, so gehört dieser dogmatische Begriff der Sache zu den „Entdeckungen“ der Pandektistik, die im BGB rezipiert wurden. Die eindeutige Beschränkung des Sachbegriffes auf körperliche Gegenstände ist in der Bemühung um eine klare Individualisierung des Eigentumsgegenstandes verwurzelt. Seit der Veröffentlichung des Werkes *Von den Pandekten zum Bürgerlichen Gesetzbuch* von Ludwig Kuhlenbeck[1] im Jahr 1898 wiederholen sich jedoch in der deutschen dogmatischen Debatte die Äußerungen zu den dogmatischen Defiziten des § 90 BGB. Im Rahmen rechtshistorischer Forschungen wurde die Fassung des erwähnten Paragrafen als Ergebnis der falschen Auslegung der gaianischen Einteilung in *res corporales* und *incorporales* in der Pandektistik beurteilt[2]. Es stellt sich also die Frage, ob und wie die Zweifel der deutschen Lehre am Sachbegriff auch in der polnischen Privatrechtsdogmatik berücksichtigt wurden. Inwieweit bereichert die polnische Erfahrung die historisch-vergleichenden Feststellungen zur Natur und zum Inspirationswert der Kontroversen über die Umsetzung des gemeinrechtlichen *res*-Begriffes im modernen kodifizierten Zivilrecht?

2. Der Ausganspunkt der polnischen Debatte zum Sachbegriff im 20. Jahrhundert

Nach der Wiedererlangung der Souveränität Polens im Jahr 1918 war dessen Territorium in fünf Rechtsgebiete geteilt. Die seit dem Jahr 1919 laufenden Vereinheitlichungsarbeiten waren im Bereich des Zivilrechts deutlich von den drei in den jeweiligen Gebieten geltenden Zivilgesetzbüchern, dem österreichischen ABGB, dem französischen Code civil und dem BGB, inspiriert. Unter dem Gesichtspunkt der Kontinuität des gemeinrechtlichen *res*-Begriffs sind Code civil und ABGB dem BGB gegenüberzustellen. Ein besseres Verständnis der polnischen Entwicklung setzt also die Berücksichtigung der Ursachen und der dogmatischen Konsequenzen der Unterschiede zwischen den erwähnten Kodifikationen voraus.

1 Kuhlenbeck (1898) 263 ff.
2 Becker (1999) 1.

2.1. Der in der Tradition des *ius commune* verankerte breite Sachbegriff im Code civil und im ABGB

Weder im antiken römischen Recht noch im *ius commune* ist eine Definition der Sache zu finden. In der römischrechtlichen Tradition hat sich bis zum Anfang des 19. Jahrhunderts kein vollständiger dogmatischer Begriff des Gegenstandes des Eigentums entwickelt. Das lateinische Wort *res* wurde eher intuitiv zur Bezeichnung eines Gegenstandes des rechtlichen Verkehrs sowie des Eigentums verwendet. Diese Zweideutigkeit des *res*-Begriffes hat Juristen des *ius commune* im Mittelalter dazu gebracht, das Problem, wie die Einteilung in *res corporales* und *res incorporales* mit der Einteilung in bewegliche und unbewegliche Sachen zu koordinieren sei, zu thematisieren. Wahrscheinlich von Bartolus de Saxoferrato stammt das Prinzip *actio ad mobile est mobilis, ad immobile immobilis*[3] (eine Klage über bewegliches Gut ist beweglich, über unbewegliches unbeweglich), das bis ins 19. Jahrhundert in der Dogmatik des gemeinen Rechts die erwähnte systematische Frage geklärt hat[4]. Es bildete den Rahmen für die Schaffung neuer dinglicher Rechte sowie zur Ausweitung des Eigentums auch auf unkörperliche Gegenstände[5]. Diese gemeinrechtliche Vorstellung der *res* fand Abbildung in der Definition der Sache in § 285 ABGB, der lautet: „Alles, was von der Person unterschieden ist, und zum Gebrauche der Menschen dient, wird im rechtlichen Sinne eine Sache genannt". Diese Definition führte im *ius commune* ungelöste systematische Mängel, die Vermischung der Rechte und ihrer Objekte[6] sowie des Gegenstandes des Eigentums[7] und des Gegenstandes des rechtlichen Verkehrs fort. Spuren der Kontinuität des gemeinrechtlichen *res*-Begriffes sind im *bien*-Begriff des Code civil zu finden. In der Systematik der Güter (*biens*) des Code civil findet sich das bartolinische Prinzips der Zuordnung einer Klage über bewegliches Gut zu den beweglichen Gütern und einer Klage über unbewegliches Gut zu den unbeweglichen Gütern wieder[8]. Anders als im ABGB wurde jedoch im Text des französischen Zivilgesetzbuches die Einteilung in *res corporales* und *incorporales* nicht übernommen. Im Code civil gilt die formale Differenz zwischen dem zentralen Begriff des Vermögensrechts – *bien* – und einem Gegenstand des Eigentums, der in der gesetzlichen Definition mit dem Wort *chose* bezeichnet ist[9]. Das Gesetzbuch schweigt jedoch zum systematischen Verhältnis zwischen *bien* und *chose*. In der deutschspra-

---

3 Bartolus de Saxoferrato (1526) 23; Bartolus de Saxoferrato (1526a) 193.

4 Vgl. Glück (1867) 532 ff.

5 Vgl. Coing (1985) 271 u. 274.

6 Vgl. § 292 BGB.

7 § 353 ABGB.

8 Vgl. Art. 517, 526, 527, 529 CC.

9 Vgl.: Art. 544 CC.

chigen Version des Code Napoleon als *Land-Recht für das Großherzogthum Baden* von 1809 wurden beide Begriffe mit „Sache" übersetzt[10]. Im Text des Code civil fehlt auch jede Erklärung zum Sinn des Wortes *chose,* also zu den Eigenschaften des Eigentumsgegenstandes. Zwei Probleme kamen in der französischen Dogmatik der 19. Jahrhunderts durch die Frage nach der Beziehung zwischen den Begriffen *bien* und *chose* zum Ausdruck[11]. Eine neue, in den ersten Jahrzehnten des 20. Jahrhunderts relevante Etappe dieser Debatte hat Marcel-Fernard Planiol eröffnet. Seiner Meinung nach bezeichnen beide Begriffe für Vermögensverhältnisse relevante Rechtsobjekte, die ursprünglich nur auf körperliche Gegenstände beschränkt waren. Den Sinn der Aufspaltung in die beiden Begriffe sah Planiol in der Entwicklung des Wirtschafts- und Rechtslebens. Die zentrale systematische Position des *bien*-Begriffes erklärte er durch die zunehmende wirtschaftliche Rolle der neuen Vermögensrechte (*actif*) wie Forderungen, Autoren- und Urheberrechte. Sie wurden als unkörperliche Güter bezeichnet, die neben den Sachen (*choses*), also den materiellen Gütern existieren. Die Anwendung des Kriteriums der Materialität hat er jedoch ausdrücklich nur auf die Besitzfragen beschränkt. Die Anerkennung der Einteilung in körperliche und unkörperliche Güter war in dieser Sichtweise keine Kopie der gaianischen Einteilung in *res coporales* und *incorporales*, die von Planiol als unlogische Vermischung der Rechtsobjekte mit den Rechten kritisiert wurde[12]. Die neue Einteilung der Güter (*biens*) in körperliche und unkörperliche schuf dagegen den systematischen Rahmen für die Entwicklung der *propriété incorporelle* im Laufe des 20. Jahrhunderts. In der heutigen französischen Debatte hören wir von der Suche nach „embryonalem Recht", das die Prinzipien für das Eigentum am materiellen Objekte und für das geistige Eigentum vereinen wird[13]. Anderseits wird in der französischen Literatur die Meinung vertreten, dass die Unterschiede zwischen den materiellen Gegenständen zur „Spezialisierung" des Eigentums an verschiedenen körperlichen Objekten führen[14]. Die hier skizzierten Erfahrungen in Frankreich beleuchten also die Tiefe der Systemprobleme, ohne sie vollständig zu lösen. Sie bestätigen den praktischen Nutzen einer elastischen, weiten Fassung des Zentralbegriffs der rechtlichen Ordnung der Vermögensgegenstände[15]. Dies spricht auch für die These, dass eine systematisch klare und praktisch anwendbare dogmatische Präzisierung des

10 Vgl. Code Napoleon mit Zusätzen und Handelsgesetzen als Land-Recht für das Großherzogthum Baden (Karlsruhe 1809) 135.

11 Vgl. Berriat-Saint-Prix (1845) 339; Marcadé (1859) 326.

12 Planiol (1920) 657 ff.

13 Théry (1998) 82.

14 Théry (1998) 24 ff. (mit Lit.).

15 Vgl. Fiorini (2002) 96.

Eigentumsgegenstandes sich nicht auf die Frage nach dessen Materialität reduzieren darf.

2.2. Die pandektistische Fassung des Sachbegriffes

Der Eckstein der pandektistischen Leistung für die neue dogmatische Fassung des Sachbegriffes ist die savignanische Definition der Sache als ein begrenztes Stück der Natur, das von uns beherrscht werden kann[16]. Die systematische Folge dieser Ansicht ist die klare dogmatische Unterscheidung des Eigentumsgegenstandes. Anders als im gemeinen Recht konnte die Sache nicht mehr mit dem Gegenstand des rechtlichen Verkehrs gleichgestellt werden. Diese systematische Position begründete Puchtas Erkenntnis, nach der die römische Einteilung in körperliche und unkörperliche Sachen (*res corporales* und *incorporales*) erhebliche Irrtümer veranlasst habe, denn hier bedeute *res* nicht Sache, sondern Ding[17]. Die Körperlichkeit als erstes Element des Sachbegriffs hat die pandektistische Debatte stark geprägt. Diese Vorstellung liegt auch dem Entwurf des Sachenrechts von R. Johow zugrunde, der im Jahr 1880 der ersten Kommission zur Ausarbeitung des Entwurfes eines Bürgerlichen Gesetzbuches vorgelegen hat. § 1 dieses Teilentwurfes lautet: „Die über Sachen gegebenen Bestimmungen finden auf Rechte nur nach Maßgabe besonderer gesetzlicher Vorschrift Anwendung“[18]. In der Begründung des Entwurfes bekräftigte Johow die Meinung, dass der dem gemeinen Recht eigene Gebrauch des Wortes *res* im Sinne des Vermögensobjekts zu einer „Fülle von Mißverständnissen“ geführt habe[19]. Den materialistischen Begriff der Sache als Objekt der rechtlichen Herrschaft stützte Johow auf das Argument, dass man zu einem einfachen und klaren Sachenrecht nur gelangen könne, wenn man von dem engeren und eigentlichen Begriff der Sache ausgehe[20]. Im Laufe der Arbeit der Kommission wurde diese Vorstellung noch klarer formuliert. Nach der Fassung des Entwurfes vom Februar 1884 bekam § 1 den Wortlaut: „Unter Sache im Sinne des Gesetzes ist nur ein körperlicher Gegenstand zu verstehen“[21]. Ohne Bedeutung für das Ergebnis der Vorbereitungsarbeiten zum BGB blieb Ernst I. Bekkers Idee der Reinterpretation des römischen Begriffes der unkörperlichen Sachen, um „eine gewisse Verwandtschaft der Herrschaft über körperliche Sachen und Geisteswerke“ im Interesse der Entwicklung der Rechtsdogmatik zu gewin-

---

16 Savigny (1840) 338.
17 Puchta (1852) 72.
18 Schubert (1982) 15.
19 Schubert (1982) 142.
20 Schubert (1982) 144.
21 Jakobs / Schubert (1985) 426.

nen[22]. In der Kommission zur Ausarbeitung des BGB haben die in der pandektistischen Literatur[23] und in gutachtlichen Äußerungen zum ersten Entwurf des BGB[24] formulierten Vorschläge, die Sachgesamtheiten den körperlichen Sachen im Gesetz gleichzustellen, keine Mehrheit gefunden. Die Kommission hat auch das seit der zweiten Hälfte des 19. Jahrhunderts aktuelle Problem der Sachqualität der elektrischen Energie[25] nicht berücksichtigt. Das einzige Ergebnis der kritischen Diskussion zum Sachbegriff im Entwurf des Gesetzbuches war die Verlegung der Definition der Sache in den Allgemeinen Teil. Diese Modifikation stützte sich auf die Argumentation, dass „Begriff und Arten der Sache auch dem Rechte der Schuldverhältnisse, dem Familiengüterrechte und dem Erbrechte geläufige Dinge sind"[26]. Der endgültige Wortlaut des § 90 BGB „Sachen im Sinne des Gesetzes sind nur körperliche Gegenstände" hat die dogmatische Debatte zum Sachbegriff in Deutschland nicht abgeschlossen. Die enge, materialistische Definition des Sachbegriffes wurde schon von Kuhlenbeck in seinem Werk *Von den Pandekten zum Bürgerlichen Gesetzbuch* in Frage gestellt. Seine Kritik stützte sich auf den Vorwurf vom „falschen Begriff vom Wesen der Dinglichkeit, das das Gesetz in einer unmittelbaren Herrschaft über die Sache sieht, während das eigentliche Wesen der Dinglichkeit nur in dem absoluten gegen Alle gerichteten Rechtsschutz zu finden ist"[27]. Unter dem Einfluss der gemeinrechtlichen Tradition des *res*-Begriffs entstand kurz nach dem Inkrafttreten des BGB die Kontroverse zum systematischen Verhältnis der Begriffe Gegenstand und Sache in der Dogmatik des Gesetzbuches[28]. In den 40er Jahren entwickelte Franz Wieacker die Idee eines systematischen Umbaus des Rechts der Vermögensgegenstände[29]. Er sah im engen Sachbegriff die Ursache für die mangelhaft ausgebildete Lehre vom Vermögen an. Wieacker betonte, dass eine rechtliche Ordnung der unkörperlichen Gegenstände dem deutschen Recht fremd sei. In seinen Vorschlägen zur Änderung des bürgerlichen Rechts vom Jahr 1943 machte Wieacker den Vermögensgegenstand zum Zentralbegriff des Vermögensrechts. Zum Vermögen zählte er Grundstücke, Sachen, beherrschte Naturkräfte, Rechte und andere Gegenstände wie Geistwerke, Er-

---

22 Bekker (1880) 18ff.

23 Z.B.: Puchta (1853) 51, Windscheid (1875) 411 Fn. 8.

24 Zusammenstellung der gutachtlichen Äußerungen zu dem Entwurf eines Bürgerlichen Gesetzbuchs gefertigt im Reichs-Justizamt, Bd. 3, Äußerungen zum Sachenrecht (Nachdruck Osnabrück 1967) 10 u. 14.

25 Dernburg (1896) 474; Dernburg (1897) 46 ff.; Pfleghart (1904) 324.

26 Zusammenstellung der gutachtlichen Äußerungen zu dem Entwurf eines Bürgerlichen Gesetzbuchs gefertigt im Reichs-Justizamt, Bd. 3, Äußerungen zum Sachenrecht (Nachdruck Osnabrück 1967) 10.

27 Kuhlenbeck (1898) 269.

28 Vgl.: Sohm (1905) 6; Binder (1907) 10 u. 76 – 78.

29 Wieacker (1943) 58.

werbsaussichten und Kontingente[30]. Dieser Entwurf ist vom historischen Gesichtspunkt als Rückkehr des gemeinrechtlichen *res*-Begriffes unter dem Deckmantel des Vermögensbegriffs zu beurteilen, der von den dogmatischen Defiziten des Sachbegriffs in § 90 BGB im Kontext der wirtschaftlichen Entwicklung inspiriert wurde. In eine ähnliche Richtung geht der Vorschlag Christoph Beckers aus dem Jahr 1999, ein Recht der Gegenstände statt des Sachenrechts zu schaffen, um die Regelungen des Verkehrs mit allen Gütern im Interesse der Sicherheit des Rechtsverkehrs unter ein gemeinsames Dach zu stellen[31]. Die praktischen Defizite des materialistischen Sachbegriffes gaben auch Anlass zu den Vorschlägen, das BGB durch die Ausweitung des Sachbegriffes auf Software[32] oder durch die Einführung eines zweiten Absatzes des § 90 BGB mit dem Wortlaut „Die Vorschriften über Sachen sind entsprechend auf sonstige beherrschbare Gegenstände anzuwenden, die zulässigerweise im Rechtsverkehr stehen, soweit sie nach der Übung des redlichen Verkehrs wie Sachen behandelt werden“ zu modernisieren[33].

Aus historisch-vergleichender Perspektive sind Parallelen zwischen den oben skizzierten französischen und deutschen Erfahrungen zu finden. Trotz deutlicher systematischer und dogmatischer Unterschiede zwischen dem *bien*-Begriff im Code civil und dem Sachbegriff im BGB sind in der Debatte um ihre systematische Stellung und ihre dogmatische Erfassung ähnliche dogmatische Defizite zutage getreten. Es geht nämlich um die dogmatische Trennung und Koordinierung des Gegenstandes des rechtlichen Verkehrs und des Gegenstandes des Eigentums sowie um die den wirtschaftlichen Entwicklungen gerecht werdende dogmatische Fassung des Gegenstandes des Eigentums. Die juristischen Erfahrungen mit dem Code civil und dem BGB beleuchten die skizzierten dogmatischen Defizite, ohne jedoch einen klaren dogmatischen Vorschlag zu ihrer Überwindung zu liefern. Die polnischen Arbeiten zur Vereinheitlichung des Zivilrechts in der Zwischenkriegszeit haben die dogmatische Debatte zu diesen Fragen bereichert.

---

30 Wieacker (1943) 102.
31 Becker (1999) 9 u. 79.
32 Weitz (1998) 188.
33 Bydlinski (1998) 327.

3. Das Sachbegriff in den polnischen Projekten der Zwischenkriegszeit

3.1. Die Sache im Entwurf eines polnischen Zivilgesetzbuches von Ignacy Koschembahr-Łyskowski

Der polnische Romanist und Zivilist Ignacy Koschembahr-Łyskowski hat als den ersten Entwurf der Allgemeinen Vorschriften des Ersten Buches des polnischen Zivilgesetzbuches veröffentlicht. Der dritte Teil des Buches ist den Sachen gewidmet. Er beginnt mit Art. 129: „Sache ist alles, was Gegenstand eines Rechtsverhältnisses sein kann". Der Verfasser betonte, in Anknüpfung an den Kommentar zu § 285 ABGB von Emil Svoboda, dass als Sache alles aufzufassen sei, was Gegenstand des Eigentums sein könne. Der weite Eigentumsbegriff wurde von I. Koschembahr-Łyskowski nach Svoboda als die den aktuellen und künftigen Herausforderungen des Privatrechts angemessene dogmatische Lösung betrachtet[34]. Die Ansicht von Koschembahr-Łyskowski ist grundsätzlich als Kontinuität des weiten gemeinrechtlichen Sachbegriffs mit einigen neuen systematischen Ansätzen zu beurteilen. Im Entwurf finden wir jedoch den Versuch, die in der dogmatischen Debatte sichtbaren und von der Anwendung des Sachbegriffes auf den Gegenstand des Rechtsverkehrs und des Eigentums ausgehenden Unklarheiten zu überwinden. Koschembahr-Łyskowski sah die Lösung dieses Problems in der klaren Trennung zwischen dem Gegenstand des Rechtsverhältnisses und dem Rechtsverhältnis als solchem. Neu war die Einführung des Sachbegriffes in die allgemeinen Vorschriften des Entwurfes der Zivilkodifikation. Aus historisch-vergleichender Perspektive ist die Feststellung relevant, dass schon im ersten polnischen Entwurf der körperliche Sachbegriff der Pandektistik als Zentralbegriff des Systems des Privatrechts abgelehnt wurde. In diese Richtung entwickelten sich die Arbeiten des Unterausschusses für Sachenrecht der Kodifikationskommission.

3.2. Der Begriff des „Gegenstandes dinglicher Rechte" im Entwurf des Unterausschusses für Sachenrecht

Als Fryderyk Zoll (1865-1948) die Leitung des Unterausschusses für Sachenrecht übernahm, gab ihm dies die Gelegenheit, die von ihm seit Ende des 19. Jahrhunderts entwickelte Idee, alle neuen *erga omnes* wirksamen Rechte, wie z.B. Urheber- oder Bergrechte unter einen Oberbegriff zu stellen, in die

34 Koschembahr-Łyskowski (1931) 75.

polnischen Kodifikationsarbeiten einzubringen[35]. Leitmotiv seines Modernisierungsprogramms für das Privatrecht war die Ausweitung des von den Römern geerbten Rechtsystems durch die Einbindung der ihnen unbekannten immateriellen Güter als Gegenstände dinglicher Rechte in das klassische System des Zivilrechts[36]. Die ersten Schritte auf diesem Weg waren die Einführung des Unternehmens als immaterielles Gut[37], das Gegenstand des Eigentums sein kann, ins polnische Recht und die Übernahme der zwischen den Rechten an unkörperlichen Gegenständen und den dinglichen Rechten an körperlichen Gegenständen bestehenden Strukturparallelen bei den Vorbereitungen der besonderen Gesetze über die Rechte an immateriellen Gütern[38]. Die Krönung dieser Bemühungen war der im Juni 1937 vorgelegte Entwurf des Sachenrechts[39]. Dessen zentraler Systembegriff war der „Gegenstand dinglicher Rechte". Dieser Oberbegriff wurde in Sachen und andere Güter geteilt. Die Sache ist nach pandektistischem Muster als körperlicher Gegenstand definiert[40]. In der Diskussion des Entwurfs betonte Zoll jedoch den grundlegenden Unterschied im Vergleich zum BGB hinsichtlich der Systemposition der materialistischen Sache[41]. Diesen Unterschied veranschaulicht der Wortlaut des Art. 17 des Entwurfes, in dem zu lesen ist: „Gegenstand dinglicher Rechte sind auch Vermögensgüter, die keine Sachen sind, insbesondere nach dem Urheberrecht geschützte literarische und artistische Werke, zum Patent angemeldete Erfindungen, registrierte Muster, Unternehmen, Forderungen und andere Vermögensrechte, Elektrizität und andere Formen der Energie". Das Eigentum wurde im Entwurf als Herrschaft über Sachen, also über körperliche Gegenstände, definiert[42]. Diese pandektistische Konstruktion wurde jedoch in Art. 19 des Entwurfes abgemildert. Im Fall einer Lücke im besonderen Gesetz sah dieser die entsprechende Anwendung des Sachenrechts, also auch der Vorschriften zum Eigentum an anderen Gütern vor. Im Rahmen der bis Juli 1939 andauernden Diskussion wurden nur wenige Zweifel an der neuen systematischen Konzeption des Güterrechts formuliert. Der einzige Vorschlag, der die Zusammenführung von Sachen und anderen Gütern unter den Oberbegriff „Gegenstand dingli-

---

35 Fenichel (1938) 3ff.
36 Zoll (1936) 190 u. 193.
37 Zoll (1925) 125ff.
38 Zoll (1936) 193.
39 Projekt prawa rzeczowego uchwalony w pierwszym czytaniu przez podkomisje prawa rzeczowego Komisji Kodyfikacyjnej (Warszawa 1937).
40 Vgl. Art. 1 des Entwurfes.
41 Zoll (1938) 231.
42 Art. 21 des Entwurfes: Der Eigentümer kann in den durch das Gesetz gesetzten Grenzen die Sache unter Ausschluss anderer Personen nutzen sowie über diese Sache verfügen.

cher Rechte“ ablehnte, stützte sich auf das Argument der „zu weit gehenden Neuheit dieser Doktrin, die zu Unklarheiten bei vielen praktizierenden Juristen führen wird“[43]. Es wurden auch einige Vorschläge zur Änderung der Definition der so genannten „anderen Güter“ in Art. 17 des Entwurfes vorgelegt. Der Rechtsanwalt Jackowski schlug in seinem Gutachten eine kürzere Version der Vorschrift mit dem Wortlaut „Gegenstand dinglicher Rechte können auch andere Güter außer Sachen sein, was jedoch nicht zum Widerspruch mit den Gesetzen über diese Vermögensgüter führen darf“ vor[44]. Anderseits wurden Vorschläge zur Ergänzung der Aufzählung von Gütern in Art. 17 um z.B. Konzessionsrechte sowie in diesem Kontext zur Klärung der Rechtsnatur von Aktien und Wertpapieren vorgelegt[45]. Die endgültige Fassung der Definition der „anderen Gegenstände dinglicher Rechte“ (Art. 18 in der letzten Version des Entwurfes) wurde bis August 1941, also schon in der Zeit des Polnischen Untergrundstaats[46] angenommen. Sie bekam den Wortlaut: „Gegenstand dinglicher Rechte sind auch andere Güter wie Gegenstände des Berg- und Öleigentums, des Wohnungseigentums, Unternehmen, als Patente anmeldete Erfindungen, registrierte Muster, nach dem Urheberrecht geschützte Werke, Vermögensrechte, elektrische und andere Formen der Energie[47].

4. Die dogmatische Fassung und systematische Stellung des Sachbegriffs im polnischen Recht nach 1945

Der von der Kodifikationskommission in der Zwischenkriegsperiode ausgearbeitete Entwurf hat das Dekret über das Sachenrecht vom Oktober 1946 stark beeinflusst. Die Kontinuität beschränkte sich jedoch auf eher einfache Lösungen[48]. Die ursprüngliche Systematik des „Gegenstandes dinglicher Rechte“ hat beim Gesetzgeber der Nachkriegszeit keine Anerkennung gefunden. Er hat von dieser dogmatischen Schöpfung nur ein Element, nämlich den materialistischen Sachbegriff, übernommen. Diese pandektistische Defi-

43 Vgl. Konic (1937) 713.
44 Vgl. Konic (1937) 713.
45 Vgl. Konic (1937) 713-714.
46 Der Gedanke hinter dem polnischen Untergrundstaat war, dass die Besetzung Polens im Jahr 1939 durch das Deutsche Reich und durch die Sowjetunion völkerrechtswidrig war. Daher wurden auch alle Institutionen der Besatzungsmächte als illegal angesehen und durch entsprechende geheime polnische Institutionen, die polnischem Recht folgten, „gedoppelt“.
47 Vgl. Grzybowski (1993) 515 ff.
48 Grzybowski (1993) 517.

nition der Sache hat Kontinuität in Art. 45 des polnischen Zivilgesetzbuches von 1964. Sie befindet sich in dem Titel des allgemeinen Teils, der „dem Vermögen" gewidmet wurde. In der Fassung des Art. 44 ZGB vom Juli 1990 wird das Vermögen als „Eigentum und andere Vermögensrechte" definiert. Die Änderung im Jahr 1990 ergab sich durch die Aufhebung der subjektiven Einteilung des Eigentums und des Prinzips des besonderen Schutzes staatlichen Eigentums. In Rahmen dieser Novellierung wurde der Vermögensbegriff um zwei Elemente, die Definition des Unternehmens[49] und des Bauernhofes[50] als individualisierte Gegenstände des rechtlichen Verkehrs[51], bereichert. Ähnlich wie in Deutschland hat das Inkrafttreten des Dekrets über das Sachenrecht und danach des Zivilgesetzbuches die dogmatische Fragen zur systematischen Stellung und dogmatischen Fassung des Sachbegriffs nicht abgeschlossen. Schon 1947 erklärte Zoll seine Überraschung darüber, dass der für seine Systemkonzeption zentrale Begriff des „Gegenstandes dinglicher Rechte" im Dekret von 1946 übergangen wurde[52]. Die Fragen nach einer der Marktwirtschaft entsprechenden Dogmatik des Eigentums sowie nach der systematischen Ordnung der unkörperlichen Gegenstände konnten sich jedoch in der Zeit der kommunistischen Diktatur nicht zu relevanten Themen polnischer Zivilrechtsdogmatik entwickeln. In der polnischen Rechtsdogmatik der 60er Jahre finden wir eine Kritik des engen, materialistischen Sachbegriffes im Rahmen der Argumentation zugunsten der Entwicklung eines neuen Wirtschaftsrechts anstatt des klassischen Zivilrechts[53]. In den 70er Jahren veröffentlichte Zbigniew Żabiński einen Aufsatz zum Einfluss des Sachbegriffes auf die Gestaltung des Systems des Zivilrechts. Es überrascht, dass in dieser zum großen Teil historischen Skizze des Sachbegriffs die ursprüngliche systematische Konzeption des polnischen Sachenrechts des Entwurfs von 1937 überhaupt nicht erwähnt wurde. Der Verfasser wiederholte jedoch in Bezug zum polnischen Zivilrecht aus der Rechtsgeschichte bekannte dogmatische Mängel des körperlichen Sachbegriffs als Eigentumsgegenstand am Beispiel der Elektrizität und des Geldes[54]. Weitere Äußerungen zu diese Frage sind kurz nach der Wende des Jahres 1990 zu hören. 1993 wurde zum ersten Mal nach dem Zweiten Weltkrieg die endgültige Version des Entwurfes des Sachenrechts von 1939 veröffentlicht. Stefan Grzybowski, der Herausgeber des Entwurfes, betonte damals dessen großen Nutzen für die Diskussion über die Modernisierung des polnischen Zivilrechts. Auch Andrzej Stelmachowski äußerte am Anfang der 90er Jahre den Vorschlag, in

---

49 Art. 55^1 KC.
50 Art. 55^3 KC.
51 Vgl. Art. 55^2 KC.
52 Zoll (1947) 26.
53 Topiński (1966) 14 Fn. 15.
54 Żabiński (1974) 251 ff.

der dogmatischen Debatte zur Theorie Zolls der Gegenstände dinglicher Rechte zurückzukehren. Seiner Meinung nach kann die Einführung des weiten Sachbegriffs ins Zivilgesetzbuch als „Anhaltspunkt für die Vermögensrechte, vor allem des Eigentums" der erste Schritt auf dem Weg des weiteren Umbaus des polnischen Sachenrechts nach der Wende des Jahres 1990 sein[55]. Eine Berücksichtigung dieser Vorschläge ist jedoch weder in der Modernisierung des polnischen Zivilgesetzbuches der letzten 20 Jahre noch in dem im Rahmen der Rekodifikodifikationsarbeiten im Jahr 2006 veröffentlichten sogenannten Optimierten Vorschlag des Zivilgesetzbuches der Republik Polen zu finden[56].

5. Fazit

Die historisch-vergleichende Skizze macht deutlich, dass der seit Jahrhunderten andauernden dogmatischen Debatte zum Sachbegriff Systemfragen zugrunde liegen. In der europäischen Rechtskultur sind sie eher symbolisch durch die Diskussion zum dogmatischen Sinn der römischen Einteilung in *res corporales* und *incorporales* vertreten. Hinter dieser Einteilung verstecken sich jedoch praktisch sehr relevante Fragen nach der systematischen Koordination des Begriffs des Gegenstandes des rechtlichen Verkehrs und des Gegenstandes des Eigentums sowie nach der systematischen Berücksichtigung der Parallelen zwischen der rechtlichen Herrschaft über körperliche und unkörperliche Gegenstände. Die Systemfragen wurden durch die Zweideutigkeit des gemeinrechtlichen *res*-Begriffs verdunkelt. Die praktischen Folgen des Fehlens einer klaren Lösung hat das gemeinrechtliche Prinzip „eine Klage über bewegliches Gut ist beweglich, eine über unbewegliches unbeweglich" die Jahrhunderte hindurch gemildert. Die wirtschaftlichen Entwicklungen seit dem 19. Jahrhundert und die pandektistische Umsetzung des Prinzips der Rechtssicherheit im Bereich des Sachenrechts haben die Systemfragen deutlicher gemacht. Das dogmatische Defizit bei der Lösung der Probleme im Code civil und im BGB kam zum Ausdruck in den Fragen nach der Beziehung zwischen den Begriffen *bien* und *chose* in Frankreich sowie Sache und Gegenstand in Deutschland. In beiden Ländern wurde in diesem Kontext das Problem der Ausweitung des Eigentums auf unkörperliche Gegenstände diskutiert. Die systematischen Probleme dieser Art wurden auch in der polnischen Debatte der Zwischenkriegszeit im Entwurf der Allgemeinen Vorschriften des Zivilgesetzbuches von I. Koschembahr-Łyskowski und im Entwurf der Kodifikationskommission für das Sachenrecht berücksichtigt. Der erste Ent-

55 Stelmachowski (1994) 106 ff.
56 Vgl. Zielona księga (2006).

wurf hat eher oberflächliche Innovationen eingeführt. Der der ABGB-Dogmatik ähnliche Sachbegriff als Bezeichnung eines Eigentumsgegenstandes wurde dem allgemeinen Teil des Zivilrechts zugerechnet. Im zweiten Entwurf wurde dagegen die klare, systematische Fassung der Gegenstände der rechtlichen Herrschaft im Sachenrecht verortet. Seine Originalität lag in der Einführung des „Gegenstandes dinglicher Rechte“ als Systembegriff im Bereich des Sachenrechts, der körperliche und unkörperliche Gegenstände rechtlicher Herrschaft in einem Oberbegriff zusammenfasste. Aus historischer Perspektive ist diese Neuerung als Weiterentwicklung des pandektistischen Gedankens zur dogmatischen Unterscheidung des Gegenstandes rechtlicher Herrschaft zu beurteilen. Der Begriff des „Gegenstandes dinglicher Rechte“ wurde von Fryderyk Zoll 1938 als Schritt auf dem Weg zur dogmatischen Integration dinglicher Rechte benannt. Die volle Verwirklichung dieser Idee sah er als die Aufgabe einer „weiteren Generation von Juristen“[57]. Die Geschichte hat sich jedoch ganz anders entwickelt. Zolls Ansicht wurde in der polnischen Zivilrechtsdogmatik der zweiten Hälfte des 20. Jahrhunderts nicht übernommen. Der Begriff des „Gegenstandes dinglicher Rechte“ hat auf den Umbau des polnischen Privatrechts nach der Wende des Jahres 1990 keinen praktischen Einfluss ausgeübt.

Am Ende stellt sich also die Frage, wie dies unter dem Gesichtspunkt der Ergebnisse der historisch-vergleichenden Forschung zu erklären ist. Die polnische Erfahrung bestätigt einerseits die objektive Natur der dogmatischen Debatte zum Sachbegriff zugrundeliegenden Systemdefizite des Vermögensrechts. Andererseits ist die polnische Erfahrung ein weiteres Beispiel für das Problem der praktischen Überwindung dieser Defizite im Rahmen der im 19. Jahrhundert in Kontinentaleuropa entwickelten Vorstellung von der Ordnung des Zivilrechts. Die Entwicklung der Spezialgesetzgebung für unkörperliche Gegenstände gilt nämlich in der europäischen Debatte als klassisches Beispiel der sogenannten Dekodifikationsprozesse. Die Geschichte lehrt, dass jede orthodoxe Auffassung der Kodifikationsidee sich überlebt hat; denn die Fähigkeit, eine angemessene Antwort auf die vielgestaltige soziale und ökonomische Realität von heute zu geben, ist erschöpft[58].

In diesem Zusammenhang sprechen die Ergebnisse der historisch-vergleichenden Forschung für die Wiederbelebung der Idee Fryderyk Zolls aus dem Jahr 1938. Beim Aufbau eines für die Zeit der Dekodifikation geeigneten juristischen Instrumentariums muss man sich zwei Erfahrungen aus der dogmatischen Diskussion zum Sachbegriff vor Augen führen. Die erste besteht im Systemnutzen einer klaren dogmatischen Unterscheidung zwischen dem Gegenstand des rechtlichen Verkehrs und dem Gegenstand der

57 Zoll (1938) 239ff.
58 Vgl. Bellomo (2005) 32.

rechtlichen Herrschaft. Systematisch spricht dies für die Aufnahme des Begriffes nicht in den allgemeinen Teil wie im pandektistischen Sinne, sondern in die allgemeinen Vorschriften des Sachenrechts oder des Vermögensrechts[59]. Die zweite spricht für die Ersetzung des pandektistischen Sachbegriffs durch einen weiteren und flexiblen Begriff des Gegenstandes der rechtlichen Herrschaft. Dies kann im Interesse der Vollständigkeit des Rechtssystems unter Berücksichtigung der ökonomischen Rationalität, der Gesetzeskonformität und der guten Sitten zur Ausweitung des Eigentumsrechts auf die unkörperlichen, individualisierten Gegenstände führen[60].

Literaturverzeichnis

Bartolus de Saxoferrato (1526): *Bartolus de Saxoferrato,* Commentaria. Infortiatum (Venetijs 1526 – Reprint Roma 1998).

Bartolus de Saxoferrato (1526a): *Bartolus de Saxoferrato,* Commentaria. Codex (Venetijs 1526 – Reprint Roma 1998).

Becker (1999): *Christoph Becker,* Die res bei Gaius – Vorstufe einer Systembildung in der Kodifikation? Zum Begriff des Gegenstandes im Zivilrecht (Köln 1999).

Bekker (1880): *Ernst Immanuel Bekker,* Allerei von dinglichen Rechten insbesondere von den Rechten an eigener Sache, in: Zeitschrift für vergleichende Rechtswissenschaft (ZVR) 2 (1880) 11 – 50.

Bellomo (2005): *Manlio Bellomo,* Europäische Rechtseinheit. Grundlagen und System des Ius Commune (München 2005).

Berriat-Saint-Prix (1845): *Félix Berriat-Saint-Prix,* Notes élémentaires sur le Code Civil. L'explication des termes techniques, la filation des idées, et la discussion des questions de principles (Paris 1845).

Binder (1907): *Julius Binder,* Der Gegenstand, in: Zeitschrift für das gesamte Handels- und Wirtschaftsrecht (ZHR) 59 (1907) 1 – 78.

Bydlinski (1998): *Peter Bydlinski,* Der Sachbegriff im elektronischen Zeitalter: zeitlos oder anpassungsfähig?, in: Archiv für die civilistische Praxis (AcP) 198 (1998) 287 – 328.

Coing (1985): *Helmut Coing,* Europäisches Privatrecht, Bd. 1 (München 1985).

Dajczak (2007): *Wojciech Dajczak,* Rzymska res incorporalis a kształtowanie się pojęć 'rzeczy' i 'przedmiotu prawa rzeczowych' w europejskiej nauce prawa prywatnego (Poznań 2007).

Dernburg (1896): *Heinrich Dernburg,* Diebstahl an Elektrizität, in: Deutsche Juristenzeitung (DJZ) 1 (1896) 473 – 474.

Dernburg (1897): *Heinrich Dernburg,* Nochmals Diebstahl an Elektrizität, in: Deutsche Juristenzeitung (DJZ) 2 (1897) 76 – 78.

Fenichel (1938): *Zygmunt Fenichel,* Przedsiębiorstwo według projektu prawa rzeczowego, in: Przegląd Prawa Handlowego (PPH) 14 (1938) 3 – 13.

59 Diese Meinung herrscht in den gehenden Arbeiten der polnischen Kodifikationskommission.

60 Vgl. Dajczak (2007) 221 – 223.

Fiorini (2002): *Aude Fiorini*, Vorlesung: Das Rechtsobjekt in Frankreich, in: *Andreas Wacke / Christian Baldus* (Hrsg.), Juristische Vorlesungen und Prüfungen in Europa (Stuttgart u.a. 2002) 86 – 104.

Glück (1867): *Christian Glück*, Ausführliche Erläuterung der Pandekten nach Hellfeld ein Commentar, Bd. 2 (Erlangen 1867).

Grzybowski (1993): *Stefan Grzybowski*, Projekt prawa rzeczowego przyjęty w lipcu 1939 r. w drugim czytaniu przez Podkomisję Prawa Rzeczowego. Wprowadzenie, in: Kwartalnik Prawa Prywatnego (KPP) 2 (1993) H. 4, 515 – 519.

Jakobs / Schubert (1985): *Horst Heinrich Jakobs / Werner Schubert* (Hrsg.), Die Beratung der Bürgerlichen Gesetzbuchs in systematischer Zusammenstellung der unveröffentlichten Quellen, §§ 1-240, 1. Teilband (Berlin / New York 1985).

Konic (1937): *Jan Stanisław Konic*, Dobra nie będące rzeczami w I-wszym projekcie prawa rzeczowego, in: Gazeta Sądowa Warszawska (GSW) 64 (1937) Nr. 51 – 52, 709 – 714.

Koschembahr-Łyskowski (1931): *Ignacy Koschebahr-Lyskowski*, Entwurf eines polnischen Zivilgesetzbuches, in: Zeitschrift für polnisches Recht und Wirtschaftswesen – Review of Polish Law and Economics (ZpRW) 3 (1931) 75 – 82.

Kuhlenbeck (1898): *Ludwig Kuhlenbeck*, Von den Pandekten zum Bürgerlichen Gesetzbuch. Eine dogmatische Einführung in das Studium des Bürgelichen Rechts, Teil 1 (Berlin 1898).

Marcadé (1859): *Victor Marcadé*, Explication théorique et practique du Code Napoléon contenant l'analyse critique des auteurs et de la jurisprudence, Bd. 2 (Paris 1859).

Pfleghart (1904): *Adolf Pfleghart*, Die Sachqualität der elektrischen Energie, in: Archiv für Bürgerliches Recht (ABR), 24 (1904) 300 - 324.

Planiol (1920): *Marcel Planiol*, Traité élémentaire de droit civil, Bd. 1 (Paris 1920).

Puchta (1852) *Georg Friedrich Puchta*, Vorlesungen über das heutige römische Recht, Bd. 1 (Leipzig 1852).

Puchta (1853): *Georg Friedrich Puchta*, Pandekten (7. Aufl. Leipzig 1853).

Savigny (1840): *Friedrich Carl von Savigny*, System des heutigen Römischen Rechts, Bd. 1 (Berlin 1840).

Schubert (1982): *Werner Schubert* (Hrsg.), Die Vorentwürfe der Redaktoren zum BGB. Die Vorlagen der Redaktoren für die erste Kommission zur Ausarbeitung des Entwurfes eines Bürgerlichen Gesetzbuches, Sachenrecht, Teil 1 (Berlin / New York 1982).

Sohm (1905): *Rudolph Sohm*, Der Gegenstand. Ein Grundbegriff des Bürgerlichen Gesetzbuches (Leipzig 1905).

Stelmachowski (1994): *Andrzej Stelmachowski*, Przedmiot własności w prawie cywilnym, in: Studia Iuridica (SI) 21 (1994) 105 – 111.

Théry (1998): *Philippe Théry*, Les biens. La publicité foncière (Paris 1998).

Topiński (1966): *Jan Topiński*, Prawo gospodarki uspołecznionej w zarysie (Warszawa 1966).

Weitz (1998): *Manfred Weitz*, Software als Sache (Münster 1998).

Wieacker (1943): *Franz Wieacker*, Sachbegriff, Sachgesamtheit und Sachzuordnung, in: Archiv für die civilistische Praxis (AcP) 148 (1943) 57 – 104.

Windscheid (1875): *Bernard Windscheid*, Lehrbuch des Pandektenrechts, Bd. 1 (4. Aufl Düsseldorf 1875).

Zielona księga (2006): *Zbigniew Radwański* (Hrsg.), Zielona księga. Optymalna wizja Kodeksu cywilnego w Rzeczypospolitej Polskiej (Warszawa 2006).

Zoll (1925): *Fryderyk Zoll*, Przedsiębiorstwo – przedmiot własności, in: Przegląd Prawa i Administracji (PPA) 50 (1925), 121 – 132.

Zoll (1936): *Fryderyk Zoll*, Zagadnienia kodyfikacyjne z zakresu prawa rzeczowego, in: Przegląd Notarialny (PN) 15 (1936) Nr. 9, 187 – 197.

Zoll (1938): *Fryderyk Zoll*, Przedmiot praw rzeczowych, in: dawny Kwartalnik Prawa Prywatnego (dKPP) 1 (1938) 203 – 242.

Zoll (1947): *Fryderyk Zoll*, Prawo cywilne w zarysie. Opracowanie przy współudziale dra *A. Szpunara*, Bd. 2, H. 1 (Kraków 1947).

Żabiński (1974): *Zbigniew Żabiński*, Wpływ pojęcia rzeczy na kształtowanie się systemu prawa cywilnego, in: Zeszyty Naukowe Uniwersytetu Jagiellońskiego (ZN UJ) CCCLVI, Prace z wynalazczości i ochrony własności intelektualnej, Heft 1 (1974) 251 – 261.

Der Allgemeine Teil und das Familienrecht im Kontext des Diskurses um die Einheit des Privatrechts in Polen

Andrzej Gulczyński

Abstracts

The 20th century witnessed the emergence of the concepts of separate regulation of matters of marriage and the relationship of parents and children, and in 1964 a separate Polish Family and Guardianship Code was enacted. The code does not have a general part, hence the need to apply the general part of the civil code to family law matters. There are many institutions common to the entirety of private law, such as marital status, kinship, and the capacity to enter into legal transactions. Some separate institutions of family law have also been developed (e.g. the best interest of the child). In the 20th century, the concept of marriage and family evolved. The position of spouses and the rights of legitimate and illegitimate children were made equal. In addition, assistance for single parents was strengthened. The discussion surrounding future codification includes the question of drafting a general part to cover all areas of private law, including detailed issues such as where the parental authority starts in the context of the legal status of an embryo. Another possibility the author is in favour of, is to create a separate part regarding personal law, which would cover, in addition to individuals, communities, including marriages and families, which may comprise many generations and individuals, as well as people of the same sex.

W XX wieku pojawiały się koncepcje odrębnego regulowania spraw małżeństwa oraz stosunku rodziców i dzieci. W roku 1964 wprowadzono w Polsce odrębny kodeks rodzinny i opiekuńczy, który obowiązuje do dziś. Kodeks nie zawiera części ogólnej, stąd konieczność stosowania części ogólnej kodeksu cywilnego do spraw rodzinnych. Istnieje wiele instytucji wspólnych dla całego prawa prywatnego, takich jak stan cywilny, pokrewieństwo, zdolność do czynności prawnych. Wykształciły się też pewne odrębne instytucje prawa rodzinnego (np. dobro dziecka). W XX wieku zmianie uległa koncepcja małżeństwa i rodziny, nastąpiło zrównanie pozycji małżonków oraz praw dzieci ślubnych i nieślubnych. Systematycznie wzrastała pomoc dla osób samotnie wychowujących dzieci. W ramach dyskusji nad przyszłą kodyfikacją rozważane jest stworzenie takiej części ogólnej, która obejmować będzie wszystkie działy prawa prywatnego, co obejmuje z kwestii szczegółowych m.in. powiązanie początku władzy rodzicielskiej ze statusem prawnym embrionu. Inną możliwością, za którą opowiada się Autor, jest stworzenie odrębnej części poświęconej prawu osobowemu, w którym uregulowane będą obok jednostek także zbiorowości (dotychczasowe osoby prawne), w tym małżeństwo i rodzina, która może być wielopokoleniowa i wieloosobowa, ale i składać się z osób tej samej płci.

O século 20 testemunhou o surgimento de teses a respeito da regulamentação em separado das matérias de Direito de Família e sobre a relação entre pais e filhos e, neste contexto, foi promulgado em 1964 o Código de Direito de Família e Poder Parental polonês. Este código não possui uma parte geral, o que leva à necessidade de aplicação da Parte Geral do Código Civil às questões de Direito de Família. Há muitos institutos comuns para todo o Direito Privado, como o estado civil, parentesco e a capacidade de celebrar negócios jurídicos. Determinados institutos do Direito de Família ainda foram desenvolvidos (como, por exemplo, o princípio do melhor interesse do menor). Durante o século 20, o próprio conceito de casamento e família mudou. Foi reconhecida a igualdade entre os cônjuges e entre filhos legítimos e ilegítimos. Ainda, foi reforçada a assistência a pais solteiros. A discussão sobre uma futura codificação abrange a questão sobre a formulação de uma Parte Geral que cubra todas as áreas do Direito Privado, incluindo algumas questões detalhadas, como o início do poder parental em relação ao status legal do feto (por exemplo, dentro da finalidade do poder parental). Outra possibilidade a favor do qual o autor se posiciona é a criação de uma parte em separado que cobriria, além dos indivíduos, também comunidades (pessoas jurídicas "to-date"), incluindo casamento e família, que possa abranger diversas gerações e indíviduos, mas também pessoas do mesmo sexo.

1. Familie – ein rätselhafter Begriff?

Der Gedanke einer dauerhaften Integration (spätestens seit dem 19. Jh.) des Familienrechts in das Privatrecht wurde und wird auf unterschiedliche Weise in Frage gestellt. Das Familienrecht gehört nämlich zu den jüngeren Rechtsbereichen. Wenn man auf die Geschichte des Rechtes blickt, kann man leicht erkennen, dass die Familiensachen bis vor kurzem vor allem in die Bereiche der Moral, der Ethik und der Gewohnheiten gehörten und die weltlichen Rechtsnormen sich auf die vermögensrechtlichen Beziehungen der Ehegatten und innerhalb der Familie konzentrierten. Auch heute funktioniert die Familie grundsätzlich ohne Einmischung des Gesetzes. Wenn allerdings eine Intervention notwendig ist, gibt es Streit, auf welche Weise man eingreifen kann und welche Ziele durch diese Störungen erreicht werden können. Diese Diskussion ist vor allem mit der Zuordnung des Familienrechts zum Privatrecht verbunden. Man vergisst aber oft, dass nicht nur die gesellschaftlichen Rahmenbedingungen sich ändern, sondern auch das Konzept und die Definition der Familie. Auch wenn wir davon ausgehen, dass *omnis definitio pericu-*

losa est, muss man das Problem eindeutig bestimmen, um eine Diskussion zu ermöglichen[1].

Durch die Jahrhunderte war die Sippe (Haus) von großer Bedeutung, in der die Verbindungen vor allem auf Blutsbanden (Blutsverwandtschaft) basierte und die „häusliche Gesellschaft" – im engeren Sinne, wie sie das ALR bezeichnet – für die Verteilung der wirtschaftlichen Aufgaben wichtig war.

Hinter der heutigen Auffassung von der Familie steht hauptsächlich ein Konzept des 16. Jh. Seit dieser Zeit wächst die Bedeutung der Ehe und der Kleinfamilie im Gegensatz zur Großfamilie (der Sippe) ständig. Die personenrechtlichen Fragen gehörten vor allem zur Religion und zur kirchlichen Gesetzgebung (nicht nur der römisch-katholischen Kirche), die vermögensrechtlichen Fragen dagegen zur weltlichen Gesetzgebung. Die von Sitten und religiösen Vorschriften geprägten Regeln (z.B. Monogamie, Eheschließung) wurden um die Wende des 18. und 19. Jh. von der weltlichen Gesetzgebung übernommen.

Und eben damals ändert sich die Gestalt der Familie, die eine von mehreren Strukturen der Vermittlung zwischen dem Individuum und dem Staat oder einer anderen öffentlichen Macht war. Seit dieser Zeit erfolgt nicht nur eine Gewaltenteilung zwischen Familie und Staat, sondern die Familie wandelt sich auch von einer Wirtschafts- und Produktionsgemeinschaft in eine Verbrauchergemeinschaft.

Das Fundament der Familie bildete die förmlich geschlossene Ehe. Die Zugehörigkeit zur Familie wurde damals auf die Ehegatten und die ehelichen Kinder begrenzt. Bekannt ist die Diskussion über die Frage, was eine Familie ausmacht oder was zu ihrer Gründung notwendig ist: Ist eine formelle Eheschließung nötig oder genügt die Liebe zwischen Mann und Frau? Genügt es, dass die Partner zusammenleben, oder ist ein Vertrag notwendig? Dank der Pandektistik hat das Familienrecht im Privatrecht eine besondere Stellung erhalten. Infolgedessen hatten bereits die Bürgerlichen Gesetzbücher des Kantons Zürich, Deutschlands und der Schweiz ein Familienrecht als separates Buch. Doch gab es auch Vorbehalte gegen ein solches Konzept. Zum Beispiel wollte O. von Gierke das Familienrecht nicht zum Öffentlichen oder zum Privatrecht rechnen, sondern zu einem speziellen Gebiet – dem Sozialrecht.

Der Staat gewann den Wettbewerb um die Ausübung der Macht in der Familie und reduzierte schrittweise die Macht des Vaters. Das bedeutete aber auch den Rückgang der Bedeutung der Familie, was man z.B. an der

---

1 Im Jahre 1980 meinte Z. Ziembiński, dass sich eine Definition der Ehe erübrige, weil dieser Begriff kulturell geprägt und verständlich sei – Ziembiński (1980) 74-75. Mittlerweile ist dieser Begriff in der Verfassung von 1997 definiert als Verbindung von Mann und Frau, was heute jedoch streitig ist.

Übernahme elterlicher Pflichten (wie Sorge für Ausbildung oder Gesundheit) durch den Staat sieht.

2. Bemühungen um eine Reform des Familienrechts in der Zwischenkriegszeit

Bis zum Ende des 18. Jahrhunderts war in Polen das weltliche Ehegüterrecht je nach dem Stande, dem man angehörte, und dem Gebiet, in dem man lebte, unterschiedlich. Große Veränderungen brachte die Einführung des Napoleonischen Gesetzbuches im Herzogtum Warschau im Jahre 1808 mit sich. Dadurch wurde damals ein vollständig weltliches System mit gleichen Rechten für alle eingeführt[2].

Als Polen im Jahre 1918 die Unabhängigkeit wiedererlangte, galten fünf verschiedene Systeme des Familienrechts. In dem ehemals preußischen Teilgebiet war ein vollständig weltliches Eherecht (BGB) in Kraft. Ähnlich galt in Zips und Arwa ungarisches Personenstands- und Eherecht von 1874[3]. Der Svod Sakonov von 1832 (in den östlichen Teilen) und das Ehegesetz von 1836 (im damaligen Königreich Polen) bestimmten die allgemeinen Bedingungen der Ehesachen nach den Regeln der staatlich anerkannten Religionen (dieser Bereich unterstand auch der kirchlichen Gerichtsbarkeit). Eine Mischform des Eherechts war im ehemals österreichischen Teilgebiet (ABGB) in Kraft, wo Eheschließung und Ehescheidung grundsätzlich der entsprechenden kirchlichen Regelung folgten, in bestimmten Fällen aber auch die Zivilehe zugelassen war. Die Möglichkeit der Ehescheidung und des Getrenntlebens war vom Bekenntnis abhängig und gehörte zur weltlichen Gerichtsbarkeit.

Die Existenz verschiedener Systeme in einem Land verursachte Wanderungsbewegungen der Bevölkerung, um eine Scheidung, die im eigenen Landesteil nicht möglich war, woanders zu erhalten[4]. Unterschiede bestanden auch im Bereich des Güterrechts (z.B. Gütertrennung als gesetzlicher Güterstand im ABGB und im Svod Sakonov, dagegen Nutzverwaltung als gesetzlicher Güterstand im BGB), der Beziehung zwischen Eltern und Kindern sowie der Rechtsstellung der unehelichen Kinder.

Zu den wichtigsten Aufgaben und Zielen des Staates oder der Machthaber gehörte in allen Zeiten die Rechtsvereinheitlichung. Die Notwendigkeit, ein einheitliches Rechtssystem zu schaffen, wurde nicht nur von den Rechtswissenschaftlern, sondern auch von Politikern und grundsätzlich von der ganzen Gesellschaft anerkannt. Die Kodifizierungsarbeiten wurden in

---

2 Gulczyński (2005) 29-34.
3 Allerhand (1926); Krasowski (1994) 478.
4 Krasowski (1994) 475-487.

mehreren Richtungen durchgeführt. Die wichtigste Aufgabe war im Bereich des Familienrechts die Vereinheitlichung des Rechts und die Aufhebung der diskriminierenden Vorschriften. Man erwog u.a. auch die Verbesserung der rechtlichen Stellung der Ehefrau und der unehelichen Kinder, deren Lage gerade unter russischer Herrschaft besonders schwierig gewesen war[5].

Bei den Kodifizierungsarbeiten ist in erster Linie die Trennung bestimmter Bereiche zu beobachten. Diese Bereiche wurden dann in separaten Entwürfen bearbeitet. Die Arbeiten am ehelichen Personenrecht wurden im Jahre 1920 mit der Bearbeitung der *„Zasady prawa małżeńskiego"* [Grundsätze der ehelichen Rechte] begonnen[6]. In der Rechtswissenschaft gab es damals Streit um das Wesen der Ehe. Fraglich war, ob die Ehe einen individualistischen (die Ehe als Vertrag zwischen zwei Parteien) oder einen überindividualistischen (Eintreten in den Ehestand, der über dem freien Willen der Ehegatten steht) Charakter hat. Das letztere Konzept war den Anschauungen der katholischen Kirche besonders nah. Sichtbar war auch ein Interesse an der Sozialisierung des Eherechts nach dem Konzept von O. von Gierke.

Im Jahre 1929 nahm die Kodifikationskommission den Entwurf des Eherechts an. Nach Art. 25 war die weltliche Eheschließung vor dem Standesbeamten oder dem Geistlichen einer staatlich anerkannten religiösen Vereinigung möglich. Die Jurisdiktion in Ehesachen wurde den weltlichen Gerichten übergeben[7]. Dies löste eine Welle von Protesten vor allem seitens der katholischen Kirche[8] aus.

In diesen Kontext muss man die Bedeutung der Kirche auch auf der wissenschaftlichen Ebene hervorheben. Neben Experten wie den Professoren K. Lutostański (Hauptautor des Entwurfes von 1929) und W. L. Jaworski oder dem Rechtsanwalt H. Konic waren auch Theologen im Bereich des Familienrechts aktiv. Dem Professor der Universität Kraków, dem späteren Bischof in Przemyśl, J. S. Pelczar (1842-1924), verdanken wir eine umfassende und großzügige Darstellung des kanonischen Rechts und des auf polnischem Boden geltenden Privatrechts[9]. Einen anderen Charakter hat die Arbeit von M. Sopoćko (1888-1975), Inhaber des Lehrstuhls für Pastorale Theologie an der Universität Wilno. Er wollte die rechtlichen Probleme der Familie als Einheit darstellen[10]. Beide Forscher wurden in der katholischen Kirche – natürlich nicht nur wegen ihrer juristischen Bücher – verehrt: Pelczar wurde 2003 heilig, Sopoćko 2008 selig gesprochen. Interessant ist auch die Aussage des re-

---

5 Gulczyński (2010) 209-215.

6 Ausführlicher dazu: Górnicki (2000) 194-206.

7 Krasowski (1994) 490; Górnicki (2000) 206-220.

8 Górnicki (2000) 202-206; Krasowski (1994) 493-502.

9 Pelczar (1890).

10 Sopoćko (1926). Vgl. auch die sehr kritische Besprechung von J.K. Gidyński in: „Ruch Prawniczy, Ekonomiczny i Socjologiczny" (RPEiS) 1926, Nr. 4, 795-796.

nommierten Experten des Völkerrechts und späteren langjährigen Richters des Internationalen Gerichtshofs in Den Haag, Prof. B. Winiarski, der im Jahre 1936 (nicht bei einer wissenschaftlichen Gelegenheit) die Ehe als eine wunderbare Verbindung, bei dem leibliche Neigung, mit Gottes Gnaden erleuchtet, ein Instrument zur Erhebung des Individuums und der Gesellschaft ist, definiert hat. Ein anderer Professor der Posener Universität, Z. Lisowski, bereitete einen neuen Entwurf des Eherechtes vor, der von der Kirche akzeptiert wurde[11].

Seit 1920 fanden auch Arbeiten am Entwurf des Ehegüterrechts statt, die allerdings, ähnlich wie im Fall des Personenrechts, vor dem Krieg nicht beendet wurden [12].

Parallel dazu wurden Arbeiten an einem anderen Gebiet durchgeführt: Zweimal wurden Entwürfe zu einem Gesetz über die Beziehung zwischen Eltern und Kindern veröffentlicht[13]. In dem im Jahre 1934 von S. Gołąb vorbereiteten Entwurf wurde im Titel deutlich gemacht, dass es sich um einen Teil des Zivilgesetzbuchs handele: „Projekt działu polskiego kodeksu cywilnego o stosunkach prawnych rodziców i dzieci". Nach der Diskussion wurde 1938 von der Kommission ein weiterer – auch von S. Gołąb vorbereiteter – Entwurf veröffentlicht. Der Entwurf des Gesetzes über die rechtlichen Beziehungen zwischen Eltern und Kindern mit Vorschriften über die Rechtsfähigkeit (*„Prawo o stosunkach rodziców i dzieci wraz z przepisami o zdolności do działań prawnych"*) wurde zusammen mit dem Entwurf der Vorschriften über das Vormundschaftsamt (*Projekt przepisów o Urzędzie Opiekuńczym*) veröffentlicht. Diesmal wurde nicht mehr hervorgehoben, dass es sich um einen Teil des Gesetzbuches handele, vielmehr wurde es auch noch zusammen mit einer Materie des Öffentlichen Rechts verbunden. Bis zum Zweiten Weltkrieg verabschiedete das Parlament jedoch keine Teile des neuen Familienrechts.

3. Vereinheitlichung und Kodifikation des Familienrechts nach 1945

In den ersten Jahren der Nachkriegszeit wurde die Zersplitterung des Ehe- und Familienrechts ähnlich wie in den Vorkriegs-Teilprojekten bestätigt. Die gesamte Materie des Familienrechts wurde in vier Dekreten normiert. Zuerst

---

11 Krasowski (1994) 500-501.
12 Górnicki (2000) 220-250.
13 Górnicki (2000) 251-268.

wurde am 25. September 1945 das Eherecht erlassen[14]. Dadurch wurde im ganzen Land ein einheitliches, rein weltliches System eingeführt.

Im Jahr 1945 stellte das Justizministerium acht Thesen für den Entwurf eines Gesetzes über die Beziehungen zwischen Eltern und Kindern zur Diskussion[15]. Diese Thesen beeinflussten den weiteren Verlauf der Kodifizierungsarbeiten; Grundlage der Erwägungen blieb jedoch der Entwurf von 1938. Das Ergebnis dieser Arbeit war das Dekret vom 22. Januar 1946 über das Familienrecht[16]. Kurz darauf wurden zwei weitere Dekrete erlassen: am 14. Mai 1946 über das Vormundschaftsrecht und am 29. Mai 1946 über das eheliche Güterrecht[17]. In diesem neuen Recht finden sich auch alte Lösungen, wie die Regelung der Annahme an Kindes Statt einer volljährigen Person.

Auf diese Weise wurde das ganze Familienrecht (im weiteren Sinn) formell aufgespalten, was jedoch keine materielle und endgültige Trennung dieser Gebiete bedeutete.

Nachdem das Zivilrecht in einzelnen Gebieten schrittweise angeglichen worden war, wurden die Arbeiten an einem neuen Bürgerlichen Gesetzbuch weitergeführt[18]. Im Jahr 1948 stellte die Kommission dem Justizministerium einen Entwurf des Bürgerlichen Gesetzbuches vor. Als 2. Buch, gleich nach dem AT, wurde das Familienrecht platziert. Referent war der Richter am OG (schon vor dem Krieg) J. Witecki; ein weiterer Referent war S. Szer, der schon zur jüngeren Juristengeneration gehörte. Die Gesamtredaktion wurde Prof. J. Wasilkowski übertragen. Er war schon vor dem Krieg in der Kodifikationskommission tätig und bereitete jetzt den Entwurf vor, der von der ganzen Kommission angenommen wurde[19].

Die Idee der Übernahme des sowjetischen Modells[20] und der Vereinheitlichung des Rechts in den sozialistischen Ländern führte dazu, dass in Polen und in der Tschechoslowakei gleichzeitig mit Arbeiten an einem neuen Familiengesetzbuch begonnen wurde. Doch nicht nur der sowjetische Einfluss verursachte die Überlegungen zu einem neuen Modell der Familie[21]. Auch im Westen veränderte sich das Familienmodell, z.B. verringerte sich die Bedeutung des Vaters als Oberhaupt der Familie, die Frauen verstärkten ihre wirt-

---

14 Dz.U. 1945, Nr. 48, Pos. 270; Fiedorczyk (2003); Fiedorczyk (2005).

15 „Demokratyczny Przegląd Prawa" (DPP) 1945, Nr. 1, 33-36; Fiedorczyk (2005a).

16 Dz.U. 1946, Nr. 6, Pos. 52; Fiedorczyk (2009) 159-160.

17 Dz.U. Nr. 20, Pos. 135; Dz.U. 1946, Nr. 31, Pos. 196.

18 Ausführlicher dazu: Fiedorczyk (2006).

19 Ausführlicher dazu: Fiedorczyk (2007) 143-144; Fiedorczyk (2008) 117-118.

20 Fiedorczyk (2009) 155-158; Fiedorczyk (2009a); Lityński (2002).

21 In der polnischen Literatur u.a. Sopoćko (1926) 145-148; Nazar (1988) 254-264; Fiedorczyk (2009a) 372-375.

schaftliche Tätigkeit und erlangten berufliche Unabhängigkeit und es wurde öfter die Freiheit und Gleichheit der Ehegatten betont.

Im Juni 1948 wurde ein Ausschuss zur Ausarbeitung eines entsprechenden Entwurfs einberufen[22], der im nächsten Jahr einen gemeinsamen Entwurf veröffentlichte. Polen behielt sich aber die Einführung eigener Vorschriften in späterer Zeit vor. Die Abgeordneten nahmen das Projekt an, weil es mit den Prinzipien des Marxismus-Leninismus in Einklang war[23]. Am 27. Juni 1950 wurde das Familiengesetzbuch verabschiedet[24].

Das Familiengesetzbuch regelte die Gesamtheit der familienrechtlichen Beziehungen in einem Gesetz. Es war jedoch sehr lakonisch, was in der Praxis Schwierigkeiten bereitete. Es enthielt nur 93 Artikel anstelle der insgesamt 246 in den vier alten Dekreten. Wie einer der Richter des OG sich erinnerte, bestand dieses Gesetzbuch aus Regeln und Lücken, und der ersteren waren es wenige, der letzteren dagegen eine ganze Menge[25].

Im Jahre 1950 wurde auch ein anderes Gesetz erlassen, und zwar die Allgemeinen Vorschriften des Zivilrechts[26], die das Personenrecht von 1945, die Allgemeinen Vorschriften des Zivilrechts von 1946 und einige Vorschriften des allgemeinen Teils des Obligationengesetzbuches von 1933 ersetzten. Das bedeutet, dass der polnische Gesetzgeber die Konzeption des AT für das Bürgerliche Recht übernommen hat. Dass das Familienrecht endgültig separat bleiben solle, war damit nicht entschieden. Kurz darauf bestätigte das Grundgesetz von 1952 in Art. 67, dass Ehe und Familie unter dem besonderen Schutz der Volksrepublik Polen stehen und dass die Geburt außerhalb der Ehe die Rechte des Kindes nicht beschränkt[27].

Zwischen 1952 und 1955 bereitete eine Ministerialkommission ein neues Bürgerliches Gesetzbuch vor und veröffentlichte dieses in zwei Versionen – allerdings ohne Familienrecht – in den Jahren 1954 und 1955. Im Jahr 1956 wurde eine neue Kommission einberufen, die den Entwurf von 1955 für ihre Arbeit nutzte und das Familienrecht beifügte[28]. Bekannt ist der öffentliche Streit zwischen zwei Mitgliedern des Ausschusses, S. Szer und A. Wolter, von denen der erste das Familienrecht als eigenständigen Rechtsbereich sah, der zweite als Teil des Zivilrechts.

Im Jahre 1960 wurde ein neuer Entwurf des ZGB veröffentlicht, mit Allgemeinem Teil und Familienrecht (als 4. Buch, zwischen Schuld- und Erb-

22 Ausführlicher dazu: Dziadzio (2002) 141-147; Fiedorczyk (2009) 161-162; Fiedorczyk (2009a) 378-379.
23 Gulczyński (2010) 365-367.
24 Dz.U. 1950, Nr. 34, Pos. 308.
25 Dobrzański (1960) 529.
26 Dz.U. 1950, Nr. 34, Pos. 311.
27 Vgl. Winiarz (1974) 73-74.
28 Ausführlicher: Kaleta (1969a) 88-91; Fiedorczyk (2009) 165-166.

recht). In der Begründung wurde angegeben, dass dieser Entwurf nur als Arbeitsgrundlage dienen könne[29]. Das gab tatsächlich Anlass zur Diskussion. Auftakt zum Meinungsaustausch war die Frage des Kommissionsvorsitzenden J. Wasilkowski, ob aus der Perspektive der sozialistischen Rechtsordnung eine Aufnahme des Familienrechts nicht ein Fehler sei und ob dies nicht eine teilweise Rückkehr zum bourgeoisen Konzept des Privatrechts darstelle[30].

In einer Sitzung im Institut für Rechtswissenschaft der Polnischen Akademie der Wissenschaften im April 1960 sprachen sich einige Redner für die Selbstständigkeit des Familienrechts aus (S. Szer, S. Gross, J. Wasilkowski und A. Stelmachowski), andere für die Eingliederung des Familienrechtes in das Bürgerliche Gesetzbuch. Argumente für letztere Lösung waren die Notwendigkeit einer engeren Bindung an den AT, dass das Familiengesetzbuch von 1950 nicht als Kodifikation betrachtet werden könne, und schließlich, dass die Frage auch in der Sowjetunion streitig sei (A. Wolter, W. Czachórski, B. Dobrzański, J. Gwiazdomorski und A. Szpunar). Für die Trennung sprachen sich dagegen auch die Zentrale der Gewerkschaften, die Frauengesellschaft, die Gesellschaft der Freunde der Kinder und auch die Jugendrichter aus[31]. Die Kodifikationskommission entschied in einer Abstimmung 6:4, dass ein separates Familiengesetzbuch entstehen solle[32].

Nach dieser Diskussion wurde im Jahre 1961 ein neuer Entwurf des ZGB veröffentlicht, der kein Familienrecht enthielt. In der Begründung des Entwurfes wurde hervorgehoben, dass die Zusammenführung beider Bereiche zu einer Rangerniedrigung des Familienrechts führen könnte[33]. Infolgedessen bereitete die Kommission zwei Entwürfe vor: des Zivilgesetzbuchs und des Familiengesetzbuchs, die als Grundlage für den Ministerrat und den Sejm dienten.

Das Familien- und Vormundschaftsgesetzbuch (*Kodeks rodzinny i opiekuńczy*, im Folgenden: KRO) wurde am 25. Februar 1964 vom Sejm verabschiedet[34]. Es regelte drei wichtige Bereiche: die Ehe, die Beziehung zwischen Eltern und Kindern und die Vormundschaftssachen.

Das Gesetzbuch wurde mehrmals novelliert. Die wichtigsten Änderungen traten im Jahr 1975 auf. Sie waren Folge des Strebens des Staates nach einer Aufwertung der Familie und um die besten Voraussetzungen dafür zu schaffen, dass die Familie ihre bedeutsamen gesellschaftlichen Funktionen erfüllen konnte, und zwar insbesondere bei der Annahme an Kindes Statt und im

29 Projekt (1960) 5.
30 Zitiert nach Fiedorczyk (2009) 168. Vgl. auch Wasilkowski (1957) 7.
31 Winiarz (1974) 68.
32 Fiedorczyk (2009) 168-169.
33 Projekt (1961) 189; Projekt (1962) 194-195; Projekt Kodeksu rodzinnego (1962) 41-42.
34 Dz.U. 1964, Nr. 9, Pos. 59; Winiarz (1985); Nowakowski / Radwański (1965).

Bereich des Vormundschaftsrechts. Von den späteren Änderungen ist die Novelle aus dem Jahr 1998 zu erwähnen, die nach dem Konkordat eingeführt wurde. Sie ermöglichte die konfessionelle Eheschließung mit Doppelwirkung (d.h. im Bereich des weltlichen und des kirchlichen Rechts). 1999 wurde das Getrenntleben auf Drängen vor allem seitens der katholischen Kirche eingeführt. Im Jahre 2004 wurde der gesetzliche Wahlgüterstand eingeführt und 2008 u.a. Änderungen im Namensrecht und bei der Vaterschaftsanerkennung, die durch die Kindesanerkennung ersetzt wurde[35].

Es gibt eine Reihe gemeinsamer Institutionen des gesamten Privatrechts, wie Personenstand, Verwandtschaft, Rechtsfähigkeit, Vormundschaft, Willenserklärung; es sind aber auch verschiedene spezifische Institutionen des Familienrechts ausgebildet (wie das Wohl des Kindes). Einige Institute, die sich im KRO befinden, wie Pflegschaft und Vormundschaft (Kuratel), gehören grundsätzlich nicht zum Familienrecht[36]. Bis heute wird behauptet, dass die Trennung nur von außen sichtbar sei, weil der KRO keinen AT habe[37]. Daher sei es notwendig, den allgemeinen Teil des Bürgerlichen Gesetzbuchs anzuwenden[38]. Der Diskurs wurde grundsätzlich dahingehend entschieden, dass die Vorschriften des AT unmittelbar – und nicht subsidiär – anzuwenden seien[39].

4. Die Diskussion um die Stellung des Familienrechts im polnischen Rechtssystem

In der polnischen Rechtswissenschaft herrscht die Meinung vor, dass die Trennung von Familien- und Zivilrecht eine Auswirkung der kommunistischen Ideologie sei[40]. Tatsächlich waren Familienrecht und Zivilrecht in der Sowjetunion separat geregelt. Der Grund dafür war die grundsätzliche Ablehnung allen religiösen Einflusses auf das Eherecht. Die Lösung fand sich in einem säkularen Konzept der Ehe. Die Brautleute traten selbst in die Ehe, ohne Beteiligung eines anderen (des Priesters). Andernfalls wäre es erforderlich gewesen, alle vorrevolutionären Eheschließungen zu wiederholen. Daher lag die Konzeption der römischen Eheschließung nah. Für die Trennung von Familienrecht und Zivilrecht wurden auch noch andere Argumente vorgebracht. In der so genannten sozialistischen Familie dominierten die persönli-

35 Piątowski (1985) 15; Winiarz (1974) 97; Wudarski (2012) 568-573.
36 System Prawa Prywatnego (2009) / *Tadeusz Smyczyński*, 27.
37 System Prawa Prywatnego (2009) / *Tadeusz Smyczyński*, 27.
38 Kaleta (1990); Winiarz (1994) 211.
39 System Prawa Prywatnego (2009) / *Tadeusz Smyczyński*, 32.
40 Zielona Księga (2006) 29.

chen, nicht die materiellen Beziehungen. Die vermögensrechtlichen Fragen waren im Privatrecht geregelt, weswegen das Familienrecht, in dem die personenrechtlichen Beziehungen dominieren, separat sein musste.

In Polen, sowohl vor als auch nach der Einführung des KRO, wurde heftig diskutiert, ob das Familienrecht Teil des Privatrechts sei. S. Kaleta hat das Problem genau analysiert und sich 1969 so geäußert: „Eines von mehreren Problemen, die das Brandmal des unbefriedigenden Zustands der sozialistischen Rechtstheorie tragen, ist die Streitfrage der Stellung des Familienrechts im Rechtssystem“[41]. Doch schon vor dem Beschluss des KRO wurde die Aufteilung in zwei Gesetzbücher als rein äußerliches Mittel (schauseitig[42], technisch[43] oder Aufgabe für Buchbinder[44]) bezeichnet.

Die Aufspaltung in zwei Gesetzbücher fachte die Diskussion über die Stellung des Familienrechts noch an. Ein separates Gesetzbuch beweist nicht die Selbständigkeit eines Rechtsgebiets, genauso wie einen bestehenden Rechtszweig das Fehlen eines Gesetzbuches nicht stört[45]. Wie jedoch S. Kaleta anmerkte, sind auch die Zusammenstellungen aller vertretenen Anschauungen unterschiedlich. Nach einigen herrscht in der polnischen Rechtswissenschaft die Meinung von der Einheit des Zivil- und Familienrechts vor, nach anderen die Meinung von deren Trennung[46].

Jedenfalls war für viele polnische Rechtswissenschaftler das Familienrecht ein eigenständiges Gebiet. Zu den ersten, die die Selbständigkeit des Familienrechts begründen wollten, gehörte S. Szer (1902-1968). Er gehörte zu einer neuen Generation von Juristen, wurde 1947 an der Jagiellonen-Universität promoviert und war in der Kommission zur Vorbereitung des Zivilrechts sehr aktiv, mehrere Jahre war er auch im Justizministerium und als Richter des polnischen OG tätig. Er war Professor an der Universität Łódź und seit 1950 in Warschau angestellt. Neben den Universitätsvorlesungen in Łódź hielt er auch Vorlesungen an der Höheren Juristenschule „Teodor Duracz“. Diese Schule sollte Juristen möglichst schnell, d.h. ohne universitäre Ausbildung, auf den Staatsdienst vorbereiten. Im Jahre 1950 veröffentlichte er ein Lehrbuch über den AT aufgrund dieser Vorlesungen. Dort teilte er das Zivilrecht auf in Familienrecht einerseits und Vermögensrecht, also die übrigen Teile des Zivilrechts, andererseits[47].

Nach S. Szer sprechen für die Trennung die Dominanz der vermögensrechtlichen Beziehungen im Zivilrecht (auch im Erbrecht) und der persönli-

41 Kaleta (1969c) 123.
42 Radwański (1960) 8.
43 Wolter (1963) 23.
44 Dobrzański (1960) 528.
45 Kaleta (1969c) 123.
46 Kaleta, (1969c) 127; ähnlich auch u.a. Winiarz (1974) 70.
47 Szer (1950) 32-33.

chen Beziehungen im Familienrecht. Der Rückgriff auf allgemeine Vorschriften (damals die Allgemeinen Vorschriften von 1950) spreche nicht unbedingt für die Einheit der beiden Bereiche, weil man z.B. auch im Arbeitsrecht und im Verwaltungsrecht die allgemeinen Vorschriften des Privatrechts auf diese Weise anwenden müsse. Weiter meinte er, man könne nicht in derselben Rechtsquelle Probleme der Familie einerseits und der sozialistischen vergesellschafteten Wirtschaftseinheiten (*jednostka gospodarki uspołecznionej*) andererseits normieren – und letztendlich habe auch der OG die Trennung anerkannt[48]. Derselben Meinung waren damals auch J.S. Piątowski, J. Wiszniewski, J. Wasilkowski[49].

Für die Teilung hat sich auch 1966 der langjährige Richter des OG B. Dobrzański ausgesprochen[50]. Nach ihm 1) basieren die Beziehungen im Familienrecht nicht auf dem Prinzip der Gleichheit der Personen (z.B. Unterordnung der Kinder); 2) kann das Gericht oft *ex officio* in die Familie eingreifen; 3) gehören die familienrechtlichen Vorschriften meistens zum *ius cogens* und nicht zum *ius dispositivum*; 4) kann man subjektive Rechte im Familienrecht nicht veräußern, vererben oder auf sie verzichten; 5) ist dem Familienrecht das Prinzip der Gleichwertigkeit fremd; 6) werden die familienrechtlichen Beziehungen dauerhaft geregelt, meistens bis zum Tod; 7) ist die Missachtung von Pflichten in diesen Bereich in der Regel nicht mit direkten Sanktionen bedroht[51].

Auch einer der bedeutendsten polnischen Rechtstheoretiker, Z. Ziembiński, sah in der Abtrennung des Familienrechts die richtige Lösung[52]. Er stellte darauf ab, dass früher die wirtschaftlichen Interessen sehr wichtig gewesen seien. Die damalige (also auch die sozialistische) Landwirtschaft sei den Interessen der bäuerlichen Familie untergeordnet gewesen, nicht umgekehrt, also die bäuerliche Familie dem Interesse der Landwirtschaft[53]. Nach Z. Ziembiński muss man zwischen Familienrecht und dem Recht der Familie unterscheiden. Das Familienrecht könne ein allgemeiner Teil für alle Rechtsgebiete, die die Familie betreffen (also auch verwaltungsrechtliche und strafrechtliche Probleme), sein[54].

---

48 Szer (1955) 17; Szer (1957) 471-474. Ein Urteil vom 14. Januar 1953 hat genau festgestellt, dass das Familiengesetzbuch die familienrechtlichen Beziehungen als getrennten Rechtsbereich regelt.

49 Piątowski, (1953) 561; Piątowski (1955) 29-34; Wiszniewski (1956) 8; Wasilkowski (1960) 33-34.

50 Er hat seine kirchliche Neigung nicht verheimlicht: Gulczyński (2005a) 87-88, 98.

51 Dobrzański (1966) 45-87.

52 Ziembiński (1964) 83.

53 Ziembiński (1964) 84.

54 Ziembiński (1980) 74.

Man muss also auf einer anderen Ebene über die Selbständigkeit des Familienrechts nachdenken, und zwar ist zu fragen, ob aufgrund des Subjekts oder aufgrund der Methode der Regelung zu unterscheiden sei. In der polnischen Rechtswissenschaft nimmt die herrschende Meinung an, dass über die Einteilung der Rechtsgebiete die Methode, nicht das Subjekt der Regulierung entscheide[55]. Familienrechtliche Beziehungen sind nach der privatrechtlichen Methode geregelt, also ähnlich wie im Sachen-, Schuld- oder Erbrecht. Z. Radwański hat die Bedeutung des Subjekts der Regelung zwar erkannt, sich aber dafür ausgesprochen, auf die Regelungsmethode abzustellen[56]. Auch nach T. Smyczyński schließen die Aufgaben des Familiengerichts und die große Anzahl zwingender Vorschriften nicht den privatrechtlichen Charakter des Familienrechtes aus[57]. Die familienrechtlichen Beziehungen sind Teil der privatrechtlichen Beziehungen. Das Privatrecht umfasse verschiedene Arten von Beziehungen, die einen befinden sich im Schuldrecht, andere im Erbrecht, wieder andere im Familienrecht.

Im Zivilrecht gilt das Prinzip der Gleichheit der Parteien, welches sowohl in der Familie als auch in den Vormundschaftsbeziehungen stark gefährdet ist. Im Familienrecht entstehen die rechtlichen Beziehungen nicht nur aufgrund von Willenserklärungen, sondern aufgrund des Gesetzes. Oft wird auch Verwaltungsrecht genutzt. Dies hat u.a. Z. Radwański im Jahre 1985 angemerkt: Im Fall der Ersatzfamilie (*rodzina zastępcza*)[58] könne eine Einteilung der Rechtsgebiete nach dem Subjekt der Regelung es ermöglichen, diese Probleme dem Familienrecht zuzurechnen.

Im Jahre 1969 meinte A. Stelmachowski, dass bei bestimmten Ungleichheiten die Tendenz zur Schaffung getrennter Disziplinen entstehe[59]. Für Stelmachowski war das Subjekt der Normierung sehr wichtig; er stellte auch ein Konzept der Mittel der aktiven Politik dar, das heftig diskutiert wurde. Er fasste diese Mittel in folgenden Gruppen zusammen: 1) äußerliche Lebensbedingungen (Wohnung, Unterhalt), 2) innere Lebensbedingungen (Abtreibungs- und Scheidungspolitik), 3) Mittel, die der Erziehung der Kinder und Jugendlichen dienen[60].

Für die Entscheidung über die Selbständigkeit eines Rechtsgebiets könnte auch die strukturelle Organisation von Forschung und Lehre ausschlaggebend sein. In der Zwischenkriegszeit gab es an polnischen Universitäten nur Lehrstühle für das Zivilrecht als Ganzes. Zivilrechtler führten Forschung und Lehre im Bereich des gesamten Privatrechts, also auch im Familienrecht,

55 System Prawa Prywatnego (2009) / *Tadeusz Smyczyński*, 32.
56 Radwański (2008) 11.
57 System Prawa Prywatnego (2009) / *Tadeusz Smyczyński*, 32 mit weiteren Angaben.
58 Radwański (1985) 61-62.
59 Stelmachowski (1969) 12-38.
60 Stelmachowski (1976) 56-64.

durch. Die Veränderung der politischen Situation nach dem Zweiten Weltkrieg führte zu einer Diskussion über die Ausgliederung des Familienrechts aus dem Zivilrecht. Es wurden aber auch in der sozialistischen Periode keine Lehrstühle für Familienrecht geschaffen. Selbst am Institut der Polnischen Akademie der Wissenschaften, an dem die intensiven Forschungen zum Familienrecht durchgeführt wurden, wurde keine spezielle Abteilung eingerichtet. Der Vorlesungsstoff war meistens in zwei Teile geteilt, in einem wurde immer das Familienrecht gelesen.

Es erschienen und erscheinen weiterhin separate Handbücher für das Familienrecht. Dies hat jedoch nur technische Bedeutung, weil auch die Lehrbücher für AT, Sachenrecht, Schuldrecht oder Erbrecht als selbständige Bände erscheinen. Zu den Ausnahmen gehörten die Lehrbücher von A. Koch, W. Ludwiczak und M. Sośniak[61], die im Titel die Zusammenstellung von Zivilrecht und Familienrecht deutlich machten.

Allerdings wurde ein Durchbruch oder zumindest ein wichtiger Beitrag zur Diskussion durch die Veröffentlichung eines separaten Systems des Familienrechts im Jahr 1985 erreicht. Dieses Buch wurde nämlich nicht im Rahmen des Systems des Zivilrechts herausgegeben. Im 1. Band (dem einzigen erschienenen) stellte der Herausgeber, J.S. Piątowski, jedoch klar, dass dieser Band inhaltlich zum System des Zivilrechts gehöre[62]. Das neue System des Privatrechts, das unter der Leitung von Z. Radwański erscheint, umfasst bereits das Familienrecht (Bd. 11 und 12).

Interessant ist auch, dass in der Volksrepublik Polen keine Lehrstühle für Familienrecht entstanden sind. Heute existieren dagegen schon separate Lehrstühle, wie an der Katholischen Universität in Lublin ein Lehrstuhl für Familienrecht und Rechte der Familie (*Katedra Prawa Rodzinnego i Praw Rodziny*; Lehrstuhlinhaber ist der dortige Erzbischof). Daneben gibt es auch einen Lehrstuhl für kirchliches Ehe- und Familienrecht (*Katedra Kościelnego Prawa Małżeńskiego i Rodzinnego*). An der Päpstlichen Universität Krakau entstand ein Lehrstuhl für Familienrecht (*Katedra Prawa Rodzinnego*), an der Kardinal-Stefan-Wyszyński-Universität in Warschau ein Lehrstuhl für Familien- und Jugendrecht (*Katedra Prawa Rodzinnego i Prawa Nieletnich*) und in Thorn ein Lehrstuhl für Zivil- und Familienrecht (*Katedra Prawa Cywilnego i Rodzinnego*).

61 Koch / Ludwiczak (1978); Sośniak (1985).

62 Piątowski (1985) 3.

5. Auf dem Weg zum neuen (Familien-?) Gesetzbuch

In ganz Europa hat sich in den letzten drei Jahrzehnten des 20. Jh. das Familienrecht sehr verändert[63]. Auf diese Entwicklung hatten wirtschaftliche und gesellschaftliche Veränderungen, veränderte Gewohnheiten, die Menschenrechtskonventionen und die Kinderrechtskonvention und vor allem die Forderung nach der Gleichstellung von Männern und Frauen in Familie und Gesellschaft einen großen Einfluss. Ständig wächst die Hilfe des Staates für die Familie, was früher als Symptom des totalitaristischen Staats angesehen wurde. Der Begriff der Familie ist jedoch uneinheitlich und betrifft manchmal nur die Eheleute, die ledige Mutter, in jüngerer Zeit auch den ledigen Vater und die so genannte Ersatzfamilie.

Man merkt, dass viele junge Leute nicht die Ehe eingehen wollen. Heute ist das Zusammenleben ohne Eheschließung auch von der Gesellschaft anerkannt. Die Partner wollen dann aber auch die Rechte von Ehegatten haben. Dies ist jedoch meiner Meinung nach völlig ausgeschlossen, weil es von ihrer freien Wahl abhängt, verheiratet – mit Rechten und Pflichten – oder ledig zu sein – mit anderen Rechten und Pflichten. Nach der Abschaffung der Unterscheidung zwischen ehelichen und unehelichen Kindern entfällt auch ein wichtiger Anreiz zur Gründung einer Familie im rechtlichen Sinne.

Diesen Veränderungen und Bestrebungen folgt auch der polnische Gesetzgeber. Man muss neben diesen Faktoren auch den Trend zu moralischem Relativismus und Permissivismus erwähnen, der großen Einfluss auf den Gesetzgeber hat[64]. In der polnischen Gesellschaft ist u.a. eine Doppelmoral symptomatisch: Die kirchliche Eheschließung mit späterer weltlicher Scheidung hat grundsätzlich volle Akzeptanz.

Man diskutiert nicht nur über eine Gleichheit des Geschlechtes in der Ehe, sondern auch bei der Eheschließung. Das Streben nach einer Partnerschaft für homosexuelle Paare ist auch in Polen präsent. Dann ergibt sich aber die Frage, ob ein ähnliches Institut (nach dem Gleichheitsprinzip) auch den Heterosexuellen zustehen sollte. In diesem Fall würde die Partnerschaft als ein nicht so stark bindendes Institut wie die Ehe gedacht. Zu den anderen wichtigen Problemen, die heftig diskutiert werden und im Zusammenhang mit dem Privatrecht stehen, gehört das Sorgerecht, die künstliche Befruchtung und die Frage, wann die elterliche Gewalt (in Polen weiterhin „Gewalt", nicht „Sorge") und Verantwortung für das Kind (den Embryo) beginnt[65].

63 Vgl. z.B. Antokolskaia (2006) 367-371; Dethloff (2007) 992-995; Pintens (2009) 268-273; Wanatowska (1983); Nazar (1988); Gulczyński (2010) 155-161.

64 System Prawa Prywatnego (2009) / *Tadeusz Smyczyński*, 27.

65 Wudarski (2012) 588-609.

Neben inhaltlichen Änderungen am KRO wurde auch die Schaffung eines völlig neuen Gesetzbuchs erwogen. Im Jahre 1985 schrieb Z. Radwański, dass das eventuelle neue Familiengesetzbuch einen eigenen AT haben solle und auch Vorschriften betreffend den Personenstand sowie Normen aus dem Bereich der Verwaltung und des Prozessrechts, die die Familie betreffen, enthalten solle. In einer Präambel sollten auch gesellschaftliche Ziele durch das Aufzeigen moralischer Forderungen verankert sein[66]. Dieser Vorschlag hat jedoch keine Diskussion hervorgerufen.

Fast zehn Jahre später schlug S. Grzybowski die Vorbereitung eines ganz neuen Gesetzbuches vor. Familienrechtliche Probleme seien auf natürliche Weise mit dem Privatrecht verbunden und deswegen, behauptet er im Jahre 1994, sollten in der zukünftigen Kodifikation beide Bereiche in einem Gesetzbuch geregelt sein[67].

Im Jahr 1996 beschloss die neuberufene Kodifizierungskommission für Zivilrecht unter der Leitung von Z. Radwański, dass das Familienrecht ein integraler Bestandteil des Privatrechts sei und ein separates Buch im zukünftigen Zivilgesetzbuch bilden solle[68]. 2004 wurde dieses Konzept jedoch innerhalb der Kommission angezweifelt und noch einmal diskutiert[69]. In einem Aufsatz äußerte sich Z. Radwański damals besorgt über den Zerfall des Privatrechts und die Entstehung immer neuer Rechtszweige[70].

Um alle Probleme besser aufzubereiten, veröffentlichte die Kodifizierungskommission ein Grünbuch, das die so gennante „Optimale Vision" des Zivilgesetzbuches umfasst. Dort wurde gefordert, dass das Familienrecht im neuen Zivilgesetzbuch geregelt sein solle, weil das Zivilgesetzbuch den Charakter eines grundlegenden Rechtssetzungsakts für das gesamte Privatrecht – basierend auf dem Pandektensystem – haben solle[71].

Dieses Konzept fand Zustimmung[72]. Für die Einheit des Zivilrechts hat sich deutlich der Vorsitzende der Kommission, Z. Radwański (2008), ausgesprochen. Nach ihm muss die (privatrechtliche) Methode, nicht das Subjekt als Grund für die systematische Entscheidung dienen. Unbedingt solle das Familienrecht zusammen mit der Erbschaft geregelt sein, weil dieses die familiären Beziehungen bekräftige[73].

---

66 Radwański (1985) 52-53.

67 Grzybowski (1994) 201-206. Auch nach J. Winiarz (1994) reicht die Zusammenstellung beider Gesetzbücher nicht aus.

68 Radwański (2004) 12.

69 Radwański (2004) 12.

70 Radwański (2004) 12.

71 Zielona Księga (2006) 29-31; Radwański (2008) 11; Radwański (2007) 256.

72 Smyczyński (2007) 18-19.

73 Radwański (2008) 14. Früher ähnlich u.a. Winiarz (1957) 7.

Es sind natürlich auch andere Stimmen zu hören. Einem anderen Konzept zufolge entspricht die Aufrechterhaltung des separaten Gesetzbuches der Natur des Familienrechts[74]. Für die Beibehaltung zweier separater Gesetzbücher sind auch Richter, die sich mit Familienrecht beschäftigen[75]. Die verbreitete und vertiefte Argumentation zugunsten der Selbständigkeit des Familienrechts hat auch E. Holewińska-Łapińska dargestellt[76].

Schon früher beschrieb neben Z. Ziembiński und A. Stelmachowski auch Z. Radwański einen anderen Bereich, und zwar das Recht, das die Familiensachen regelt (*prawo regulujące zagadnienia rodziny*). Zu diesem gehören neben den Problemen, die im Bürgerlichen Gesetzbuch geregelt sind, wie Persönlichkeitsgüter, Geschäftsfähigkeit, Erbschaft, auch andere, wie das Recht der gemeinsamen Wohnung[77].

M. Nazar hat einen anderen Begriff entwickelt. Das Recht der Familie (*prawo rodziny*) ist nach ihm die Gesamtheit der Normen unterschiedlicher Rechtsgebiete, die materielle und immaterielle Güter der Familienmitglieder (also nicht der Familie, sondern der einzelnen Mitglieder!) in ihren Beziehungen zu Dritten, zu staatlichen und lokalen Behörden auf privat- und öffentlichrechtlicher Ebene schützen[78]. Nach E. Holewińska-Łapińska (2009) umfasst dieser Begriff die Gesamtheit der Normen, die aus Ehe, Verwandtschaft und Adoption entspringen[79].

Um die Stellung der Familie zu verbessern, schlug T. Jasudowicz vor, die Familie zum Rechtsubjekt zu machen[80]. Dies bedarf zwar noch genauerer Vorbereitung, könnte aber tatsächlich zur Stärkung der Bedeutung der Familie dienen. Im Jahre 2008 veröffentlichte die Kodifikationskommission einen neuen Entwurf des Allgemeinen Teils[81]. In diesem sind u.a. auch Personenstand und Verwandtschaft geregelt; man sieht also, dass dieser Teil auch das Familienrecht betrifft.

Die Eingliederung des Familienrechts ins Privatrecht ist nicht lediglich eine Nachbildung der westlichen Gesetzbücher, sondern hängt zusammen mit der polnischen Rechtswissenschaft und dem über 150-jährigen Zusammenleben der großen Gesetzbücher Frankreichs, Deutschlands und Österreichs.

---

74 Nazar (2005) 106.

75 Holewińska-Łapińska (2008). Die Forderungen der Gesellschaft der Familienrichter sind auf http://www.sssrwp.pl zugänglich. Die Familienrichter haben eine separate Gesellschaft unabhängig von der Vereinigung „Iustitia" der polnischen Richter gegründet.

76 Holewińska-Łapińska (2009) 1017-1028.

77 Radwański (1982).

78 Nazar (2005) 88.

79 Holewińska-Łapińska (2009) 1031.

80 Jasudowicz (2008).

81 Księga (2008).

In der Zwischenkriegszeit sollte ein Zivilgesetzbuch auch mit einem Familienrecht vorbereitet werden, ähnlich wie in den Jahren 1956 bis 1960; später wurde das Familienrecht aber aufgrund politischen Drucks vom Zivilrecht abgesondert.

In der langjährigen Diskussion wurden jedoch verschiedene Argumente dargestellt. Der Herausgeber des familienrechtlichen Teils des Systems des Privatrechts, T. Smyczński, schlägt die Beibehaltung (wegen des soziotechnischen Arguments) der Teilung vor[82]. Nach ihm könnte dies ein Kompromiss in der gegenwärtigen Auseinandersetzung sein. In diesem Fall sollte man die allgemeinen Bestimmungen im KRO ergänzen und vervollständigen.

6. Zusammenfassung

1. Die Veränderung des Familien- und Ehegedankens war mit den Ideen der Freiheit und des Individualismus, später der Gleichberechtigung verbunden. Ständig wuchs auch die Bedeutung des Kindes. Mit der neuen Machtverteilung zwischen Staat und Vater begann der Prozess der Emanzipierung des Individuums. Dieser Prozess war auch mit Minderung der elterlichen Sorge verbunden. Die Familie, damals eine von mehreren die Gesellschaft prägenden Strukturen, verlor jedoch ihr Oberhaupt und den Charakter einer Wirtschaftseinheit. Viele Aufgaben wurden vom Staat übernommen. Die Erwartungen an staatliche oder gesellschaftliche Hilfe werden immer größer.

2. Die Eingliederung der neuen Normen in das weltliche Recht am Ende des 18. Jh. bedeutete nicht, dass gleichzeitig ein neuer Rechtszweig entstand. Ehe und Familie wurden vor allem dem Privatrecht zugerechnet. Nur wenig blieb öffentliche Aufgabe; z.B. im Bereich des Personenstandswesens oder der Sorge um die Waisen, Alten und Kranken ohne Familie musste das Verwaltungsrecht eingreifen.

Der Zweifel an der Trennung von privatem und öffentlichem Recht ist nicht spezifisch sozialistisch oder kommunistisch. Bereits in der Zwischenkriegszeit entstanden gleichzeitig ein Entwurf des Gesetzes über die rechtlichen Beziehungen zwischen Eltern und Kindern und ein Entwurf von Vorschriften über das Vormundschaftsamt (1938). Das bedeutet, dass schon damals der Zusammenhang zwischen verwaltungsrechtlicher und privatrechtlicher Methode und die Notwendigkeit der Regulierung familienrechtlicher Probleme bemerkt wurden. Man muss auch anmerken, dass die beherrschende Stellung der Verwaltungsorgane absteigende Tendenz (u.a. dank

---

82 System Prawa Prywatnego (2009) / *Tadeusz Smyczyński*, 32. Dies entspricht dem früheren Konzept von Zbigniew Radwański.

gerichtlicher Kontrolle) zeigt. Die Trennung zwischen Privat- und Öffentlichem Recht ist nicht so stark wie früher.

Das Familienrecht hat keine lange Tradition. Die Trennung zwischen Familien- und Zivilrecht ist jedoch kein sozialistisches Ereignis. Das bestätigt auch das Schrifttum der Rechtswissenschaftler, die der Kirche verbunden waren, und die Schaffung von Lehrstühlen für Familienrecht vor allem an katholischen Universitäten.

Auch die innere Systematisierung des Privatrechts führte zu Diskussionen. Einige Institute, die sich heute im KRO befinden, wie Pflegschaft und Vormundschaft, gehören grundsätzlich nicht zum Familienrecht. Diese sind aber den familienrechtlichen Beziehungen ähnlich. Ein ähnliches Ziel haben jedoch auch z.B. die verwaltungsrechtlichen Vorschriften über die Ersatzfamilie.

3. Die Erwägungen über die Selbständigkeit des Familienrechts oder dessen Zugehörigkeit zum Privatrecht ist nach heutigem Stand nicht so bedeutend. Bedeutend ist vielmehr ist die Feststellung, dass nicht die Methode, sondern das Subjekt der Normierung entscheidend ist.

Die Analyse des polnischen Rechts beweist, dass die Funktionen, welche die Individualität unterstreichen, immer stärker werden, auf die Gemeinschaft orientierte Funktionen dagegen immer schwächer werden. Das zeigt der Konflikt zwischen den Prinzipien des Verfassungsrechts und des internationalen Rechts: Gleichberechtigung einerseits und Schutz von Ehe und Familie andererseits.

Wenn man die heutigen Probleme der Ehe oder der Familie regeln will, sollte man vor allem nachdenken und zu erklären versuchen, was diese Begriffe bedeuten (also was man regulieren will) und welches Ziel man erreichen will. Dann muss man auch entscheiden, mit der Unterstützung von Soziologen, Pädagogen und Psychologen, wie man am besten die Probleme der Familie lösen kann.

Die Ehe verliert immer mehr an Bedeutung. Deswegen spielt auch die Familie eine immer geringere Rolle. Man muss aber unterscheiden zwischen der Ehe im juristischen Sinne und der tatsächlichen „Ehe“. Die Partner sollten selbst entscheiden, ob sie in die Ehe eintreten wollen. Sie müssen sich jedoch bewusst sein, dass mit einer Ehe bestimmte Rechte und Pflichten verbunden sind.

Vor dem Gesetzgeber liegt auch die schwierige Aufgabe der rechtlichen Bewertung anderer Gemeinschaften als der Ehe, wie z.B. homosexueller Partnerschaften oder Verbände mehrerer Personen (die Forderung nach rechtlicher Anerkennung solcher Gemeinschaften liegt in naher Zukunft).

Die Ehe im rechtlichen Sinne ist für das Kind überhaupt nicht nötig. Ein verheiratetes Paar kann z.B. in Wirklichkeit nicht gemeinsam leben und umgekehrt: Ein unverheiratetes Paar kann alle von ihm erwarteten Funktionen erfüllen. Wichtig ist, dass das Kind in einer Familie erzogen wird, und wenn das nicht möglich ist, in ähnlichen Umständen.

Die Familie wurde in der Vergangenheit als Einheit gesehen. Heute steht das Individuum stärker im Vordergrund: der Mann, die Frau, jedes einzelne Kind. Gemeinsam bilden sie eine Familie ohne eigene Subjektsqualität. Man sollte jedoch von den Rechten der Familie sprechen, nicht von den Rechten ihrer einzelnen Mitglieder. Zu erwägen ist daher der Vorschlag, die Familie zum Subjekt zu machen.

4. Erst nach der Klärung der Grundstrukturen der Familie kann man eine entsprechende Methode wählen. Dann kann man entscheiden, ob innerhalb des ZGB ein getrenntes Buch für Familienrecht entstehen sollte. In den Kodifikationsarbeiten ist zu erwägen, ob ein solcher Allgemeiner Teil entstehen sollte, in dem alle allgemeinen Probleme geregelt sind (zumindest für die Bereiche, die heute als Privatrecht bezeichnet werden). Die Einzelheiten einiger Bereiche könnten dann in einem vollständig abgetrennten Gesetz geregelt sein (das Familienrecht ist ein gutes Beispiel, auch wegen der verwaltungsrechtlichen Probleme). Im neuen Zivilgesetzbuch könnte auch ein getrenntes Buch zum Personenrecht (statt oder neben dem Allgemeinen Teil) enthalten sein, in dem neben dem Menschen als Individuum auch die Gemeinschaften geregelt wären: die juristischen Personen, aber auch Ehe und Familie, die nicht nur aus mehreren Personen besteht, sondern sich auch über mehrere Generationen erstreckt[83], und auch gleichgeschlechtliche Partnerschaften umfassen kann.

5. Das Gesetzbuch sollte das herkömmliche Modell der Familie beschreiben. Der Gesetzgeber sollte tolerant sein, muss aber auch nicht alles akzeptieren – eine übermäßige Toleranz gegenüber dem Individualismus und den Rechten der einzelnen Personen sollte mit den Rechten anderer Menschen im Einklang bleiben. Zu diesen gehören auch die Rechte des Kindes und das Kindeswohl. Die Dauerhaftigkeit der Ehe wurde angezweifelt und gehört heute der Vergangenheit an. Sie ist zwar ein herkömmliches, erwünschtes Merkmal, aber kein absolutes.

Richtig wurde in der Diskussion angemerkt, dass im zukünftigen Familienrecht (egal ob in einem Familiengesetzbuch oder im Rahmen eines Privatrechtsgesetzbuchs) die erwarteten Ziele aufgezeigt werden sollten. Es geht um Funktion und Ziel der Familie sowie ihrer Mitglieder. Zu diesen Zielen gehört neben der Fortpflanzung und der Erziehung der Kinder auch gegenseitige Hilfe.

Die erziehende (bildende) Aufgabe des Rechtes zwingt dazu, das beste Muster vorzugeben. Dies führt nach der Meinung einiger zu Ungleichheit

83 Die Generationenbindung – vertikal und horizontal – ist heute u.a. beim Unterhalt (Alimente) und im Erbrecht sichtbar.

oder Diskriminierung. Eine derartige Lösung ist jedoch bereits zwischen Verbraucher und Unternehmer eingeführt worden. Nur ein von der Gesellschaft erwartetes Muster sollte z.B. auf größere Unterstützung des Staates treffen, was zur Ungleichbehandlung bestimmter Gemeinschaften führt.

Literaturverzeichnis

Allerhand (1926): *Maurycy Allerhand*, Prawo małżeńskie obowiązujące na Spiszu i Orawie, in: Przegląd Prawa i Administracji (PPA) 51 (1926) 383-421.

Antokolskaia (2006): *Masha Antokolskaia*, Harmonisation of Family Law in Europe. A Historical Perspective. A Tale of Two Millenia (Antwerpen / Oxford 2006).

Boele-Weolki (2009): *Katharina Boele-Weolki*, Debates in Family Law around the Globe at the Dawn of the 21st Century (Antwerp / Oxford / Portland 2009).

Dethloff (2007): *Nina Dethloff*, Familien- und Erbrecht zwischen nationaler Rechtskultur, Vergemeinschaftung und Internationalität, in: Zeitschrift für Europäisches Privatrecht (ZEuP) 2007, 992-1005.

Dobrzański (1960): *Bronisław Dobrzański*, Czy należy obecnie reformować prawo rodzinne? in: Nowe Prawo (NP) 1960, Nr. 4, 528-351.

Dobrzański (1966): *Bronisław Dobrzański*, Kodeks rodzinny i opiekuńczy a kodeks cywilny, in: Studia Cywilistyczne (SC) 7 (1966), 45-100.

Dziadzio (2002): *Andrzej Dziadzio*, Polsko-czechosłowacka współpraca nad kodyfikacją prawa rodzinnego w latach 1948-1950. Z dziejów sowietyzacji prawa, in: *Jerzy Malec* (Hrsg.), Rozważania o nauce i dogmatyce prawa (Kraków 2002) 141-151.

Fiedorczyk (2003): *Piotr Fiedorczyk*, Z prac nad unifikacją osobowego prawa małżeńskiego w 1945 roku, in: Miscellanea Historico-Iuridica, 1 (2003) 65-80.

Fiedorczyk (2005): *Piotr Fiedorczyk*, Wykorzystanie dorobku Komisji kodyfikacyjnej Drugiej Rzeczypospolitej w pracach nad unifikacją osobowego prawa małżeńskiego w 1945 roku, in: *Anna Karabowicz / Marek Stus*, Korzenie i tradycje współczesnego prawa cywilnego w zjednoczonej Europie (Kraków 2005) 89-96.

Fiedorczyk (2005a): *Piotr Fiedorczyk*, Założenia ideologiczne prac nad unifikacją prawa rodzinnego w Polsce w latach 1945–1946, in: *Marian Mikołajczyk / Andrzej Drogoń* (Hrsg.), Między I a III Rzecząpospolitą. Kształtowanie europejskiej kultury prawnej. Prace ofiarowane prof. zw. dr. hab. Adamowi Lityńskiemu (Białystok 2005) 121-143.

Fiedorczyk (2006): *Piotr Fiedorczyk*, O początkach prac nad kodyfikacją polskiego prawa cywilnego w 1947 r., in: Miscellanea Historico-Iuridica, 2 (2006) 109-120.

Fiedorczyk (2007): *Piotr Fiedorczyk*, Z badań nad prawem rodzinnym w projekcie kodeksu cywilnego z 1948 r., in: Miscellanea Historico-Iuridica, 5 (2007) 139-156.

Fiedorczyk (2008): *Piotr Fiedorczyk*, Stosunki prawne z pokrewieństwa i prawo opiekuńcze w projekcie kodeksu cywilnego z 1948 r., in: Miscellanea Historico-Iuridica, 6 (2008) 109-123.

Fiedorczyk (2009): *Piotr Fiedorczyk*, Dyskusja na temat miejsca prawa rodzinnego w systemie prawa Polski Ludowej, in: Miscellanea Historico-Iuridica, 7 (2009) 153-173.

Fiedorczyk (2009a): *Piotr Fiedorczyk*, Radzieckie prawo rodzinne jako przedmiot recepcji w Polsce i innych państwach Europy Środkowo-Wschodniej, in: *Marek Maciejewski* (Hrsg.), Studia nad Faszyzmem i Zbrodniami Hitlerowskimi, 31 (2009) 355-378.

Górnicki (2000): *Górnicki Leonard*, Prawo cywilne w pracach Komisji Kodyfikacyjnej Rzeczypospolitej Polskiej w latach 1919-1939 (Wrocław 2000).

Grzybowski (1994): *Stefan Grzybowski*, Z problematyki usytuowania prawa rodzinnego w systemie prawa cywilnego, in: Studia Iuridica (SI) 21 (1994) 201-207.

Gulczyński (2005): *Andrzej Gulczyński*, Das Napoleonische Gesetzbuch (Code civil) und sein Einfluss auf die Stabilisierung des Familiennamens in den polnischen Gebieten, in: Zeitschrift für Neuere Rechtsgeschichte (ZNR) 27 (2005) 28-48.

Gulczyński (2005a): *Andrzej Gulczyński*, Die für die Anwendung des deutschen Privatrechts zuständigen Mitglieder des polnischen Obersten Gerichtshofes zwischen 1920 und 1939, in: *Wojciech Dajczak / Hans-Georg Knothe* (Hrsg.), Deutsches Sachenrecht in polnischer Gerichtspraxis. Das BGB-Sachenrecht in der polnischen höchstrichterlichen Rechtsprechung in den Jahren 1920-1939. Tradition und europäische Perspektive (Berlin 2005) 77-101.

Holewińska-Łapińska (2008): *Elżbieta Holewińska-Łapińska*, Opinia sędziów na temat przedstawionego w „Zielonej Księdze" usytuowania prawa rodzinnego w przyszłej kodyfikacji, in: Rodzina i Prawo 2008, Nr. 9-10, 17-34.

Holewińska-Łapińska (2009): *Elżbieta Holewińska-Łapińska*, Uwagi na temat przedstawionego w „Zielonej Księdze" usytuowania prawa rodzinnego w przyszłej kodyfikacji, in: *Józef Wroceński / Jan Krajczyński* (Hrsg.), Finis legis Christus. Księga pamiątkowa dedykowana księdzu profesorowi Wojciechowi Góralskiemu z okazji siedemdziesiątej rocznicy urodzin, Bd. 2 (Warszawa 2009) 1021–1035.

Jasudowicz (2008): *Tadeusz Jasudowicz*, O potrzebie rzeczywistego upodmiotowienia rodziny, in: Księga Jubileuszowa Prof. dr. hab. Tadeusza Smyczyńskiego (Toruń 2008) 195-217.

Kaleta (1961): *Stefan Kaleta*, Prawo rodzinne w systemie prawa polskiego, in: Studia Cywilistyczne, 1 (1961), 55-151.

Kaleta (1969): *Stefan Kaleta*, Koncepcja prawa rodzinnego i jego miejsca w systemie prawa w polskiej literaturze prawniczej okresu międzywojennego, in: Acta Universitatis Wratislaviensis, Nr. 87 (Reihe: Prawo 23) (1969) 71–83.

Kaleta (1969a): *Stefan Kaleta*, Kształtowanie się poglądów na temat pozycji prawa rodzinnego w systemie prawa w polskiej literaturze prawniczej w okresie dwunastolecia (1944–1956), in: Acta Universitatis Wratislaviensis, Nr. 107 (Reihe: Prawo 29) (1969) 71–107.

Kaleta (1969b): *Stefan Kaleta*, Spór o miejsce prawa rodzinnego w systemie prawa w okresie kodyfikacji prawa cywilnego (1956-1964), in: Acta Universitatis Wratislaviensis, Nr. 292 (Reihe: Prawo 51) (1969) 135-169.

Kaleta (1969c): *Stefan Kaleta*, Teoretyczne i praktyczne znaczenie sporu o miejsce prawa rodzinnego w systemie prawa, in: Studia Cywilistyczne (SC) 13-14 (1969) 123-142.

Kaleta (1990): *Stefan Kaleta*, Więzi normatywne między przepisami Kodeksu rodzinnego i opiekuńczego a przepisami Kodeksu cywilnego, in: Acta Universitatis Wratislaviensis, Nr. 1152 (Reihe: Prawo 186) (1990) 121–142.

Koch / Ludwiczak (1978): *Andrzej Koch / Witalis Ludwiczak*, Podstawy prawa cywilnego i rodzinnego (Poznań 1978).

Krasowski (1994): *Krzysztof Krasowski*, Próby unifikacji osobowego prawa małżeńskiego w II Rzeczypospolitej, in: Kwartalnik Prawa Prywatnego (KPP) 1994, Nr. 3, 467-502.

Księga pierwsza kodeksu cywilnego (2009): Księga pierwsza kodeksu cywilnego. Projekt z uzasadnieniem (Warszawa 2009).

Lityński (2002): *Adam Lityński*, Związek małżeński w Związku Radzieckim. Wybrane zagadnienia prawne, in: Miscellanea Iuridica 1 (2002) 73-82.

Nazar (1988): *Mirosław Nazar*, Etapy i kierunki rozwoju radzieckiego prawa rodzinnego (1917-1987), in: Annales Universitatis Mariae Curie-Skłodowska, 25 (1988) Nr. 13, 247-275.

Nazar (2005): *Mirosław Nazar*, Problemy nowelizacji prawa rodzinnego, in: Rejent 15 (2005) Nr. 9, 81-110.

Nowakowski / Radwański (1965): *Zygmunt Konrad Nowakowski / Zbigniew Radwański*, Das neue polnische Familien- und Vormundschaftsgesetzbuch, in: Neue Justiz 1965, Nr. 12, 389-392.

Pelczar (1890): *Józef Sebastian Pelczar*, Prawo małżeńskie katolickie z uwzględnieniem prawa cywilnego obowiązującego w Austryi, w Prusach i w Królestwie Polskiem (Kraków 1890).

Piątowski (1953): *Józef St. Piątowski*, Wspólny majątek małżonków w Kodeksie rodzinnym, in: Państwo i Prawo (PiP) 1953 Nr. 4, 560-578.

Piątowski (1955): *Józef St. Piątowski*, Stosunki majątkowe między małżonkami (Warszawa 1955).

Piątowski (1985): *Józef St. Piątowski* (Hrsg.), System prawa rodzinnego i opiekuńczego (Wrocław 1985).

Pintens (2009): *Walter Pintens*, Ehegüterstände in Europa, in: Zeitschrift für Europäisches Privatrecht (ZEuP) 2009, 268-281.

Piotrowski (1960): *Roman Piotrowski*, Na marginesie projektowanych zmian w polskim prawie rodzinnym, Państwo i Prawo (PiP) 1960, Nr. 11, 739–758.

Projekt (1960): Projekt Kodeksu cywilnego Polskiej Rzeczypospolitej Ludowej (Warszawa 1960).

Projekt (1961): Projekt Kodeksu cywilnego (Warszawa 1961).

Projekt (1962): Projekt kodeksu cywilnego oraz przepisów wprowadzających kodeks cywilny (Warszawa 1962).

Projekt Kodeksu rodzinnego (1962): Projekt Kodeksu rodzinnego i opiekuńczego oraz przepisów wprowadzających Kodeks rodzinny i opiekuńczy (Warszawa 1962).

Radwański (1960): *Zbigniew Radwański*, Uwagi o zakresie kodeksu cywilnego. Zagadnienia inkorporacji do kodeksu cywilnego prawa rodzinnego i gospodarczego, in: Ruch Prawniczy, Ekonomiczny i Socjologiczny (RPEiS) 1960, Nr. 4, 1-17.

Radwański (1982): *Zbigniew Radwański*, Kodeks cywilny a prawo regulujące zagadnienia rodziny, in: Problemy współczesnego prawa cywilnego (Warszawa 1982) 330-360.

Radwański (1985): *Zbigniew Radwański*, Problemy kodyfikacji prawa rodzinnego, in: Rozprawy z prawa cywilnego. Księga pamiątkowa ku czci Witolda Czachórskiego (Warszawa 1985) 49–62.

Radwański (2004): *Zbigniew Radwański*, Założenia dalszych prac kodyfikacyjnych na obszarze prawa cywilnego, in: Państwo i Prawo (PiP) 2004, 5-13.

Radwański (2007): *Zbigniew Radwański*, Kodifizierung des Zivilrechts in Polen, in: *Ján Lazar / Peter Bluho* (Hrsg.), Základné zásady súkromného práva v zjednotenej Európe / Fundamentale Grundsätze des Privatrechts in vereinigten Europa (Bratislava 2007) 255-260.

Radwański (2008): *Zbigniew Radwański*, Miejsce prawa rodzinnego w systemie prawa, in: Państwo i Prawo (PiP) 2008, Nr. 1, 3–15.

Smyczyński (2007): *Tadeusz Smyczyński*, Prawo rodzinne i stosunki rodzinnoprawne, „Studia z Prawa Prywatnego" 2007, Nr. 1, 15-39.

Sopoćko (1926): *Michał Sopoćko*, Rodzina w prawodawstwie na ziemiach polskich (studjum etyczno-prawne) (Wilno 1926).

Sośniak (1985): *Mieczysław Sośniak*, Prawo cywilne i rodzinne w zarysie: skrypt dla studentów zaocznego studium administracyjnego. Bd. 3 (Katowice 1985).

Stelmachowski (1969): *Andrzej Stelmachowski*, Wstęp do teorii prawa cywilnego (Warszawa 1969).

Stelmachowski (1976): *Andrzej Stelmachowski*, O właściwe środki prawne w zakresie realizacji polityki rodzinnej, in: Państwo i Prawo (PiP) 1976, Nr 7-8, 55-70, Diskussion: 70-76.

System prawa cywilnego (1974): *Witold Czachórski* (Hrsg.), System prawa cywilnego, Bd. 1. *Stefan Grzybowski* (Hrsg.), Część ogólna (Wrocław u. a. 1974).

System prawa cywilnego (1985): *Witold Czachórski* (Hrsg.), System prawa cywilnego, Bd. 1. *Stefan Grzybowski* (Hrsg.), Część ogólna (Wrocław u. a. 1985).

System Prawa Prywatnego (2007): *Zbigniew Radwański* (Hrsg.), System Prawa Prywatnego, Bd. 1. Marek Safjan (Hrsg.), Prawo cywilne – część ogólna (Warszawa 2007).

System Prawa Prywatnego (2009): *Zbigniew Radwański* (Hrsg.), System Prawa Prywatnego, Bd. 11. *Tadeusz Smyczyński* (Hrsg.), Prawo rodzinne i opiekuńcze (Warszawa 2009).

Szer (1950): *Seweryn Szer*, Prawo cywilne. Część Ogólna (Warszawa 1950).

Szer (1955): *Seweryn Szer*, Prawo cywilne. Część Ogólna (Warszawa 1955).

Szer (1957): *Seweryn Szer*, Prawo rodzinne – odrębna gałąź prawa?, in: Państwo i Prawo (PiP) 1957, Nr. 3, 469-474.

Szer (1959): *Seweryn Szer*, Odrębność prawa rodzinnego, in: Nowe Prawo (NP) 1959, Nr. 1, 3-8.

Wanatowska (1983): *Wiesława Wanatowska*, Kierunki rozwoju współczesnego prawa rodzinnego w Europie Zachodniej, in: Studia z prawa cywilnego (Warszawa / Łódź 1983) 299-316.

Wasilkowski (1957): *Jan Wasilkowski*, Zakres Kodeksu cywilnego PRL, in: Nowe Prawo (NP) 1957, Nr. 2, 3-8.

Wasilkowski (1960): *Jan Wasilkowski*, Zagadnienia kodyfikacji polskiego prawa cywilnego, in: Nowe Drogi, 1960, Nr. 11, 27-38.

Winiarz (1974): *Jan Winiarz*, Socjalistyczne prawo rodzinne PRL. Ewolucja – stan aktualny – perspektywy, in: Studia Prawnicze 1974, Nr. 4, 57-97.

Winiarz (1985) *Jan Winiarz*, Kodyfikacja prawa rodzinnego i opiekuńczego PRL, in: Rozprawy z prawa cywilnego. Księga pamiątkowa ku czci Witolda Czachórskiego (Warszawa 1985) 77- 88.

Winiarz (1994): *Jan Winiarz*, O potrzebie i kierunku reformy prawa rodzinnego RP, in: Studia Iuridica 21 (1994) 209-217.

Wiszniewski (1956): *Jerzy Wiszniewski*, Prawo cywilne (Warszawa 1956).

Wolter (1953): *Aleksander Wolter*, Prawo cywilne. Część ogólna (Lublin 1953).

Wolter (1955): *Aleksander Wolter*, Prawo cywilne. Część ogólna (Warszawa 1955).

Wolter (1957): *Aleksander Wolter*, Kodeks cywilny a „prawo rodzinne", in: Państwo i Prawo (PiP 1957) Nr. 3, 475–479.

Wolter (1963): *Aleksander Wolter*, Prawo cywilne. Zarys części ogólnej (Warszawa 1963).

Wudarski (2012): *Arkadiusz Wudarski*, Aktuelle Fragen des Familienrechts in Deutschland und in Polen im europäischen Kontext, in: *Christian von Bar / Arkadiusz Wudarski*, Deutschland und Polen in der europäischen Rechtsgemeinschaft (München 2012) 565-616.

Zielona księga (2006): *Zbigniew Radwański* (Hrsg.), Zielona księga. Optymalna wizja Kodeksu cywilnego w Rzeczypospolitej Polskiej (Warszawa 2006).
Ziembiński (1964): *Zygmunt Ziembiński*, Prawo rodzinne Polski Ludowej po dwudziestu latach, in: Ruch Prawniczy, Ekonomiczny i Socjologiczny (RPEiS) 1964, Nr. 4, 83-92.
Ziembiński (1980): *Zygmunt Ziembiński*, Wieloaspektowość badań nad prawem rodzinnym in: *Zbigniew Tyszka* (Hrsg.), in: Metodologiczne problemy badań nad rodziną (Poznań 1980) 73-85.

IV. Teil

Der allgemeine Teil und ausgewählte Fragen der Methodenlehre

Legaldefinitionen als Bestandteile des Allgemeinen Teils von Zivilrechtskodifikationen aus methodengeschichtlicher Sicht

Bernd Mertens

Abstracts

Legal definitions are characteristic of the general parts of modern civil codes. It depends on their function within a law code and on the self-conception of the legislator whether he should make use of this legal device or leave it to jurisprudence. From the early modern period on there have been different conceptions of this question. The technique used to craft definitions used at the time of drafting the German Civil Code (BGB) adhered to the notion which most statements of the late 19th century had in common, namely that legislation should not encroach on the field of "construction" which was subject to jurisprudence. The remaining functions of legal definitions used in the BGB are to specify the legal language, to prevent doubts in the interpretation of law and to shorten the Code. However, not all defined terms in the Code are applied in a consistent way. Moreover, the use of definitions to remove doubts with respect to interpretation and legal disputes is not consistent. The editors of the BGB partly abstained from defining disputed terms, partly intentionally intervened by doing so. They were motivated by thoughts of practicability instead of a consistent method. Definitions used in the general part are frequently too broad or too narrow. A further problem results from the fact that there are different meanings of legal terms in the Code depending on the time at which they were incorporated. In summary, legal definitions can be either a blessing or a curse for a code, just like a general part as a whole.

Definicje prawne są charakterystyczne dla części ogólnych nowoczesnych kodeksów cywilnych. To, czy ustawodawca sam posługuje się tym narzędziem, czy też pozostawia to zadanie orzecznictwu i doktrynie, zależy od jego własnych koncepcji oraz funkcji przypisanej definicjom prawnym w kodeksie. Począwszy od okresu wczesno nowożytnego istniały w tym zakresie różnorodne poglądy. Technice definiowania, użytej później w niemieckim kodeksie cywilnym (BGB), towarzyszył pogląd, powszechny w końcu XIX w., że ustawodawca nie powinien wkraczać w pole „konstrukcji", będące domeną orzecznictwa i doktryny. Pozostałe funkcje definicji legalnych użytych w BGB mają na celu uściślenie języka prawnego, zapobieganie wątpliwościom w procesie interpretacji prawa oraz skrócenie kodeksu. Jednak nie wszystkie zdefiniowane terminy używane w kodeksie są stosowane spójnie. Co więcej, użycie definicji, w celu usunięcia wątpliwości interpretacyjnych i sporów prawnych nie jest konsekwentne. Twórcy BGB częściowo powstrzymali się od definiowania spornych terminów, częściowo zaś celowo działali w ten sposób, powodowani bardziej względami praktycznymi niż jakąś konsekwentną metodą. Definicje użyte w części ogólnej są często nazbyt szerokie lub zbyt wąskie. Inny problem wiąże się z różnym znaczeniem definicji prawnych w zależności, kiedy zostały wprowadzone do kodeksu. Podsumowując, definicje prawne mogą być dla kodeksu, podobnie jak część ogólna, zarówno błogosławieństwem jak i przekleństwem.

Definições legais são características da Parte Geral de Códigos Civis modernos. Se o legislador deve fazer uso delas ou se deve deixá-lo para a jurisprudência depende da função que as definições legais tenham num código, assim como da concepção que o legislador tenha de si mesmo. Desde o início do período moderno há diferentes teorias em relação a esta questão. A técnica usada no Código Civil alemão (BGB) para defini-las seguiu a noção comum à maior parte da discussão do final do século 19 a respeito: a noção de que a legislação não deveria intervir no campo da "construção", que deveria ser deixada para a jurisprudência. As demais funções de definições legais usadas no BGB têm como objetivo especificar a linguagem legal a fim de se evitar dúvidas na interpretação da lei, bem como para tornar o Código mais curto. No entanto, nem todos os termos definidos num código são aplicados de modo uniforme. Ainda, o uso de definições para diminuir dúvidas na interpretação e nas disputas legais não é uniforme. Os redatores do BGB em parte se abstiveram de definir termos controvertidos, e em parte o fizeram de forma intencional. Eles foram guiados pela praticidade ao invés de adotar um método mais consistente. Definições usadas numa parte geral frequentemente são demasiadamente amplas ou demasiadamente estreitas. Um outro problema resulta dos diferentes significados de termos legais num código dependendo da época na qual foram incorporados. Em resumo, definições legais podem ser uma benção ou uma maldição para um Código, o que se aplica também à Parte Geral como um todo.

1. Einleitung

Wer sich mit den Allgemeinen Teilen moderner Zivilrechtskodifikationen beschäftigt, stößt dort unweigerlich auf eine Vielzahl von Definitionen. Obgleich man Definitionen natürlich auch außerhalb der Allgemeinen Teile an vielen Stellen im Gesetz finden kann, kommt ihnen für die Allgemeinen Teile eine besonders charakteristische, ich möchte sagen typusprägende Rolle zu. Das lässt sich gut am Funktionswandel verdeutlichen, der sich beim Einsatz von Definitionen durch den Gesetzgeber in der neuzeitlichen Zivilgesetzgebung vollzogen hat. Zugleich handelt es sich hierbei um ein Lehrstück für die nicht immer einfache Aufgabenteilung zwischen Gesetzgebung und Rechtswissenschaft.

Soll der Gesetzgeber überhaupt Definitionen aufstellen oder dies doch besser der Rechtswissenschaft überlassen? Die Antwort auf diese Frage hängt einerseits davon ab, welche Funktion einer Definition innerhalb eines Gesetzbuchs zukommen soll, andererseits vom Selbstverständnis des Gesetzgebers im Verhältnis zu Wissenschaft und Lehre. Werfen wir zunächst einen Blick zurück in die Gesetzgebungsgeschichte.

2. Die Zeit der Aufklärung

Die Landrechte der frühen Neuzeit wurden nicht ohne Grund in der modernen Forschung als „Lehrbücher mit Gesetzeskraft" bezeichnet.[1] Eine Aufgabentrennung zwischen Gesetzgebung und Lehre fand hier nicht statt. Die zahlreichen Definitionen in den Landrechten der frühen Neuzeit hatten überwiegend dogmatisch-didaktische Funktion. Der Gesetzgeber erklärte, was er als richtige Bedeutung eines gemeinrechtlichen Begriffs erkannt zu haben glaubte. Es handelte sich in der Terminologie der traditionellen Definitionslehre oft um Realdefinitionen, die nicht nur einen gesetzlichen Sprachgebrauch festlegen, sondern durch Einordnung in eine dogmatische Gattung und Benennung der *differentia specifica* das Wesen des zu definierenden Begriffs erfassen wollten.[2] Es war also eine Fortsetzung des dogmatischen Diskurses mit den Mitteln der Gesetzgebung.

Die Gesetzgebung des aufgeklärten Absolutismus des 18. Jahrhunderts führte diesen Diskurs jedoch nicht mehr auf Augenhöhe mit der Rechtsprechung und Lehre, sondern beanspruchte ein durch Auslegungs- und Kommentierungsverbote gesichertes Definitionsmonopol. Für ein Hinterfragen der Richtigkeit der vom Gesetzgeber getroffenen Definitionen war in diesem Gesetzgebungsverständnis kein Raum mehr. Der autoritative Geltungsanspruch des absolutistischen Gesetzgebers mit seinem noch ungebrochenen Erkenntnisoptimismus erstreckte sich auch auf die im Gesetzbuch enthaltenen Definitionen. Ein typischer Vertreter dieses Gesetzgebungsverständnisses war das preußische Allgemeine Landrecht von 1794 (ALR). Die ungeheure Masse der zum Teil bis ins Kleinste gehenden Definitionen im ALR, die der Nachwelt viel Anlass zum Spott bot, sollte die fast mechanische Anwendung des Gesetzes ermöglichen und Bedeutungszweifel ausschließen. Man übernahm diese Definitionstechnik aus der demonstrativen Beweismethode

1 Vgl. Ebel (1974) 126, 155 f.

2 Die auf Aristoteles zurückgehende traditionelle Definitionstechnik forderte die Angabe des nächsthöheren Gattungsbegriffs (*genus proximum*) und des artbildenden Unterschieds (*differentia specifica*) für eine vollständige Definition.

Christian Wolffs und seiner Schule.[3] Auf eine zunächst abstrakt gegebene Begriffsbestimmung folgte häufig eine ganze Kaskade immer konkreter werdender Folgedefinitionen, die Auslegungszweifel beim Rechtsanwender erst gar nicht entstehen lassen sollten.[4] Das lehrhafte Element dieser Definitionstechnik tritt hierbei deutlich hervor. Viele Definitionen im ALR stehen nicht im Zusammenhang mit konkreten Rechtsfolgen, sondern vermitteln dogmatische Einsichten. Auch vor einer Definition dogmatischer Elementarbegriffe wie Willenserklärung, Vertrag, Interesse und Schaden scheut der ALR-Gesetzgeber nicht zurück.[5] Aus Sicht der Verfasser war dies auch folgerichtig, denn das Gesetzbuch sollte eine eigenständige Jurisprudenz überflüssig machen und musste daher deren Aufgaben mit übernehmen.

Die im ALR und anderen Gesetzbüchern des 18. Jahrhunderts angelegte Allzuständigkeit des Gesetzgebers für juristische Definitionen war jedoch gesetzgebungstechnisch ein Auslaufmodell. Schon die Gesetzgebungstheorie des frühen 19. Jahrhunderts definierte die Rolle des Gesetzgebers in dieser Frage neu, zugunsten einer bewussten Aufgabenteilung zwischen Gesetzgebung einerseits und Rechtsphilosophie bzw. Naturrecht andererseits. Typische Vertreter der neuen Richtung waren Feuerbach (auch und gerade für das Zivilrecht) sowie Franz von Zeiller, der Redaktor des österreichischen ABGB. Demnach gebe es ein weites Feld von juristischen Definitionen, die nicht in die Zuständigkeit des Gesetzgebers fallen, sondern der Wissenschaft vorbehalten seien, namentlich der Rechtsphilosophie.[6] Dies gelte für alle rechtlichen Begriffe, deren Wesen und Merkmale durch die Wissenschaft erkennbar seien, insbesondere für die Elementarbegriffe des Rechts, die dem Gesetzgeber vorgegeben seien und von diesem nicht willkürlich gesetzt werden können. Nur die Wissenschaft – nicht der Gesetzgeber – könne z. B. das Wesen und die Merkmale eines Vertrages bestimmen. Treffe der Gesetzgeber dennoch über derartige Begriffe eine Definition, so könne diese die Rechtsgelehrten nicht binden. Für die Definitionskünste des Gesetzgebers bleiben jedoch nach dieser Ansicht drei Refugien bestehen, in denen der Gesetzgeber auch die Wissenschaft binden könne: Erstens Regelungsgegenstände rein „positiver“ Art, die allein durch die willkürliche Festsetzung seitens des Gesetzgebers geschaffen werden und nicht Gegenstand rechtsphilosophischer Betrachtung sind (z. B. Form- und Fristerfordernisse), zwei-

3 Zu den gegenüber dem Humanismus strengeren Definitionsanforderungen der rationalistischen Methodenlehre des 18. Jahrhunderts s. Schröder (1997) 1100 f. zur Definitionslehre Christian Wolffs; Schröder (2001) 265.

4 Ein bekanntes und besonders exzessives Beispiel hierfür sind die Bestimmungen zum Zubehör („Pertinenzstücke“) in ALR I 2 §§ 42-102.

5 ALR I 4 § 1 (Willenserklärung), I 5 § 1 (Vertrag), I 5 § 286 (Interesse), I 6 § 1 (Schaden).

6 Zum Folgenden: Feuerbach (1804) 54 ff.; Zeiller (1806) 256 f.

tens die Fälle, in denen der Gesetzgeber einen Begriff bewusst mit einem von seiner wissenschaftlichen Bedeutung abweichenden Sinngehalt verwenden will und drittens Fälle, in denen der Bedeutungsgehalt eines Begriffs in der Wissenschaft unklar oder umstritten ist.

3. Die weitere Entwicklung im 19. Jahrhundert

Blickt man auf die weitere Entwicklung der Theorie der legislatorischen Definitionstechnik im 19. Jahrhundert, so fällt zunächst auf, dass dem Gesetzgeber mit der Historischen Rechtsschule eine selbstbewusste Rechtswissenschaft gegenübertrat, welche die Begriffsentwicklung grundsätzlich als Aufgabe der Wissenschaft, nicht des Gesetzgebers, ansah. In dem zivilrechtlichen Konzept Savignys gab es nicht mehr die Unterscheidung zwischen „philosophischen" und „positiven" Regelungsgegenständen, wobei letztere der Willkür des Gesetzgebers vorbehalten seien und sich der Erkenntnis durch die Wissenschaft entzögen. Das Zivilrecht wurde nunmehr als ein mit innerer Notwendigkeit gegebenes organisches Ganzes gesehen und in seiner Vernünftigkeit für die Wissenschaft insgesamt erkennbar.[7] Nimmt man die zunehmende Abneigung hinzu, die das 19. Jahrhundert gegen belehrende Elemente in der Gesetzgebung hegte und die zunehmende Betonung des Imperativcharakters der Gesetze, so liegt es nahe, dass für Legaldefinitionen jedenfalls im Zivilrecht kein Platz mehr sei.

Tatsächlich führten diese Entwicklungen in der deutschen Gesetzgebungstheorie aber nur vereinzelt zu der Forderung nach einem völligen Verzicht des Gesetzgebers auf Legaldefinitionen.[8] Sehr viel häufiger war im weiteren Verlauf des 19. Jahrhunderts eine differenzierte Betrachtungsweise, die nach der Funktion unterschied, die einer Legaldefinition im Rahmen der Gesetzgebung zukommen soll.[9] Einen tadelnswerten Übergriff des Gesetzgebers in den Bereich der Dogmatik sahen viele dann gegeben, wenn die Legaldefinition nicht den Zweck verfolgt, eine konkrete gesetzgeberische Anordnung zu präzisieren, sondern über das bloße Verständnis des gesetzgebe-

7 Vgl. Schröder (1989) 52 f.

8 Für einen völligen Verzicht des Gesetzgebers Danz (1861) 66 ff., insb. 73 f.

9 Zum Folgenden ausführlich mit zahlreichen Nachweisen aus der zeitgenössischen Literatur Mertens (2004) 468 ff. Nicht richtig erscheint mir die Auffassung von Emmenegger (2006) 211 f., wonach ein „neues Allgemeinverständlichkeitspostulat" in der Rechtswissenschaft um 1900 zu einer aufgeschlosseneren Haltung gegenüber Legaldefinitionen als Hilfe für den Laien geführt habe. Abgesehen davon, dass es ein solches Allgemeinverständlichkeitspostulat in dieser Allgemeinheit nicht gegeben hat, waren Legaldefinitionen gerade kein Hilfsmittel für den Laien, sondern für den professionellen Gesetzesanwender, was in der damaligen Diskussion deutlich wahrgenommen wurde.

rischen Befehls hinaus Einsichten in die Rechtsnatur eines Begriffs oder Rechtsinstituts oder über dogmatische Zusammenhänge vermitteln will. Offen für den Gesetzgeber blieb hingegen nach wie vor der Einsatz von Legaldefinitionen um den Bedeutungsgehalt eines Begriffes zu präzisieren, wenn dieser unklar, schwankend oder umstritten war.[10] Eine ähnliche Unterscheidung lag auch den Ansichten zugrunde, wonach der Gesetzgeber mittels Definitionen keine „logischen Urteile" aussprechen solle, wohl aber einen bestimmten Begriffsinhalt befehlen, also einen gesetzlichen Sprachgebrauch festlegen dürfe.[11]

Den meisten dieser Stellungnahmen war gemeinsam, dass der Gesetzgeber nicht durch Definitionen in das Gebiet der „Konstruktion" übergreifen solle, die der Wissenschaft vorbehalten blieb und die nicht Ausdruck eines gesetzgeberischen Willens, sondern einer dogmatischen Einsicht sei. Dies kann man gut an dem für die Dogmatik der zweiten Hälfte des 19. Jahrhunderts einflussreichen begriffsjuristischen Konzept Jherings erläutern. Demnach war die Definition ein Teilschritt des Konstruktionsvorgangs, indem der „juristische Körper" zunächst auf seine charakteristischen Merkmale im Rahmen des Gesamtsystems zurückgeführt wurde.[12] In einem Folgeschritt konnten dann mit Hilfe dieser Definitionen neue, komplexere juristische Begriffe synthetisch gewonnen werden.[13] Die Konstruktion war bei Jhering der Wissenschaft vorbehalten; der Gesetzgeber solle nicht konstruieren und wenn er es dennoch tue, haben die Konstruktionen des Gesetzgebers „keine andere als eine doctrinäre Bedeutung, lassen [...] sich mithin jeder Zeit durch die Jurisprudenz berichtigen und beseitigen ..."[14] Schwieriger zu beurteilen waren die Fälle, in denen der Gesetzgeber nicht selber konstruierte, aber sich die Ergebnisse dogmatischer Konstruktion für seine Anordnungen zunutze machte. Dies wurde überwiegend als zulässig angesehen, wenn der Gesetzgeber hierbei nicht über Grundbegriffe allgemein theoretisierte, sondern kraft seiner Autorität als Gesetzgeber den Bedeutungsgehalt einer konkreten gesetzlichen Anordnung näher bestimmte.[15] Die (nicht mit konkreten Rechtsfolgen verbundenen) Elementarbegriffe des Rechts sollten hingegen für den gesetzgeberischen Definitionseifer verschlossen bleiben. Der Gesetzgeber sollte sich ihrer zwar als „unsichtbare Stützen und Träger des Ganzen"

---

10 Exemplarisch Planitz (1847) 494 f.

11 Eisele (1886) 314 ff.

12 Jhering (1883) 363 ff.

13 Der Vorgang wird anschaulich erläutert von Schröder (1989) 53 am Beispiel des Testaments, dessen Definition sich aus einer Synthese der allgemeinen Definitionen von Willenserklärung und Verfügung von Todes wegen „konstruieren" lässt.

14 Jhering (1883) 371 f.

15 Näher Mertens (2004) 321 f., 469 f.

bedienen; ihre Entwicklung blieb aber – so wie früher dem Naturrecht – nunmehr der wissenschaftlichen Dogmatik vorbehalten.[16]

4. Das dem deutschen BGB zugrundeliegende Konzept

Auf der zuletzt geschilderten Linie bewegte sich dann auch die von den Redaktoren des deutschen BGB eingesetzte Definitionstechnik. Es ist keineswegs so, dass die BGB-Redaktoren auf gesetzliche Begriffsbestimmungen ganz oder auch nur überwiegend verzichteten und diese der Beurteilung durch Wissenschaft und Praxis überließen. Das BGB enthält vielmehr eine kaum überschaubare Vielzahl von Legaldefinitionen, die über alle Bücher des BGB verstreut sind und sich besonders häufig im Allgemeinen Teil finden. Charakteristisch für dieses Gesetzbuch ist nicht ein Verzicht auf Legaldefinitionen, sondern die Funktionen, welche sie zu erfüllen haben. Ihre primäre Funktion ist es, den gesetzlichen Sprachgebrauch festzulegen, also die Bedeutung der im Rahmen einer konkreten Regelung verwendeten unbestimmten Rechtsbegriffe näher zu bestimmen, um hierdurch Auslegungszweifeln vorzubeugen. Beim Einsatz von Legaldefinitionen zu diesem Zweck bewegte man sich also in Übereinstimmung mit weiten Teilen der zeitgenössischen Gesetzgebungstheorie. Dieser Ansatz der BGB-Redaktoren, der in Abgrenzung zu einer bloß belehrenden, dogmatische Sinnzusammenhänge verdeutlichenden Funktion von Legaldefinitionen zu sehen ist, wird besonders deutlich bei den zahlreichen Klammerdefinitionen des Gesetzbuchs. Um jeden Anschein bloß belehrender Definitionen zu vermeiden, wurde hier der zu definierende Begriff in Klammern dem erklärenden Satzteil nachgestellt und so die Definition in die konkrete gesetzliche Anordnung integriert.[17] Hierin erschöpfen sich aber keineswegs die Definitionsformen des Gesetzbuchs. So finden sich im Allgemeinen Teil des BGB auch zahlreiche Definitionen, die den gesetzlichen Sprachgebrauch hinsichtlich eines in der Alltagssprache nicht hinreichend präzise umrissenen Begriffs festlegen, ohne hierbei zu dem Instrument der Klammerdefinition zu greifen (etwa bei den Begriffen Sache, Zubehör, Früchte und Nutzungen[18]), wobei zum Teil auch nur Einzelaspekte geregelt werden anstelle einer erschöpfenden Definition.

Neben der Präzisierung des gesetzlichen Sprachgebrauchs dienen viele Definitionen des BGB auch der Abkürzung des Regelungstextes. Hier deckt sich die Funktion der Legaldefinitionen mit einer wesentlichen Funktion ei-

---

16 Bekker (1888) 22.

17 Beispiele aus dem sind die §§ 93, 121 Abs. 1, 122 Abs. 2, 166 Abs. 2, 183, 184 Abs. 1, 194 Abs. 1 BGB.

18 §§ 90-100 BGB.

nes Allgemeinen Teils insgesamt. Der einmal getroffenen Begriffsdefinition sollte (wie den Bestimmungen im Allgemeinen Teil insgesamt) grundsätzlich für das gesamte Gesetzbuch Geltung zukommen, wodurch sich Wiederholungen und unbeabsichtigte Regelungslücken vermeiden ließen. Bedenkt man diese Abkürzungsfunktion vieler Legaldefinitionen, wäre es rein gesetzestechnisch für das Auffinden der Definitionen durch den Gesetzesanwender vorteilhafter gewesen, sämtliche Legaldefinitionen des Gesetzbuchs im Allgemeinen Teil zu konzentrieren oder gar – wie in der englischen Gesetzgebungstechnik – gebündelt in einem oder mehreren Paragraphen am Anfang oder Ende des Gesetzes alphabetisch geordnet aufzuführen. Dass die BGB-Redaktoren diesen Weg nicht wählten, hängt zum einen wohl mit der großen Zahl der über das Gesetzbuch verstreuten Definitionen zusammen, die den Allgemeinen Teil oder gar einen einzelnen Definitionsparagraphen sehr aufgebläht hätten. Daneben kam hierbei der angestrebten Vermeidung bloß belehrender Gesetzeselemente Bedeutung zu, weshalb man die Definitionen häufig lieber in konkrete Anordnungen integrierte und die hierdurch bedingte schlechtere Auffindbarkeit in Kauf nahm.

Natürlich haben die BGB-Redaktoren in Einzelfällen auch gegen diese methodischen Leitlinien verstoßen. So sind längst nicht alle Definitionen, die im Allgemeinen Teil getroffen werden, tatsächlich passend für alle weiteren Fälle, in denen im Gesetz der eingangs definierte Begriff verwendet wird. So wird etwa im Vormundschaftsrecht (vgl. § 1829 Abs. 1 BGB) der Begriff der „Genehmigung" abweichend von seiner Definition im Allgemeinen Teil (§ 184 Abs. 1 BGB) verwendet und selbst innerhalb des Allgemeinen Teils sind die dort getroffenen Definitionen nicht immer durchgängig passend, wie sich etwa an Hand der Definition der Sache in § 90 zeigen lässt, die schon in § 119 Abs. 2 nicht mehr passt.[19] Die Legaldefinitionen teilen hier das Schicksal – oder auch methodische Dilemma – des Allgemeinen Teils insgesamt, dessen Bestimmungen in einer nicht unerheblichen Zahl von Fällen in bestimmten Regelungszusammenhängen der Besonderen Teile nicht oder nur modifiziert zur Anwendung kommen können, wobei diese Abweichungen nur selten im Gesetz selbst angeordnet werden, sondern oft erst von der Rechtsprechung und Lehre herausgearbeitet werden müssen.

Wichtiger noch scheint mir die Tatsache, dass die BGB-Redaktoren auch bei der Frage, inwieweit der Gesetzgeber durch Legaldefinitionen bestehende Unklarheiten oder Streitigkeiten über den präzisen Bedeutungsgehalt eines Begriffs beseitigen soll, keinen einheitlichen Kurs eingeschlagen haben. Auf der einen Seite stehen Fälle, in denen die Redaktoren bewusst auf Legaldefinitionen verzichtet haben, um dem Ausgang bestehender Kontroversen in Wissenschaft und Praxis nicht vorzugreifen. Auf der anderen Seite fin-

19 Vgl. Ebel (1974) 171, Fn. 99; Mertens (2004) 471, Fn. 788.

den sich im Gesetzbuch aber auch etliche Definitionen, mit denen die Redaktoren bewusst in bestehende Kontroversen durch die Autorität einer gesetzlichen Festlegung eingriffen. Soweit die Präzisierung gesetzlicher Anordnungen in Rede stand, gab es für die BGB-Redaktoren also keinen „Tabu-Bereich", den man gänzlich Wissenschaft und Praxis überließ. Den Weg gesetzgeberischer Zurückhaltung zugunsten einer Klärung durch Wissenschaft und Praxis beschritt man hier manchmal, aber keineswegs immer, ließ sich vielmehr von konkreten Zweckmäßigkeitsüberlegungen leiten. Nur dort, wo über die konkreten gesetzlichen Anordnungen hinaus die Klärung von Grundbegriffen und dogmatischen Zusammenhängen in Frage stand, übten die BGB-Redaktoren zumeist Zurückhaltung zugunsten von Wissenschaft und Praxis. Vollkommen stringent war das methodische Vorgehen jedoch auch in dieser Hinsicht nicht. So glaubte man auf gesetzliche Definitionen von „Anspruch" (§ 194 BGB) und „Fahrlässigkeit" (§ 276 S. 2 BGB[20]) nicht verzichten zu können, ließ aber andere Grundbegriffe wie Vorsatz, Schaden und Vertrag (welche das preußische ALR noch definiert hatte) undefiniert. Manchmal war es auch erst die zweite BGB-Kommission, die eine im ersten Entwurf noch für nötig empfundene Definition eines Grundbegriffs ersatzlos strich, wie etwa beim Begriff der juristischen Person. Die erste BGB-Kommission hielt eine Definition der juristischen Person noch für unerlässlich.[21] Zwar sei es Aufgabe der Wissenschaft, „den Begriff zu konstruieren und zu rechtfertigen"; der „Inhalt der juristischen Persönlichkeit" müsse aber im Gesetz festgestellt werden, weil sonst das Verständnis der gegebenen Vorschriften erheblich beeinträchtigt würde.[22] Eine Vorschrift sei unerlässlich, welche Auskunft gebe, worin das Wesen der juristischen Person bestehe.[23] Die zweite Kommission strich diese Definition ersatzlos und stellte fest, dass „der Begriff [der juristischen Person] ein der Wissenschaft und den Gesetzgebungen geläufiger sei" und man der juristischen Konstruktion nicht vorgreifen wolle.[24]

---

20 Die Definition wurde erst von der zweiten BGB-Kommission vom Allgemeinen Teil ins allgemeine Schuldrecht verlegt; ein Antrag, die Definition ganz zu streichen hingegen mehrheitlich abgelehnt, weil im Gesetzbuch zum Ausdruck gebracht werden müsse, dass nach dem Willen des Gesetzgebers bei der Beurteilung der Fahrlässigkeit ein objektiver Maßstab anzulegen ist (Protokolle [1897] 187). Die Verlegung der Definition vom Allgemeinen Teil in das allgemeine Schuldrecht rechtfertigte die zweite Kommission damit, dass dort die meisten Anwendungsfälle lägen und für andere Rechtsgebiete „die Analogie aushelfen" werde (ebda.).

21 § 41 des ersten BGB-Entwurfs sah folgende Klammerdefinition vor: „Personenvereine und Stiftungen können die Fähigkeit haben, als solche selbständig Vermögensrechte und Vermögenspflichten zu haben (juristische Persönlichkeit)."

22 Motive (1888) 78.

23 Sitzung vom 2.1.1884, in: Jakobs / Schubert (1985) 155.

24 Protokolle (1897) 497.

Zusammenfassend lässt sich also feststellen, dass der BGB-Gesetzgeber – und hierin befand er sich in Übereinstimmung mit der Gesetzgebungstheorie seiner Zeit – sehr wohl, wo immer er es für die Bestimmtheit seiner Anordnungen oder aus Abkürzungsgründen für opportun befand, definierte, sich hierbei aber nicht der Konstruktion und Belehrung (als Mittel der Wissenschaft), sondern seiner Autorität als Gesetzgeber bediente. In anderen – strukturell ähnlich gelagerten Fällen – verzichtete er hingegen bewusst auf eine begriffliche Präzisierung und überließ die Ausdeutung Wissenschaft und Praxis. Wir haben es also anders als in den Aufklärungskodifikationen mit einer bewussten Arbeitsteilung zwischen Gesetzgebung und Dogmatik zu tun, deren Grenzlinien jedoch nicht methodisch stringent gezogen wurden, sondern von Opportunitätserwägungen des Gesetzgebers abhingen.

Ein weiteres Problem legislativer Definitionstechnik hat der BGB-Gesetzgeber auch nur mit Hilfe von Wissenschaft und Praxis lösen können: das Problem der zu weit oder zu eng geratenen Legaldefinitionen. Das Problem stellt sich besonders dringlich für die Legaldefinitionen des Allgemeinen Teils wegen ihres potentiell mannigfaltigen und schwer überschaubaren Anwendungsbereichs. Von nicht ausnahmslos verwendbaren Legaldefinitionen des Allgemeinen Teils wie der der „Sache" und der „Genehmigung" war schon die Rede. Um diesem Problem zu begegnen, gab es schon im 19. Jahrhundert in der englischen Gesetzgebungstechnik das Instrument der nicht-exklusiven Legaldefinition, die unter dem ausdrücklichen gesetzlichen Vorbehalt eines sich im Einzelfall aus dem Regelungszusammenhang ergebenden abweichenden Wortsinns steht.[25] Der deutsche BGB-Gesetzgeber hat solche ausdrücklichen Vorbehalte im Gesetz nicht getroffen, stillschweigend aber sehr wohl akzeptiert, dass Wissenschaft und Praxis mit den Mitteln der Auslegung in nicht vorhergesehen Anwendungsfällen eine Korrektur zu weit oder zu eng gefasster Legaldefinitionen vornehmen.

5. Das Gegenmodell des schweizerischen ZGB

Es ist wohl auch kein Zufall, dass solche Rechtsordnungen und Gesetzgeber, die einem Allgemeinen Teil als Bestandteil einer Zivilrechtskodifikation skeptisch gegenüber stehen, meist auch nur sehr sparsam vom Instrument der Legaldefinition Gebrauch machen. Ich nenne nur das Beispiel des schweizerischen Zivilgesetzbuchs und seines Verfassers Eugen Hubers, einem dezidierten Gegner eines Allgemeinen Teils in Zivilrechtskodifikationen. Entsprechend finden sich im schweizerischen ZGB – gerade im Vergleich zum deutschen BGB – auch nur sehr wenige Legaldefinitionen. Begriffliche Ausdeutungen waren für Huber in erster Linie Sache der Wissenschaft und Praxis, in

25 Hierzu Mertens (2004) 474; Vogenauer (2001) 896 f.

die der Gesetzgeber allenfalls punktuell zur Behebung von Kontroversen und Unklarheiten eingreifen sollte.[26] Was auf den ersten Blick wie ein später Nachklang der Historischen Rechtsschule aussieht, war aber wohl auch ein Tribut an das Ideal der Laienverständlichkeit des Gesetzbuchs, das für den schweizerischen Zivilgesetzgeber einen viel höheren Stellenwert hatte als für den deutschen. Legaldefinitionen im Stile der Klammerdefinitionen des deutschen BGB waren hierfür mehr als abträglich. Wie sollte ein nicht umfassend juristisch geschulter Gesetzesanwender auch wissen, dass etwa der unscheinbare Ausdruck „unverzüglich", dem er an vielen Stellen des BGB begegnet, an einer bestimmten Stelle des Allgemeinen Teils, in ganz anderem Zusammenhang, nämlich bei den Anfechtungsfristen (§ 121 Abs. 1 BGB), eine für das gesamte Gesetzbuch gültige und von der Umgangssprache abweichende Definition erfahren hat?

6. Schluss

Abschließend möchte ich noch kurz auf das methodische Problem eingehen, dass Gesetzbücher mit zunehmendem Alter mehr und mehr einer Patchwork-Decke ähneln, mit Regelungen aus ganz unterschiedlichen Entstehungszeiten, wobei das Augenmerk des Reformgesetzgebers leider nicht immer auf terminologische Stringenz mit dem Gesamtwerk gerichtet ist. Ich möchte das an einem bekannten Beispiel aus jüngerer Zeit aus dem Allgemeinen Teil verdeutlichen. Im Jahre 2000 wurden an prominenter Stelle im Allgemeinen Teil des BGB, als §§ 13 und 14, Legaldefinitionen der Begriffe „Verbraucher" und „Unternehmer" aufgenommen.[27] In systematischer Hinsicht sind dem Gesetzgeber hierbei gleich mehrere Fehler unterlaufen. Zum einen wären diese Definitionen besser im Allgemeinen Schuldrecht aufgehoben gewesen, da sie tatsächlich nur im Schuldrecht Anwendung finden.[28] Zum anderen bediente sich der Gesetzgeber mit dem Begriff „Unternehmer" eines Ausdrucks, der im Schuldrecht des BGB schon anderweitig besetzt war, nämlich zur Bezeichnung des Auftragnehmers eines Werkvertrages (vgl. § 631 BGB und öfter). Mittlerweile fand die Bezeichnung „Unternehmer" in ihrer neuen Bedeutung Eingang in viele verbraucherschützende Vorschriften

---

26 Näher Mertens (2004) 474.

27 Eine Definition des „Unternehmers" enthielt zuvor bereits § 24 AGBG. Die EG-Richtlinien, deren Umsetzung die neuen Vorschriften im BGB dienten, benutzten keinen einheitlichen Unternehmerbegriff, sondern unterschiedliche Begriffe („Gewerbetreibender", „Lieferer" etc.).

28 Tatsächlich war ursprünglich geplant, die Begriffsdefinition im damals neu eingefügten § 361a, also im Allgemeinen Schuldrecht des BGB zu regeln; auf Empfehlung des Rechtsauschusses des Deutschen Bundestags wurde die Definition in den Allgemeinen Teil verlegt (BT-Drucksache 14/3195, 8, 32).

des BGB.[29] Wir haben es nunmehr also mit einem gespaltenen Unternehmerbegriff im Gesetzbuch zu tun, dem je nach Regelungszusammenhang ein ganz unterschiedlicher Bedeutungsgehalt zukommt. Die Legaldefinition des Reformgesetzgebers hat dieses Dilemma nicht behoben, sondern im Gegenteil verschärft, da sie eine Allgemeingültigkeit suggeriert, die ihr tatsächlich nicht zukommt. Das Beispiel zeigt einmal mehr den ambivalenten Charakter von Legaldefinitionen, die sich in den Händen mehr oder minder begabter Gesetzgeber als Fluch oder Segen für die Rechtsordnung erweisen können. Dieses Schicksal teilen sie wohl mit dem Allgemeinen Teil als Ganzem.

Literaturverzeichnis

Bekker (1888): *Ernst Immanuel Bekker*, System und Sprache des Entwurfes eines Bürgerlichen Gesetzbuches für das Deutsche Reich (Berlin / Leipzig 1888).

Danz (1861): *Heinrich Emil August Danz*, Die Wirkung der Codificationsformen auf das materielle Recht. Erläutert durch Beispiele aus dem Entwurfe des bürgerlichen Gesetzbuchs für das Königreich Sachsen (Leipzig 1861).

Ebel (1974): *Friedrich Ebel*, Über Legaldefinitionen. Rechtshistorische Studie zur Entwicklung der Gesetzgebungstechnik in Deutschland, insbesondere über das Verhältnis von Rechtsetzung und Rechtsdarstellung (Berlin 1974).

Eisele (1886): *Fridolin Eisele*, Unverbindlicher Gesetzesinhalt, in: Archiv für die civilistische Praxis (AcP) 69 (1886) 275-330.

Emmenegger (2006): *Sigrid Emmenegger*, Gesetzgebungskunst. Gute Gesetzgebung als Gegenstand einer legislativen Methodenbewegung in der Rechtswissenschaft um 1900 (Tübingen 2006).

Feuerbach (1804): *Paul Johann Anselm Feuerbach*, Über Philosophie und Empirie in ihrem Verhältnisse zur positiven Rechtswissenschaft. Eine Antrittsrede (Landshut 1804).

Jakobs / Schubert (1985): *Horst Heinrich Jakobs / Werner Schubert* (Hrsg.), Die Beratung des Bürgerlichen Gesetzbuchs in systematischer Zusammenstellung der unveröffentlichten Quellen, Bd. I/1 (Berlin / New York 1985).

Jhering (1883): *Rudolph von Jhering*, Geist des römischen Rechts auf den verschiedenen Stufen seiner Entwicklung [EA 1852-1865], Band II/2 (4. Aufl. Leipzig 1883).

Mertens (2004): *Bernd Mertens*, Gesetzgebungskunst im Zeitalter der Kodifikationen. Theorie und Praxis der Gesetzgebungstechnik aus historisch-vergleichender Sicht (Tübingen 2004).

Motive (1888): Motive zu dem Entwurfe eines Bürgerlichen Gesetzbuches für das Deutsche Reich, Bd. 1 (Berlin / Leipzig 1888).

Planitz (1847): *Planitz*, Über Legaldefinitionen, in: Zeitschrift für deutsches Recht und deutsche Rechtswissenschaft 11 (1847) 492-498.

Protokolle (1897): Protokolle der Kommission für die zweite Lesung des Entwurfs des Bürgerlichen Gesetzbuchs, Bd. 1 (Berlin 1897).

29 Z.B. §§ 310, 312 ff., 355 ff., 474 ff., 491 BGB.

Schröder (1989): *Jan Schröder*, Das Verhältnis von Rechtsdogmatik und Gesetzgebung in der neuzeitlichen Rechtsgeschichte (am Beispiel des Privatrechts), in: Okko Behrends u.a. (Hrsg.), Gesetzgebung und Dogmatik. 3. Symposion der Kommission „Die Funktion des Gesetzes in Geschichte und Gegenwart" am 29. und 30. April 1988 (Göttingen 1989) 37-66.
Schröder (1997): *Jan Schröder*, Definition und Deskription in der juristischen Methodenlehre der frühen Neuzeit, in: Gerhard Köbler u.a. (Hrsg.), Wirkungen europäischer Rechtskultur. Festschrift für Karl Kroeschell zum 70. Geburtstag (München 1997) 1093-1105.
Schröder (2001): *Jan Schröder*, Recht als Wissenschaft. Geschichte der juristischen Methode vom Humanismus bis zur historischen Schule (1500-1850) (München 2001).
Vogenauer (2001): *Stefan Vogenauer*, Die Auslegung von Gesetzen in England und auf dem Kontinent. Eine vergleichende Untersuchung der Rechtsprechung und ihrer historischen Grundlagen, Bd. 2 (Tübingen 2001).
Zeiller (1806): *Franz von Zeiller*, Eigenschaften eines bürgerlichen Gesetzbuchs [1806], in: Erik Wolf (Hrsg.), Quellenbuch zur Geschichte der deutschen Rechtswissenschaft (Frankfurt a.M. 1950) 242-261.

„Berücksichtigt man die Stellung der Vorschrift im Allgemeinen Teil..." - Auslegung polnischer Gerichte mit Blick aufs System

Ulrich Ernst

Abstracts

The text aims to examine the conclusions of the interpretation, which is drawn from the including of provisions into the general part of the Civil Code. The analysis focuses on Polish law. Hence, the perspective of Polish legal theory on the interpretation of norms in their systematic is presented first. The main section examines a selection of courts decisions, in which the judges explicitly relied on a provision in the general part of the civil code. That a provision can be found in the general part seems to compel the courts to reflect on its scope. The lack of a general part would probably make it easier not to check a provision. Courts could state, that the provision belongs to another area of the civil law than the one the case is about so a general part seems to create a greater demand for reasoning about norm application, which might improve the legitimacy of the judgments.

Autor stawia sobie za cel zbadanie jakie wnioski płyną dla wykładni przepisów z ich umieszczenia w części ogólnej. Analiza skupia się na prawie polskim. W pierwszym rzędzie przedstawione zostaje stanowisko polskiej teorii prawa dotyczące interpretacji przepisów ze względu na ich miejsce w systemie prawa. Główny trzon pracy stanowi analiza wybranego orzecznictwa, w którym sądy w sposób wyraźny odwoływały się do systemowej pozycji przepisu w części ogólnej kodeksu cywilnego. To, że dana dyspozycja znajduje się w części ogólnej zdaje się wymuszać na sądach refleksję co do zakresu jej zastosowania. Gdyby nie było części ogólnej pozwoliłoby to sądowi nie badać zakresu stosowania danego przepisu. Stwierdziłby po prostu, że dana norma należy do innego działu prawa cywilnego niż badana sprawa. W ten sposób część ogólna zdaje się zatem wymuszać dalej idące oczekiwanie co do uzasadniania zastosowania określonych przepisów, co może z kolei sprzyjać procesowi legitymizacji stosowania.

O objetivo do texto é investigar as conclusões para a interpretação de dispositivos localizados na Parte Geral do Código Civil. A análise tem foco no Direito Polonês. Assim, é primeiramente apresentada a situação atual da Teoria do Direito na Polônia a respeiro da teoria da interpretação de normas de acordo com o seu lugar no sistema do ato normativo. A parte principal do trabalho analisa uma seleção de casos concretos, onde os tribunais se referiram expressamente à posição da norma na Parte Geral do Código Civil. Parece que o fato de uma norma ser prevista na Parte Geral obriga os tribunais a refletir sobre esse fato na sua aplicação. Se não houvesse uma Parte Geral, é possível que o tribunal simplesmente não a aplicasse num caso alegando ser analogia, se não houvesse razão para tanto. A existência de uma Parte Geral parece criar uma maior necessidade em julgamentos de se refletir sobre a aplicação das normas, o que pode aumentar a legitimidade daqueles.

1. Einleitung

Die Verfasser der pandektistischen Zivilgesetzbücher haben ihren Ehrgeiz auf die stringente Anordnung des Rechtsstoffes verwandt.[1] Deshalb ließe sich vermuten, dass Systemargumente in der Anwendung dieser Kodifikationen durch die Gerichte einen besonders hohen Stellenwert haben. Im Folgenden wird für Polen überprüft, welche Bedeutung bei der Auslegung der Stellung einer Vorschrift innerhalb oder außerhalb des Allgemeinen Teils beigemessen wird. Zugleich soll ein Eindruck von charakteristischen normativen Lösungen des polnischen Allgemeinen Teils vermittelt werden.

2. Standpunkt der Methodenlehre

Hieß es in Art. 4 der ursprünglichen Fassung des polnischen ZGB von 1964 (Kodeks cywilny) noch, dass die Vorschriften gemäß den Grundsätzen des Systems und den Zielen der Volksrepublik Polen zu erklären seien, so wurde diese Vorschrift 1990 gestrichen.[2] Seitdem enthält die polnische Kodifikation - wie das deutsche BGB von Anfang an - keine Gesetzesauslegungsregeln mehr. Dagegen finden sich solche nach wie vor in Art. 9 des portugiesischen ZGB von 1966, nach welchem bei der Gesetzesinterpretation auch die „Einheit des Rechtssystems" zu beachten sei.

Mangels gesetzlicher Vorgaben bleibt die Bestimmung der Auslegungsregeln Rechtsprechung und Lehre überlassen. In Polen konzentrierte sich die Rechtstheorie oft auf die Bildung feinsinniger abstrakter Begrifflichkeit und Formeln der Logik.[3] Das Abwägen von Interessen und Werten wurde weniger geübt. Dazu hieß es oft nur, dass diese „von der jeweils herrschenden Ideologie" abhingen.[4] Dies bewahrte die Rechtstheorie vor einem allzu tiefen

1 Siehe dazu in diesem Band: *Ulrich Ernst*, Entstehung und Strukturvergleich der pandektistischen Allgemeinen Teile in den Zivilrechtskodifikationen Deutschlands, Polens und Portugals.

2 Durch Gesetz vom 28. Juli 1990, Dz.U 1990, Nr. 55, Pos. 321.

3 Ernst (2010) Rn. 6 ff.

4 Ein Beispiel ist das Werk von Zieliński (2008), dessen 24. und zugleich letztes Kapitel die in dem Buch vorgestellten Handlungsanweisungen unter dem Titel „Direktiven

Eintauchen in kommunistische Rhetorik, sorgte aber auch dafür, dass heute manche ihrer Äußerungen als von konkreten Anwendungsfragen entfernter erscheinen.

Beispielhaft für eine abstrakte und zugleich ideologiefreie Ausrichtung der Rechtstheorie stehen die Ansichten Posener Rechtstheoretiker in den Zeiten der Volksrepublik und bis heute. Deren Ansatz legt auch Zbigniew Radwański seinen Darstellungen zum Allgemeinen Teil des Zivilrechts zugrunde, so in seinem "Zivilrecht - Allgemeiner Teil", welches seit den 1990er Jahren das in höchster und häufigster Neuauflage verlegte Lehrbuch auf diesem Gebiet sein dürfte.[5] 2002-2010 war Radwański Vorsitzender der Kodifikationskommission für das Zivilrecht.

Ein wichtiges Anliegen dieser Schule ist die Unterscheidung zwischen „Vorschrift“ (*przepis*) als redaktioneller Einheit des Gesetzestextes und Norm als die vom Gesetzgerber gemeinte Handlungsanweisung, welche „aus den Vorschriften zu rekonstruieren“ seien.[6] Hinsichtlich der Auslegung (*wykładnia*) unterscheiden Radwański und Zieliński im ersten Band der Grundsatzdarstellung der Jahre nach 1989, dem „System des Privatrechts“[7], zwischen folgenden Typen von Regeln:[8]

1. sprachliche, 2. systembezogene, 3. funktionale.

Danach dienen systembezogene Regeln dem Inbezugsetzen der zu rekonstruierenden Norm mit anderen im Rechtssystem geltenden Normen, Ihr Hauptanliegen ist der Ausschluss von Widersprüchen zu hierarchisch höheren Normen (des Verfassungsrechts oder des Unionsrechts) oder zu im jeweiligen Rechtsgebiet vorrangig geltenden Grundsätzen. Die funktionalen Regeln verlangen die Berufung „auf bestimmte außersprachliche und außerhalb des Systems liegende Annahmen, welche den Kontext bilden, in dem die aus dem Text rekonstruierten Normen funktionieren sollen.“ Dazu werden anschließend vier Stufen dargestellt, von denen die letzte die Wertungen des Gesetzgebers betrifft, deren Inhalte aber in der Rechtstheorie nicht besprochen werden. Deshalb fehlt es auch an Beispielen ihrer Abwägung.

Werden nachfolgend Erkenntnisse zur Auslegung einer Vorschrift aus ihrer Stellung in einem bestimmten Abschnitt des Gesetzes hergeleitet, so scheint dafür folgende Überlegung der genannten Autoren zuzutreffen: „Im

---

der perzeptiven Auslegungsphasen“ zusammenfasst. Unter den dort enthaltenen 44 Anweisungen findet sich als Nr. 38: „Diese Werte sind aufzufinden: 1) in den Vorschriften der Verfassung, insbesondere in ihren Anfangsvorschriften und denen zu den Freiheiten und Bürgerrechten, 2) in der Präambel, 3. in den allgemein gesellschaftlich anerkannten moralischen, sittlichen und anderen Normen“.

5 Titel: „Prawo cywilne – część ogólna“, 1. Auflage von 1993.

6 Die Unterscheidung wird zurückgeführt auf den Aufsatz von Ziembiński (1960).

7 System Prawa Prywatnego (2007).

8 *Radwański* / *Zieliński* / System Prawa Prywatnego (2007) Rn. 113 ff.

Zusammenhang mit den systembezogenen Regeln wird mitunter auf solche hingewiesen, welche sich auf die Systematisierung des Textes eines Rechtsaktes beziehen. Diese Regeln werden der systembezogenen Auslegung zugerechnet. Trotz gewissen Anscheins geht es hier aber um Kontextregeln." Es seien darunter also sprachliche Regeln zu verstehen, wo doch nicht das System der Normen, sondern allenfalls der Vorschriften in Rede stehe.

Von dieser Beschreibung scheinen jedoch nicht alle vorzunehmenden Gedankenschritte umfasst zu sein. Manchmal geht es nämlich um Überlegungen, inwieweit Bestimmungen aus besonderen Teilen Sonderregeln zu solchen des Allgemeinen Teils darstellen, bzw. ob sie, entgegen ihrem Wortlaut, in ihrem Anwendungsbereich zu beschränken sind. Für solche Entscheidungen sind Wertungsfragen zu stellen und damit handelt es sich, nach der dargestellten Einteilung, um funktionale Auslegung. So oder so sind nach dem geschilderten Verständnis mit der Vorschriftenanordnung verbundene Fragen oder solche des Spezialitätsverhältnisses von Vorschriften im gleichen Gesetz gerade keine systembezogenen.

3. Untersuchung der Rechtsprechung

3.1. Vorgehensweise

Die Untersuchung der veröffentlichten polnischen Rechtsprechung ergab, dass der Begriff der „systematischen Auslegung" regelmäßig im Sinne einer kontextbezogenen Auslegung verstanden wird, also anders als in der Kategorienbildung der geschilderten Theorie. Bei Urteilen mit diesem Begriff geht es regelmäßig nur um die Systematik einer einzelnen Vorschrift.[9] Dies legte eine Änderung des Suchkriteriums nahe. Gemäß dem Generalthema des Forschungsprojektes wurde nun geprüft, ob in einer Gerichtsentscheidung ausdrücklich der „Allgemeine Teil" des Zivilrechts angesprochen wird. Es zeigte sich, dass auch solche Entscheidungen recht selten sind (allerdings verhältnismäßig zahlreicher als in Deutschland), dass diese aber Charakteristika des Allgemeinen Teils des KC beleuchten.

Am häufigsten finden sich in Polen Bezugnahmen auf den „Allgemeinen Teil" bei der Abwägung, ob besondere oder allgemeine Verjährungsvorschriften eingreifen.[10] Das gilt auch für die äußerst seltenen deutschen Ent-

---

9 So zu Art. 445 KC Urteil des Obersten Gerichts SN 25.4.2002, I CKN 616/00, LEX Nr. 74458. Anders aber zum Verhältnis der kaufgewährleistungsrechtlichen zur allgemeinen vertraglichen Schadenshaftung die Entscheidung: SN 30.1.1970, III CZP 102/69, OSNC 10/1970, 176.

10 Z.B.: OG-Urteile: SN 16.6.2011, I PK 207/10, LEX Nr. 966833; SN 12.5.2011 r. I PK 230/10, LEX Nr. 896459.

scheidungen.[11] Bei der Verjährung ist regelmäßig eine Regel-/Ausnahmezuordnung vorzunehmen, für welche die Funktionalität eines gemeinsamen Ortes für die allgemeinen Regeln außer Frage stehen dürfte. Deshalb wird dieses Feld hier ausgeblendet. Vielmehr sollen Entscheidungen besprochen werden, welche sich auf das Recht der Personen sowie der Rechtsgeschäfte beziehen. Auf kurze Tatbestandsschilderungen, welche den besprochenen Gerichtsentscheidungen nachgebildet sind, sowie Darlegungen der einschlägigen Anwendungsfragen und ihrer Beantwortung durch die Gerichte folgt eine Überprüfung der Schlüsse, welche aus der Stellung einer Vorschrift im Gesetz gezogen werden.

3.2. Entscheidungen mit Bezugnahme auf den Allgemeinen Teil

3.2.1. Krankenhaus (OG v. 10.3.2011, III PK 50/10)

> Sachverhalt: Die Kläger waren im beklagten öffentlichen Krankenhaus angestellte Ärzte. Sie leisteten dort über Monate hinweg medizinische Schichtdienste „rund um die Uhr“, ohne dass ihnen tägliche Ruhezeit gemäß den Richtlinien 93/104/EG und 2003/88/EG gewährt wurde.
> Sie verlangen Schmerzensgeld von bis zu 40.000 Złoty.
> Das beklagte Krankenhaus verweist auf die angespannte Personallage, welche es zum Schutz von Leben und Gesundheit erfordert hätte, die Kläger zu den zusätzlichen Dienstschichten einzuteilen. Das Vorgehen sei wegen des Schutzes höherer Rechtsgüter als der Ruhezeit der Kläger jedenfalls nicht als schuldhaft anzusehen.

Nach dem KC ist Schmerzensgeld keine allgemeine Sanktion bei einer Schädigung; es wird insbesondere nicht schon bei einem Schaden aus Vertragsverletzung gewährt. Die Rechtsfolge der Schmerzensgeldleistung spricht der im Deliktsrecht des Schuldrechts angeordnete Art. 448 KC[12] aus. Voraussetzung ist danach die Verletzung eines Personalgutes. Eine Liste mit Beispielen von Personalgütern enthält Art. 23 KC, während Art. 24 KC Folgen der Personalgutverletzung aufführt.[13] Das Oberste Gericht sah die europarechtlich ga-

---

11 Z.B.: BAG Urteil 23.01.199, 8 AZR 58/96, BAGE 85, 101-107; VG Meiningen 08.11.2004, 1 K 967/99.Me.

12 Art. 448. [Schmerzensgeld bei Personalgutsverletzung]. Im Falle der Verletzung eines Personalgutes kann das Gericht demjenigen, dessen Gut verletzt wurde, Schmerzensgeld gewähren...

13 Art. 23. [Personalgüter]. Die Personalgüter des Menschen, insbesondere die Gesundheit, die Freiheit, die Ehre, die Gewissensfreiheit der Name oder das Pseudonym, der Ruf, das Briefgeheimnis, die Unberührbarkeit der Wohnung, die wissenschaftliche, künstlerische und rationalisatorische Schöpfung stehen unter dem

rantierte Ruhezeit als schutzwürdiges Personalgut an. Fraglich war zudem, ob die bloße Personalgutverletzung ausreicht oder ob das in der deliktischen Generalklausel des Art. 415 KC enthaltene Verschuldenserfordernis zusätzlich zu beachten war. Im Hinblick auf Art. 448 KC führte die in der Entscheidung zitierte Vorinstanz bereits aus: „Die Vorschrift kann nicht losgelöst von den Grundsätzen der Schadenshaftung und dem System der Personalgüter interpretiert werden. Art. 448 KC befindet sich in Titel 4, Buch 3 des KC ‚Unerlaubte Handlungen' und deshalb ist die Schuld eine Haftungsvoraussetzung. Hätte der Gesetzgeber beabsichtigt, dass nur die Rechtswidrigkeit Voraussetzung der Haftung nach Art. 448 KC ist, hätte er die Vorschrift im Allgemeinen Teil des Zivilgesetzbuchs angeordnet, im Bereich von Art. 24 KC."

3.2.2. Schuhgeschäft (OG v. 17.3.2005, I KZP 3/05)

Sachverhalt: Artur half gelegentlich aus Gefälligkeit als Verkäufer im Schuhgeschäft eines Bekannten aus. Eines Tages verweigerte er einem Kunden den Verkauf eines Paars Schuhe, welches im Schaufenster ausgestellt und mit einem Preisschild versehen war.
Hat Artur eine Übertretung begangen?
Kann der Kunde gegen Kaufpreiszahlung die Übergabe der Schuhe verlangen?

Die Entscheidung erging in einem Verfahren zum Übertretungsrecht, welches dem deutschen Ordnungswidrigkeitenrecht ähnelt. Laut Art. 135 des Übertretungengesetzbuchs[14] muss vorhandene Ware auch verkauft werden. Diese Vorschrift stammt aus Zeiten des Mangels an Konsumgegenständen in der Planwirtschaft. Erhielten Läden eine Warenlieferung, so sollte das Personal die Waren nicht willkürlich Kunden vorenthalten dürfen.

In der Rechtssache war fraglich, ob ein kleines und zudem privates Schuhgeschäft als Unternehmen anzusehen ist – wohinter sich Zweifel verborgen haben dürften, ob die Vorschrift zum Kontrahierungszwang in den

---

Schutz des Zivilrechts, unabhängig vom in anderen Vorschriften vorgesehenen Schutz.

Art. 24. [Personalgüterschutz] § 1. Derjenige, dessen Personalgut durch ein fremdes Handeln bedroht wurde, kann die Unterlassung dieses Handelns verlangen, es sei denn, dass es nicht rechtswidrig ist. Im Falle einer Verletzung kann er auch verlangen, dass die Person, welche die Verletzung verübt hat, die für die Beseitigung ihrer Folgen notwendige Tätigkeit unternimmt, insbesondere dass sie eine Erklärung angemessenen Inhalts und angemessener Form abgibt. Gemäß den im Gesetzbuch vorgesehenen Grundsätzen kann er Schmerzensgeld... verlangen...

14 Art. 135. Wer sich mit dem Verkauf von Waren in einem Unternehmen des Einzelhandels oder einem gastronomischen Unternehmen beschäftigt und dabei vor einem Erwerber eine zum Verkauf bestimmte Ware verbirgt oder vorsätzlich ohne gerechtfertigten Grund den Verkauf einer solchen Ware verweigert, unterliegt einer Geldstrafe.

Zeiten von Marktwirtschaft und Privatautonomie noch ihren Sinn hat. Das OG setzte sich mit dem in Art. 135 Übertretungengesetzbuch vorhandenen Begriff des Unternehmens auseinander, der in diesem Gesetzbuch nicht definiert ist. Dagegen enthält der Allgemeine Teil des KC in seiner aktuellen Form den Begriff des „Unternehmens" im Abschnitt über die Vermögensgegenstände (als eine der Wirtschaftstätigkeit dienende Sachgesamtheit)[15] sowie den des „Unternehmers" im Personenrecht (als eine selbstständig wirtschaftlich oder beruflich tätige Person)[16].

Das OG führte in diesem Zusammenhang aus: „Die Einführung des Begriffes des Unternehmens in den Allgemeinen Teil hat eine schmerzliche Lücke beseitigt. Einige Rechtsakte außerhalb des Gesetzbuches versuchten sich an eigenen Definitionen des Begriffs des 'Unternehmers'." Im Ergebnis sah das Gericht das Schuhgeschäft als Unternehmen und den Tatbestand der Übertretung als erfüllt an. In der Begründung bezeichnete das Gericht die Sanktion des Art. 135 Übertretungsgesetzbuch als Pönalisierung des Zuwiderhandelns eines Verkäufers gegen Art. 543 KC[17], wonach eine Warenausstellung mit Preisangabe als verbindliches Verkaufsangebot gilt.

Als gemeinsames Regelungsziel beider Vorschriften auch nach dem Ende der Mangelwirtschaft kann man die Bekämpfung von ungerechtfertigten Diskriminierungen im Einzelhandel ansehen.

3.2.3. Bürgschaft (OG v. 30.9.1996, III CZP 85/96)

Sachverhalt: Edward erteilte für einen Kredit der Bank von 400.000 Złoty an Leopold eine Höchstbetragsbürgschaft über 800.000 Złoty. Ihm wurde dafür kein Entgelt versprochen. Bei Abgabe der Bürgschaftserklärung ging Edward davon aus, dass der Kredit durch Forderungsabtretungen Leopolds an die beklagte Bank in voller Höhe gesichert sei. Diese Annahme beruhte auf Einsicht in Urkunden über die abgetretenen Forderungen, die Leopold dem Edward vor Abgabe der Bürgschaftserklärung vorgelegt hatte. Später stellte sich heraus, dass diese Urkunden von Leopold gefälscht worden waren.
Edward focht seine Erklärung wegen arglistiger Täuschung an.

Für die Anfechtung von Willenserklärungen aufgrund von Fehlvorstellungen gibt es zwei gesetzliche Tatbestände.[18] Art. 84 KC regelt den des Irrtums. Um

15 Art. 55[1]. [Unternehmen] Ein Unternehmen ist eine organisierte Gesamtheit von immateriellen und materiellen Bestandteilen, welcher zur Ausübung wirtschaftlicher Tätigkeit bestimmt ist.

16 Art. 43[1]. [Unternehmer] Ein Unternehmer ist eine natürliche oder juristische Person..., welche in eigenem Namen eine wirtschaftliche oder berufliche Tätigkeit ausübt.

17 Art. 543. [Öffentliche Warenausstellung] Die öffentlich sichtbare Ausstellung einer Sache an einem Verkaufsort mit einer Preisangabe gilt als Verkaufsangebot.

18 Art. 84. [Irrtum] § 1. Im Falle eines Irrtums über den Inhalt eines Rechtsgeschäfts kann man seine Willenserklärung anfechten...

beachtlich zu sein, muss sich dieser auf den Inhalt des Rechtsgeschäfts bezogen haben, kausal gewesen sein und für die andere Seite zumindest erkennbar. Im vorliegenden Fall fehlte es insoweit bereits an der Erfüllung des ersten Erfordernisses, da sich Edward des Inhalts der eingegangenen Verpflichtung bewusst war und nur fälschlich davon ausging, dass sie sich wegen Zahlungsfähigkeit des Schuldners nicht realisieren würde. Infrage kam aber noch eine Anfechtung wegen Arglist (Art. 86 KC). Hier verzichtet das Gesetz ausdrücklich auf die Kausalität („Wesentlichkeit“) des Irrtums und darauf, dass der Irrtum den Inhalt des Rechtsgeschäfts betraf. Allerdings muss der Irrtum von der anderen Partei hervorgerufen worden sein oder von einem Dritten, wobei es bei unentgeltlichen Geschäften nicht darauf ankam, dass die andere Partei von der Arglist des Dritten wusste (Art. 86 § 2 KC).

In seiner Grundsatzentscheidung stellte sich das Oberste Gericht die Frage, ob die Berufung eines Bürgen auf Arglist des Schuldners die Anfechtung des Bürgschaftsvertrages rechtfertigen kann. Dazu führte es aus: „Der Allgemeine Teil des Zivilgesetzbuchs regelt die für die übrigen Teile des Zivilrechts gemeinsamen Materien, es sei denn, dass die Vorschriften, welche die einzelnen zivilrechtlichen Institutionen normieren, ihnen eigentümliche Modifizierungen enthalten. Die Vorschriften über die Bürgschaft enthalten keinerlei Modifizierungen. Es gibt deshalb keinen Grund, die Anwendung dieser Vorschriften auf den abgeschlossenen Bürgschaftsvertrag auszuschließen. Parteien des Bürgschaftsvertrages sind der Gläubiger (aus einem anderen Schuldverhältnis, welches als das Hauptverhältnis bezeichnet wird) und der Bürge. Der Schuldner ist, was man übereinstimmend in der Literatur des Gegenstandes annimmt, keine Partei des Bürgschaftsvertrages und nimmt gegenüber diesem Vertrag die Position einer dritten Person ein. Deshalb ist ein arglistig durch den Schuldner... hervorgerufener Irrtum ein Irrtum einer dritten Person im Sinne von Art. 86 § 2 KC.“ Anschließend kam es jedoch zu dem Ergebnis: „Der Bürge kann seine Erklärung nicht wegen eines arglistig durch den Schuldner hervorgerufenen Irrtums darüber anfechten, dass zum Datum der Bürgschaft die Höhe des eingegangenen Kredites in einer angemessenen Proportion zu den Eigenmitteln des Kreditnehmers stand.“ Begründet wurde

---

§ 2. Man kann sich nur auf einen Irrtum berufen, der die Annahme begründet, dass der Erklärende, hätte er nicht unter dem Einfluss des Irrtums gehandelt und die Angelegenheit vernünftig beurteilt, keine Erklärung dieses Inhalts abgeben hätte (wesentlicher Irrtum).
Art. 86 § 1. [Arglist] Hat die andere Partei einen Irrtum arglistig hervorgerufen, so kann die Anfechtung auch dann erfolgen, wenn der Irrtum nicht wesentlich war, wie auch dann, wenn er nicht den Inhalt des Rechtsgeschäfts betraf. § 2. Die Arglist einer dritten Person ist gleichbedeutend mit der Arglist der Partei, wenn diese von der Arglist wusste und die andere Partei darüber nicht benachrichtigt hat oder wenn das Rechtsgeschäft unentgeltlich war.

dies damit, dass bei Abgabe der Bürgschaftserklärung die Zahlungsfähigkeit des Schuldners zum Zeitpunkt der Fälligkeit der Hauptschuld eine nicht sicher vorhersehbare Frage der Zukunft war, sodass auch noch kein Irrtum über sie habe vorliegen können.

3.2.4. Erbschaft (OG v. 9.3.2005, II CK 438/04)

Sachverhalt: Zbigniew war Eigentümer eines Grundstücks. Nach seinem Tode wurde seinem Bruder Stefan ein Erbschein ausgestellt, wonach dieser Alleinerbe sei. Stefan schenkte seinem Sohn Tomasz im Januar mit notariellem Vertrag ein Grundstück. Später wurde der Erbschein auf Antrag der Klägerin, der Tochter Zbigniews, geändert und sie als Alleinerbin ausgewiesen.
Die Klägerin verlangte, die Schenkung ihr gegenüber für unwirksam zu erklären.

Der Erbschaftsherausgabeanspruch nach Art. 1029 KC stand der Klägerin nicht zu, da auch unentgeltlicher Gutglaubenserwerb vom Scheinerben nach Art. 1028 KC wirksam ist.[19] Zu prüfen war aber, ob sie die gerichtliche Unwirksamkeitserklärung der Schenkung gemäß Art. 59 KC verlangen konnte, einer Vorschrift aus dem Abschnitt zu den Rechtsgeschäften im Allgemeinen Teil des KC.[20] Diese regelt die relative Unwirksamkeit eines Vertrages zwischen anderen Personen, der die Erfüllung eines Anspruchs des Klägers unmöglich machen würde. Wegen des Erfordernisses der Unmöglichkeit herrscht in der Lehre die Auffassung vor, dass die Vorschrift sich nicht auf Geldzahlungsansprüche bezieht, für welche die Bestimmungen zur Gläubigeranfechtung einschlägig sind (*actio pauliana*, Art. 527 ff. KC).[21] Die Vorschrift des KC von 1964 hat keine Vorläufer im vereinheitlichten polnischen Recht nach 1918, sie knüpft aber an ältere Institute des sog. *„ius ad rem"* an. Ihre besondere Bedeutung hatte sie, wie die zum Verkaufszwang für im Laden ausgestellte Ware, in Zeiten der Mangelwirtschaft, in welcher eine bloße finanzielle Kompensation nicht ohne Weiteres von Wert war, wenn man das

19 Art. 1028. [Veräußerungen des Scheinerben] Veräußert, wer die Bestätigung des Erwerbs einer Erbschaft oder eine Erbschaftsbescheinigung erlangt hat, aber nicht der Erbe ist, ein Recht, welches zur Erbschaft gehört, an eine dritte Person, so erwirbt die Person, zu deren Gunsten die Veräußerung erfolgt, das Recht..., es sei denn sie handelt in bösem Glauben.
Art. 1029. [Erbschaftsherausgabe] Der Erbe kann verlangen, dass die Person, welche die Erbschaft als Erbe innehat, aber nicht Erbe ist, ihm die Erbschaft herausgibt. Dasselbe betrifft die einzelnen Gegenstände, die zur Erbschaft gehören.

20 Art. 59. [Ius ad rem] Im Falle des Abschlusses eines Vertrages, dessen Erfüllung die Befriedigung eines Anspruchs einer dritten Person gänzlich oder teilweise unmöglich macht, kann diese Person die Anerkennung dieses Vertrags als unwirksam im Verhältnis zu ihr verlangen, wenn die Parteien von ihrem Anspruch wussten oder wenn der Vertrag unentgeltlich war. Die Anerkennung des Vertrages als unwirksam kann man nicht nach Ablauf eines Jahres nach seinem Abschluss verlangen.

21 Siehe Ernst (2012).

geschuldete Objekt wegen Waren- oder Dienstleistungsknappheit nicht am Markt erlangen konnte. Sie findet aber auch nach Wiedereinführung der Marktwirtschaft häufige Anwendung. Die Folge von Art. 59 KC wird oft als „erweiterte Wirksamkeit von Ansprüchen" (über die Parteien eines Schuldverhältnisses hinaus) bezeichnet.

In der besprochenen Rechtssache hatte das Oberste Gericht zu erwägen, ob Art. 59 KC auch auf solche Veräußerungen des Scheinerben an Dritte Anwendung finden sollte, die nach Art. 1028 KC wirksam waren. Es führte dazu aus: „Schwierigkeiten bei der Bestimmung der durch Art. 59 KC geschützten Ansprüche folgen u.a. aus der fehlenden Legaldefinition dieses Begriffs. In der Lehre wird unter Anspruch eine Berechtigung zur Forderung eines bestimmten Verhaltens von einem bestimmten Subjekt verstanden, ohne Unterschied, ob diese Berechtigung Ausfluss eines relativen oder absoluten Rechtes war. Berücksichtigt man die Anordnung von Art. 59 KC im Allgemeinen Teil des KC und nicht im Schuldrecht, dann muss man der Auffassung zustimmen, dass der subjektive Anwendungsbereich über das schuldrechtliche Verhältnis zwischen Gläubiger und Schuldner hinausgeht und Berechtigte aus Ansprüchen aus einem subjektiven Recht betrifft... Die Hauptzweifel beziehen sich auf die Frage, ob Ansprüche aus solchen absoluten Rechten wie Sachenrechte und auch Erbrechte aufgrund von Art. 59 KC geschützt werden können. Bezüglich der ersten Gruppe wird im Schrifttum entschieden eine solche Möglichkeit ausgeschlossen... Die geltend gemachten Einwände klären das Problem nicht vollständig, weil Vindikationsansprüche wegen Einreden des Besitzers wirkungslos bleiben oder durch den Eigentumsverlust und Erwerb der Partei des Unterschlagungsgeschäfts erlöschen können. Man kann nicht annehmen, dass das (ausschließliche) Eigentum an derselben Sache gleichzeitig zwei Personen zusteht. Es entsteht also die Frage, ob die in Art. 59 KC enthaltene Norm eine relative Unwirksamkeitsfolge für den Eigentumserwerb aufgrund eines wirksamen Unterschlagungsgeschäfts haben kann. Die Antwort sollte negativ sein, weil die Kollisionen absoluter Rechte durch diejenigen Vorschriften geregelt werden, deren Ausfluss sie sind. Sie bestimmen auch die Folgen von Rechtstatsachen bezüglich Entstehung, Erlöschen und Vorrang dieser Rechte... Die Veräußerung der Erbschaft oder von zum Erbe gehörenden Gegenständen unterliegt ebenfalls der allgemeinen Regel der Unwirksamkeit der Veräußerung durch einen Nichtberechtigten (*nemo plus iuris...*), von der Art. 1028 KC eine Ausnahme darstellt. Dessen Rechtsfolge ist der ‚Erwerb des Rechtes' durch die dritte Person. Art. 1028 KC, unmittelbar vor der Regelung einer besonderen Grundlage für den Erbschaftsherausgabeanspruch angeordnet, entscheidet über die Kollision zwischen den Rechten des (tatsächlichen) Erben und dem Erwerber in gutem Glauben zugunsten des letzteren.. Art. 1028 KC schließt deshalb den Schutz des Berechtigten aufgrund von Art. 59 KC aus, da der auf das Eigentum gestützte Herausgabeanspruch nicht gegenüber einer Person zusteht, die tatsächlich Sachgewalt ausübt und Eigentümer ist." Deshalb sah das OG die Klage als unbegründet an.

3.2.5. Gesellschaft (OG v. 29.11.2001, V CKN 536/00)

Sachverhalt: Der Kläger und der beklagte Wacław sind die Gesellschafter der G-GmbH und bilden ihren Vorstand. Der Gesellschaftsvertrag sah vor, dass der Verkauf von Anteilen von der Zustimmung der Gesellschaft abhängen sollte, und erkannte den Gesellschaftern ein Vorkaufsrecht zu.
Eines Tages benachrichtigte der beklagte Wacław den Vorstand über seine Absicht, Anteile zu veräußern, und anschließend äußerte der Vorstand seine Zustimmung dazu, wobei der Wert eines Anteils mit 5.888 Złoty angegeben wurde. Während der Vorstandssitzung erklärt der beklagte Wacław, dass der von ihm verlangte Preis 15.000 Zloty betrüge, worauf der Kläger auf die Ausübung seines Vorkaufsrechts verzichtete.
Später schloss der beklagte Wacław mit dem zweiten Beklagten einen Vertrag über den unbedingten Verkauf eines Anteils zum Preis von 8000 Zloty. Als der Kläger davon erfuhr, erklärte er gegenüber dem Vorstand, dass er das Vorkaufsrecht ausübe.
Der Kläger verlangt, den Vertrag zwischen den Beklagten ihm gegenüber für unwirksam zu erklären.

In diesem Fall war zu erwägen, ob Art. 59 KC auch auf das „Handelsrecht" anzuwenden sei. Der Fall ereignete sich zu einer Zeit, als das Gesellschaftsrecht noch im Handelsgesetzbuch von 1934 geregelt war; im Jahre 2000 wurde es Gegenstand des neuen Handelsgesellschaftengesetzbuches[22], während die wenigen nach der Schaffung des KC von 1964 noch verbliebenen (übrigen) Regelungsmaterien in das KC überführt wurden.[23] Dazu legte das Oberste Gericht dar: „Grundsätzlich ist die Anwendung der Vorschriften des Allgemeinen Teils des Zivilrechts auf Rechtsgeschäfte bezüglich der GmbH und ihrer Gesellschafter begründet, wenn eine Regelung im Handelsrecht fehlt und dem nicht das ‚Wesen' der Handelsbeziehungen entgegensteht. Die Anwendung von Art. 59 KC in diesem Fall ‚bedroht' nicht die Sicherheit der Beziehungen innerhalb der Gesellschaft und auch nicht nach außen im Handelsverkehr. Die Entscheidung, welche gestützt auf Art. 59 KC die Unwirksamkeit des Veräußerungsvertrages feststellt, wirkt zwar ‚*ex tunc*'. Es ist dies aber eine relative Unwirksamkeit, sowohl subjektiv wie objektiv. Sie beschränkt sich nämlich allein auf die aus dem Vorkaufsrecht berechtigte Person und betrifft nicht dritte Personen..."

22 Kodeks spółek handlowych, Gesetz vom 15.9.2000, Dz.U. 2000, Nr. 94, Pos. 1037.
23 Siehe dazu in deisem Band: *Ulrich Ernst*, Entstehung und Strukturvergleich der pandektistischen Allgemeinen Teile in den Zivilrechtskodifikationen Deutschlands, Polens und Portugals.

Zudem bekräftigte das OG seine bisherige Rechtsprechung, wonach Art. 59 KC auch auf das Vorkaufsrecht[24] anwendbar sei, obwohl es sich bei diesem nicht um einen Anspruch im engeren Sinne handele,[25] und erklärte sie auch auf Gesellschaftsanteile für anwendbar. Daher gab es der Klage statt.

3.3. Überprüfung der Hinweise auf den Allgemeinen Teil

Zu fragen ist nun danach, ob jeweils der Allgemeine Teil eine spezifische Funktion erfüllte.

Im Krankenhausfall ging es um die Darlegung, dass Tatbestandsmerkmal des Art. 448 KC auch das Verschulden sei, welches aus der deliktischen Generalklausel des Art. 415 KC hergeleitet wurde. Insofern hatte der Hinweis darauf, dass Art. 448 KC andernfalls vom Gesetzgeber im Allgemeinen Teil „im Bereich des Art. 24 KC“ verortet worden wäre, keine eigenständige Funktion. Im Übrigen zeigte sich in der Entscheidung, dass Art. 448 KC im Kontext nicht nur von Art. 415 KC, sondern auch von Art. 23 KC mit seinem Beispielkatalog von Personalgütern zu lesen ist. Hinsichtlich des Schuhgeschäftsfalls legte das OG von Anfang an dar, dass der Bezug auf den Allgemeinen Teil ebenfalls nur ein kontextualer war, welcher den Begriff des „Unternehmens“ zu verstehen helfen sollte. Dabei ist die aus den genannten AT-Vorschriften gezogene Folgerung, wonach ein Unternehmer dadurch gekennzeichnet wird, dass er Wirtschaftstätigkeit betreibt, nicht sonderlich überraschend. Das Lob des OG an den Gesetzgeber, dass er die Definition in den Allgemeinen Teil aufgenommen hat, erscheint übertrieben. Während sich die Entscheidungsbegründung auf das Aufzeigen der Begrifflichkeiten verlegt, vermeidet sie eine Auseinandersetzung mit der Frage, welche wohl Hintergrund dafür war, dass der Fall bis in die höchste Instanz getragen wurde, nämlich die nach der Berechtigung der Vorschriften zum Verkaufszwang auch in den Zeiten von Marktwirtschaft und Vertragsfreiheit. Dass solche Vorschriften auch heutzutage zeitgemäß sein können, zeigt die unter völlig anderen wirtschaftlichen Rahmenbedingungen ergangene Antidiskriminie-

---

24 Vgl. zu diesem die Regelung im Kaufrecht des KC: Art. 599. [Vereitelung des Vorkaufsrechts] § 1. Verkaufte der aus dem Vorkaufsrecht Verpflichtete eine Sache einer dritten Person unbedingt oder benachrichtigte er den Berechtigten nicht über den Verkauf oder gab ihm wesentliche Bestimmungen des Kaufvertrages nicht wahrheitsgemäß an, so haftet er für den daraus entstandenen Schaden...

25 Ausgehend von der Entscheidung SN, 19.11.1968, III CZP 100/68, OSNC 11/1969, 189. Diese Rechtsprechung ist nicht unumstritten, vgl. abweichendes Urteil des Appellationsgerichts Posen mit Literaturnachweisen: SA w Poznaniu, 21.11.2007, I ACa 920/07, LEX Nr. 370761.

rungs-Gesetzgebung der Europäischen Union, die bestimmte Gruppen benachteiligender Weigerungen von Vertragsschlüssen sanktioniert.[26]

Bei den verbliebenen drei Entscheidungen stellte sich jeweils die Frage nach der Anwendung einer AT-Vorschrift auf ein spezifisches Rechtsverhältnis. Für die arglistig vom Schuldner erschlichene Bürgschaftserklärung ist der Gesetzessystematik nach nicht zu sehen, warum die Anfechtung nicht einschlägig sein sollte. Dies beteuerte auch das OG. Die Anfechtung schloss es freilich mit einer Begründung aus, welche im Ergebnis Zustimmung verdient, die sich aber nicht am Wortlaut der Vorschrift über die Arglistanfechtung festmachen lässt. Nicht hinreichend wird dargelegt, warum im vorliegenden Fall ein Motivirrtum ausnahmsweise irrelevant für die Arglistanfechtung sein sollte. Im Ergebnis zeigt sich, dass sich die allgemeine und auch als passend bezeichnete Anfechtungsregel doch nicht ohne Weiteres auf die Bürgenerklärung beziehen lässt; damit wurde aber auch die Bemerkung des OG, wonach Art. 86 KC unterschiedslos auf die Bürgschaft anwendbar sei, zu einer Leerformel. Möglicherweise wäre es stimmiger gewesen, das Vorliegen eines Irrtums zu bejahen. Die Anfechtbarkeit hätte deshalb ausgeschlossen werden können, weil die Kategorie der Unentgeltlichkeit im beim Bürgschaftsvertrag vorliegenden Dreiecksverhältnis ungeeignet ist, wo der Gläubiger dem Schuldner einen Kredit erteilt, wenn er weiß, dass dieser ausreichend gesichert ist. Die Rechtssache rief also anspruchsvolle Wertungsprobleme hervor, welche das OG nicht vollumfänglich erörterte. Um ein spezifisches Problem des pandektistischen Allgemeinen Teils ging es allerdings nicht, da sich die Fragen auch gestellt hätten, wenn sich die Anfechtungsvorschriften, wie nach dem Schuldrechtsgesetzbuch von 1933, nur auf das Schuldrecht – und nicht die Rechtsgeschäfte im Allgemeinen – bezogen hätten.

Auch im Erbschaftsfall ging es um ein mögliches Spezialitätsverhältnis. Die Vorschrift des Allgemeinen Teils des KC, Art. 59, wird nicht angewandt, um nicht die Wertungen der Bestimmung zum Gutglaubenserwerb vom Scheinerben zu durchkreuzen. Dies spricht aber nicht gegen die Anordnung von Art. 59 KC im Allgemeinen Teil. Zum einen sind schuldrechtliche Herausgabeansprüche, auf welche sie sich bezieht, auch in anderen Büchern des Zivilrechts als dem Schuldrecht potenzielle Anwendungsfälle.[27] Zum anderen regt diese allgemeine Vorschrift die Gerichte dazu an, die hinter dem Gutglaubenserwerb stehenden unterschiedlichen Wertungen transparent zu machen und ihre Anwendung besser zu begründen. Im letzten Fall, zur Anteileveräußerung in der Gesellschaft, mag die Stellung von Art. 59 KC im Allgemeinen Teil der Kodifikation die Überlegung erleichtert haben, die Vor-

26 So Ernst / Rachwal / Zoll (2011) Rn. 87. Richtlinie 2000/43/EG des Rates vom 29. Juni 2000 zur Anwendung des Gleichbehandlungsgrundsatzes ohne Unterschied der Rasse oder der ethnischen Herkunft.

27 So z.B. beim erbrechtlichen Vermächtnis (Art. 968 ff. KC).

schrift auch auf das Vorkaufsrecht und dann noch in einer handelsrechtlichen Konstellation anzuwenden.

4. Ergebnisse

Die Untersuchung zeigt zunächst, dass Berufungen von Gerichten auf den „Allgemeinen Teil“ als solchen selten sind. Auch in den wenigen veröffentlichten Entscheidungen, in denen dieser Begriff auftaucht und für welche diese Darstellung Repräsentativität beansprucht, geht es nicht um den Allgemeinen Teil als Ganzes, sondern jeweils nur um einzelne seiner Bestimmungen. Für die in den ersten beiden Rechtssachen, Krankenhaus und Schuhgeschäft, herangezogenen Vorschriften, erfüllte der Allgemeine Teil allenfalls die Aufgabe eines Definitionsspenders für Rechtsbegriffe,[28] eine auch in Gesetzeswerken angelsächsischer Tradition bekannte Funktion.

Dagegen erforderten die übrigen Fälle Klärung, ob die Regeln des Allgemeinen Teils zur Beschränkung der Wirksamkeit von Rechtsgeschäften auf konkrete Verträge anwendbar sind. Lösungen stellten im Bürg- und Erbschaftsfall teleologische Reduktionen von Art. 86 bzw. 59 KC, also deren Nichtanwendung auf vom Wortlaut umfasste Gestaltungen, dar, beim letzten vorgestellten Beispiel, zur Gesellschaft, dagegen durch eine analoge Anwendung des Art. 59 KC auch auf das Vorkaufsrecht. Jedes Mal ließen sich die Fragen nur unter einer Beachtung der Funktion und der damit verbundenen Wertungen und Interessen der Beteiligten beantworten.

Ein Musterbeispiel für spezifische Erwägungen in einem pandektistischen System stellt die Entscheidung zur Erbschaft dar, in welcher das OG eine Vorschrift der allgemeinen Rechtsgeschäftslehre im Ergebnis nicht auf den erbrechtlichen Gutglaubensschutz für Verfügungen anwandte, dies aber genau im Hinblick auf die Stimmigkeit des Systems erklärte. Der dritte Fall zeigte, dass das aus dem Schuldrechtsgesetzbuch[29] von 1933 übernommene Institut der Arglistanfechtung in seiner aktuellen Form nicht für die Bürgschaft passte. Den Hinweis der Allgemeingültigkeit der Vorschrift des Allgemeinen Teils widerlegt das OG in derselben Entscheidung. Auch hier legte es aber die Wertungsfragen nachvollziehbar offen.

Das Vorhandensein der Vorschriften im Allgemeinen Teil veranlasste also das OG regelmäßig dazu, Einzelregelungen des Gesamtsystems miteinander in Bezug zu setzen. Sieht man als Alternative zum pandektistischen Allgemeinen Teil die Aufnahme von Bestimmungen zu den Rechtsgeschäften in

---

28 So wie bei *Bernd Mertens* in diesem Band: Legaldefinitionen als Bestandteile des Allgemeinen Teils von Zivilrechtskodifikationen aus methodengeschichtlicher Sicht.

29 Art. 37 ff., 39 Kodeks zobowiązań, Dz.U. 1933, Nr. 82, Pos. 598.

das Schuldvertragsrecht an, so hätte es ein Gericht womöglich damit bewenden lassen, festzustellen, dass die Voraussetzungen einer analogen Anwendung der Vorschrift zum *ius ad rem* auf Verfügungen des Scheinerben nicht vorliegen. Insofern schafft der pandektistische Allgemeine Teil eine höhere Begründungslast für gerichtliche Entscheidungen. Er hilft bei der Erkennung und Beachtung des inneren Systems.

Nicht hingegen kann man vom Allgemein Teil erwarten, dass er materiell bessere Entscheidungen bewirkt. Da die äußere Gesetzessystematik nur eine dienende Funktion hat, sollte auch eine völlig andere Vorschriftenanordnung geeignet sein, dieselben materiellen Inhalte auszudrücken, wie sie sich in den pandektistischen Gesetzbüchern finden. Der Richter sollte also, nach der oben verwendeten polnischen Terminologie, auch aus völlig anders strukturierten Gesetzen die gleichen „Normen rekonstruieren" können, wenn ein entsprechender Wille des Gesetzgebers anzunehmen ist. In dem Grade freilich, in welchem man das Bestehen eines von einem einheitlichen Willen geleiteten Gesetzgebers für eine Fiktion hält, steigt die Rolle, welche der Begründung von Gerichtsentscheidungen zukommt.[30]

Literaturverzeichnis

Baldus (2010): *Christian Baldus*, § 3: Gesetzbindung, Auslegung und Analogie: Römische Grundlagen und Bedeutung des 19. Jahrhunderts, in: *Karl Riesenhuber* (Hrsg.), Europäische Methodenlehre. Handbuch für Ausbildung und Praxis (2. Aufl. Berlin 2010) 26-111.

Ernst (2010): *Ulrich Ernst*, § 28: Polen, in: *Karl Riesenhuber* (Hrsg.), Europäische Methodenlehre. Handbuch für Ausbildung und Praxis (2. Aufl. Berlin 2010) 816-823.

Ernst (2012): *Ulrich Ernst*, *Actio pauliana* und verwandte Tatbestände der Gläubigeranfechtung in der polnischen Transformation, in: *Jerzy Pisulinski / Piotr Tereszkiewicz / Fryderyk Zoll* (Hrsg.), Rozprawy z prawa cywilnego, własności intelektualnej, prawa międzynarodowego ku czci Profesora Bogusława Gawlika (Warszawa 2012).

Ernst / Rachwal / Zoll (2011): *Ulrich Ernst / Anna Rachwal / Fryderyk Zoll*: Prawo cywilne – część ogólna (Warszawa 2011).

System Prawa Prywatnego (2007): *Zbigniew Radwański* (Hrsg.), System Prawa Prywatnego, Bd. 1. *Marek Safjan* (Hrsg.), Prawo cywilne – część ogólna (Warszawa 2007) 392-489.

Ziembiński (1960): *Zygmunt Ziembiński*, Przepis prawny a norma prawna, in: Ruch Prawniczy, Ekonomiczny i Społeczny 1/1960, 105-122.

30 Zur gerichtlichen Begründungspflicht der Gerichte als Ausfluss der Gewaltenteilung im Mehrebenensystem: Baldus (2010) Rn. 214.

Die Anwendbarkeit des Allgemeinen Teils im Erbrecht

Eine vergleichende Untersuchung zum deutschen BGB und dem portugiesischen Código Civil*

Jan Peter Schmidt

Abstracts

The doctrine of the legal transaction (*Rechtsgeschäftslehre*) as the core element of the general part is often criticised for not fulfilling its promise to provide a uniform and comprehensive regime for all situations in which persons exercise their private autonomy. Most of the provisions on legal transactions are said to be suitable only for contracts, which is why they are frequently modified in property law, family law and the law of succession. In this way, the general part largely misses its aim of minimizing the number of required provisions and ensuring systematic coherence. This paper analyses the extent to which this criticism is justified as regards the general parts of the German BGB and the Portuguese Civil Code and their application in the law of succession. As a first step, it is emphasized that private autonomy in the context of the law of succession is not limited to the drafting of wills and contracts of inheritance, but that private autonomy is also granted to heirs and beneficiaries to a significant extent, especially as regards acceptance of and disclaiming an inheritance or the avoidance of a will. After that, it is shown that despite numerous exceptions, the general part still plays a useful role in this area of the law, as the rules on legal transactions find application to a substantial extent. The benefits of dealing with the different manifestations of private autonomy under a "common roof" are even clearer on the doctrinal level, as this approach helps to identify the relevant interests in each situation and to develop coherent solutions.

Teoria czynności prawnej (*Rechtsgeschäftslehre*), która jest kluczowym elementem części ogólnej jest krytykowana z uwagi na niespełnienie obietnicy zapewnienia jednolitej i zupełnej regulacji dla wszystkich sytuacji, w których podmioty prawa prywatnego czynią użytek ze swej autonomii woli. Większość unormowań części ogólnej jest odpowiednia jedynie dla zobowiązań umownych. Z tego powodu unormowania te muszą często podlegać modyfikacji w prawie rzeczowym, rodzinnym czy spadkowym. W ten sposób część

* Erweiterte und mit Nachweisen versehene Fassung des am 16. April 2012 in Heidelberg gehaltenen Vortrags. Siehe zum Thema auch die Ausführungen von Oliveira Ascensão (2004) und Capelo de Sousa (2004), die dem Verfasser leider erst nach Fertigstellung dieses Beitrags zur Kenntnis gelangt sind.

ogólna mija się z celem zredukowania liczby koniecznych przepisów i zapewnienia systemowej spójności. W niniejszym artykule przeprowadza się analizę zasadności tej krytyki w odniesieniu do części ogólnych niemieckiego i portugalskiego kodeksu cywilnego oraz jej stosowania w prawie spadkowym. W pierwszej kolejności wskazuje się, że autonomia prywatnoprawna w prawie spadkowym nie jest ograniczona do sporządzania testamentów i umów o dziedziczenie, lecz w znacznej mierze bywa także przyznawana spadkobiercom i innym beneficjentom masy spadkowej, zwłaszcza w kwestii przyjęcia bądź odrzucenia spadku czy też unieważnienia testamentu. Następnie zostaje wykazane, że pomimo licznych wyjątków część ogólna spełnia użyteczną funkcję w tej dziedzinie prawa z tego powodu, że unormowania dotyczące czynności prawnych nadal w znacznym stopniu znajdują zastosowanie. Korzyści z analizowania różnych przejawów autonomii prywatnoprawnej przez pryzmat wspólnej konstrukcji dogmatycznej są widoczne nawet na poziomie doktrynalnym, gdzie takie podejście przyczynia się do odnajdywania istotnych interesów w każdej sytuacji oraz rozwijania spójnych rozwiązań.

A doutrina do negócio jurídico como núcleo da Parte Geral é frequentemente criticada por não cumprir a promessa de fornecer um regime uniforme e completo para todas as situações em que os sujeitos de direito exerçam a sua autonomia privada. Diz-se que as regras sobre negócios jurídicos, na sua grande maioria, são apropriadas somente para o Direito dos Contratos, enquanto que, para a sua aplicação no Direito das Coisas, da Família e das Sucessões, elas devam muitas vezes ser modificadas. A Parte Geral, então, não alcança os objetivos de reduzir o número de preceitos necessários e de garantir a coerência sistemática do Código. O presente artigo analisa em que medida essa crítica é justificada com base nas Partes Gerais do BGB alemão e do Código Civil Português, e suas respectivas aplicações no Direito das Sucessões. Num primeiro passo se elucida que a autonomia privada no Direito das Sucessões não se limita ao testamento ou ao pacto sucessório, mas que também herdeiros e outros beneficiados gozam dela de uma maneira considerável, especialmente nos casos da aceitação ou renúncia da herança ou da anulação de um testamento. No segundo passo se mostra que, não obstante as freqüentes alterações, as regras sobre negócios jurídicos ainda se aplicam em um número importante de casos no Direito das Sucessões. A Parte Geral do Código, então, cumpre uma função útil nessa área. Isso vale mais ainda no âmbito da dogmática, onde a análise das diferentes manifestações da autonomia sob um "teto comum" ajuda a identificar os interesses relevantes em cada situação e a elaborar soluções coerentes.

1. Problemstellung

Die Rechtsgeschäftslehre gilt zu Recht als Herzstück des Allgemeinen Teils.[1] Denn während etwa die Regelungen über Personen und Sachen auch anderen Büchern des Zivilgesetzbuchs zugewiesen werden könnten,[2] stehen die Vorschriften über Rechtsgeschäfte auf einer höheren Abstraktionsebene. Sie erheben den Anspruch, alle diejenigen Situationen regeln, in denen der Einzelne seine Rechtsverhältnisse in Ausübung seiner Privatautonomie selbst gestalten kann.[3] Und Möglichkeiten der rechtlichen Selbstgestaltung gibt es natürlich nicht nur im Schuldrecht, sondern auch im Sachenrecht, im Familienrecht und im Erbrecht.

Gerade an diesem umfassenden Anspruch der allgemeinen Rechtsgeschäftslehre setzt nun allerdings die gegen sie gerichtete Kritik an, die zugleich ein Frontalangriff auf den Allgemeinen Teil insgesamt ist: Die Regelungen über Rechtsgeschäfte besäßen nur den *Anschein* der Allgemeingültigkeit. In Wahrheit seien sie fast ausschließlich anhand des Vertragsrechts entwickelt worden und passten für andere Formen privatautonomen Handelns allenfalls beschränkt.[4] Die vermeintlich allgemeinen Regelungen würden deshalb entweder in unsachgemäßer Weise überdehnt oder bedürften entsprechender Modifizierungen. Und in der Tat muss etwa das deutsche BGB an vielen Stellen Sondervorschriften treffen und damit zugeben, dass es im Allgemeinen Teil „den Mund zu voll genommen hat".[5] Klarstes Beispiel ist wohl die Eheschließung, die zwar ein Rechtsgeschäft ist, weil die Parteien mit ihr selbstbestimmt Rechtsfolgen in Gang setzen, die aber detailliert in Abweichung vom Allgemeinen Teil geregelt wird.[6]

Wie steht es nun um die Geltung des Allgemeinen Teils im Erbrecht? Können er und seine Rechtsgeschäftslehre sich hier bewähren, oder muss auch für diesen Bereich konzediert werden, dass die allgemeinen Regelun-

1 Siehe schon Zitelmann (1906) 14, der von der *„pièce de résistance"* des Allgemeinen Teils sprach.

2 So könnte das Personenrecht nach dem Vorbild des schweizerischen ZGB in einem eigenen Buch zusammengefasst werden oder wie in Frankreich oder Italien im Familienrecht stehen; die §§ 90 ff. BGB über Sachen könnten und sollten dem Buch 3 über das Sachenrecht zugeordnet werden.

3 Rechtsgeschäft also verstanden als Mittel zur Privatautonomie, siehe die klassische Abhandlung von Flume (1979) 1 ff.

4 Zur Kritik aus dem deutschen Schrifttum siehe etwa Bork (2011) Rn. 83 f.; Hübner (1996) Rn. 79; Wieacker (1967) 486 ff. Aus dem portugiesischem Schrifttum Menezes Cordeiro (2005) 113 ff.

5 Zweigert / Kötz (1996) 145.

6 Siehe die §§ 1303 ff. BGB, dazu in diesem Band auch *Christian Baldus,* Besondere Geschäftsfähigkeiten nach dem BGB? Für weitere Beispiele, in denen die Vorschriften des Allgemeinen Teils eine Modifizierung erfahren: Münch (2000) 153.

gen nicht recht passen und deshalb größtenteils angepasst werden müssen? Eine solche Prüfung ist, soweit ersichtlich, bislang kaum jemals systematisch vorgenommen worden,[7] und dabei kann sie einen wichtigen Beitrag zur Beurteilung der Leistungsfähigkeit einer allgemeinen Rechtsgeschäftslehre erbringen. Stattdessen werden die Angriffe auf die Rechtsgeschäftslehre oftmals an der falschen Front geführt: Wer etwa das UN-Kaufrecht oder die *Principles of European Contract Law* (PECL) als Beleg für die Verzichtbarkeit einer allgemeinen Rechtsgeschäftslehre anführt,[8] übersieht, dass bei einem Regelungswerk, das sich von vornherein auf bestimmte Typen von Rechtsgeschäften wie den schuldrechtlichen Vertrag oder gar allein den Kaufvertrag beschränkt, natürlich auch kaum ein Bedürfnis für Vorschriften über andere Arten von Rechtsgeschäften besteht.[9] Ebenso wenig bräuchte ein Gesetz über die Errichtung von Testamenten den Begriff des Rechtsgeschäfts, genauso wie jemand, der ein Buch über Pferde schreibt, nicht nötig hat, von Säugetieren zu reden. Sollen hingegen in einem Gesetzbuch Regelungen über Verträge und Testamente und Eheschließungen und sachenrechtliche Verfügungen enthalten sein, so muss sich der Gesetzgeber überlegen, ob diese Formen privatautonomen Handelns etwas miteinander gemeinsam haben, was „vor die Klammer" gezogen werden kann. Ein solches Vor-die-Klammer-Ziehen, bringt, wo es möglich ist, bekanntlich drei wichtige Vorteile mit sich: 1) den Einsparungseffekt, d.h. das Gesetz kommt ohne Wiederholungen aus; 2) die Vermeidung von Regelungslücken; 3) die Vermeidung ungewollter Differenzierungen.[10]

Der vorliegende Beitrag untersucht die aufgeworfene Frage anhand des deutschen BGB und des portugiesischen Código Civil (CC port), deren Allgemeine Teile dieselben geistigen Wurzeln haben, aber auch einige interessante Unterschiede aufweisen.[11] Die Einbeziehung weiterer Zivilgesetzbücher wie etwa des polnischen oder des brasilianischen wäre natürlich zusätzlich

7 Siehe allerdings die ausführlich begründete Forderung von Kroppenberg (2008), die Privatautonomie von Todes wegen (und dementsprechend auch die erbrechtlichen Rechtsgeschäften) als eigenständig und gleichberechtigt neben den lebzeitigen Formen der Privatautonomie zu behandeln. Eine grundsätzliche Absage an eine allgemeine Rechtsgeschäftslehre ist hiermit aber, soweit ersichtlich, nicht verbunden.

8 So Ranieri (2009) 441; ähnlich Lando (2010) 955.

9 Immerhin müssen auch die PECL die Frage beantworten, welchen Regelungen einseitige Rechtsgeschäfte wie etwa Anfechtungs-, Kündigungs- oder Aufrechnungserklärungen unterliegen. Hierzu wurde die Verweisungsnorm des Art. 1:107 PECL geschaffen, die aber auch Bedenken ausgesetzt ist, dazu unten IV.

10 Zu den Vorzügen eines Allgemeinen Teils mit weiteren Nachweisen Schmidt (2009) 312 ff.

11 Dazu allgemein in diesem Band *Ulrich Ernst,* Entstehung und Strukturvergleich der pandektistischen Allgemeinen Teile in den Zivilrechtskodifikationen Deutschlands, Polens und Portugals; Müller (2008); vgl. auch Baldus (2011) 56 f.

erkenntnisfördernd, muss an dieser Stelle mangels Zeit und Platz aber unterbleiben.

2. Rechtsgeschäftliches Handeln im Erbrecht

Wo gibt es nun überall rechtsgeschäftliches Handeln im Erbrecht?[12] Man denkt sofort an die Errichtung, Änderung und Aufhebung eines Testaments[13] oder Erbvertrags,[14] und natürlich sind das auch die wichtigsten erbrechtlichen Gestaltungsmittel.[15] Bei näherer Betrachtung zeigt sich allerdings, dass der Privatautonomie auch auf Seiten der Begünstigten, also der (potentiellen) Erben und Vermächtnisnehmer, ein bedeutender Spielraum eingeräumt ist: Zu nennen sind die Annahme und Ausschlagung der Erbschaft[16] (einschließlich ihrer jeweiligen Anfechtung[17]), die Anfechtung des Testaments oder Erbvertrags wegen Willensmängeln,[18] ferner die Anfechtung des Erbschaftserwerbs wegen Erbunwürdigkeit.[19] Es ist somit zu konstatieren, dass rechtsgeschäftliches Handeln im Erbrecht insgesamt eine große Rolle spielt.

Eine umfassende Untersuchung zur Frage, inwieweit die Regelungen des Allgemeinen Teils jeweils Anwendung finden, würde angesichts der großen Bandbreite an Themenkomplexen einen beträchtlichen Aufwand erfordern.

---

12 Siehe ausführlich Muscheler (2010) Rn. 149 ff., der zwischen „erbrechtskonstitutiven" und „erbrechtsabwickelnden" Rechtsgeschäften unterscheidet. Im Folgenden geht es allein um die Rechtsgeschäfte der erstgenannten Gruppe.

13 §§ 2064 ff., 2229 ff. BGB, Art. 2179 ff. CC port.

14 §§ 2274 ff. BGB, 1700 ff., Art. 2028 CC port.

15 Für den Erbvertrag gilt dies natürlich nur insoweit, wie er in der betreffenden Rechtsordnung überhaupt zugelassen ist, siehe dazu den Überblick bei Helms (2012) 388 ff. Das portugiesische Recht erkennt den Erbvertrag nur in engen Ausnahmefällen an, nämlich wenn er zwischen Eheleuten vor der Heirat geschlossen wird, siehe Art. 1700 ff. CC port. In allen anderen Fällen ist der Erbvertrag nichtig, Art. 2028 Nr. 2 CC port. Die deklaratorische Vorschrift des Art. 2026 CC port, die den Erbvertrag in eine Reihe mit der testamentarischen und der gesetzlichen Erbfolge stellt, täuscht also über seine wahre Bedeutung hinweg, kritisch auch Pamplona Corte-Real (1993) 80. Ebenso irreführend ist der Umstand, dass Art. 2028 Nr. 1 CC port den Erbverzicht als einen Fall des Erbvertrages nennt, das Gesetzbuch den Erbverzicht aber in keinem Fall anerkennt und er somit stets unzulässig ist. Die Vorschrift des Art. 2028 CC port Nr. 1 ist nur im historischen Kontext zu verstehen, siehe Pires de Lima / Antunes Varela (2010) Art. 2028. Das deutsche Schrifttum sieht den Erbverzicht (§§ 2346 ff. BGB) ebenfalls als eine Form des erbrechtlichen Vertrages an, behandelt ihn aber als eigenständige Kategorie. Zu diesem praktisch sehr bedeutsamen Thema aus jüngster Zeit Röthel (2012) 189 ff.

16 §§ 1942 ff. BGB, Art. 2050 ff. CC.

17 §§ 1954 ff. BGB, Art. 2060, 2065 CC.

18 §§ 2078 ff. BGB, Art. 2199 ff. CC.

19 §§ 2339 ff. BGB, Art. 2034 ff. CC.

Die vorliegende Abhandlung beschränkt sich daher auf zwei Typen von erbrechtlichen Rechtsgeschäften, nämlich das Testament und die Annahme / Ausschlagung der Erbschaft als den jeweils zentralen erbrechtlichen Rechtsgeschäften auf Seiten des Erblassers und der Begünstigten. Anschließend sollen einige vorsichtige Schlussfolgerungen gezogen werden.

3. Die Reichweite der Vorschriften des Allgemeinen Teils in BGB und CC port

3.1. Testierfähigkeit

3.1.1. Deutschland

Im BGB ist die Testierfähigkeit auf den ersten Blick in verschiedenen Punkten anders geregelt als die Geschäftsfähigkeit.[20] So kann eine Person schon mit 16 Jahren ein Testament errichten (§ 2229 Abs. 1 BGB), während sie erst mit 18 Jahren voll geschäftsfähig wird (§§ 2, 106 BGB). Der BGB-Gesetzgeber begründete diese unterschiedlichen Altersgrenzen vor allem damit, dass das Testieren im Unterschied zu Geschäften unter Lebenden keine Stellvertretung gestattet[21] und das Erfordernis der Volljährigkeit den Minderjährigen daher in seiner Testierfähigkeit übermäßig einschränken würde.[22]

Auch hinsichtlich der notwendigen Einsichts- und Steuerungsfähigkeit des Handelnden treffen die §§ 104 Nr. 2, 105 Abs. 2 BGB auf der einen und § 2229 Abs. 4 BGB auf anderen Seite unterschiedliche Regelungen. Beim näheren Hinsehen entpuppt sich diese Abweichung allerdings als scheinbarer Natur. Denn die Existenz des § 2229 Abs. 4 BGB ist allein historisch bedingt: Die Verfasser des BGB hatten auf eine entsprechende Regelung noch bewusst verzichtet, weil sich für sie der Umstand, dass eine geschäftsunfähige Person auch kein Testament errichten kann, bereits aus den §§ 104, 105 BGB

---

20 Zum Folgenden ausführlich und mit weiteren Nachweisen Schmidt (2012) 1025 ff.; In diesem Band: *Christian Baldus*, Besondere Geschäftsfähigkeiten nach dem BGB?.

21 Wegen des Grundsatzes der formellen Höchstpersönlichkeit der Testamentserrichtung (§ 2064 BGB).

22 Die geltende Regelung wird im Schrifttum dennoch häufig kritisiert. Einige bezweifeln, dass ein 16-Jähriger bereits die zum Testieren erforderliche Reife besitzt, und plädieren für einen Gleichlauf mit der Geschäftsfähigkeit (Lange / Kuchinke [2001] 346 f.; MünchKomm BGB (2010) / *Walter Hagena*, § 2229, Rn. 8; mit dem Argument der fehlenden Praxisrelevanz Staudinger BGB (2012) / *Wolfgang Baumann*, § 2229, Rn. 25. Andere hingegen erachten die gegenwärtige Regelung als zu rigide und damit verfassungsrechtlich bedenklich. Vorgeschlagen wird insbesondere, dem unter 16-Jährigen die Möglichkeit zu geben, mit Hilfe seines gesetzlichen Vertreters zu testieren (Muscheler [2010] Rn. 1657).

ergab. Als dann aber 1938 das „Gesetz über die Errichtung von Testamenten und Erbverträgen" (TestG) erging und der entsprechende Regelungskomplex aus dem BGB ausgegliedert wurde, entstand nicht nur ein ästhetisches Bedürfnis, die Testierfähigkeit abschließend und vollständig in dem Sondergesetz zu regeln, sondern auch eine praktische Notwendigkeit. Denn das TestG sollte auch im kurz zuvor „angeschlossenen" Österreich gelten, wo aber noch das ABGB in Kraft stand und somit nicht auf die §§ 104, 105 BGB Bezug genommen werden konnte. Aus diesem Grund wurde das Erfordernis der Testierfähigkeit in § 2 Abs. 2 TestG formuliert, der aber keine sachlichen Änderungen der geltenden Rechtslage herbeiführen sollte.[23] Als das TestG im Jahre 1953 dann ins BGB zurückgeführt wurde[24] und § 2 Abs. 2 TestG damit seine Existenzberechtigung eigentlich verlor, wurde er trotzdem als der neue § 2229 Abs. 4 ins BGB übernommen. Die geringfügigen sprachlichen Änderungen[25] hatten wiederum nicht das Ziel einer inhaltlichen Reform.[26] Diese gesetzgeberische Inkonsequenz, die dadurch noch betont wird, dass das BGB sich beim Erbvertrag weiterhin auf die Regelungen des Allgemeinen Teils verlässt (§ 2275 Abs. 1 BGB), ist keineswegs unschädlich, denn sie verschleiert denn Umstand, dass Geschäfts- und Testierfähigkeit – zu Recht[27] – einem einheitlichen Maßstab unterliegen.[28]

Abgeschafft ist im deutschen Recht inzwischen die Entmündigung, in deren Folgen für die Testierfähigkeit sich das BGB recht engherzig gezeigt hatte. Nicht nur trat nach § 2229 Abs. 3 BGB a.F. Testierunfähigkeit bereits mit Stellung des Entmündigungsantrags ein, vor allem wurde auch der wegen Geistesschwäche, Verschwendung, Trunksucht oder Rauschgiftsucht Entmündigte von ihr erfasst, obwohl er nach § 114 BGB a.F. immerhin noch be-

---

23 Siehe die amtliche Begründung des TestG in Juristische Wochenschrift 1938, 1254; Vogels / Seybold (1949) Erläuterungen, § 2 Rn. 5.

24 Gesetz zur Wiederherstellung der Gesetzeseinheit auf dem Gebiete des Bürgerlichen Rechts vom 5.3.1953.

25 Gestrichen wurde der zur Erläuterung der Bewusstseinsstörung eingefügte Klammerzusatz „z.B. wegen Trunkenheit".

26 Hedemann (1953) 118.

27 A.A. Grunsky (2009), der jüngst eine Abkoppelung der Testierfähigkeit von der Geschäftsfähigkeit gefordert hat. Seine Argumentation fußt darauf, dass letztwillige Verfügungen immer erst nach dem Tod des Erblassers Wirkungen entfalten. Anders als bei Geschäften unter Lebenden bestehe daher kein Bedürfnis, einen Testator vor nachteiligen Folgen seines Handelns zu schützen. Dementsprechend sei es nicht nur möglich, sondern sogar verfassungsrechtlich geboten, geringere Anforderungen an die Testierfähigkeit als an die Geschäftsfähigkeit zu stellen. Diese Ansicht ist jedoch abzulehnen, da sie die Voraussetzungen privatautonomen Handelns verkennt, näher Schmidt (2012) 1028 ff.

28 Kritisch auch Lange / Kuchinke (2001) 348 („überflüssig und sogar missverständlich"); Baldus (2008) 25.

schränkt geschäftsfähig war.[29] Die Anordnung der Betreuung (§§ 1896 ff. BGB) lässt hingegen die Testierfähigkeit des Betroffenen unberührt, diese bestimmt sich auch weiterhin nach der Regelung des § 2229 Abs. 4 BGB.[30]

3.1.2. Portugal

Im portugiesischen Recht wird die Testierfähigkeit erst mit Volljährigkeit erlangt (Art. 2189 lit. a CC port[31]). Der daraus resultierende Gleichlauf zwischen Geschäfts- und Testierfähigkeit besteht allerdings erst seit 1977, als das Volljährigkeitsalter von 21 auf 18 Jahre gesenkt[32] und von einer parallelen Herabsetzung der – schon zuvor bei 18 Jahren angesetzten – Testiermündigkeit abgesehen wurde.[33] Testierunfähig sind neben den Minderjährigen die Entmündigten (Art. 2189 lit. b CC port). Dass dies nicht jeweils bereits aus den Vorschriften des Allgemeinen Teils geschlossen werden konnte, sondern im Erbrecht vom Gesetzgeber gesondert erwähnt wurde, war vermutlich dem Wunsch nach Klarheit geschuldet, ferner dem Umstand, dass die Testierunfähigkeit die Nichtigkeit, die Geschäftsunfähigkeit hingegen nur die Anfechtbarkeit des Rechtsgeschäfts zur Folge hat.[34]

Für die Fälle, in denen es dem Testator aufgrund geistiger Beeinträchtigung an der nötigen Einsichts- und Steuerungsfähigkeit fehlt, er aber (noch) nicht entmündigt wurde, sieht der CC port eine von den Vorschriften des Allgemeinen Teils abweichende Regelung vor. Diese weist im Unterschied zu § 2229 Abs. 4 BGB einen eigenständigen materiellrechtlichen Gehalt auf, der auch sachlich gerechtfertigt ist. Nach den allgemeinen Vorschriften führt das Fehlen der Einsichts- und Steuerungsfähigkeit nämlich nur dann zur „vo-

---

29 Nach Canaris (1987) 999 war diese Regelung ein „Skandal" und ihre Unvereinbarkeit mit Art. 14 GG offensichtlich. Die Einschätzung von Röthel (2010) 55, dass es bei den Testieranforderungen des BGB zu einem „race-to-the bottom" gekommen sei, ist also jedenfalls in dieser Hinsicht nicht zutreffend. Instruktiv zur umstrittenen Entstehung des § 2229 Abs. 3 BGB a.F. Muscheler (2010) Rn. 1677 f.

30 Dass die Anordnung eines Einwilligungsvorbehalts in diesem Fall ausgeschlossen ist (§ 1903 Abs. 2 BGB), ergab sich auch schon aus dem Gebot der formellen Höchstpersönlichkeit der Testamentserrichtung (§ 2064 BGB).

31 Eine Ausnahme gilt im Fall der durch Eheschließung erlangten „emancipação", die zur vollen Geschäftsfähigkeit führt, Art. 132 f. CC port.

32 Dekretgesetz Nr. 496 vom 25.11.1977. Siehe Art. 122 CC port.

33 Im ersten CC port von 1867 hatte die Grenze für die Testiermündigkeit in Fortsetzung der römisch-rechtlichen Tradition noch bei 14 Jahren gelegen (Art. 1764), im zweiten von 1966 wurde sie dann auf 18 Jahre angehoben. Zur Begründung siehe die Diskussionen in Centro de Estudos de Direito Civil da Faculdade de Direito da Universidade de Lisboa (1972) 284-287.

34 Art. 125, 2190 CC port.

rübergehenden Geschäftsunfähigkeit" (*incapacidade acidental*),[35] wenn es für die andere Partei auch erkennbar war (Art. 257 CC port). Der Schutz des Geschäftsunfähigen ist also schwächer ausgestattet als im deutschen Recht, wo es auf die Erkennbarkeit nicht ankommt. Beim Testament hingegen hielt der portugiesische Gesetzgeber eine solche Rücksichtnahme auf den Rechtsverkehr berechtigterweise nicht für erforderlich, weshalb er die Regelung des Allgemeinen Teils entsprechend abändern musste (Art. 2199 CC port). Es zeigt sich somit, dass während das BGB die Vorteile des Allgemeinen Teils ohne Not preisgegeben hat, der CC port hierzu in gewissem Umfang gezwungen war.

3.2. Willensmängel bei der Testamentserrichtung

3.2.1. Deutschland

Von den §§ 116-118 BGB, also den Fällen der Mentalreservation, der Simulation und der Scherzerklärung, finden § 116 S. 2 und § 117 BGB von vornherein keine Anwendung auf die Testamentserrichtung, da sie eine empfangsbedürftige Willenserklärung voraussetzen.[36] Anderes gilt für § 116 S. 1 und § 118 BGB, die aber kaum praktische Relevanz für die Gültigkeit von Testamenten haben und deshalb hier nicht weiter untersucht werden.[37]

Praktisch sehr bedeutsam ist hingegen die Möglichkeit der Anfechtung eines Testaments wegen Irrtums, Täuschung oder Drohung. Und ausgerechnet hier muss der Allgemeine Teil des BGB seine größte „Niederlage" hinnehmen, denn die §§ 119-124 BGB werden vollständig durch die §§ 2078, 2079 BGB verdrängt.[38] § 2078 Abs. 1 BGB regelt scheinbar den Inhalts- und Erklärungsirrtum genau so wie § 119 Abs. 1 BGB, trotzdem war die Vorschrift aus verschiedenen Gründen nicht entbehrlich. Zum einen wurde das die Anfechtung nach § 119 Abs. 1 beschränkende Merkmal der „verständigen Würdigung des Falles" beim Testament wegen der reinen Maßgeblichkeit des Erblasserwillens nicht für relevant erachtet.[39] Vor allem aber passte

35 Dass diese vom Gesetzgeber anders als die Minderjährigkeit und die Entmündigung dem Bereich der Willensmängel zuordnet wurde, wird zu Recht kritisiert (Menezes Cordeiro [2005] 790), ist im vorliegenden Kontext aber ohne Belang. Zum portugiesischen Recht der Geschäftsfähigkeit siehe in diesem Band *Rafael Longhi*, Das System der verschiedenen Formen der „Geschäftsfähigkeit" im brasilianischen und portugiesischen Recht.

36 Muscheler (2010) Rn. 1914.

37 Dazu Muscheler (2010) Rn. 1915 f.; Lange / Kuchinke (2001) 815 f.

38 Siehe auch Staudinger BGB (2003) / *Gerhard Otte*, § 2078, Rn. 1. Größtenteils anwendbar sind aber die §§ 142-144 BGB.

39 Muscheler (2010) Rn. 1965 f.

§ 119 Abs. 1 nicht hinsichtlich der Anfechtungsberechtigung: Nach dieser Vorschrift ist, wie generell im Allgemeinen Teil, derjenige anfechtungsberechtigt, der die Erklärung abgegeben hat. Beim Testament hingegen ergäbe die Möglichkeit der Anfechtung durch den Testator keinen Sinn, da er zu Lebzeiten das Testament einfach widerrufen kann[40] und es nach seinem Tod für ihn ohnehin zu spät ist. Deshalb können nach Eintritt des Erbfalls alle diejenigen das Testament anfechten, denen die Aufhebung der Verfügung unmittelbar zustatten kommen würde (§ 2080 BGB).

Von den Anfechtungsgründen ist in der Praxis vor allem § 2078 Abs. 2 Alt. 1 BGB bedeutsam, der in Erweiterung des § 119 BGB alle Motivirrtümer für beachtlich erklärt. Die Ratio dieser Vorschrift besteht darin, dass anders als bei Rechtsgeschäften unter Lebenden keine Rücksicht auf Verkehrsinteressen genommen zu werden braucht. Die Anfechtung wegen arglistiger Täuschung war damit entbehrlich, denn jede Täuschung führt auch zu einem Motivirrtum. § 2079 BGB sieht sodann noch einen weiteren Anfechtungsgrund vor, der eine Art besonderer Motivirrtum ist. Schließlich wird auch die Geltung des § 122 BGB, also die Verpflichtung zum Ersatz des Vertrauensschadens, im Bereich der Testamentsanfechtung ausdrücklich ausgeschlossen (§ 2078 Abs. 3 BGB).

Man könnte über diese technischen Unterschiede hinaus geltend machen, dass die Anfechtung eines Testaments eine ganze andere Zielrichtung verfolge als etwa die Anfechtung eines Vertrags. Letztere soll den Erklärenden selbst schützen und ihn von einer nicht gewollten Bindung befreien. Bei Testamenten hingegen wird in der deutschen Lehre von einigen die Ansicht vertreten, dass die Möglichkeit der Anfechtung gar nicht den Willen des Testators schützen, sondern allein den gesetzlichen Erben zugute kommen solle.[41] Hauptargument hierbei ist, dass die Vernichtung des Testaments durch Anfechtung den wahren Erblasserwillen häufig gerade nicht zur Geltung bringen könne, weil der Anfechtung immer nur eine kassatorische und niemals gestaltende Wirkung zukomme. Und anders als bei Geschäften unter Lebenden habe der Testator auch keine Möglichkeit mehr, das Rechtsgeschäft zu wiederholen. Folgt man dieser Auffassung, wäre also die Anfechtung von Testamenten nicht nur hinsichtlich der technischen Details, sondern auch qualitativ etwas anderes als die Anfechtung von Verträgen. Letztlich vermag diese Auffassung aber nicht zu überzeugen.[42] Denn im Kern geht es jeweils darum, dass ein auf Willensmängeln beruhendes Rechtsgeschäft, sei es ein lebzeitiges oder eines von Todes wegen, keinen Anspruch auf An-

40 Zur interessanten Frage, ob der Testator sein Testament dann zu Lebzeiten anfechten kann, wenn dessen Aufhebung an einer zwischenzeitlich eingetretenen Geschäftsunfähigkeit scheitern würde, Harke (2004) 180 ff.

41 So etwa MünchKomm BGB (2010) / *Dieter Leipold*, § 2078, Rn. 1.

42 Ablehnend auch Muscheler (2010) Rn. 1961.

erkennung durch die Rechtsordnung hat, weil konstitutive Voraussetzung privatautonomer Rechtssetzung immer ist, dass der Erklärende willentlich handelt und die Tragweite seines Handelns jedenfalls in Grundzügen auch versteht. Dass von der Anfechtung eines Testaments die gesetzlichen Erben profitieren, ist vom Gesetzgeber nicht unmittelbar beabsichtigt, sondern eher eine zufällige Folge.

Dessen ungeachtet lässt sich mit guten Gründen sagen, dass die Verselbständigung des § 2078 BGB gegenüber dem Allgemeinen Teil in einem anderen Punkt nicht weit genug gegangen ist: Wie gesehen, hat § 2078 immerhin die verschiedenen Irrtumskategorien des Allgemeinen Teils übernommen. Dementsprechend wird bei der „widerrechtlichen Drohung" analog zu § 123 BGB ein finaler Zusammenhang zwischen Drohung und letztwilliger Verfügung verlangt.[43] Anfechtung wegen Drohung ist also dann nicht möglich, wenn die testamentarische Anordnung nur mittelbare, vom Drohenden gar nicht beabsichtigte Folge war. Bei Geschäften unter Lebenden mag diese Einschränkung aus Verkehrsschutzgesichtspunkten sinnvoll sein; ein umfassender Schutz des Erblasserwillens ließe sich hingegen besser verwirklichen, wenn anstelle der *Drohung* nur auf die *Furcht* des Erblassers abgestellt und kein finales Element verlangt würde.[44] Die unreflektierte Entscheidung des BGB-Gesetzgebers war wahrscheinlich im Wesentlichen der Entstehungsgeschichte geschuldet: Der Allgemeine Teil wurde nämlich zeitgleich mit den anderen Büchern des BGB entworfen,[45] während an sich ein induktives Vorgehen geboten war: Erst wenn der Inhalt der Besonderen Teile feststeht, kann man im zweiten Schritt untersuchen, welche allgemeinen Regelungen sich daraus destillieren lassen. So aber wurde bei den Irrtumskategorien des BGB im Allgemeinen Teil eine Vorentscheidung getroffen, die im Erbrecht nicht mehr in Frage gestellt wurde.

---

43 Siehe etwa Staudinger BGB (2003) / *Gerhard Otte*, § 2078, Rn. 25 oder MünchKomm BGB (2010) / *Dieter Leipold*, § 2078, Rn. 51, die unmittelbar auf § 123 BGB verweisen. Zum dortigen Erfordernis des Finalzusammenhangs zwischen Drohung und Willenserklärung eingehend Martens (2007) 1 ff.

44 Näher Martens (2007) 211.

45 Die Vorkommission hatte noch dazu geraten, erst die Entwürfe zu den Besonderen Teilen zu erstellen, um dann aus diesen im Wege der Induktion die verallgemeinerungsfähigen Rechtssätze zu gewinnen, siehe Gutachten der Vorkommission vom 15.4.1874, in: Schubert (1978) 179, 183. Die Erste Kommission beschloss hingegen, mit dem Entwurf des Allgemeinen Teils nicht zu warten, sondern sogleich einen Redaktor hierfür zu bestellen, Kommissionsprotokolle vom 26. und 28.9.1874 ebd. 218 ff. Zum Ganzen Schubert (1981) IX ff.; vgl. auch Mertens (2004) 448 f.

3.2.2. Portugal

Schaut man nun wieder in den Allgemeinen Teil des CC port, so wird deutlich, dass dieser bei der Testamentsanfechtung etwas mehr Bedeutung für sich reklamieren kann als der Allgemeine Teil des BGB.[46] Art. 2201 CC port beschränkt sich darauf, die Anfechtbarkeit wegen Irrtums, Täuschung und Drohung klarstellungshalber zu nennen, und verlässt sich ansonsten auf die Regelungen des Allgemeinen Teils (Art. 240 ff. CC port).[47] Dies wird insbesondere dadurch ermöglicht, dass nach der Regelung des Allgemeinen Teils jeder anfechtungsberechtigt ist, der ein Interesse an der Anfechtung geltend machen kann (Art. 287 CC port).

Eine Sonderregelung erfährt dagegen wie im BGB der Motivirrtum, allerdings findet interessanterweise keine Erweiterung gegenüber dem Allgemeinen Teil statt, sondern eine Einschränkung! Der Motivirrtum ist nämlich nach Art. 2202 CC port im Sinne einer Andeutungstheorie nur dann relevant, wenn sich zumindest Anhaltspunkte für ihn aus dem Testament selbst ergeben.[48] Diese Regelung wirkt aus deutscher Sicht auf den ersten Blick überraschend, erweist sich aber bei näherem Hinsehen als gut begründbar, wie sogleich beim Thema der Testamentsauslegung dargelegt wird.

3.3. Auslegung von Testamenten

3.3.1. Deutschland

Die Auslegung von Testamenten erfolgt im deutschen Recht, vorbehaltlich von Sonderregeln für bestimmte Tatbestände (§§ 2066 ff. BGB), nach der allgemeinen Vorschrift des § 133 BGB, die den Willen des Erklärenden für maßgeblich erklärt. Allerdings erfährt diese Vorschrift in der Praxis der Testamentsauslegung eine gewichtige Einschränkung. Die Rechtsprechung gestattet nämlich keine umfassende Berücksichtigung des Erblasserwillens, sondern verlangt, dass die beabsichtigte Verfügung in irgendeiner Form im Testament zum Ausdruck gekommen ist, und sei es nur unvollkommen oder versteckt (sog. Andeutungstheorie). Der Grund für diese Regel liegt darin, dass bei unbegrenzter Berücksichtigung des Erblasserwillens nicht nur die

46 Art. 2200 CC port enthält allerdings eine Sonderregel zur simulierten testamentarischen Verfügung.

47 Siehe auch Carvalho Fernandes (2008) 485; nach Pires de Lima / Antunes Varela (2010) Art. 2201, Nr. 5 sind die Art. 240 ff. CC port bei der Testamentsanfechtung allerdings so auszulegen, dass auf das Vertrauen Dritter keine Rücksicht genommen zu werden braucht.

48 Pires de Lima / Antunes Varela (2010) Art. 2202, Nr. 5 scheinen die Anforderungen allerdings nicht sehr hoch anzusetzen („um mínimo de cobertura no próprio texto do testamento").

Anfechtungsregel des § 2078 BGB weitgehend leerliefe, sondern auch die Formerfordernisse der Testamentserrichtung umgangen zu werden drohten.[49] Freilich sieht sich die Andeutungstheorie schon seit langer Zeit auch starker Kritik ausgesetzt, auf die hier nicht näher eingegangen werden kann.[50]

In jedem Fall wird nun auch deutlich, warum es problematisch ist, dass der Motivirrtum nach § 2078 Abs. 2 BGB auch dann zur Anfechtung berechtigt, wenn er nicht im Testament angedeutet ist: Es ist nun nämlich einfacher, den Erblasserwillen zu Fall zu bringen als ihm im Wege der Auslegung zur Durchsetzung zu verhelfen, und es ist durchaus zweifelhaft, ob dieses Ungleichgewicht gerechtfertigt ist. Schon bei den Arbeiten zur Schaffung des BGB wurde das Problem erkannt, ein entsprechender Normvorschlag konnte sich aber nicht durchsetzen.[51]

3.3.2. Portugal

Im portugiesischen Erbrecht findet sich neben besonderen Auslegungsregeln für bestimmte Arten von testamentarischen Verfügungen auch eine allgemeine Vorschrift in Art. 2187 CC port. Diese war deshalb nötig, weil die Regelungen im Allgemeinen Teil (Art. 236-238 CC port) auf empfangsbedürftige Rechtsgeschäfte zugeschnitten sind und daher die Auslegung nach dem objektiven Empfängerhorizont anordnen. In Testamenten hat dagegen nach Art. 2187 Nr. 1 CC port berechtigerweise die subjektive Auslegung Vorrang.[52] Art. 2187 Nr. 2 CC port regelt ferner eine Art Andeutungstheorie für die Testamentsauslegung, die aber auch schon in Art. 238 CC port des Allgemeinen Teils enthalten ist. Es fragt sich deshalb, ob die erbrechtliche Regelung nicht entbehrlich gewesen wäre.[53]

---

49 MünchKomm BGB (2010) / *Dieter Leipold*, § 2084, Rn. 14 ff.

50 Für einen Überblick über die Diskussion siehe Muscheler (2010) Rn. 1838 ff.

51 Eingehend Martens (2008) 208 ff.

52 Nach Carvalho Fernandes (2008) 532 ff. sollen die Art. 236-238 CC port subsidiär zur Anwendung kommen, wenn sich der Erblasserwille nicht feststellen lässt.

53 Carvalho Fernandes (2008) 535 f. verneint dies und betont, dass Art. 2187 Nr. 2 CC port im Vergleich zur Regelung des Art 238 CC port großzügiger sei. Zur Testamentsauslegung in Portugal auch Müller-Bromley (2011) 124.

3.4. Nichtigkeit von Testamenten wegen Gesetzes- oder Sittenwidrigkeit

3.4.1. Deutschland

Im deutschen Recht finden die allgemeinen Regelungen der §§ 134, 138 BGB auch auf Testamente Anwendung und haben in der Praxis nicht geringe Bedeutung. Wichtigster Anwendungsfall des § 134 (Nichtigkeit des Rechtsgeschäfts wegen Verstoß gegen ein gesetzliches Verbot) ist § 14 Heimgesetz (zuletzt geändert 2009), der es der Leitung und den Beschäftigten eines Pflegeheims verbietet, sich von den Bewohnern Leistungen versprechen oder gewähren zu lassen, die über das vereinbarte Entgelt hinausgehen. Die h.M. fasst hierunter auch die Zuwendung durch Verfügung von Todes wegen, mit der Rechtsfolge der Nichtigkeit.[54]

Wichtigste Fallgruppe der Nichtigkeit eines Testaments nach § 138 Abs. 1 BGB wegen Sittenwidrigkeit waren lange Zeit die sogenannten „Geliebtentestamente", bei denen der Testator seine Geliebte oder „Mätresse" als Erbin einsetzte, zulasten seiner Ehefrau oder Familie. Die geänderten Moralvorstellungen haben jedoch dazu geführt, dass entsprechende Anordnungen heute in der Regel selbst dann nicht mehr als anstößig betrachtet werden, wenn sie allein die sexuelle Hingabe der oder des Bedachten fördern oder belohnen sollen.[55]

Die heutzutage wohl wichtigste Konstellation, in der die Anwendbarkeit des § 138 Abs. 1 BGB diskutiert wird, bilden die sogenannten „Behindertentestamente". Dabei wollen Eltern, deren Kind wegen einer unheilbaren Erkrankung lebenslang auf teure Pflegeleistungen angewiesen ist, sicherstellen, dass das zu vererbende Vermögen dem Kind zugute kommt, es aber weder unmittelbar zur Deckung der Pflegekosten eingesetzt werden muss noch Rückgriffsansprüchen des Sozialhilfeträgers ausgesetzt ist. Meist wird hierzu das Kind als Vorerbe eingesetzt und zusätzlich eine Dauertestamentsvollstreckung angeordnet.[56] Ungeachtet der gezielten Belastung der öffentlichen Hand, die mit dieser Testamentsgestaltung verbunden ist, erachtet die Rechtsprechung sie nicht als sittenwidrig.[57] Das Hauptargument lautet, dass von den Eltern nicht verlangt werden könne, das Wohl ihres Kindes dem der Allgemeinheit unterzuordnen.

---

54 Palandt BGB (2012) / *Jürgen Ellenberger*, § 134, Rn. 19; kritisch Muscheler (2010) Rn. 1921 ff.

55 Dies gilt spätestens seit dem Gesetz zur Regelung der Rechtsverhältnisse der Prostituierten vom 20. Dezember 2001, das entsprechende Vereinbarungen für rechtlich durchsetzbar erklärt. Zum Ganzen Muscheler (2010) Rn. 1929 ff.

56 Näher Muscheler (2010) Rn. 1935 ff.

57 BGH 21.3.1990 – IV ZR 169/89 = NJW 1990, 2055; BGH 20.10.1993 – IV ZR 231/92 = NJW 1994, 248; BGH 19.1.2011 - IV ZR 7/10 = NJW 2011, 1586.

Seit langem umstritten ist schließlich, ob es für die Beurteilung der Sittenwidrigkeit eines Testaments entsprechend den allgemeinen Regeln über die Gültigkeit von Rechtsgeschäften auf den Zeitpunkt der Errichtung ankommt oder auf den Zeitpunkt, zu dem das Testament seine Wirkung entfaltet, also den Zeitpunkt des Erbfalls. Diese Frage wird vor allem dann relevant, wenn zwischen Errichtung und Wirksamwerden des Testaments ein langer Zeitraum liegt und sich die tatsächlichen Umstände oder gesellschaftlichen Wertvorstellungen grundlegend geändert haben. Die h.M. stellt auf den Zeitpunkt des Erbfalls ab, die Begründungen variieren allerdings.[58]

Schließlich besitzt § 138 BGB große Bedeutung bei der Beurteilung von testamentarischen Bedingungen. Diese Problematik wird weiter unter III.6. vertieft.

3.4.2. Portugal

Im portugiesischen Recht ist die Lage insofern anders, als dieses zwischen Rechts- oder Sittenwidrigkeit des *Inhalts* und Rechts- und Sittenwidrigkeit der *Zwecke* eines Rechtsgeschäfts unterscheidet. Für den rechtswidrigen Inhalt eines Rechtsgeschäfts trifft Art. 280 CC port eine allgemeine Regelung, die mangels Sondervorschriften auch für Testamente gelten dürfte. Denkbar ist aber auch, dass der portugiesische Gesetzgeber schlicht davon ausging, dass der Inhalt einer testamentarischen Verfügung bei isolierter Betrachtung rechtlich stets neutral ist und allein die Motive des Testators entscheidend sind. Diese Einschätzung findet sich zumindest im deutschen Schrifttum. Lange / Kuchinke (2010) etwa nennen das Beispiel des Diebes, der testamentarisch über sein „Arbeitswerkzeug" verfügt. Vermacht er es seinem Sohn zur Förderung von dessen krimineller Laufbahn, soll Sittenwidrigkeit des Motivs vorliegen, nicht dagegen, wenn es einem Kriminalmuseum zugewandt wird.[59] Fälle von testamentarischen Verfügungen, die bereits ihrem Inhalt nach rechts- oder sittenwidrig sind, erscheinen aber trotzdem denkbar, etwa wenn der Testator im Wege eines Vermächtnisses dem Begünstigten einen Anspruch gegen den Erben auf Belieferung mit illegalen Drogen einräumt.

Beim Thema der Rechts- und Sittenwidrigkeit der Motive war im portugiesischen CC port in jedem Fall wieder eine Differenzierung zwischen Allgemeinem Teil und Erbrecht nötig. Nach der Regelung des Art. 281 CC port tritt Nichtigkeit des Rechtsgeschäfts nämlich nur dann ein, wenn der ent-

58 Siehe Leipold (2010) Rn. 249 f. m.w.N.; MünchKomm BGB (2012) / *Christian Armbrüster*, § 138 Rn. 133 ff. differenziert zwischen geänderten tatsächlichen Umständen und geänderten sittlichen Maßstäben und stellt nur im zweiten Fall auf den Wirkungszeitpunkt ab. Ausführlich zur Problematik Kroppenberg (2008) 34 ff., 344 ff.

59 Lange / Kuchinke (2001) 826.

sprechende Zweck von beiden Parteien gemeinsam verfolgt wurde.[60] Beim Testament reicht hingegen die Einseitigkeit (Art. 2186 CC port). In der Praxis scheint diese Vorschrift geringe Bedeutung zu haben,[61] was aber daran liegt, dass wichtige Fallgruppen ausdrücklich geregelt sind. Nichtig ist etwa die testamentarische Einsetzung des Arztes, der Pflegeperson oder des Geistlichen, wenn die betreffende Personen während der Krankheit, die zum Tode geführt hat, dem Testator beigestanden hat und das Testament in diesem Zeitraum errichtet wurde (Art. 2194 f. CC port). Unzulässig ist ferner die Einsetzung einer Person, zu der der Erblasser ehebrecherische Beziehungen unterhalten hat (Art. 2196 CC port). Der CC port bringt somit gegenüber dem BGB den Vorteil der größeren Rechtssicherheit mit sich, zugleich erweist er sich allerdings auch als weniger flexibel. Würde etwa die Mehrheit der portugiesischen Bevölkerung „Geliebtentestamente" nicht mehr als anstößig betrachten, so könnte die Rechtsprechung darauf nicht reagieren, sondern müsste eine Gesetzesreform abwarten.

3.5. Rechtsfolgen der Teilnichtigkeit

Bei den Rechtsfolgen der Teilnichtigkeit kommt es im deutschen Recht wieder zu einer Abweichung zwischen Allgemeinem Teil und Erbrecht: Während nach § 139 BGB die Teilnichtigkeit eines Rechtsgeschäfts im Zweifel seine Gesamtnichtigkeit zur Folge hat, ist es nach § 2085 BGB beim Testament genau umgekehrt: Die Nichtigkeit einer testamentarischen Anordnung hat im Zweifel nicht die Nichtigkeit auch des übrigen Testaments zur Folge. Nun ist dieser Gegensatz allerdings wieder scheinbarer Natur, denn bekanntlich hat die deutsche Rechtspraxis die Regel des § 139 BGB in ihr Gegenteil verkehrt: Teilnichtigkeit führt nur ausnahmsweise zur Gesamtnichtigkeit, es gilt das Prinzip der Restgültigkeit.[62] Damit besteht in dieser Frage *de facto* ein Gleichlauf. Überzeugender löst das Problem der portugiesische CC, der das Prinzip der Restgültigkeit schon im Allgemeinen Teil vorsieht (Art. 292 CC port) und somit keine Sonderregel für Testamente benötigt.

---

60 Diese Regelung entspricht der h.M. im deutschen Recht, siehe Palandt BGB (2012) / *Jürgen Ellenberger*, § 138, Rn. 40.

61 Die von Pires de Lima / Antunes Varela (2010) Art. 2187 genannten Beispiele (Anstiftung zu Mord, Raub etc.) haben jedenfalls eher Lehrbuchcharakter.

62 HKK (2003) / *Franz Dorn*, §§ 139-141, Rn. 1 ff.

3.6. Bedingungen in letztwilligen Verfügungen

Abzuschließen ist die Untersuchung zum Testament mit dem Thema der Bedingungen, das in der Praxis der Testamentsgestaltung eine große Rolle spielt.

3.6.1. Deutschland

Im BGB gibt es scheinbar kaum Abweichungen zwischen Allgemeinem Teil und Erbrecht.[63] So ist die Gültigkeit einer Bedingung vor allem an § 138 BGB zu messen, ihre Wirkung bestimmt sich nach den §§ 158 ff. BGB. Die Rechtsfolgen einer ungültigen Bedingung sind weder im Allgemeinen Teil noch im Erbrecht geregelt. Die Aufstellung expliziter Sondervorschriften für das Erbrecht war bei Schaffung des BGB zwar ausführlich diskutiert, letztlich aber als überflüssig abgelehnt worden.[64]

Das Fehlen detaillierter Regelungen zur Gültigkeit testamentarischer Bedingungen hat dazu geführt, dass das Thema bis heute sehr umstritten ist.[65] Dies gilt besonders für diejenigen Fälle, in denen die unter aufschiebender oder auflösender Potestativbedingung erfolgte Erbeinsetzung den Betroffenen in seinen Grundrechten berührt, etwa der Freiheit der Eheschließung oder der Wahl der Konfession. Das Bundesverfassungsgericht entschied in einer vielbeachteten – aber zum Teil auch stark kritisierten[66] – Entscheidung aus dem Jahr 2004, dass die im deutschen Hochadel verbreiteten sogenannten Ebenbürtigkeitsklauseln (nach denen ein Abkömmling vom Erbe ausgeschlossen wird, wenn er einer nicht standesgemäße Ehe entstammt oder in einer solchen lebt) den Betroffenen in unzumutbarer Weise in seiner durch Art. 6 GG garantierten Eheschließungsfreiheit beeinträchtigen und damit sittenwidrig nach § 138 BGB sein können.[67] Sogenannte Wiederverheiratsklauseln, d.h. Klauseln, die den zum Alleinerben eingesetzten überlebenden Ehegatten im Falle seiner erneuten Heirat auf den gesetzlichen Erbteil beschränken, um zu verhindern, dass Teile des Vermögens zulasten der gemeinsamen Abkömmlinge in die Familie des neuen Ehegatten gelangen können, werden dagegen in der Regel als zulässig erachtet.[68] Es zeigt sich somit, dass eine einheitliche Regelung zur Sittenwidrigkeit von rechtsgeschäftlichen Bedin-

63 Einzelne Sonderregelungen zu Bedingungen in letztwilligen Verfügungen finden sich etwa in den §§ 2066, 2070, 2074 ff. BGB.

64 Mugdan (1899) 10 ff.

65 Siehe aus neuerer Zeit etwa die Monographien von Blomberg (2011) oder Baumann (2009).

66 Muscheler (2010) Rn. 1950 ff.

67 BVerfG 22.3.2004 – 1 BvR 2248/01 = NJW 2004, 2008.

68 Siehe MünchKomm BGB (2010) / *Dieter Leipold*, § 2074, Rn. 25, § 2269 Rn. 47. Kritisch zur h.M. Staudinger BGB (2003) / *Gerhard Otte*, § 2074, Rn. 42 ff.

gungen nur mittels einer Generalklausel erreicht werden konnte, die in der Praxis schwierige Konkretisierungsprobleme aufwirft und wenig Rechtssicherheit bietet.

Nicht minder kontrovers werden die Rechtsfolgen sittenwidriger testamentarischer Bedingungen diskutiert. Soll die Verfügung von Todes wegen insgesamt nichtig sein oder die Zuwendung ohne Bedingung aufrechterhalten werden? Die §§ 139 und 2085 BGB zur Teilnichtigkeit werden in diesen Fällen für unanwendbar gehalten, da Bedingung und Verfügung eine Einheit bilden. Überwiegend hat sich die Ansicht durchgesetzt, dass jedenfalls dann, wenn die Bedingung in unzulässiger Weise in die Freiheitsrechte des Bedachten eingreift, sie als nicht geschrieben gilt und die Verfügung sich somit in eine unbedingte wandelt.[69] Damit wird im Erbrecht eine andere Lösung vertreten als im Allgemeinen Teil, wo unmögliche, unerlaubte oder sittenwidrige Bedingungen in der Regel die Nichtigkeit des gesamten Rechtsgeschäfts nach sich ziehen sollen.[70] Der Gleichlauf zwischen Allgemeinem Teil und Erbrecht ist also nur scheinbarer Natur, und die Einschätzung des BGB-Gesetzgebers, dass im Erbrecht keine Sonderregeln nötig seien, hat sich als verfehlt erwiesen.

3.6.2. Portugal

Der portugiesische Gesetzgeber hat anders als der deutsche in Anknüpfung an die gemeinrechtlichen Tradition in den Art. 2132-2133 CC port ausdrücklich eine Reihe von Fallgruppen unzulässiger testamentarischer Bedingungen vorgesehen, etwa solche, die die Wahl der Konfession oder des Berufs, die Eingehung oder Nicht-Eingehung einer Ehe oder auch die Errichtung eines Testaments betreffen.

Bemerkenswert ist ferner, dass das portugiesische Recht auch die Rechtsfolgen unzulässiger testamentarischer Bedingungen explizit regelt, und zwar in Abweichung vom Allgemeinen Teil. Nach Art 271 CC port führt nämlich die unmögliche, illegale oder sittenwidrige Bedingung im Regelfall zur Nichtigkeit des Rechtsgeschäfts. Beim Testament hingegen gilt nach Art. 2230 CC port die gemeinrechtliche pro-non-scripta-Regel, d.h. die bedingte

---

69 MünchKomm BGB (2010) / *Dieter Leipold*, § 2074 Rn. 27 f.; Flume (1979) 693 ff. Staudinger BGB (2003) / *Gerhard Otte*, § 2074, Rn. 66 f. betont die Notwendigkeit, die Testierfreiheit zu achten, meint aber, dass der hypothetische Erblasserwille meist auf die Aufrechterhaltung der Verfügung gerichtet sein werde; ähnlich Lange / Kuchinke (2001) 559 f.

70 Nur im Falle einer auflösenden Bedingung soll die Anwendung des § 139 BGB in Betracht kommen, siehe Flume (1979) 691 ff.; Staudinger BGB (2010) / *Reinhard Bork*, Vorbem. zu §§ 158 ff Rn. 30 ff.

Verfügung wird in eine unbedingte umgewandelt. Der portugiesische CC port ist in diesem Punkt somit wesentlich klarer und differenzierter als das BGB.

3.7. Annahme und Ausschlagung der Erbschaft

Abschließend sollen kurz noch Annahme und Ausschlagung der Erbschaft untersucht werden. Zunächst ist auf einen wichtigen Unterschied zwischen dem deutschen und dem portugiesischen Recht in der Frage des Erbschaftserwerbs hinzuweisen. Im deutschen Recht herrscht das Prinzip des Vonselbsterwerbs, d.h. der Erwerb der Erbschaft vollzieht sich *ipso iure* im Moment des Todes des Erblassers, ohne dass der Erbe hierzu eine Handlung vornehmen muss. Die Erklärung der Annahme der Erbschaft hat dann nur noch die Wirkung, dass der Erbe die Möglichkeit der Ausschlagung verliert, der vorläufige Erbschaftserwerb sich also in einen endgültigen wandelt.[71] Im portugiesischen Recht herrscht dagegen das Prinzip des Antrittserwerbs, d.h. der Erwerb der Erbschaft erfordert eine ausdrückliche oder stillschweigende Annahme durch den Erben. Für den Zwischenzeitraum entsteht eine „ruhende Erbschaft" (*herança jacente*, Art. 2046 CC port),[72] die Annahme wirkt dann aber auf den Zeitpunkt des Erbfalls zurück (Art. 2050 CC port).

Trotz dieser wichtigen Unterschiede zwischen Deutschland und Portugal in der Frage des Erbschaftserwerbs sind Annahme und Ausschlagung jeweils Rechtsgeschäfte, da der Betroffene mit ihnen privatautonom über seine Erbenstellung bestimmt.[73] Somit stellt sich auch für sie die Frage nach der Anwendbarkeit der Vorschriften des Allgemeinen Teils.

Für das deutsche Recht zeigt sich, dass die §§ 104 ff. BGB hier weitgehend unverändert zum Zuge kommen:[74] Wer die Annahme oder Ausschlagung einer Erbschaft erklären will, muss etwa geschäftsfähig sein, kann sich vertreten lassen etc. Gegebenenfalls kann er seine Erklärung auch wegen

---

71 Ausführlich Muscheler (2002) 141 ff.

72 Dazu auch Jayme (2008) 242 ff.

73 In Portugal ist diese Frage allerdings umstritten, manche Autoren qualifizieren Annahme und Ausschlagung auch als Rechtshandlungen im engeren Sinne (actos jurídicos simples), siehe die Nachweise bei Carvalho Fernandes (2008) 268 (Fn. 1) und Capelo de Sousa (1990) 16 f. (Fn. 559). Ähnlich deutet Muscheler (2002) 177 die Annahme der Erbschaft nach deutschem Recht als rechtsgeschäftsähnliche Handlung, da die mit ihr verbundene Rechtsfolge, nämlich der Verlust des Ausschlagungsrechts, vom Erklärenden in der Regel gar nicht intendiert sei, während der mit der Erklärung beabsichtigte Erwerb der Erbschaft bereits eingetreten ist. Konsequenzen für die Anwendbarkeit der §§ 104 ff. BGB zieht Muscheler hieraus aber nicht.

74 Ausführlich Pohl (1977) 52 ff.

eines Willensmangels anfechten,[75] z.B. nach § 119 Abs. 1 BGB, wenn er in der Aufregung statt der „Annahme" der Erbschaft ihre „Ausschlagung" erklärt, oder, etwas lebensnäher und praktisch bedeutsamer, nach § 119 Abs. 2 BGB, wenn er sich über eine verkehrswesentliche Eigenschaft der Erbschaft geirrt hat, wozu nach h.M. auch ihre Überschuldung zählt. Schließlich kann die Ausschlagung der Erbschaft auch sittenwidrig nach § 138 BGB sein. Umstritten sind die Fälle, in denen die Ausschlagung zur Benachteiligung von Eigengläubigern des Erben[76] oder der öffentlichen Hand geschieht.[77]

Für das portugiesische Recht ist das Fazit ähnlich, allerdings findet sich anders als im deutschen Recht eine bemerkenswerte Einschränkung beim Irrtumsrecht. So ist nach den Art. 2060, 2065 CC port die Anfechtung von Annahme und Ausschlagung nur im Falle der Täuschung und Drohung möglich (deren Voraussetzungen wieder den Art. 254-256 CC port zu entnehmen sind[78]), nicht hingegen im Falle eines Irrtums.[79] Diese Einschränkung gegenüber dem Allgemeinen Teil, der den Irrtum unter bestimmten Umständen für relevant erachtet (Art. 250-252 CC port), ist überraschend. Warum wird der Selbstbestimmung bei Annahme und Ausschlagung einer Erbschaft weniger Bedeutung beigemessen als bei lebzeitigen Geschäften? Bei der Annahme der Erbschaft dürfte der Hauptgrund darin liegen, dass der Erbe nach portugiesischem Recht eine recht einfache Möglichkeit hat, seine Haftung auf den Nachlass zu beschränken:[80] Er kann entweder von Beginn an die Annahme unter dem Vorbehalt der Inventarerrichtung erklären (*benefício de inventário*, Art. 2052, 2053, 2071 Abs. 1 CC port) oder später noch die Dürftigkeit des Nachlasses geltend machen kann (Art. 2071 Nr. 2 CC port). Unter diesen Umständen erscheint es vertretbar, den Erben für weniger schützenswert zu halten und der Rechtssicherheit den Vorzug zu geben, jedenfalls was den praktisch wohl bedeutendsten Fall des Irrtums über den Umfang

75 Dazu ausführlich Menges (2012) 51 ff.

76 Die h.M. verneint die Sittenwidrigkeit einer solchen Ausschlagung unter Hinweis auf § 83 Abs. 1 S. 1 InsO und die Höchstpersönlichkeit des Ausschlagsrechts. Kritisch dazu mit rechtsvergleichenden Argumenten Christandl (2011) 779 ff.

77 Die Sittenwidrigkeit der Ausschlagung durch einen Sozialhilfeempfänger wurde bejaht von OLG Hamm, 16.7.2009 – 15 Wx 85/09 = ZEV 2009, 471, mit zustimmender Anmerkung Leipold (472). Allgemein zur Problematik auch Staudinger BGB (2008) / *Gerhard Otte*, § 1942, Rn. 17 ff.; Pohl (1977) 65 ff.

78 Pires de Lima / Antunes Varela (2010) Art. 2060, Nr. 4.

79 Eine ähnliche Regelung fand sich auch schon in Art. 2036 des CC port von 1867.

80 Diese Begründung wird auch angeführt von Rodrigues Bastos (1981) 132 f.; Pamplona Corte-Real (1993) Nr. 415. Pires de Lima / Antunes Varela (2010) Art. 2060, Nr. 2 nennen als zusätzliche Argumente, dass der Erbe genug Zeit habe, den Umfang des Nachlasses zu ermitteln, ferner, dass die Anfechtung der Annahme schwierige Rückabwicklungsprobleme aufwerfe.

des Nachlasses betrifft.[81] Die Einschränkung der Anfechtbarkeit der *Ausschlagung* der Erbschaft lässt sich auf diese Weise allerdings nicht begründen.[82]

Erwähnung verdient schließlich die Vorschrift des Art. 2067 CC port, die es den Gläubigern des ausschlagenden Erben gestattet, die Erbschaft in dessen Namen anzunehmen und sich in Höhe ihrer Forderungen daraus zu befriedigen.[83] Das portugiesische Recht löst die Problematik also anders als die h.M. in Deutschland.[84]

4. Fazit

Angesichts des erheblichen Spielraums, der der Privatautonomie im Erbrecht eröffnet ist, kommt der allgemeinen Rechtsgeschäftslehre in diesem Bereich potentiell ein breiter Anwendungsbereich zu. Zugleich ist aber festzustellen, dass die Vorschriften des Allgemeinen Teils sowohl im BGB als auch im CC port zahlreiche Modifizierungen erfahren. Eine Erklärung hierfür ist nicht schwer zu finden, denn erbrechtliche Rechtsgeschäfte weisen gerade im Vergleich zu schuldrechtlichen Verträgen zahlreiche Besonderheiten auf: Sie sind nicht nur typischerweise einseitige Rechtsgeschäfte, sondern (wie im Falle des Testaments) auch Rechtsgeschäfte auf den Todesfall. Hieraus ergibt sich, dass im Erbrecht häufig andere Wertungen maßgebend sind oder bekannte Wertungen ein anderes Gewicht haben.[85] Der portugiesische Gesetzgeber hat dies in weitgehendem Maße berücksichtigt, was dadurch erleichtert worden sein dürfte, dass das Erbrecht im Vorgängergesetzbuch von 1867 wegen des Fehlens eines Allgemeinen Teil noch weitgehend eigenständig formuliert war. Der BGB-Gesetzgeber hat hingegen die Notwendigkeit von Differenzierungen zwischen dem Allgemeinen Teil und dem Erbrecht manches Mal übersehen oder unterschätzt oder ist dem Problem durch Abs-

---

81 Erklärungsirrtümer im Sinne des Art. 247 CC port sollten dagegen mit Capelo de Sousa (2010) 18 (Fn. 561) auch bei Annahme und Ausschlagung der Erbschaft beachtlich sein, was sich durch eine einschränkende Auslegung der Art. 2060, 2065 CC port erreichen lässt.

82 Pires de Lima / Antunes Varela (2010) Art. 2065, Nr. 3 f. begründen die Regelung damit, dass vom Erben angesichts der großen Bedeutung der Ausschlagung erwartet werden könne, dass er sich über den Umfang des Nachlasses genau informiert, und er hierzu auch genug Zeit habe.

83 Ausführlich Carvalho Fernandes (2012).

84 Vgl. oben Fn. 76.

85 So muss beim Testament keine Rücksicht auf Verkehrsinteressen genommen werden; bei der Annahme oder Ausschlagung der Erbschaft schränkt dagegen das portugiesische Recht den Schutz der Selbstbestimmung ein, um die reibungslose Abwicklung der Erbschaft nicht zu gefährden.

traktion[86] oder Nichtregelung[87] aus dem Weg gegangen. Dieser Weg bringt den Vorteil der Flexibilität mit sich, geht aber auf Kosten der Rechtssicherheit.

Was heißt das nun für die Leistungsfähigkeit einer allgemeinen Rechtsgeschäftslehre im Erbrecht? Kritiker des Allgemeinen Teils werden sich angesichts der vielen Abweichungen bestätigt sehen, und in der Tat fällt es schwer zu behaupten, dass eine allgemeine Rechtsgeschäftslehre für das Erbrecht geradezu unverzichtbar sei. Zugleich ist aber zu betonen, dass sie ungeachtet der genannten Einschränkungen immer noch gute Dienste leistet, vor allem bei der Vermeidung von Regelungslücken. Dies wird klar, wenn man sich die möglichen Alternativen vor Augen führt. Die pedantischste Lösung bestünde darin, jedes einzelne erbrechtliche Rechtsgeschäft komplett eigenständig zu regeln. Dieses Vorgehen wäre freilich nicht nur wenig elegant, sondern würde das Gesetzbuch auch sehr stark aufblähen, weshalb es nicht überraschend ist, dass keine Rechtsordnung diesen Weg gewählt hat. Der französische Code Civil zeigte stattdessen „Mut zur Lücke" und traf z.B. keine Regelungen über Willensmängel bei der Testamentserrichtung. Dies warf dann die Frage auf, ob und inwieweit Regelungen des Vertragsrechts analog anwendbar waren.[88]

Als moderne und oftmals gepriesene[89] Methode zur Vermeidung von Regelungslücken gilt hingegen die Verweisungstechnik, bei der eine bestimmte Art von Rechtsgeschäft (typischerweise der Vertrag) detailliert geregelt wird und die entsprechenden Vorschriften dann mittels Verweis auf alle übrigen Rechtsgeschäfte erstreckt werden. Klassisches Beispiel ist Art. 7 schweizerisches ZGB: „Die allgemeinen Bestimmungen des Obligationenrechtes über die Entstehung, Erfüllung und Aufhebung der Verträge finden auch Anwendung auf andere zivilrechtliche Verhältnisse." Dies liest sich wie eine unbedingte Erstreckung, allerdings ist im Schweizer Recht einhellig anerkannt, dass es sich um ein Analogiegebot handelt, die Anwendung einer Regel also in jeden Einzelfall gesondert zu prüfen ist.[90] Das niederländische

---

86 Wie bei § 138 BGB.

87 Wie bei den Rechtsfolgen unzulässiger Bedingungen.

88 Dazu Jubault (2010) Rn. 720. Der durch Gesetz vom 23.6.2006 geänderte Art. 901 Code Civil nennt Irrtum, Täuschung und Drohung nun auch ausdrücklich als Nichtigkeitsgründe. Eine ähnliche Situation wie früher im französischen Recht herrscht unter dem spanischen Código Civil von 1889 im Hinblick auf Irrtümer bei der Testamentserrichtung, siehe Sierra Gil de la Cuesta (2000) / *Gumersindo Burgos Pérez de Andrade*, Art. 673, Nr. 1.

89 Siehe die Nachweise bei Schmidt (2009) 313 ff. Auch auf der Heidelberger Tagung äußerten zahlreiche Teilnehmer Sympathien für diese Methode.

90 Im Entwurfsstadium sah Art. 7 ZGB auch noch ausdrücklich eine „entsprechende" Anwendung vor. Die spätere Streichung dieses Zusatzes beabsichtigte keine mate-

Burgerlijk Wetboek stellt dies in seiner zentralen Verweisungsnorm des Art. 3:59 BW ausdrücklich klar: „Außerhalb des Vermögensrechts finden die Bestimmungen dieses Titels entsprechende Anwendung, soweit die Art des Rechtsgeschäfts oder des Rechtsverhältnisses dem nicht widerspricht".[91] Diese Formulierung macht den Hauptnachteil der Verweisungstechnik deutlich, denn wann ein Ausnahmefall vorliegt, muss der Rechtsanwender selbst ermitteln. Ein Allgemeiner Teil zwingt den Gesetzgeber demgegenüber zu mehr Gründlichkeit, denn solange er keine explizite Ausnahme vorsieht, gilt die allgemeine Vorschrift. Dies führt zu mehr Klarheit und mehr Rechtssicherheit.

Ferner hat sich das bestätigt, was man als die „dogmatische Fruchtbarkeit" des Allgemeinen Teils bezeichnen kann. Denn er fordert dazu auf, die verschiedenen Erscheinungsformen der Privatautonomie nicht isoliert, sondern in der Zusammenschau zu betrachten, was dabei hilft, die jeweils maßgeblichen Wertungen herauszuarbeiten und systematische Kohärenz sicherzustellen (freilich gilt es dabei auch, notwendige Differenzierungen nicht zu vernachlässigen[92]). Das Erbrecht liefert somit zwar keine zwingenden Argumente für die Verankerung einer allgemeinen Rechtsgeschäftslehre im Gesetz, hingegen aber gute Gründe für eine allgemeine Rechtsgeschäftslehre auf der Ebene der Dogmatik.

Literaturverzeichnis

Baldus (2008): *Christian Baldus*, Export des Pandektensystems?, in: Journal für Rechtspolitik 16 (2008) 23-26.

Baldus (2011): *Christian Baldus*, Zur Aktualität von Systembildung in Europa: Wie konstruiert man ein Zivilgesetzbuch?, in: *Claudia Lima Marques / Christoph Benicke / Augusto Jaeger Junior* (Hrsg.), Diálogo entre o direito brasileiro e o direito alemão: Fundamentos, métodos e desafios do ensino em tempos de cooperação internacional (Porto Alegre 2011) 48-62.

Baumann (2009): *Claudia Baumann*, Erbrechtliche Verwirkungsklauseln (Köln 2009).

Bork (2011): *Reinhard Bork*, Allgemeiner Teil des Bürgerlichen Gesetzbuchs (3. Aufl. Tübingen 2011).

Canaris (1987): *Claus-Wilhelm Canaris*, Verstöße gegen das verfassungsrechtliche Übermaßverbot im Recht der Geschäftsfähigkeit und im Schadensersatzrecht, in: Juristenzeitung 1987, 993-1004.

Capelo de Sousa (1990): *Rabindranath Capelo de Sousa*, Lições de direito das sucessões. Volume II (2. Aufl. Coimbra 1990).

---

riellrechtliche Änderung, sondern geschah mutmaßlich nur deshalb, weil seine Übersetzung ins Französische zu schwierig erschien, siehe Deschenaux (1967) 58.

91 Übersetzung nach Nieper / Westerdijk (1995-1997).

92 Dies ist auch eine zentrale Forderung von Kroppenberg (2008) siehe etwa 79 ff., 145 ff., 231 ff.

Capelo de Sousa (2004): *Rabindranath Capelo de Sousa*, As partes especiais dos direitos da família e das sucessões, a parte geral e as outras partes especiais no Código Civil, in: Comemorações dos 35 anos do código civil e dos 25 anos da reforma de 1977 / Faculdade de Direito da Universidade de Coimbra (Coimbra 2004) 887-913.

Carvalho Fernandes (2008): *Luís A. Carvalho Fernandes*, Lições de direito das sucessões (3. Aufl. Lissabon 2008).

Carvalho Fernandes (2010): *Luís A. Carvalho Fernandes*, Da aceitação da herança pelos credores do repudiante. Regime, fundamento e natureza jurídica (Lissabon 2010).

Centro de Estudos de Direito Civil da Faculdade de Direito da Universidade de Lisboa (1972): *Centro de Estudos de Direito Civil da Faculdade de Direito da Universidade de Lisboa* (Hrsg.), Direito das Sucessões. Trabalhos Preparatórios do Código Civil (Lissabon 1972).

Christandl (2011): *Gregor Christandl*, Erbausschlagung und Gläubigerschutz - eine rechtsvergleichende Untersuchung zum Normzweck des § 83 Abs. 1 InsO, in: Zeitschrift für Europäisches Privatrecht 2011, 779-804.

Deschenaux (1967): *Henri Deschenaux*, Der Einleitungstitel, in: *Max Gutzwiller* (Hrsg.), Schweizerisches Privatrecht, Zweiter Band: Einleitung und Personenrecht (Basel 1967).

Flume (1979): *Werner Flume*, Allgemeiner Teil des Bürgerlichen Rechts. Zweiter Band: Das Rechtsgeschäft (3. Aufl. Berlin / Heidelberg 1979).

Grunsky (2009): *Wolfgang Grunsky*, Testierfähigkeit und Geschäftsfähigkeit (Baden-Baden 2009).

Harke (2004): *Jan Dirk Harke*, Testamentsanfechtung durch den Erblasser?, in: Juristenzeitung 2004, 180-184.

Hedemann (1953): *Justus Wilhelm Hedemann*, Wiederherstellung der Gesetzeseinheit auf dem Gebiete des Bürgerlichen Rechts, in: Juristische Rundschau 1953, 117-118.

Helms (2012): *Tobias Helms*, Contracts of Inheritance and Joint Wills, in: *Jürgen Basedow / Klaus J. Hopt / Reinhard Zimmermann* (Hrsg.), The Max Planck Encyclopedia of European Private Law (Oxford 2012) 388-392.

HKK (2003): *Mathias Schmoeckel / Joachim Rückert / Reinhard Zimmermann* (Hrsg.), Historisch-kritischer Kommentar zum BGB, Bd. I: Allgemeiner Teil §§ 1-240 (Tübingen 2003).

Hübner (1996): *Heinz Hübner*, Allgemeiner Teil des Bürgerlichen Gesetzbuches (2. Aufl. Berlin 1996).

Jayme (2008): *Erik Jayme*, „Herança jacente" des portugiesischen Erbrechts und deutscher Erbschein – Zur Anwendung portugiesischen Rechts durch deutsche Nachlassgerichte, in: *Stefan Grundmann / Margarida dos Santos* (Hrsg.), Direito contratual entre liberdade e protecção dos interesses e outros artigos alemães-lusitanos, Vertragsrecht zwischen Freiheit und Schutzinteressen und andere deutsch-lusitanische Beiträge (Coimbra 2008) 241-249.

Jubault (2010): *Christian Jubault*, Droit civil. Les successions, les libéralités (2. Aufl. Paris 2010).

Kroppenberg (2008): *Inge Kroppenberg*, Privatautonomie von Todes wegen. Verfassungs- und zivilrechtliche Grundlagen im Vergleich zur Vertragsfreiheit unter Lebenden (Tübingen 2008).

Lando (2010): *Ole Lando*, Book review: Jürgen Basedow, Klaus J. Hopt, Reinhard Zimmermann (eds.), Handwörterbuch des Europäischen Privatrechts. Vol. I & II. Tübingen: Mohr Siebeck, 2009, in: Common Market Law Review (2010) 954-955.

Lange / Kuchinke (2001): *Heinrich Lange / Kurt Kuchinke*, Erbrecht (5. Aufl. München 2001).
Leipold (2010): *Dieter Leipold*, Erbrecht (18. Aufl. Tübingen 2010).
Martens (2007): *Sebastian A. E. Martens*, Durch Dritte verursachte Willensmängel (Tübingen 2007).
Menezes Cordeiro (2005): *António Menezes Cordeiro*, Tratado de Direito Civil Português. Parte Geral, Bd. I: Intodução, Doutrina Geral, Negócio Jurídico (3. Aufl. Coimbra 2005).
Menges (2012): *Maximilian Menges*, Die Anfechtung von Annahme und Ausschlagung der Erbschaft (Köln 2012).
Mertens (2004): *Bernd Mertens*, Gesetzgebungskunst im Zeitalter der Kodifikationen. Theorie und Praxis der Gesetzgebungstechnik aus historisch-vergleichender Sicht (Tübingen 2004).
Mugdan (1899): *Benno Mugdan* (Hrsg.), Die gesammten Materialien zum Bürgerlichen Gesetzbuch für das Deutsche Reich. Band V: Erbrecht (Berlin 1899).
Müller (2008): *Jens Müller*, Der Allgemeine Teil im portugiesischen Zivilgesetzbuch. Entstehungsgeschichte und ausgewählte Einzelprobleme (Hamburg 2008).
Müller-Bromley (2011): *Stephanie Müller-Bromley*, Portugiesisches Zivilrecht. Band 2: Familienrecht, Erbrecht (Baden-Baden 2011).
Münch (2000): *Joachim Münch*, Strukturprobleme der Kodifikation, in: *Okko Behrends / Wolfgang Sellert* (Hrsg.), Der Kodifikationsgedanke und das Modell des Bürgerlichen Gesetzbuches (BGB) (Göttingen 2000) 147-173.
MünchKomm BGB (2010): *Franz-Jürgen Säcker / Roland Rixecker* (Hrsg.), Münchener Kommentar zum Bürgerlichen Gesetzbuch, Band 9 (5. Aufl. München 2010).
MünchKomm BGB (2012): *Franz-Jürgen Säcker / Roland Rixecker* (Hrsg.), Münchener Kommentar zum Bürgerlichen Gesetzbuch, Band 1 (6. Aufl. München 2012).
Muscheler (2002): *Karlheinz Muscheler*, Universalsukzession und Vonselbsterwerb: Die rechtstechnischen Grundlagen des deutschen Erbrechts (Tübingen 2002).
Muscheler (2010): *Karlheinz Muscheler*, Erbrecht (Tübingen 2010).
Nieper / Westerdijk (1995-1997): *Hans Nieper / Arjen S. Westerdijk* (Hrsg.), Niederländisches Bürgerliches Gesetzbuch München (1995-1997).
Oliveira Ascensão (2004): *José de Oliveira Ascensão*, A teoria geral do negócio jurídico e o negócio testamentário, in: Comemorações dos 35 anos do código civil e dos 25 anos da reforma de 1977 / Faculdade de Direito da Universidade de Coimbra (Coimbra 2004) 871-886.
Palandt BGB (2012): *Otto Palandt* (Begr.), Bürgerliches Gesetzbuch (71. Aufl. München 2012).
Pamplona Corte-Real (1993): *Carlos Pamplona Corte-Real*, Direito da família e das sucessões (Lissabon 1993).
Pires de Lima / Antunes Varela (2010): *Fernando Andrade Pires de Lima / João de Matos Antunes Varela*, Código Civil Anotado. Volume VI (Artigos 2024 a 2334) (Coimbra 2010).
Pohl (1977): *Karl Wilhelm Pohl*, Mängel bei der Erbschaftsannahme und -ausschlagung, in: Archiv für die civilistische Praxis (AcP) 177 (1977) 52–81.
Ranieri (2009): *Filippo Ranieri*, Die deutsche Pandektistik: Europäischer Aufstieg und Niedergang eines juristischen Modells, in: *Joachim Lege* (Hrsg.), Greifswald – Spiegel der deutschen Rechtswissenschaft 1815 bis 1945 (Tübingen 2009) 417-442.

Rodrigues Bastos (1981): *Jacinto Fernandes Rodrigues Bastos*, Direito das sucessões. Segundo o Código Civil de 1966 (Viseu 1981).
Röthel (2010): *Anne Röthel*, Testierfreiheit und Testiermacht, in: Archiv für die civilistische Praxis (AcP) 210 (2010) 32-66.
Röthel (2012): *Anne Röthel*, Umgehung des Pflichtteilsrechts, in: Archiv für die civilistische Praxis (AcP) 212 (2012) 157-201.
Schmidt (2009): *Jan Peter Schmidt*, Zivilrechtskodifikation in Brasilien. Strukturfragen und Regelungsprobleme in historisch-vergleichender Perspektive (Tübingen 2009).
Schmidt (2012): *Jan Peter Schmidt*, Grundlagen der Testierfreiheit in Deutschland und Europa, in: Rabels Zeitschrift für ausländisches und internationales Privatrecht 76 (2012) 1022-1050.
Schubert (1978): *Werner Schubert* (Hrsg.), Materialien zur Entstehungsgeschichte des BGB – Einführung, Biographien, Materialien (Berlin / New York 1978).
Schubert (1981): *Werner Schubert* (Hrsg.), Die Vorlagen der Redaktoren für die erste Kommission zur Ausarbeitung des Entwurfs eines Bürgerlichen Gesetzbuches. Allgemeiner Teil 1 (Berlin 1981).
Sierra Gil de la Cuesta (2000): *Ignacio Sierra Gil de la Cuesta* (Hrsg.), Comentario del Código Civil (Barcelona 2000).
Staudinger BGB (2003): J. von Staudingers Kommentar zum BGB mit Einführung und Nebengesetzen, Buch 5 Erbrecht §§ 2064-2196 (Testament 1) (Berlin 2003).
Staudinger BGB (2008): J. von Staudingers Kommentar zum BGB mit Einführung und Nebengesetzen, Buch 5 Erbrecht §§ 1922-1966 (Rechtsstellung des Erben) (Berlin 2008).
Staudinger BGB (2010): J. von Staudingers Kommentar zum BGB mit Einführung und Nebengesetzen, Buch 1 Allgemeiner Teil §§ 139-163 (Allgemeiner Teil 4) (Berlin 2010).
Staudinger BGB (2012): J. von Staudingers Kommentar zum BGB mit Einführung und Nebengesetzen, Buch 5 Erbrecht §§ 2229-2264 (Testament 3) (Berlin 2012).
Vogels / Seybold (1949): *Werner Vogels / Karl Seybold*, Gesetz über die Errichtung von Testamenten und Erbverträgen vom 31. Juli 1938 (4. Aufl. Berlin / München 1949).
Wieacker (1967): *Franz Wieacker*, Privatrechtsgeschichte der Neuzeit unter besonderer Berücksichtigung der deutschen Entwicklung (2. Aufl. Göttingen 1967).
Zitelmann (1906): *Ernst Zitelmann*, Der Wert eines „allgemeinen Teils" für das bürgerliche Recht, in: Zeitschrift für das Privat- und öffentliche Recht der Gegenwart (Grünhuts Zeitschrift) 33 (1906) 1-32.
Zweigert / Kötz (1996): *Konrad Zweigert / Hein Kötz*, Einführung in die Rechtsvergleichung auf dem Gebiete des Privatrechts (3. Aufl. Tübingen 1996).

Die allgemeine Rechtsgeschäftslehre des BGB und ihre Modifizierung im Erbrecht (Hervorhebungen hinzugefügt)

§ 104 **Geschäftsunfähigkeit** Geschäftsunfähig ist: 1. wer nicht das siebente Lebensjahr vollendet hat, 2. wer sich in einem die freie Willensbestimmung ausschließenden Zustand krankhafter Störung der Geistestätigkeit befindet, sofern nicht der Zustand seiner Natur nach ein vorübergehender ist. **§ 105** **Nichtigkeit der Willenserklärung** (1) Die Willenserklärung eines Geschäftsunfähigen ist nichtig. (2) Nichtig ist auch eine Willenserklärung, die im Zustand der Bewusstlosigkeit oder vorübergehenden Störung der Geistestätigkeit abgegeben wird.	**§ 2229** **Testierfähigkeit Minderjähriger, Testierunfähigkeit** (1) Ein Minderjähriger kann ein Testament erst errichten, wenn er das <u>16. Lebensjahr</u> vollendet hat. (2) Der Minderjährige bedarf zur Errichtung eines Testaments nicht der Zustimmung seines gesetzlichen Vertreters. (3) *(weggefallen)* (4) Wer wegen krankhafter Störung der Geistestätigkeit, wegen Geistesschwäche oder wegen Bewusstseinsstörung nicht in der Lage ist, die Bedeutung einer von ihm abgegebenen Willenserklärung einzusehen und nach dieser Einsicht zu handeln, kann ein Testament nicht errichten.
§ 119 **Anfechtbarkeit wegen Irrtums** (1) Wer bei der Abgabe einer Willenserklärung über deren Inhalt im Irrtum war oder eine Erklärung dieses Inhalts überhaupt	**§ 2078** **Anfechtung wegen Irrtums oder Drohung** (1) Eine letztwillige Verfügung kann angefochten werden, soweit der Erblasser über den Inhalt seiner Erklärung im Irrtum war

nicht abgeben wollte, kann die Erklärung anfechten, wenn anzunehmen ist, dass er sie bei Kenntnis der Sachlage und bei verständiger Würdigung des Falles nicht abgegeben haben würde. (2) Als Irrtum über den Inhalt der Erklärung gilt auch der Irrtum über solche Eigenschaften der Person oder der Sache, die im Verkehr als wesentlich angesehen werden. **§ 123** **Anfechtbarkeit wegen Täuschung oder Drohung** (1) Wer zur Abgabe einer Willenserklärung durch arglistige Täuschung oder widerrechtlich durch Drohung bestimmt worden ist, kann die Erklärung anfechten. (2) Hat ein Dritter die Täuschung verübt, so ist eine Erklärung, die einem anderen gegenüber abzugeben war, nur dann anfechtbar, wenn dieser die Täuschung kannte oder kennen musste. Soweit ein anderer als derjenige, welchem gegenüber die Erklärung abzugeben war, aus der Erklärung unmittelbar ein Recht erworben hat, ist die Erklärung ihm gegenüber anfechtbar, wenn er die Täuschung kannte oder	oder eine Erklärung dieses Inhalts überhaupt nicht abgeben wollte und anzunehmen ist, dass er die Erklärung bei Kenntnis der Sachlage nicht abgegeben haben würde. (2) Das Gleiche gilt, soweit der Erblasser zu der Verfügung durch die irrige Annahme oder Erwartung des Eintritts oder Nichteintritts eines Umstands oder widerrechtlich durch Drohung bestimmt worden ist. (3) Die Vorschrift des § 122 findet keine Anwendung.

kennen musste.	
§ 139 **Teilnichtigkeit** Ist ein Teil eines Rechtsgeschäfts nichtig, so ist das ganze Rechtsgeschäft nichtig, wenn nicht anzunehmen ist, dass es auch ohne den nichtigen Teil vorgenommen sein würde.	**§ 2085** **Teilweise Unwirksamkeit** Die Unwirksamkeit einer von mehreren in einem Testament enthaltenen Verfügungen hat die Unwirksamkeit der übrigen Verfügungen nur zur Folge, wenn anzunehmen ist, dass der Erblasser diese ohne die unwirksame Verfügung nicht getroffen haben würde.

Die allgemeine Rechtsgeschäftslehre des CC port und ihre Modifizierung im Erbrecht (Hervorhebungen hinzugefügt)

Artigo 257.º **(Incapacidade acidental)** 1. A declaração negocial feita por quem, devido a qualquer causa, se encontrava acidentalmente incapacitado de entender o sentido dela ou não tinha o livre exercício da sua vontade é anulável, desde que o facto seja notório ou conhecido do declaratário. 2. O facto é notório, quando uma pessoa	**Artigo 2199.º** **(Incapacidade acidental)** É anulável o testamento feito por quem se encontrava incapacitado de entender o sentido da sua declaração ou não tinha o livre exercício da sua vontade por qualquer causa, ainda que transitória.

de normal diligência o teria podido notar.	
Artigo 252.º **(Erro sobre os motivos)** 1. O erro que recaia nos motivos determinantes da vontade, mas se não refira à pessoa do declaratário nem ao objecto do negócio, só é causa de anulação se as partes houverem reconhecido, por acordo, a essencialidade do motivo. 2. Se, porém, recair sobre as circunstâncias que constituem a base do negócio, é aplicável ao erro do declarante o disposto sobre a resolução ou modificação do contrato por alteração das circunstâncias vigentes no momento em que o negócio foi concluído.	**Artigo 2201.º** **(Erro, dolo e coacção)** É também anulável a disposição testamentária determinada por erro, dolo ou coacção. **Artigo 2202.º** **(Erro sobre os motivos)** O erro, de facto ou de direito, que recaia sobre o motivo da disposição testamentária só é causa de anulação quando resultar do próprio testamento que o testador não teria feito a disposição se conhecesse a falsidade do motivo. **Artigo 2060.º** **(Anulação por dolo ou coacção)** A aceitação da herança é anulável por dolo ou coacção, mas não com fundamento em

	simples erro. **Artigo 2065.º** **(Anulação por dolo ou coacção)** O repúdio da herança é anulável por dolo ou coacção, mas não com fundamento em simples erro.

Einflüsse der deutschen Rechtswissenschaft auf die Auslegung des Allgemeinen Teils in Brasilien*

Vivianne Geraldes Ferreira

Abstracts

Although the Portuguese law was the first source of law in Brazil – it is important to remember that the Ordenações Filipinas were here valid until the Civil code of 1916 came into force –, his influence over the Brazilian law practically disappeared after the declaration of independence and the foundation of the first law schools. The codification in Brazil was actually under the influence of the German legal theory, especially Savigny and the Pandectistic. It can be noted on the first drafts of a civil code on 19. century, mainly on the Consolidação das Leis Civis and on the Esboço from Teixeira de Freitas. The Consolidação included a general part, which would be included also in every subsequent draft and, finally, in the Civil Code of 1916. The general part became a characteristic element of the Brazilian civil law, so that it was practically not discussed if it should be kept in the Civil code of 2002 or not. The influence of the German legal theory over the interpretation of the general part in Brazil, which was very strong in authors like Teixeira de Freitas and Bevilaqua, lost its power during the 20. century. The Civil Code of 2002 was in its articles strongly influenced by the Italian civil code, and for its interpretation is above all the Italian legal theory important. However, it hides the fact that many of his conceptions are a product of the Influence of the German legal science over Brazilian law.

Choć prawo portugalskie było pierwszym źródłem prawa w Brazylii (warto pamiętać, że *Ordenações Filipinas* obowiązywały do czasu wejścia w życia kodeksu cywilnego z 1916 r.), to jego wpływ na prawo brazylijskie praktycznie zanikł po deklaracji niepodległości i założeniu pierwszych wydziałów prawa. Proces kodyfikacji w Brazylii odbywał się pod wpływem niemieckiej nauki prawa, szczególnie Savigny'ego i pandektystów. Można to zauważyć w pierwszych, dziewiętnastowiecznych projektach kodeksu cywilnego, zwłaszcza w *Consolidação das Leis Civis* i *Esboço* autorstwa Teixeira de Freitas. *Consolidação* zawierało część ogólną, którą umieszczano także w późniejszych projektach, ostatecznie również w kodeksie cywilnym z 1916 r. Część ogólna stała się charakterystycznym elementem brazylijskiego prawa cywilnego, dlatego w zasadzie nie dyskutowano o tym czy

* Es ist der Verfasserin ein Anliegen, Herrn Prof. Dr. Dajczak herzlich für die Einladung zur Tagung in Ciążeń (Oktober 2010) und die Möglichkeit mit einem Vortrag mitzuwirken zu danken.

należy zachować ją także w kodeksie cywilnym z 2002 r. Wpływ nauki niemieckiej na interpretację części ogólnej w Brazylii, bardzo silny u autorów takich jak Teixeira de Freitas i Bevilaqua, stracił na znaczeniu w ciągu XX wieku. Na kształt kodeksu cywilnego z 2002 r. silnie oddziaływał natomiast włoski kodeks cywilny, dlatego w jego interpretacji liczy się przede wszystkim stanowisko nauki włoskiej. Mimo to kodeks zawiera wiele koncepcji, które są wynikiem wpływu nauki niemieckiej na prawo brazylijskie.

Embora o direito português tenha sido a primeira fonte do Direito brasileiro – vale lembrar que as Ordenações Filipinas vigeram no Brasil até a entrada em vigor do Código Civil de 1916 –, a influência do primeiro sobre o segundo praticamente desapareceu após a declaração de independência e a fundação dos cursos jurídicos no Brasil. O processo de codificação no Brasil foi, em verdade, marcado pela influência da ciência jurídica alemã, em especial de Savigny e da Pandectística. Os primeiros projetos de Código Civil, ainda no século 19, com destaque para a Consolidação das Leis Civis e para o Esboço, ambos de Teixeira de Freitas, demonstram a força desta influência. A *Consolidação* já apresentava uma Parte Geral, característica que se manteve em todos os projetos posteriores e, finalmente, no Código Civil de 1916. A Parte Geral tornou-se um elemento característico do Direito Civil Brasileiro, de forma que, durante o processo de elaboração do Código Civil de 2002, a questão sobre sua necessidade praticamente não foi debatida. A influência da ciência jurídica alemã na interpretação da Parte Geral do Brasil, bastante forte em autores como Teixeira de Freitas e Bevilacqua, foi diminuindo ao longo do século 20. Para a interpretação do Código Civil de 2002, fortemente influenciado pelo Código Civil italiano, recorre-se principalmente à doutrina italiana, embora muitos de seus conceitos – como o negócio jurídico – sejam produtos da influência alemã sobre o Direito Brasileiro.

1. Einführung

Gleich zu Anfang möchte ich darauf hinweisen, dass das hier zu behandelnde Thema sich auf das dritte Buch des Allgemeinen Teils beschränken soll, nämlich das Buch über die *fatos jurídicos* (juristische Tatsachen). Dieser Beitrag wird andererseits nicht nur von der Pandektistik handeln, weil besonders der Einfluss von Savigny auf das damals entstehende nationale Recht entscheidend war – und Savigny kann nicht in die Pandektistik eingeordnet werden.

Die Einflüsse der portugiesischen Rechtsdogmatik auf die Auslegung des Allgemeinen Teils in Brasilien werden hier auch nicht behandelt. Es stimmt zwar, dass die erste Rechtsquelle des brasilianischen Rechts das mittelalterliche portugiesische Recht war: Die *„Ordenações do Reino"*, eine Kompilation des damals in Portugal geltenden Rechts, d. h. des römischen und gemeinen Rechts, waren bis zum Inkrafttreten des Zivilgesetzbuches von 1916 geltendes Recht in Brasilien. Die Verbindung zwischen beiden Rechtsordnungen hat jedoch zwei Brüche erlitten: Einen ersten, als Brasilien im Jahr 1822 seine Unabhängigkeit von Portugal erklärte, und einen zweiten, als im Jahr 1827 die ersten juristischen Fakultäten in São Paulo und Olinda gegründet wurden. Bis dahin mussten die brasilianischen Juristen ihre Ausbildung in Europa erwerben, und dies taten sie vor allem in Coimbra. Nach der Unabhängigkeit Brasiliens verstärkte sich das Streben nach der Entwicklung einer eigenen nationalen Rechtstradition; mit der Möglichkeit, in Brasilien Rechtswissenschaft zu studieren, wurde auch die akademische Unabhängigkeit von Portugal erklärt[1].

Darüber hinaus galten die *Ordenações Filipinas* in Portugal bis zum Inkrafttreten des ersten Zivilgesetzbuches im Jahr 1867. Das Zivilgesetzbuch war Ergebnis der liberalen Revolution in Portugal: Es stand unter Einfluss des französischen *Code civil* und spiegelte daher nicht immer die lusitanische Rechtstradition wieder. In Brasilien hatten die *Ordenações Filipinas* allerdings eine längere Geltung als in der portugiesischen *Metrópole*; das brasilianische Zivilrecht ist kein Ergebnis eines Bruches mit der Vergangenheit, sondern ist ein Beispiel für die politische und soziale Kontinuität, die den Prozess der brasilianischen Unabhängigkeit von Portugal kennzeichnet[2]. Aus diesem Grund ist das brasilianische Recht bis heute lusitanischer als das portugiesische Recht.

Ab dem 19. Jahrhundert haben beide Rechtsordnungen sich derart getrennt voneinander entwickelt, dass man selten von einem Einfluss der portugiesischen Rechtsdogmatik auf das brasilianische Zivilrecht sprechen kann; das erste portugiesische Zivilgesetzbuch ist wie oben erwähnt vor allem durch das französische Recht geprägt, während die ersten Entwürfe eines brasilianischen Zivilgesetzbuches in der Mitte des 19. Jahrhunderts bereits einen Allgemeinen Teil enthielten, was den Einfluss der deutschen Rechtsdogmatik zeigt. In bestimmten Rechtsgebieten kann man zwar einen Einfluss der portugiesischen Rechtsdogmatik entdecken, vor allem in Bereichen des öffentlichen Rechts[3], aber auch in begrenzten Teilen des Privatrechts, beispielsweise bei der Auslegung von Generalklauseln wie Treu und Glauben

1 Schmidt (2009) 19.

2 Im Gegensatz zu anderen lateinamerikanischen Ländern gab es in Brasilien weder eine Revolution noch einen Krieg gegen die europäischen Kolonialmächte. Ganz im Gegenteil wurde die Unabhängigkeit Brasiliens durch den Kronprinzen Portugals erklärt (Dom Pedro I). Statt einer Republik, wie überall in Lateinamerika, wurde in Brasilien eine Monarchie gegründet, deren erster Kaiser Dom Pedro I war. Im Jahr 1826 war er auch sieben Tage lang König Portugals, wo er als Dom Pedro IV bekannt ist. Vgl. dazu Valladão (1980) 87 ff.

4 Ein Beispiel ist der große Einfluss der Lehre von José Gomes Canotilho (Professor für Verfassungsrecht u. a. an der Universidade de Coimbra) auf die brasilianische Verfassungsrechtsdogmatik. Vgl. zum Beispiel Silva (2002) 105; Moraes (2002) 40.

(*boa-fé*). Tatsächlich haben andere Rechtsordnungen allerdings einen größeren Einfluss auf die brasilianische Rechtsdogmatik als die portugiesische: Deutsche, französische und italienische Lehren sind in Brasilien viel bekannter als portugiesische, trotz der gemeinsamen Sprache. Dieser Mangel an akademischem Austausch ist sicherlich zu bedauern. Dadurch werden die gemeinsame (Rechts-)Geschichte und die gemeinsame (Rechts-)Tradition, die beide Länder verbindet, vergessen. Dieser Umstand ändert sich jedoch in diesem Augenblick, wenn auch sehr langsam. Der akademische Austausch zwischen Brasilien und Portugal nimmt derzeit zu. Da diese Entwicklung jedoch noch nicht signifikant genug ist, um von einem Einfluss der portugiesischen Rechtsdogmatik auf die Auslegung des brasilianischen Allgemeinen Teils sprechen zu können, wird diese Problematik hier weggelassen.

2. Der Allgemeine Teil im brasilianischen Zivilrecht

Zur brasilianischen Rechtstradition gehört die Aufteilung des Zivilgesetzbuches in einen Allgemeinen Teil und einen Besonderen Teil[4]. Nicht nur das erste brasilianische Zivilgesetzbuch, das im Jahr 1917 in Kraft getreten ist, enthielt einen Allgemeinen Teil, sondern schon einer der ersten Entwürfe eines nationalen Zivilgesetzbuches, nämlich die Arbeiten von Teixeira de Freitas, wurde von einem Allgemeinen Teil eröffnet.

Höchstwahrscheinlich handelt es sich bei der Aufteilung des ZGB in einen Allgemeinen Teil und einen Besonderen Teil um die Rezeption der deutschen Pandektistik im brasilianischen Recht[5]. Die Frage, wie diese Rezeption erfolgt ist, ist aber noch offen. Es bleibt zu untersuchen, wie und wodurch die brasilianischen Juristen des 19. Jahrhunderts in Kontakt mit der deutschen Pandektistik kamen, was den Entwurf eines nationalen ZGB so stark beeinflusst hat, dass die Idee eines Allgemeinen Teils in Brasilien selbstverständlich geworden ist. Aufgrund dieser Selbstverständlichkeit wurde kaum diskutiert, ob das neue Zivilgesetzbuch einen Allgemeinen Teil haben sollte oder nicht[6] – der Entwurf, der 1975 eingebracht wurde, behielt die Aufteilung in einen Allgemeinen und einen Besonderen Teil bei. Auch das neue Zivilgesetzbuch von 2002 hat diese Form und somit auch die Tradition eines Allgemeinen Teils in Brasilien fortgeführt.

---

4 Schmidt (2009) 355.
6 Schmidt (2009) 336.
7 Schmidt (2009) 355.

3. *Consolidação das Leis Civis* und *Esboço de Código Civil* von Teixeira de Freitas

Am 7. September 1822 wurde Brasiliens Unabhängigkeit von Portugal erklärt. Ein kaiserliches Gesetz vom 20. Oktober 1823 schrieb vor, dass die *Ordenações*[7] und die Gesetze, die von Portugal bis zum 25. April 1821 erlassen worden waren, in Brasilien grundsätzlich[8] weiter gelten sollten, bis ein nationales Gesetzbuch verfasst und in Kraft getreten sein würde[9]. Die erste brasilianische Verfassung von 1824 schrieb auch vor, dass ein Zivilgesetzbuch und ein Strafgesetzbuch zu verfassen seien (Art. 179 XVIII).

Als Vorbereitung für den Entwurf eines ZGB wurde 1855 Augusto Teixeira de Freitas[10] beauftragt, eine *Consolidação das Leis Civis*[11] zu verfassen, die die geltenden Normen des Privatrechts (einschließlich der bis zur Unabhängigkeitserklärung erlassenen portugiesischen Gesetze) konsolidieren[12], d. h. zusammenfassen und ordnen, sollte.

Betrachtet man den von der Regierung erteilten Auftrag und die von Teixeira de Freitas verfasste Einführung zur *Consolidação das Leis Civis*, so ist es jedoch offensichtlich, dass es nicht um eine bloße Darstellung des geltenden Rechts ging. Die *Consolidação das Leis Civis* war vielmehr ein echter Versuch der Systematisierung des brasilianischen Zivilrechts anhand einer Konsolidierung. Grundlage der Arbeit waren die neuen und alten Gesetze Portugals und Brasiliens; doch eine solche Systematisierung verlangte mehr: Teixeira de Freitas hielt insbesondere die *Ordenações* für schwach, was die Arbeit mit anderen Quellen, vor allem mit dem römischen Recht, aber auch mit den Kommentaren der Glossatoren notwendig machte[13]. Deswegen hat Teixeira de Freitas in seiner Einführung ausdrücklich[14] erklärt, dass er mit Hilfe

---

7 Die Ordenações waren wie oben schon erwähnt eine mittelalterliche Kompilation des mittelalterlichen portugiesischen Rechts. Die letzten Ordenações, die so genannten Ordenações Filipinas, wurden von König Filipe I. 1595 erlassen und sind 1603 unter der Herrschaft von Filipe II. in Kraft getreten.

8 Die portugiesischen Gesetze galten, soweit sie nicht aufgehoben oder geändert wurden.

9 Gesetzestext in: http://www.camara.gov.br/Internet/InfDoc/conteudo/colecoes/Legislacao/Legimp-F_82.pdf (konsultiert am 20.09.2010).

10 Augusto Teixeira de Freitas ist 1816 in Cachoeira (Bahia) geboren und hat sein Studium der Rechtswissenschaft in Olinda nach einem dreijährigen Aufenthalt in São Paulo abgeschlossen (Schmidt [2009] 24 ff.).

11 Zur Entstehungsgeschichte der Consolidação das Leis Civis vgl. Bevilaqua (1927); Rosado de Aguiar (2003).

12 Teixeira de Freitas (2003) XXX-XXXI.

13 Teixeira de Freitas (2003) XXXIII.

14 Teixeira de Freitas (2003) XXXIV.

anderer Instrumente gearbeitet hat: *„estudos de outra natureza"*, *„monumentos legislativos"* und *„tradições da Sciencia"*[15], das alles *„para achar... os limites do Direito Civil; e a norma da exposição das materias, que lhe pertencem"*[16]. Viel mehr über seine Methode schreibt er leider nicht.

Die zentrale Idee des Systems des Zivilrechts, das von Teixeira de Freitas durch die *Consolidação das Leis Civis* erarbeitet wurde, war die Unterscheidung zwischen persönlichen und dinglichen Rechten. Teixeira de Freitas nahm in seiner Einführung Bezug auf die römisch-rechtliche Einteilung des Rechts in *ad personas, ad res* und *ad actiones*[17]. Während jedoch Personen und Sachen Element *jeden Rechts* seien, seien Tatsachen Ursachen des Rechts. Der Allgemeine Teil der *Consolidação das Leis Civis* war deswegen in zwei Teile aufgeteilt, nämlich *Pessoas* (Personen) und *Coisas* (Sachen), die die konstitutiven Elemente der Rechte seien[18]. Folglich war auch der Besondere Teil in zwei Teile aufgeteilt, nämlich *Direitos Pessoais* (persönliche Rechte) und *Direitos Reais* (dingliche Rechte).

Personen sind die Subjekte jeden Rechts, während die Sachen seine Gegenstände sind[19]. Andere Autoren, so behauptet Teixeira de Freitas, schließen in den Allgemeinen Teil auch die Tatsachen ein; er zitiert Leibniz, der das Recht nach seinen Ursachen klassifiziert[20]. Teixeira de Freitas schreibt, dass die Ursache jeden Rechts eine Tatsache sei; er bezieht sich auch auf Savigny und den von ihm geprägten Begriff der juristischen Tatsachen[21]. Der Allgemeine Teil der *Consolidação das Leis Civis* handelte aber nicht, wie gesagt, von den Tatsachen und auch nicht von den Rechtsverhältnissen selbst. Nach Ansicht von Teixeira de Freitas waren darin nur die konstitutiven Elemente der Rechte zu behandeln. Die Ursachen der Rechte sollten im Besonderen Teil geregelt werden. Teixeira de Freitas war weiter der Ansicht, dass die Normen über *atos jurídicos* (juristische Handlungen) sich grundsätzlich auf Verträge oder auf Testamente beziehen. Auch deswegen seien die Normen über solche Institute – auch diejenigen, die eine allgemeine Anwendung haben – im Besonderen Teil zu behandeln[22].

---

16 Übersetzung: Untersuchungen anderer Natur, gesetzgeberische Monumente und Traditionen der Wissenschaft.

17 Übersetzung: Um die Grenzen des Zivilrechts zu finden, sowie die Regel für die Darstellung der Materien, die zu ihm gehören.

17 Teixeira de Freitas (2003) XL.

18 Teixeira de Freitas (2003) CXIII.

19 Teixeira de Freitas (2003) CXIX.

20 Teixeira de Freitas (2003) XLIX-L.

21 Teixeira de Freitas (2003) XLIX-L.

22 Teixeira de Freitas (2003) CXX.

Die *Consolidação das Leis Civis* wurde 1858 gebilligt, und das *Decreto* (Verordnung) 2.318 vom 22. Dezember 1858[23] sah vor, dass der Justizminister einen Juristen beauftragen müsse, einen Entwurf des ZGB zu verfassen. Ernannt wurde Teixeira de Freitas. Das Ergebnis der Arbeit von Teixeira de Freitas ist der *Esboço* (Entwurf), der aber nicht beendet worden ist, da der Vertrag mit dem Autor 1872 gekündigt wurde. Auch der *Esboço* ist in zwei Teile – den Allgemeinen Teil und den Besonderen Teil – unterteilt.

Im *Esboço* wandte Teixeira de Freitas jedoch eine andere Systematisierung an. Während die *Consolidação* von Personen und Sachen handelte, geht es im Allgemeinen Teil des *Esboço* auch um Tatsachen. Die dritte Abteilung (*Seção*) des ersten Buches (*Parte Geral* – Allgemeiner Teil) heißt „*Dos fatos*", über die Tatsachen. Bemerkenswert ist auch, dass das erste Buch, das dem Allgemeinen Teil entspricht, „*Dos elementos dos direitos*" heißt: Über die Elemente der Rechte. Hier wird ein wesentlicher Unterschied zum System der *Consolidação* deutlich. In der Einführung zur Konsolidierung schreibt Teixeira de Freitas, dass die Tatsachen im Allgemeinen Teil nicht zu regeln seien, gerade weil sie kein Element der Rechte seien.

In seinem Kommentar zu Art. 431 des *Esboço* erklärt Teixeira de Freitas, warum er seine Meinung geändert hat. Die Änderung sei notwendig gewesen, um die „Synthese des Privatrechts wahr darzustellen" (nach Teixeira de Freitas). Er wollte auch die Mängel anderer Zivilgesetzbücher vermeiden, die, mit Ausnahme des Gesetzbuches von Preußen, Normen von allgemeiner Anwendung in den Titeln über Verträge und Testamente regeln, als ob sie nur in diesen beiden Bereichen anwendbar wären[24]. Solche Normen von allgemeiner Anwendung – wie solche hinsichtlich der Form oder der Willensmängel – seien auch auf andere allgemeine willentliche Rechtshandlungen (*atos voluntários*) anwendbar.

Da im *Esboço* auch die *fatos jurídicos* geregelt werden, befasst sich Teixeira de Freitas in ausführlicher Weise mit diesem Rechtsbegriff. Art. 431 stellt eine Legaldefinition der juristischen Tatsachen dar. *Fatos* sind *todos os acontecimentos susceptiveis de produzir alguma aquisição, modificação, ou extincção de direitos*. Tatsachen sind also – frei übersetzt – Ereignisse, die den Erwerb, die Veränderung oder die Auflösung eines Rechts verursachen können. Hier fällt eine gewisse Ähnlichkeit zu Savignys Definition der juristischen Tatsachen auf. Juristische Tatsachen sind nach Savigny „die Ereignisse, wodurch der Anfang oder das Ende der Rechtsverhältnisse bewirkt wird"[25].

---

23 Gesetzestext unter: http://www.camara.gov.br/Internet/InfDoc/conteudo/colecoes/Legislacao/1858-pronto/leis-1858/dec%20n%b02318-2212_n%b02319-24121858.pdf#page=1 (Stand 20.09.2010).

24 Teixeira de Freitas (1860) 265.

25 Savigny (1804) 3.

Teixeira de Freitas setzt sich zum Ziel, eine Lehre über die juristischen Tatsachen darzustellen, die nach seinen Aussagen eine Lehre für sich ist. Er beschreibt diese Entwicklung und Darstellung als den schwierigsten Teil seiner Arbeit[26]. Darüber hinaus betont er, dass diese Lehre ein sicheres Instrument bilde, um die Welt der Tatsachen zu „messen" und jede rechtliche Frage präzise zu lösen[27].

Von Art. 432 bis Art. 444 stellt Teixeira de Freitas im *Esboço* seine Klassifizierung der juristischen Tatsachen vor.

Die juristischen Tatsachen sind entweder äußere Tatsachen (*fatos exteriores*), die vom menschlichen Willen unabhängig sind, wie beispielsweise der Tod oder die Geburt, oder menschliche Tatsachen (*fatos humanos*). Die *fatos humanos* sind entweder unwillentliche Tatsachen (*fatos involuntários*) oder willentliche Tatsachen (*fatos voluntários*). Die *fatos voluntários* können entweder erlaubt (*fatos voluntários lícitos*) oder unerlaubt (*fatos voluntários ilícitos*) sein. Die *fatos voluntários lícitos*, die sich unmittelbar auf den Erwerb, auf die Änderung oder auf die Auflösung eines Rechts richten, sind die *atos jurídicos* (Rechtshandlungen). Die *fatos jurídicos lícitos*, die kein solches unmittelbares Ziel haben, haben nach Teixeira de Freitas keine eigene Definition: Ein Beispiel dafür ist die Geschäftsführung ohne Auftrag.

In seinem Kommentar zu Art. 437, in dem es um den Begriff der *atos jurídicos* geht, erläutert Teixeira de Freitas, welche nach dem geltenden Recht die *atos jurídicos* sind, weil darunter nicht nur Verträge und Testamente zu verstehen seien. Beispiele von *atos jurídicos* seien: die Ehe (im Familienrecht), die Verträge (im Schuldrecht), die Übergabe der Sache (im Sachenrecht), das Testament, die Annahme und Ausschlagung der Erbschaft (im Erbrecht), und die Klagen (im Prozessrecht).

In dieser Klassifizierung fällt noch einmal der Bezug zu Savigny auf. Auch Savigny[28] klassifiziert die juristischen Tatsachen u. a. in freie Handlungen und zufällige Umstände; die freien Handlungen entsprechen den *fatos voluntários* von Teixeira de Freitas. Die freien Handlungen sind diejenigen, die unmittelbar auf die Entstehung oder Auflösung eines Rechtsverhältnisses gerichtet sind. Diese hängen deshalb vom Willen der Beteiligten ab. Solche auf die Entstehung oder Auflösung von Rechtsverhältnissen gerichteten freien Handlungen heißen nach Savigny Willenserklärung oder Rechtsgeschäft. Sie entsprechen der Kategorie der *atos jurídicos* bei Teixeira de Freitas.

Warum hat Teixeira de Freitas den Begriff *ato jurídico* statt Willenserklärung oder Rechtsgeschäft bevorzugt? Dies erklärt sich aus dem Umstand,

---

26 Teixeira de Freitas (1860) 265.
27 Teixeira de Freitas (1860) 265.
28 Savigny (1804) 6-7.

dass Teixeira de Freitas seiner Klassifizierung das System und die Begriffe von Savignys Werk in französischer Übersetzung zugrunde legte. Dort sind Rechtsgeschäft und Willenserklärung mit *acte juridique* übersetzt worden[29].

4. Der *Código Civil* von 1916

Nach der Kündigung des Vertrages zwischen Teixeira de Freitas und der brasilianischen Regierung sind noch verschiedene Arbeiten für den Entwurf eines ZGB unternommen worden. Es wird hier nicht diskutiert, inwiefern die folgenden Entwürfe vom *Esboço* beeinflusst waren. Wenn man aber die Struktur dieser Entwürfe, die von verschiedenen Verfassern entworfen wurden (Nabuco de Araújo – 1873-1878; Felicio dos Santos – 1878?-1881; Coelho Rodrigues – 1890-1893), betrachtet, fällt eine Gemeinsamkeit auf, die kein Zufall sein kann: Sie enthielten alle einen Allgemeinen Teil sowie einen Besonderen Teil[30].

Der CC bras von 1916 wurde von Clovis Bevilaqua verfasst, der die vorherigen Arbeiten, vor allem den Entwurf von Coelho Rodrigues, benutzen sollte. Der CC bras von 1916 war in zwei Teile gegliedert: Den Allgemeinen Teil und den Besonderen Teil. Die Struktur des AT war die folgende: Das 1. Buch hieß *Das Pessoas* (Über die Personen), das 2. Buch hieß *Dos Bens* (Über die Güter) und das 3. Buch hieß *Dos Fatos Jurídicos* (Über die juristischen Tatsachen).

Das 3. Buch war in drei Titel aufgeteilt: *Dos atos jurídicos* (Über die Rechtshandlungen); *Dos atos ilícitos* (Über die unerlaubten Handlungen); *Da prescrição* (Über die Verjährung).

Bevilaqua hat auch einen Kommentar zum CC bras geschrieben, der auch das vor der Kodifikation geltende Recht und die Rechtsvergleichung betrachtete, einschließlich des BGB. Im Kommentar zu Art. 74 – dem ersten Artikel des Dritten Buchs – zitiert Bevilaqua Savignys Definition der juristischen Tatsachen aus dem *System des heutigen römischen Rechts*. Bevilaqua bezieht sich aber auf die französische Übersetzung[31].

Art. 81, der Teil des ersten Titels – Über die Rechtshandlungen – ist, definiert die juristische Handlung: *Todo o acto licito, que tenha por fim immediato adquirir, resguardar, transferir, modificar ou extinguir direitos, se denomina acto juridico.* Jede erlaubte Handlung, die den unmittelbaren Zweck hat, eln Recht zu erwerben, zu schützen, zu übertragen, zu ändern oder aufzulösen, wird *ato jurídico* – Rechtshandlung – genannt. In seiner Kommentie-

30 Schmidt (2009) 345.
30 Vgl. dazu Bevilaqua (1927) 15-19.
31 Bevilaqua (1927) 308.

rung zu dieser Norm schließt er die Bücher vieler deutscher Autoren in die Bibliographie mit ein: Unter den Pandektisten sind Dernburg, Windscheid, Bruns/Eck/Mitteis erwähnt; außerdem werden andere deutschen Autoren zitiert: Kohler, Endemann, Gerber, Savigny, Jhering, Sohm, Binder; in der Kommentierung zu Art. 81 werden hingegen nur zwei französischen Werke zitiert Colin/Capitant und Picard. In der Kommentierung selbst bezieht er sich auf die Pandektistik nicht, um die Norm auszulegen; er äußert sich sogar kritisch zu den philosophischen und psychologischen- Übertreibungen der deutschen Lehre[32].

Wie es schon im *Esboço* der Fall war, regelt der CC bras die *atos jurídicos,* und nicht die Rechtsgeschäfte. Liest man seine Kommentierung, so wird klar, dass Bevilaqua unter *atos jurídicos* die Rechtsgeschäfte versteht. Die jüngere Lehre erkennt auch in *ato jurídico* das Rechtsgeschäft: Dafür nimmt sie Bezug auf Savigny oder die Pandektisten.

Wird in der Literatur der Allgemeine Teil des CC bras von 1916 analysiert, insbesondere in Lehrbüchern, wird klar, dass der Einfluss bzw. der Dialog mit der deutschen Pandektistik abgebrochen wurde. Savigny wird von Silvio Rodrigues (1917-2004) z.B. zitiert; es handelt sich aber nicht um ein direktes Zitat, sondern um eine Bezugnahme auf Zitate Savignys bei Teixeira de Freitas und Bevilaqua[33]. Caio Mário da Silva Pereira (1913-2004), der ein Lehrbuch zum CC bras von 1916 geschrieben hat, führt am Anfang jedes Kapitels die zugehörige Literatur auf. Unter 19 Büchern, die er als Literaturhinweise zum Rechtsgeschäft gibt, befinden sich acht italienische Bücher – darunter zwei von Emilio Betti –, sieben französische Bücher und nur vier deutsche Bücher – von diesen vier Büchern werden Übersetzungen auf Spanisch oder Französisch zitiert[34]. Zwei der zitierten Werke sind der Pandektistik zuzuordnen: Windscheid und Enneccerus. All diese Bezüge zur die Pandektistik sind leider sehr oberflächlich; sie beschränken sich auf grundlegende Fragen, wie den Begriff des Rechtsgeschäfts oder seine Klassifizierung.

5. Der *Código Civil* von 2002

Im Laufe des 20. Jahrhunderts hat sich die Lage in Brasilien stark geändert. So hat sich Brasilien von einer agrarisch geprägten zu einer städtischen Gesellschaft entwickelt. Verschiedene Gesetze wurden ertlassen, um das Recht dieser neuen Realität anzupassen, was zum Außerkrafttreten vieler Normen

32 Bevilaqua (1927) 317.

34 Rodrigues (1997) 159.

35 Silva Pereira (1966) 302.

des Zivilgesetzbuches geführt hat[35]. Die Änderung und Modernisierung des Zivilrechts – entweder durch Änderungen des Zivilgesetzbuches oder durch Sondergesetze – hat die Diskussion über die Notwendigkeit mindestens einer Novellierung des geltenden Zivilgesetzbuches, maximal aber eines neuen Zivilgesetzbuches eröffnet.

Nach dem Misserfolg zweier Vorentwürfe wurde 1969, d.h. fünf Jahre nachdem das Militär durch einen Putsch an die Macht gekommen war, eine Kommission zur Ausarbeitung eines neuen Zivilgesetzbuches ernannt. 1975 hat der damalige Präsident Ernesto Geisel beim *Congresso Nacional*, d.h. bei beiden Häusern des Parlaments, die Vorlage eingebracht. 1984 hat die *Câmara dos Deputados* (Abgeordnetenkammer) der Vorlage zugestimmt und sie dem *Senado Federal* (Senat) zugeleitet.

Das Jahr 1984 war von der Abschwächung der Militärdiktatur und von den Bewegungen zugunsten einer Demokratisierung Brasiliens geprägt. 1988 wurde die demokratische Verfassung Brasiliens verabschiedet. Sie hat auch zur Änderung des Zivilrechts geführt, insbesondere im Bereich des Familienrechts: Die Gleichheit zwischen ehelichen und unehelichen Kindern wurde gewährleistet (Art. 227 VI); die uneheliche Gemeinschaft zwischen Mann und Frau wurde als familiäre Einheit anerkannt (Art. 226 III); dem Ehemann und der Ehefrau wurden die Gleichheit zuerkannt (Art. 226 V). Wegen dieser politischen und rechtlichen Veränderungen blieb das Gesetzgebungsverfahren für das neue Zivilgesetzbuch in der Schwebe, bis es 1995 schließlich wieder aufgenommen wurde. Am 10. Januar 2002 wurde schließlich das neue brasilianische Zivilgesetzbuch erlassen und trat ein Jahr später in Kraft.

Der CC bras von 2002 ist wie das frühere Zivilgesetzbuch von 1916 in zwei Teile geteilt: einen Allgemeinen Teil und einen Besonderen Teil. Der AT ist wiederum in drei Bücher gegliedert: 1. Buch: *Das Pessoas* (Über die Personen); 2. Buch: *Dos Bens* (Über die Güter); 3. Buch: *Dos Fatos Jurídicos* (Über die juristischen Tatsachen).

Das Dritte Buch des Allgemeinen Teils ist anders als im CC bras von 1916 strukturiert, nämlich in fünf Titel: 1. Titel: *Do negócio jurídico* (Über das Rechtsgeschäft); 2. Titel: *Dos atos jurídicos lícitos* (Über die erlaubten Rechtshandlungen); 3. Titel: *Dos atos ilícitos* (Über die unerlaubten Rechtshandlungen); 4. Titel: *Da prescrição e decadência* (Über die Verjährung und den Verfall); 5. Titel: *Da prova* (Über den Beweis).

Es fällt sofort auf, dass der Allgemeine Teil des CC bras von 2002 vom Rechtsgeschäft handelt, und nicht von der Rechtshandlung. Das ist in der Tat eine Korrektur der im CC bras von 1916 angewandten Terminologie[36]. Der

35 Insbesondere wenn es um Familienrecht geht: Scheidung, Geschäftsfähigkeit der Frau, etc.

36 Schmidt (2009) 363.

herrschenden Lehre war klar, dass es im *ato jurídico* um das Rechtsgeschäft ging, und dass beide Begriffe Synonyme waren.

In den Lehrbüchern, die der CC bras von 2002 betrachten und analysieren[37], ist der Einfluss der deutschen Rechtsdogmatik und auch der Pandektistik offensichtlich schwächer geworden. Das Rechtsgeschäft und die darauf bezogenen Normen sind vor allem mit Hilfe der italienischen Lehre ausgelegt, sowie mit Hilfe von brasilianischen Monographien über die Rechtshandlungen. Hier sind die Werke von Emilio Betti und Antonio Junqueira de Azevedo hervorzuheben. Savignys Lehre wurde leider stark vernachlässigt.

6. Schlussfolgerungen

Der Einfluss der deutschen Rechtswissenschaft auf den Entwurf und auf die Systematisierung des nationalen Rechts in Brasilien war entscheidend für die Gestaltung einer eigenen Rechtstradition. Die Juristen, die sich damit beschäftigt haben, kannten und lasen die deutsche juristische Literatur, sei es auf Deutsch, sei es auf Französisch; vor allem der Einfluss Savignys ist nicht zu unterschätzen. Dies gilt nicht nur für den Allgemeinen Teil, das Thema unserer Tagung, sondern auch für Bereiche des Besonderen Teils, wie z. B. das Besitzrecht. Mit der Zeit schwand jedoch der Einfluss der deutschen Rechtsdogmatik. Ein Hauptgrund dafür dürfte die deutsche Sprache sein, die im Vergleich zu den romanischen Sprachen für den brasilianischen Juristen besonders schwer ist. Auch deswegen ist der akademische Austausch zwischen Brasilien, Frankreich und insbesondere Italien viel stärker als der Austausch zwischen Brasilien und Deutschland. Auf der anderen Seite gibt es nicht so viele Übersetzungen deutscher Bücher – auch nicht der Pandekten – ins Portugiesische. Es ist darüber hinaus auffällig, dass der Einfluss der italienischen Rechtsdogmatik auf das brasilianische Zivilrecht zugenommen und die Bedeutung zunächst der deutschen und später der französischen Rechtsdogmatik übernommen hat. Die Ursachen dafür sind nicht alleine bei den Sprachen zu suchen oder in der Anzahl von brasilianischen Professoren, die in Italien promoviert worden sind. Andere Faktoren müssen eine Rolle gespielt haben, wie z.B. dass während des Zweiten Weltkriegs eine Reihe wichtiger italienischer Juristen nach Brasilien geflohen ist. Ein gutes Beispiel dafür ist Enrico Tullio Liebman, dessen Lehre das brasilianische Zivilprozessrecht bis heute stark beeinflusst. Dass dieser Einfluss sich auch auf das Zivilrecht übertragen lässt, ist möglich, kann hier aber nicht weiter untersucht werden.

---

38 Maria Helena Diniz und Silvio de Salvo Venosa wurden hier berücksichtigt; Fabio Ulhoa Coelho unterscheidet immer noch *ato jurídico* und *negócio jurídico*; dazu behauptet er noch, dass Bevilaqua die deutsche Lehre nicht richtig verstanden habe (!).

Kann man also, was den *ato jurídico* bzw. das *negócio jurídico* betrifft, von einem Einfluss der deutschen Rechtswissenschaft auf die Auslegung des Allgemeinen Teils reden? Die Antwort lautet: Es kommt darauf an. Zur Definition des *ato jurídico* und seiner Abgrenzung zu anderen juristischen Tatsachen wird immer noch die Pandektistik zur Hilfe genommen und diese Bezüge werden hauptsächlich der älteren Literatur entnommen. Diese wird, obwohl sie sich auf den CC bras von 1916 bezieht, noch immer gelesen. Andere Aspekte der Auslegung der Normen über das Rechtsgeschäft werden aber anhand der französischen oder der italienischen Lehre betrachtet. Bezüglich der Auslegung des CC bras von 2002 ist dies die Regel.

Leider befindet sich die brasilianische Rechtsdogmatik in einer Krise, die ihren Ausgang in der zweiten Hälfte des letzten Jahrhunderts nahm. Die massive Kommerzialisierung von Lehrbüchern hat dazu geführt, dass die Literatur – und damit die ganze Lehre – sich extrem an der Praxis orientiert und deswegen an Qualität verloren hat. Das brasilianische Zivilrecht steht glücklicherweise auf einer starken Grundlage und erfreulicherweise besteht die Verbindung mit der klassischen deutschen Lehre – vor allem mit den Pandektisten – durch die ältere Literatur zum Zivilrecht fort. Außerdem gab es noch nie so viele brasilianische Juristen, die im Ausland – einschließlich Deutschlands – eine Promotion oder ein Magisterstudium abschließen, wie jetzt. Deswegen bleibt uns die Hoffnung, durch den Dialog mit der europäischen Rechtsdogmatik nicht nur unsere Erfahrung mit der Kombinierung und Versöhnung verschiedener europäischer Rechtstraditionen unter Beweis zu stellen, sondern auch den Kontakt mit unseren eigenen Wurzeln wiederherzustellen.

Literaturverzeichnis

Bevilaqua (1927): *Clovis Bevilaqua*, Codigo Civil dos Estados Unidos do Brasil, Bd. I (3. Aufl. Rio de Janeiro 1927).

Moraes (2002): *Alexandre de Moraes*, Direito Constitucional (11. Aufl., São Paulo 2002).

Rodrigues (1997): *Silvio Rodrigues*, Direito Civil – Parte Geral (São Paulo 1997).

Rosado de Aguiar (2003): *Ruy Rosado de Aguiar* (Vorwort), in: Augusto Teixeira de Freitas, Consolidação das Leis Civis, Bd. I (Brasília 2003).

Savigny (1804): *Friedrich Carl von Savigny*, System des heutigen römischen Rechts, Bd. III (Berlin 1804).

Schmidt (2009): *Jan Peter Schmidt*, Zivilrechtskodifikation in Brasilien (Tübingen 2009).

Silva (2002): *José Afonso da Silva*, Curso de Direito Constitucional Positivo (20. Aufl. São Paulo 2002).

Silva Pereira (1966): *Caio Mário da Silva Pereira*, Instituições de Direito Civil, Bd. I (18. Auf. Rio de Janeiro 1996).

Teixeira de Freitas (1860): *Augusto Teixeira de Freitas*, Código Civil – Esboço (Rio de Janeiro 1860).

Teixeira de Freitas (2003): *Augusto Teixeira de Freitas*, Consolidação das Leis Civis, Bd. I (Brasília 2003).
Valladão (1980): *Valladão*, História do Direito – Especialmente do Direito Brasileiro (4. Aufl. Rio de Janeiro 1980).

Anstelle eines rapport de synthèse*

Christian Baldus

1. Hier sind nicht alle Beiträge einzeln zu referieren. Es hat sich – ohne Steuerung durch die Organisatoren – ein spezifisches Interesse an Geschäftsfähigkeit und *culpa in contrahendo* gezeigt. Das ist vielleicht kein Zufall: In diesen Feldern verbinden sich zwei Grundelemente unserer Tagung, die Frage nach einzelnen Instituten und die Frage nach Legitimität und Leistungsfähigkeit des Allgemeinen Teils.

Einen Schlüssel zum Ganzen mag das Spannungsfeld liefern, das Herr Kollege Giaro anfangs vorgestellt hat: das zwischen „Physik" und „Metaphysik" des Allgemeinen Teils. Metaphern, die nicht ohne Grund in diesen Tagen immer wieder aufgegriffen worden sind. Wir könnten einen Überblick auch anders einrichten, von den Verhältnissen aus, in denen der Allgemeine Teil steht: zum Rest des jeweiligen Zivilgesetzbuchs (soweit er ein gesetzlich niedergelegter Allgemeiner Teil ist), zur Gesamtrechtsordnung und so weiter. Herrn Giaros Binom aber erfasst die schillernde Natur der Figur „Allgemeiner Teil" als wissenschaftliche, didaktische, rechtspolitische, gesetzestechnische[1] treffend, und so will ich hier ansetzen: mit einem Plädoyer für die „Physik".

2. Wie verhalten sich „Physik" und „Metaphysik" zueinander? Sicher muss man sie streng trennen. Ohne Metaphysik sind die Dinge möglicherweise sinnlos, ohne Physik aber funktionieren sie bereits nicht. Wenn man einen Allgemeinen Teil haben will, dann muss er technisch gut gemacht sein, in sich und in der Vernetzung mit anderen Texten innerhalb wie außerhalb des Zivilgesetzbuches. Wenn man keinen haben will – das wird zu selten gesagt –, dann muss man überlegen, ob man durch diesen Verzicht wirklich Energie spart. Im Einzelnen:

Im uns zugänglichen Bereich zwingen nur die Regeln der Physik. Der Jurist muss jedenfalls dem Verfahren nach innerhalb der Regeln seiner Kunst bleiben. Verletzung metaphysischer Regeln mag gravierende Konsequenzen

---

* [Der folgende Text schließt an die zusammenfassenden Bemerkungen des Verf. auf der Tagung an. Der skizzenhafte Charakter ist gewahrt. Einzelne Beiträge sind nur ausnahmsweise erwähnt. Verweise auf eigene Werke dienen der Abkürzung. Gestrichen sind die *parole di circostanza*, namentlich der Dank an Teilnehmer und Organisatoren im Einzelnen. Für vielfache Anregung und Kritik danke ich *Wojciech Dajczak*.]

1 Vgl. für die Bedeutung solcher Perspektiven Monta Pinto / Pinta Monteiro (2005) 18 u.ö.

anderer Art haben, darüber sind aber physikalische Aussagen nicht möglich. Der zentrale Indikator für die Physik des Allgemeinen Teils ist die Judikatur. Sie verbraucht beim Entscheiden Energie.

Das kann nicht deutlich genug betont werden. Wir müssen präzise betrachten, welche Regeln die Gerichte anwenden und wie. Wo sieht der Richter Bedarf für aufwendige Begründungen, wo begründet er in angreifbarer Weise, wo entzieht er sich dem Begründen – und wo fügt die Norm sich problemlos ins richterliche Urteil? Überall da, wo die Gerichte Aufwand treiben müssen, um mit den Normen auszukommen, da sind Mängel der Norm indiziert. Nicht bewiesen, denn Grundsätzliches entscheiden der Gesetzgeber und im Rahmen der Privatautonomie die Parteien, aber indiziert. Je weiter Gerichte über den Normtext hinausgehen oder gar gegen ihn entscheiden (man vergleiche statt aller § 119 Abs. 1 und 2 oder § 138 Abs. 1 und 2 BGB mit der dazu jeweils ergangenen Rechtsprechung), desto näher liegt Reformbedarf.

Hier freilich befindet sich auch ein Übergang zur Metaphysik: Wenn ein Rechtsanwender an einer Norm vorbeikommen will, wenn ihre Fassung ihm zu eng oder zu weit scheint, dann stehen oft, aber nicht immer technische und pragmatische Erwägungen dahinter. Es kann auch sein, dass er die Norm ungerecht findet. Das liegt außerhalb des Allgemeinen Teils manchmal näher, weil außerhalb der Abstraktionsgrad typischerweise geringer ist. Aber Schwierigkeiten auf höherer Systemebene haben weiterreichende Folgen. Ob ich den Antragenden als durch das Angebot gebunden ansehe oder nicht, ist keine rein technische Frage. Daher entgehen wir der Metaphysik auch bei physikalischen Beobachtungen zum AT nicht: Energie wird dort eingesetzt, wo es sich aus der Sicht des Handelnden lohnt.

3. Das Mittel, sinnvolle Ergebnisse mit rationalem Aufwand zu erreichen, ist die Methode. Herr Zoll hat zu Recht eine neue pandektistische Methodik gefordert.

Dieser Begriff will freilich recht verstanden sein. Veraltet ist in den Grundzügen nicht unser Gesetz, nicht das Pandektensystem als Grundstruktur (zu einer denkbaren Einschränkung sogleich). Die Begriffsbildung des 19. Jahrhunderts hat Fundamente gelegt, die bis heute[2] tragen; diese Begriffsbildung nimmt die praktische Rechtserfahrung von zweitausend Jahren kreativ auf; und dass bereits das 19. Jahrhundert selbst keiner „Begriffsjurisprudenz" im Sinne des lange Zeit verbreiteten Zerrbildes folgte, spricht sich end-

2 Nicht hingegen in die Vorvergangenheit; dass das 19. Jahrhundert eben wegen der Effizienz seiner Begriffsbildung und generell seiner Konstruktion unseren Blick auf die verwerteten römischen Quellen (als das *case law* eines im Kern prozessual gewachsenen inneren Systems) massiv verzerrt, muss weiterhin betont werden.

lich ein wenig herum.[3] Erst recht ist mit einem Totschlagsargument wie „Formalismus" nichts anzufangen: Das 19. Jahrhundert ist nicht formalistisch im Sinne einer Abwertung der Inhalte. Form hat im Recht überdies ihren guten Platz, Gesetz und Anwendung müssen ihn nur richtig bestimmen: gegen eine „Billigkeit", deren Gefahren das 20. Jahrhundert deutlich genug gezeigt hat.

Veraltet ist aber unsere Methode: Wir organisieren unsere Methodendebatten immer noch um den Gegensatz „Subjektivisten"/„Objektivisten", so als sei der Gesetzgeber ein Mensch, der uns eine Willenserklärung habe zukommen lassen. Das hatte im 19. Jahrhundert seine Gründe, eine zeitgemäße historische Auslegung aber sollte wohl anders aussehen:[4] Sie sollte nach den Erfahrungen mit bestimmten Lösungsmodellen fragen, den Erfahrungen vor und nach der Gesetzgebung, nicht allein nach dem oft obskuren Moment der Gesetzgebung; sie sollte fragen, wie man diese Erfahrungen der Praxis handhabbar zur Verfügung stellen kann.

Gehen wir also historisch an den Allgemeinen Teil heran, dann stehen wir sofort vor physikalischen Fragen. Um nur eine zu nennen, in Anknüpfung an den Beitrag von Herrn Schmidt: Rechtsgeschäftslehre ist ihrer historischen Entwicklung nach essentiell „Erbrecht", Lehre vom Umgang mit Erbeinsetzungen und Vermächtnisaussetzungen.[5] Was davon wirklich auf die höhere Systemebene passt, ist nicht für alle Fragen klar. Solche Punkte muss man sich aber vor Augen halten, um die Gefährlichkeit einer Verwendung des Schuldrechts (oder eines Allgemeinen Schuldrechts) als Allgemeiner Teil zu sehen: Recht ist eben nicht primär oder allein Obligation; ob es primär Rechtsverhältnis ist (wie Autoritäten der portugiesischen Lehre in Anknüpfung an die deutsche Pandektenwissenschaft erwägen), ist schwierig zu beurteilen;[6] es ist jedenfalls nicht allein Schuldrecht: Zunächst muss die Zuordnung der Objekte zu den Subjekten klar sein, dann kann man über Verschiebungen nachdenken. Auch aus dieser Grundfrage der Gesetzesarchitektur (oder seiner Metaphysik) folgt der Nutzen eines Allgemeinen Teils.

4. Die Rechtsgeschichte trägt also zu unserem Thema bei, die äußere, die innere und die Methodengeschichte.[7] Jedenfalls scheint mir diese Tagung zu

3 Grundlegend: Falk (1989); Haferkamp (2004); Henkel (2004). Weiteres bei Meder (2011).

4 Vgl. Baldus (2010) 26-111. Demnächst die Beiträge in einem Essayband, hrsg. von *Christian Baldus / Frank Theisen / Friederike Vogel* (Tübingen 2013).

5 Vgl. zu *pro herede gestio* und Konkludenz Kühle (2009) nach Reg.; jetzt Avenarius (2012).

6 Umfassend zum Problem demnächst *Benjamin Herzog*, Anwendung und Auslegung von Recht in Portugal und Brasilien. Eine rechtsvergleichende Untersuchung aus genetischer, funktionaler und postmoderner Perspektive.

7 Zu diesen Kategorien: Baldus (2012).

belegen, dass aus der historischen Erfahrung nichts Eindeutiges gegen den Nutzen eines Allgemeinen Teiles im Sinne der „Physik“ folgt.

Persönlich scheint mir vieles für eine partielle Revision (oder Optimierung) des pandektistischen Modells zu sprechen: für seine wenigstens teilweise Befreiung von seinen naturrechtlichen Elementen, den dubiosen „Lebensbereichen“ Familienrecht und Erbrecht, aber mit Allgemeinem Teil. Wenige Statusfragen im Familienrecht heben sich wirklich vom Schuld- und Sachenrecht ab; und es gibt weltanschauliche Konnotationen, aus denen heraus die Integration des Familienrechts in das Zivilgesetzbuch alles andere als eine Banalität ist. Auch die besonderen Funktionen des Erbrechts sind in ihrer Struktur auf Schuldrecht oder Sachenrecht bezogen. Vor der Klammer aber steht immer etwas, ganz gleich ob man zwei, drei oder vier Bücher folgen lässt.

5. Welche Perspektiven bietet uns die Tagung – und bieten uns die beiden Tagungen des Projekts – über das bisher Diskutierte hinaus?

- Die Unterschiede zwischen den Systemen, die wir verglichen haben, wurzeln auch in ihrer jeweiligen politischen Geschichte. Diesen Aspekt konnten wir nur streifen; er bleibt zu vertiefen. Anders gesagt: Gibt es eine Dialektik zwischen Grundstrukturen des Privatrechts und solchen der Demokratie?
- Auszuleuchten bleibt, was andere Rechtsordnungen mit Allgemeinem Teil beitragen, was wir von ihnen lernen können. Wir hatten uns aus organisatorischen Gründen zu beschränken. Die Staaten östlich von Polen, Griechenland, Ostasien etwa bleiben in den Blick zu nehmen.
- Was in Europa geschehen wird, in laufenden Vereinheitlichungsbemühungen und über sie hinaus, ist nicht absehbar. Das Gespräch zwischen Privatrechtlern und Europarechtlern über ein sinnvolles Zusammenspiel zivilistischer Regelungstechnik mit dem unionalen Integrationsziel lässt sich ausbauen.

Zwischen Physik und Metaphysik ist der Allgemeine Teil der Ort, an dem sich alle Privatrechtler treffen. Das Gespräch an diesem Ort erhält die systematische und kommunikative Leistungsfähigkeit der Wissenschaft. Das gilt jedenfalls aus kontinentaler Perspektive. Der Allgemeine Teil ist ein Fortschritt, und an diesem Fortschritt sollte Europa festhalten.

Wo soll das Gespräch weitergehen? Es hätte dieses Jahr in Portugal stattfinden sollen, was sich als unmöglich erwies, aus Gründen, die nicht in der Macht der Kollegen standen. Das ist sehr schade, denn Portugal ist vielleicht der Ort tiefsten Nachdenkens über unser Thema überhaupt. Wir können heute leider nicht sagen: „Nächstes Jahr in Lissabon“. Aber die Kodifikationsfrage beschäftigt, eben weil sie eine lusitanische ist, auch die Deutsch-

Lusitanische Juristenvereinigung: Am 16. und 17. November 2012 werden wir in Coimbra des großen Ferrer Correia gedenken. Das bedeutet: Wir werden von der Kodifikation sprechen, und aus dieser Tagung – sowie der folgenden, Hamburg 2013 – soll wieder ein Buch zum großen Thema des Systems werden. Gäste sind stets willkommen. In diesem Sinne: Herzlichen Dank an alle, und dieses Jahr in Coimbra!

Dabei soll es aber nicht bleiben. Es geht um Grundsatzfragen, die potentiell jedes Rechtsproblem betreffen. Wir können aus den heute vertretenen Rechtsordnungen andere Sachfragen einfügen; wir können andere Rechtsordnungen mit kodifiziertem Allgemeinem Teil einbeziehen und auch für diese fragen, wie das Gesetz zur Rechtswirklichkeit steht; wir können spiegelbildlich fragen, wie viel wissenschaftlichen und praktischen Allgemeinen Teil Rechtsordnungen ohne solche Gesetze in Wahrheit kennen. Für all diese Zwecke sollte kritisch diskutiert werden, was unsere ersten Sondierungen zum Allgemeinen Teil in Polen, einigen lusophonen Ländern und in Deutschland ergeben haben.

Eines jedenfalls sollte ganz klar sein: Hier geht es nicht um Theorie im Sinne des beliebten Missverständnisses, Theorie habe nichts mit Praxis zu tun. Hier geht es um eine Realität, die in der einen oder anderen Form in jeder Rechtsordnung anzutreffen ist; um präzises Beobachten der Praxis und um eine Theorie, die diese Praxis beschreibt und erklärt, in ihre Zusammenhänge stellt und fortentwickelt. Der Allgemeine Teil ist heute überall, freilich als fragmentierte Metaphysik in fragmentierten Physiken. Die hier vertretenen Rechtsordnungen haben sich dieser Realität gesetzgeberisch und wissenschaftlich gestellt. Sie haben das Potential, der Fragmentierung entgegenzuwirken. Das sollten sie tun: mit der Offenheit, die sie prägt, und mit dem geschichtlichen Selbstbewusstsein, das ihnen zusteht.

Zamiast podsumowania*

Christian Baldus

1. Nie będę tu referował każdego z tekstów. Zauważmy jednak, że szczególne zainteresowanie wśród autorów wywołała tematyka zdolności do czynności prawnych oraz *culpa in contrahendo,* choć nie było to sugerowane przez organizatorów. Jak się wydaje nieprzypadkowo – właśnie w rozważaniu tych tematów łączą się dwa podstawowe zagadnienia naszej konferencji, tj. problematyka dogmatycznego kształtu poszczególnych instytucji prawnych oraz kwestia legitymizacji i produktywności części ogólnej.

Kluczem do całości może być naszkicowane przez prof. Giaro rozróżnienie między „fizyką", a „metafizyką" części ogólnej. Te metafory nie bez powodu wielokrotnie powracały podczas całej konferencji. Możliwe jest także spojrzenie zorientowane na relację części ogólnej do otocznia, czyli do pozostałych ksiąg danego kodeksu (jeśli mamy do czynienia z ustawową częścią ogólną), bądź do całości porządku prawnego itd. Przedstawiona przez prof. Giaro dychotomia ukazuje jednak najlepiej szczególną cechę części ogólnej jako figury, która dotyka tak wielu ważkich zagadnień związanych z nauką prawa i jego dydaktyką, polityką prawa oraz techniką legislacyjną[1]. Właśnie tutaj chciałbym rozpocząć swój wywód – od obrony „fizyki" części ogólnej.

2. Jaki jest wzajemny stosunek „fizyki" i „metafizyki" części ogólnej? Z pewnością należy je ściśle od siebie oddzielać. Świat bez metafizyki jest być może pozbawiony sensu, bez fizyki jednak nie funkcjonuje. Jeśli decydować się na część ogólną, to powinna być ona technicznie dobrze ukształtowana – zarówno sama w sobie jak i w odniesieniu do reszty kodeksu cywilnego oraz całego systemu prawa. Jeśli rezygnować z części ogólnej to należy się zastanowić – a mówi się o tym za rzadko – czy rzeczywiście w ten sposób zaoszczędzimy nakładu pracy. Trzeba zwrócić uwagę na kilka kwestii:

---

* [Niniejszy tekst bazuje na podsumowaniu obrad wygłoszonym przez autora na konferencji. Szkicowy charakter pozostał zachowany. Poszczególne referaty przywoływane są tylko wyjątkowo. Odwołania do dzieł własnych służą skróceniu tekstu. Pominięte zostały *parole di circostanza*, w szczególności indywidualne podziękowania dla uczestników i organizatorów. Za konstruktywną krytykę i liczne cenne sugestie dziękuję *Wojciechowi Dajczakowi*.]
Autor dziękuje panu magistrowi Kamilowi Korn za przetłumacznie niniejszego tekstu na polski.

1 Por. co do znaczenia takich perpektyw Monta Pinto / Pinta Monteiro (2005) 18 i w wielu innych miejscach.

W dostępnej nam poznawczo sferze, bezwzględnie obowiązują tylko reguły „fizyki". Prawnik stosując prawo musi pozostawać wierny dotyczącym tego zasadom. Pogwałcenie reguł „metafizyki" może mieć inne poważne konsekwencje, ale nie można na nie wskazywać w procesie stosowania prawa. Istotnym probierzem jakości „fizyki" części ogólnej jest sądownictwo. Wydawanie orzeczeń jest zawsze związane z rozwiązywaniem wątpliwości, wymaga określonego nakładu pracy.

Należy to wyraźnie podkreślić. Trzeba dokładnie przyglądać się jakie reguły stosują sądy i w jaki sposób to czynią. W jakich przypadkach sędziowie uzasadniają jasno, w jakich czynią to w wątpliwy sposób, kiedy unikają uzasadniania, jak normy łączą się z całością argumentacji w orzeczeniu. Wszędzie tam gdzie sądowe stosowanie prawa związane jest ze szczególnie dużym nakładem pracy, może to wskazywać na wadliwą konstrukcję przepisów. Podstawowe kwestie rozstrzyga ustawodawca oraz same strony w ramach autonomii woli, ale trudności w stosowaniu przepisów pozwalają dopatrywać się ich wadliwości. Im dalej sądy odchodzą od brzmienia przepisów, czy też nawet rozstrzygają wbrew niemu (por. tylko § 119 ust. 1 lub § 138 ust. 1 i 2 BGB wraz z orzecznictwem do nich) tym bardziej niezbędna wydaje się ich reforma.

W tym miejscu następuje przejście do „metafizyki" – jeśli stosujący prawo chce ominąć jakiś przepis, bo jego brzmienie wydaje mu się za wąskie lub za szerokie, to często stoją za tym względy techniczne lub pragmatyczne. Może być też tak, że uważa jakąś normę za niesprawiedliwą. Najczęściej dotyczy to norm spoza części ogólnej, gdyż poza nią stopień abstrakcji jest zazwyczaj niższy. Jednakże problemy na wyższym poziomie systemu mają daleko idące konsekwencje. To czy oferenta uważa się za związanego ofertą nie jest pytaniem wyłącznie technicznym. Dlatego też nie da się uciec od „metafizyki" także przy „fizycznej" obserwacji części ogólnej - bo trud poświęcamy temu co uważamy za godne tego.

3. Metoda powinna polegać na osiąganiu rozsądnych wyników przy racjonalnym nakładzie pracy. Prof. Zoll zasadnie sformułował postulat stworzenia nowej metody pandektystycznej.

To pojęcie należy jednak właściwie rozumieć. Forma regulacji ustawowej oraz system pandektowy rozumiany jako zasadnicza struktura nie są dziś anachronizmami. Wpracowany w XIX wieku system pojęć stanowi fundament, który daje mocne oparcie także dzisiaj[2]. Ten system pojęć przejął w twórczy sposób doświadczenia prawne dwóch tysiącleci. Powoli upowszech-

2 Sięganie głębiej w przeszłość nie zawsze jednak jest pomocne. Należy pamiętać, że wiek XIX poprzez efektywne budowanie ogólnych pojęć zniekształcił nasze spojrzenie na rzymskie źródła (jako *case law* w gruncie rzeczy procesowo wytworzonego systemu wewnętrznego).

nia się też świadomość, że w XIX wieku wcale nie hołdowano „jurysprudencji pojęciowej" w jej powszechnie znanej, jednak karykaturalnie zniekształconej postaci[3]. Nie można zgodzić się z argumentem przypisującym jurysprudencji XIX wieku nadmierny formalizm, bo nie była ona formalistyczna w sensie treści pojęć prawnych. Trzeba jednak zauważyć, że forma jest w prawie konieczna. Ustawodawca musi ją odpowiednio dopuszczać i stosujący prawo muszą się nią odpowiednio posługiwać. Nie wolno kierować się tylko i wyłącznie „słusznością". Wiek XX dobrze pokazał jak może to być niebezpieczne.

Przestarzała jest nasza metoda prawnicza. Nasze debaty na temat interpretacji prawa organizujemy wciąż przeciwstawiając sobie podejście obiektywistyczne i subiektywistyczne, tak jakby ustawodawca był człowiekiem, który składa oświadczenie woli. To miało swoje uzasadnienie w XIX wieku, wydaje się jednak, że współczesna wykładnia historyczna powinna wyglądać inaczej[4]. Powinna ona zajmować się doświadczeniami wynikającymi z funkcjonowania różnych rozwiązań ustawowych, ze zmian ustawodawczych, a nie tylko zgłębianiem motywów jakimi kierowano się w procesie ustawodawczym, czego i tak często nie da się wyjaśnić. Ponadto powinna starać się o praktyczne wykorzystanie zebranych doświadczeń prawnych.

Podchodząc do części ogólnej historycznie, stajemy od razu w obliczu „fizykalnych" pytań. Przykładowo, w nawiązaniu do wystąpienia dra Schmidta należy zauważyć, że teoria czynności prawnych wywodzi się zasadniczo z prawa spadkowego – rozwiązań dotyczących ustanawiania spadkobiercy i zapisu[5]. Nie zawsze jest jasne, co z tego obszaru tak naprawdę nadaje się do wykorzystania na wyższym poziomie systemu, czyli w części ogólnej. Trzeba sobie zdawać sprawę z tych problemów, aby móc dostrzec niebezpieczeństwa, jakie są związane z traktowaniem zasad sformułowanych w prawie zobowiązań (czy nawet zasad części ogólnej prawa zobowiązań) jako zasad części ogólnej prawa cywilnego. Nie ma uzasadnienia dla prymatu patrzenia na uprawnienie prywatne jako rezultat stosunku obligacyjnego, czy też stosunku prawnego (jak w nawiązaniu do niemieckiej pandektystyki rozważa się to w nauce portugalskiej)[6]. W każdym wypadku uprawnienie prywatne to nie tylko prawo zobowiązań. W pierwszej kolejności przedmioty prawa muszą być przyporządkowane podmiotom, dopiero wtedy może być mowa o ich

3 Gruntownie: Falk (1989); Haferkamp (2004); Henkel (2004). Dalej Meder (2011).

4 Por. Baldus (2010) 26-111. Wkrótce artykuły w zbiorze esejów pod redakcją *Christian Baldus / Frank Theisen / Friederike Vogel* (Tübingen 2013).

5 Por. co do *pro herede gestio* i konkludencji Kühle (2009) według indeksu.; aktualnie Avenarius (2012).

6 Obszernie o tym problemie wkrótce: *Benjamin Herzog*, Anwendung und Auslegung von Recht in Portugal und Brasilien. Eine rechtsvergleichende Untersuchung aus genetischer, funktionaler und postmoderner Perspektive.

przeniesieniu. Również to podstawowe pytanie o „architekturę" ustawy (czy też jej „metafizykę") jest pożytkiem wypływającym z części ogólnej.

4. Historia prawa, zarówno wewnętrzna, zewnętrzna oraz historia metod prawniczych wnosi znaczący wkład do naszego tematu[7]. Sądzę, że w świetle referatów przedstawionych na naszej konferencji doświadczenie historyczne nie przemawia przeciwko użyteczności części ogólnej jako elementu „fizyki" prawa.

Wydaje mi się, że jest wiele dobrych argumentów za częściową rewizją (lub optymalizacją) modelu pandektowego polegającą na oczyszczeniu go z elementów prawnonaturalnych, z wątpliwej koncepcji podziału ustawy według „sfer życia", czyli zniesieniem jako osobnych części kodeksu prawa rodzinnego i spadkowego. Część ogólna powinna pozostać. W rzeczywistości w prawie rodzinnym jest tylko niewiele zagadnień związanych ze statusem jednostki, z uwagi na które jest ono odróżniane od prawa zobowiązań i prawa rzeczowego. Ponadto prawo rodzinne ma zawsze pewne konotacje światopoglądowe, które powodują trudności jego spójności z pozostałą częścią kodeksu. Instytucje prawa spadkowego służą w istocie do osiągania celów właściwych dla prawa zobowiązań lub prawa rzeczowego. Zawsze jednak coś nadaje się do wyciągnięcia przed nawias i włączenia do części ogólnej, obojętnie czy następują po tym kolejne dwie, trzy czy też cztery księgi.

5. Jakie dalsze perspektywy otwiera nasza konferencja, a właściwie dwie konferencje zorganizowane w ramach projektu?

- Różnice między systemami, które porównywaliśmy mają swoje konkretne uwarunkowania polityczno-historyczne. Tego aspektu mogliśmy tylko dotknąć, należałoby go jednak bardziej zgłębić. Pytanie brzmi: Czy istnieje dialektyczne oddziaływanie pomiędzy podstawowymi strukturami prawa prywatnego i demokracji?
- Należy zbadać, co wnoszą jeszcze inne porządki prawne znające część ogólną prawa cywilnego, czego można się od nich nauczyć. Musieliśmy ze względów organizacyjnych ograniczyć się do trzech porządków prawnych. Państwa na wschód od Polski, Grecja, Azja Wschodnia pozostają do zbadania.
- Nie jest do przewidzenia co stanie się w Europie, jaki będzie wynik obecnych inicjatyw ujednolicenia prawa jak i dalszy rozwój sytuacji. Dialog pomiędzy cywilistami, a naukowcami zajmującymi się prawem europejskim dotyczący sensownego zharmonizowania cywilistycznej metody regulacji z unijnym celem integracji da się jednak z pewnością poszerzyć.

---

7 Co do tych kategorii Baldus (2012).

Część ogólna jest szczególnym miejscem pomiędzy „fizyką" a „metafizyką" prawa, w którym spotykają się wszyscy naukowcy zajmujący się prawem prywatnym. Dialog, który tu się odbywa pozwala na zachowanie efektywnej komunikacji w prawniczym dyskursie. Tak przynajmniej wygląda to w prawie kontynentalnym. Część ogólna stanowi osiągnięcie, od którego Europa odchodzić nie powinna.

Gdzie nasz dyskurs powinien być kontynuowany? W tym roku nasza konferencja miała właściwie odbyć się w Portugalii. Z przyczyn niezależnych od organizatorów okazało się to niemożliwe. To wielka szkoda, gdyż prawdopodobnie właśnie Portugalia jest miejscem, gdzie nasza tematyka jest najgłębiej analizowana. Nie możemy dzisiaj niestety zapowiedzieć: „do zobaczenia w następnym roku w Lizbonie". Zagadnieniem kodyfikacji będzie zajmowało się także Niemiecko-Luzytańskie Stowarzyszenie Prawników, bo jest ono z Portugalią mocno związane. 16-tego i 17-tego listopada 2012 r. będziemy w Coimbrze wspominać wielkiego prawnika portugalskiego Ferrer'a Correia. Także z tej konferencji, jak i następnej planowanej w Hamburgu w roku 2013 ma powstać kolejna książka dotycząca zagadnień systemu prawa. Uczestnicy tej konferencji będą tam mile widziani. A zatem: serdeczne podziękowania dla wszystkich i do zobaczenia jeszcze w tym roku w Coimbrze!

Nie można jednak na tym poprzestać. Chodzi przecież o zasadnicze pytania, które potencjalnie dotyczą każdego problemu prawnego. Możemy poszerzyć nasze badania o dalsze zagadnienia związane z już reprezentowanymi porządkami prawnymi; możemy także przyjrzeć się innym porządkom prawnym ze skodyfikowaną częścią ogólną i sprawdzić jak w nich wygląda relacja między ustawą a praktyką prawną. Możemy ponadto odwrócić kwestię i zapytać w ilu porządkach prawnych, które nie mają skodyfikowanej części ogólnej, istnieje ona w formie naukowej lub praktycznej. Podążając za tymi celami należy podjąć dyskusję nad wynikami naszych dotychczasowych badań dotyczących części ogólnej w Polsce, niektórych krajach portugalskojęzycznych i w Niemczech.

W każdym wypadku jedno powinno być jasne: nie chodzi tutaj o teorię, jako coś, co z praktyką nie ma nic wspólnego. Chodzi o rzeczywistość prawną w rozmaitych formach, w jakich można ją zaobserwować w różnych krajach. Naszym celem jest dokładna obserwacja praktyki i tworzenie teorii, która tę praktykę trafnie opisuje, wyjaśnia, systematyzuje i rozwija. Część ogólną można odnaleźć dzisiaj wszędzie, jednakże jako rozproszoną „metafizykę" w rozproszonej „fizyce" prawa. Reprezentowane tutaj porządki prawne nie ignorują tego faktu, lecz starają się go uwzględnić tak w ustawodawstwie jak i w nauce. Dzięki temu mają potencjał przeciwdziałania nadmiernemu rozproszeniu regulacji prawnej. Towarzysząca temu świadomość użyteczności historycznego doświadczenia i otwartość do udziału w prawniczym dyskursie powinny dalej służyć wykorzystywaniu tego potencjału.

Ao invés de um rapport de synthèse*

Christian Baldus

1. Não se fará aqui referência individual a cada um dos trabalhos apresentados. Foi demonstrado – sem que houvesse qualquer direcionamento por parte da organização – um interesse específico na capacidade civil e na *culpa in contrahendo*. Provavelmente, isto não aconteceu por acaso: Em ambos os temas conectam-se dois elementos fundamentais da nossa conferência: a questão sobre institutos jurídicos específicos e a questão sobre a legitimidade e a operabilidade da Parte Geral.

A chave para tanto pode estar no conflito que nos foi apresentado no início da conferência pelo colega Giaro: o conflito entre a "física" e a "metafísica" da Parte Geral. Estas são metáforas que foram repetidamente utilizadas nos últimos dias, o que não aconteceu sem motivo. Uma visão geral poderia também ser obtida de outra forma, a partir das relações das quais participa a Parte Geral: com o restante do Código Civil, desde que preveja a lei uma Parte Geral, com o restante da ordem jurídica, e assim por diante. O binômio usado por Giaro, porém, abrange a natureza multifacetada da figura "Parte Geral": natureza esta científica, didática, juspolítica, de política legislativa[1]. E é com uma defesa da "física" que eu quero iniciar aqui minha intervenção.

2. Como se relacionam „física" e „metafísica"? Certamente deve uma ser diferenciada da outra. Sem metafísica, as coisas perdem possivelmente seu sentido, mas sem a física elas não podem funcionar. Se a previsão de uma Parte Geral for desejada, esta tem de ser tecnicamente bem feita tanto em relação a si mesma quanto em relação à conexão com outros textos dentro e fora do Código Civil. Se não se deseja ter uma Parte Geral, o que é raramente dito expressamente, deve-se pensar se, por meio de tal renúncia, será realmente poupada energia. Detalhes a esse respeito:

Nos campos aos quais temos acesso, somos condicionados apenas pelas regras da física. O jurista deve, em todo caso, limitar-se procedimentalmente às regras da sua arte. Pode ser que a ofensa a regras metafísicas tenha consequências graves de outro tipo; a tal respeito não é

* O autor agradece a Vivianne Geraldes Ferreira (Mestre em Direito Privado pela Universidade de São Paulo) pela tradução para o português.

1 A respeito de tais perspectivas ver Mota Pinto / Pinto Monteiro (2005) 18.

possível fazer afirmações de natureza física. O indicador central para a física da Parte Geral é a jurisprudência. Ela é quem gasta energia ao decidir.

Isto não pode ser suficientemente repetido. Nós temos que analisar de forma precisa quais são as regras aplicadas pelos tribunais e como elas são aplicadas. Onde o juiz vê a necessidade de uma maior fundamentação, onde ele fundamenta de maneira criticável, onde ele deixa de fundamentar – e onde a norma é trazida sem problemas à decisão? Sempre que o tribunal tiver dificuldades em lidar com determinada norma haverá indícios de que a norma seja deficitária. Indícios, não provas: A decisão cabe ao legislador ou às partes, no que se refere à autonomia privada. Quanto mais os tribunais se afastem do texto de uma norma ou mesmo decidam contram ele (vale comparar o § 119 1 ou o § 138 1 e 2 do BGB com a respectiva jurisprudência), mais próximo se está da necessidade de reforma da norma.

Aqui encontra-se, de fato, uma ponte para a metafísica: Quando um aplicador do Direito quiser desviar-se de uma norma, quando a sua redação lhe parecer muito estrita ou muito ampla, há por trás disso, frequentemente, mas nem sempre, considerações de ordem técnica e pragmática. Também pode ser que ele ache que a norma seja injusta. Isto ocorre com maior frequência fora da Parte Geral, porque o grau de abstração fora dela é tipicamente menor. Os problemas encontrados em graus mais elevados do sistema, porém, têm efeitos mais amplos. Se o proponente é ou não tido como obrigado frente ao oblato por meio da proposta não é apenas uma questão puramente jurídica. Assim, mesmo em observações "físicas" sobre a Parte Geral não escapamos da metafísica: A energia é sempre empregada onde, a partir do ponto de vista do agente, vale a pena.

3. O meio para se atingir resultados razoáveis a partir de um esforço racional é o método. Zoll exigiu, com razão, uma nova metodologia pandectística. Uma opinião bastante sugestiva; do meu ponto de vista, também correta.

O conceito almeja, de fato, ser corretamente compreendido. Não são os elementos fundamentais da nossa lei ou o sistema pandectístico como estrutura fundamental que estão ultrapassados. A construção de conceitos típica do século 19 forneceu o fundamento utilizado até hoje[2]; tal construção recorreu de modo criativo à experiência jurídica prática reunida em dois mil anos. Finalmente se espalha, em certa medida, a notícia de que o século 19 não foi seguido por uma "Begriffsjurisprudenz" nos termos da

---

2 O que não se aplica, pelo contrário, a um passado mais remoto: deve ser ressaltado que o século 19 distorceu, em função justamente da construção eficiente de conceitos e mesmo em função de suas construções, nosso olhar sobre as fontes romanas por ele utilizadas – fontes estas que eram parte de um *case law*, sendo que o sistema interno deste era de natureza fundamentalmente processual.

caricatura que foi por tanto tempo difundida[3]. De forma alguma deve-se mencionar um clichê como "formalismo": O século 19 não foi formalista no sentido de substituição do conteúdo pela forma. A forma tem, ainda, um lugar merecido na ordem jurídica, que deve apenas ser corretamente determinado pela lei e pela prática jurídica, a fim de se evitar uma "jurisprudência de equidade", cujos perigos foram demonstrados no século 20 de forma bastante clara.

Ultrapassado é também o nosso método: Nós organizamos nossos debates metodológicos sempre em torno do contraste "subjetivistas"/"objetivistas", como se o legislador fosse uma pessoa que emitiu uma declaração de vontade. No século 19, havia razões para tal abordagem. Uma interpretação histórica adequada aos dias de hoje, porém, deve ser vista de outra forma[4]: Ela deveria discutir as experiências com determinados modelos de solução, experiências anteriores e posteriores ao processo legislativo, e não deter-se ao momento frequentemente obscuro do processo legislativo; ela deveria questionar como se poderia, de forma útil, colocar tais experiências à disposição da prática jurídica.

Se abordarmos a Parte Geral a partir de uma perspectiva histórica, depararemos imediatamente com questões físicas. Para apontar apenas uma delas, em referência à palestra de Schmidt: A teoria do negócio jurídico é, em seu desenvolvimento histórico, essencialmente direito das sucessões, mais especificamente teoria sobre a instituição de herdeiros e de legados[5]. Não é para todos os casos claro quais elementos desta área do Direito realmente poderiam ser transportados para níveis mais elevados do sistema. Deve-se ter isto em mente a fim de que se possa identificar o perigo de uma utilização do Direito das Obrigações (ou de um Direito Geral das Obrigações) como Parte Geral: O Direito não é primariamente ou apenas obrigação; se ele for primariamente uma relação jurídica (como defendido por autoridades da doutrina portuguesa com base na Pandectística alemã) é difícil de dizer[6]; em todo caso, ele não é apenas Direito das Obrigações. Primariamente, deve estar clara a sujeição dos objetos aos sujeitos, e apenas posteriormente se pode pensar em deslocamentos e substituições. Também dessa questão

---

3 Ver especialmente: Falk (1989); Haferkamp (2004); Henkel (2004). Weiteres bei Meder (2011).

4 Baldus (2010). Ver tb. em breve, os artigos de uma obra coletiva organizada por Christian Baldus / Frank Theisen / Friederike Vogel (Tübingen 2013).

5 Ver a respeito da *pro herede gestio* e suas implicações Kühle (2009); Avenarius (2012).

6 Uma análise profunda do problema poderá ser em breve encontrada em *Benjamin Herzog*, Anwendung und Auslegung von Recht in Portugal und Brasilien. Eine rechtsvergleichende Untersuchung aus genetischer, funktionaler und postmoderner Perspektive.

fundamental de arquitetura da lei (ou de sua metafísica) é que resulta a utilidade de uma parte geral.

4. A história do direito – entendida como a história interna do direito, a externa e a metodologia histórica[7] – também, assim, dá a sua contribuição ao nosso tema. Em todo o caso, parece-me ter sido comprovado nesse seminário que, a partir da experiência histórica, não há nada que fale nitidamente contra a utilidade de uma parte geral no sentido da "física".

Pessoalmente, creio haver motivos para uma revisão (ou otimização) parcial do modelo pandectístico: motivos a favor da sua libertação de elementos provenientes do direito natural, as dubiosas "áreas da vida" Direito de Família e Direito das Sucessões, mas com a previsão de uma Parte Geral. Poucas questões do Direito de Família relativas ao estado civil destacam-se realmente daquelas encontradas no Direito das Obrigações e no Direito das Coisas. Há, ainda, conotações ideológicas segundo as quais a integração do Direito de Família no Código Civil é tudos menos uma banalidade. Também as funções especiais do Direito das Sucessões estão, na sua estrutura, relacionadas ao Direito das Obrigações ou ao Direito das Coisas. Antes dos parênteses, porém, há sempre algo mais, uma Parte Geral – independemente se ela é seguida por dois, três ou quatro livros.

5. Quais perspectivas nos oferece essa conferência, ou melhor, nos oferecem ambas as conferências realizadas no presente Projeto sobre o problema discutido ate aqui?

- As diferenças entre os sistemas que foram por nós comparados têm origem na respectiva história política. Este aspecto só pôde ser, aqui, delineado e deve ser aprofundado. Em outras palavras: Há uma dialética entre estruturas fundamentais do direito privado e as estruturas fundamentais da democracia?
- Resta esclarecer quais são as contribuições de outras ordens jurídicas que também possuam uma Parte Geral, bem como o que podemos aprender a partir delas. Nós tivemos, por motivos de organização, que limitar as ordens jurídicas analisadas. Resta investigar países ao sul da Polônia, Grécia, leste da Ásia, etc.
- Não se pode prever o que acontecerá na Europa em relação aos atuais e futuros esforços de unificação do Direito. O diálogo entre teóricos do Direito Privado e teóricos do Direito Europeu sobre uma combinação sensata da técnica regulatória própria do Direito Civil e a integração como objetivo da União ainda deve ser construído.

A Parte Geral é, entre física e metafísica, justamente o local de encontro de todos os jusprivatistas. O diálogo, neste local, assume a eficiência

7 Sobre essas categorias ver: Baldus (2012).

sistemática e comunicativa da ciência. Isso vale, em todo caso, para uma perspectiva continental. A Parte Geral é um avanço, e a Europa não deveria abrir mão dele.

De que forma deve ser dada continuação a este diálogo? A conferência deveria ter ocorrido neste ano em Portugal, o que se tornou impossível por motivos que estavam fora do alcance dos colegas. Foi uma pena, porque Portugal é, talvez, o país onde haja a maior reflexão sobre o nosso tema. Hoje não poderemos dizer, infelizmente, "nos encontramos no próximo ano em Lisboa". Mas também a Associação Luso-Alemã de Juristas se ocupa da discussão sobre a codificação, justamente porque esta *é* uma questão lusitana: Nos dias 16 e 17 de novembro iremos homenagear em Coimbra o grande Ferrer Correa. Isto significa que nós iremos falar sobre a codificação, e como resultado desta e da próxima conferência, a ser realizada no ano que vem (2013) em Hamburgo, será também publicado um livro que trata do grande tema do sistema. Convidados são bem-vindos. Assim: muito obrigado a todos e nos encontramos em Coimbra!

Não devemos, porém, nos limitar a isto. Tratam-se de questões principiológicas, que dizem respeito pontecialmente a todo problema jurídico. Nós podemos adicionar à discussão outras questões técnicas extraídas das ordens jurídicas aqui representadas: nós podemos incluir outras ordens jurídicas que possuam uma Parte Geral codificada e também em realação a estas questionar qual a relação entre a lei e a realidade jurídica. Por sua vez, podemos indagar o quanto de fato, no que se refere à doutrina e a prática, de Parte Geral têm as ordens juridicas que não possuam uma Parte Geral codificada. Com relação a todos esses propósitos, deve-se discutir criticamente os resultados destas nossas primeiras investigações sobre a parte geral na Polônia, em alguns países lusófonos e na Alemanha.

De toda forma, uma coisa deve restar bem clara: Não se trata, aqui, de teoria no sentido do famoso mal-entendido segundo o qual teoria não tem nada a ver com a prática. Aqui trata-se, sim, de uma realidade, que de um modo ou de outro é encontrada em toda ordem jurídica; trata-se de uma análise precisa da prática e de uma teoria que descreva e explique esta prática, que revele seu contexto e a ajude a se desenvolver. A Parte Geral é encontrada, hoje em dia, em toda a parte, ainda que enquanto metafísica fragmentada de uma física também fragmentada. As ordens jurídicas aqui representadas enfrentaram esta realidade no campo legislativo e no campo teórico. Elas têm potencial para combater esta fragmentação. E é isto mesmo o que elas devam fazer: com a abertura que lhes é característica e com a consciência histórica que lhes é devida.

Avenarius (2012): *Martin Avenarius,* L'addizione dell'eredità e l'importanza della volontà nella prospettiva di Gaio, in: IURA 2012.

Baldus (2010): *Christian Baldus,* § 3: Gesetzesbindung, Auslegung und Analogie: Römische Grundlagen und Bedeutung des 19. Jahrhunderts, in: *Karl Riesenhuber* (Hrsg.), Europäische Methodenlehre. Handbuch für Ausbildung und Praxis (2. Aufl. Berlin 2010) 26-111.

Baldus (2012): *Christian Baldus,* Verfahren, Wahnsinn und Methode. Modestin D. 27,8,27pr. als Element einer politischen Methodengeschichte der Jurisprudenz, in: *Arndt Kiehnle / Bernd Mertens / Gottfried Schiemann* (Hrsg.), Festschrift für Jan Schröder (2012), im Druck.

Falk (1989): *Ulrich Falk,* Ein Gelehrter wie Windscheid. Erkundigungen auf den Feldern der sogenannten Begriffsjurisprudenz (Frankfurt a.M. 1989; 2. unv. Aufl. Frankfurt a.M. 1999).

Haferkamp (2004): *Hans-Peter Haferkamp,* Georg Friedrich Puchta und die "Begriffsjurisprudenz" (Frankfurt a.M. 2004).

Henkel (2004): *Thomas Henkel,* Begriffsjurisprudenz und Billigkeit. Zum Rechtsformalismus der Pandektistik nach G.F. Puchta (Köln u.a. 2004).

Kühle (2009): *Benedikt Kühle,* Der Dualismus von ausdrücklicher und stillschweigender Willenserklärung (Frankfurt a.M. u.a. 2009).

Meder (2011): *Stephan Meder,* Rechtsgeschichte (aktuell: 4. Aufl. Köln u.a. 2011).

Monta Pinto / Pinta Monteiro (2005): *Paulo Mota Pinto / António Pinto Monteiro,* Teoria Geral do Direito Civil, begr. v. *Carlos Alberto da Mota Pinto* (4. Aufl. Coimbra 2005).

Instead of a summary

The goal of the conference was to conduct a survey of what speakers would be interested in with respect to the general part of Civil Law. No special outcome, either in terms of content or method, was set by the organisers. If, at the end of the day, legal capacity and *culpa in contrahendo* were preferred, this is no casualty. The key to these preferences lies in what Professor Giaro felicitously called the "physics" and "metaphysics" of the general part. This applies to non-codified, codified, or Constitutional Law general parts. In each of these cases, we have to distinguish between the technicalities and the purposes of a general part. Analysing them separately reveals where things can be improved. The main point of contact between purposes and technical features is the energy consumed by the legal system, in particular the energy consumed by the judiciary. Experience shows that judges work easily with legal provisions if these norms are as clear as possible and fit for society's needs. If a norm is too narrow or too broad, legal argument becomes more difficult, judges' efforts increase, and the level of abstraction must be reviewed. In the light of this historical experience, Professor Zoll's quest for a "new Pandectist methodology" is most welcome.

Au lieu d'un résumé

Le congrès n'était pas conçu dans la logique de questions ou méthodes prédéterminées. Néanmoins, les auteurs, au gré de leurs intérêts scientifiques, se sont concentrés sur deux sphères : la capacité et la *culpa in contrahendo*. Ceci s'explique probablement à la lumière de la tension entre « physique » et « métaphysique » discutée par le professeur Giaro. La partie générale, soit-elle doctrinale ou formalisée dans un code civil, voire dans une constitution, présente toujours un aspect technique et aussi l'aspect de son emploi politique ou philosophique. Les deux aspects, à bien séparer dans l'analyse, se touchent toutefois quand on mésure les énergies investies par l'ordre juridique et notamment le judiciaire : Si les normes sont suffisamment claires et si elles correspondent aux besoins de la société, les juges les appliquent sans grand effort. Si, par contre, des normes trop étroites ou trop imprécises obligent à des raisonnements compliqués, il faut revoir le niveau d'abstraction. C'est une expérience historique qui joue en faveur des *desiderata* que le professeur Zoll a dénommé une « nouvelle méthodologie pandectiste ».

Index

Autorenverzeichnis

Prof. Dr. Martin Avenarius – Institut für Römisches Recht der Universität zu Köln

Prof. Dr. Christian Baldus – Institut für geschichtliche Rechtswissenschaft, Romanistische Abteilung, Ruprecht-Karls-Universität Heidelberg

Prof. Dr. Wojciech Dajczak – Lehrstuhl für Römisches Recht und Rechtsgeschichte, Adam-Mickiewicz-Universität Poznań

Dr. Ulrich Ernst – Lehrstuhl für Zivilrecht, Jagiellonen Universität Kraków

Prof. Dr. Tomasz Giaro – Lehrstuhl für Römisches Recht, Universität Warschau (Uniwersytet Warszawski)

Mgr. Vivianne Geraldes Ferreira – Institut für geschichtliche Rechtswissenschaft, Romanistische Abteilung, Ruprecht-Karls-Universität Heidelberg

Dr. habil. Andrzej Gulczyński – Lehrstuhl für Römisches Recht und Rechtsgeschichte, Adam-Mickiewicz-Universität Poznań

Prof. Dr. Jan Dirk Harke – Lehrstuhl für Bürgerliches Recht, Römisches Recht und Historische Rechtsvergleichung, Julius-Maximilians-Universität Würzburg

Prof. Dr. Susanne Hähnchen – Lehrstuhl für Bürgerliches Recht, Deutsche und Europäische Rechtsgeschichte sowie Privatversicherungsrecht

Mgr. Rafael Longhi – Institut für geschichtliche Rechtswissenschaft, Romanistische Abteilung, Ruprecht-Karls-Universität Heidelberg

Prof. Dr. Bernd Mertens – Lehrstuhl für Bürgerliches Recht, Deutsche und Europäische Rechtsgeschichte, Friedrich-Alexander-Universität Erlangen-Nürnberg

RA Isabel Mousinho de Figueiredo – LCA Sociedade de Advogados, Lissabon

Prof. Dr. Jerzy Pisuliński – Lehrstuhl für Zivilrecht, Jagiellonen Universität Kraków

Dr. Jan Peter Schmidt – Max-Planck-Institut für ausländisches und internationales Privatrecht Hamburg

Mgr. Kamila Szutowska – Institut für geschichtliche Rechtswissenschaft, Romanistische Abteilung, Ruprecht-Karls-Universität Heidelberg

Dr. Piotr Tereszkiewicz – Institut für geschichtliche Rechtswissenschaft, Romanistische Abteilung, Ruprecht-Karls-Universität Heidelberg

Prof. Dr. Dr. h.c. Fryderyk Zoll – Lehrstuhl für Zivilrecht, Jagiellonen Universität Kraków / Lehrstuhl für Europäisches und Polnisches Privatrecht sowie Rechtsvergleichung, Universität Osnabrück

Schriften zur Entwicklung des Privatrechtssystems

Herausgegeben von Christian Baldus und Christian Pohl

Band 1 Susanne Kaiser: Rückwirkender Vermögensübergang? Partage de l'indivision successorale und Erbteilung. 2005.

Band 2 Magnus Dorweiler: Vermögensvorteil und Geldwert beim Vermächtnis. 2005.

Band 3 Stefan Schneider: Rückgriffskondiktion. Die Legitimation der Rückgriffskondiktion in Drittleistungsfällen. 2008.

Band 4 Bruno Rodríguez-Rosado: Abstraktionsprinzip und redlicher Erwerb als Mittel zum Schutze des Rechtsverkehrs. 2009.

Band 5 Benedikt Kühle: Der Dualismus von ausdrücklicher und stillschweigender Willenserklärung. 2009.

Band 6 Melanie Schenk: Die Verkehrsauffassung in BGB und UWG. Am Beispiel des Sachenrechts und der Irreführungsgefahr. 2010.

Band 7 Michael Giebel: Der Erbschaftskauf – ein überflüssigerweise normiertes Rechtsinstitut. 2010.

Band 8 Jacek Lehmann: Vindikation und richterlicher Wertungsspielraum. Der Rechtsmissbrauch in der deutschen und polnischen Rechtserfahrung. 2011.

Band 9 Sérgio Fernandes Fortunato: Früchte und Nutzungen. Eine dogmenhistorische Untersuchung zur privatrechtlichen Erfassung von Vermögenserträgen. 2012.

Band 10 Christian Baldus / Wojciech Dajczak (Hrsg.): Der Allgemeine Teil des Privatrechts. Erfahrungen und Perspektiven zwischen Deutschland, Polen und den lusitanischen Rechten. 2013.

www.peterlang.de

www.ingramcontent.com/pod-product-compliance
Ingram Content Group UK Ltd.
Pitfield, Milton Keynes, MK11 3LW, UK
UKHW021124041026
8980IPUK00026B/277

9 783631 628317